HET INGEWIKKELDE UNIVERSUM
BOEK TWEE

Geschreven door: Dolores Cannon
Vertaald door: Philomène Kerremans

© 2011 door Dolores Cannon
Eerste oplage door Ozark Mountain Publishing, Inc.-2001
Eerste Vertaling in het Nederlands-2022

Alle rechten voorbehouden. Niets uit dit boek, geheel of gedeeltelijk, mag worden gereproduceerd, verzonden of gebruikt in welke vorm of op welke manier dan ook, elektronisch, fotografisch of mechanisch, inclusief fotokopiëren, opnemen via audioapparaten of door een informatieopslag- en ophaalsysteem zonder schriftelijke toestemming van Ozark Mountain Publishing, Inc., behalve korte citaten belichaamd in literaire artikelen en recensies.

Voor toestemming, serialisatie, condensatie, aanpassingen of voor onze catalogus van andere publicaties, schrijf naar Ozark Mountain Publishing, Inc., P.O. Box 754, Huntsville, AR 72740, ATTN: Permissions Department.

Library of Congress Cataloging-in-Publication Data
Cannon, Dolores,1931-2014
Het ingewikkelde universum – Boek Twee, door Dolores Cannon.
   Het vervolg op Het Ingewikkelde Universum– Boek I biedt metafysische informatie, over tal van onderwerpen aan de hand van hypnotische regressie naar vorige levens.

1. Metafysica 2. Therapie uit vorige levens 3. Hypnose 4. Reïncarnatie
I. Cannon, Dolores, 1931-2014 II. Hypnose III Metafysica IV. Title

ISBN: 978-1-956945-64-5

Vertaald door: Philomène Kerremans
Cover design: Victoria Cooper Art
Book set in: Algerian, Umbra BT, Bell MT
Book Design: Nancy Vernon
Gepubliceerd door:

PO Box 754
Huntsville, AR 72740 WWW.OZARKMT.COM
Gedrukt in de Verenigde Staten van Amerika

vat we kunnen meemaken is het
is de bron van alle ware kunst en

-Albert Einstein-

Een mens is een deel van een geheel, dat geheel wordt door ons "universum" genoemd. Het is een deel dat beperkt is, het "hangt" in tijd en ruimte. De mens ervaart zichzelf, zijn gedachten en gevoelens als iets dat gescheiden is van de rest ... een soort optische waan van zijn bewustzijn. Deze waan is een soort gevangenis voor de mens, voor ons. Het is iets dat ons beperkt tot de waarneming van onze persoonlijke verlangens en tot genegenheid voor een paar personen. Dit zijn dan veeleer degenen die het dichtst bij ons staan in ons leven. Onze taak moet zijn om onszelf uit deze gevangenis te bevrijden, dit gebeurt door onze cirkel van mededogen te vergroten, om zo alle levende wezens en de hele natuur in haar schoonheid te omarmen.

-Albert Einstein-

De auteur van dit boek geeft geen medisch advies. Het geu van de beschreven techniek als een vorm van behandeling vc fysieke of medische problemen is enkel van toepassing binnen de beschreven situaties. De medische informatie in dit boek is afkomstig van de individuele consulten en sessies van Dolores Cannon. Het is niet bedoeld voor medische diagnose van welke aard dan ook, of ter vervanging van medisch advies of behandeling van een arts. Daarom aanvAarden de auteur en de uitgever geen verantwoordelijkheid voor de interpretatie of het gebruik van de informatie door een individu.

Alles is in het werk gesteld om de identiteit en privacy van de cliënten die bij deze sessies betrokken zijn, te beschermen. De locatie waar de sessies werden gehouden is correct. Verder werden alleen fictieve voornamen

INHOUDSTAFEL

DEEL 1 – VOORDELEN VAN REGRESSIE THERAPIE
Hoofdstuk 1 - Hoe ik begon met hypnose   3
Hoofdstuk 2 - Normale therapie & regressie   16

DEEL 2 – OUDE KENNIS EN VERLOREN BESCHAVINGEN
Hoofdstuk 3 - De Katmensen   41
Hoofdstuk 4 - De Godin Isis   68
Hoofdstuk 5 - De verborgen stad   86
Hoofdstuk 6: - Ontsnapping uit Atlantis   105
Hoofdstuk 7 - Oude Kennie   123
Hoofdstuk 8 - In Veiligheid Gebracht   156

DEEL 3 – GEVORDERDE WEZENS EN KARMA
Hoofdstuk 9 - Kinderen Creëren karma   167
Hoofdstuk 10 - Leven In Niet-Menselijke Lichamen   188
Hoofdstuk 11 - Vreemdeling Op Aarde   199
Hoofdstuk 12 - Werk Tijdens De Slaapstand   214
Hoofdstuk 13 - De Eerste Van De Zeven   242
Hoofdstuk 14 - Gevorderde Wezens   270

DEEL 4 – DE WIJZE MENSEN
Hoofdstuk 15 – De Wijze Gedenken   301
Hoofdstuk 16 - Zoeken Naar De Wijze   317

DEEL 5 – ANDERE PLANETEN
Hoofdstuk 17 - Leven Op Andere Planeten   339
Hoofdstuk 18 - De Planeet Met De Paarse Zon   348

DEEL 6 - TIJDPORTALEN

Hoofdstuk 19 - Hoeder Van De Portalen   371
Hoofdstuk 20 - DE Aboriginals   391
Hoofdstuk 21 - Tijdportalen Voor Toekomstige Wezens
   (Tijdreizigers)   414

DEEL 7 - ENERGIEWEZENS EN SCHEPPERWEZENS

Hoofdstuk 22 – Mysteries   435
Hoofdstuk 23 - Een Ander Energiewezen   465
Hoofdstuk 24 - Als Je Denkt, Creëer Je   476
Hoofdstuk 25 - Een Energiewezen Creëert   490
Hoofdstuk 26 - Een Schepper-Wezen Keert Terug
   Naar Huis   513

DEEL 8 - IN HET DIEPE SPRINGEN

Hoofdstuk 27 - De Dromer Droomt De Droom   531
Hoofdstuk 28 - Een Ander Alternatief Voor Walk-Ins   546
Hoofdstuk 29 - De Veelzijdige Ziel   568
Hoofdstuk 30 - De Nieuwe Aarde   602
Hoofdstuk 31 - Dus, Wat Nemen We Hieruit Mee?   638

Auteur pagina   645

DEEL I

VOORDELEN VAN REGRESSIE-THERAPIE

Hoofdstuk 1
Hoe ik begon met hypnose

MIJN AVONTUREN op het gebied van hypnose hebben naast dit boek nog twaalf andere boeken opgeleverd. Ik voel me vaak een beetje zoals de personages in "Star Trek". Zij gaan waar geen mens ooit eerder is geweest. Ik heb doorheen tijd en ruimte gereisd, om de geschiedenis van het verleden, en ook de mogelijkheden van de toekomst te verkennen. Ik heb naar onbekende planeten en dimensies gereisd en ik heb er met veel zogenaamde "buitenaardse" soorten gesproken. Ik heb de wonderen van verloren beschavingen gezien en ik kon zo informatie ontvangen over hun ondergang. Dit alles is gedaan zonder enigerlei gebruik van tijdmachines, die zo veelvuldig aanwezig zijn in Science Fiction. Het enige wat nodig is voor dit avontuurlijke werk, is het gebruik van de menselijke geest. Alles wat bekend en onbekend is, ligt verborgen in de krochten van het onderbewustzijn, waar het geduldig wacht op ontdekking. Dit is mijn werk en mijn passie. Ik beschouw mezelf als de verslaggever, de onderzoeker, de opgraver van "verloren kennis", ook al bestaat het grootste deel van mijn werk uit hypnotherapie, met name regressie naar het verleden. Ik beschouw mijn werk als omgaan met het onbekende, omdat het terrein dat ik betreed, tot op heden voor mij onbekend was.

Al snel nadat ik in dit genre begon te werken, merkte ik dat mijn werk afweek van het alledaagse, het nam een kronkelige weg die leidde naar "verloren kennis". Ik stelde vast, dat ik informatie ontdekte die in de eerste plaats vergeten was. Het leek wel begraven, of nog niet eerder gekend te zijn. We gaan samen naar een nieuwe wereld, een nieuwe dimensie, als het ware, waar deze informatie zal worden verstrekt en toegepast. Het lag begraven en leek haast verloren, soms werd het delen ervan om bepaalde redenen tegengehouden. Veel verloren beschavingen misbruikten hun krachten, ze waardeerden niet wat ze hadden bereikt, dus werd de kennis weggenomen. Misschien is de tijd aangebroken om deze talenten, krachten en kennis weer naar de voorgrond te laten komen.

Zo kunnen ze gewaardeerd worden, en hopelijk worden gebruikt, in onze tijdsperiode.

Natuurlijk bestaat het belangrijkste doel van mijn werk uit het geven vantherapie, en zodoende het helpen van mensen. Dit kan gaan over hulp bij het herstellen van een specifiek trauma of andere onderliggende problemen op te lossen. Echter, het meest opwindende en bevredigende deel van mijn werk behelst het ontdekken van de geschiedenis. Ik kijk ernaar uit om informatie en nieuwe theorieën terug te brengen naar onze tijd. Het is echt als het ontdekken van begraven schatten. Men zegt: niets is echt nieuw. We zijn alleen maar kennis aan het herontdekken, kennis die we allemaal ooit in andere levens hadden, maar die we in de loop van de eonen van de tijd zijn kwijt geraakt. Toch heb ik in mijn werk ontdekt dat iets nooit écht vergeten is, omdat het is opgeslagen in de "computerbanken" van het onderbewustzijn. Het is alleen maar aan het wachten op het juiste ogenblik, om weer naar buiten te komen. Dit is wat ik heb geprobeerd te doen met behulp van mijn werk, hypnose.

Ik geef wereldwijd lezingen over de onderwerpen die ter sprake komen in mijn boeken. Mijn lezingen gaan altijd van start met een korte beschrijving van mijn achtergrond zodat het publiek weet hoe ik aan deze informatie kom. Men heft me al meerdere malen beschuldigd van het uitvinden en fabriceren van de gevallen die aan bod komen. Sommigen verklaren ronduit dat ik een "fictie" auteur ben. Persoonlijk ben ik niet in staat om zulke uitgebreide verzinsels te bedenken, ik ben geen "schrijver", noch heb ik genoeg vaardigheid of verbeelding om dit waar te maken. Ik schrijf al seen verslaggever en rapporteur de zaken die naar boven komen bij mijn cliënten. Het is eerder zo dat ik de sleutel vond naar de spreekwoordelijke doos van Pandora. Het materiaal stroomt voort uit het onderbewustzijn van mijn cliënten.Het enige wat mij dan nog rest, is het overzichtelijk maken en in een leesbare vorm gieten. Wat geen makkelijke taak is.

Mijn wortels in hypnose gaan terug tot de jaren 1960, dus ik ben al ongeveer veertig jaar betrokken bij dit vakgebied. In die begindagen van mijn werk was het inductieproces tijdrovend en vervelend. Het ging om wat ik noem de "let op het glimmende object"methode, waarbij iets voor de cliënt bungelt, of zwaait, terwijl de hypnotiseur pogingen doet met de inductie. Het moeizame, langdurige proces met de ontspanning van alle delen van het lichaam enzoverder is me niet onbekend. Vervolgens werden er verschillende tests gedaan, om de diepte van trance te beoordelen, voordat de hypnotiseur verder kon gaan. Sommige van deze procedures worden vandaag de dag nog steeds gebruikt. Sommige ervan worden nog steeds onderwezen, hoewel ze eerder in films of op tv te zien zullen zijn voor een dramatisch effect. De meeste hypnotiseurs zijn overgestapt op veel snellere methoden. Zo ontwikkelde ik mijn eigen techniek, door eliminatie van bepaalde delen van de inductie, die tijdrovend en onnodig waren. Moderne technieken omvatten het gebruik van de stem en beelden plus visualisatie.

Ik raakte voor het eerst betrokken bij reïncarnatie en regressie in 1968. Mijn man, Johnny, had er een carrière van meer dan 20 jaar opzitten bij de Amerikaanse marine. Hij was net terug uit dienst, hij had gediend in Vietnam. We waren op dat moment gestationeerd in Texas, en probeerden ons leven weer ietwat een normaal aanzien te geven. Er waren wat strubbelingen na een scheiding van vier jaar, veroorzaakt door de oorlog. Mijn man (die toen de meest gespecialiseerde hypnotiseur was) en ikzelf werkten met een jonge vrouw. Ze ondervond problemen met eten. Ze had overgewicht en ook nierproblemen. Haar arts suggereerde dat hypnose haar misschien zou kunnen helpen. Tot dat moment, hadden we alleen maar conventionele hypnose gedaan, gericht op het doorbreken van patronen, slechte gewoontes. Meestal werkten we met mensen die wilden stoppen met roken, afvallen, etc. We hadden in onze stoutste dromen nooit durven denken dat er iets anders dan dat kon worden bereikt. Terwijl we met de vrouw aan de slag gingen, lieten we haar stelselmatig terugreizen doorheen haar leven, op zoek naar belangrijke gebeurtenissen. We schrokken ons allebei een hoedje toen ze plotseling in een ander leven sprong als "flapper", in de brullende jaren twintig in Chicago! Zeggen dat we verrast waren, is zacht uitgedrukt. We zagen hoe ze transformeerde in een andere persoonlijkheid, met andere stempatronen en andere lichaamsbewegingen. Ze werd letterlijk een ander persoon en dit gebeurde live, voor onze ogen. Dit was onze eerste kennismaking met reïncarnatie. Het hele verhaal van deze gebeurtenis wordt verteld in mijn boek "Five Lives Remembered". Dit was het eerste boek dat ik ooit schreef, en het is, jammer genoeg, nooit gepubliceerd. Ik weet niet of het ooit nog het licht zal zien. Het lijkt nu te alledaags, in het licht van de gebeurtenissen die zich erna in mijn carrière hebben voorgedaan. Maar sommige mensen denken dat er misschien interesse is in het verhaal omdat het mijn beginpunt rond hypnose context geeft.

Terwijl we met de vrouw werkten, zorgde onze nieuwsgierigheid ervoor dat we meer wilden weten over dit reïncarnatiefenomeen. We wilden uitzoeken waar de hypnose ons heen zou brengen. We hebben haar terug in de tijd gevolgd. Doorheen vijf verschillende levens, helemaal tot aan het punt waarop ze door God werd geschapen.

Alle sessies werden opgenomen op "de draagbare bandopnemer", het medium van die tijd. Het werd "draagbaar" genoemd, hoewel het extreem zwaar was en grote rollen tape van acht centimeter nodig had. In die tijd waren er geen instructieboeken om een hypnotiseur te begeleiden als dit soort dingen zich voordeden. Het enige boek van dit type dat in druk was, was "Search For Bridey Murphy", van Morey Bernstein. Dat boek werd toen beschouwd als een klassieker, maar nu is het zo alledaags dat het niet eens zou worden gepubliceerd. Het fenomeen uitte zich op het juiste moment. We hadden met andere woorden niets om ons te begeleiden of om ons te sturen terwijl we terug in de tijd reisden met deze vrouw, en letterlijk zagen hoe ze de andere persoonlijkheden werd. We hebben gaandeweg onze eigen regels uitgevonden en de resultaten waren opmerkelijk. Ook hebben we, tijdens het experimenteren, omdat niemand ons had verteld dat het niet kon, haar naar de toekomst gebracht om zo eventueel wat meer over onze eigen toekomst te weten te komen. We wilden zien wat we als koppel nog allemaal zouden doen. Ze zag ons in een landelijke omgeving wonen en we hadden kleinkinderen. We vertelden niemand de identiteit van de vrouw met wie we werkten. Toch hoorden verschillende vrienden uit de marine erover, en ze kwamen langs, om de nieuwste aflevering, het nieuwste hoofdstuk, te horen. De ervaring veranderde ons leven en ons geloofssysteem voor altijd.

1968 was een heel belangrijk jaar in mijn leven. Toen veranderde alles voorgoed. Mijn leven zou nooit meer hetzelfde zijn. Mijn man, Johnny, kwam, op een nacht, bijna om het leven. Het was een afschuwelijk auto-ongeluk, hij was onderweg naar de marinebasis. Hij werd frontaal aangereden door een dronken bestuurder, en in het wrak van onze Volkswagenbus gemangeld. De artsen zeiden dat het een wonder was dat hij het overleefde, omdat zijn verwondingen zodanig uitgebreid waren dat ze verwachtten dat hij diezelfde nacht zou overlijden. Een van de redenen waarom zijn leven gespaard bleef, was omdat een soldaat, die net terug was uit Vietnam, in de auto achter

Johnny reed. Hij was gewend om spoedeisende verwondingen op het slagveld te behandelen, en hij was in staat om Johnny te helpen, voordat hij doodbloedde op de snelweg. Toen de hulpdiensten van de basis arriveerden, had de soldaat het bloeden onder controle, maar Johnny zat nog steeds in het wrak van de auto gevangen. Het vergde uitgebreid werk van de brandweer om hem te bevrijden. Vervolgens werd hij per helikopter naar het marineziekenhuis in Corpus Christi vervoerd.

Toen ik op de eerstehulpafdeling aankwam, kwamen er vijf verschillende artsen één voor één binnen en allemaal gaven ze me verschillende redenen. Stuk voor stuk kwamen ze me uitleggen waarom hij onmogelijk de nacht kon overleven. Ze waren verbijsterd dat ik niet van streek was. Ik vertelde hen dat ze ongelijk hadden. Hij zou niet sterven. Maar ik kon ze natuurlijk niet vertellen hoe ik dit wist. Hoe kon hij sterven, als hij in de toekomst met kleinkinderen was gezien? Ik wist dat het waar was. Ik geloofde in wat we hadden gedaan en wat we hadden ontdekt. Als ik het wilde geloven, moest ik het allemaal geloven. Dit geloof hielp me om mijn geestelijke gezondheid te behouden in een vreselijke tijd.

Ik besefte het toen nog niet, maar ook het geloofssysteem van veel mensen op de basis werd op de proef gesteld. Sommigen zeiden dat het ongeluk een straf van God was, omdat we ons verdiepten in iets dat werd beschouwd als werken met de duivel; het verkennen van reïncarnatie. We tuurden om hoeken in de duisternis en openden deuren die beter gesloten konden blijven. Ik weigerde dat te geloven, want tijdens ons werk met de vrouw hadden we een God te zien gekregen die liefdevol en vriendelijk was, niet wraakzuchtig. Ik kon de redenering rond wat er was gebeurd toen mijn wereld op zijn kop was gezet, niet doorgronden, maar ik wist zeker dat onze nieuwsgierigheid en onze zoektocht naar kennis in het onbekende geen strafbaar feit was.

Hoe ironisch zou het geweest zijn voor Johnny, om de oorlog te overleven en dan vervolgens te sterven, door de nalatigheid van een dronken bestuurder. Maar dit mocht niet zo zijn. De artsen noemden hem de "wondermens", omdat hij tegen alle verwachtingen in, en tegen alle logica in, het ongeval overleefde. Dit was het begin van de nachtmerrie die vele jaren zou duren.

Na maanden op de Intensive Care te hebben gelegen, waarna hij een jaar in het ziekenhuis verbleef (waarvan acht maanden in een volledige gips), werd hij, uiteindelijk, als gehandicapte veteraan ontslagen bij de marine. Dit was ook het moment waarop we besloten om naar de heuvels van Arkansas te verhuizen. We dachten dat we daar van een pensioen konden leven, en onze vier kinderen konden onderhouden. In die tijd was het beslissing er een uit noodzaak. Later was ik blij dat dit heiligdom in de heuvels mijn toevluchtsoord was geworden. Johnny zat vijfentwintig jaar in een rolstoel. Als gedeeltelijk geamputeerde kon hij met krukken naar buiten, en hij reed in een handbediende, speciaal aangepaste auto. In die tijd was ik volledig gefocust op de zorg voor mijn man en de zorg voor de kinderen.

Mijn avontuur in reïncarnatie en hypnose werd op een laag pitje gezet, terwijl ik me aanpaste aan mijn nieuwe leven. Mijn interesse in hypnose zou niet opnieuw worden aangewakkerd totdat de kinderen het huis begonnen te verlaten. Dit was dan omwille van trouwen of omdat ze naar de universiteit gingen. Toen sloeg het 'lege nest-syndroom' toe, en werd ik geconfronteerd met de vraag, wat ik met de rest van mijn leven ging doen. Ik besloot iets heel ongewoons te doen, niet iets wat de "normale" vrouw in deze omstandigheid zou doen. Ik besloot terug te keren naar hypnose, ook al had ik geen idee waar ik klanten zou vinden ... in de heuvels van Arkansas... Ik wist gewoon dat dit iets was, wat ik wilde doen. Maar ik hield niet van de ouderwetse en lang uitgesponnen inductiemethoden die populair waren in de jaren 1960. Ik wist dat er makkelijkere en snellere technieken moesten bestaan. Daarom bestudeerde ik de nieuwere methoden en daarbij ontdekte ik, dat de trancetoestand kon worden geïnduceerd door middel van beelden en visualisatie. Ik wilde me niet langer concentreren op regelmatige herhalende hypnose en inductie om de persoon te helpen gewoonten te doorbreken: stoppen met roken, afvallen, enz. Mijn interesse was aangewakkerd rondom reïncarnatie, en dat was waar ik me op wilde concentreren. In de late jaren van 1970 en vroege jaren van 1980 waren er nog steeds weinig boeken voorhanden om de hypnotiseur te helpen op het gebied van regressietherapie.

Ik moest dus mijn eigen techniek uitvinden. Ik ontdekte al snel dat het meeste van wat in traditionele hypnose onderwezen wordt, onnodig is. Dus begon ik met een aantal van deze stappen te verwijderen en door snellere methoden te vervangen. Zolang de persoon niet wordt geschaad, geloof ik dat de hypnotiseur kan experimenteren om erachter te komen wat werkt en wat niet. In het begin moest iemand immers ergens ontdekken hoe je de meest effectieve trancetoestand kunt creëren. Ik wist dat ik onontgonnen terrein betrad. Nu, na bijna dertig jaar mijn techniek te hebben aangescherpt, getoetst en deze te hebben geperfectioneerd, heb ik mijn eigen methode ontwikkeld. Ik werk graag in de somnambuliste trancetoestand (wat de diepst mogelijke trancetoestand is), omdat ik geloof dat daar alle antwoorden te vinden zijn. Veel hypnotiseurs zullen niet op dat niveau werken, omdat ze zeggen dat daar vreemde dingen kunnen gebeuren. Iedereen die mijn boeken heeft gelezen, weet dat daar inderdaad "vreemde dingen" gebeuren. De meeste hypnotiseurs zijn getraind om de cliënt in de lichtere staat van trance te houden. Op dat niveau is de bewuste geest zeer actief, en interfereert en interjecteert die ook vaak. Sommige informatie kan op dat niveau worden verkregen, maar niet de volledige medewerking van het onderbewustzijn, die vindt plaats op het diepere niveau, waar bewuste geestinterferentie wordt verwijderd. De persoon herinnert zich normaal gesproken niets, en denkt dat hij of zij alleen maar in slaap is gevallen. De normale kans is dat één op de twintig of dertig mensen automatisch en spontaan in de somnambulistische staat van trance komt. Maar in de techniek die ik heb ontwikkeld, is het tegenovergestelde waar: één op de twintig of dertig gaat net niét automatisch naar deze staat van bewustzijn. Het is dus een zeer effectieve methode om de bewuste geest als het ware eventjes te verwijderen en zo het onderbewuste in staat te stellen de antwoorden te verstrekken. Dit is de methode die ik nu onderwijs in mijn hypnotherapielessen. Mijn studenten rapporteren dezelfde verbluffende resultaten.

Toen ik eind jaren 1970 serieus met mijn therapie begon, ontdekte ik al snel een patroon. Dit was voordat ik mijn methode vastlegde. De methode die me in staat stelde rechtstreeks en zuiver contact te maken met het onderbewustzijn. Daarna werd het patroon enkel duidelijker. Ik ontdekte, dat de meeste problemen die mensen hebben: fysiek, mentaal, allergieën, fobieën of relaties, enz., terug te voeren waren op gebeurtenissen die niet in het huidige leven, maar in andere, het zij vorige, levens zijn ontstaan. Veel van mijn cliënten waren jarenlang van arts naar arts gegaan op zowel medisch als psychiatrisch gebied. Zonder succes, als het ging over het vinden voor een antwoord op hun aanhoudende problemen. Dit is te verklaren omdat de artsen zich alleen concentreerden op de voor de hand liggende fysieke symptomen en gebeurtenissen die zich in het huidige leven hadden voorgedaan. Soms is het probleem terug te voeren op gebeurtenissen die zich in de kindertijd hebben voorgedaan, maar in de meeste gevallen waarmee ik heb gewerkt, ligt het antwoord nog (veel) verder begraven, in het verleden van een vorig leven.

Ik geloof dat vorige levens bestaan op een andere trilling of zogeheten frequentie. Wanneer we terugvallen naar die levens, veranderen we frequenties om ze te zien en te ervaren, vergelijkbaar met het veranderen van de kanalen op een radio- of tv-toestel. Soms liggen deze andere frequenties te dicht bij elkaar, of overlappen ze elkaar en veroorzaken ze statische ruis, of ziekte.

In mijn techniek verkrijg ik het beste resultaat door contact te maken met het onderbewustzijn. Op een cruciaal punt in de sessie, nadat het onderwerp het vorige leven heeft gelokaliseerd. Het leven met de antwoorden op de problemen in het huidige leven, stel ik de vraag om met het onderbewustzijn van de persoon te spreken. Het antwoordt altijd en geeft de gewenste informatie.

In traditionele hypnose wordt het de beoefenaar geleerd hoe hij antwoorden van het onderbewustzijn kan ontvangen, door gebruik te maken van handsignalen. Dit is waar ze de persoon vragen om een vinger op te steken voor "ja" en een andere voor "nee". Voor mij is dit extreem traag en zeer beperkt. Waarom zou je deze methode gebruiken als je rechtstreeks met het onderbewuste kunt praten en het je verbaal zal antwoorden? Met mijn methode kun je ermee converseren en een tweerichtingsgesprek voeren, en je kunt het antwoord vinden op absoluut alles wat je wilt vragen.

Mijn definitie van het onderbewuste is: dat gedeelte van de geest, dat voor het lichaam zorgt. Het reguleert alle systemen van het lichaam. Je hoeft je hart niet te vertellen dat het moet kloppen, of je longen dat ze moeten ademen. Ik identificeer dit als de taak van het onderbewuste, omdat het voortdurend alle basisfuncties controleert en het alles weet wat er in het lichaam van de persoon gebeurt. Daarom kunnen we met deze methode antwoorden krijgen op gezondheidsvragen. Ik heb ontdekt dat elk fysiek symptoom, ziekte of ongemak, een boodschap is van het onderbewuste. Het probeert – wanhopig- onze aandacht, op de een of andere manier, te trekken. Het probeert ons iets te vertellen en zal blijven proberen, totdat we het eindelijk begrijpen. Als we niet opletten, zal de ziekte of het probleem blijven verergeren totdat we geen alternatief meer hebben, of totdat het te laat is om de situatie om te keren. Ik weet dat dit waar is, omdat dezelfde symptomen verband houden met dezelfde problemen, in het huidige leven van veel mensen. Ik zou alleen willen dat het onderbewuste een minder pijnlijke manier kon vinden om de boodschap over te brengen. Ik zeg vaak: "Zou het niet makkelijker zijn om ze gewoon een briefje te geven?" Het onderbewuste denkt dat het de boodschap op een directe, voorwaartse manier doorgeeft, die de persoon zou moeten begrijpen, maar dit is vaak niet het geval. We zijn te gefocust op ons dagelijkse leven om ons af te vragen waarom we aanhoudende rugpijn of hoofdpijn hebben, enz.

Wanneer we de sessie uitvoeren, en de reden voor het ongemak ontdekken (vaak zijn de redenen dan ook zo buitengewoon, dat ik denk dat niemand de verbinding bewust zou kunnen maken), dan is de boodschap overgebracht en houdt het ongemak op. Er is geen enkele reden meer om het te laten bestaan, omdat de boodschap is afgeleverd en begrepen. De persoon kan dan terugkeren naar gezondheid, als ze de vereiste veranderingen in hun leven aanbrengen. Het gaat altijd terug naar de verantwoordelijkheid van de persoon. Het onderbewuste kan maar zoveel doen, en de vrije verantwoordelijkheid van de persoon telt ook nog steeds mee. De vrije wil van de persoon wordt altijd gerespecteerd.

Ik weet dat deze uitspraken radicaal klinken, en niet passen bij traditionele behandelmethoden, maar ik kan alleen maar melden wat ik heb ontdekt en wat ik heb waargenomen door duizenden mensen te helpen.

Ik geloof ook dat het onderbewuste een opslaglplaats is, het equivalent van een gigantische computer. Het registreert alles wat er ooit in het leven van de persoon is gebeurd. Deze informatie kan bekend raken door middel van hypnose. Als men de persoon zou vragen om terug te keren naar zijn twaalfde verjaardagsfeest, zou hij zich elke gebeurtenis van die dag kunnen herinneren, inclusief de taart, degenen die aanwezig waren, de geschenken, enz. Het onderbewuste registreert elk klein detail. Veel ervan zou volgens mij overbodig zijn, en ik vraag me af wat het onderbewuste doet met alle minuscule details. Op een gegeven moment word je bijvoorbeeld gebombardeerd door duizenden stukjes informatie: zicht, geluid, geuren, zintuiglijk en nog veel meer dingen. Als je je bewust zou zijn van dit alles, zou je overweldigd zijn, en niet in staat om te functioneren. Je moet je alleen richten op die informatie die nodig is om je leven te leiden. Toch is het onderbewuste altijd op de hoogte, het registreert en bewaart deze informatie voortdurend. Waarvoor? Dat gaan we in dit boek verder uitspitten. Dit zou ook kunnen verklaren waar plotselinge psychische openbaringen en intuïties vandaan komen. Het maakt deel uit van die hoeveelheid informatie, die we op een ander niveau ontvangen dat we niet per se nodig hebben. Maar omdat het er wel degelijk is, lekt het af en toe door in onze bewuste wereld. Wanneer dit gebeurt, wordt het beschouwd als een wonderbaarlijk fenomeen, hoewel deze enorme hoeveelheid informatie altijd aanwezig is, en kaar staat om te worden aangeboord. Dit is een fluitje van een cent, met de juiste werkwijze.

Het onderbewuste registreert niet alleen alles wat de persoon ooit in dit leven is overkomen, maar ook alles wat hen ooit is overkomen in al hun vorige levens. Veel hiervan is niet van toepassing op het huidige leven. Het kan worden aangeboord omwille van de nieuwsgierigheid, en het zou interessant kunnen zijn voor de persoon. Maar welk doel zou het dienen bij het beantwoorden van de problemen van het huidige leven?

Dit is een van de fouten die veel hypnotiseurs maken. Ze zien geen waarde in het meenemen van de persoon naar een vorig leven, hetzij alleen uit nieuwsgierigheid, niet als een therapeutisch middel. (Hoewel veel van deze vorige levens verre van vreugdevol zijn... Niet echt een plezierreisje te noemen, dus.). Dit is de hoofdreden voor de ontwikkeling van mijn techniek. Ik neem de persoon mee naar het leven dat het meest relevant of passend is voor de problemen in zijn of haar huidige leven. Ik leid nooit. Ik sta het onderbewuste toe om de persoon mee te nemen naar het leven dat het zelf het belangrijkste vindt om te bekijken op het moment van de sessie. Ik ben altijd verbaasd. Het leven kan saai zijn of alledaags, (wat 90% van de levens nu eenmaal zijn). Het kan echter ook leiden naar leven in oude of moderne beschavingen, of naar omgaan met buitenaardse wezens en leven op andere planeten of in andere dimensies. Het onderbewuste legt de verbinding, en die verbinding is er eentje die ik, noch de cliënt, nooit bewust zelf zouden hebben gemaakt. Toch is het volkomen logisch, als je het vanuit dit open perspectief bekijkt. Het is altijd achteraf dat de stukjes op zijn plaats vallen.

Wanneer ik contact maak met het onderbewuste, verbaast het me altijd, omdat het duidelijk wordt dat ik niet met de persoonlijkheid van de cliënt spreek, maar met een afzonderlijke entiteit, of eerder een deel van het "zelf", van die persoon. Ik kan altijd zien wanneer het onderbewuste is bereikt, en de vragen beantwoord worden door dat "andere deel". Het spreekt altijd over de persoon in de derde persoon (hij, zij). Het is emotieloos en lijkt verwijderd, of onafhankelijk, te bestaan. Los van de problemen, bijna als een objectieve waarnemer. Het zal de persoon tuchtigen, omdat ze niet hebben geluisterd. Soms zal de eerste opmerking van het onderbewuste zijn: "Nou, eindelijk krijg ik de kans om te spreken. Ik probeer al jaren met (Jane of Bob) te praten, maar ze luisteren niet." Het onderbewuste kan zo objectief zijn, dat het soms wreed klinkt. Het deelt geen klappen uit, maar vertelt de waarheid over de situatie, zoals het deze voor zich ziet. Wanneer het klaar is met het kastijden van de persoon, om het punt over te brengen, vertelt het hen altijd hoeveel ze geliefd zijn en hoe trots ze op hen zijn voor alle vooruitgang die al geboekt is. Dit deel erkent mij ook, en bedankt me vaak voor het feit dat ik de persoon in deze trancetoestand heb gebracht en dit proces heb laten plaatsvinden. Het spreekt vaak over zichzelf in het meervoud (wij), alsof het niet één entiteit is, maar meerdere. Dit wordt verder uitgediept in dit boek.

Sceptici zullen dit niet begrijpen of niet geloven, en ze zouden een goede reden hebben om dat niet te doen, als dit contact via slechts één persoon zou plaatsvinden. Maar hoe kunnen mensen beweren dat dit fantasie, fraude, opzettelijke manipulatie, wat dan ook is, als het gebeurt met iedereen met wie ik werk, ongeacht waar ter wereld ze zich bevinden? Ik heb ongeveer 90% slagingspercentage met de hypnotische techniek. De methode die ik gebruik om de persoon naar het, op dat moment door het onderbewuste gewenste, vorige leven te brengen. Als ik erin slaag ze terug te brengen, ben ik in 90% van de gevallen ook in staat om rechtstreeks contact te maken met het onderbewustzijn. Het onderbewuste spreekt altijd op dezelfde manier, en beantwoordt de vragen op dezelfde manier. Dit zou niet gebeuren als het een willekeur aan voorvallen betrof.

De mensen die ik het moeilijkst in trance heb gebracht, waren doorgaans krachtige zakenlieden, degenen die bevooroordeeld worden geacht, en verder mensen die zeer analytisch zijn. In plaats van te ontspannen, en mee te gaan met de suggesties, neigen ze ernaar de controle over de sessie te willen behouden. Er zijn ook anderen, die zeggen dat ze klaar zijn om de antwoorden te vinden, maar stiekem zijn ze bang voor wat er uit zal komen, dus hun bewuste geest saboteert de sessie. Maar zoals ik al zei, dit zijn slechts ongeveer 10% of minder van de klanten die ik zie. De rest, (90%), vindt altijd een vorig leven. Dus ik geloof dat dit zeer overtuigend bewijs is, in het voordeel van reïncarnatie.

Dat heeft me doen afvragen... Als dit deel van de geest van de persoon in elk geval hetzelfde lijkt te zijn, waar neem ik dan in feite contact mee op? Als het alleen toebehoorde aan de individuele persoon met wie ik werk, en alleen toegang heeft tot hun informatie (wat de logische manier is om ernaar te kijken), waarom, en hoe, kan het dan informatie op een grotere schaal aanboren? Het onderbewuste geeft in dit boek zelf het antwoord op die vraag, want naarmate mijn werk zich uitbreidt, ben ik me er meer en meer van bewust dat er veel meer aan de hand is, en ik ben al (of ik denk dat ik dat ben) klaar voor meer ingewikkelde verklaringen.

Ik weet nu dat ik het heb beperkt, en vereenvoudigd. Het is eigenlijk alsof je communiceert met een computer die is aangesloten op een gigantische database. De database overstijgt tijd, ruimte en alle beperkingen van het individuele bewustzijn. Dit is het verbazingwekkende deel van mijn werk. Ik lijk altijd met hetzelfde deel (of entiteit, of wat het ook is) te spreken, een deel dat ik nu heb ontdekt. Dit deel lijkt alwetend te zijn. Het heeft niet alleen de antwoorden die de klant zoekt, het heeft antwoorden rond alles wat ik wil vragen. Een alwetend deel van iets, dat toegang heeft tot alle informatie. Sommige mensen kunnen ervoor kiezen om dit deel het "Totale Zelf", "Hoger Zelf", de "Overziel", Jung's "Collectieve Onbewuste" of "God" te noemen. Deze kunnen allemaal betrekking hebben op hetzelfde, onder verschillende namen. Ik weet alleen, dat ik in mijn werk heb ontdekt, dat het reageert op de naam van "onderbewust".

Er zijn veel andere termen in wetenschap en religie, die proberen dit deel te verklaren door het te benoemen. Dan gaat het over datgene dat ik heb kunnen aanspreken. Wat het ook is, het is een plezier om mee te werken, vooral vanwege mijn nieuwsgierigheid en immense verlangen naar informatie. Ik doe graag onderzoek in bibliotheken, en dit is een beetje, alsof ik toegang heb tot de grootste bibliotheek die er bestaat. Dus reis met me mee, terwijl ik gestaag meer en meer van de gecompliceerde metafysische concepten verken en deze met je deel. Ik weet dat ik niet alle antwoorden heb, maar het is me gelukt om wat dieper dan het oppervlak te exploreren. Misschien wordt je geest

geprikkeld door wat ik heb gevonden. Blijf zoeken, en blijf vooral vragen stellen! Dat is de enige manier waarop de antwoorden gevonden zullen worden. Denk aan het gezegde:
"Een parachute is als de geest. Het werkt alleen als het open is."

Hoofdstuk 2
Normale therapie & regressie

MENSEN REALISEREN ZICH DE KRACHT NIET, die hun eigen geest heeft om zichzelf te genezen. Mijn techniek is een laagdrempelige toegangssleutel tot dat deel van hun geest, dat de oorzaak van problemen kan vinden. Het onderbewuste kan heel letterlijk zijn als het gaat over de fysieke symptomen die het gebruikt, om zijn boodschappen over te brengen. Als meer mensen zich hiervan bewust zouden worden, zouden ze beter luisteren naar wat hun lichaam hen probeert te vertellen.

Uit de duizenden sessies die ik heb uitgevoerd, kan ik een patroon of opeenvolging van symptomen identificeren, deze wijzen op de mogelijkheid, dat de fysieke problemen van de persoon ook hun oorpsorng kunnen vinden in een vorig leven. Als iemand me bijvoorbeeld vertelt dat hij aanhoudende rugpijn, of schouderpijn heeft, zal ik vragen of hij een zware last in zijn leven draagt. Steevast antwoorden ze dat ze zich inderdaad zo voelen vanwege hun thuisleven, werkomgeving, etc. Kortom, ze hebben de indruk dat ze onder grote druk staan. Dit soort aandoeningen manifesteren zich als ongemak in de rug, of schouder gebied. Pijn in de polsen en handen kan betekenen dat ze iets in hun leven vasthouden dat ze moeten loslaten. Ik heb ontdekt dat pijn in de benen of voeten en ook in de heupen betekent dat ze zich in een situatie bevinden die toont dat ze in een andere richting kunnen kiezen in hun leven. Het gaat om een belangrijke beslissing die hun leven radicaal zou veranderen. Het manifesteert zich als ongemak in dat deel van het lichaam, omdat het onderbewuste hen vertelt dat ze bang zijn om die kant uit te stappen, dat ze bang zijn om de volgende stap te zetten. De pijn houdt hen dus fysiek tegen. Maagproblemen worden soms veroorzaakt omdat de persoon niet in staat is om iets in zijn leven te "verteren". Kanker, vooral in de darmen, houdt dingen binnen, totdat het zodanig veel stress veroorzaakt dat het begint de organen weg te vreten ... omdat het niet kan worden vrijgegeven. Epilepsie kan het onvermogen zijn om een hoog energieniveau in het lichaam te verwerken of ermee om te gaan.

Ik heb proefpersonen gehad die zich verslikten als ze bepaalde voedingsmiddelen aten, of als ze bepaalde medicatie namen. In die gevallen zei het onderbewuste dat ze de pillen niet hoefden te nemen, omdat ze meer problemen voor het lichaam veroorzaakten. De reflex veroorzaakte verstikking en ongemak, als een vorm van afwijzing, om te voorkomen dat de persoon het schadelijke voedsel of medicijn inneemt. Het onderbewuste kan soms heel dramatisch en controlerend zijn.

Hoewel sommige van de antwoorden te vinden zijn in de huidige levensomstandigheden, richt het grootste deel van mijn werk zich op andere levens. Ik zal een paar van de "normale" regressies uit het verleden presenteren, om hun nut te laten zien bij het oplossen van problemen die de persoon in het huidige leven ervaart. De rest van het boek zal zich richten op het abnormale, of het "afwijkende" type van regressie, en hoe het onderwerp ook werd geholpen door deze vorm te verkennen.

Ik moet er even wel nadruk op leggen, dat deze verklaringen niet op alle gevallen letterlijk van toepassing kunnen zijn als de enige oorzaak voor de ziekte of het ongemak. Er kan geen algemene verklaring zijn die stelt: overgewicht wordt hier altijd door veroorzaakt, of migraine wordt altijd veroorzaakt door dat, en dergelijke. De verklaringen zijn net zo gevarieerd als de persoon, en het onderbewuste kan heel slim zijn. De hypnotiseur moet flexibel wezen, en zijn eigen instinct gebruiken om de juiste vragen te stellen. Het antwoord, en bijhordend dus ook de oplossing, die op de ene persoon van toepassing is, is misschien niet het antwoord voor de volgende persoon.

Een voorbeeld van vorige levens die het heden beïnvloeden door fysieke problemen te creëren: veel gevallen van artritis komen voort uit marteling op het rek, of door soortgelijke constructies in kerkers in de middeleeuwen. De mensheid heeft een aanzienlijke geschiedenis als het gaat over het doen van vreselijke dingen met elkaar, en dit wordt soms meegedragen in het lichaamsgeheugen.

* * *

Ik had een interessante verklaring voor de zogeheten vleesboomtumoren in de baarmoeder. De vrouw had meerdere abortussen gehad. Ze had goede redenen voor deze abortussen, ze had op dat moment al verschillende kinderen. Ze had het verder heel moeilijk om als alleenstaande te werken en ernaast de kinderen te ondersteunen. Ze voelde dat ze onder de omstandigheden de last niet beter kon vergroten door meer kinderen toe te voegen. Ze zei dat de abortussen haar niet stoorden, en dat ze ermee in het reine was gekomen, maar haar onderbewustzijn en haar lichaam wisten anders. Ze begon problemen te krijgen met vleesboomtumoren. Tijdens de sessie, zei haar onderbewustzijn dat ze zich meer schuldig voelde dan ze zich realiseerde, en de vleesboomtumoren vertegenwoordigden ongeboren baby's. Toen ze hiermee in het reine kwam, begonnen de tumoren te krimpen en verdwenen ze, zonder de noodzaak van een operatie.

Seksuele ziekten: herpes/hysterectomie/cysten op eierstokken/prostaatproblemen, etc. zijn terug te voeren op seksueel wangedrag of mishandeling van het andere geslacht in andere levens. Deze kunnen ook een methode zijn om het andere geslacht weg te houden in dit leven, of zelfs worden voorgeschreven als straf. Een vrouw had endometriose, problemen met haar vrouwelijke organen, die haar rug verzwakten. Ze heeft nooit kinderen gehad, hoewel ze al 19 jaar getrouwd was. Haar arts wilde haar eierstokken en buisjes opereren en verwijderen, om het fysieke probleem op te lossen. Haar vorige levens onthulden: vrouwelijke orgaanproblemen komen soms voort uit een patroon van meerdere levens leiden als priesters en nonnen die celibatair moesten zijn maar dat niet helemaal zelf zo wensten. Dit veroorzaakte de onderdrukking en ontkenning van seksuele gevoelens en activiteiten.

Geloften in andere levens zijn zeer krachtig. Vooral geloften van armoede gaan vaak over naar het volgende leven, en veroorzaken geldproblemen in het huidige leven. Deze moeten worden erkend als noodzakelijk in het vorige leven, maar nu kunnen ze als ongepast worden afgezworen.

Soms is de persoon gedurende vele levens één geslacht geweest, en bevindt hij of zij zich plotseling in het lichaam van het andere geslacht. Ze ontwikkelen ziekten en problemen. Dit is een manier om het lichaam af te wijzen. Dit gaat dan voornamelijk over de delen van het lichaam die te maken hebben met de hormonen. Ik heb ontdekt dat dit ook een verklaring is voor homoseksualiteit. De persoon heeft vele levens gehad als één geslacht en heeft zich moeilijk aangepast aan het leven als het andere geslacht.

* * *

Ik heb veel proefpersonen behandeld, die last hadden van migraine. De oorzaak hiervan is ook vaak terug te vinden in vorige levens die te maken hebben met trauma aan het hoofd. Slagen op het hoofd van mensen, wapens en/of dieren zijn belangrijke trauma's die worden overgedragen, om de persoon eraan te herinneren een bepaalde fout in dit leven niet te herhalen. Die handelingheeft immers zijn of haar dood in het andere leven veroorzaakt. Een voorbeeld hiervan was een vrouw, die het leven herbeleefde van een jonge man, die door het hoofd werd geschoten tijdens de Amerikaanse Burgeroorlog. Er was een ander geval, in Engeland, waar de vrouw vreselijke hoofdpijn had in haar huidige leven, die hoofdpijn ontstond op de brug van haar neus en reikte verder omhoog, over haar voorhoofd en over de bovenkant van haar hoofd. Geen enkele medicatie kon haar verlichting geven. We ontdekten dat de oorzaak te vinden was in het feit dat ze op precies die plaats, op haar hoofd werd getroffen door een zwaard. Dit gebeurde tijdens een van de vele oorlogen die in Europa door de geschiedenis heen zijn gevoerd. Het ontdekken en begrijpen van de oorzaak voor een probleem, is vaak voldoende om het fysieke probleem weg te nemen.

Eén geval van migraine ging in een andere richting. De vrouwelijke klant was een reisagent, en zodoende verkeerde ze in de mogelijkheid om over de hele wereld te reizen. Haar hoofdpijn ontwikkelde zich, nadat ze Indonesië verliet en naar huis terugkeerde. Het was een heel mooie en ontspannende vakantie, en ze had zich er heel erg thuis gevoeld. Ze kon het begin van de hoofdpijn niet associëren met de vakantie. Er was daar immers niets traumatisch of onaangenaams gebeurd. Tijdens de regressie ging ze naar een zeer idylisch leven in dat deel van de wereld, met een prachtige familie en een man die heel veel van haar hield. Haar onderbewustzijn legde uit, dat toen ze terugkeerde naar dat deel van de wereld, het de herinneringen aan het prachtige leven triggerde. Haar onderbewustzijn was boos omdat ze het weer moest verlaten.

Dit zorgde voor de hoofdpijn. Ze verlangde ernaar om terug te keren naar de plek waar ze zo gelukkig was geweest. Het was mijn taak om de andere persoonlijkheid ervan te overtuigen, dat zelfs als ze zou terugkeren en daar zou wonen, het niet hetzelfde zou zijn, omdat de mensen van wie ze hield er niet meer waren. De omstandigheden waren anders. Ze zou niet in staat zijn om dat leven te heroveren, dus ze zou alsnog geluk moeten vinden in het huidige leven, misschien met dezelfde mensen, omdat we de neiging hebben om te reïncarneren met onze geliefden. Toen dit eenmaal begrepen werd, verdwenen de hoofdpijnen onmiddellijk en zijn ze niet meer teruggekeerd.

* * *

Er zijn ook veel verklaringen voor overgewicht. Sommige zijn gemakkelijk te voorspellen: de persoon stierf van de honger in een ander leven, of zorgde ervoor dat anderen verhongerden. Soms is het gewicht een vorm van bescherming. De persoon trekt de vulling aan om zichzelf te beschermen tegen iets (echt, of waargenomen) in het huidige leven, of als een soort comfort, om zichzelf onaantrekkelijk te maken en zo te voorkomen dat ze gekwetst worden. Het is mijn taak om te proberen uit te dokteren waar ze zichzelf tegen beschermen, enz. Vaak is de persoon de laatste die zich realiseert dat dit de oorzaak is, maar wanneer het onder hypnose wordt uitgelegd, is het volkomen logisch. Dan kan de cliënt overgaan tot herstel van het gebrek aan balans.

Ik heb ook onverwachte verklaringen gehad voor overgewicht. Een vrouw ging terug naar een leven, waarin ze de leider was van een clan in Schotland. De baan was erg veeleisend en ze voelde de verantwoordelijkheid als een gewicht dat haar naar beneden haalde. Toen de man stierf, voelde ze dit nog steeds, en liet een zeer belangrijke aanwijzing vallen toen ze (na de dood) zei: "Ik zal nooit van het gewicht van deze verantwoordelijkheid afkomen." Zeer belangrijke woorden, die het onderbewuste serieus had genomen en naar het huidige leven had overgebracht.

Een ongewoon geval werd beschreven in "Legacy From the Stars", waar een vrouw zichzelf zag als een buitenaards wezen, dat door een ongeluk op Aarde neerstortte en werd verzorgd door inboorlingen. Hij had veel abnormale vermogens, die de aandacht trokken. Een daarvan was dat de dubbele zwaartekracht op Aarde ervoor zorgde dat hij onverwachts zweefde. Dit triggerde het verlangen, om te voorkomen dat ze in het huidige leven zweefde en de aandacht trok. Het onderbewustzijn loste dit op door extra gewicht toe te voegen, ook al had dit logischerwijs geen zin.

Een andere, ongebruikelijke verklaring voor overgewicht, kwam naar voren toen een klant, Rick, hulp wilde bij zijn gewichtsprobleem. Niets leek te werken. Hij had geen baat bij diëten die hem alleen maar bepaalde dingen lieten eten en andere voeding uitsloten. Tijdens de regressie ging hij onmiddellijk naar een leven in een oude cultuur. De gebouwen en structuren klonken niet als iets dat ik in de geschiedenis ben tegengekomen, of waarover ik heb gelezen. Een deel van de beschrijving deed me denken aan de Azteken, vooral aan wat de archeologen hebben ontdekt. Er was een rechthoekige binnenplaats, omringd door vreemde structuren, die werden gebruikt als kijkstandaards, vergelijkbaar met tribunes. Een atleet uit elk van de gemeenschappen deed mee aan een spel. Rick was een atleet die hiervoor was opgeleid. Dit spel was erg belangrijk, omdat hiermee de heerser van de gecombineerde gemeenschappen voor een seizoen werd uitgekozen. De heerser werd elk seizoen opnieuw gekozen. Dit werd bepaald aan de hand van welke atleet het spel won. Rick droeg een vreemd uniform, en zijn gezicht was beschilderd met strepen verf. Het idee van het spel klonk als basketbal. Ze renden met een bal over de baan, en moesten die bal dan door een stenen hoepel gooien. De stenen hoepel was aan de zijkant van de binnenplaats gemonteerd. Daarom dacht ik aan de Azteken, archeologen zeggen immers, dat ze een bal-plein in Mexico hebben ontdekt, waar de Azteken een soortgelijk spel speelden, maar ze beweren dat het werd gespeeld met een menselijk hoofd dat door de stenen hoepel werd gegooid. Als dit dezelfde locatie is, is het spel dan verbasterd, tot het gebruik van menselijke hoofden, of zijn de archeologen fout in hun veronderstelling?

Rick was een zeer goede atleet, en won consequent. Dit betekende dat zijn ploeg de leider koos doorheen vele, vele seizoenen. Hij hield er niet van om zo hard te werken, en wenste vaak dat de leiders in zijn plaats zouden spelen. Het was hem niet togestaan om te trouwen. Wat voedsel betrof moest hij zich beperken tot het volgen van een strikt dieet. Dit was speciaal ontworpen om hem in een uitstekende fysieke conditie te houden. Hij was vaak jaloers op andere mensen aangezien het hun wél was toegestaan om te socialiseren en alles te eten wat ze wilden. Zijn dieet bestond uit schildpadvlees, een soort witte wortel, veel water, en een bitter smakende witte vloeistof, die werd gewonnen uit een vlezige plant. Hij moest de vloeistof elke ochtend en avond drinken. Het maakte hem vaak een beetje slaperig, maar was essentieel omdat het zijn spieren in optimale conditie hield. Hij haatte de smaak en raakte er nooit aan gewend...

Uiteindelijk werd hij het sporten en het spel moe. Hij probeerde een manier te vinden om er onderuit te komen. De mensen hielden van hem, maar na een tijdje begonnen ze zich te vervelen vanwege zijn reeks aan overwinningen. De andere gemeenschappen vonden het uiteraard ook niet leuk, ze kregen immers geen kans om te regeren. Hij besloot dat hij opzettelijk zou verliezen, maar het kon niet al te duidelijk zijn dat dit met opzet gebeurde. Toen hij begon te verliezen, werd van hogerhand besloten om hem te vervangen. Toen was voor hem het moment aangebroken waarop hij een normaal leven kon leiden, inclusief het eten van alles wat hij wilde. Hij besloot bij de gemeenschap van de tegenpartij te gaan wonen, ze waren in de zevende hemel omdat ze eindelijk een kans kregen om te regeren en ontvingen hem met open armen. Daar ontdekte hij, dat hun atleten geen restrictieve diëten volgden, maar normaal voedsel mochten eten. Hij was er gelukkig, maar hij leefde niet veel langer. Toen hij stervende was, had hij het gevoel dat zijn binnenkant in brand stond. De medicijnman zei dat het een gevolg was van de witte vloeistof die hij al die jaren had moeten drinken. Het had zijn lichaam beschadigd.

Toen we met het onderbewuste spraken, werd duidelijk dat er een verband was tussen dat leven en zijn gewichtsprobleem. Het onderbewuste zei, dat de drank een medicijn was. Als het ware een verdovend middel, dat ervoor zorgde dat zijn hart sneller ging kloppen, en de spijsvertering of het metabolisme van het lichaam versnelde, om goede spieren en een hogere snelheid te produceren. Het gevolg was dat hij gaten of zweren in zijn darmen had, en dit was wat hem het brandende gevoel gaf. Toen ik vroeg om hem te helpen met zijn gewichtsprobleem, zei het onderbewuste dat het niet zo eenvoudig was. Er waren veel factoren bij betrokken die een kluwen vormden. Omdat de gezagsdrager (de heerser), hem dwong iets te doen wat niet in zijn belang was, had hij geleerd achterdochtig te wezen, en de gezagsdragers (overheid, kerk, artsen, enz.) niet te vertrouwen. Eten werd geassocieerd met plezier en sociale activiteit in dit huidige leven. Het zou een zware taak worden, om deze componenten te scheiden, en hij verkeerde in zodanige gezondheid, dat het onderbewuste het de moeite niet waard vond. Het was duidelijk waarom Rick niet deed aan diëten die beperkend waren. Met name degene, waarbij hij alleen bepaalde voedingsmiddelen kon eten. Dit bracht de herinnering aan het andere leven terug naar de oppervlakte. Hij hield nu van koken en van eten. Hij genoot van een grote verscheidenheid aan voedsel. Dit was een ongebruikelijke reden voor overgewicht, en een die moeilijk zou zijn om te verhelpen.

Toen Rick wakker werd, herinnerde hij zich niets, maar hij wilde een slok water, vanwege een zeer onaangename bittere smaak in zijn mond. Hij zei, dat het hem deed denken aan een tijd van lang geleden. Toen hij een kind was en het bos verkende met zijn vriend. Ze vonden wat vlezige planten en kauwden erop. (Het was een wonder dat hij zichzelf niet vergiftigde, veel planten in het bos zijn giftig.) Het had een bittere smaak. Ik vertelde hem over de witte vloeistof, die hij in dat andere leven jarenlang had gedronken. Hij had deze smaak naar voren gebracht. Na het drinken van wat flessen water voelde hij zich weer kiplekker.

* * *

Ik heb veel gevallen van astma kunnen terugleiden naar vorige levens, waar de persoon stierf aan verstikking. Soms ging het over iets dat te maken had met de longen of de ademhaling. De oorzaak kon zich ook in hun omgeving bevinden (stof, zand, enz.). Een belangrijk geval deed zich vroeg in mijn hypnose-carrière voor. Er kwam een arts naar me toe, die al vele jaren astmaaanvallen had. Hij gebruikte een inhalator, maar wist dat dit gewoontevormend was, dus hij wilde het astmaverhaal volledig van de baan krijgen. Hij wist genoeg over het paranormale en de metafysica, om te durven vermoeden, dat het antwoord in vorige levens zou kunnen liggen. Hij ging terug naar een leven als een inwoner die in de jungle in Afrika woonde. Dit leven vond plaats toen de Fransen er asbest aan het delven waren. Ze namen inboorlingen gevangen en namen ze vervolgens mee naar de mijnen, om er als slaven te werken. Hij was een van diegenen, die gevangen werd genomen en onder de grond werd afgevoerd. De constante blootstelling aan de asbestvezels tijdens de mijnbouwprocedure, creëerde fysieke symptomen bij de inboorlingen. Zo waren er bloedingen uit de mond, terug te leiden naar een letsel in de longen.

Dit kon ademhalingsproblemen veroorzaken en zelfs de dood als gevolg hebben. Als een overlijden gebeurde, namen de Franse mijnwerkers het lichaam gewoon mee, de jungle in, en namen ze een andere inboorling gevangen om diens plaats in te nemen. De man begon de bekende symptomen te krijgen en wist dat hij zou sterven aan de irritatie in zijn longen. In zijn cultuur was het niet verkeerd om zelfmoord te plegen, als je in een ondraaglijke situatie verkeerde, dus stortte hij een paal in zijn rechterschouder / long, en stierf.

Toen ik met het onderbewuste communiceerde werd uitgelegd dat de herinnering aan dat leven was overgedragen naar het huidige. In tijden van stress zou het ademhalingsprobleem terugkeren, onder de vorm van astma-aanvallen. Nu de arts begreep waar het probleem vandaan kwam, kon het worden behandeld tot het niet meer bestond. Toen hij wakker werd, zei hij: "Ik heb me altijd afgevraagd waarom ik soms pijn heb in dat deel van mijn borst." Hij wreef over de exacte locatie, waar hij toen getroffen werd. De arts die hem behandelde, werd erna een goede vriend, en ongeveer vier of vijf jaar na de sessie vroeg ik hem naar zijn astma. Hij glimlachte en zei: "Oh, dat klopt! Vroeger had ik astma, nietwaar?"

* * *

Veel angsten en ook fobieën zijn qua oorzaak-gevolg gemakkelijk terug te voeren naar de manier waarop een persoon in een vorig leven kwam te overlijden. Hoogtevrees, angst voor het donker, claustrofobie, agorafobie en dergelijke meer zijn gemakkelijk te begrijpen vanuit dit perspectief. Eén van die gevallen (één van de honderden met wie ik heb gewerkt), was een vrouw die claustrofobisch was. Ze had een irrationele angst om haar handen of voeten gebonden te hebben en kon geen enkele nacht slapen, zonder elk uur wakker te worden. Ze had een déjà vu-incident toen ze de "Nationale Historische Site" in Fort Smith, Arkansas, bezocht, waar een oud museum en gerechtsgebouw is. Dit was waar rechter Parker, de beruchte "hangende rechter" zijn rechtszaken hield, van 1875 tot 1897. Ze hebben ook de gevangenis bewaard en de galgen gereconstrueerd. Ze wist dat ze er was geweest, en dat het een vreselijke ervaring was voor haar op dat moment. De reis was een griezelige (her)ervaring voor haar.

Tijdens de sessie ging ze terug naar een leven, warrin ze een Zuidelijke soldaat was, die met verschillende anderen gevangen was genomen. Ze werden samen gepropt in een kamer. Een donkere ruimte, met zeer kleine ramen. De angst om haar handen of voeten vastgebonden te hebben, kwam voort uit het vastgeketend zijn aan de muur, van deze kamer. Het onvermogen om de hele nacht door te slapen werd veroorzaakt door het weinig vatten van slaap, in zo'n situatie, alsook de angst voor wat er zou kunnen gebeuren. De volgende dagen werden ze een voor een opgehangen.

Deze zaak is slechts één voorbeeld van hoe déjà vu-ervaringen een onbewuste herinnering aan een vorig leven kunnen zijn. Zo is er ook de fascinatie voor bepaalde tijdsperioden en culturen (landen). Deze aantrekkingskracht is niet altijd negatief, maar ze dragen een sterke emotie met zich mee, die ontegensprekelijk door verschillende levens heen gaat.

* * *

Een andere cliënt was een professionele verpleegkundige. Ze had een master in psychologie. Ze ging al een tijdje naar een therapeut en probeerde zo de antwoorden op haar probleem te vinden. Ze had er echter niet veel succes mee. De enige conclusies die ze kon maken was dat er in haar jeugd iets was voorgevallen. Iets dat ze zich niet meer herinnerde. Dit beantwoordde haar vragen absoluut niet. Ze had problemen met haar oudste zoon. Toen ze zwanger werd, was ze niet getrouwd en wilde ze abortus plegen. De vader van het kind wilde dolgraag met haar trouwen en praatte zodanig op haar in, dat hij haar zover kreeg om de baby te houden. Sinds de geboorte van de baby was er bij haar het gevoel dat ze door hem bedreigd werd. Ze dacht, dat hij misschien bewust besefte, dat ze een poging had gedaan om hem te aborteren. Ook al was hij inmiddels volwassen, er waren nog steeds problemen.

Tijdens de sessie ging ze meteen naar een scène waarin ze een man was, en extreem boos was. Ze had haar handen om iemands keel, en verstikte hem. Toen we konden zien wie de man was, zei ze dat het haar zoon in dit leven was. Hij had hem gevonden bij zijn vrouw en zou hem gaan vermoorden. De vrouw, zo merkte ze plotseling op, was haar moeder, in dit huidige leven, met wie ze een heel slechte relatie heeft. Ze heeft de man die nu haar zoon was, om het leven gebracht.

De autoriteiten kwamen, en namen haar (hem) mee en stopten hem in een vreselijke gevangenis. Een cel die vol ratten en kakkerlakken zat, zonder ramen om naar buiten te kijken. Heel vies, heel somber. Uiteindelijk overleed hij op die plek. De zoon kwam terug in dit leven zodat ze het negatieve karma konden uitwerken, maar hij kwam terug met veel wrok jegens haar. Het was geen wonder dat ze zich bedreigd en geïntimideerd voelde door deze jongeman.

In haar huidige leven kon ze haar absolute afkeer van alcoholisten nooit begrijpen. De alcohol, de manier waarop ze praatten, en de manier waarop ze handelden, stootte haar af. Toen we daarnaar vroegen, associeerde ze alcohol zeker met die scène waarin ze de andere persoon verstikte. Misschien hadden ze allebei gedronken. Misschien droeg dit bij aan de extreme woede die in dat leven heerste. Wat het ook was, het resulteerde in vreselijke gevolgen. Bijgevolg moest ze terugkomen in dit leven, samen met de mensen die er toen waren, om te proberen het negatieve karma uit te werken. Door dit te beseffen, en te zien dat het bij dit andere leven hoorde, kon ze zichzelf, en zodoende een deel van de deelnemers, vergeven. We konden de gebeurtenis in het verleden laten, dit zou het probleem in zijn geheel oplossen.

In mijn werk heb ik ontdekt dat er evenveel manieren zijn om karma terug in balans te herstellen, als er sterren aan de hemel zijn. Maar de minst wenselijke manier om een moord uit te balanceren, is terugkomen, en je laten verwennen door je slachtoffer. Er wordt op deze manier niets opgelost. Het houdt gewoon het wiel van karma draaiende, en kweekt alleen maar meer karma. Mij werd verteld dat de beste manier waarop een moordenaar zijn misdaad terug kan begroten, de "zachte manier" is, door liefde. De persoon die de moordenaar was, zou bijvoorbeeld in een positie worden gebracht, waarin hij voor zijn slachtoffer zou moeten zorgen. Ze moeten misschien hun hele leven wijden aan de zorg voor die persoon: een afhankelijke ouder, een gehandicapt kind, enz. Ze zouden geen "ruimte" hebben, om een eigen leven te leiden. Dit is een veel evenwichtigere manier om herstel te veroorzaken, dan "oog om oog".

Haar psycholoog had haar verteld, dat hij er geen bezwaar tegen had als ze therapie zou doen die naar vorige levens leidde, hij geloofde er niet in. Toch had ze, in geen miljoen jaar, de oorzaak voor deze problemen gevonden met behulp van traditionele, orthodoxe, therapie. Ik was graag een vlieg geweest, om te zien hoe hij reageerde, toen ze hem vertelde dat ze geen verdere behandeling meer nodig had. Ze had immers de antwoorden gevonden in deze vorm van therapie.

* * *

Een andere situatie in, New Orleans, betrof een jonge vrouw. Ze had last van extreem overgewicht en wou wanhopig graag een baby. Ze had medicatie gebruikt om vruchtbaarheid te bevorderen en allerlei andere dingen geprobeerd ... niets werkte. Ze had een vreselijke band met haar menstruatie, ze bloedde soms voor opeenvolgende maanden... De enige oplossing die men haar bood, bestond uit antciconceptie, in meervoud. Ze wilden op deze manier proberen om haar menstruatie te reguleren. Dit had ongewild het gevolg dat men zo het andere doel, zwanger worden, helemaal de kop insloeg. Ze probeerde, gedurende dit alles, ook af te vallen. Tijdens de regressie-sessie, vroeg ik naar de oorzaak rond het onvermogen om een baby te krijgen. Het onderbewuste zei dat ze in haar laatste leven pleegouder was, en maar liefst elf pleegkinderen had. Zodra de een het huis verliet, kwam er een ander binnen. Ze was erg goed met deze opeenvolging van kinderen, en genoot er erg van, maar in dit leven gaven ze haar geen rust. Ze zeiden dat ze zich geen zorgen hoefde te maken, ze zou een kind krijgen. Haar lichaam werd nu gereguleerd, en begon weer in balans te raken. Het overgewicht was een beproeving die ze moest doorstaan, vooral als jongere persoon en tot in de volwassenheid, om te zien of ze de plagerijen en de venijnige opmerkingen die zelfs volwassenen maakten, kon verdragen. Ze was nu geslaagd voor de test en het werd haar toegestaan, om het gewicht te verliezen. Tegen de tijd dat ze op het punt komt dat ze een kind kan krijgen, zal het lichaam in goede conditie zijn. En natuurlijk komt het kind op het moment dat het hoort te komen.

Ze was ook overgevoelig geweest in haar leven, met periodes van depressie, waarbij zich uitermate alleen voelde en last had van enorme eenzaamheid. Uiteindelijk was er sprake van een inzinking, waarbij ze niet kon stoppen met huilen. Uit haar aantekeningen: "Ik voel me heel leeg van binnen. Ik heb vaak het gevoel dat het leven dat ik leid rustig en flauw is. Soms heb ik het gevoel dat ik rust. Andere kerenm vrees ik, dat ik wacht, tot het noodlot toeslaat. Altijd is het gevoel van verdriet aanwezig. Hoe identificeer ik het, en wat moet ik doen om het te veranderen? Het verdriet is een deel van mij geworden toen ik een klein kind was, acht of negen jaar oud." Het onderbewuste maakte een zeer interessante opmerking. Het stelde, dat ze een tweeling zou zijn geweest in een vorig leven. De andere entiteit maakte een afspraak, om met haar in dit leven samen te komen. Het veranderde op het laatste moment echter van mening, en besloot dat het op dit moment niet aan een samensmelting wou meewerken. Dus het andere "lichaam" ontwikkelde zich niet, en zij was de enige die geboren werd. Gedurende haar hele leven voelde ze onbewust dat het andere deel, de tweeling die er niet was, haar had achtergelaten en zodoende dus: verlaten. Er was het gevoel van verdriet, de indruk dat er iets ontbrak, samen met de depressie. Dat was de reden: ze miste die andere entiteit, die haar in dit leven had moeten vergezellen. Ik heb het nooit gezegd, maar ik bleef me afvragen, of het mogelijk was dat de baby die ze in de toekomst zal krijgen, die andere entiteit is, die uiteindelijk besluit om te incarneren.

Toen we dit aan haar moeder vertelden, zei ze dat dat een onthutsende verklaring was, omdat ze nooit enige indicatie had gehad van haar dokter uit. De artsen hebben haar nooit verteld dat er een mogelijke tweeling was. Mijn cliënt is geboren in 1972. Ik weet niet of ze op zoek waren naar wat momenteel de "phantoom tweeling" of de "verdwijnende tweeling", wordt genoemd. Toen ik haar later sprak, tijdens een etentje, zei haar moeder, dat er bij haar geboorte een onbekende vervangende arts was. Misschien had haar vaste arts het haar wel verteld als er aanwijzingen waren voor een extra baby. Ik denk dat we het nooit zullen weten.

Er zijn andere gevallen van onvruchtbaarheid voorgekomen, die worden veroorzaakt door overlijden in het kraambed in een ander leven. Dit kan gezien worden als een poging van het onderbewuste om te voorkomen dat het nog een keer voorvalt. Soms gebruikt het onderbewuste vreemde logica.

* * *

De volgende regressie vond plaats in San Jose, Californië, in mei 2000. Een vrouw had extreem verdriet in haar dagdagelijkse leven, depressie, etc. Ze volgde hierin een vast patroon. Het was terug te vinden in haar leven, onder een vorm van verlatenheid, afwijzing, het gevoel onwaardig te zijn, het wegwerpkind en angst voor 'wat'? Ze was als klein kind in de steek gelaten en opgevoed in een weeshuis.

Er waren problemen met mannen, huwelijk, banen. Kortom, altijd het gevoel niets waard te zijn en niets te kunnen bereiken. Ze kreeg ook last van migraine. Ik begon te denken dat het haar manier was, om zichzelf te straffen. Een zeer somber, zielig persoon.

We hebben een belangrijk leven samen behandeld, dat haar situatie verklaarde. Ze zag zichzelf door de straten van een stad rennen, met een baby van ongeveer één jaar oud. Alle mensen renden schreeuwend, omdat ze door veel soldaten te paard werden achtervolgd. Het was duidelijk, dat er een soort invasie aan de gang was. Uit angst voor haar leven, probeerde ze een plek te vinden om zich te verstoppen. Haar baby huilde, en ze was bang dat dat aandacht zou veroorzaken, en dat ze haar zouden vinden. Ze legde de baby uiteindelijk neer naast een muur, en rende verder weg, om zich te verstoppen in een gebouw. Ze dacht dat niemand een baby kwaad zou doen. Maar terwijl ze toekeek, reden de soldaten door de straat, en slachtten ze haar baby... Ze was zo overmand door verdriet, dat het haar niet eens kon schelen toen ze haar vonden, en verkrachtten. Ze gaf zichzelf de schuld als het ging over de dood van het kind, en vond dat ze het bij zich had moeten houden. Hoe dan ook zouden ze allebei gestorven zijn, maar daar dacht ze niet aan. Ze verweet alleen zichzelf omdat ze het kind in de steek had gelaten. Ze was radeloos, zelfs haar ziel was ten einde raad.

Ze bracht het verdriet, en de kwelling, naar de voorgrond in dit huidige leven, en herhaalde zo het strafpatroon. Ik vroeg haar, of ze de soldaten kon vergeven voor het vermoorden van haar baby..? Ze zei, ja, dat kon ze, want ze deden gewoon hun 'man'-ding. Maar ze kon het zichzelf nooit vergeven dat ze de baby in de steek had gelaten. Na veel onderhandelen met het onderbewuste, heb ik haar uiteindelijk zover gekregen zichzelf te vergeven. Het was heel moeilijk, maar het was een opluchting toen ze het kon. Toen ze wakker werd, en we het bespraken, vertelde ik haar dat ze zichzelf al te veel levens in elkaar had getimmerd (op zoveel vlakken), en dat het tijd was om het los te laten. Indien we haar verder hadden teruggebracht naar eerdere levens, geef ik je trouwens op een blaadje, dat we zouden ontdekken dat ze karma terugbetaalde voor het doen van hetzelfde als een soldaat toenmalig deed met haar kind... Wat je uitdeelt, komt terug naar jezelf. Ze voelde een enorme opluchting na de sessie. Het gevoel van onwaardigheid verdween, en werd vervangen door een gevoel van hoop en verwachting. Ik had het gevoel dat ze een keerpunt in haar leven had bereikt. Het was tijd om te stoppen met haarzelf te straffen en te gaan leven.

* * *

Deze volgende regressie betrof een zeer mooie jonge vrouw uit Tsjechoslowakije, die toen in Londen woonde. Ze studeerde al enkele jaren metafysica aan het Paranormale College, maar had nog geen diploma's. Ze kende de informatie, maar stopte altijd voor het afleggen van de eindexamens, of het schrijven van de eindessays, enz. Haar grootste twijfelbron bestond uit eczeem, het bevond zich over haar hele lichaam. Ze had dit al sinds ze drie maanden oud was. Wat de artsen probeerden had weinig effect. Als kind werd ze enkele maanden in het ziekenhuis opgenomen om iets te vinden dat zou werken. Er werden steroïden gebruikt, maar die hadden bijwerkingen. Ze probeerde Chinese kruidengeneeskunde, en kreeg hiermee wat verlichting, maar het veroorzaakte als neveneffect maaginfecties. Ze gebruikte momenteel een crème, die ervoor zorgde dat het niet zo zichtbaar was op haar gezicht. In de ergste stadia jeukte en verbrandde haar hele lichaam. Ze wilde hulp om dit te verlichten, hoewel ze dit gedurende een groot deel van haar leven had gehad, en het dus zeker een deel van haar was. Ze voelde aan, dat als het zou worden verwijderd, een deel van haar zou worden weggenomen. Het zou vervangen moeten worden door iets anders.

Zodra ze in de diepe trance kwam, zag ze een helder licht, en besefte ze dat ze in een vuur keek. Het vuur lag aan haar voeten, en verspreidde zich over haar lichaam. Ze raakte overstuur, dus ik verplaatste haar naar een observatiepunt, van waaruit ze het objectief kon observeren. Ze zag dat zij (als man), en anderen, vastgebonden waren aan palen. Dit vond plaats in een veld in de buurt van een bos, en ze zag hoe ze allemaal op de brandstapel werden verbrand. Toen we teruggingen naar het begin van het verhaal, zag ze dat zij, en verschillende andere mannen, in een groot landhuis, of eerder een landgoed woonden, en gnostici waren. Ze leefden rustig studerend en schrijvend in grote boeken, ze vielen niemand lastig. De lokale ambtenaren dachten echter dat ze gevaarlijk waren en samenwerkten met de duivel. De toenmalige regeerders werden aangespoord door de religieuze gemeenschap, die hen ook als een gevaar zag. Op een nacht werden ze gewekt door honden en mannen die het huis binnenstormden. Hij, en nog mensen, renden door het bos. Ze werden achtervolgd, door mannen zowel als honden en ze werden uiteindelijk gevangengenomen. Ze werden meegenomen naar een plek in de stad, waar ze gruwelijk werden gemarteld. Dat was een poging om hen te laten onthullen waar ze de boeken hadden verborgen. Tijdens de marteling is er veel schade aangericht aan zijn gezicht, met name de kaak en het oog (die de vrouw in dit leven fysiek ongemak opleverden). Uiteindelijk, toen ze geen verdere informatie wisten los te peuteren, werden de gnostici naar een grote kamer gebracht voor een schijnproces. Tegen die tijd had hij veel pijn, en was hij volledig gedesoriënteerd, zodat hij niet kon deelnemen aan het proces, of een van de vele beschuldigingen kon beantwoorden. Hij zat daar gewoon, in een verdoofde staat. Wat er om hem heen gebeurde nam hij waar als in een droom. Het had sowieso niet veel uitgemaakt, het proces was slechts een schijnvertoning, een formaliteit. Ze werden vervolgens naar het veld bij het bos gebracht en op de brandstapel verbrand. Hij, net zomin als de rest, hadden iets verkeerd gedaan. Ze bezaten alleen geheime kennis die ze probeerden te behouden. Ze zei dat sommige boeken verborgen waren op een plek, waar de mensen van die tijd ze nooit zouden vinden.

Dit is in de loop van de geschiedenis talloze keren gebeurd. Er zijn altijd groepen gnostici geweest, die probeerden kennis te behouden, en er zijn altijd andere groepen geweest, die probeerden die kennis te verwerven. Deze groepen wilden deze kennis voor hun eigen doeleinden gebruiken. Dit was de echte reden voor de "heksenprocessen" tijdens de Inquisitie. De Kerk probeerde zich te ontdoen van degenen die geheime kennis bezaten, kennis die ze zelf niet had kunnen verwerven door de jaren heen. Nu weten we intussen dat er nooit iets verloren gaat! De kennis zat verstopt op de veiligste plek die er is: het menselijke onderbewustzijn.

Het onderbewuste erkende, dat het kijken naar het vuur, dat het lichaam excessief verbrandde, de oorzaak was van het eczeem. De verbranding en jeuk was symbolisch voor die dood. Het was niet lastig te begrijpen waarom ze haar metafysische contracten in haar huidige leven niet kon voltooien. Ze was onbewust bang dat hetzelfde opnieuw zou gebeuren als ze kennis zou vergaren, hoewel dit haar er niet van had weerhouden om het te zoeken en te bestuderen. Ik moest het onderbewuste ervan overtuigen dat het zeer onwaarschijnlijk zou zijn dat dit nog een keer zou gebeuren, het werd immers getriggerd omdat ze in een moeilijke periode leefde. Het eczeem kon ook worden weggenome vanaf de oorzaak werd herkend, en zodoende de behoefte eraan weg werd genomen. De boodschap was overgebracht.

Ik herinnerde me haar uitspraak, dat, als het werd weggenomen, het zou moeten worden vervangen door iets anders. Ze kreeg een ander leven in Nederland te zien, zodat ze kon zien, dat ze op een gegeven moment een sterk gezond lichaam bezat. Ze vond dat lichaam erg leuk, dus het onderbewuste zei dat ze het eczeem kon vervangen door het gezonde lichaamsbeeld van het Nederlandse meisje. Dit maakte haar erg blij en ze stemde ermee in om het te laten gebeuren.

* * *

Een andere, vrouwelijke cliënte had lage rugpijn, als gevolg van een schijfprobleem. Haar artsen wilden overgaan tot opereren. Ze herbeleefde een vorig leven als zwarte soldaat in Korea. Er ontploften bommen in de buurt. Hij werd in de rug geraakt, en men gooide hem in een greppel vol water. Verlamd als hij was door de verwonding, raakte hij er niet uit, en verdronk. Hij kwam te vroeg terug naar een volgend leven, en droeg de herinnering in zijn rug. Dit verklaarde ook haar huidige angst voor afgesloten ruimtes, en het niet krijgen van lucht. (Ze had ook af en toe bronchitis.)

* * *

Ik heb in mijn werk ontdekt, dat er meer zielen in de rij staan te wachten voor gehandicapte lichamen, dan normale. Dit is gemakkelijk te begrijpen vanuit het standpunt van de geest. Het plan voor reïncarnatie op Aarde is, om zoveel mogelijk karma in één leven terug te begroten, om zodoende te voorkomen dat je steeds opnieuw moet terugkeren. Karma kan op grotere schaal worden terugbetaald via een gehandicapt lichaam. De ziel leert grote lessen, en ook de verzorgers (ouders, etc.). En deze mensen hebben, voordat ze in dit leven komen, afgesproken dat ze voor het individu zullen zorgen, en hen zoveel mogelijk zullen helpen. Alles in het leven draait om lessen, hoewel sommige meer vergen, dan andere. En welke lessen worden er geleerd door iedereen die de gehandicapte ziet? Hoe reageert de waarnemer? Gehandicapten leren iedereen een les, het maakt niet uit met wie ze in contact komen. Ze mogen dus niet worden beklaagd of gemeden. Ze moeten worden geaccepteerd en bewonderd voor het kiezen van een moeilijk pad in dit leven.

* * *

Mensen die geadopteerd zijn, weten dat dit gaat gebeuren. Het is een gepland feit, en van de andere kant worden de afspraken gemaakt tussen de biologische ouders en de adopterende. De biologische ouders hebben ermee ingestemd, om de genen te geven die het fysieke lichaam ontwerpen, en ze leren een les door de baby weg te geven. De adoptieouders hebben ermee ingestemd om de baby op te voeden in de omgeving die het besloot te willen, om de lessen te leren die het in dit leven wenst. Toch zijn de plannen niet in steen gebeiteld. Er is altijd vrije wil (niet alleen die van de persoon, maar iedereen met wie ze in contact komen). Alle betrokkenen kunnen de uitkomst veranderen.

* * *

Het volgende geval gaat over mijn eerste liefde, dat wil zeggen: de ontdekking van verloren of onbekende kennis. Het is een interessant stukje mogelijke geschiedenis.

Een man in Engeland was directeur van een drukkerij, vooral goed met mensen en hij had een handje weg als het ging over onderhandelen. Toch voelde hij zich gevangen in de structuur van zijn baan en de daarbij horende verantwoordelijkheden, met name zijn huwelijk. Hij had een verontrustende gewoonte ontwikkeld. Hij was vaak aan het turen en begon al eens met zijn ogen te knipperen. Het was vervelend voor hem, en hij vond het maar vreemd overkomen als hij met mensen in een werksituatie praatte. Hij probeerde te doen alsof het slechts een oogirritatie was. Hij was ook gevoelig voor licht.

Hij wilde vooral weten of hij zijn richting in dit leven moest veranderen, misschien een andere baan moest zoeken, en misschien zijn vrouw en vier kinderen moest verlaten… Om een leven met zijn vriendin na te streven. Een deel hiervan kan het gevolg zijn van zijn leeftijd (hij was toen rond de veertig). Dit is immers, wanneer sommige mensen hun pad in twijfel beginnen te trekken, en denken dat ze "de boot hebben gemist". Hij had veel gevaarlijke hobby's: deltavliegen, duiken, bergbeklimmen. Hij hield van de opwinding en het gevaar van zijn tijdverdrijf. Dit was immers het tegenovergestelde van zijn werk... (Iets wat hij intussen als saai ervAarde.)

Zijn regressie was een heel vreemde ervaring, en ik vraag me af of we toen een onbekend stukje geschiedenis uit de Tweede Wereldoorlog hebben aangeboord. Aanvankelijk ging hij een alledaags leven herleven, als smid, bij een gezin dat gelukkig was. Ze woonden in een klein stadje, ergens in het Amerikaanse Westen. Er was niets ongewoons aan het leven, en ik vroeg hem om door te gaan naar een belangrijke dag. Toen hij dat deed, hijgde hij plotseling van afschuw, en meldde ie, dat hij de paddenstoelwolk van een atoomexplosie hoog in de lucht zag opstijgen. Tot een extreem helder licht merkbaar was dat hem overweldigde. Ik dacht, dat het de atoomexplosie in Hiroshima of Nagasaki moest zijn, want dat zijn de enige die ik kende. Maar dat was het niet...

Hij riep uit: "Het was te veel kracht! Ze moeten een fout hebben gemaakt! Het was veel krachtiger dan ze van plan waren!" Hij was in shock, en begon te stuiptrekken, te trillen en te schudden. Hij kon niet langer met me praten, omdat hij zo verstrikt was in de fysieke reacties die de herinnering met zich mee bracht. Ik legde mijn hand op hem, om hem te kalmeren, en ik vroeg hem, om zichzelf van het toneel te verwijderen. Ik wilde dat hij het vanuit een objectieve positie zou bekijken, zodat hij kon uitleggen wat er aan de hand was. Het duurde een paar minuten voordat hij dit kon doen. Hij was zo verstrikt in de trillingen en stuiptrekkingen, dat hij niet kon praten. Bijna alsof hij in een heftige schokgolf verzeild was geraakt. Toen hij eindelijk kon praten, zei hij dat hij lid was van een wetenschappelijk team, dat met dit soort machtige krachtuitingen experimenteerde. Dit gebeurde in Duitsland, wat me totaal verbaasde. Ze bevonden zich in een bergachtig gebied, en werkten in een laboratorium in een kloof tussen twee bergen. Hij dacht dat hij Russisch was, in plaats van Duits. Elk van de wetenschappers had een stukje van de formule of vergelijking. Ze moesten samenwerkend het geheel in elkaar puzzelen, om het te laten werken. Er kon niets afzonderlijk worden gedaan omdat niemand de andere delen kende. Hij was uitverkoren om deel te nemen vanwege zijn uitgebreide kennis van natuurkunde en wiskunde. De wetenschappers begrepen de concepten op papier, en de manier waarop het zou moeten werken, maar hadden het (nog) niet effectief proberen uit te voeren. Ze waren verwikkeld in een oorlog en probeerden een nieuw wapen te vinden. Het maakte niet uit of mensen kil waren, want ze probeerden enkel hun eigen mensen te redden. Blijkbaar waren ze aan het experimenteren toen de explosie plaatsvond, opzettelijk of per ongeluk. Hij was onder de indruk van de kracht van de explosie. Hij vond niet dat het zo groot had moeten zijn. Hij dacht dat ze bezig waren met iets dat een groot gebied kon vernietigen, maar hij hapte naar adem, wetende dat dit een hele stad of meer zou kunnen vernietigen. Het was veel krachtiger dan hij, (en hij veronderstelde ook anderen), zich hadden voorgesteld. Toen hij van bovenaf op het tafereel neerkeek, schoot er niets meer over na de explosie. Het laboratorium en alles eromheen was met de grond gelijk gemaakt. Zolang hij het vanuit deze positie observeerde, was hij in staat om coherent en objectief mee te delen wat hij zag. Als hij over de explosie sprak, en terug 'in' de scène dreef, zou het schudden en de stuiptrekkingen hoogstwaarschijnlijk opnieuw beginnen. Ik kalmeerde hem elke keer, om hem zo terug te brengen naar zijn veilige uitkijkpunt.

Zijn onderbewustzijn zei, dat hij een dieptepunt aan het verkennen was. Het was de bedoeling dat hij dit leven opnieuw zou beleven, zodat hij kon zien dat, als hij iets van deze omvang had overleefd, niets hem nog van zijn stuk kon brengen. Hij was in staat, om elke situatie die zich voordeed in dit huidige leven, te doorstaan. (Hoewel hij het toen niet overleefde, kwam zijn ziel er zonder kleerscheuren vanaf.) Dit verklaarde het loensen en knipperen, alsook de afkeer van fel licht, dat zich manifesteerde in zijn huidige leven. Dit kwam naar de oppervlakte als hij zich in een stressvolle situatie bevond. Het waren signalen die hem eraan probeerden te herinneren, dat hij alles aankon.

Experimenteerde Duitsland met kernenergie vóór, of tegelijkertijd met de Verenigde Staten? Mensen hebben me verteld dat de Duitsers betrokken waren bij experimenten met "zwaar water". Misschien was dit de reden dat het niet gelukt is. Misschien waren hun topwetenschappers, die de afzonderlijke delen van de kennis bezaten, in dit fagroote experiment meteen te ver gegaan, en was er geen manier voorhanden, om snel terug te keren naar een veilig niveau in het experiment. Mensen die ik hierover heb aangesproken, zeiden dat iemand de wolk en de fenomenen die erna manifesteerden, zou hebben opgemerkt. Misschien niet. We waren jarenlang aan het experimenteren in White Sands, New Mexico, voordat de eigenlijke A-Bom op Japan werd gedropt. Ze voerden experimentele explosies uit in de woestijn. Als iemand het van een afstand had gezien, hadden ze waarschijnlijk niet geweten wat ze zagen. Vergeet niet dat dit het meest zorgvuldig bewaarde geheim van de oorlog was: de ontwikkeling van de atoombom. Alleen degenen die in een positie waren om er iets vanaf te weten, deden dat ook. Tot de definitieve dropping van de bommen op Japan. Misschien gebeurde hetzelfde in Duitsland. Hij gaf aan, dat het laboratorium zich op een afgelegen plek in de bergen bevond. Misschien (net als White Sands) bevonden ze zich mijlenver van de bewoonde wereld, dus wie had het dan kunnen weten? Als iemand de explosie had gezien, zouden ze niet hebben kunnen benoemen wat het was, omdat zoiets niet bestond in het referentiekader van de mensheid. Zelfs normale bombardementen waren al verschrikkelijk genoeg. Dit was waarschijnlijk ook het best bewaarde geheim van Duitsland. Na de oorlog kwamen Duitse topwetenschappers naar de VS, om aan ons raketprogramma te werken. We weten wel, dat ze tijdens de Tweede Wereldoorlog experimenteerden, en met succes raketten (V-2's) lanceerden. Ik denk dat het heel goed mogelijk is, dat ze ook aan het experimenteren waren met kernenergie. Onze atoombom was oorspronkelijk bedoeld om op Duitsland te worden gedropt, maar de oorlog eindigde voordat hij klaar was, dus moest hij op Japan worden gedropt om te zien of hij zou werken... Dit is een feit uit de geschiedenis. (Zie mijn boek A Soul Remembers Hiroshima.) Ik denk dat het heel goed mogelijk is, dat beide landen aan geheime projecten werkten en misschien op de hoogte waren van elkaars vooruitgang.

* * *

Al deze gevallen vonden antwoorden die nooit zullen worden geaccepteerd. Deze antwoorden worden niet gezocht door de medische gemeenschap. Toch zijn ze volkomen logisch als je de weg volgt die wordt gevormd door de logica van het onderbewustzijn. Ze laten ook zien hoe de therapeut moet proberen dat deel van de cliënt ervan te overtuigen dat het probleem niet langer effectief een huidig probleem is. Men moet duidelijk maken dat het probleem eigenlijk toebehoort aan een ander lichaam, dat vele jaren geleden ophield te bestaan. Er zijn geen boeken om de hypnotherapeut te leren wat hij moet doen of zeggen in zo'n situatie. Veel gebeurt in een opwelling, en het advies vindt zijn oorsprong in "gezond verstand" wanneer je probeert om te gaan met een onverwachte situatie. Het belangrijkste is dat de klant op een bepaald moment moet worden beschermd. We moeten volgens dezelfde eed oefenen als leden van de medische professie: "Doe eerst en vooral de mens geen kwaad!"

Deze anekdotes zijn slechts enkele voorbeelden van de duizenden gevallen die ik heb uitgevoerd in naam van therapie. Ik probeerde er een paar te kiezen die de verscheidenheid aan verklaringen voor fysieke en andere problemem demonstreren. Ik wou ook tonen hoe het kan worden herleid tot een ander leven. Dit demonstreert ook het gemak waarmee het probleem kan worden aangepakt. Men moet gewoon willen werken met de onschatbare hulp van het onderbewustzijn van de persoon. De sceptici zullen zeggen dat de persoon een verhaal fantaseerde dat het fysieke probleem zou verklaren. Als dat zo was, waarom kozen ze dan voor zoiets bizars (en vaak gruwelijks) ter verklaring? Er zijn veel eenvoudigere manieren om dit te doen als ze een fantasiebestaan willen creëren. Als deze gevallen objectief worden geanalyseerd zal blijken, dat ze geen kenmerken van fantasieën vertonen. Zelfs als het hun verbeelding was, is het belangrijkste dat ze het antwoord op hun probleem hebben gevonden. En met het antwoord komt ook de vrijheid. Dat is mijn grootste voldoening die ik haal uit de jaren van werk: anderen kunnen helpen.

Natuurlijk zijn de vragen een essentieel onderdeel van het hele proces. Ik heb vaak van "hen" te horen gekregen, dat de manier waarop de vraag wordt gesteld van extreem belang is. Vragen stellen wordt een kunst. Als de vraag niet correct wordt geformuleerd, ontvang ik slechts gedeeltelijke informatie, of geen enkele informatie die van belang is. De vraag moet precies geformuleerd worden, en dit is wat ik heb geleerd tijdens het ontwikkelen van mijn techniek gedurende bijna dertig jaar. Oefening is erg belangrijk voor de ontwikkeling van elke therapietechniek.

Zodra een persoon de realiteit van het concept van reïncarnatie heeft geaccepteerd, is de volgende stap proberen te begrijpen dat de Aarde niet de enige school is die een ziel kan kiezen om naartoe te gaan. We hebben levens gehad op andere planeten en zelfs andere dimensies, waar het mogelijk is om geen fysiek lichaam te hebben. Het is mogelijk om een energiewezen te zijn. We worden niet beperkt door de fysieke wereld die we kennen als de Aarde. Alles is mogelijk.

Dit is wat ik in de volgende hoofdstukken onderzoek. Andere werelden, andere werkelijkheden, andere mogelijkheden.

Dit hoofdstuk heeft zich gericht op "normale" therapiegevallen uit het verleden. De volgende hoofdstukken zullen zich richten op de "abnormale" of ongewone gevallen waarin de cliënt nog steeds waardevolle informatie heeft verkregen over hun problemen, ook al heeft het onderbewustzijn hen ongebruikelijke en onbekende routes gevolgd om daar te komen. Onderweg leverde het ook waardevolle informatie op voor mijn nieuwsgierige geest als verslaggever en onderzoeker van "verloren" of onbekende kennis.

DEEL II
OUDE KENNIS EN VERLOREN BESCHAVINGEN

Hoofdstuk 3
De Katmensen

HET VOLGENDE GEBEURDE TIJDENS EEN PRIVÉSESSIE, die ik in juni 2001 uitvoerde, terwijl ik in Kansas City, Missouri was, op de Unity Church Convention.

In mijn hypnosetechniek breng ik het onderwerp terug naar een vorig leven door ze uit een witte wolk te laten neerdalen. Het kan zeer voorspelbare resultaten hebben bij normale therapie die terugkeert naar het verleden. Vaak zijn de resultaten eerder ietwat onvoorspelbaar, en kan er van alles gebeuren. Dat is een "opwindend" aspect van mijn werk. Ik weet immers nooit vooraf, waar de persoon naartoe gaat. In dit specifieke geval was Jane verrast toen ze uit de wolk kwam. Ze vond het verwarrend om zichzelf in Egypte aan te treffen. Ze kon de piramides zien, maar haar aandacht was meer gericht op een prachtige tempel, die zich op een verhoging in de buurt bevond.

"De piramides van vandaag de dag zijn geruïneerd. Ze zien er ouder uit. Ik zie ze zoals ze er nu uitzien, maar ik kende ze toen, voordat ze werden verwoest. Ik herinner me dat ze nieuw en glanzend en mooi waren. De schilderijen waren zo prachtig. Ik zie de schilderijen in de ruïnes, voordat ze werden kapotgeslagen of verbrand. Het is net alsof ik thuiskom. Ik ken(de) deze plaatsen. Dit is voor mij een zeer comfortabele omgeving. Daarom ben ik hierheen gekomen. Is dat niet grappig? Ik ga terug naar het toen in plaats van het nu. Toen ze nog bestonden, het is ongelofelijk, zo prachtig! Ik zie de gouden beelden in de tempel! Ik raak met mijn gezicht de gouden figuur aan, de gouden kat. En het is grappig hoe goud zo'n warmte afgeeft. Er zit een energie in dat goud. Ik werk met de farao's, en ik ben een van de uitverkorenen in de tempels. Ik ben naar een tempel gegaan, ik koos er eentje waarbij ik zo'n grote liefde voelde dat ik het niet kon negeren. Ik zie het allemaal. O, mijn hemel! Al die mensen."

D: Zijn er mensen?

J: Niet op deze plek. Ze zijn hier niet ingewijd.. Het is een van de weinige plaatsen in de tempel waar echt alleen de uitverkorenen mogen zitten. Ik probeer me hier meer op mijn gemak te voelen omdat het cognitieve deel van mij steeds weer zegt: "Dit is belachelijk!" En ik zeg: "Zwijg!"

Dit gebeurt wel meer wanneer de persoon voor het eerst een scène uit een vorig leven betreedt. De bewuste geest probeert af te leiden, en te verwarren, omdat het net wil plaatsen wat er gebeurt. Iedereen die de eerste keer meditatie probeert, weet precies hoe de geest kan prikken en proberen het proces te stoppen. Het beste wat men kan doen is, deze gedachtegang te negeren. Naarmate de persoon dieper ingaat op de beschrijving van de scènes, sluit de bewuste geest zich af, omdat niemand er aandacht aan besteedt. De hypnosetechniek die ik heb ontwikkeld, is ontworpen om de bewuste geest uit de weg te laten gaan, zodat deze niet kan ingrijpen. Je sluit het af, en stelt het onderbewuste in staat om de informatie vrijelijk te verstrekken. Zonder de vragen en inmenging van de bewuste geest is de informatie zuiverder en nauwkeuriger.

D: Maak je geen zorgen over dat deel. Vertel me gewoon wat je ziet.
J: Ik heb het gevoel dat anderen hier niet binnen zouden durven komen, omdat het voor hen niet veilig is vanwege de energie die hier heerst. Dit is immers de tempel van het witte licht. Dit is, waar het hier, en dus ook alles wat ooit heeft bestaan op dit niveau van "zijn", bestaat. En ik moet in dat licht vertoeven. (Al dit, sinds ze het toneel betrad, werd gezegd met een gevoel van ontzag en ongeloof.) En er is zo'n aanwezigheid in dat licht.

Er was zoveel ontzag en eerbied, dat ik wist dat ik haar aandacht terug moest trekken. Ik wou het vestigen op het beschrijven van haar omgeving, zodat we haar locatie konden vinden.

D: Is de tempel een plek die los van de piramide bestaat?
J: Toen ik uit de wolk naar beneden dreef, kwam ik aan bij deze tempel. Ik denk niet eens dat ze dit al ontdekt hebben. Ze komen er wel steeds dichterbij. Je gaat door de graven, daar gaan de doden naartoe. Maar dit is een tempel waar de levenden komen

om te vertoeven. En dit is, waar ik woon. Hier werk ik. Daar ben ik voor geboren.

D: Ok, en, je zei dat er nog andere mensen waren?

J: Er zijn helpers aanwezig . Zij brengen de anderen naar ons toe, naar degenen die hier werken, mensen die in het licht werken. Ze komen naar ons toe, of worden naar ons gebracht, voor advies. En het is zo grappig, omdat ze denken dat wij degenen zijn die het weten, maar dat is enkel omwille van ons verblijf in het licht. En zij, zelf, zouden niet in het licht durven lopen.

D: Je zei dat er veel energie op die plek zit. De gemiddelde persoon kan dus niet in die energie leven?

J: Niet op die meest zuivere plek. Niet in het witte licht.

Ik vroeg haar of ze zichzelf kon beschrijven, hierdoor was ze weer in de war. Ze wist niet zeker, of ze een man, of een vrouw was.

J: (Verward) Ik blijf heen en weer gaan. Het ene moment voel ik me vrouw, maar een ogenblik later, heb ik het dan weer het gevoel, dat ik een man ben.

Ze droeg een lang los wit gewaad, maar ze had geen haar. Haar hoofd was kaalgeschoren.

J: We willen niet dat het zich ermee bemoeit. Ik voel me bijna vrouw, maar dat ben ik niet, omdat we wegblijven van vrouwelijk en mannelijk zijn. (Grinnikt). Maar ik denk, dat dit lichaam normaal gesproken als vrouwelijk zou zijn gecategoriseerd. Ik merk vaag, dat ik mijn borsten kan voelen. Ik ben echt mager, dus er is niet veel aan mijn lichaam.

Ze droeg uitgebreide sieraden, die werden beschreven als iets gemaakt van goud, en stenen die zich om haar onderarm klemden, zich om haar pols draaiden en zich uitstrekten naar de vingers.

J: Ze dossen ons geweldig uit. (Gelach). Het is meer voor hen dan voor mij. De mensen die komen om genezen te worden, ze houden van dat soort mooie gebaren / materiaal. Het geeft ze het gevoel dat ze ... laten we eens kijken? Hoe zouden we dat nu berekenen of verwoorden? "Meer waar voor je geld." (Gelach)... Daarom is er een standbeeld van een gouden kat. Ze maken daarom ook onze sieraden van goud, omdat degenen die de sieraden maken, de drager iets in het goud laten voelen. Het is als een liefde, weergegeven in gouden alchemie. Dat is het! Het zit 'm in de alchemie. Zij maken, met hun liefde voor ons, deze juwelen. (Verbaasd) Door hun handen gaan, helpt het goud. Dat is het! De manier waarop het licht erin wordt verwerkt. Dat is de pure energie die er doorheen komt. En het heeft een goede geleiding. Dit gebeurt door de aanwezigheid van het goud, zodanig dat, als ik de anderen aanraak voor de genezing, het voorkomt dat ze bij dit proces gekwetst raken.

D: *Zou het ze schade kunnen toebrengen, als je het goud niet had?*
J: Ja, als het een geleider vormt, een soort van brug tussen het etherische en het fysieke. Als ik het licht in ga, verwijder ik mijn sieraden. En soms trek ik zelfs het gewaad uit, omdat ik niets tussen mij en die vibratie wil hebben. Op andere momenten trek ik het gewaad aan, zodat ze worden afgeschermd van de lichaamsenergie die ik krijg.

D: *Dus je produceert meer energie als je in dat energieveld bent?*
J: Hmm, nee, ik draag het gewoon. Het is zo'n heerlijk gevoel. Het komt in je ... in de atomen van je lichaam. Het is zo'n gewelddadig gevoel, je hebt geen idee.

D: *Het is voor jou niet schadelijk, maar je moet het wel afschermen.*
J: Van de anderen. Het is te machtig voor hen. Het is alsof je ze aanraakt... En ze gaan "Poef!" (Gelach) Het is niets persoonlijks. Daarom moet ik op ze letten. Hun veiligheid waarborgen.

D: *Zit deze energie in een apart deel van deze tempel?*
J: Ja. We hebben er onze eigen steen in, om het zo uit te drukken, we dragen allemaal dezelfde soort steen. En degenen die die energie dragen ... wanneer we dicht bij die steen komen, komt het gewoon tot leven.

D: *Waar is deze steen?*
J: De mensen komen vooraan, daar is de hal waar de gasten verzamelen. Het is waar de mensen samenkomen. Erna is er het deel, waar de energie een beetje begint te veranderen. Dan gaan ze naar het andere deel, waar ze meer kunstwerken hebben geplaatst, en juwelen tentoon hebben gespreid. En dan is er nog het deel, waar we de steen bewaren. Dit deel is ver weg van de

anderen, zo kan het veilig worden gehouden. Er zijn gordijnen om de steen af te schermen.

Toen ik mijn onderzoek deed, ontdekte ik dat de oude tempels in Egypte waren ontworpen zoals zij vertelde dat ze waren. De tempel werd beschouwd als het Huis van de god, niet als het huis van het priesterschap. De hoogste priester was de farao, die hogepriesters en anderen aanstelde om zijn plichten jegens de goden uit te voeren in zijn naam. Er waren twee delen van de typische tempel: de "buitentempel", waar de beginnende ingewijden moesten komen, en de "binnentempel", waar men pas binnen kon gaan nadat men waardig was bevonden, klaar om de hogere kennis en inzichten te verwerven. De aanbidders werden nooit verder toegelaten, dan het buitenhof, waar ze hun offerandes konden aanbieden. Het beeld van de god aan wie de tempel was opgedragen, bevond zich in het binnenste deel van de tempel. Maar in dit geval van regressie, was er in de tempel iets krachtigers gevestigd.

In Jezus en de Essenen was er ook een gigantisch kristal in de bibliotheek in Qumran, waar de toenmalige studenten hun energie in kanaliseerden. Dit proces werd in goede banen geleid door de Meester van de Mysteriën. Jezus leerde deze energie te gebruiken toen hij daar student was. Dit kristal bevond zich ook in een beschermd gedeelte van de bibliotheek, zodat de studenten niet gewond zouden raken door te dichtbij te komen. Dit is ook vergelijkbaar met de Ark des Verbonds, die in het Heilige der Heiligen achter de sluier in de Tempel in Jeruzalem werd bewaard. Alleen gekmuurificeerde priesters konden ermee in aanraking komen. In 'Keepers of the Garden', besprak Phil een vorig leven op een andere planeet, waar hij een functie had als energieregisseur. Hierbij kwam een proces ter sprake, waarbij hij energie uit een steen tot zich richtte. Het lijkt er dus op, dat velen vroeger toegang hadden tot vergelijkbare krachtige stenen. Ze bezaten ook de kennis die nodig was. Ze waren in staat om te weten hoe ze de energie, die in deze stenen aanwezig vas, konden gebruiken en sturen. Dit maakt deel uit van de oude kennis die we als verloren wanen. Het moment lijkt aangebroken, om deze informatie weer in onze tijd te toe te passen.

D: De gemiddelde persoon gaat, als ik het goed heb begrepen, niet naar de kamer waar de steen is.

J: Niet voorbij die meest centrale gebieden. Het is immers niet veilig.

D: Ze hebben niet de training gehad, die nodig is, om die energie aan te kunnen.

J: Het draait vooral rond het kunnen loslaten. Dat is, waar ik in dit leven zo hard voor heb gewerkt, is eigenlijk gewoon.. Kunnen loslaten. (Een openbaring.) Oh, is dat niet geweldig! Degenen onder ons, die met de heilige steen kunnen werken, stoppen een klein stukje ervan in de piramides, voor die farao's. En daarom kunnen mensen dus effectief komen te sterven, als ze die delen van de piramides durven ingaan. Eigenlijk is die steen zo krachtig, dat er maar één klein stukje per piramide mag zijn. En degenen die daarna – in de huidige tijd – de grafrovers... Degenen die er alsnog in gingen, praten over de vloeken. Er is geen vloek. Het is de steen.

D: Het is gewoon energie, en die energie is waarschijnlijk niet met iedereen compatibel.

J: NEE! Nee! Je snapt het!

D: En ze zien het als iets negatiefs.

J: Dat is waar. Maar kijk, de steen manifesteert alles. Dat is het geheim van de steen. En als hun hart niet zuiver is, kunnen ze daarom vernietigd worden, omdat ze in de buurt van extreem (!) pure energie komen.

D: Ze manifesteren waar ze bang voor zijn, wat het ook is. (Jazeker) Dat is logisch. Maar wat voor soort steen is die belangrijkste?

J: Dat is eigenlijk wel grappig, je zou denken dat het een speciale steen zou moeten zijn. Maar het is ietsje meer ... veelomvattend, dan dat. Kristallen werken goed als geleider of opslagplaats. Het is moeilijk om een geschikt, zuiver, kristal te vinden. Eens in het bezit van het zuivere kristal, neem je het mee naar de heilige energie, de plek met die "exacte" vibratie. En die combinatie, is wat het kristal bijzonder maakt. Het is niet zo, dat het kristal zelf bijzonder was voor het werd toegepast. (Grinnikt) Is dat niet grappig? Mensen kopen nu al deze kristallen per toeval, en ze denken dat het de kristallen zijn, die hen helpen. (Grinnikt) Het is de energie, niet de kristallen zelf. Het is die goddelijke energie.

D: Maar het voorwerp dat je beschreef, hoe groot ook, is als een kristallen steen?

J: Wel, nee, dat is het enige dat het fysiek kan vasthouden, naast deze lichamen, die ermee hebben ingestemd. We gebruiken echter de grote kristallen, want wanneer we naar onze gemeenschappelijke plaats gaan. Wanneer we ons openstellen voor die energie, kan dat zuivere kristal die energievorm voor ons opslaan. Het is een beetje zoals oplaadbare batterijen. We kunnen het daar opslaan, en dan gaan we naar buiten en werken we met de mensen. Net zoals je batterij van je mobiel functioneert, gewoon een tikje anders.

D: Je bent in staat om de energie mee te nemen en later te gebruiken.

J: Ja, en ook om het door te geven. Ik probeer ze dan te helpen 'zien', als het ware. We kunnen ze er echt een goede boost mee geven, omdat de alchemie van het goud op de armbanden helpt, zodat ze niet gewond raken. En dan blijft die energie wat langer bij hen. Ik kan ze gewoon aanraken, en ze snappen het best goed, maar die sieraden versterken het. Het schermt hen ook af van zichzelf, omdat die heldere pure energie te sterk is om veel negatieve energie toe te laten.

D: Waar komt deze energie dan vandaan?

J: Dat komt van andere lichtbronnen. Van de uiteinden ervan. (Zachtjes) De Bron van God...

D: Hoe kan het in die ene kamer worden geleid? Het zou toch overal aanwezig moeten zijn? Het zou eigenlijk op die manier ook verdwijnen.

J: Wanneer we reïncarneren, in dit fysieke rijk, maken degenen onder ons, die de energie kunnen dragen, een overeenkomst. En die nodige energie, hebben we echt van binnen. Er is een alchemie in dat welbepaalde lichaam. En dat geeft dat lichaam behoorlijk moeilijke tijden wanneer ze incarneren. Dat is de reden waarom Jane's nieren zich in haar huidige leven bleven afsluiten, omdat het de filtering was, van karma van die ziel, die geest. Want wat er ook gebeurt, we moeten die slechte ervaringen doorstaan. We willen uiteindelijk alwetend zijn. Maar die energieën bestaan wel degelijk. Dus wanneer ze in een zeer krachtige staat, in dit lichaam komen, is er enorm veel reiniging. Het is zo ontzettend reinigend, dat die nieren het niet aankonden.

Jane had als kind verschillende aanvallen, en stierf bijna. Ze bracht maanden door in het ziekenhuis, terwijl de artsen vochten tegen ongewone en onbekende symptomen die ze niet konden verklaren.

J: Daarom werd ze zo ziek en moest ze in het ziekenhuis liggen. Het was de energie die ze met zich meebracht.

D: *Zou de energie dan niet beter bij het lichaam in Egypte zijn achtergebleven?*

J: Wel, technisch gesproken niet. Die witte energie, in de tempel van genezing – dat is wat het is, een tempel van genezing – we kozen ervoor die energie in het kristal op te slaan, zodat het vlotter voor ons zou zijn als toegangsweg naar deze fysieke wereld. Het werd zo ook makkelijker om onszelf nieuw leven in te blazen. Het gebruik van het kristal / de steen gaf het een focus.

D: *Maar ik zou denken, dat wanneer de ziel dat lichaam verliet, de energie bij dat lichaam zou zijn achtergebleven. En niet naar voren gebracht. Omdat het lichaam, in Egypte, de "vorm" is die het bestuurde, werkend met die energie.*

Mijn eerste zorg bestaat eruit, om het lichaam te helpen genezen in de huidige incarnatie. Ik probeerde, om de twee persoonlijkheden te scheiden, zodat de overdracht tussen beiden geen schade toebracht aan het lichaam van Jane.

J: Ja, maar we zijn hier om die energie binnen te halen. Het is eigenlijk de geest die die energie draagt. En die geest hoort bij dat lichaam. Het is dus de geest die dat bezit. En het draait dus om de mate waarin de geest in dat lichaam op het fysieke aspect aanwezig zal zijn. Ik dacht niet dat het zo technisch was, maar het blijkt echt zo. In Egypte, in die tijd, in dat lichaam, was de alchemie van het fysieke één aspect. Maar de suikers, de verontreinigingen van het lichaam die gaande is in deze fysieke tijd, de omgeving, de lucht... Zelfs de zon is anders. In Egypte kon je bijna naar buiten gaan, en genezen worden door de zon. En nu; in dit leven is er zoveel afval in diezelfde lucht, dat het huidige lichaam, als het nu naar buiten ging om te spelen, en zou proberen zichzelf te genezen, dat niet mogelijk is. Toen dit lichaam geopereerd werd, was het moeilijk om de pijn aan te kunnen. Ze had kunnen zeggen: "Nee, ik verlaat dit lichaam. Ik ben hier weg." En dit lichaam had echt geluk, vanwege het incarnatieteam, de ouders, de liefde. De liefde, vooral van die moeder voor dit lichaam. (Grinnikt) Ik kon haar horen aanmoedigen dat ik van de andere kant moest incarneren. En ik wachtte een tijdje, omdat ik wist dat dit leven niet leuk zou zijn.

D: *(Probeert haar terug te brengen naar het oorspronkelijke verhaal.) Maar het is interessant voor mij, dat de geest die energie nu naar buiten weet te brengen.*

J: Maar kijk, dat, wat geest is, is een energie. We zijn alemaal een vonk van De Oorsprong.

D: *Ja. Maar het fysieke lichaam in Egypte werd blootgesteld aan die energie, en wist hoe ermee te werken, hoe ermee om te gaan. Daarom was ik verbaasd dat die energie nog steeds bij de geest zou horen.*

J: Het was echt niet zo dat ze gescheiden waren. In de oceaan van liefde en barmhartigheid, is hetgeen dat telt vooral dat heldere witte licht. En dan breken we in dat kleine vonkje. En dan incarneren we. En toen ze in die vorm van incarnatie in Egypte belandde, kwam veel van dat witte licht met haar mee. Toen wilden we dat witte licht in het nu brengen. En toen we dat deden, vanwege het milieu ... Ik bedoel, het was niet die energie toen, het was niet hetzelfde als dezelfde energie nu. Want het is allemaal nu. Het is gewoon een bevlieging, een fase (voorbijgaand iets), en dit deel van de fase, met als bron ervan: het milieu. Dat is een gevoelige zaak, dat is het probleem.

D: *Maar de energie, zei je, komt van De Bron. En het ging dit kristal binnen en beheerste het. Ben jij getraind, om te weten hoe je deze energie kunt creëren en sturen?*

J: Nee. Je wordt ermee geboren. Je hebt het geleerd. Maar het kan niet worden onderwezen. Je draagt het met je mee van je andere scholen en je andere reizen als ziel.

D: *Ik vroeg me af, of je met anderen geleerd hebt, hoe je deze energie kunt creëren met het kristal op die plek.*

J: Nee, toen was het moeilijker voor de ouders, omdat de kinderen dit gewoon deden en de ouders eerder "verroest" waren. Hoe zeggen we dat? We hebben het gewoon gedaan. Het kind deed het gewoon. En daarom moest dit kind eerst ... weg zijn van de ouders en van fysieke dingen, omdat het lichaam dingen deed. Als die ouders dat hadden gezien, waren ze in paniek geraakt. Ze zouden te geschokt zijn geweest. Want als kind, als je incarneert, doe je het gewoon. En in de tijd van de piramides, toen dat kind werd geboren, gebeurden er dingen toen dat kind klein was. De ouders wisten dus, dat dit kind naar deze school gebracht moest worden. Dit wil zeggen, het werd naar de tempel gebracht, waar degenen die ook deze dingen deden, in staat waren om dat kind op een zielomvattende manier op te voeden, omdat die ouders wisten dat ze dat zelf niet konden.

Dit was vergelijkbaar met het geval van Molly, verteld in een ander hoofdstuk, die verbazingwekkende vaardigheden had in dit leven als baby en heel jong kind, wat haar ouders enorm bang maakte.

D: *Het moet in een andere omgeving zijn. (Jazeker.) Maar er waren ook anderen bij jou.*
J: En ze zijn ook zo geboren.
D: *En ze werden daarheen gebracht. Maar je zei dat deze tempel in de buurt van de piramides ligt? Je kunt ze dus zien, van waar jij bent.*
J: Ja. De piramides zijn van bijna overal te zien. Ze bouwden de tempel op een hoogte, een hogere plaats. En dan vandaar, kun je naar buiten kijken en kun je zien waar de piramides zijn.
D: *Maar je denkt niet dat die tempel ooit is ontdekt?*
J: Nee. De tempel werd aan het stof overgelaten, omdat het zijn tijd was. Het was niet zijn tijd om bekend te zijn, zoals het wel het geval was voor de piramides. En er is iets met de Sfinx, trouwens. Het kattengedeelte - en dan het gezichtsgedeelte. Dat is grappig. Het is bijna alsof iemand het wist. Het is als mijn gehechtheid aan het kattenbeeld. De tempel moest worden opgeheven. Daarom bouwden ze de Sfinx.
D: *De tempel was er al voor de Sfinx?*
J: Ja. En het enige dat een herinnering was aan die tempel die verwoest werd, was deze Sfinx. Het vertegenwoordigde de kattenmensen. Ze noemden ons de kattenmensen, want we hadden onze gouden katten, en we hadden onze tempelkatten. Het was voor mensen, die onze hulp nodig hadden. Het leven waarin ze zich bevonden, ach, ze zouden niet naar de tempel komen. Dus we zouden naar ze toe gaan, in de vorm van katten.
D: *Hoe doe je dat?*
J: Zie je, katten zijn heel bijzonder. Daarom hebben ze die houding. (Grinnikt) We konden ze oppakken, en we konden mentaal met ze communiceren. Als je ooit probeert, om met een kat op het fysieke

niveau te praten, kijken ze je aan alsof je gek bent. Tenzij je een van ons bent, en dan begrijpen ze het. Maar we hielden de kat dus vast en we praatten ermee. En dan stuurden we het beestje naar iemand om te helpen. Nadat ze klaar waren, kwamen ze terug, en ze vertelden ons wat er was gebeurd. Maar daarom bouwden ze dus die Sfinx met een kattenlichaam, of de leeuw. Dat is natuurlijk de grootste kat van allemaal. We hadden ook leeuwen in de tempel. Het waren onze beste katten. Maar weet je, als je een leeuw zou sturen tussen de mensenmassa's, zouden ze .... (Luid gelach)

D: *Ze zouden het niet leuk vinden. (Ze lachte nog steeds om het mengroote beeld.) En toen ze terugkwamen, kon je begrijpen wat de kat ....*

J: Ja. Omdat we visualiseerden, en de kat zou ons laten zien, dat ze weg waren en die persoon hadden "geraakt" op de juiste manier. En misschien opende die persoon zich voor de kat, en konden ze de connectie vasthouden en uitbreiden. In het beste geval kregen ze de energie die we hen stuurden.

* * *

Uit een encyclopedie:

"In Egypte werden katten als huisdier gehouden, niet alleen vanwege hun behulpzaamheid, maar ook vanwege hun schoonheid, intelligentie en gratie, ze werden geassocieerd met de goden. In Egypte waren ze heilig voor de oppergod Ra, die soms de vorm van een kat aannam, en Isis, de oppergodin, welke werd afgebeeld met de oren van een kat. Bovendien vereerden de Egyptenaren een katkopgodin, Pasht, die nauw verwant was aan Isis, en van wiens naam wordt aangenomen dat het woord 'pussy' is afgeleid. Kattentempels, en ook kattenbegraafplaatsen met duizenden lichamen van gebalsemde katten, zijn opgegraven in verschillende delen van Egypte. Veel andere dieren waren heilig voor de Egyptenaren, maar niemand behalve de stier, werd over het hele land aanbeden zoals de kat, die ze ook vereeuwigden in piramideteksten en in hun sieraden, Aardewerk en meubels.

Misschien begrepen de archeologen niet goed welke rol katten in die cultuur speelden.

* * *

D: *Was je erbij, toen de tempel ontbonden werd?*
J: Nee, ik was er al vroeger bij, van toen de tempel nog maar nieuw was. Toen het met energie functioneerde. Toen ik ze aan het helpen was om het tot stand te brengen. Als ik daar in het nu terug heen zou gaan, zou ik het alleen kunnen vinden aan de hand van de hoop stof die het intussen is. Om je maar een beeld te schetsen.
D: *Is de vernietiging met opzet gedaan?*
J: Ja. De mensen moesten die tijd van duisternis ingaan.
D: *Werd het tenietdoen gedaan door mensen zoals jij, mensen die daar op dat moment woonden?*
J: Nee. Hmm, ik denk dat ze dachten dat ze er verantwoordelijk voor waren. Dat de energie zelf, de goddelijke bron, boos was. En dat die bron zei: "Prima, als je mijn hulp niet wilt, dan houd ik op met op die manier voor je te bestaan." En het was gewoon ... weg. Het was niet nodig dat het op het aardse vlak was. Het is gewoon "swoosh". Alles, weg.
D: *Wat werd er bedoeld met "als je mijn hulp niet wilt"? Zijn de tijden veranderd nadat je er was?*
J: Ja. Mensen geloofden meer in het goud dat we droegen, dan in de energie die we erin stopten. Dus begonnen ze die beelden te maken, die verdomde beelden. En ze baden tot die stomme beelden. En ze baden tot dat goud. En ze zeiden: "Nu ben ik genezen vanwege het goud." We probeerden ze te leren, dat het niet het goud was. Dat het de energie was, maar dat konden ze niet begrijpen. In dat leven besloot ik, op een bepaald moment,het goud te pakken en iemand te genezen, omdat ik kon zien waar ze naartoe gingen. Ik raakte ze aan.. en ze stierven. Het was te veel energie. Ze hebben me toen zelfs vervloekt. Ze dachten, dat ik ze in de val had gelokt, met opzet... En ze sleepten me door de straat, en toen stenigden ze me tot de dood. Nadat ik het goud niet had gedragen, kregen die gekke dwazen het idee, dat het het goud was, dat de oorsprong was van genezing. Ze wisten natuurlijk niet beter. Ze konden het niet begrijpen, tenzij ze een kind in hun leven lieten komen zoals wij zouden doen. En hoewel de ouders het in die generatie alsnog probeerden uit te leggen, was het te laat.

Dit deel, over het oplossen van de tempel klonk bijna helemaal, als wat er gebeurde met de tempels van de Zon en de Maan, in het Bartholomeus-verhaal, te vinden in het eerste boek van deze reeks.

D: *Ik had gedacht, dat de energie gewoon weg kon, maar dat het gebouw zou blijven.*
J: Door wat we hadden kunnen doen, was het in zekere zin alsof we God moleculair maakten. En elk klein stukje van die tempel had die energie in zich, vooral in dat ene heilige gebied. En daarom, moest het worden ontbonden, want als de mensen daar later waren binnengelopen, waren ze instant... opgebrand. Daarom dus, haalden ze al het goud eruit, vanwege de energie die het goud had. De goudstop, om het zo te noemen, genas mensen.
D: *Dus het deed wat goeds.*
J: O ja. Maar de tempel zelf, en het stuk kwarts, de heilige steen, veranderden in stof toen het werd ontbonden. (Een openbaring.) O, in hemelsnaam! Als je nu naar de zandkorrels in dat gebied kijkt, zie je kleine kristallijne stukjes. En dat zijn de kleine stukjes van de heilige steen. Maar de steen zelf moest worden afgebroken in die kleine fragmenten, om niet meer de kracht te bevatten die dodelijk was.
D: *Maar er is nog steeds veel energie in dat gebied, nietwaar?*
J: Oh, ja! En we berekenen het,... En wanneer het goddelijke ergens mee instemt, verandert het niet alleen van gedachten, zoals een mens dat doet, het verandert in de kern, en blijft... (Gelach) Ja, wat het doet, doet het.
D: *Dus de tempel was er op hetzelfde moment als de piramides.*
J: Ja, de piramides waren de oudste.
D: *De Sfinx kwam later?*
J: Ja, want nadat de tempel weg was, ook al begrepen de mensen niet wat we deden, waren ze dankbaar voor het goud. En het mysterie van de kattenmensen werd uiteindelijk overgeleverd als een legende. De priesters waren niet in staat om door te gaan met wat wij deden, omdat ze onze geheimen niet kenden. Het creëren van een legende was het beste wat ze konden doen.
D: *Waar gebruikten ze de piramides in die tijd dan wel voor?*
J: Ze fungeerden als satellieten voor die tempel. Zoals ik al zei, we namen een klein stukje van de heilige steen uit onze tempel, en stopten het in de piramide. Het was de bedoeling om de groten uit

die tijd te eren. De grote Farao's. En ze waren geweldig in die functie. Zij waren degenen, die werden uitgekozen om met de mensen te werken. De farao's werden geboren met de geheimen, het zat in hun dna, net zoals wij geboren werden met onze geheimen. Soms om mensen te genezen en te helpen. En wij, dat wil zeggen, wij die eigen waren aan de tempel, stamden af van een vreemde energie, en die van de piramides waren dan weer van een andere energie. De piramide-energie had meer van het negatieve aspect in zich. Daarom bestaat het nog steeds, omdat het zoveel gemakkelijker toegankelijk is. Het kon in deze omgeving zeer vlot energie van mensen assimileren. Het was ook een manier om te proberen een deel van de grote tempel te verder te brengen naar de mensen, en het uit te leggen, meer toegankelijk te maken. (Pauze) Wij waren/zijn diegenen, die Atlantis en de vernietiging ervan overleefden. Dat was de eerste plek, waar die energie werd binnengebracht op dit niveau van leven. En daar leerden we voor het eerst, dat de energie afgeschermd moest worden van de massa. Het moest in die speciale tempel worden behuisd, want dat was de eerste locatie, waar de goddelijke energie werd gebruikt. En zodra de gekke mensen hun gekke ideeën begonnen te krijgen ... je kunt geen negatieve kant van dat goddelijke toestaan, zonder dat er destructie van komt. Het is niet zo, dat het goddelijke ernaar gaat wijzen en zegt: "Jezusmina, dat is slecht!" Zo is het niet. Het goddelijke doet dat niet. Het goddelijke gaat voorbij oordelen over het goede en het slechte. Maar wat er gebeurt is, als je dat negatieve hebt, en je brengt dat weer opnieuw in aanwezigheid, in het goddelijke, dan vergroot het. Dat was het verbazingwekkende deel. Dat was het niet eens in de Atlantische tijd. Het was niet dat ze slecht waren. Het was niet dat ze venijnig waren, maar het was het begin van het negatieve. Ik denk dat de Bronenergie zich realiseerde, dat we niet genoeg leerden om positief genoeg om te gaan met die kracht, ook al wilden we dat wel. Het is die geest, die ondanks alles, gewoon ... is. Spirit stopt nooit met bestaan. En we kunnen niet weglopen van het ene lichaam naar het andere zonder te verwerken ... of zonder gevolgen.

D: Je droeg de informatie gewoon van het ene leven naar het andere over.

J: Ja. Er waren er die men vertelde, over Atlantis, dat aan zijn einde kwam. Dat was zo moeilijk voor ons om onder ogen te zien, omdat we geloofden dat we les konden geven en zo alles konden helen, wat dus niet het geval was. En het was niet dat we geen les konden geven, of dat er niks te leren was nadien. De alchemie van de lichamen was aan het veranderen. En dat maakte deel uit van wat uiteindelijk leidde tot de vernietiging van Atlantis. Daarom moest het in Egypte weer compleet vernietigd worden, want die energie kon niet losgelaten worden op de mensheid met de mindset die toen heerste.

D: *De energie was te krachtig geworden?*

J: Ja. Ik heb die tempel verlaten en ik ben nu naar het oude Atlantis gegaan. Ik kan het beter begrijpen als ik met mijn voeten in Atlantis sta, want ach, dat was zo mooi. En ik was zo overstuur toen ze zeiden dat er een einde aan moest komen.

D: *Maar de energie werd misbruikt in Atlantis, dat maak ik op uit wat je me vertelde?*

J: O ja. Ze zagen het als de volgende stap. Kun je je dat voorstellen? Ze zagen dat als ... de volgende stap. Ik vergelijk het met van een klif springen. Want wat als ik van een klif kon springen ... en "ploef" kon gaan! Wat heb ik dan geleerd? Ik heb geleerd dat ik me te pletter kan "spetteren". Wat is je punt? Ze zeiden dat het niet de spetter was, het was de val, die telt. Leren van de val. Nogmaals, we proberen een richting te zien, en we hebben het over evolutie. Het was waar we naar probeerden te evolueren, maar dat lukte niet helemaal. De alchemie van het lichaam begon te veranderen. De alchemie van ons lichaam, en dan ... oh, wat ons lichaam zou kunnen doen! Deze lichamen kunnen het nog steeds. Maar de alchemie begon te veranderen, en zodoende begon de energie te veranderen. Toen konden we niet langer in de buurt van het pure komen. We moesten er steeds verder en verder bij uit de buurt blijven door een ongelijkheid in vibratie. En daarom kunnen we nu, onder deze hypnose, wel terug naar dat lichaam. Dat is nog steeds eigenlijk een vorm van schuilen onder al die lagen.

D: *Het heeft nog steeds de kennis?*

J: Ja. En daarom kunnen we ernaar kijken en zeggen: "Oké, ik ga dit genezen." (Grinnikt) En daarom heeft dit lichaam het hier echt moeilijk met het genezen van dit deel, (ze wees naar het midden van haar voorhoofd) omdat het dat goddelijke deel niet in dit dagdagelijkse leven kan accepteren.

D: *Het derde oog? (Jazeker)*

Ik wilde terug naar informatie over de Sfinx.

D: *Je had het over de Sfinx. Je zei, dat die later is gemaakt, ter nagedachtenis aan het Kattenvolk. Had het een gezicht zoals het nu heeft?*

J: Nee, het was meer een vrouwelijk getint gezicht. Ze hebben het later opnieuw gedaan.

D: *Dat is wat ik heb gehoord. Mensen hebben gezegd dat het oorspronkelijke gezicht anders gevormd was.*

J: Het originele gezicht was prachtig. Het was een vrouw. Het was een mooie, mooie vrouw. Oh, ik heb net iets gezien! Degene die ze gestenigd hebben? Dat was haar gezicht dat ze daar optrokken.

D: *Degene die je in dat leven was?*

J: Ja. Ik besefte niet dat ze me zo mooi vonden. (Grinnikt) Dat was ik niet. Het was hun schuld om mij te stenigen. Maar ze hebben me gestenigd, omdat ze bang voor me waren, omdat ik iemand had geboeid. Nooit eerder had ik iemand geboeid. Het enige wat ik wilde doen door die actie te stellen, was hen laten zien dat hun verdomde goud niet was wat mensen genas. – Er was ook de hoofdtooi. Ik droeg ook een hoofdtooi toen ik die healing deed. Het kwam op de schouders terecht. Oh, daarom heb ik last van mijn schouders! Van die verdomde hoofdtooi. Het was zo zwaar. Oh, en dat is mijn schuldgevoel. Dat is het! Daarom storen de schouders dit lichaam vandaag de dag, omdat ik dacht dat ik de verwoesting van de tempel had veroorzaakt.

D: *Dat deed je niet hoor.*

J: Oh, nee, dat weet ik nu.

D: *Hoe ziet die hoofdtooi eruit? Ik probeerde een visueel beeld te krijgen van hoe het oorspronkelijke gezicht eruit zag, de oorpsronkelijke Sfinx.*

J: De hoofdtooi had, om het zo te noemen, een schouderboog. Van daaruit kwam het omhoog, en toen ging het over naar de schedel. En het had een opleving, een intensiteit. Ze probeerden het een beetje als een zon rond het hoofd te laten lijken. Ze trachten die gloed van energie weer te geven, die we probeerden uit te stralen.

Het paste als een gloed van licht, een kroon, over het hoofd. En vanaf daar, naar de schouders, en zo verder naar benede, naar de poten. En om die vibratie weer te geven op visuele wijze, pasten ze dat "menselijke" verlichte deel/gezicht toe, op het kattenlichaam. Oorspronkelijk was het een ander schouderstuk, dat verbonden was aan die hoofdtooi, omdat het als een mantel was, die we aantrokken en weer konden afdoen. (Blijkbaar is ze hier overgestapt en begon ze haar eigen hoofdtooi weer te beschrijven.) En er waren juwelen op extravagante wijze aanwezig. Misschien waren het diamanten, misschien waren het kristallen, maar dat het "schitterde", was duidelijk, en het was allemaal netjes in het goud gezet. Het was dan ook verschrikkelijk zwaar, dat is vooral wat het verdomde ding was, loodzwaar. En de herinnering eraan veroorzaakte schouderpijn in dit huidige leven. De pijn werd ook veroorzaakt doordat ik al ontelbare keren (onbewust) dacht, dat ik de verwoesting van de tempel had veroorzaakt. De poten kwamen uit het schoudergedeelte van de hoofdtooi. Het was alsof je de kat neerlegde, en dan de mantel erop legde, zodat de poten aan het einde naar buiten toe reikten. Maar dit maakte dus eigenlijk deel uit van de mantel van die hoofdtooi.

Ze maakte handbewegingen, waarbij het schouderstuk tot aan haar polsen naar beneden kwam, en waarbij alleen de handen eronderuit kwamen en te zien waren.

J: En daarom zou het hoofd van de Sfinx zoveel groter zijn geweest, vanwege de hoofdtooi. En ook mede daarom viel het uit elkaar, het mantelstuk kon de verwering niet aan.
D: *Hebben ze het hoofd met opzet veranderd, of is het gewoon uit elkaar gevallen?*
J: Wel, het was het vrouwelijke ding van het geheel. De Farao's, de jongens met de piramides die er stil liggen... Zij waren niet zo happig op, en hadden geen voeling met het hebben van dit grote vrouwending "daar". (Grinnikt) Dus maakten ze het minder herkenbaar als het aankomt op het identificeren van een geslacht, het ziet er nu niet (meer) bepaald uit als een man of een vrouw.
D: *Klopt. Het hoofd is te klein voor het lichaam.*

J: Ja, veel te smal voor het lichaam. De farao's maakten dit kleiner, omdat ze ons in de loop van de tijd op onze plaats wilden zetten. Het lichaam was dat van een kat. En dus probeerden ze, proportioneel, het hoofd van een mens op een kat weer te geven. En toen deden ze de berekeningen. Wat is tweeënzestig keer? Tweeënzestig keer zo groot als het lichaam van de kat, zou de verhouding zijn geweest. Tweeënzestig, zoiets. Misschien was dat het wel. Je hebt de dingen gezien die de farao's boven hun hoofd droegen. Dat hebben ze, met onze mantel, van ons afgenomen.

D: *Er wordt gesproken over iets onder de Sfinx. Weet je daar iets over?*

J: Misschien is dat een deel van onze oude tempel. Misschien bouwde hij de Sfinx bovenop de plek, waar onze tempel was? Is dat het? Geheimen?

Gedurende deze sessie leek Jane informatie te ontvangen, die haar verraste. Kennis die ze niet verwachtte. Ook werden veel van haar antwoorden gebracht als gefluister. Heel zacht, maar de bandrecorder kon het oppikken.

D: *Mensen hebben gezegd dat er misschien iets onder de poten van de Sfinx aanwezig is.*

J: Onder het lichaamsdeel. Ze bewaarden wel een aantal van onze geheimen in dat lichaamsdeel, voordat de tempel werd verwoest. Omdat we een deel van onze kennis hebben vastgelegd. De lessen werden bewaard.

D: *Kun je zien waar dit zich zou bevinden?*

J: Ja, de poes zit erop. (Grinnikt) Heb je ooit een kat gezien, als hij een muis heeft gevangen, en trots op zichzelf is? Hij ligt erop. Dat is wat deze Sfinx heeft gedaan. (Gelach). Hij ligt op zijn grote vangst, op zijn grote prijs. De poten, misschien is dat de manier waarop ze erin komen. Tuurlijk, zeker, dat is het. Daar ga je naar binnen. Ik zie het bijna. Onder de poten bevindt zich een ingang. En ze deden het expres zo, want in onze oorspronkelijke tempel ... weet je nog, dat ik je vertelde, hoe we het meest energieke deel achterin plaatsten? Ik denk dat ze misschien een deel van dat zand uit de tempel hebben bewaard, de tempel die erna werd vernietigd. (Gelach) En niemand ... (Ze vond dit grappig) dit is schattig. Ze gaan onder die poten door, ze gaan de ingang vinden, ze zullen helemaal opgewonden zijn. Ze gaan daar terug naar binnen, en ze zullen het dan wel vinden. (Lachje). Grappig... stof en zand gaan ze aantreffen. En ze zullen zeggen: "Hiervoor?" (Gelach) Ze zeggen: "Ach, wel, dit was al eerder overvallen en geplunderd."

Dat zou zeker een schok zijn voor de ontdekkers, omdat ze zich niet bewust zouden zijn van het belang en de symboliek van het zand dat aan de oorspronkelijke energie van de genezende tempel kleeft.

D: Ze hopen waarschijnlijk fysieke overblijfselen te vinden, scrollen en dat soort dingen.
J: Er zijn dergelijke materialen. Maar het zal even duren voordat ze de boodschappen die ernaartoe leiden, kunnen ontcijferen. Het was immers onze geheimtaal.
D: Is er een manier om terug te keren naar dat deel, als ze de ingang vinden? Of gaan ze telkens opnieuw moeten zoeken?
J: Labyrinten? Ik denk dat ze er een labyrint van hebben gemaakt. (Pauze) Ik moet het niet zeggen.
D: Het is niet de bedoeling dat je dit zegt? Je mag niet?
J: Wel, degenen die niet vernietigd werden, in de tempel, waren boos. Dus maakten ze dit herontdekken heel erg moeilijk. En ze gaan het voor niemand makkelijker maken. Die dingen werden begraven. Maar als mensen daar binnenkomen, zullen ze een hele verschillende taal vinden, een die ze nog niet eerder hebben aangetroffen in dit leven. Afwijkend van wat ze denken dat er toen werd gesproken, omdat we onze eigen manieren van communicatie hadden. En het was niet zo dat we onze eigen manieren hadden omdat we zo rebels waren... Het is wat ons werd verteld, de leidraad die van hoger werd gegeven. Het was zo fijn om in de tempel te kunnen zijn, omdat het zo'n andere manier van zijn was, dan buiten de tempel. We hadden onze eigen grooten. We hadden onze eigen talenten. We hadden onze eigen manieren om alles te doen. Maar het moest wel anders, omdat onze energie zo verschillend was van "buiten". En het was hetzelfde in Atlantis, maar een andere omgeving, zodat we meer konden leren. We moesten de tempel opzetten, want met onze gesprekken met het goddelijke, en met wat we hier probeerden te leren, smeekten we ondanks zelf student te zijn, om nog steeds te kunnen onderwijzen. Maar het goddelijke zei: "Ze zullen het niet leren."

Wij zeiden: "Je moet ons een kans geven." En het goddelijke zei: "Vooruit dan maar, hier." Dat is wat het deed. En de bron zei: "Maar je moet helemaal gescheiden zijn, totaal verschillend, helemaal " Dus als ze daar binnenkomen, zullen ze niet begrijpen wat ze vinden. Ik weet niet eens of de hiërogliefen ....

D: *Het snijwerk?*

J: Ja, ja. Ik weet niet eens of ze die begrijpen. Ze zullen zo verbaasd zijn. Ik vraag me alleen af of ze er uiteindelijk in zullen komen. Maar ik veronderstel, met de dingen die komen, de dingen die komen ...(Zacht) misschien. Ze zijn zo in de war. (Gelach)

D: *Kun je toevallig zien of de ingang onder de poten moeilijk te vinden zal zijn, voor diegenen die ernaar zoeken, in de toekomst*

Waarom dat ik dit probeerde te weten komen, en meer details te krijgen, was, omdat ik slechts een week of zo eerder, een sessie had met een vriend, die handelde over hetzelfde. Ze werkt samen met onderzoekers in Egypte, als paragnost, om zo te proberen de verborgen tunnels te ontdekken. Ze was al in een bepaald deel onder de poten geweest, tussen de Sfinx en de piramide. Ze was ook van plan om er terug te keren, om meer onderzoek te verrichten.

J: Het is verborgen in het volle zicht, iedereen kan het zien. Het is zo voor de hand liggend dat het grappig wordt. Energetisch gezien, denk ik, dat als ik daarheen zou gaan, ik gewoon zou kunnen zeggen: "Begin hier met graven, jongens." Het zit wel heel diep. Ze deden hun uiterste best om het ingewikkeld te maken, maar zeker niet onmogelijk. Degenen die dit deden, begrepen wat de logica nu zou zijn, en dus gebruikten ze dat tegen hen. (Grinnikt) Dus, als ze proberen er een logische progressie rond uit te voeren, zullen ze alleen maar verder weg komen van waar ze willen zijn. (Ze vond dit amusant.)

D: *Maar als ze daar onder terecht komen, zullen ze, uiteindelijk, een labyrint aantreffen.*

J: Dat is wat hen gaat vertragen, omdat er zoveel verschillende doodlopende wegen zijn. En er is veel gebied dat zich uitstrekt tussen waar de poten zijn, en de rug.

D: *Maar alleen de juiste mensen zullen hetgeen ze zoeken, kunnen vinden, nietwaar?*

J: Wel, zij zijn degenen die het hebben gevraagd, vanuit hun ziel. Ze hebben gevraagd om die kennis in het 'nu' te kunnen brengen. Het zal sowieso al lang duren, voordat men het zal willen begrijpen. Het is misschien niet zo schokkend voor hen, de vragers van de kennis, omdat de foto's zullen aantonen dat het lichaam zichzelf kan genezen. Maar ze gaan het niet begrijpen, niet ten volle.

Ik stelde toen vragen waar Jane meer over wilde weten. Dit was het echte doel van de sessie. Ik zal alleen opmerkingen meedelen, die betrekking hebben op het verhaal. De rest is voor dit segment niet relevant.
Ik vroeg het onderbewuste, hoe dat leven in Egypte zich verhield tot de gebeurtenissen in haar huidige leven.

J: De grote ervaring voor haar persoon/ziel, was het besef dat zij de tempel niet vernietigde. Ook het schouder voorval. Daar droeg ze veel van mee, in dit leven.

We wisten nu, dat het ongemak kon worden weggenomen, omdat we de bron van het probleem hadden gevonden.

J: Wat ze moet begrijpen, is dat het goddelijke. Dat stukje, ja, je kan dat in zekere zin controleren. En soms, als we in het fysieke komen, denken we, dat we gewoon dingen proberen, maar dat is niet helemaal het geval. Ze dacht dat zij de oorzaak was van de verwoesting van die tempel. Nietes.
D: *Ze had er niets mee te maken, maar ze werd er wel voor veroordeeld (gestenigd).*
J: De tijd was aangebroken voor mensen, om te zien, dat het niet het goud was dat de genezing deed. Maar het goddelijke deel van haar wist dit op voorhand, en ze kreeg te zien dat ze daarvoor gestenigd zou worden. Waarom zou ze dat vergeten, denk je dan? Wel ik zal het je zeggen! Ze vergat het, omdat het zo verschrikkelijk was. Dat is logisch. Maar het was tijd voor het bewustzijn, om die verandering aan de oppervlakte te brengen. De mensen moesten die verandering doorstaan. Het was een goed iets, ook al leek het alsof dat een grote stap terug was. Er waren duizenden bij betrokken toen ze gestenigd werd, en het was een grote tragedie.

D: Ja, dat was zo, omdat veel van de vermogens, de talenten en bijgevolg het gebruik van energieën in die tijd verloren gingen, men wist niet hoe...

J: En daarom heeft ze het voorrecht verdiend om die kennis, terug te brengen in dit leven.

D: Daarom kwam ze met zoveel energie in dit leven, neem ik aan. Het was zodanig, dat ze als baby in het ziekenhuis moest verblijven. Om de energieën te leren assimileren, zodat het lichaam het aankan? Of heb ik dit verkeerd opgevat?

(Jane moest als baby maandenlang in het ziekenhuis blijven, vanwege ongewone symptomen die de artsen nooit konden thuisbrengen. Blijkbaar was het een assimilatietijd, zodat het lichaam zich kon aanpassen aan de hoge energie die ze in dit leven droeg. Een overblijfsel van het leven in Egypte. Maar dit is ook vandaag de dag nog terug te voeren op het leven in Atlantis, toen het gebruik van deze energieën gemeengoed was.)

J: Het goddelijke heeft met mensen gewerkt, zodat ze die ongewone ervaringen zouden hebben doorheen hun leven, zodat ze "wakker" worden. Dat is natuurlijk en normaal. In de Atlantische tijd was er iets mis met je als je dat niet deed. Het was een natuurlijk iets om te doen. En wat we er toen mee deden in Atlantis ... we liepen in het rood, in het negatieve. En na zoveel jaren dieper, dieper, dieper, dieper, in het negatieve te hebben gelopen, hebben we geleerd waar dat negatieve pad ons naartoe brengt.

Jane was beoefend om deze kennis te onthouden, zodat ze het kon gebruiken voor genezing in haar huidige leven. De energieën waren beschikbaar, ze waren nooit echt verdwenen. Ze hadden in sluimerende toestand gewacht, totdat ze zou reïncarneren in een leven waarin ze er gebruik van kon maken. De kennis, over hoe deze vermogens moesten worden gebruikt, zou op het gepaste ogenblik, naar de oppervlakte van haar bewuste geest komen. Het zou heel gemakkelijk en natuurlijk worden om deze energieën te gebruiken voor haar helende werk naargelang ze er meer ervaringen mee had. Ik merk dat veel, om niet te zeggen heel veel, van de mensen die nu leven, deze sluimerende energieën aanboren, omdat het nu tijd is om de vraag, die misschien al levens sluimert, nieuw leven in te blazen. En om de zoektocht naar het antwoord als iets positiefs te ervaren.

J: Ze bouwden de Sfinx voor haar, omdat ze hielden van wat ze deed. Maar ze waren er ook bang van, en daarom begroeven ze de geheimen er diep onder, omdat ze vonden dat zij de enige was die dat mocht weten, die dat mocht bezitten. Zodoende, toen ze stierf, werd die tempel verwoest. Er was zo'n grote angst die toen heerste, en ze begroeven die dingen diep onder alles. Ze bouwden de Sfinx, om haar te eren, en hopelijk, vermoed ik, om haar te sussen, zodat ze de mensen niet meer zou schaden.

Het moet ook erg beangstigend zijn geweest voor de mensen, toen de tempel volledig werd verwoest, gereduceerd tot een stapel stof en brokstukken. Het is gemakkelijk om te zien hoe onnatuurlijke gebeurtenissen bepaalde legendes, monumenten en afgoden kunnen creëren. Dit alles werd gebruikt, om te symboliseren wat er is gebeurd. In latere jaren zouden mensen niet het volledige verhaal over de gebeurtenissen kunnen verkrijgen, (vanwege hun onnatuurlijke componenten), en andere verklaringen konden naar voren worden gebracht door de machthebbers, zo werd alsnog het verhaal gevormd voor de massa. Vooral als ze de oorspronkelijke gebeurtenissen in diskrediet willen brengen, kwam dit van pas. Dit is de rol geweest van vele heersers en priesters door de geschiedenis heen, en ook de reden waarom veel van onze geschiedenis van de Aarde (vooral de oude tijden) verloren is gegaan. Een deel van mijn werk bestond eruit, deze geschiedenis terug te brengen naar onze tijd en zodoende weer toegankelijk te maken.

* * *

Er was een vreemde, en nogal ongewone nasleep rondom deze sessie. We waren in Kansas City, Missouri, waar we de Unity Church Conference bijwoonden. Mijn dochter Nancy, en haar kinderen, waren in het hotel waar de conferentie werd gehouden. Ze waren bezig met het promoten van mijn boeken, we hadden er een kraam. Toen de conferentie voorbij was, gingen we terug naar huis, dit wil zeggen, naar Huntsvile in Arkansas. Er was een tussenstop gepland bij het huis van mijn dochter Julia, in Lamar. Terwijl we probeerden de juiste straat te vinden om ons naar de snelweg buiten de stad te leiden, raakten we verdwaald, en gingen we door een onbekende straat. We passeerden een gigantische vrijmetselaren tempel. Ik was helemaal verbaasd toen ik twee zeer grote beelden zag, een aan weerszijden van de trap die naar het gebouw leidde. Het waren beelden van liggende sfinxen. Ze hadden het gezicht van een vrouw, en een ongewone hoofdtooi, die over haar hoofd kwam, en halverwege over de rug. Het lag gedrapeerd over haar schouders, helemaal tot aan de pols van de poten. Beide beelden bleken identiek te zijn. Ik stond met mijn mond vol tanden, en begon te vertellen over het toeval rond de regressie die ik net had voltooid. We reden een aantal blokken verder, voordat ik vroeg om om te draaien en terug te gaan. Ik wilde uit de auto stappen, en de beelden van dichterbij bekijken. Intussen kon ik ook wat foto's maken. We reden terug en parkeerden. Ik stapte uit, en liep helemaal rond de voorkant van de tempel en nam foto's van de beelden vanuit alle hoeken. Ik wilde visueel bewijs en iets substantieels, waar ik in een boek naar kon verwijzen, en ook om te helpen bij mijn onderzoek. Ik bleef me afvragen waarom de vrijmetselaars van Kansas City dit symbool van de sfinx tentoon stelden. Het was sowieso een afwijking van de traditionele versie van de sfinx die afgebeeld wordt in Egypte. Ik wist, dat ik de achtergrond van dit symbool verder zou moeten onderzoeken. Ik wist nu ook, dat de regressie een feitelijke basis had, en dat ik erover moest schrijven. Wie weet wat ik verder kan ontdekken? Ik weet ook dat het geen vergissing was toen we de "verkeerde" straat in gingen.

* * *

Sinds ik deze regressie heb mogen uitvoeren, heb ik geprobeerd om door middel van onderzoek, bewijs te vinden, dat een vrouwhoofdige sfinx echt bestond, maar tevergeefs. Ik heb al vermeld, dat er een tweede reuzensfinx zou hebben bestaan, aan de andere kant van de Nijl, maar daar heb ik verder niets substanstieels over kunnen vinden. Mij is verteld dat er vele, vele sfinxen in Egypte zijn, en sommigen van hen hebben een vrouwengezicht, maar worden gewoonlijk afgebeeld met vleugels. Een online bron meldde: "Zelden werd de Egyptische sfinx afgebeeld als een vrouw. Toen dat wel het geval was, symboliseerde het de godin Isis en/of de regerende koningin." Deze zelfde bron stelde, dat in de oudheid ooit een zonnetempel voor de Grote Sfinx was gebouwd, om er offerandes aan de opkomende zon te ontvangen. (Opnieuw de verwijzing naar goud, vertegenwoordigd door de zon.)

Er zijn ook vele, vele piramides van verschillende groottes in Egypte. De belangrijkste "gebouwen", zoals de Sfinx en piramides in de buurt van Caïro, zijn enkel degenen die het meest bekend zijn onder de populaire bevolking.

Aangezien ik niets meer te weten kon komen over de oude sfinx, besloot ik uit te zoeken waarom de vrijmetselaars in Kansas City de beelden van vrouwenhoofdige sfinxen bij de ingang van hun tempel plaatsten. Dit leverde verrassende resultaten op. De prachtige structuur is in oorpsrong de Scottish Rite Temple, gelegen op 1330 Linwood Blvd. in Kansas City, Missouri. Het werd gebouwd in 1928, en Jorgen C. Dreyer was de architect, alsook de beeldhouwer van de sfinxbeelden. Ik was, na afzienbare tijd, in staat om contact op te nemen met iemand met autoriteit in de tempel, en hij was in de war door mijn vraag: "Waarom hebben de sfinxen bij de ingang van het gebouw het gezicht van een vrouw?" Hij zei dat niemand die vraag ooit eerder had gesteld. Hij zei dat ze elke ochtend langs die beelden gaan om naar hun werk te komen, en dat ze het nooit in twijfel hadden getrokken. Maar ja, waarom zou een vrijmetselaarsloge, een op mannen gerichte organisatie, standbeelden van een vrouw bij hun ingang hebben? Hij zei dat het gebouw en de standbeelden een exacte kopie moesten zijn van het hoofdkwartier van de Schotse Ritus in Washington, DC. Dit werd gebouwd in de late jaren 1800 tijdens de Napoleontische tijd, toen de Egyptische architectuur de gebouwen in Amerika sterk beïnvloedde.

Ik ging op internet op zoek, om meer informatie te vinden over dit gebouw in Washington dat voorafging aan dat in Kansas City, maar het mysterie verdiepte zich. Het moesten exacte kopieën van elkaar zijn. De architectuur van het gebouw was dit wel, maar niet de beelden. De sfinxen in Washington die de trappen flankeren zijn mannelijk. Ze zijn niet identiek, de een heeft zijn ogen open, en de ander werd gemaakt met de ogen dicht. Er wordt gezegd dat ze Wijsheid en Kracht vertegenwoordigen.

Ik probeerde meer informatie te vinden over de beeldhouwer, Jorgen C. Dreyer, om te ontdekken waarom hij de beelden als vrouw heeft afgebeeld. Er was informatie over de man en het gebouw, maar niets te vinden rond zijn motieven. Van de website van de Kansas City

Library: "De Schotse Rite Temple-sfinxen werden voltooid in 1928 en wegen 20.000 pond per stuk. Elk van de twee vrouwelijke hoofden bovenop leeuwenlichamen met grif in details, draagt een medaille, die de vrijmetselaarsorde vertegenwoordigt. Ik probeerde meer te weten te komen door de krantenbestanden te onderzoeken rond de datum van inwijding van het gebouw in 1928. Ik dacht, dat er misschien een vermelding zou zijn van waarom de beelden waren ontworpen zoals ze waren. Maar opnieuw geen geluk. De Kansas City Star laat niemand meer toe om hun archieven te zien. Hoe verwachten ze dat mensen onderzoek doen, als er geen toegang is tot oude krantenbestanden?

Ik had net zomin geluk bij het vinden van enige vermelding van "The Cat People", behalve dat het bekend was dat katten zeer gerespecteerd en zelfs aanbeden werden in Egypte.

Dus besloot ik door te gaan met dit boek, ook al laat ik niet graag losse eindjes achter. Misschien heeft iemand, die dit boek leest, de antwoorden en kan hij of zij ze met mij delen.

Sfinxen met vrouwelijk hoofd in Kansas City

Sfinxen met mannelijk hoofd in Wahington DC

Hoofdstuk 4
De Godin Isis

DEZE SESSIE heb ik uitgevoerd toen ik in Las Vegas, Nevada was. Ik gaf er een lezing op een conferentie, in april van het jaar 2002. Ingrid was een magere vrouw van in de vijftig. Ze was opgegroeid in Zuid-Afrika. Ze had een zwaar accent, maar ik raakte eraan gewend naargelang de sessie vorderde. Accenten geven me altijd problemen. Ik moet heel goed opletten om bepaalde betekenis niet verloren te laten gaan. Soms gaat het cliënt niet zo diep in trance, als Engels hun tweede taal is, maar in het geval van Ingrid maakte dit geen verschil. Ze ging heel snel diepgaand in op bepaalde onderwerpen. Ik had niet eens de kans om te vragen waar ze was toen ze uit de wolk neerdaalde. Het begon met een emotionele uitbarsting. Ik moest de microfoon snel aanzetten om niks hiervan te missen.

I: Ik ben hier gekomen om vrede te sluiten! Anderen begrijpen onze manieren van leven niet. Ze vechten zoveel. Ze vernietigen zoveel. We hebben geprobeerd wat evenwicht te brengen, maar ze begrijpen het niet.

Ze was zo emotioneel, dat ze zich op de rand bevond van een huilbui. Ik vroeg me af wat deze uitbarsting veroorzaakte. Had het te maken met een vorig leven, of was het iets wat Ingrid al heel lang binnenin zich vasthield?

I: Ik wilde hier niet komen, mijn ouderen, de raad, dwongen me om hierheen te komen, omdat de planeet een verandering nodig had. En ik kwam. (Huilt)
D: Ben je al heel lang op Aarde?
I: Ik was hier zesendertigduizend (36.000) jaar geleden, in de tijd van Memphis. (Haar woorden waren moeilijk te begrijpen omdat ze tussendoor snikte.) Ik kwam toen van Sirius, om de vernietiging op deze planeet meer in balans te brengen.

Ik kan niet leiden, maar moet de cliënt zodanig op hun gemak stellen, dat ze hun eigen verhaal vertellen. Verwees ze naar de vernietiging van Atlantis?

D: Leefde je op het moment van de vernietiging?
I: Ik kwam na de verwoesting. Om de mensen te helpen. Het ras dat op Aarde was, om die te helpen.

De emotie zakte weg. Ze was nu iets makkelijker te begrijpen.

I: De overlevenden. Om hen de nieuwe manieren te leren. Om hen liefde te leren. Om hen harmonie te leren. Om hen te leren.
D: Zijn er anderen met je meegegaan?
I: Er waren er een paar van ons die in het schip kwamen. We landden op de plaats die jullie kennen als Egypte. Sommige overlevenden waren erbij, want dat was onderdeel van Atlantis. Een groot deel van Atlantis ligt onder de oceaan. En er ontstond veel nieuw land. Egypte maakte deel uit van Atlantis.

Haar uitspraak was heel bewust, alsof de namen van deze landen vreemd en moeilijk uit te spreken waren.

I: Sommige overlevenden waren in Egypte. En er waren anderen, die bevonden zich op kleine eilandjes. Na een tijdje verhuisden die naar ander, hoger gelegen, land.
D: Maar je leefde op wat je "Sirius" noemt?
I: Ja. We zijn een zeer hoog ontwikkeld ras, hoog ontwikkeld in frequentie, in energieniveau. We halen onze energie uit het licht. We eten geen fysieke dingen, zoals jullie op deze planeet doen.
D: Maar je zei, dat de anderen je lieten komen?
I: Er is een raad van ouderen aanwezig op onze planeet. Die houdt toezicht op een groot deel van de kosmos. Ze zijn verantwoordelijk voor het leven en voor de schepping. Ze creëren veel van de soorten, van de rassen, en veel van de planeten. Dit is hun taak.

Deze uitspraak over de schepping van onze soort verbaasde me niet, omdat ik dezelfde informatie heb ontvangen tijdens veel verschillende sessies. Het resulteerde in mijn boeken: "Keepers of the Garden" en "The Custodians", die het materiaal in detail behandelen.

D: *Moeten ze fysiek naar die planeten gaan om dit te doen?*
I: Ze hoeven niet per se fysiek te gaan, maar soms wel. Als ze dingen herprogrammeren. Als ze dingen herstructureren. Wanneer ze soorten die volledig uitgeleefd zijn, opnieuw maken - wat kunnen we hierover zeggen? – als de rassen zijn afgedwaald. Wanneer de frequentie en energieniveaus niet bevorderlijk zijn voor vrede en harmonie.

D: *Oorspronkelijk heb je de dieren daar gemaakt en fysiek meegenomen naar de planeet?*
I: Ze werden niet fysiek naar de planeet gebracht. We ontwierpen ze waar we waren, en toen kwamen we hier fysiek om ze energie te geven. Met de substantie van welke frequenties de planeet Aarde op dat moment dan ook heeft; de energieën en de frequenties van deze planeet.

D: *Dus je ging ook naar veel andere planeten?*
I: (Onderbroken) Zeker weten, ja! We hebben niet alleen deze planeet bewoond, maar nog veel, veel meer. Omdat wij de poortwachters zijn van deze planeet, en nog veel, veel meer planeten. Wij maken ons zorgen over wat hier aan de hand is. Zie je het zelf dan niet? (Ze werd weer emotioneel.) Met de vernietiging die gaande is. (Snikkend) We gaven hen de vrije wil, maar om liefde te ervaren, niet voor de uitvoer van disharmonie en vernietiging. Ze zijn afgedwaald.

D: *Maar je zei dat je niet wilde komen. Waarom hebben ze je gestuurd?*
I: (Ze kalmeerde.) Ze stuurden me de eerste keer na de zondvloed van Atlantis, om de toenmalig aanwezige soort te helpen. Er waren anderen die met me meegingen. We waren met velen. En toen de soort klaar was om zelfvoorzienend te zijn, vertrokken we.

D: *Had je in die tijd fysieke lichamen?*
I: We moesten onze structuur veranderen om af te stemmen op het meer basale niveau van de Aardesoort. Dus namen we fysieke lichamen aan – wat kan ik zeggen? – om meer afgestemd te zijn op de structuur; en de energieën en de frequentieniveaus van deze planeet. Dat is erg laag, en we zouden het "zeer basaal" berekenen.

Het sterrenstelsel dat jullie "Sirius" noemen, de helderste ster die je aan de hemel ziet, daar komen wij vandaan.

D: Hoe zag je er destijds uit, in je oorspronkelijke vorm?

I: We zijn nu lichtlichamen. Gewoon energiefrequenties. Je ziet ons als licht. Je ziet ons niet echt als een fysieke vorm, alleen maar lichtwezens.

D: Toen leefde je op een van de lichamen die om Sirius heen draaien? Is dat wat je bedoelt?

I: We wonen in Sirius.

D: Maar ik denk dat een ster op onze zon lijkt. Het zou erg warm en zeer helder zijn.

I: Het is niet alleen helder. Het is schitterend helder. Maar onze frequenties en onze energieën zijn in overeenstemming met dat systeem. Zoals jullie lichamen in lijn zijn met het Aardse systeem, zo zijn de onze ook met ons systeem. Onze frequenties resoneren met de ster "Sirius".

D: Je zou dan eerder een energie zijn, die deel uitmaakte van die zon, zoals wij dat noemen? (Jazeker) Dat was wat ik probeerde te verduidelijken. Je zei dat daar een raad is. Bevinden ze zich ook op de ster?

I: Ze bevinden zich daar, en ze bevinden zich ook in wat je "de centrale zon" noemt. We zijn voortdurend in contact met wat je "de Heren van het Woord" kan noemen.

Ik kon dit niet begrijpen. Ik dacht dat ze wetten zei, maar ze corrigeerde me, en zei dat het "Heren van het Woord" was.

I: De Heren van het Woord, van de Kosmos, of zoals je het zou noemen "het Woord". En zoals wij het zouden omschrijven, "de Kosmos", of "de Heren van de centrale zon", of de hogere wezens, of de lichtwezens van de centrale zon. Die maken deel uit van wat je "God" of Godin zou noemen, of waar ons licht begint.

D: Ik heb van de raad gehoord, maar ik wist nooit zeker waar ze zich bevonden. Maar dit zijn degenen die voor alle planeten zorgen?

I: Voor de hele Kosmos.

D: Zij maken alle regels en voorschriften, de wetten.

I: Ja. Er zijn veel wetten, maar ze controleren geen wetten. Het zijn wetten gemaakt vanuit liefde. Het zijn wetten die werken met vrijheid, en met liefde.

D: *Was je altijd een energiewezen, of had je ook andere levens?*
I: Ik had het vermogen om me te vormen naar de energiefrequentie. Ik moest soms een fysieke vorm aannemen, om de trillingsfrequentie van energieniveaus te verhogen. Niet alleen op jullie planeet, maar soms ook op andere planeten.

D: *Maar op dat moment, dat je voor het eerst te horen kreeg, dat je moest komen, wist de raad dat er iets met Atlantis zou gebeuren?*
I: De raad wachtte op de zondvloed in Atlantis. Het werd tijd. Het was te laat om Atlantis te redden. Maar ze moesten de planeet helpen, en de overlevenden, en het ecologische systeem en andere levensvormen. Help hen en help hen in hun overleving.

D: *Omdat er in die tijd veel onrust was.*
I: Oh, dat was er. Te erg. Veel te veel. Het was ook het moment in de tijd van draaien van de as, dus je kunt je de problemen en de vernietiging voorstellen met iets totaal scheef dat zich aan het herschikken is.

D: *Dus het was jouw taak om in Egypte te landen en de overlevenden daar te helpen.*
I: Ja, en ik heb er lang, heel lang gewoond. Ik leefde vanaf mijn tijd van aankomst, en vanuit mijn tijd van het nemen van een aardse vorm, om deel uit te kunnen maken van deze frequentie. En om met deze frequentie te kunnen resoneren, moest ik een aardse vorm aannemen. En dat aardse lichaam was minstens zeshonderd jaar oud, in een fysieke vorm. De meesten van ons leefden ongeveer in die tijd, totdat de mensen zelfvoorzienender werden. Toen zijn we vertrokken.

D: *Dus je leefde die hele tijd met hen, met dit fysieke lichaam dat je had gevormd.*
I: Ja, dat hebben we gedaan. En sommigen van ons trouwden met de Aardesoort, om het een hoger wezen te geven, om te helpen toen we vertrokken.

D: *Wisten de mensen dat je anders was?*
I: Oh, dat deden ze. Ze noemden ons "goden", omdat ze ons kenden. Daarom stond ik bekend als Isis, de godin. Ik was de vrouw, Isis, de godin. Ik nam het lichaam van het vrouwelijk geslacht. En mijn naam was toen niet zoals je het nu kent, als Isis. Ze hebben het enigszins veranderd. Ik was Ezi (fonetisch). Dat was de oorspronkelijke naam. Ezi, die je nu benoemt als zijnde Isis. We hielpen de mensen. We hebben ze alles laten begrijpen van

ecologie. We leerden hen over de verschillende kruiden. We leerden hen over de verschillende genezingsmethoden. We leerden hen hoe ze de frequenties moesten verhogen. We leerden hen over eenheid. We leerden hen over wat je "God" noemt. We gaven door wat we weten van de vriendelijke schepper. We leerden hen over Hem. We leerden hen, hoe ze van elkaar moesten houden, hoe ze elkaar moesten respecteren, hoe ze elkaars ruimte moesten respecteren. En respect voor al het leven. Dat alles erbij hoorde. Dat er geen scheiding was.

D: Ik veronderstel dat ze klaar waren om dit te horen, na de vernietiging.

I: Oh, ze waren er heel erg klaar voor. Ze waren klaar om zich om te draaien, om een andere weg in te slaan. Ze waren echt klaar om te veranderen.

D: Heb je ze ook geleerd hoe ze de gebouwen moesten bouwen?

I: Oh, ja. De piramides zijn oud, zo oud. Meer dan twaalfduizend jaar oud (12.000) zoals men soms denkt. Ze zijn oud, oud, oud. Meer dan je kunt bedenken. Het werd gedaan met een vorm van lichtenergie. Die grote stenen die je ziet zijn gedaan met lichtenergie.

D: Deden de mensen van Sirius het, of leerde je aan de anderen hoe het moest?

I: We waren medeverantwoordelijk. Maar sommige van de soorten die we door gemengde huwelijken hebben gecreëerd, resoneerden ook met sommige van onze frequenties. En ook zij konden met de lichtenergie werken, en de meeste van die massieve stenen en structuren teleporteren. En men ontwerp dingen heel precies, in overeenstemming met wat we hadden gepland, zodat ze in lijn waren met de planeet, en in overeenstemming met Sirius. Ze waren ook in overeenstemming met het ontvangen van de frequenties en energieën voor degenen die naar deze enorme tempels gingen. Het waren echte tempels van genezing. Het zijn niet, zoals mensen denken, tempels van begrafenissen. Dat zijn ze niet.

Jane zei hetzelfde in hoofdstuk drie, 'De Katmensen'.

D: Ik heb nooit gedacht dat het graven waren.

I: Ze zijn niet waar mensen naartoe gaan nadat ze sterven. Het zijn tempels om frequenties te verhogen. Om energie te verhogen. Daar zijn ze voor. Veel van de energieën zijn niet zo krachtig als ze waren, maar er is nog enige frequentie en kracht die overblijft. Wat er in de loop van de tijd is gebeurd, is dat mensen zijn binnengekomen met veranderingen in energieën en trillingen. En ze hebben veel van de oorspronkelijke essentie van die tempels bedorven. Ze hebben het verminderd in puurheid.

D: *Er zijn ook vele jaren verstreken. Dat zal toch een verschil maken?*

I: Tot op zekere hoogte wel. Maar als de mensen daar met zuivere intentie naartoe waren gegaan, en blijven gaan, dan zou hun vibratie veel, veel hoger zijn geweest. En het zou zijn gebleven zoals het was bedoeld, en zou vele, vele, vele mensen hebben geholpen.

D: *Maar de wereld bleef niet zo.*

I: Dat deed het inderdaad niet. Ze hebben de energieën en de vibraties zo besmet, dat het invloed had op alle levensvormen. En ze hebben de oceaan bestookt, als het ware. Ze hebben het land, de rivieren, alles op de planeet, uitgewoond voor eigen gewin. Alles. De oceanen, de bossen, de bergen, hun energie is overal aanwezig. We ademen die dingen ook in. Het is overal. Het is overal. Alles wat leeft ondervind er invloed van.

D: *Je kunt er nu niet meer onderuit.*

I: Nee, het is overal, overal.

Dit maakte haar weer boos. Ik zag me genoodzaakt het onderwerp te veranderen.

D: *Mij is verteld, dat ze in Atlantis de capaciteit hadden om dingen puur met hun verstand te doen.*

I: Ze misbruikten hun verstand. Ze werkten veel met kristallen. Ze gebruikten het licht van Kristallenergie om veel van hun werk te doen. Ze stonden hier voor open, maar ze wisten niet zoveel als wij. Ze wisten niet zoveel van de lichttherapie. Ze wisten ook niet genoeg over de Kristallenergie waarmee ze werkten. Ze misbruikten de Kristallenergie. Na de vernietiging hebben we hen laten zien hoe ze de dingen op de juiste manier kunnen doen, en hoe ze hun geest kunnen leegmaken.

D: Hoe zit het met de Sfinx? Werd dat ongeveer in dezelfde tijd gebouwd als de piramides?
I: De Sfinx werd rond dezelfde tijd gebouwd, binnen misschien wel duizend jaar. De Sfinx werd meer gebouwd door de Atlantiërs, omdat ze de Sfinx gebruikten voor sommige van de begraafplaatsen. Je zult merken dat er kamers onder de Sfinx zijn. Die werden gebruikt voor begraafplaatsen, of wat je ook "graven" kan noemen. Dat was het doel van de Sfinx. En de leeuw was de beschermer van die graven. Dat was het Atlantische geloofssysteem. Het is een expressie van de leeuwenenergie. De leeuw is de koning van de beesten. En deze wordt verondersteld te beschermen en te brullen bij elke potentiële graf- of grafrover.

D: Ze hebben inderdaad enkele verborgen kamers gevonden onder de Sfinx.
I: Er zijn er nog veel, veel meer, die ze nog moeten vinden. En wat de Hal Van Kennis betreft, die valt niet onder de Sfinx te vinden. Het bevindt zich onder de hoofdpiramide. Er zijn ook tunnels onder. Vele, vele tunnels, die naar verre plaatsen in het midden van deze planeet leiden. Naar soorten levensvormen, waar je geen weet van hebt. Jullie kunnen vanuit die tunnels naar andere levensvormen worden geleid, die deze planeet bewonen, wezens die onder de oppervlakte leven.

De ondergrondse steden zullen in het volgende hoofdstuk uitgebreid worden behandeld.

D: Maar de mensen die nu de leiding hebben over de piramides, weten niet dat deze dingen bestaan?
I: Ze zijn zich bewust van bepaalde dingen, maar vanwege het geloofssysteem, vanwege de religieuze doctrine die ze volgen, willen ze niet dat mensen weten dat ze vorige levens hebben gehad. Dat jullie ooit andere levensvormen zijn geweest. Dat het niet hun religie is, die hoogtij viert. Dat er andere vormen van aanbidding bestaan, dan hun vorm van aanbidding. Dat er andere middelen zijn om naar de Bron te gaan dan alleen hun middelen om naar de Bron te gaan...

D: Zijn ze zich bewust van de openingen die onder de oppervlakte aanwezig zijn?

I: Oh, ze zijn zich bewust van de tunnels. Sommige hebben ze zelf gesloten. Er zijn er een aantal die nog steeds open zijn. Maar ze zijn bang om dat in de openbaarheid te brengen. Ook omdat ze zelf bang zijn voor het onbekende.

D: *Dus ze laten mensen niet weten dat de tunnels er zijn. (Jazeker) Maar ze zijn toegankelijk vanuit de piramide?*

I: Ze zijn alleen toegankelijk vanaf de grote piramide.

D: *Maar ze hebben ze zelf nooit verkend, omdat ze bang zijn?*

I: Ze zijn heel erg bang voor het onbekende. Als ze dit naar de Westerlingen brengen, dan zijn de westerlingen niet zo – wat je zou noemen – "kip". Ze zijn niet bang om te verkennen. Ze kunnen manieren en middelen hebben om door deze tunnel te gaan, zonder teveel gevaar van instorting, of het gevaar verstikt te worden. Ze zouden door deze tunnels kunnen gaan, maar ze zouden er verstandiger aan doen om dat niet te doen. Want deze tunnels zijn heel erg lang. Mijlen en mijlen lang. Ze willen niet dat iemand van hen afweet. Reden nummer één zou het risico zijn. En nummer twee zou zijn vanwege het geloofssysteem.

D: *Waren jouw mensen verantwoordelijk voor het bouwen van deze tunnels?*

I: Ja, dat waren we. Het was heel eenvoudig voor ons. We gebruikten gewoon lichtenergie. En ook onze vorm van vervoer was heel, heel simpel. We reizen door het licht.

D: *Toen je de tunnels maakte, gebruikte je je voertuig?*

I: We hoefden echte voertuig niet per se te gebruiken. We konden ons gewoon mentaal voorstellen wat we wilden doen. En maakten het dan met onze geest.

D: *Waarom heb je ze onder de Aarde laten gaan?*

I: Er was een oppervlaktesoort die dat wilde ervaren. Het was een zeer geëvolueerde soort. Ze wilden weg van de waanzin aan de oppervlakte. Dus besloten ze Moeder Aarde te helpen en naar het midden te gaan om haar te helpen. Omdat ze, zoals je weet, een levend wezen is. Ze maken dus deel uit van haar helpers en deel van haar assistenten. En ze werken heel nauw met haar samen. Ze zijn zeer, zeer geëvolueerd.

D: *Waren er daarvoor mensen die onder de Aarde leefden?*

I: Bij mijn weten niet. Maar dit kwam tot stand nadat we hier kwamen.

D: *En ze maakten de tunnels, en toen wilden sommige mensen daar wonen?*

I: Ja. Ze hebben een frequentieniveau en trillingsniveau waarbij ze geen fysieke zon nodig hebben, zoals jij. Maar ze hebben middelen om licht te verkrijgen van het fysieke zintuig.

Zie hoofdstuk vijf, "De verborgen stad". Ook vernoemd in "Keepers of the Garden".

D: *Werden de tunnels gebouwd vóór de piramide?*
I: De tunnels werden gebouwd nadat de piramides waren gemaakt, omdat dit niet bij iedereen bekend mochten zijn. Alleen de uitverkorenen wisten hierover.
D: *Leven er nog restanten van deze mensen onder de oppervlakte?*
I: Er zijn er veel levend, heel levend, net zoals jij en ik.
D: *Hebben ze ooit geprobeerd om de tunnels aan de oppervlakte te krijgen?*
I: Oh, dat hebben ze. Ze zijn zeer, zeer geëvolueerd. Ze hebben manieren en middelen waarmee ze soms aan de oppervlakte komen. En ze hebben manieren en middelen als ze naar het midden teruggaan. Het is heel simplistisch voor hen. Ze gebruiken verschillende frequenties en verschillende lichttherapieën om dat te doen, omdat ze lichttherapie kennen en kunnen beheersen.
D: *Het klinkt alsof ze gebruikten, wat je probeerde te onderwijzen, en het zuiver hielden. Terwijl de anderen aan de oppervlakte het vervuilden.*
I: Dat deden ze inderdaad. Ze besloten om de zuiverheid te behouden en de planeet te helpen evolueren, toen ze klaar was om te bewegen en te verschuiven naar een hogere vibratie, alsook naar een hogere frequentie. Waar ze momenteel mee bezig is.
D: *Zijn er andere openingen in andere delen van de wereld die toegang verschaffen tot deze mensen die onder de grond leven?*
I: Bij mijn weten wel, ze zijn aanwezig in sommige van de andere piramides die te vinden zijn op deze planeet. Ik zie toegang in Yucatan, de piramides daar aanwezig. En er is er nog één, denk ik, in Bolivia. We kenden het niet als Bolivia, zoals jullie het nu kennen. Het had toen een andere naam.
D: *Maar andere mensen maakten deze openingen, zodat ze toegang hadden tot dezelfde plek.*
I: Het was dezelfde levensvorm, die we hebben gemaakt, die daarheen ging, omdat het vervoer heel gemakkelijk was. We

transporteerden door lichtenergie en door lichtfrequenties. En overal waar mensen waren die hulp nodig hadden, werd de nood voor hulp snel duidelijk. Dus dan gingen we daarheen. Daar werden piramides gebouwd, om hen de hogere wegen/manier van leven te leren. En tegelijkertijd creëerden we ook deze tunnels, omdat sommigen van ons regelmatig moesten gaan. Om nauw samen te werken met de Goddelijke Moeder. Om haar te helpen in haar evolutieproces.

D: Je zei dat je zeshonderd jaar in Egypte hebt gewoond. Stond je toen bekend als de priesteres Isis – en je zei dat je het anders uitsprak – voor de hele tijd?

I: Ja, dat was ik. Ik was wereldwijd bekend. Ik was bekend op deze hele planeet. En zo was ik ook op vele andere gebieden bekend.

D: Maar je was toch niet van plan om aanbeden te worden?

I: Het was volslagen onzin dat ze me aanbaden, om wie ik was, om de kracht die ik had, om de frequenties en de energieën die ik droeg. Ze zagen me als iemand die hen kon helpen en bijstaan. Het was niet in de eerste plaats een vorm van aanbidding, maar meer een teken van respect.

D: Waren ze dan na zeshonderd jaar zo geëvolueerd dat je dacht dat je weg kon gaan?

I: We hadden toen al genoeg soorten gecreëerd door te trouwen en samen te gaan met Aardwezens, om die frequentie en dat energieniveau te hebben. De nodige vibratie was bewerkstelligd, wat nodig was om het ras op dat moment te helpen. En zelfs de ecologie in die tijd werd erdoor hersteld. Om een balans te brengen op deze planeet. Dus na zeshonderd jaar zijn velen van ons, die in oorspronkelijke vorm kwamen, vertrokken. We lieten de hybriden, en degenen "die van ons werden gemaakt", achter om het werk voort te zetten.

D: Ging je in die tijd terug naar Sirius?

I: Ja, we verlieten ons fysieke lichaam en gingen terug naar Sirius. En namen onze oude vorm terug aan.

D: Als je weer thuis was, waarom besloot je dan om nu terug te keren naar de planeet Aarde?

I: Deze keer hebben we besloten dat er velen van ons moeten zijn. En er zijn velen van ons, die hier zijn, om goed te maken wat er in de Atlantische tijd werd gedaan. En dit keer om dat soort zondvloed te voorkomen. Omdat we zien dat deze keer steeds meer mensen ontwaken. Dingen kunnen gebeuren, omdat, zoals je zegt, die schuld als het ware in je vuilnisbak moet worden weggegooid. Dus dit is wat we doen. We zijn de schuld aan het wegwerken. Alle negativiteit weer opduiken om de lucht te klaren, te zuiveren als het ware. Zodat de dingen evenwichtiger, harmonieuzer en vrediger kunnen worden. Er zullen problemen zijn. Geofysisch, geologisch, zullen er problemen zijn met de menselijke rassen die elkaar bevechten. Maar wees er niet gestrest of boos over. Blijf in je plaats van liefde functioneren. En geloof dat alles, hoe dan ook, in een universele orde is. En geloof ook, dat alles uiteindelijk ok zal zijn. En alles zal goed uitdraaien. Het zal niet zo erg zijn als tijdens Atlantis. Dit is de reden, waarom velen van degenen die in Atlantis waren, in deze tijd zijn teruggekomen. Ze deden dat, om het onrecht dat ze toen verrichtten, goed te maken.

D: *Toen je na je tijd die je in Egypte had verbleven, terugging naar Sirius, bleef je daar dan tot de huidige incarnatie?*

I: Ja, dat heb ik inderdaad gedaan. Dit is mijn eerste incarnatie sindsdien.

D: *Maar je kwam deze keer terug met een fysieke bevalling. Is dat niet zo?*

I: Ja, dat klopt. Slecht een klein deeltje van mij kwam in feite terug. Maar het was genoeg voor de frequentie en energie die in die fysieke vorm was. Het was een heel kleine fractie van mezelf. En nadat Ingrid zich klaarmaakte om mijn essentie in zich op te nemen, ben ik steeds meer in dit fysieke lichaam gekomen, om te integreren met dit lichaam.

D: *Waarom heb je besloten om het op die manier te doen, in plaats van opnieuw een lichaam te creëren?*

I: Het was beter om het op deze manier te doen, omdat jullie planeet een verschillend frequentieniveau en een verschillend trillingsniveau heeft. Na de zondvloed was het veel gemakkelijker om dat te doen, omdat ze op zoek waren naar antwoorden. Ze waren op zoek naar goden. En we kwamen als goden.

D: *Dus nu is het gemakkelijker om in het lichaam van een baby te komen.*

I: Het was gemakkelijker om in deze tijd van frequentie als baby te komen, omdat de zondvloed niet is gebeurd. Het is een verschillende vorm en een verschillende vorm van gebeurtenissen die plaatsvinden. Dit is niet na een zondvloed, maar proberen een zondvloed te voorkomen.

D: *Ik zie het. Ik dacht dat het moeilijker voor je zou zijn, meer beperkend, op deze manier.*

I: Dit is de reden waarom een heel klein aspect van mezelf toen bij de geboorte binnenkwam. Als kind keek ik vaak naar de sterren en vroeg ik ze om me mee naar huis te nemen. Ik kon de mensen niet begrijpen. Ik kon niet begrijpen dat mensen aan het luieren waren of hoe ze elkaar niet leken te begrijpen op een samenhangend niveau. Toen ik als kind bedelaars in Afrika zag, moest ik huilen.

D: *Maar andersom had je zoveel meer kracht en vaardigheden. Het moet heel frustrerend voelen om op deze manier beperkt te worden.*

I: Het is in veel opzichten beperkend.

D: *En je moest ook als mens een leven leiden dat frustrerend is.*

I: Het was heel, heel zwaar, maar ik moest de wegen van de mens leren. Ik moest de wegen van verdriet leren. Ik moest de wegen van verschillende religies leren. Ik moest leren hoe mensen zich gedragen. Van allerlei menselijke gevoelens en emoties en ervaringen die de mens doormaakt ervaren, zodat ik het echt kan begrijpen. Het moest dus op een verschillende manier gebeuren, want er is nu veel meer van jullie ras dan tijdens en na de zondvloed van Atlantis.

D: *Maar je zei dat een deel van jou, je essentie, als baby binnenkwam. En dat er nu meer van "jou" wordt opgenomen, in dit lichaam bedoel je dan?*

I: Ja, er wordt steeds meer van opgenomen in dit fysieke lichaam. De frequentie of zogezegde vibratie van dit fysieke lichaam wordt met de dag verhoogd. Ze heeft veel nachtwerk gedaan. We werken met haar DNA. We werken ook met andere aspecten van haar fysieke lichaam. Ze weet het niet, maar we nemen haar vaak mee in haar slaaptoestand en werken aan haar. De leiding vertelde je eerder dat haar chakra's de hele tijd draaien. En dit is wat er de hele tijd met haar gebeurt. Wanneer ze ligt of in een rustige toestand is, of met iemand praat, draait haar vibratie voortdurend en wordt ze de hele tijd opnieuw geïntegreerd. Nu begrijpt ze wat er met haar aan de hand is. Ze begreep het niet.

D: *Dat is een van de vragen die ze wilde stellen: Waarom voelde ze de trilling en het gerinkel in haar hoofd?*

I: Nu begrijpt ze het, dus ze zal niet meer vragen stellen. Maar zal meer accepteren wat er aan de hand is.

D: Dat de energie alleen maar meer en meer incorporeert en verandert. (Ja, ja.) Is dit een van de redenen waarom ze, toen ze voor het eerst naar Egypte ging, die ervaringen had?

Toen Ingrid een paar jaar geleden met een reisgezelschap naar Egypte ging, kreeg ze zeer emotionele reacties toen ze de ruïnes van de Tempel van Isis bezocht. Het raakte haar fysiek zo sterk, dat ze de reis moest inkorten en terug moest keren naar haar huis in de Verenigde Staten. Het duurde enkele weken om mentaal en fysiek weer normaal te fungeren, maar ze had de extreme reactie nooit helemaal begrepen. Dit was een van de vragen waar ze een antwoord op wilde.

I: Ze kreeg te horen dat ze haar pad moest heroveren, om het zo te stellen, maar dat heeft ze niet gedaan. Ze heeft het, zoals je zegt op Aarde ... (langzaam en opzettelijk) uitgesteld. Het is voor mij een moeilijk woord om te zeggen. Ze moet weten wat ze moet doen, en kraken, zoals je zou zeggen. En beginnen doen, wat ze moet doen.

D: Maar dat is menselijk, aarzelen.

I: Ik weet het. Ze krijgt te maken met al deze menselijke gevoelens en emoties waar ze zo geïntegreerd in was, in een poging om de menselijke ervaring te leren. Het heeft haar tot op zekere hoogte ietwat belast, misschien beperkt. Ik denk dat het nu tijd is voor haar, om verder te gaan. Ze moet vooruit. Het is goed voor haar om haar Isis-connectie voor haarzelf te houden, want mensen zouden het niet begrijpen. Mensen zouden een verkeerde indruk hebben. Ze komen nu vooral voor in de egoïstische modus. En daarom zou ze dit aan niemand moeten vertellen.

D: Ze kan het alleen delen met degenen waarvan ze denkt dat ze het zullen begrijpen. (Jazeker) Maar daarom had ze die reacties, toen ze naar de Tempel van Isis ging.

I: Ja, veel van haar energie werd toen geactiveerd. Veel van het "zelf", werd toen geactiveerd. Omdat ze delen van zichzelf had toen ze in fysieke vorm was op dat gebied. Ze woonde een lange tijd op die plek. Dus toen ze daarheen ging, pikte ze haar oude energie op, van de frequentieniveaus daar, en integreerde dat. En dat was eigenlijk het doel. Daarom had ze de dran om erheen te gaan, want dat was onderdeel van haar integratie. Ze integreerde met al die energieën daar. Met de grond, met de rivier, met de bomen. Alle levensvormen waarmee ze integreerde toen ze er was.

D: *Het was min of meer bedoeld als kagrootysator, om het te activeren.*

I: Ze zal niet meer teruggaan naar Egypte, omdat het niet echt nodig is dat ze nogmaals teruggaat. Het hangt af van de wereldgebeurtenissen. Er is veel aan de hand in het Midden-Oosten. En er komen nog meer dingen aan.

D: *Ze maakten zich op dat moment zorgen om haar en brachten haar naar het ziekenhuis.*

I: Die ene keer dat ze bijna doodging, inderdaad. En we hielden haar in leven.

D: *Ze droeg te veel energie met zich mee. (Jazeker) Kun je haar gerustellen, gaat dit nog gebeuren?*

I: We zullen haar op alle mogelijke manieren helpen. We zullen ervoor zorgen dat het niet meer gebeurt.

D: *Ze is opgegroeid in Zuid-Afrika. Waarom moest ze daar weg? Het was een zeer traumatische en drastische beslissing voor haar, om daar te vertrekken.*

I: Het maakte deel uit van de goddelijke orde. Het was de wil van de geest dat ze naar het centrum zou komen. Het was de wil van de raad dat ze hierheen kwam, want dit was het land dat de liefdestrilling nodig heeft, die zij bezit. Het is dit land dat eenheid moet begrijpen, moet leren omarmen. Dat nood heeft aan…liefde begrijpen. Dat respect moet leren, voor al het leven, want het is de grootste kracht, aanwezig op deze planeet.

D: *Het maakte dus deel uit van haar lot om haar energie naar dit land te verplaatsen.*

I: De wereld moet echt dringend ontwaken, dringend leren om lief te hebben. Het moet echt de plaats van mensen op deze planeet respecteren. Het moet echt vrede sluiten. Het moet echt een balans creëren. Dit niveau van frequenties is nodig. Je hoeft niet te gaan moorden, omdat je olie nodig hebt. Je hoeft geen omstandigheden te creëren vanwege macht en hebzucht. Je creëert die dingen niet als ze ten koste van levens. Je creëert die dingen niet alleen, om meer financiële macht te hebben. Meer hebzucht en meer controle. Het is nu een staat van delen. Je moet je wereldwijde bronnen delen. Men moet de hongerigen voeden. Men moet van elkaar houden. Respect en liefde, daar draait het om.

D: *Dit is heel moeilijk, omdat degenen die aan de macht zijn ook degenen zijn die al deze dingen controleren en vaak niet vanuit dit principe handelen.*

I: We komen in een fase waarin er nu zoveel energie doorkomt, dat een heuse verschuiving mogelijk is. Er zijn namelijk veel hogere frequenties die op deze planeet worden gebracht. De mensen zullen geen andere keuze hebben, dan te veranderen. Alle rigide structuren die tot nu toe zijn gemaakt, zullen uit elkaar vallen. Ze hebben geen andere keuze dan te breken en te evolueren, plaats te maken voor het nieuwe. De mensen neigen nu al naar samenwerken met de kracht van het licht, of te leven met de kracht van liefde. Het is te machtig om te negeren. Er is niets dat de kracht van liefde overstijgt. Liefde is alles wat er is. Liefde is wat je ademt. Het doordringt de universa, de kosmos. En liefde is waar alles van gemaakt is.

D: *Dat is waar. Het wordt vast nog interessant, om te zien hoe het de machtsstructuren kan overmeesteren. Het lijkt wel mogelijk, omdat liefde inderdaad alles kan beheersen.*

I: Er zijn er, en die zullen de makers zijn van hun eigen ondergang. Ze zullen hun eigen vernietiging creëren. Ze zullen hun eigen val creëren. Ze zullen echt zelf verantwoordelijk zijn, voor wat er met hen gebeurt.

We kregen te horen dat Ingrids gezondheidsproblemen werden veroorzaakt door de druk van een slecht huwelijk met een dominante man. Het gebeurde niet vanwege karma, omdat ze sinds haar leven in Egypte nooit op Aarde had gewoond. Er kunnen veel redenen zijn om een negatief leven met een ander individu te ervaren, naast het uitwerken van karma uit andere levens. In dit geval was het, om te leren omgaan met menselijke energieën. En zoals we weten, kunnen sommige hiervan negatief zijn. Natuurlijk is dit een probleem voor de mens, omdat ze geen bewust geheugen of kennis hebben, van wat er allemaal bij komt kijken.

I: *Ze moest de menselijke psyche begrijpen, menselijke gedragspatronen, de leugens en misleidingen van mensen. En de manier waarop ze zich gedragen. De enige manier waarop ze dit specifieke aspect van het menszijn kon leren, was door het te ervaren.*

Ingrids spraakpatroon was veranderd in een staccatoritme, verkorting van de woorden. Dit was in het begin ook al eens gebeurd, maar leek daarna rechtgetrokken. Het klonk nu weer, alsof iemand moeite had met woorden, alsof deze manier van communiceren onhandig was. Ze scheidde soms de langere woorden in aparte lettergrepen. Het klonk onhandig en onnatuurlijk. Tegen het einde van de sessie keerde haar stem weer terug naar een normale cadans.

I: Ingrid werkt mee met het gehele energie- en frequentiesysteem. En brengt de vibratie van de goddelijke liefdesenergie in het frequentiesysteem van anderen. Door alleen al maar deze goddelijke liefde binnen te brengen, doordringt en vervangt liefde al het andere. Het transformeert en transpireert alles. Liefde is de krachtigste vibratie ter wereld. Als mensen je vertellen dat het tegenovergestelde van liefde angst is, dat is niet zo. Liefde is gewoon. Liefde heeft geen tegenhanger. Onthoud dat, lieverds allemaal. Liefde heeft geen tegenpool! Liefde is gewoon. Het is het antwoord op alles. Alles. Overal waar disharmonie is. Overal waar pijn is. Overal waar honger is. Overal waar verdriet is. Stuur gewoon liefde. Niet alleen voor de mensheid, maar voor al het leven. Naar de rivieren, de oceanen, bossen. Aan de dieren, de vogels, de bijen, de lucht die je inademt. Aan de hele kosmos, omdat je deel uitmaakt van dit geheel. We maken er allemaal deel van uit. Er is geen scheiding.

* * *

Toen ik onderzoek deed naar de Godin Isis, werd het duidelijk dat ze geassocieerd werd met de dingen die Ingrid vermeldde als reden voor haar reis naar de Aarde. Ze stelde het huwelijk in bij de mensheid, en onderwees vrouwen de huiselijke kunsten van het malen van maïs, vlas spinnen en weven. Ze introduceerde de praktijk van de landbouw en de kunsten van de geneeskunde. Hoe passend voor haar, om op die manier herinnerd te worden. Ze zei dat ze na de vernietiging van Atlantis kwam, om mensen te helpen de Aarde weer op te bouwen. Ze wordt beschouwd als het primaire vrouwelijke archetype, of energie die representatief is voor de goddelijke vruchtbaarheid van de natuur. Zij is de focus van het goddelijke moederschap, de koningin van al de wedergeboorte. Ze is gebonden aan maandelijkse maancycli en de jaarlijkse groeiseizoenen. Ze wilde dat mensen leerden hoe ze voor de Aarde moesten zorgen. Isis belichaamt de sterke punten van het vrouwelijke, het vermogen om diep te voelen over relaties, de scheppingsdaad en de bron van voeding en bescherming.

Een ander ding dat ik vond, en dat bij deze sessie hoort, was dat Isis ook Eset werd genoemd. Dit is vergelijkbaar met de fonetische naam die Ingrid meedeelde, namelijk Ezi, en zou hetzelfde kunnen zijn, als je rekening houdt met het accent van Ingrid.

Isis speelde een belangrijke rol in de ontwikkeling van moderne religies, hoewel haar invloed grotendeels vergeten raakte. Ze werd aanbeden in de Grieks-Romeinse wereld, meestal als de personificatie van de vrouwelijke kwaliteiten. Met de komst van het Christendom, werden veel van de kapellen van Isis omgebouwd tot kerken... In de vierde eeuw, toen het Christendom voet aan de grond kreeg in het Romeinse Rijk, stichtten haar aanbidders de eerste Madonna-culten, om haar invloed levend te houden. Sommige vroege christenen noemden zichzelf zelfs Pastophori, wat de "herders, of dienaren, van Isis" betekent. Dit is misschien waar het woord "volgelingen" vandaan komt. De oude beelden van Isis die haar zoontje Horus zoogde, inspireerden eeuwenlang de stijl van portretten van moeder en kind, waaronder die van de "Madonna met kind" in religieuze kunst. Zo werden de beelden van Isis met het kind Horus vertegenwoordigd in de Maagd Maria, die Jezus vasthield.

Hoofstuk 5
De verborgen stad

IK GING NAAR Memphis, om een lezing te geven in de Unity Church in de zomer van 2001, en verbleef er in totaal een week. Ik logeerde er enkele dagen extra, om privésessies met cliënten te houden.

Bij het doen van dit soort werk, moet je voorbereid zijn op het onverwachte. Het gebeurde nu steeds vaker dat ik een sessie met iemand waarbij ze niet belandden in wat als een "normaal" vorig leven kon worden beschouwd. Het was bijna alsof ons nadrukkkelijk werd verteld, dat de persoon zich ervan bewust moest worden dat hij meer is, dan hij zich durft voorstellen. We hebben een veel kleurrijker "zielenleven" dan waarvan ze zich ooit bewust zouden kunnen zijn. Misschien is dit de tijd in onze geschiedenis, waarin we ons bewust moeten worden van deze andere delen van onszelf. Het was niet ongebruikelijk dat mijn cliënten naar andere planeten gingen, naar andere dimensies. Zelfs naar levens in lang verloren beschavingen. Waar ze ook heen gingen, ik moest vragen stellen over wat ze beschreven. Ze kregen het immers te zien omwille van een of andere reden, die belangrijk was voor hun huidige leven, en hun huidige snelheid van groei en hun mate van begrip.

Zo was het ook met Maria. Toen ik haar uit de wolk liet neerdalen, begon ze zonder enige aanmoediging haar omgeving meteen te beschrijven. Het klonk niet als iets waar ik in de geschiedenis al te maken mee had gehad. Ze bevond zich in een enorm, ongelooflijk groot, gebouw. Er waren veel grote kamers met groot van plafonds, en de architectuur was als niets dat ze eerder het mogen aanschouwen. Het was heel uniek. Er waren gigantische houten deuren, bedekt met ongelooflijk sierlijk houtsnijwerk. Toen ze uit een groot raam op een binnenplaats neerkeek, zag ze een meer met een bruggetje, dat nogal Oosters leek. De grootte van het gebouw was immens en onbeschrijfelijk mooi. Alles eraan was uitgebreid, en de kleuren waren koninklijk en rijk.

Ik vroeg haar, om zichzelf te beschrijven en ze bleek een man te zijn. Ze was gekleed in een heel mooi, gesofisticeerd gewaad, gemaakt van rood en goudkleurig fluweelachtig materiaal. Ze droeg ook een hoofdtooi, die ze niet kon zien, en haar schoenen waren van een soort hout.

Toen ik haar vroeg om te beschrijven wat voor soort werk ze deed, bevond ze zich in een van de vele kamers op deze enorme plek.

M: Ik geloof dat ik een monnik ben, of een soort spiritueel persoon. Er zijn hier nu andere mensen. Ze zijn bescheidener gekleed dan ikzelf. Niet van mindere kwaliteit in stof, maar gewoon simpeler in uitvoering. Er zijn overal boeken in de kamer waar ik me nu bevind. Het zijn allemaal verschillende maten en vormen, en ze vullen de hele kamer, van vloer tot plafond. Er zijn overal boeken. Boeken. Ik vermoed dat dit het archief is.

D: Het soort boeken dat je openslaat?

Ik wilde onderscheid maken tussen boeken en scrols. Dit zou me helpen om de tijdsperiode te bepalen.

M: Ja, dat kan. Ik zit op een hoger niveau, en kijk naar beneden in de kamer. En er zijn mensen op de benedenverdieping, die druk bezig zijn met dingen.

D: Deze kamer klinkt als een soort bibliotheek. Klopt dat?

M: Dat lijkt het wel te zijn. Ik denk dat sommige mensen verzorgers van de boeken zijn. Ze lijken te onderzoeken, of op te nemen. Het voelt als een oude hal van kennis. Ik denk dat dit een enorme collectie is. Zo lijkt het me althans te zijn...

D: Wat is jouw verantwoordelijkheid, als zij de zorg uitvoeren?

M: Ik weet het niet helemaal zeker. Ik zie nu ook wat rotsblokken. (Een plotselinge openbaring.) Het lijkt alsof ik ondergronds ben. Dit lijkt een ander deel van dit enorme complex te zijn. Ik vraag me af, of het allemaal ondergronds is.

D: Nou, hiervoor zag je een meer en een brug.

M: Ik vraag me af, of het een grote ondergrondse stad is. Dat lijkt het eigenlijk wel te zijn. Een van mijn eerste indrukken was, wat we zouden zien als we "Shambala" (had moeite met het woord) of een "Shangri-La", of iets dergelijks zouden zien. Het gaf me die indruk, omdat het zo uitgestrekt was. Maar de rots en de tunnels en de trappen doen me intussen denken dat deze plek verborgen is. De hele plaats is een verborgen plek, ook al is er hier licht en water. En ik zie tunnels. Het is als een plek die is afgesloten. Verborgen. Het is voor bescherming. Om de kennis die hier is, te behouden.

Een van de belangrijkste thema's die door de regressies loopt als een rode draad, lijkt te zijn dat we vergAarders, houders of verzamelaars van informatie en kennis zijn. De belangrijkste taak lijkt wel, om deze kennis in verschillende vormen te bewaren, zelfs door het in ons DNA of onderbewustzijn te coderen, zodat het niet zal worden vergeten. Kennis lijkt erg belangrijk te zijn in het grote radarwerk van het universum. Misschien omdat de Bron ons nodig heeft, om alle informatie te verzamelen en bewaren. De door jullie genoemde "buitenaardse wezens" zijn ook verzamelaars van kennis en informatie. Dit is een van de belangrijkste doeleinden voor de implantaten (met name die in de neusholte), om informatie te verzenden, en vast te leggen. Hoe meer ik dit onderzoek, hoe meer ik merk, dat alles aan het opnemen is, aan het vergaren. In de andere hoofdstukken zal je hier meer over te weten komen.

D: Je bedoelt het ondergronds brengen van de kennis, het is een veilige plek om de kennis heen te brengen?
M: Ja, het is een veilige plek. Er zijn piramides bovengronds, maar dit, hier, is heel diep onder de grond. Ik kreeg een beeld door van een piramide. Maar nu krijg ik ook een beeld door van een hoge bergketen, dus het kunnen niet de piramides zijn die we kennen. Er zijn trappen die naar deze plek gaan, trappen die in de bergen zijn uitgehouwen. Dingen die niet bekend zijn. Dingen die verborgen liggen in de bergen. De piramide staat in de bergen. (Verbaasd) Dit is een ruimtehaven. En er is een wereld aan de buitenkant en een wereld aan de binnenkant.
D: Deze trappen, waarvan je zei dat ze in de berg waren uitgehouwen... Waar gaan ze naartoe?
M: Ze gaan tot aan de ingang van deze verborgen stad.
D: Dus de piramide is buiten, maar de ingang gaat naar binnen toe, in de bergketen?
M: Ja. De piramide is niet wat belangrijk was. Men dacht dat dat belangrijk was, maar dat is het niet. Wat belangrijk is, is wat er in

de bergen te vinden is. Eromheen is, erachter, eronder. Er is ... het verborgene.

D: *Wordt de piramide ergens voor gebruikt?*
M: Nee. Het is slechts een markering.

In het hoofdstuk "Isis" zei ze, dat de ingangen van tunnels die naar de ondergrondse steden leiden, zich in de buurt van piramides bevonden.

D: *Je zei dat het een ruimtehaven is, vertel daar eens wat over.*
M: Het was een ruimtehaven, ja, toen deze oorspronkelijk werd gebouwd, lang geleden. Ik zie deze enorme, diepe, opening in de Aarde. Deze plek wordt gebouwd... (Lange pauze)
D: *Wat zie je?*
M: Ik zie gewoon deze ongelooflijk grote, zeer diepe, spleet, die zich in de Aarde opent. En ik weet, dat er schepen zijn die hier in gaan. En ze nemen voorraden aan. Ze nemen mensen mee. En ze nemen materialen mee. Ze bouwen ondergronds. Het is bijna, alsof het een opening is, van wat ik zou zien als ik een vulkaan zou beklimmen, alleen weet ik niet hoe groot ze zijn. Maar het gaat naar beneden, en ik kom op een punt dat ik niet kan zien. Het is daar zo donker. Dat was de manier waarop ze de ingang binnengingen, om de voorraden te nemen, om deze ondergrondse plek te bouwen. Door gewoon door een ongelooflijke spleet naar beneden te gaan, als een vulkaan. En door enorme opening te gaan.
D: *Dit is gedaan zodat mensen het niet konden vinden?*
M: Ja, het is lang geleden allemaal. Er zijn primitieve mensen die de andere kant op leven, de berg af, in de vallei. Ze leven in zoiets als een hutachtig ding. Zij zijn de inheemse bevolking. Ze zijn bang. En er zijn veel dingen in de lucht boven je hoofd.
D: *Daarom zijn ze bang? (Jazeker) Je zei dat ze mensen en voorraden brengen.*
M: Ja, we moeten naar binnen. Ik zag net de grot. Naarmate je dieper naar beneden gaat, kun je licht aan de onderkant zien.
D: *Ze hebben daar beneden een manier gevonden om licht te creëren?*
M: Dit is technologie die van andere plaatsen komt. Dit is niet van de Aarde.

D: *Waarom zouden ze ervoor kiezen om daarheen te komen en deze stad in die berg te bouwen?*
M: Er is een oorlog die de planeet vernietigt.
D: *Vindt dit plaats op de planeet Aarde?*
M: Ja, ik geloof het wel. Het was een oorlog die een groot deel van het aardoppervlak verwoestte. Veel, veel vernietiging.
D: *Vechten deze mensen tegen de inboorlingen?*
M: Nee, het waren allemaal andere mensen van buitenaf. Ze waren slecht ... ze waren slecht. Ze waren gemeen. Ze kwamen naar deze planeet. Ze waren erg fel. Zeer krachtig.
D: *Was de andere groep hier in het begin?*
M: Er zijn er meer dan één. Er zijn vele, vele groepen. Eén groep... (lange pauze)
D: *Wat zie je?*
M: Een afbeelding van iets, dat leek op een gletsjer bij een meer. En er was... wat ik een schip zou noemen, dat zag er heel vreemd uit. Niets wat ik ooit in een film zou zien. Lang en strak, maar met verschillende aanhangsels.

Er was een lange pauze terwijl ze verder waarnam. Dit is wanneer het frustrerend wordt, wanneer ik niet kan zien wat zij ziet. Ze probeerde te beschrijven.

M: Ze deden iets in de buurt. Er is een soort van... ik weet niet wat ditmoet voorstellen. Het is als een fabriek, een soort fabriek. En ik heb het gevoel dat ze middelen nemen. Ze zijn aan het ontginnen. Er is een groot, groot apparaat dat....... Ik zie gewoon dingen waarvan ik niet weet wat ze zijn.
D: *Je zei dat ze rond deze gletsjer zijn?*
M: De gletsjer is hoog. Maar een deel ervan loopt af, naar benenden toe, in het onderste deel van de berg en de vallei.
D: *Dat is waar ze aan mijnbouw doen? (Ja dat klopt.) Welk verband heeft dat met de oorlog waar je het over had? (Pauze) Je zei, dat er verschillende groepen waren.;;*
M: Ik zie dat er raketachtige dingen worden afgevuurd en gelanceerd. Ik zie dat de gletsjer is ontstaan door deze oorlogen. Ik zie dit ongelooflijke licht. Een groot deel van het buitenoppervlak van deze planeet werd verwoest; door dit licht. Ongelooflijke explosies. Veel mensen vertrokken op ruimteschepen en gingen

weg. Sommigen kozen voor een leven ondergronds. Velen werden vernietigd.

D: Je zei, dat de gletsjer hierdoor is ontstaan?

M: Ja. Wat ze deden veroorzaakte het zinken van land, het stijgen van land. Het veroorzaakte dagen van duisternis. Koud. Vernietigd, vernietiging. Massale vernietiging. Ik weet dat ik moet helpen. Ik moet de opslag van de kennis in de gaten houden.

D: Dus daarom hebben ze deze notitites vervoerd.

M: Ja. De kennis.

D: Waar haalden ze deze naslagwerken vandaan, de zaken die ze proberen op te slaan in deze enorme bibliotheek?

M: Het is de kennis waarvan we nooit wisten dat we die hadden. Er waren bloeiende beschavingen. Atlantis. Lemuria. Technologie die we van anderen hadden gekregen. Hoe het DNA was vermengd met de mensen en dergelijke informatie.

D: Dit maakt allemaal deel uit van de hal met kennis?

M: Ja. Deze ongelooflijke, ongelooflijke plek.

D: En het is jouw taak, om deze kennis te beschermen en erover te waken?

M: Ik weet het niet helemaal zeker. Ik neem het niet op. Het kan me niet schelen. Ik denk, dat ik een adviseur ben of ... (Lange pauze), ik zie mezelf langs een verlichte trap gaan. Het is geen grote trap, het is smal en het gaat gewoon richting deze ruimte. Het is erg goed verlicht. Het heeft kristallen. (Pauze) Andere wezens ontmoeten mij in deze kamer. Ze komen in hun lichtvorm. Ze zijn geen echt lichaam. Ze hebben een vorm van een lichaam, maar ze zijn heel erg mooi. (Lange pauze) En er is deze schitterende bal. Die heeft een mooie kleur. Het straalt. En ik heb het gevoel dat ze met me communiceren. (Lange pauze) Alsof ik degene ben met wie ze praten, en dan ga ik en spreek ik met de anderen.

D: Maar je hebt een fysiek lichaam, en zij niet.

M: Ik heb wel een fysiek lichaam. En ik woon daar ondergronds.

D: Je zag ze eerder bepaalde zaken brengen, aanleveren, toen ze het aan het bouwen waren. Blijkbaar is het nu al klaar. Is dat wat je zei? (Jazeker) Kun je weer naar de oppervlakte gaan en daar wonen, of moet je ondergronds blijven?

M: Sommigen zullen terugkeren naar de oppervlakte. Anderen zullen er niet voor kiezen. Maar de oppervlakte zal op termijn weer bewoonbaar worden.

D: *Zijn dit naslagwerken van de Aarde, of kwam de kennis ergens anders vandaan?*

M: Aarde en anderen. Het is zoals alle kennis.

D: *En deze wezens brachten het daarheen, zodat het niet vernietigd zou worden?*

M: Ze zijn heel erg liefdevol. Ze zijn er, om ons te helpen en te onderwijzen. Ik ben hun stem, denk ik.

D: *Waren ze bang, dat dit alles vernietigd zou worden, toen de oorlog aan de oppervlakte plaatsvond?*

M: Ja, het was om ons te beschermen. Het was om te beschermen en te redden, en om ons op weg te helpen.

D: *Brachten ze mensen ondergronds?*

M: Ja, er zijn veel verschillende wezens onder de grond.

D: *Bouwden ze deze plek na de vernietiging van Atlantis?*

M: De bouw van de stad begon al voor de verwoesting. Het was bekend dat dit in behandeling was. Dat dit nakend was. Het was bekend. Het geweld was verschoven. De bouw van de stad en de verzameling van kennis begon lang geleden, zelfs vóór Atlantis. Lang voor Atlantis.

D: *Ik heb gehoord, dat er veel beschavingen waren voor en na Atlantis.*

M: Er waren zeer geavanceerde steden. En ook zeer primitieve plaatsen in de tijd van Atlantis. Ik zie nu de buitenwereld. Ik zie poorten naar een stad, die omringd is door bergen, maar die op het water ligt. Dit is boven de grond. De andere lag al onder de grond.

D: *Is die bovengrondse stad door mensen gebouwd?*

M: Mensen die meer geëvolueerd waren, dan mensen die we nu kennen. Die stad was meer bevolkt. De ondergrondse stad lag in een dunbevolkt gebied. Mens en buitenaards wezen leefden en bestonden hier naast elkaar. Er waren mensen, die hier waren om te helpen, en er waren er die kwamen om te overwinnen. Een deel van de mens was veel meer geëvolueerd. Andere mensen waren heel erg primitief. Meer dierlijk. En er is een plek waar mensen heel, heel slecht werden behandeld. Heel slecht. Mutaties.

D: *Was dit ten tijde van Atlantis? Als we een tijdsvolgorde kunnen krijgen.*

Natuurlijk dacht ik aan de mutaties van half mens/half dier, die plaatsvonden in de tijd van Atlantis. Ik wist niet of dit de periode was waar ze het over had.

M: Het ene ligt iets voor het andere, maar dichtbij elkaar. (Lange pauze) Raad! Er is een raad. Er is een vergadering, om te besluiten de kwaden te stoppen. Een grote vergadering. Melkwegstelsels. Meer sterrenstelsels. Meer volkeren.

D: *Ze willen sommigen stoppen, misschien degenen die mutaties uivoeren?*

M: Ja, ze waren destructief. Ze waren aan het controleren. Wrede daden. De tijd tussen deze twee is zo dichtbij, het is moeilijk om specifiek aan te geven - tien jaar misschien. Eén deel van de wereld was grotendeels geëvolueerd en bloeide. Een ander gebied bleef zeer primitief, geplunderd, ontgonnen. Gedolven voor goud. Ze waren krijgerachtig. Ze probeerden hun daden verborgen te houden. Ze waren dichtbij, maar niet in hetzelfde gebied. Ze werden ontdekt. En er is een raad, op een hoge plaats, die hierover debatteert. Ze vinden het niet leuk, wat deze groep doet. Een grote tafel. Veel discussie.

D: *Nemen ze een beslissing?*

M: Ja. Ze besluiten dat ze moeten beschermen, moeten stoppen. (Lange pauze) Ze vragen hen te vertrekken. Ophouden, weggaan. Deze leider, deze woordvoerder, gekleed in veel metaal. Het lijkt bijna, alsof hij een vogelachtige hoofdtooi heeft. Ze denken niet dat deze raad een echte bedreiging is. En ze zeggen, dat ze ook alle recht hebben op deze planeet en ze weigeren te vertrekken. Ze hebben wapens meegenomen. Er is de ruimtehaven. Er liggen wapens op de grond. Ze willen deze ruimte. Ze hadden zich voorbereid op elke aanval. Hun bewustzijn is oorlogszuchtig, daarom zijn ze zo goed voorbereid.

D: *Dus ze denken niet, dat ze de raad moeten gehoorzamen. (Nee) (Pauze) Je kunt de tijd verkorten, en me vertellen wat er gebeurt als gevolg van hun acties. Waartoe heeft de raad besloten?*

M: Dat is wanneer ze besluiten, om de mensen naar een veilige plek te verplaatsen, en zelf ook te verhuizen. De bedreigingen zijn bekend. Dit kan zeer kostbaar zijn, zeer verwoestend. Er is veel beweging om de mensen te verplaatsen, maar alles gebeurt te snel.

D: *Maar weten de negatiever ingestelde mensen dan niet, dat, als ze ten oorlog trekken, ze ook zullen vernietigen waarvoor ze hierheen kwamen?*

M: Ze dachten echt, echt niet goed na. Er is massavernietiging geweest. Er zijn veel galactische oorlogen geweest, gebeurtenissen waar jullie als mensenrad geen weet van hebben.

D: *Dus ze denken niet, dat het ook hun eigen doelen zal tenietdoen?*

M: Nee, nee. De Schepper heeft immers de vrije wil gegeven. Het is hun toegestaan om de duistere kant ook te laten stromen. Dat is het resultaat dan. Dus, wanneer het standpunt wordt afgenomen van degenen met een positieve instelling. Als het niet langer onder beheer is, van degenen die van het licht zijn, vervalt de Aarde in een periode van grote duisternis. Er is heel weinig dat aan de oppervlakte overleeft. Heel weinig. Er zijn enkele plaatsen die werden afgeschermd, maar zeer veel is vernietigd. Er zijn grote veranderingen. Er zijn andere planeten in de buurt, die hier ook door worden afgestoten, die eigenlijk totaal vernietigd raakten door de ontwikkeling van de aardse gebeurtenissen. Dit is niet alleen een lijden van de Aarde. Het was een galactische oorlog in dit systeem.

D: *Welke andere planeten werden getroffen?*

M: In dit sterrenstelsel, in dit zonnestelsel, werd Mars sterk geraakt. Het was niet altijd de dorre planeet die het nu is.

D: *Ons werd verteld, dat het gebeurde vanwege een oorlog op Mars.*

M: Deze oorlogen waren gerelateerd. Een deel van de schade maakte deel uit van een galactische oorlog.

D: *Het waren dus niet de repercussies van wat er op Aarde gebeurde. Je bedoelt dat het tegelijkertijd aan de gang was?*

M: Dit lijkt te zijn wat ik heb meegekregen aan informatie, ja. Het waren vele groepen. Ik heb de indruk dat ik tot die raad van twaalf behoorde. Ik weet niet waarom ik raad van twaalf heb gezegd, want er zitten er meer aan tafel.

D: *Misschien waren zij wel de belangrijkste.*

Merk op dat de groep die ons voor het eerst informatie gaf via Phil, in "Keepers of the Garden", zichzelf identificeerde als "de Raad van Twaalf".

M: En ik was een liaison tussen hen en de bevolking, toegewezen om, gedurende een extreem lange periode, over die ondergrondse stad te waken.

D: Toen had de vernietiging aan de oppervlakte geen invloed op de ondergrondse steden.

M: Nee, het was veilig. Het bestaat nog steeds.

D: Laat me je iets vertellen dat ik in mijn werk heb gehoord; dat Atlantis ten onder ging, omdat hun eigen wetenschappers dingen deden die ze niet hadden moeten doen.

M: Velen in Atlantis waren van de duistere kant ... geworden. Dat was niet altijd zo. Het misbruik bracht de galactische oorlog tot stand. Het was allemaal met elkaar verbonden.

D: Dus de negatieve wezens werden op één lijn gebracht met de mensen van Atlantis?

M: Ja, velen gaan de duistere kant opzoeken. Het gebeurde allemaal op hetzelfde moment, en misschien eerder. Er waren velen in het licht, die een grote vooruitziende blik hadden. Die grote krachten hadden, die we vandaag de dag niet kennen. (Lange pauze) Dit had allemaal gestopt kunnen worden, maar het zou tegen de vrije wil in zijn gegaan. Het was nodig om alles wat was en is geweest, te laten gebeuren hoe het moest zijn. Het is gegaan en gekomen. De Aarde bestaat al biljoenen jaren en dit was slechts één cyclus.. En er is veel, heel veel kennis. Er komt veel, heel veel verandering aan. Er is veel bekend.

D: Ik heb altijd gedacht dat de Atlantiërs het zichzelf aandeden.

M: Er was meer aan de hand. Ze begonnen de experimenten niet zonder de inmenging van de negatieve vibratie. Het was alsof ze vergaten wie ze waren. Ze vergaten hun verlichting. Ze raakten verstrikt in de materiële wereld, en dit was de start van de onevenwichtigheid, die uiteindelijk al de vernietiging bracht.

D: Je bedoelt dat ze met de negatieve energie werkten?

M: Ja. Ze werden gelokt door de duistere kant.

D: Dus de negatievelingen hielpen hen, gaven hen de kennis?

M: Ja, en ze lieten zich verleiden, voor de kennis.

D: De raad liet deze oorlog plaatsvinden, ook al kenden ze de omstandigheden, dus de eventuele de resultaten, waarschijnlijk vooraf.

M: Het had te maken met vrije wil. En was bedoeld om te leren. Bewustzijn ging heel ver, in het rijken en aanvAarden van de duisternis om te leren, om te verkennen. Ik blijf een enorme draai zien, zoals een wiel, maar het is geen wiel. Het is alsof je een zonnestelsel een volledige cirkel ziet draaien.

D: *Zoals cycli? (Jazeker.) Dus na de vernietiging duurde het lang voordat het leven en de beschaving weer aan de oppervlakte kwamen?*

M: Ja. Sommige van de inheemse soort, werden terug naar de Aarde getransporteerd. En ze begonnen nieuwe beschavingen. Alsof je helemaal opnieuw begint.

Hierover zal verderop in deze paragraaf worden geschreven. Een van mijn klanten meldde een vorig leven, en rapporteerde een moment, waarop hij en vele anderen, vlak voor een catastrofe, van de planeet werden gehaald. Ze keerden erna terug, om hun leven opnieuw te beginnen.

D: *En je zei, dat dit er ook voor zorgde, dat sommige gletsjers zich vormden?*

M: Ja. Het veranderde de Aarde.

D: *Maar waren er niet sommigen die aan de oppervlakte leefden en de kennis bezaten?*

M: Ja, die waren er. Maar het is doorgegeven en verborgen, uit angst voor de ... degenen die macht en controle wilden. Die hebben namelijk altijd ... de duistere krachten zijn teruggekomen. Nadat de Aarde begon te genezen, kwamen ze in kleinere aantallen terug, en hebben ze met regeringen samengewerkt. Ze zijn niet noodzakelijkerwijs menselijk van uiterlijk. Sommige zijn van het humanoïde type. Sommige zijn reptielachtig qua uiterlijk. Sommige zijn hybriden, die zijn zowel menselijk als buitenaards. Ze zijn teruggekomen. Velen van de duistere kant hebben zich echter tot het licht gewend. Maar er zijn mensen, die nog steeds proberen vast te houden aan controle en macht. Er lijken dingen te zijn die ik niet mag zien. Ik kan er maar zo ver op ingaan. Ik begrijp niet waarom ik niet precies de tijd kan weten, en ik zie gewoon beelden. En ik blijf het gevoel hebben dat ik een soort liaison was...

D: *Ja, ik heb eerder te horen gekregen dat er een aantal dingen zijn waar we nog niet klaar voor zijn. Dat niet alles geweten mag zijn.*

Het moet in een tijdsvolgorde gaan. Maar heb je het gevoel dat je dit nu te zien krijgt, omdat de cirkel rond is?
M: Ja. Er komt echt heel veel moois aan. Er komen veranderingen aan. Er is licht waar duisternis was. Als een matrix van ... we kunnen niet zien wat er recht voor ons ligt. Het is, alsof je door een sluier kijkt. Het ligt daar voor ons. Vervormde beelden. Vervormde informatie. Het zal veranderen.

Ik vroeg toen om met het onderbewustzijn van Maria te spreken om te proberen meer informatie te vinden die ze niet wilde zien.

D: *Waarom werd dit aan Maria getoond? We waren op zoek naar iets van betekenis, en dit is van grote betekenis. Maar waarom koos het onderbewuste ervoor om dit naar voren te brengen zodat ze het op dit moment kon zien?*
M: Ze heeft altijd die band met Atlantis gevoeld. Dat ze er was. Dat het zo was. Dat het echt bestond.
D: *Maar dit toonde aan, dat ze meer verbonden was met de ondergrondse stad.*
M: Slechts voor een tijdje. Ze ging erheen om toezicht te houden. Om een liaison te zijn. Ze was er altijd. Ze werd gekozen voor de missie.
D: *Het was haar taak om toezicht te houden op de kennis en de verborgen gegevens. (Jazeker) Maar waarom werd haar dit in deze tijd getoond? Wat heeft dit te maken met haar huidige leven?*
M: (Grote zucht) Ze voelt veel dingen, en toch is ze bang geweest om sommige dingen te weten. Voor sommige dingen was ze niet klaar. En sommige dingen ... daarvoor is het nog niet de tijd om te weten.
D: *Het onderbewuste is heel wijs, als het die dingen in zijn tijd naar voren laat komen. Betekent dit, dat ze hier in haar huidige leven mee te maken zal hebben?*
M: Er is een communicatie. Er is een deur, een portaal, een opening, waar ze haar hand deels doorheen heeft gestoken. Maar ze is er nog niet doorheen gestapt. Ze steekt haar hand erin en dan trekt ze hem terug. Het is een verbinding tussen haarzelf en haar gids, wat je noemt engelen, door het portaal. De communicatie van het verbinden van bewustzijn. Eén worden en in en uit elkaar bewegen. De deur, het portaal gaat open waar ze kan zien wat ze

heeft willen zien. De geestenwereld zoals ze die opknapt. Andere dimensies. Ze koos ervoor om naar het aardse leven te komen nadat ze de plaats van de liaison had verlaten. Er waren velen die naar de Aarde kwamen, die kozen voor een fysiek lichaam.

D: *Ze besloten te komen helpen?*

M: Ja, ze hadden een keuze. Dat spreekt vanzelf.

D: *Maar ze heeft nog steeds de herinnering, dat er meer was dan dit fysieke leve,. Is dat wat je bedoelt?*

M: We zijn allemaal in feite tijdloos. Er waren andere levens. Andere dimensies. Andere realiteiten.

D: *De informatie die ze gaf over de oorlogen en de ondergrondse stad, zou ik toestemming hebben om die informatie in mijn werk te gebruiken?*

M: Ja, je hebt toestemming. Er zal meer kennis naar je toe komen die dit completer zal maken dan het nu is. Er zijn enkele hiaten die vandaag niet voor je kunnen worden ingevuld. Deze worden op een later moment besproken. Je zult het dan duidelijker begrijpen. Je schrijft dit al, hebt dit geschreven, dit is in proces. Er is meer kennis die je zult verkrijgen. Het is op dit moment niet duidelijk waar het vandaan zal komen. Er gaat een deur voor je open naar deze bron van kennis. Het is op dit moment voor je gesloten. Het is dezelfde deur, die jullie zal worden toegestaan om doorheen te gaan en de kennis opnieuw tot je te nemen. Je kunt daarheen worden gebracht door een andere entiteit, of je kunt daarheen worden gebracht op een spirituele reis met je eigen gids. Dit is een echte en prachtige plek. De deur is op dit moment gesloten. De deur gaat voor je open en je zult een warm welkom hebben.

D: *Deze stad die onder de grond lag, is die stad er nog?*

M: Ja, die is er inderdaad nog.

D: *Is de informatie, de bibliotheek, is die er nog?*

M: Ja, daar is het stil. Er zijn vele, vele complete ondergrondse steden.

D: *Ik ben blij om dat te horen, want voor mij is de vernietiging van kennis iets heel ergs. (Jazeker) Dat is volges mij een beetje mijn taak, om te proberen het terug te vergaren.*

M: Ja, dat is zo. Het is jouw missie. En het is jouw missie om anderen te helpen, om anderen eraan te herinneren.

D: *Dat is wat ze me hebben verteld. Het is niet om meer te weten te komen, het is om meer te onthouden.*

* * *

Het heeft drie jaar geduurd, maar ze hadden gelijk. Meer informatie kwam door, in 2004, nadat ik een vaste plek opende in Huntsvile, Arkansas. Toen begon ik regelmatig klanten te zien. Bob was een man, die na de dood van zijn vrouw uit het noorden was verhuisd. Hij kwam zonder een mens te kennen naar ons gebied, en bracht alleen zijn boeken en zijn hond mee. Hij had alles achtergelaten. Toen hij zijn huis aan het meer kocht, liet de voormalige eigenaar al haar meubels achter, dus dat kwam goed uit. Een nieuw leven in een nieuw gebied, ook al kende hij er niemand.

Hij was een vraatzuchtige lezer, die vooral alles consumeerde dat met metafysica te maken had. Hij bezat een aantal zeldzame, unieke boeken. Dit was zijn passie. Toch geloof ik, dat de informatie die tijdens zijn sessie naar boven kwam, moeilijk in boeken te vinden is. Ik geloof niet dat hij onbewust werd beïnvloed door alles wat hij al had gelezen.

Hij had aan het begin van de sessie moeite om iets te zien. Hoewel hij het gevoel had, dat hij op iets rotsachtigs als ondergrond stond, kon hij niets anders zien dan grijs om zich heen. Na verschillende pogingen om visualisatie te activeren, vroeg ik hem, om zich voor te stellen hoe zijn gids of beschermengel eruit zou zien. Hij zag een mooie, blondharige vrouw, gehuld in vloeiende, glinsterende blauwe gewaden. Hij voelde zich op zijn gemak bij haar, en stemde ermee in dat zij hem ergens naartoe zou leiden. Een moment, dat gepast zou zijn. Hij pakte haar hand, en zij leidde hem door een opening naar beneden, in een ondergrondse tunnel. De tunnel kwam uit op een ongewone plek.

B: We bevinden ons in deze grote openluchtruimte. Maar ik voel dat er een dak boven ons hoofd hangt. Hoog boven ons. Het is alsof je in een grot bent. Een hele, hele grote grot. Het is heel mooi verlicht. Overal staan bomen. Ik voel, dat het een heel "zachte" plek is om te zijn. Veel mooie gebouwen, allemaal in pasteltinten. Er zijn bomen, gazons en tuinen, en prachtige bloemen... Er zijn ook dieren, die alle kanten op rennen.
D: Dit is allemaal ondergronds?
B: (Opgewonden) Ja! Ja! Ja! Het is zeer goed verlicht. Het lijkt uit te stralen van een centrale zon, die vrij gemakkelijk te zien is. Het is

niet dezelfde helderheid als onze zon aan de oppervlakte. Grijsachtig in schaduw, maar het geeft een prachtig licht. De gebouwen hier, en al het andere, ziet er net zo uit, als wanneer je naar buiten in ons zonlicht zou kijken. En het houdt een temperatuur aan van ongeveer 20 tot 25 graden, en het wordt nooit warm. Het regent wel, maar dat zit er natuurlijk in geprogrammeerd.

D: *Hmmm, dit klinkt ongebruikelijk. Lijkt me lastig om dit allemaal ondergronds te hebben, nietwaar?*

B: Wel, het is er al vele, miljoenen jaren. En natuurlijk overtreft hun technologie nu de onze, tot het punt waarop sommigen van ons hier vaak komen en gaan. Maar we realiseren ons nooit dat we dat doen. En ik ben een van die mensen geweest, die er in het verleden vaak zijn gekomen.

D: *Je zei dat er daar ook dieren zijn?*

B: Jeetje, ja! Ja, inderdaad. Veel dieren die we de hele tijd op deze planeet kunnen zien. Er zijn echter ook veel andere soort aanwezig. Soorten dieren waar mensen zich over verwonderen. Deze zie je niet zo vaak. Er is er bijvoorbeeld een, dat een groot zwemmend dier is, waar ze alleen maar een glimps van opvangen. Een soort ondergronds monster van Loch Ness. Ze komen uit ondergrondse kanalen door de Aarde. En af en toe zwemmen ze in de "kuip", duiken op bovengrondse plaatsen op, omdat ze beide kanten op kunnen gaan.

D: *Dus er is ook water daar beneden.*

B: Zeker weten, ja! Eigenlijk is er bijna net zoveel water in de planeet, als er bovenop is. Het komt daar, door de verschillende kloven. Het stroomt door de eigenlijke korst van deze planeet. En sommige komen natuurlijk uit de polaire openingen aan beide uiteinden van de planeet.

D: *Je zei, dat er steden onder zitten?*

B: Ja, alles wat je je ooit zou kunnen voorstellen, inclusief een van de grootste computers in het hele universum. Veel, veel meer dan wat er is aan de oppervlakte.

D: *Hoe ziet dat eruit?*

B: Eigenlijk is het niet zomaar een klein stukje van iets, zoals we hier zien. Maar het is letterlijk voetbalvelden tot in het oneindige, en mijlen en mijlen, allemaal op zichzelf staand. Het slaat alle belangrijke universele kennis op. Je kunt er over deze mooie tuinpaden lopen, alsof je bijvoorbeeld op een boerderij van twintig hectare stond maar dan nog veel beter... Er zijn bloembedden, kleine stukjes grond met rozen, en allerlei andere echte exotische planten. Je zou deze kleine paden kunnen aflopen en verschillende tuinpercelen, of bloemenpercelen, kunnen bezoeken. En je zou jezelf in een verhoogde stoel kunnen laten neerploffen, het is eigenlijk meer als een loungebed. En je stapt erop, zoals je zou proberen in een hangmat te komen. En het zwaait niet, het stabiliseert een beetje. Maar als je erin gaat zitten, en er vervolgens je benen op drukt en achterover leunt, omhult het je, als een bananenschil. Het is een machine die je vervolgens een vraag kunt stellen, en automatisch kun je overal in het universum reizen naar waar je maar wilt. Je kunt het op die manier doen. Het is ook een leermachine. Het leert je alles wat je moet weten, of wilt weten. Je kan het zien als een virtual reality-machine die je kan laten reizen. je kunt dat type transport gebruiken. Of, als je daar geen gebruik van wilt maken, doen we een meer fysiek gebaseerd lichaamstransport. Je kunt de kleine strapjes opgaan, naar wat ze "portalen" noemen, maar in principe wat mensen aan de oppervlakte "stargates" noemen. Je loopt er binnen, en je kunt jezelf letterlijk overal vervoeren in de bekende universa waar je ook maar je naartoe wilt. Je neemt je lichaam mee, en je kunt ook terugkomen. Er zijn ook hogesnelheidstunnels, verweven als een spinnenweb, waar treinen met meer dan 3000 mijl per uur door het binnenste van de Aarde gaan. Dat is heel gewoon. Het duurt slechts een kwestie van een uur, om ergens heen te gaan. Dit is slechts een van de planeten in de hele bekende universa. Maar het is vrijwel algemeen het geval, omdat ze allemaal hol zijn. De meeste hebben beschavingen die binnenin leven. En we hebben een continue vloot van interstellaire schepen, die vrij regelmatig tussen al deze werelden reizen. Je ziet ze hier soms, maar over het algemeen hebben we deze zogenaamde "verdekking" -apparaten die een soort van gadget uit Science Fiction-films zijn, die je mensen op de oppervlaktetelevisiesystemen zien. Het heet, dachten we: "Klingon cloaking device"? Alle schepen hebben ze. Het is gewoon een standaardprocedure.

D: *Waarom zouden mensen ondergronds willen leven, in plaats van aan de oppervlakte?*

B: Het is veiliger. Er zijn nog andere, secundaire redenen. Jullie hebben op planeet Aarde iets dat de "frequentie" barrière wordt genoemd. De frequentiebarrière neemt nu af, omdat jullie dicht bij de nieuwe frequentieverandering op planeet Aarde aan het komen zijn. Dat is eigenlijk waar iedereen op zit te wachten. Daarom is er zoveel interesse van intergalactische rassen. We kunnen hier komen, en dit alles zien gebeuren. Want hoewel jullie het niet noodzakelijkerwijs op jullie Aardse instrumenten kunnen zien, zijn wij ons er wel degelijk van bewust. En nu kunnen we dit meten op onze instrumenten, die veel verfijnder zijn dan de Aardse. Dus we wachten allemaal af, want het komt heel binnenkort.

Hij sprak over de frequentieveranderingen die leiden tot de schepping van de Nieuwe Aarde. Zie hoofdstuk 30.

D: *Maar we denken niet dat de Aarde hol is, we denken dat er magma in het centrum van de Aarde te vinden is.*
B: Maar dat is een van die schattige kleine verhalen die ze je aan de oppervlakte laten geloven. Ze vertellen je allerlei onwaarheden. Eigenlijk is jullie oppervlakte van deze planeet 800 mijl dik. Daaronder is het helemaal hol. De zon, die we binnen hebben is 600 mijlen in diameter. De mensen die hier blijven, zullen zich op de planeet bevinden. Het is niet van binnen. Het heeft alleen een effect aan de buitenkant. De achthonderd mijl binnen die korst is waar jullie planetaire magnetisme eigenlijk vandaan komt. Het is niet het centrum. Je vulkanen komen allemaal voort uit de wrijving van rotsen die heen en weer glijden binnen het frame. Het centrum is erg hol, en heeft natuurlijk de zon, zoals ik heb aangegeven. Alle andere planeten lijken erg op deze constructie. Dus met de wrijving van de rotsen die op elkaar glijden, bouwt dat je vulkanen op en laat ze uiteindelijk soms overlopen. Al je vulkanen zijn ondergronds. Misschien gaan een paar van hen twee- of driehonderd mijl naar beneden, maar ze gaan niet helemaal naar het centrum van de planeet. Het centrum van de planeet is niet magnetisch. Want als dat zou gebeuren, zou ik vermoeden dat -en ik ben niet iemand die echt over dat soort dingen kan spreken – als een belangrijk ander planetair lichaam dan in het zonnestelsel komt, die door de Aarde wordt

aangetrokken op een verkeerde manier. Dit is wat er zou zijn gebeurd. (Sloeg zijn handen in elkaar.)

D: *Het implodeert.*

B: Nee, nee. Je zou een tekening hebben als een magneet. Een magneet zou letterlijk een planeet, met een vaste gesmolten kern er recht in zuigen. En zou het niets meer laten vrijkomen. Het andere planetaire lichaam is zo ontworpen, dat wanneer het langs de Aarde stroomt, het magnetisch naar het ene of het andere uiteinde wordt getrokken. Welk einde dan ook.. Het werkt als een magneet. Noord trekt Zuid aan, zoals het zou doen met een batterij. Als de planeet Aarde een vast lichaam zou zijn, zou het letterlijk verbinding maken. En het zou niet loslaten. Maar in werkelijkheid is het dus niet zo sterk, anders kan de aantrekkingskracht kan ervoor zorgen dat de planeet omvalt. Welke sterke aantrekking er ook binnenkomt. Welke sterkste kant dan ook.

D: *Heb je veel levens onder de planeet gehad?*

B: Ik ben in de loop van mijn leven op deze planeet verschillende keren binnenin geweest om er te verblijven, te bestaan. Zie je, het is daar anders. Want buiten heb je levens, of andere plaatsen. En binnenin planeten kun je letterlijk eeuwig leven, als je dat wilt. Eigenlijk waren de meeste van mijn levens op de ene of andere plek.

D: *Andere planeten?*

B: Ja, je verplaatst je, van het ene leven naar het andere. Het is alles wat je moet bereiken. Het hele universum is net een supergrote school. Je gaat van de ene plaats naar de andere, afhankelijk van wat je moet leren.

D: *Blijf je heel lang op elke plek?*

B: Welke tijdsduur je ook nodig hebt om je les te voltooien of waar je ook aan werkt. Het is tenslotte je eigen project. En vergeet niet, sommigen van ons zijn miljoenen jaren oud. We leven eeuwig, technisch gesproken.

D: *Dus naar de Aarde komen, is eerder als.. teruggaan naar de kleuterschool, nietwaar?*

B: Hmm, ja, het is een beetje te vergelijken daarmee . Maar soms doe je het voor een opfriscursus. (Gelach) Een vrij intense manier om het te doen, als er zoveel dingen zijn die je in het universum kunt doen. Planeten die je kunt bezoeken. Levensstijl. Al dat soort dingen. Het is onbeperkt. Maar in mijn leven als Bob is het heel basis, niet zo intens. Het geeft me de kans om mijn hoofd leeg te maken, en achterover te leunen, en het hele ding los te laten. Ga daar gewoon zitten, observeer en kijk naar mensen. Het is vakantie. Wat andere mensen op vakantie doen, doe ik hier nu. Ik ben een waarnemer.

Hoofdstuk 6:
Ontsnapping uit Atlantis

IK HEB VERSCHILLENDE voorbeelden gevonden, van mensen die ontsnapten aan dit zogenaamde cataclysme. De vernietiging van Atlantis. Niet iedereen ging ten onder, ook al strekten de gevolgen zich mijlenver uit, over de hele wereld. Velen waren in staat om hun weg te vinden, over de zeeën, naar andere landen. Zij probeerden hun manier van leven in een totaal andere omgeving te behouden. Het volgende is hiervan een voorbeeld:

Marie was verpleegkundige. Ze werkte op een verloskundige afdeling in een ziekenhuis. Ze kwam in 2004 naar mijn kantoor in Huntsville, op zoek naar antwoorden op problemen, net als iedereen die bij me komt. De sessie was echter niet het gebruikelijke vorige leven, en leek aanvankelijk geen enkel verband te hebben met haar huidige leven. Toen ze van de wolk kwam, zei ze, dat ze in het midden van de oceaan dreef.

Dit kan verschillende dingen betekenen. Een zeedier, iemand die zwemt, of iemand die binnenkomt op de dag van hun dood, en ze verdrinken. Haar stem vertoonde echter geen angst zoals normaal zou gebeuren, als ze op de dag van haar dood naar binnen zou gekomen zijn.

Toen ze om zich heen keek, merkte ze, dat ze in een bootje zat. "De zee is nu rustig. En ik heb het gevoel dat het erger gaat worden, voordat het weer kalmeert. Overal waar ik kijk is er water rondom. Er is niets anders dan water. Het is een houten boot. Het is niet erg groot. Kan drie of vier personen vervoeren. Ik heb het gevoel, dat we in de oceaan zijn. En we hebben niet veel controle over waar we naartoe gaan. We zijn gewoon min of meer aan het drijven. Ik denk, dat we wel roeispanen hebben, maar die maken niet veel uit, met de grootte van de boot, en de grootte van het water. We zitten in het "nu", en de boot brengt je gewoon min of meer waar het wil dat je naartoe gaat."

D: Dan probeer je niet naar een bepaalde plek te gaan?

M: Ik heb het gevoel dat we een plek verlaten, en dat we proberen een veilige plek te vinden.
D: *Weet je waar je naartoe gaat?*
M: Nee. Waar de boot ons ook heen brengt. We hebben geen keuze.

Er zat nog één "persoon" in de boot. "Ik voel dat het een heel goede vriend is. Een naaste metgezel. Ik weet niet zeker of het mannelijk of vrouwelijk is. Het is iemand met wie ik een heel hechte band heb." Ze zag dat ze zelf een man van middelbare leeftijd was, gekleed in een ruw stoffen gewaad, ingesnoerd met een touwriem.

D: *Wat doe je in de boot?*
M: Ik heb het gevoel dat we weg moesten. En... Ik heb het gevoel dat ik uit Atlantis of Lemurië kom. En dat ons eiland niet meer ging bestaan, en we weg moesten nu er nog tijd was.
D: *Dacht je dat een kleine boot veilig zou zijn?*
M: Ik denk niet dat er veel keuze was. Vele anderen waren al vertrokken. En we boden ons aan, om in de kleinere boot te gaan, omdat de anderen de grotere boten namen. Ze zouden zeker veiliger zijn geweest. Het was iets waarvan we wisten dat het ging gebeuren, dat we moesten vertrekken. En we lieten de anderen als eerste vertrekken.
D: *Gebeurde er iets toen je wegging?*
M: Het was al een tijdje aan de gang. En we wisten dat onze wereld niet meer zou bestaan. En toen probeerden we er voorbereidingen voor te treffen. En de dingen mee te nemen die we nodig hadden. We wilden niet dat de hele beschaving zou eindigen, dus namen we herinneringen aan die beschaving mee met ons. Wat informatie, wat kristal dingen, die ons zouden helpen in de nieuwe wereld.
D: *Zijn dit enkele dingen die je hebt gebruikt?*
M: Ja, ze maken deel uit van onze beschaving. En het waren dingen die we met ons mee konden dragen en die nuttig zullen zijn, als we ze nodig hebben bij het vestigen van een nieuw leven.
D: *Wat was je werk, je beroep?*
M: Ik had een functie in de tempel. (Lange pauze) Ik besteedde mijn tijd aan het leren over het gebruik van energie. En ik wou onze wereld een betere plek maken voor verschillende levensvormen. Ik werkte met genezing, en fungeerde voor het helpen van

anderen. Ik was niet een van de verhevenen. Ik was nog student, maar ik boekte vooruitgang. Ik was aan het leren, maar ik gaf ook les. Ik zou anderen helpen.

D: *Die andere persoon, degene die bij jou in de boot zit, was dat een van de studenten?*

M: Die persoon was ook bij mij in de tempel en we werkten samen. Het was als een assistent.

D: *Je werd onderwezen en je gebruikte de energie?*

M: Ja. Kristallen, en het gebruik van energie. En hoe je dingen creëert. Hoe situaties te veranderen aan de hand van energie. Hoe te genezen. Hoe mensen te helpen die uit balans waren geraakt. Ik kon deze dingen doen, maar ik had het nog niet geperfectioneerd. Ik leerde nog steeds de combinatie van je geest en de balans rond de aanwezigheid van energie. Dat je het zou kunnen veranderen en het in een fysieke vorm zou kunnen laten manifesteren. En dan kan het worden gebruikt voor het welzijn van iedereen. De manifestatie die in de gemeenschap gebruikt moet worden, of zelfs voor individueel gebruik. Het is ook bestemd voor de volgelingen van deze weg. Zij kunnen het ook gebruiken.

D: *Dat is goed, dat je met het positieve werkte.*

M: Ja. Ik werd er steeds beter in. Ik was in staat om weerpatronen te beïnvloeden als het nodig was. Aan de andere kant, richtte mijn interesse zich meer op het helpen van anderen. Hun fysieke en mengroote kmuuren.

D: *Kwamen ze naar je toe, in de tempel? (Jazeker) En hoe heb je ze dan genezen?*

M: We gebruikten soms kristallen. Soms gebruikten we gewoon de manipulatie van energie door aanraking. Soms hoeven we ze niet eens echt aan te raken, maar brengen we ze gewoon de energie met de handen.

D: *Deze kristallen waren dus zeer krachtig.*

M: Ja. Ze versterkte de energieën die jullie uitzenden. En ze maakten ze nog sterker. Soms hielpen ze om de energieën te veranderen van negatief naar positief.

D: *Je zei dat je de weerpatronen controleerde. Waarom zou je dat willen doen?*

M: Als we een periode hadden, waarin er te veel droogte was, en we zonder water kwamen te zitten. Of als er stormen waren, die dreigden te vernietigen waar we zolang aan gewerkt hadden. We kunnen dan proberen de energieën te veranderen, zodat het niet zo verwoestend zou zijn. Er was veel onrust in het gebied. Er waren veel mensen met negatieve energieën. En dus probeerden we daar tegenwicht voor te bieden.

D: In hetzelfde land waar je woonde?

M: Ja. Er waren mensen die experimenteerden met de duistere kant van de energieën en de krachten. Die creëerden chaos. Ze veroorzaakten onrust onder veel van de mensen daar.

D: Het is dus mogelijk om de energieën ook op de negatieve manier te gebruiken.

M: Ja, dat is zo. Dat is niet de manier waarop de energieën ooit bedoeld waren. Maar vanwege zoveel entiteiten die aanwezig waren. De energieën hadden de denkpatronen van de entiteiten veranderd maar de entiteiten deden op hun beurt hetzelfde... Ze leerden hoe ze het moesten doen. Er waren negatieve krachten, die allerlei problemen veroorzaakten.

D: Je zou denken, dat ze zouden weten, dat dat niet de manier was om het te gebruiken.

M: Er zijn er veel, die niet zo ver gevorderd zijn. Die hebben niet begrepen hoe het hoort te zijn.

D: Omdat alles wat je uitzendt terugkomt, nietwaar?

M: Dat klopt.

D: Er was niets dat je kon doen om het negatieve te bestrijden?

M: Er waren veel dingen die we deden om het te bestrijden, maar het werd uiteindelijk te overweldigend. En er waren meer negatieve vibraties en energieën die werden uitgezonden. Meer en meer mensen werden erin meegetrokken. We werden bang. En uiteindelijk was er niets meer dat we op dat moment, op die plek, konden doen. Dus moesten we doen wat we voelden wat de beste manier zou zijn, om onze kennis en onze manieren te redden. En daarom besloten veel mensen te vertrekken. Om de boten te op te gaan, en de dingen mee te nemen die ze konden.

D: Wat zag je dat er ging gebeuren, waardoor je zoiets drastisch zou doen?

M: Het land waarop we leefden was aan het opbreken. Er waren veel aardbevingen. En het zou onder de oceaan worden getrokken. En we wisten dat we het niet konden stoppen.

D: Dus er waren al aardbevingen aan de gang?

M: Dat was toen al even bezig, ja. We wisten dat het slechts een kwestie van tijd was, voordat we een totaal nieuw rijk van bestaan zouden hebben. Dat sommigen van ons hun fysieke lichaam zouden verlaten. En dat anderen van ons zouden proberen een deel van de overblijfselen van de oude wereld te redden, en mee te nemen naar de nieuwe.

D: *Je zou denken, dat de mensen die de negativiteit gebruikten, het zouden hebben gestopt, toen ze zagen wat er gebeurde.*

M: Ze waren machtsgeil doordat ze de kracht hadden om dingen te veranderen, om het te veranderen met de kracht die ze hadden ontdekt. Het kon ze niet schelen. Er waren er die van plan waren om ook per boot te vertrekken.

D: *Weet je wat ze specifiek deden met de negatieve energie? Waar gebruikten ze het voor?*

M: Ze probeerden mensen weg te houden van het licht. Probeerden ze af te wenden van het positieve. En om alleen maar bang te zijn, en de negatieve dingen te zien. Ze wilden ze onder controle hebben. Op die manier zouden ze hun leider zijn, en ze zouden veel mensen hebben die bang waren, en alleen naar hen zouden luisteren.

D: *Door angst te gebruiken. (Jazeker) Maar sommigen van hen probeerden ook weg te komen toen ze zagen wat er gebeurde.*

M: Ja. Het was te ver gegaan. En het land en het gebied konden de verstoringen niet meer aan. Het zou niet veel langer kunnen bestaan. Dat het onder water zou gaan.

D: *Je zei dat de grotere boten al bezet waren. (Jazeker) Veel mensen wisten wat er ging gebeuren. Daarna namen jij en je assistent de kleinere boot. En je hebt een aantal van de kristallen bij je?*

M: We hebben kristallen en we hebben wat rollen. Dit zijn dan lessen of informatie die we willen behouden. Veel mensen hebben kopieën. Velen hebben meer items bij zich in de hoop dat sommigen van ons het zullen halen. Niet iedereen ging dezelfde kant op. We probeerden allemaal verschillende kanten op te gaan. Nogmaals, in de hoop dat we in staat zouden zijn om door te gaan met een deel van de lessen, de leer, de informatie die we hebben.

D: *Dus niemand van jullie weet echt waar je naartoe gaat. (Pauze) Ben je nog niet eerder op deze plekken geweest?*

M: Sommigen hebben gereisd. Meestal per boot, maar ze konden ook in hun slaap op bezoek komen. Ze konden in levitatie gaan.

(Meditatie? Het klonk als: levitatie.) Ze konden zich op die manier verplaatsen. Ze hadden niet per se het fysieke aspect met de boot nodig. Maar in deze tijd met zoveel energieverstoringen en de krachten - het was bijna als een vreselijke venijnige storm - dat we sommige van die reismethoden niet konden gebruiken. We moesten wel per boot gaan, het was stabieler.

D: *Maar je had deze dingen ook niet bij je kunnen dragen als je in de geestvorm zou gegaan zijn.*

M: Dat is waar.

D: *Je moest fysieke voorwerpen meenemen.*

M: De informatie zou voor altijd bewaard blijven in het etherische rijk en in de hogere rijken daarboven, maar het zou niet zo gemakkelijk toegankelijk zijn, in een fysieke vorm, als we die dingen niet meenamen.

Ze hadden niet gezien wat er met het land gebeurde omdat ze al op zee waren. Ze wilden gewoon weg en gingen waar de stroming hen heen bracht.

D: *Heb je eten bij je?*

M: Ja, we hebben enkele dingen mee om te eten. We rantsoeneren het. En we hebben geleerd om met een heel kleine hoeveelheid te overleven, omdat we willen dat het zo lang mogelijk meegaat. Omdat we geen manier hebben om te weten hoe lang het zal duren om land te bereiken.

D: *Wat voor soort eten heb je bij je?*

M: Het is als een sterk geconcentreerde vorm van energie. Het is een soort graan. En kleine taartjes die we kunnen eten. Ons water is natuurlijk heel waardevol, en daar nemen we maar geringe slokjes van. Omdat je maar zoveel kunt dragen. En dus proberen we de peddels zo weinig mogelijk te gebruiken. We proberen onze energie te sparen. En we slapen zoveel als we kunnen. We eten zo weinig als we kunnen.

D: *Dat is logisch. Want als je slaapt, verbruik je niet zoveel energie.*

M: Dat klopt.

D: *Het klinkt niet als het soort voedsel dat zou bederven.*

M: Nee, het zal voor lange periodes intact blijven.

D: *Ben je al een tijdje op zee geweest?*

M: (Pauze) Ik weet niet zeker, of het dagen, of weken zijn. Maar het lijkt wel al even. We kunnen op de boot het passeren van elke dag markeren.
D: *Maar het is nog steeds net als de ene dag na de andere.*
M: Dat klopt. Zeker als je veel slaapt. En je wordt wakker en je gaat weer slapen.

Ik heb hem toen wat vooruit laten gaan in de tijd, om te zien wat er gebeurde, hij zou immers geruime tijd op de oceaan moeten ronddobberen.

D: *Vind je een plek om te stoppen?*
M: Ja, dat deden we. Er staan veel mensen naar ons te kijken terwijl we aan land komen. Die zijn benieuwd waar we vandaan komen, en in zo'n klein bootje. En we denken dat het in ... het lijkt erop dat het in Egypte is, waar we aan land zijn gekomen. De mensen die er staan, hebben een donkere huidskleur.
D: *Kunnen jullie elkaar begrijpen?*
M: We kunnen telepathisch communiceren. Als je het hebt over het spreken van een taal, daar is een barrière.
D: *Kunnen ze je telepathisch begrijpen?*
M: Sommigen zijn ertoe in staat, maar wij zijn in staat om hen meer te begrijpen dan zij ons kunnen begrijpen.
D: *Is er iets gebeurd op het land waar ze wonen?*
M: Er zijn veel stormen geweest en wisselingen van de seizoenen. Ze weten dat er iets ongewoons gebeurt. En ze zijn er bang voor. De zeeën zijn onrustig geweest, en het weer was ongewoon, ook bij hen. En dan nog mensen die in een klein bootje aankomen, en er duidelijk anders uitzien, dat maakt ze nog achterdochtiger…
D: *Ben je in staat om hen te vertellen wat er gebeurt?*
M: We delen niet met iedereen alle kennis van wat er is gebeurd. We hebben gezegd dat we ons huis kwijt zijn, en dat we een zeer lange tijd in een boot hebben gevaren om hier te komen. En het lijkt, alsof er iemand is die kan vergroten. Maar we vertellen niet aan iedereen, dat we meer weten rond de oorzaak van de hele beproeving. En ze hebben geen goed begrip van de beschaving waaruit we gekomen zijn, onze oorsprong kennen ze niet.
D: *Hun beschaving is niet zo geavanceerd?*
M: Nee. Het is niet zoals de onze was.

D: *Zullen ze je toestaan om te blijven?*

M: Ja. We zijn een beetje een rariteit, als het ware voeding voor hun nieuwsgierigheid. Ze laten ons toe om te blijven.

D: *Wat zijn je plannen nu?*

M: De onmiddellijke plannen bestaan uit herstellen, bekomen van de reis, en om gewoon wat voedsel en water en onderdak te krijgen voor een tijdje. Er is een man die ons in huis neemt, en ons toestaat bij hem te blijven zolang het nodig is.

D: *Maar de dingen die je meebracht overleefden de reis dus wel? De kristallen, de rollen tekst en de informatie.*

M: Ja, dat deden ze. We houden ze verpakt in onze ... het is als een doek. Het kan zelfs als een bout van materiaal zijn waarin we die dingen hebben verpakt. We zijn bang dat ze vernietigd kunnen worden, of dat iemand ze zou stelen als ze ze zouden zien.

D: *Als ze wisten wat ze waren.*

M: Ja. We verstopten ze in een grot.

D: *Denk je dat je in staat zult zijn om iedereen over de kennis te onderwijzen?*

M: We zijn er vrij zeker van dat er hier mensen zijn. Er zijn leraren, of er zijn fagisten (fonetisch) (?) met wie we deze dingen zouden kunnen delen. En toen we eenmaal wisten of ze te vertrouwen waren, konden we geleidelijk aan beginnen met het delen van deze informatie.

D: *Dat kost tijd. En je hebt nu de tijd, nietwaar?*

M: Ja, dat is zo.

D: *Je hebt tenminste een plek gevonden om te verblijven. Je weet waarschijnlijk niet of de anderen het gehaald hebben, of niet.*

M: Er zijn meldingen geweest van enkele anderen, die op verschillende plaatsen aan land zijn gekomen. En dus weten we, dat sommige mensen op verschillende gebieden het hebben overleefd. Van sommige anderen hebben we niets meer gehoord. Maar we weten dat er anderen zijn geweest die het wel degelijk hebben overleefd.

D: *Het laat zien dat de kennis dus niet zal verdwijnen.*

M: Het is heel heuglijk nieuws, om te horen dat er anderen zijn. Dat wij niet de enige overlevenden zijn. De verantwoordelijkheid was, om deze informatie en deze leer over te dragen naar een nieuwe tijd.

Ik gidste hem naar een belangrijke dag in dat leven, om meer te weten te komen.

M: We hebben een plek gevonden waar we de kristallen en de rollen kunnen bewaren. We hebben eindelijk het gevoel, dat we kunnen rusten, nu we ons niet altijd zorgen hoeven te maken over de informatie. We hebben een deel van de informatie gedeeld, maar deze mensen zijn er nog niet helemaal klaar voor. Dus we moeten bepaalde zaken eruit laten en ze, voor nu, wegleggen tot een later moment.

Toen ik vroeg waar ze ze hadden verstopt, werd hij ongerust. Ik moest hem ervan overtuigen dat ik geen bedreiging was. Ik maakte duidelijk dat het veilig was om het me te vertellen.

M: Het is opgeborgen ... het is binnenin een piramide. Maar het is bijna een interdimensionaal type opslagruimte. Het is er niet een die kan worden gevonden, tenzij men weet hoe men er toegang toe kan krijgen. Je zou het niet snel zien, of weten dat het er was. Het zal bepaalde energieën vergen, voordat de items waarneembaar worden. Voor ze verschijnen. De items zijn fysiek, maar ze worden opgeslagen in ... het is als ... een gebied met ... het is alsof ze er zijn, maar je kunt ze niet zien. Het is als een interdimensionale ruimte. Een doos waar we ze in hebben gedaan en vervolgens hebben we die 'doos" gesloten. En alleen bepaalde energieën kunnen de deur hiernaartoe openen, dan worden ze zichtbaar.

D: Is deze interdimensionale ruimte iets, waarvan je op voorhand wist hoe je die moest creëren?

M: Ik had hulp van enkele van de anderen die het overleefden, en we ontmoetten elkaar uiteindelijk. Door samen te werken, hebben we deze ruimte kunnen creëren.

D: Het is dus geen fysieke plaats binnenin de piramide.

M: Het is een fysieke plek, maar het is alsof het onzichtbaar is. Het is er. En zolang het verzegeld is ... een mens kan niet zomaar langslopen, en het zien. De persoon die het wil benaderen, moet een bepaalde mengroote energie, kennis, en zelfs wat symboliek tentoon spreiden. Er zijn bepaalde symbolen nodig, om dit te openen.

D: *Maar is het alsof je het in een muur zet?*
M: Ja, daar lijkt het op. Het is ... aan de binnenkant van een van de grote stenen. Het is er, maar je ziet geen manier om erin te komen. Er zijn geen aanwijzingen dat het er is.
D: *Er is geen manier om het fysiek te openen.*
M: Dat klopt. Je kon het fysiek niet openen. Het moet met energie gebeuren. Het moet een bepaald denkpatroon zijn. En het moet de juiste persoon zijn met de symbolen. Ze moeten, in hun energieveld, deze symbolen dragen die nodig zijn om de steen te ontgrendelen.
D: *Het zijn geen fysieke symbolen, zaken die ze kennen?*
M: Voordat je in je lichaam komt wordt dit meegegeven. Voordat ze hier werden geïncarneerd, waren ze zich daarvan bewust, en de symbolen bevonden zich toen heel openlijk in hun energieveld.
D: *Dus ze werden daar geplaatst, voordat de persoon werd geïncarneerd?*
M: Ja. En soms moesten ze die verdienen. Ze moesten bepaalde dingen leren, of bepaalde proeven uitvoeren, om die symbolen te laten functioneren. Te activeren. Om ze te laten werken. Dus, misschien ... kijk, als dezelfde persoon, op het juiste moment op de juiste plek was, is er misschien toch niets gebeurd. Ze moesten eerst nog extra zaken leren. Maar, het kon ook worden geactiveerd als ze bepaalde dingen hadden bereikt in dit leven. Als ze bepaalde testen hadden doorstaan, die hun ware bedoelingen, hun goede bedoelingen, lieten zien, dan zou dat deze symbolen in hun energieveld activeren. En als ze dan daarheen zouden gaan, dan zouden ze dit mogen openen. Om te weten waar je heen moet. En met hun mengroote gedachten zou het zich openen als een sleutel. En daar is meer dan één persoon bij. Er moeten er veel zijn, voor het geval er één faalt.
D: *Dat klinkt logisch. Wanneer mensen incarneren, hebben ze dan bepaalde symbolen, die te zien zijn in hun ... geest, aura of wat dan ook?*
M: Ja, die dragen we allemaal. En zo vullen we elkaar soms aan, of herkennen we elkaar. We zien ze niet met onze fysieke ogen, maar ons lichaam weet het, of ons energieveld weet het. En we kunnen bepaalde sensaties, reacties, ervaren. Er is ofwel afkeer of aantrekkingskracht, of een gevoel van welzijn.

D: *Dus deze symbolen zijn belangrijk. (Jazeker) Zijn deze symbolen gemaakt aan de kant van de geest? (Pauze) Ik vroeg me af waar ze vandaan komen. Wie besluit ze in de ... Ik denk auraveld, bij gebrek aan een beter woord, te plaatsen?*

M: Ze maken deel uit van de universele geest. De universele intelligentie. En ze vallen samen met wat ons levensplan is voordat we geïncarneerd worden. Ze zijn als sleutels aanwezig gedurende ons hele leven. Als we naar een bepaalde plek of een bepaalde plaats gaan, als we een bepaald individu ontmoeten, en de sleutel past in het slot, wordt er iets actief. Of de twee symbolen lopen samen. Of tegengestelde symbolen. Ze zullen ons helpen te weten wat we moeten doen. Soms kan het herinneringen ontsluiten. Soms kan het een reactie in ons teweegbrengen die ons helpt beslissingen te nemen en ons leven te veranderen. Onze levensstijl, onze levensbeslissingen. Ze zijn dus bijna een soort begeleidingssysteem. Dat het op een bepaald moment kan worden geactiveerd en ons kan helpen te weten wat we moeten doen, wanneer we bepaalde zaken moeten doen.

D: *Maar dit zijn dingen die de gemiddelde persoon niet weet, en waarvan we ons niet bewust zijn.*

M: Nee, maar we hebben ze allemaal.

D: *En meestal kun je ze niet zien, of weten dat ze er zijn.*

M: Sommige mensen kunnen dat wel, maar de meesten van ons kunnen niet met onze ogen zien, hun visie is beperkter.

D: *Je krijgt het binnen als gevoelens, instinctmatig.*

M: Ja, ja. Dat is het.

D: *Dat is belangrijk. En dat betekent, dat symbolen erg belangrijk zijn voor de universele geest.*

M: Dat klopt. Het is een universele taal.

* * *

Dit is in overeenstemming met de informatie die ik heb ontvangen en gerapporteerd in mijn andere boeken. Dat de ET's communiceren in symbolen. Deze symbolen bevatten blokken informatie en concepten, die mentaal kunnen worden overgedragen. Het verklaart ook gedeeltelijk de vele verslagen die ik heb ontvangen van mensen die een vloedgolf aan symbolen in hun geest ontvingen. Sommigen hebben gemeld dat ze op de bank in hun woonkamer lagen, en een lichtstraal door het raam hebben zien komen met groot van geometrische en andere symbolen. Deze lichtstraal concentreert zich op hun voorhoofd. Anderen hebben melding gemaakt van een dwang, om urenlang symbolen of ongebruikelijke ontwerpen te tekenen. (Veel mensen hebben me kopieën van hun tekeningen gestuurd, en het is verbazingwekkend hoe sterk ze op elkaar lijken.) De entiteiten hebben me verteld, dat de graancirkelsymbolen ook blokken informatie bevatten. De waarnemer hoeft niet binnen de cirkels te zijn om dit te ontvangen. Alleen al het zien van het symbool in een tijdschrift, krant, etc. is voldoende om de informatie te downloaden. Ze hebben verschillende andere manieren gemeld waarop de download plaatsvindt. Ze zeiden dat het hun taal is. De persoon die het ontvangt, hoeft het niet noodzakelijkerwijs te begrijpen. Het wordt ingebracht in het onderbewustzijn van de persoon op cellulair niveau. Het doel is, om, uiteindelijk, als ze de informatie nodig hebben, er toegang tot te verschaffen. Vaak zullen ze niet eens weten waar het vandaan komt. Wat de vraag oproept: als we incarneren, met een symbolisch patroon, dat op onze ziel is gedrukt, aura, hoe het ook wordt gedaan, voegt de download van de ET's dan toe aan dit patroon, of activeert het dit patroon? Hij zei wel dat dit patroon verandert naarmate de persoon door levenservaringen gaat.

* * *

D: *Ik weet dat er vele, vele piramides zijn in Egypte. Heb je ze in een grote verborgen?*
M: (Pauze) Ik denk dat het in de poot van de Sfinx zit, in plaats van in de piramide zelf. Ik denk het. Er zijn veel ondergrondse tunnels en kamers in en onder de Sfinx. Ik denk dat het ... - als ik naar de Sfinx kijk - het zou waarschijnlijk, geloof ik, de linkerpoot zijn.
D: *Gaan deze tunnels ook onder de piramide door?*
M: Ja. Er zijn er veel onder de piramides.
D: *Maar de meeste mensen weten niet hoe ze hier toegang toe moeten krijgen?*
M: Nee, alleen bepaalde ingewijden, de priesters, bepaalde vorsten. De gemiddelde gewone man weet het niet. Er gaan geruchten dat ze bestaan, omdat ze gebouwd moesten worden. En er is altijd lekkage van informatie die naar buiten druppelt. Maar de

gemiddelde persoon kent de details niet. Ze hebben alleen geruchten gehoord dat ze bestaan.

D: Maar als de Sfinx en piramides er al waren toen je daar kwam, heb je dan ooit verhalen gehoord over wie ze heeft gebouwd?

M: (Pauze) Ja. Ik geloof dat de beschaving – ook al was ze niet zo ver gevorderd als de onze – enige hulp ontving van de buitenaardsen. Omdat het algemene intelligentieniveau van die specifieke samenleving niet zo hoog ontwikkeld was. Ze gaven hen informatie. Maar nogmaals, slechts aan een klein deel van de mensen. Het waren ze niet allemaal. En velen van hen waren meer volgelingen dan onafhankelijke denkers.

D: Heb je ooit gehoord hoe ze met zulke grote stenen konden bouwen?

M: Het werd gedaan met energiemanipulatie. Het werd gedaan met een soort zwaartekrachtapparaat. Levitatie. Het zou fysiek bijna onmogelijk zijn geweest om die te bouwen.

D: Waar je vandaan komt, had je zoiets kunnen doen?

M: Ja. Hoewel mijn expertise niet lag in architectuur, of het bouwen van dingen, kende ik wel de basisprincipes van manipulatie van energie. En van levitatie. De meeste studenten, de ingewijden, degenen die in de tempels werkten, kenden deze allemaal. Dat was onderdeel van het onderwijs. Leren over levitatie en het gebruik van energie.

D: Dit was dus iets wat aan iedereen werd geleerd.

M: Ja. En er waren er, die heel ver gevorderd waren in die zaken. In de architectuur en het creëren van materiële dingen. Het was niet alleen materiaal. Het was niet alleen driedimensionaal. Het was een verweving, simultaan gebruik van het materiaal en de hogere trillingen die dichter bij spirituele manifestaties zouden liggen. Ze waren niet alleen fysiek.

D: Maar je zei, dat deze mensen, die in Egypte woonden, niet geavanceerd genoeg waren om dit zelf te hebben gedaan.

M: Nee. Er waren sommigen die geavanceerder waren en meer bereid om te luisteren. En waren er die meer open waren ... meestal waren dat ook degenen die hoger opgeleid waren dan de gewone man die er woonde. En ze kregen deze informatie in de hoop dat het de beschaving vooruit zou helpen. Ze werden gecontacteerd door de buitenaardsen, degenen die waken over deze planeet. En de buitenAarden kwamen en hielpen hen met deze dingen. En door onze kennis en waar we vandaan kwamen, konden we ook helpen bij hun leren, hun ontwikkeling en progressie.

D: *Waarom werden de piramides gebouwd? Hadden ze een doel?*

M: (Lange pauze) Het waren zeer compacte energiebronnen. Ze waren niet als een kristal. Ze waren in staat om te versterken, om te helpen bij het creëren van veel dingen binnenin de piramide. En binnen de vibratie van de piramides. Ze waren centra van leren, maar het was ook alsof ze een andere dimensie binnengingen, vanwege de energie die ze vasthielden. En ze waren in staat om te versterken en eigenlijk ook om trillingen en energieën door te geven aan andere gebieden. Het was als een gigantisch energieveld of krachtveld – misschien niet noodzakelijkerwijs een krachtveld. Het was een centrum van veel kracht en energie.

D: *Dus dat was de reden waarom de buitenaardsen wilden dat deze zaken werden gebouwd?*

M: Dat was een deel van de reden waarom ze werden gebouwd, of de functie ervan. De buitenaardsen willen gewoon dat de mensheid een wereld van meer harmonie en meer vrede creëert. En een gelukkigere plek om te leven, in plaats van een van armoede en pijn en wanhoop. Ze hoopten, dat we deze informatie en deze geschenken zouden kunnen gebruiken om die mogelijkheid uit te breiden.

D: *Het moeten mensen zijn die de kennis hebben. Die weten hoe het te gebruiken.*

M: Dat klopt. En daarom waren er slechts bepaalde individuen die deze kennis kregen. De wetenschap van de krachten van de piramides en de mogelijkheden die ze konden helpen ontwikkelen op dat gebied. Maar ook met die kracht komt de mogelijkheid – net als Atlantis – van het negatieve.

D: *Van het misbruik.*

M: Dat klopt. (Grote zucht) De verdome vrije wil, het kan beide kanten op.

D: *Daarom kan het beide kanten op. Maar in plaats van je rollen en je kristallen te gebruiken, besloot je ze daar te verbergen waar ze veilig zouden zijn.*

M: Ja, de mensen waren niet klaar voor alle informatie. En ze gebruikten het niet zoals het zou moeten worden gebruikt. Er was al misbruik van de macht in sommige van de gebieden, plekken waar het heel gemakkelijk in een nieuw soort Atlantis kon veranderen. Als ze de kennis en het gebruik van de absolute macht zouden hebben, wat gelukkig niet het geval was.

Ik besloot toen om Marie door te laten gaan, naar de laatste dag van het leven van de man, omdat ik niet dacht dat er nog iets anders te leren zou zijn nadat hij de geheimen had weggestopt.

M: Ik ben heel oud. En mijn lichaam bleef in redelijk goede conditie, vanwege mijn kennis van genezing en het gebruik van energie, en de gedachten die onze leraar ons vertelde, vormen het fysieke. Maar mijn lichaam is verouderd. En is erg moe. En ik ga graag weg.
D: *Er is dus niets mis met het lichaam.*
M: Het is veroudering. Het is veranderd door de effecten van dit aardse leven. Er is niets gruwelijks aan de hand.
D: *Heb je daar lang in Egypte gewoond?*
M: Ja. Ik zou durvenven zeggen misschien nog veertig jaar.
D: *En zo kon je een deel van je kennis doorgeven.*
M: Ja, dat klopt inderdaad. Ik deelde wat ik dacht dat gepast was met de geleerden. Degenen die getraind waren in de gebruikswijze. Maar nogmaals, ik kon het niet allemaal delen, omdat het op dat moment niet gepast zou zijn geweest.
D: *Ja, maar je hebt veel met je leven gedaan.*
M: Ik heb het geprobeerd. Er waren altijd wel wat verkeerde beslissingen. Soms vertelde je mensen dingen, of leerde je ze iets, en ze snapten het uiteindelijk niet ... net als elk moment in hun leven, zullen sommige mensen het tot zich nemen, en sommigen gebruiken het, en sommigen niet. En nog anderen ... misbruiken het.
D: *Zo is het overal. (Jazeker) Is er iemand bij je, op de laatste dag van je leven?*
M: Nee, maar ik ben niet alleen. Ik ben niet bang, ik weet dat ik weg moet.

Nadat hij uit het lichaam naar de geestenkant was verhuisd, vroeg ik hem om het leven dat hij net had verlaten, te herzien, en te zien of er een les was die hij had geleerd.

M: Ik denk dat ik geduld moest leren, want ik was altijd leergierig, maar ik wilde meer leren. En ik had nooit het gevoel dat ik was waar ik moest zijn. Ik zou één mijlpaal bereiken, en het was nooit genoeg. Ik dacht dat ik meer moest weten, en sneller, altijd maar meer. En dat was een heel harde les.
D: *Denk je dat je het geleerd hebt?*
M: Kan iemand het ooit leren? Dat is een lastige. Ja, ik heb geleerd om geduldiger te zijn.
D: *Je had ook veel kennis.*
M: Ja, en dat was een ander deel van de les. (Grote, diepe, zucht) Om het gebruik en het uitdelen van de kennis te leren. De verantwoordelijkheid die daarbij hoort. Dat, als je die kennis hebt gekregen, je moet leren om er verstandig mee om te gaan. Dat het soms voor anderen bedoeld is, en soms niet. En als je het op het verkeerde moment aan de verkeerde persoon geeft, kan het rampzalig zijn. En als je het op het juiste moment aan de mens geeft, kan het prachtige, wonderbaarlijke resultaten opleveren.
D: *Je moet dus discriminerend zijn.*
M: Dat klopt. En het is een heel grote verantwoordelijkheid.

Vervolgens liet ik de entiteit zich terugtrekken en integreerde Marie's persoonlijkheid terug in het lichaam, zodat ik met haar onderbewustzijn kon praten.

D: *Waarom heb je dat leven gekozen voor Marie om vandaag te zien?*
M: Omdat het heel erg parallel loopt met wat ze vandaag doormaakt. Ze is op een pad van leren. En ze heeft geweldige kansen om veel te doen om deze wereld te veranderen. Om de nieuwe wereld binnen te halen. Het is een zeer grote verantwoordelijkheid.
D: *Maar als je er oppervlakkig naar kijkt, lijkt het niet echt op elkaar.*
M: Ze heeft het vermogen om veel goeds te doen in deze wereld in relatie tot het gebruik van haar energieën, haar kennis uit al haar vorige levens. Ze is in staat om met velen te communiceren. Dit zal zo zijn wanneer ze ertoe in staat is en wanneer ze er klaar voor is. En als ze dit niet op het juiste moment doet, in de juiste volgorde, dan zullen er veel waardevolle dingen verloren gaan. En het is heel belangrijk dat ze dat begrijpt: nummer één, geduld is heel belangrijk. Dat alle dingen zullen komen als het tijd is. En ten tweede: als ze deze krachten en deze vaardigheden verkrijgt,

moet ze zeer discriminerend gebruiken. En hoewel het verlangen juist is ... om anderen te helpen, help je ze niet altijd via de gemakkelijkste weg. Soms moeten ze het zelf leren. Je kan ze niet altijd zomaar geven wat je denkt dat nodig is. Het kan zijn dat het er aan de buitenkant uitziet alsof ze het zouden kunnen gebruiken of nodig hebben, maar dit zomaar aanbieden is het niet altijd de juiste beslissing. Ze moet hen, als de tijd rijp is, mogelijk iets minder geven dan wat ze eigenlijk zouden kunnen gebruiken.

D: *Waar komt deze kennis vandaan?*

M: Deze kennis? Die heeft ze altijd gehad, die heeft ze geleerd uit alle ervaringen en vorige levens. En wanneer het juiste moment aanbreekt, zal het haar worden gegeven.

D: *Het komt allemaal terug, bedoel je?*

M: Ja. En het werd zo geregeld, dat delen van haar ... van mij, van de overziel, op het juiste moment zullen opengaan. Dit zal deze gaven met zich meebrengen, dan gebeurt manifestatie. Deze energieën en deze kennis die ze nodig heeft, om naar de volgende stap te gaan, naar het volgende niveau.

D: *Maar haar huidige persoonlijkheid zal toch blijven bestaan?*

M: Ja, heel erg nadrukkelijk, zelfs.

D: *Het is net als een combinatie die wordt gemaakt, of een samenvoeging?*

M: Dat klopt. Het zal gewoon worden samengevoegd met haar huidige wezen.

D: *Dan hoeft ze niet te studeren, of lessen te volgen?*

M: Jawel hoor, ze moet deze dingen nog doen. Het zal helpen, om herinneringen op te roepen. En het zal haar helpen bij het opnieuw leren. Het is soms heel moeilijk om deze bepaalde denkpatronen zomaar binnen te laten in het huidige bewustzijn. En door ze opnieuw te leren, met de verschillende circuits van haar geest, zal het haar helpen in dit huidige leven. Ze wordt van deze kant getraind.

D: *Ze heeft nog een vraag. Waarom wordt ze zo zeeziek? Ze houdt van het water en de dolfijnen, maar ze wordt zo zeeziek.*

M: Het energieniveau van de oceaan is erg hoog. Het creëert zeer krachtige energieën, reacties, velden. En omdat haar lichaam, haar essentie, een overbrenger van energieën is, kan ze maar zoveel absorberen, voordat ze het fysiek begint te voelen. Het heeft ook te maken met haar lange tijd op de oceaan, toen ze Atlantis voor het eerst verliet. Het was erg stressvol om op de oceaan te zijn. En nogmaals, de energieniveaus waren erg hoog. Hoewel ze enige macht en vaardigheid had over de elementen, en het vermogen om energie te veranderen, om te voorkomen dat de oceanen te gewelddadig zouden zijn, was ze zelf wel ook in een verzwakte toestand door gebrek aan voedsel en water.

D: *Het trauma van de situatie.*

Hoofdstuk 7
Oude Kennis

DEZE SESSIE VOND plaats in mei 2002, op een ranch in Montana, waar ik in een pension verbleef. Ik ging erheen om wat lezingen te houden, maar de belangrijkste reden dat ik daarheen ging, was om eindelijk Leila Sherman te ontmoeten. Zij wasde 100-jarige vrouw die de foto van Jezus fotografeerde. Het was de foto die ik gebruikte voor de cover van het boek "Jezus en de Essenen". Ik wist dat dit misschien mijn enige kans was om haar in levende lijve te zien. Een vrouw waar ik contact mee had, werkte samen met Leila aan het produceren en op de markt brengen van de foto. Leila vertelde me, dat ze dacht dat ze klaar was om te sterven, maar toen ze de website www.christpicture.com en het marketingplan samenstelden, was het zo leuk.. Ze zei dat ze dacht dat ze nog ongeveer 100 jaar zou blijven. Leila woont in een bejAardentehuis, maar is nog steeds erg actief en in staat om voor zichzelf te zorgen. Ze vertelde me, dat ze er de oudste is, en de enige die geen hulp nodig heeft.

Lorraine vloog vanuit een andere staat om tegelijkertijd met mij aanwezig te zijn. Ze was een genezer, en werkte samen met artsen en ziekenhuizen om natuurlijke genezing te introduceren, en dit stilaan maar zeker te combineren met traditionele methoden. In de grote stad waar ze woont, werkt ze samen met vijf ziekenhuizen, en begint ze binnenkort met het onderwijzen van de verpleegkundigen. Ze is heel intelligent en is er steevast van overtuigd dat deze co-existentie zal uitgroeien tot iets heel belangrijks.

In de sessie, toen ze uit de wolk kwam, observeerde ze zich als een 14- of 15-jarig meisje met lang, roodbruin haar, in een vredige omgeving, waarvan ik dacht dat het waarschijnlijk een kustplaats aan zee was. Zo klonk het, ik vroeg haar naar een beschrijving. Ze beschreef haar huis als uitzicht hebbend op de baai, en erg groot, met bogen die aan beide kanten uitkeken op het water. Ze wilde er een normaal leven leiden, met haar ouders en broers, maar een machtige groep op het eiland had andere plannen met haar. Ze hadden ontdekt dat ze anders was dan de andere mensen, en ze wilden haar vaardigheden gebruiken. Ze zou gaan wonen in een grote tempel op de heuvel, boven de stad.

L: Ik heb de gave. Ik zie het.
D: *Zie...wat?*
L: (Gefluisterd.) De toekomst. (Lange pauze) Ik zie de toekomst. Ze willen me leren hoe ik het moet regisseren.
D: *Ook al heb je de gave, je weet niet hoe je het moet beheersen. Is dat wat je bedoelt?*
L: Nee! Ze willen het controleren – via mij. (Een fluistering) De volgorde. De mannen die alles bepalen. De zee. De mensen. Ik moet in de grote tempel op de heuvel gaan wonen, en doen wat ze mij vertellen.
D: *De mannen in de tempel controleren de dingen?*
L: (Merkwaardig). Ja. Ze zullen me controleren. Ik wil bij mijn familie blijven. Ik wil wegvaren op de oceaan. Mijn broers kunnen doen wat ze willen. Ik wil zingen. Ik ben niet geroepen om te zingen. Er gebeuren dingen als ik die geluiden maak.
D: *Ik zie niets verkeerds in zingen. Wat gebeurt er als je geluiden maakt?*
L: Wat ik maar wil! - De mannen op de heuvel, die zijn bang voor mij.

Ik verzekerde haar dat ze er met mij over kon praten, want ik was geen bedreiging voor haar. "Wat voor geluiden maak je?" Lorraine liet haar mond bewegen, alsof ze een oooh-geluid maakte. "Je beweegt je mond, maar ik hoor niets."

L: Hoor je het geluid niet? Het is als de wind. Het zijn geluiden van de wind.

Ze begon toen een griezelige, schrille, langwerpige toon te maken. Het was geleidelijk, maar constant, van Ooooooooooooooh (middentoon) Oooooooh (hoge toon) Ooooooooooooh (hogere toon, dan te hoog om te horen) en dan weer naar beneden Ooooooooooo (middentoon). Later, toen Lorraine naar de band luisterde, zei ze dat dat een geluid was dat ze onmogelijk zou kunnen maken. Vooral het deel dat geleidelijk hoger in toonhoogte groeide tot het te hoog was om te horen.

Ze legde uit wat het geluid deed: "Dat opent deuren." Ik begreep niet wat ze bedoelde. Fysieke deuren? "Je kunt door die deuren lopen. Ze kunnen ze niet zien." Het was dus duidelijk niet fysiek. Ze doelde op iets dat blijkbaar bestond in de onzichtbare wereld.

L: Het zijn vergulde deuren, bedekt met juwelen, met ingelegde randen en wit en gekleurd licht in het midden. Het zijn geen – echt – fysieke deuren. Het zijn openingen, portalen.

D: *Waar zie je ze?*

L: Voor me. Daar in de ruimte.

D: *Als je buiten bent?*

L: Nee, waar ik ook ben, ze zijn bij me. Ze bevinden zich in de ruimte. Het geluid creëert de deuren, of / en opent de deuren. Als ze opengaan, kan ik door de deur gaan.

D: *En niemand anders kan deze deuren zien. Wanneer kwam je er voor het eerst achter dat je dat kon?*

L: Ik was vijf. Mijn familie, mijn oom. Ik vertelde ze dingen die ik door de deuren kon zien. Ze dachten dat ik verhalen aan het verzinnen was – en dat ik grappig was.

D: *Wat zag je door de deuren?*

L: (Fluisterend) Ik zie de toekomst.

D: *Hoe wist je dat het de toekomst was?*

L: Omdat ik ze de verhalen vertelde, en dan zouden die dingen uit die verhalen echt gebeuren. Ze begonnen te geloven dat ik de waarheid sprak, toen ik acht was. Toen namen de mannen op de heuvel me mee. Ze begonnen me te testen. Ik werd in een kamer gezet, waar ik moest optreden. En ze schreven neer wat ik hen vertelde. En toen begonnen ze me te trainen, om te veranderen wat ik zag. Ze wilden dat ik het zou veranderen, om hen te helpen. Om het om te leiden. Ik kon ervoor zorgen dat goede dingen voor hen gebeurden, en dat de tragedie naar iemand anders werd omgeleid.

D: *Dus je zag negatieve dingen?*

L: Ik kon alles zien. Ik wist wat me te wachten stond. Er waren drie ramen in de deuren. Ik zie wel hoe het kan... Ik zie mogelijkheden, opties. Drie verschillende manieren waarop het zou kunnen gebeuren.

D: *De toekomst is dus niet slechts één manier.*

L: (Fluisterend: Nee.) Ik zou het kunnen veranderen. Dan stuur ik het ergens anders naartoe. Verplaats het. Maak het anders.

D: *Mag dat?*
L: Het is als geluk. Het geluk komt, de pech moet ergens anders heen. Dat zagen ze niet. Ze dachten, dat ze al het geluk konden nemen en houden. Ze namen het voor zichzelf en controleerden iedereen. We wonen op een groot eiland, veel baaien. Ik zag het vanuit de wolk, toen ik naar beneden kwam. Het is prachtig. En ze hebben groot van structuren op de top van de heuvel; en ze heersen over alle mensen beneden.

Ik vond dat het klonk als een soort georganiseerde religie.

L: Nog net geen kerk. Het is nog geen religie. Het is eerder een vertoon van kracht, van macht. Het is de tempel. Het is de plaats van al het zijn.

Blijkbaar waren we verder terug in de tijd, voor het begin van de georganiseerde religie. Maar het doet er niet toe, macht en hebzucht zijn aanwezig sinds de mens die op Aarde leeft. Er lijkt een constante strijd te zijn geweest tussen de krachten van goed en kwaad.

D: *En ze wilden iedereen, die op dat eiland woonde, controleren door te veranderen wat je zag?*
L: Dat doen ze. Alle geesten met de macht wonen in de tempel. Ik moet in de tempel gaan wonen. Ik moet mijn familie verlaten.
D: *Wat vindt je familie hiervan?*
L: Ze zijn heel welvarend geworden door wat ik heb gedaan. Ik gaf ze het geluk. Je denkt het, en het gebeurt. En je neemt het op en geeft het die richting en stuurt het andere, de andere optie, naar ergens anders. Het is gewoon een richting. Ze zouden totale controle hebben over alle macht als ik daar ga wonen. Ik moet ze laten zien hoe.
D: *Denk je dat je ze kunt laten zien hoe ze het moeten doen?*
L: Nee. (Ze begon weer de ooooh-geluiden te maken.) Het enige wat ik doe is het raam openen. Het portaal opent met een geluid. En dan kan ik meer door de deur kijken als ik kijk. Het geluid draagt golven. En de golven duwen het raam open. En ik kan kijken naar wat komen gaat.
D: *Maar je zei dat je ze moest leren hoe ze het moesten doen?*

L: Ja, ze denken dat ze het kunnen leren. (Grinnikt) Ik weet niet waar het vandaan komt.
D: *Hoe kun je ze laten zien hoe ze iets moeten doen als je niet zeker weet hoe je het doet?*
L: Ik weet niet hoe ik ze de informatie niet moet geven. Ze laten me het doen of mijn familie zal lijden.
D: *Ik zie het. Maar het zijn mannen, ze konden de geluiden waarschijnlijk niet op dezelfde manier maken.*
L: (Fluisterend) Nee, dat is niet mogelijk. Ik heb dit jaar geleerd dat ik ze niet de waarheid moet vertellen. Ik ga ze de dingen op de juiste manier laten ontvouwen. Ik leer van mijn oom hoe ik hun macht kan beheersen. Maar ik moet doen alsof ik het niet wil weten. En dan leren ze me steeds meer. Binnenkort heb ik al hun kennis. Elk van de groepen heeft verschillende gaven, op verschillende gebieden. En ze weten verschillende dingen over hoe ze de geest van de mensen kunnen beheersen. En ze leren me elk geschenk. Ik moet iets doen. Ze doen het om de verkeerde reden. Ze gaan ons vernietigen. Ze nemen al de positieve energie en ze dumpen al de negatieve energie in een gat. En het zou al snel heel groot zijn ... en het zal uitbarsten.
D: *Het moet ergens heen, is dat wat je bedoelt?*
L: Ja, dat zien ze niet! Iedereen denkt dat je alleen maar goed kunt hebben. Ik weet niet of ik al hun kennis op tijd kan vergaren.
D: *Wat zie je dan, dat er gaat gebeuren?*

Ze aarzelde en begon toen te huilen.

L: Alles valt uit elkaar en wordt verzwolgen in de oceaan.
D: *Probeer je het ze soms te vertellen?*
L: Ja. Ze zeggen dat het aan mij ligt, dat ik het moet oplossen. Ik moet zien dat ik het weet te verzenden en te wijzigen. Ik zou het kunnen doen, als ze hun macht op de juiste manier gebruikten. Maar dat doen ze niet en ze blijven steeds meer van de slechte kant in het gat gieten. En het groeit, en ze worden steeds ondoordachter en onvoorzichtiger. Ik ben bang dat ik ze moet controleren. Zodra ik al hun gaven ken, kan ik hun kracht van hen afnemen en terugsturen naar de mensen.
D: *Dat is je plan? (Jazeker.) Ben je bij hen gaan wonen, in de grote tempel?*

L: Ja. Het is er prachtig. Het heeft veel trappen en kolommen. En bogen die, naar beneden kijken, naar het water. En er zijn grote kleurrijke vogels. En prachtige muziek. Het is heel mooi hier. Ik heb een zwart luipaard. (Ik was verrast.) Haar naam is Sasha. Ze is mijn huisdier. Ze hoort mijn gedachten. Ze is de hele tijd bij me.

D: *Ik zou denken dat een luipaard gevaarlijk zou zijn.*

L: (Grinnikt) Dat kan ze zijn. Maar ze kiest ervoor om dat niet te zijn.

D: *Hebben de andere mensen ook dieren die fungeren als huisdieren?*

L: Ja, velen van hen wel. De dieren zijn overal. Ze leven in harmonie met mensen op deze grote plaats. Er zijn hier grote gangen en veel mooie kamers. Ik spreek de mensen dagelijks. Ik lieg soms tegen deze mensen. Ik vertel ze wat ze willen horen.

D: *Waar lieg je over?*

L: Het gevaar van leven met zoveel kracht, met zoveel gaven. Niemand is ooit meer ziek. We hebben geleerd om te genezen. Ik moet nu een jaar of 25 zijn.

D: *Hoe doe je de heling?*

L: We doen niet meer aan helen of genezen.

D: *Toen je het deed, hoe deed je het?*

Ze liet de shril Ooooh weer klinken.

D: *Vertel me wat je doet.*

L: Ik draaide aan het plafond, om het licht op een rij te zetten.

D: *(Ik begreep het niet.) Welk licht?*

L: We zijn licht van binnen. Het raakt gebroken, en moet opnieuw worden uitgelijnd om correct te stromen. En iedereen wordt de juiste tonen geleerd, om hun licht opnieuw uit te lijnen.

D: *Je zei dat je het plafond draaide. Wat bedoelde je daarmee?*

L: Ik gebruik de kleuren en de tonen, door het licht, om ze opnieuw uit te lijnen. Er is een patroon op het plafond van het zonnestelsel. En de kleuren en de tonen moeten overeenkomen. De kleuren zitten in de lichtpanelen aan het plafond. Ze zien eruit als korte lichtflitsen in verschillende kleuren. Het lijkt een stevig stuk glas, maar het zijn kleine lichtjes van kleur. Een soort buis die ze verbindt. En de lichten zien er solide uit, maar het zijn kleine lichtflitsen in de verschillende panelen. Het deelvenster heel maken. Het patroon van het zonnestelsel verandert voor elke persoon die onder het licht komt. Het wordt gelezen door een lampje in je pols en het wordt weergegeven op een patroon op het plafond. Dan komen de lichten op één lijn en komen ze door de basis van je schedel naar beneden. En in het lichaam, en het recalibreert je lichtfrequenties.

D: *Dan is het een soort machine? (Jazeker.) Dus het patroon van de dierenriem verandert voor elke individuele persoon.*

L: Het is hun persoonlijke grafiek. Vroeger deed ik het zelf, individueel, voor deze mensen. En uiteindelijk heb ik ze geleerd hoe ze de tonen zelf kunnen gebruiken. We hebben hier geen aanwezige ziektevibratie meer.

D: *Is er nog iets aan het plafond, of alleen die patronen, de platen en het licht?*

L: Er is een groot object in het midden, dat de balken stut. Het is een reeks kristalachtige objecten, die op bepaalde segmenten van de ruimte zijn geplaatst. En het licht breekt er doorheen, omdat het heel snel roteert. Heel, heel snel. Je ziet het niet bewegen. Je moet gewoon weten dat het beweegt. Het schiet scherven licht door het glas, doet cijfers klikken, en het pulseert de lichten van de gekleurde panelen.. (gezegd in een toon van ontdekking). Het stuitert door alle kleine lagen kristallen, totdat het de gegrootlen bereikt die het persoonlijke patroon van het individu opmaken. En dan schiet het aan de basis van de schedel naar beneden, door de punten van het lichaam. Kleine punten in het lichaam, die overeenkomen met elk van de lichten. En terug naar boven, door het wortelchakra en naar buiten door het kruinchakra.

D: *En dit geneest de persoon?*

L: Het brengt hun individuele licht op één lijn!

D: *En iedereen heeft zijn eigen patroon? (Jazeker!) En dit vindt het persoonlijke patroon, zodat het licht het kan activeren, en de persoon kan genezen?*

L: Ja, we weten hoe we het licht moeten uitlijnen. Wanneer het licht wordt gebroken, verdwijnt de informatie over ziekte in deze lichamen. Zolang hun licht is uitgelijnd, verouderen de lichamen niet.

D: *En er moeten bepaalde tonen zijn, die dit activeren. (Jazeker.) Weten de mannen hoe ze dit moeten doen?*

L: Nee. Alleen ik. Ik zit heb een probleem als ik dat wil doen. De mensen kregen veel te horen, over het hoe en wat ... rond hoe ze moesten genezen. Alleen de rijken konden genezen worden. Ze zijn erg boos op mij, omdat ik de anderen heb geleerd hoe ze zichzelf kunnen genezen. Maar het maakt niet uit. Onze manier van leven loopt ten einde.

D: *Is dat wat je ziet?*

L: Ja. Alle pech groeit tot een omvang en proportie die niet meer kan worden gekanaliseerd, het is als een bom die zal uitbarsten. En het kan ze niet schelen; ze geloven me niet. Het is aan mij om het te veranderen. Om de pech ergens anders heen te sturen. Ze hebben een plekje uitgekozen. Het is een land waar veel mensen wonen. Het zijn geen rijke mensen. Ze zijn echter de ondersteuning van ons systeem. En ze denken dat ze deze ondersteuners niet langer nodig hebben. De vissers, de boeren. Vroeger ondersteunden ze het land. Ze hebben ze niet nodig, zolang ze mij hebben om het geluk te sturen!

D: *Wat gaan ze gebruiken als bron van voedsel?*

L: Ze hebben dat niet meer nodig.

D: *Ze hoeven niet te eten?*

L: Niet zoals wij deden.

D: *Dus deze mensen zijn overbodig?*

L: Dat denken ze wel. Dat klopt niet, want mensen zijn het enige wat belangrijk is. Wat ze niet weten, is dat het alles meeneemt. Niet alleen die mensen, maar ons allemaal, want het is zo groot, zo krachtig.

D: *Heb je al hun kennis geleerd?*

L: Ja, maar ik heb nog niet genoeg. Ik geloof niet dat er genoeg tijd is. Ik moet alle kennis bekomen, om ze te kunnen beheersen. Om te kunnen veranderen wat we doen, en de pech te accepteren, als het ware. En het er beetje bij beetje uit laten, om zo de druk te verlichten, zodat het niet uitbarst. Ze denken, dat ik het kan uitzenden en anderen, ver weg van hier, kan vernietigen. En dat het zo vanzelf ook weggaat. Maar wat ze zich niet realiseren, is dat het zo groot is, dat het ons uiteindelijk allemaal meeneemt.

D: *Wat gebeurt er dan?*

L: (Lange pauze) Ik laat het ons vernietigen.

D: *Heb je het een beetje per beetje geregisseerd?*

L: Nee. Dat was wat ik wilde doen, maar dat was me niet toegestaan. Niemand wilde met de pech leven. Om het een beetje per keer uit te kunnen laten, zouden mensen moeten kunnen leven met falen, en hongersnood, met ziekte en disharmonie. Ik heb ze niet verteld dat het eraan zat te komen. Ik liet het losbarsten. (Jammerlijk) En het kostte alles. Het viel allemaal uit elkaar. Er was een heel lang, laag gerommel onder de Aarde. Alles begon om ons heen te wankelen. We rolden de zee in.

D: *Het hele eiland?*
L: (Fluisterend) Alles.
D: *Wat zie je als dit gebeurt?*
L: (Flauw gefluister.) Verschrikking... verschrikking! Alles werd vernietigd. Niets overleefde. Het was als ... aardbevingen en atoombommen tegelijk. Gewoon enorme kracht. Rood en zwart, en donker uit de ingewanden van de Aarde. Uitbarsten en alles meenemen, zodat alles weer gelijk was.
D: *Het is allemaal weer in evenwicht? (Jazeker.) Waar ben je als je dit bekijkt?*
L: Ik sta bij een zuil, onder een van de bogen, en kijk uit naar wat er gebeurt. Het lijkt alsof de Aarde zich opent, om alles te door elkaar te zwieren en op te blazen. Er zijn zwarte wolken in de lucht, en vuur. En alle kunst en schoonheid is weg. Ik ben ook weg.

Ze begon hijgende geluiden te maken. Ik gaf suggesties dat ze de scène als waarnemer kon bekijken als ze dat wilde, zodat ze geen fysieke sensaties zou ervaren.

L: (Fluisterend) Water. Ik verdronk. Vanaf ons hoge uitkijkpunt waren we de laatsten die gingen. (Fluistert) We zagen de mensen sterven.
D: *Dus bekijk je het nu van bovenaf, nadat je uit het lichaam bent?*
L: (Sterk en duidelijk) Ja!
D: *Wat zie je vanuit dat perspectief?*
L: Dingen die in de zee zijn doodgegaan. Dode lichamen, en dieren die in het water drijven. Mijn familie is bij me. Ze zijn allemaal bij me!
D: *Hoe voel je je over wat er is gebeurd, als je het van die kant bekijkt?*
L: Het is een ernstige fout om de hebzucht om de macht te controleren en te onderdrukken. Het was vreselijke hebzucht. Er is een schaal van dingen: dieren, bomen, planten, mensen. En op de een of andere manier domineerde de negatieve kant van de krachten boven de positieve kant.

D: *Maar het was echt niet jouw schuld. Je hoeft je nergens verantwoordelijk voor te voelen.*
L: Ik voel me verdrietig dat ik gefaald heb.
D: *Je probeerde het juiste te doen.*
L: Ja. De zee is tot rust gekomen. Het is nu rustig. Roze lucht is terug. Er is niets voor altijd; gewoon water.
D: *Wat is er uiteindelijk gebeurd?*
L: We kwamen terug naar een land dat woestijn was.
D: *Is het land uiteindelijk weer tevoorschijn gekomen?*
L: Ja, dat klopt. Het water trok zich terug. Het is hier erg mooi.
D: *Waarom besloot je terug te keren naar een plek die woestijn is?*
L: Om opnieuw te beginnen. We moeten het goed doen!
D: *Heb je nog steeds dezelfde krachten?*
L: Nee! We zijn eenvoudige mensen. Het is veiliger. Het kost tijd ... vele, vele generaties. En na verloop van tijd komt begrip. We zullen opnieuw naar dat niveau bouwen, maar deze keer zullen we het op de juiste manier doen. En de mannen willen niet regeren! Geen hebzucht.
D: *Denk je dat je in staat zult zijn, om de kennis en macht die je op dat moment had, terug te brengen?*
L: Het komt eraan. We hebben het.
D: *Maar, denkende aan hoe mensen zijn, denk je dat ze in staat zullen zijn, om het deze keer op de juiste manier te beheersen, of te sturen? (Jazeker.) Denk je dat ze er klaar voor zijn? (Jazeker.) Omdat je weet, dat er altijd van die hebzuchtige mensen in de wereld zijn, die alles willen controleren.*
L: Ze worden stilaan maar zeker ontmaskerd. Ze staan niet in contact met de macht, met het juiste niveau. Ze zullen er, zoals gewoonlijk, zijn, met hun hebzucht en alles wat daarbij hoort. De hoeders van de macht zullen hen niet langer laten controleren wat er gebeurt, zo wordt het niveau beschermd.
D: *Wie zijn de hoeders van de macht?*
L: De vrouwen. Ze leiden de wereld met liefde.
D: *Je bedoelt dat de mannen er deze keer niet bij betrokken zijn?*
L: Nee, ze zijn erbij betrokken. Ze doen er echter veel langer over om aan de macht te komen.
D: *De vrouwen zullen degenen zijn, die beslissen hoe ze de macht gebruiken. Denk je dat het deze keer op de juiste manier zal worden gebruikt?*

L: Al vele, vele jaren. Honderden en honderden jaren.
D: Zal dit de hele wereld zijn, of slechts een bepaald deel?
L: De hele wereld.
D: Zal het snel gebeuren, of zal het tijd kosten om de wereld te veranderen?
L: Dat kost tijd.
D: Je moet toch ergens beginnen?
L: Ja. Voor die kennis wordt misbruikt.

Ik vroeg toen toestemming om met het onderbewuste te spreken, zodat we erachter konden komen waarom het tonen van dit leven was gekozen voor deze persoon, en waarom dit op dit specifieke ogenblik gebeurde.

D: Waarom heb je dat leven voor haar gekozen om op dit moment in het leven te zien? Wat probeerde je haar te vertellen?
L: Dat haar gedachten oké zijn. De oude weg gaat weg en de nieuwe weg komt eraan. Het zal nooit meer hetzelfde zijn. Ze moet zich voorbereiden op alleen zijn.
D: Hoe bedoel je?
L: Het is aanwezig in de vrouwelijke energie ... de"vrouw", de rol die ze speelt.
D: Maar ze is getrouwd.
L: (Pauze) Het leven heeft een ander pad voor haar. Daar kunnen we haar op dit moment niet meer over vertellen.

Dit is een van de manieren waarop ik weet, wanneer ik communiceer met het onderbewustzijn. Het kan heel objectief zijn, zonder emotie, en het kan heel bot zijn. Soms zelfs wreed.

Vaak als Lorraine aan het ontspannen was, of mediteerde, had ze de kamer gezien waar ze de genezing deed, met het kristal en de sterrenbeelden aan het plafond. Het onderbewuste was het daarmee eens, het was dezelfde kamer.

D: Ze voelt dat ze deze helende kracht heeft, maar ze kan er niet helemaal bij, ze kan het niet echt gebruiken.
L: Dat moet ze terug naar voren brengen in dit huidige leven. Het is altijd hetzelfde. Wat wordt begonnen, zal echter sowieso worden voltooid.

D: *Ze probeerde het op de juiste manier te gebruiken. Wat er gebeurde was toch niet haar schuld?*
L: Er is geen fout. Er is niets om spijt van te krijgen. De macht is een tijdje "gesloten" ... totdat iedereen de machtsverhoudingen begrijpt.
D: *Het klinkt alsof ze vooral vrouwen moet onderwijzen, maar de meeste artsen zijn mannen.*
L: Veel meer vrouwen worden arts. Je zult vanzelf merken dat in de toekomst maar heel weinig mannen arts zullen zijn. De genezing komt door het vrouwelijke. Positieve energie. Daar begint genezing; het is waar het leven begint.
D: *Ze onderschatten de kracht van de vrouwelijke energie, nietwaar?*
L: Ze hebben het dan ook altijd onder controle gehad... Dan is het makkelijk om iets te onderschatten.
D: *Meestal denk ik dat die balans er was, omdat ze er bang voor zijn.*
L: Ehmm, dat zouden ze moeten zijn. We hebben haar naar je toe gebracht zodat ze wat antwoorden kon vinden. We hopen dat ze neemt wat ze vandaag bijleerde, en het kan gebruiken.

Deze sessie bevatte informatie over de vernietiging van de Aarde in het verre verleden. Mij is verteld, dat de beschavingen van de Aarde tot een opmerkelijk ontwikkelingsniveau zijn geraakt, om vervolgens vele, vele malen compleet te verdwijnen, ten onder te gaan. Dit gebeurde lang voordat de "moderne" mens op het toneel verscheen. Er is een enorm stuk geschiedenis, waar we niets vanaf weten. Dat hoort bij mijn werk: deze verloren kennis terugwinnen.

* * *

In een andere sessie beschreef de cliënt een vergelijkbare groep hoogontwikkelde mensen, die in een beschaving ver in het verleden leefden. Rita, een televisiemaakster, bevond zich in een zeer grote hal met kolommen. Het plafond was een koepel van wel 20 meter hoog. De muren waren gemaakt van prachtig goudkleurige albast, of agaat. De vloeren leken ook te zijn gemaakt van albast, in geometrische ontwerpen, met een dunne laag zilver die ze scheidde. Er was een zeer brede trap, van drie of vier grote verschillende trappenstelsels, die leidden naar een verhoogd, centraal gebied onder de koepel. Hier werkte zij samen met elf andere vrouwen.

"Deze ronde kamer is een heel bijzondere plek, waar we verzamelen, om bepaalde soorten handelingen uit te voeren. De koepelvormige structuur bevindt zich in het midden van dit gebouw voor een energetisch doel. Het is hier, dat we energie oproepen, met de intentie om de energievelden aan te passen.

Ze waren gekleed in loszittende luchtige kledingstukken, gebonden met een los koord om de taille. Het deed haar denken aan de tekeningen van klassieke godinnenachtige wezens. De kleding was gekleurd in pasteltinten. Ze was begin 30, met donkerrood haar en een bleke huid.

Er zijn geen mannen in dit gebouw. Alleen de vrouwen doen dit werk. We zijn niet de enige groep vrouwen die dit doen. Er is een groep oude vrouwen, die met een andere soort energie werken. Alles wat ik weet, is dat er oudere vrouwen zijn die dit doen, en wij zijn de jongere vrouwen. Er is één oudere vrouw in onze groep. We moeten het werk overnemen, omdat het hun beurt is om niet zo hard te hoeven werken. Wanneer er verschillende soorten energieën nodig zijn, helpen ze ons, met hun oude manieren van weten. Ze komen daarvoor in aanmerking. Dat is heel specifiek voor hun afstamming en hun manier van weten. We zijn de jongere of de volgende generatie. Dus ze trainen ons, en nu zijn we oud genoeg en ervaren genoeg. We zijn zo vergevorderd, dat we nog slechts één wijze hebben, met wit haar, die bij ons werkt. En we kunnen de jongeren onderwijzen. De kennis mag niet verloren gaan."

Toen ze allemaal bijeen waren, beschreef ze de ceremonie, of het ritueel, dat ze gebruikten om het energiewerk te beginnen. "Het is heel rustig. De oudste zet de toon, letterlijk. Het is een toon. Ik weet niet waar de bron vandaan komt, maar ze is het aan het … beeldhouwen met vibratie, ze is een toon, een vibratie, in de kamer aan het creëren. En de toon werkt cirkelvormig, met de klok mee. Ze roept de toon aan, en deze toon bepaalt de trillingsfrequentie in de kamer voor het werk dat we doen. Dan moeten we onze eigen auravelden voorbereiden. We gaan onze auravelden betreden (we gaan binnenin onszelf), en creëren een blauw ei van licht, om ieder van ons heen, voor onze bescherming. Maar het is voor meer dan enkel bescherming. Het blauwe ei brengt ons naar een plek waar we duidelijker kunnen horen en zien. Het is bijna als een plaats van zowel transmissie, als ontvangst. Er is dus een blauw ei, en we ontvangen en zenden uit. Dit gebeurt vanuit dit speciale energieveld, dat ieder van ons omringt.

Ze waren bijeengekomen om aan een bepaald probleem van groot belang te werken. "Er is iets dat de vegetatie buiten in de regio beïnvloedt, en er lijkt een probleem te zijn met de zon. Wat ik krijg is dat het iets te maken heeft met zonnevlekken. Iets zoals zonnevlammen, iets van deze aard. We hebben op dit moment op Aarde problemen met enige interferentie, een stralingsniveau van de zon, dat de vegetatie en de wezens hier afschermt. Het verstoort de energievelden van sommige individuen, en sommige planten, en ze reageren er niet goed op. Het is heel intens, we proberen correcties aan te brengen in de uitvoer. We voelen het aan de trilpatronen om ons heen."

Ik dacht dat de zon een groot object zou zijn om aan te werken, omdat het zoveel kracht heeft. "Niet voor ons. We kunnen de zon zelf niet veranderen, maar we kunnen wel de intensiteit verbeteren van de effecten die de anomalieën van de zon op sommige mensen hebben. Omdat het soms verbrand binnenin, en pijn doet, en sommige emotionele velden van de mensen beschadigt. De atmosfeer lijkt dunner te worden, want elke keer als er buitengewone gebeurtenissen van de zon zijn, zijn we erg onderhevig aan de invloeden ervan. Het is heel opvallend en ongemakkelijk voor alle levende wezens hier. Vis ook. Het water ook. Het water is heet."

Daarna ging ze verder met het beschrijven van hun rituele proces. "We doen allemaal ons massale gebed, samen, en spreken met de wezens die voorbede doen. We werken tussen onszelf en de Zon, en vragen om de effecten te verbeteren. Het vragen, en inroepen, van een beschermende laag die in wezen als een beschermende bubbel fungeert. Die is er om ons te beschermen tegen enkele van de effecten die we hier hebben gecreëerd. "

Natuurlijk wilde ik meer weten over de wezens met wie ze in contact stonden. "Het zijn grote wezens, zoals de deva's van de natuur, en de geest van de zon, en alles wat daartussenin werkt. Er is een hiërarchie van engelachtige en deviante wezens, die op een coöperatieve manier tussen de Zon en onszelf opereren als agenten, als tussenpersonen. Dit zorgt ervoor dat de assimilatie van de energieën van de Zon op de juiste manier op de planeet wordt gebruikt Zo wordt het correct geabsorbeerd en opgenomen. Er is iets veranderd. Dit is heel belangrijk. Ik weet niet of we op deze manier hun steun kunnen blijven krijgen. We staan op een keerpunt. Ik voel veel verdriet, en mijn hele lichaam trilt. We zijn altijd in staat geweest om de wezens te helpen, en zij zouden dat doen als ze konden. Maar ze kunnen het nu niet. Dit is een heel intense periode."

Alle twaalf vrouwen stonden in een kring om de bescherming in te roepen. "We gaan in de blauwe eieren, anders kunnen we niet functioneren. Het is een beschermende barrière tussen de elementen die hier op trillingsniveau plaatsvinden, zodat we met z'n twaalven, simultaan, kunnen functioneren. Dit zal nog lang doorgaan. We kunnen lang blijven staan. We voelen ons lichaam niet. We zijn ons niet bewust van ons lichaam. We vragen toestemming aan de entiteiten voor het verkrijgen van hulp, en toestemming om onze energieën te projecteren in wat een soort beschermende bubbel zal worden, om ons nog een extra laagje isolatie te geven. We hebben bijna geen tijd meer. We hebben dit al vele malen voorheen gekregen, de hulp, vaak om een bepaald lot af te wenden, een eclipticaal soort gebeurtenis. Eclips is een woord dat hier prominent aanwezig is. Dit is de zonsverduistering van een gebeurtenis, en ik weet niet wat dat betekent. Een eclipticale tijd, wat dat ook moge betekenen. Nu staan we voor een tijd, waarin we niet weten of ze ons de bescherming van de wezens zullen laten oproepen, vanwege de angst voor de mensen die nu op de planeet zijn. Want de dingen veranderen nu dramatisch, en sneller dan ooit. Alles wordt hier onderzocht. We weten dat we hier alleen maar kunnen staan, toekijken, en vragen, en we accepteren wat er ook zal zijn als gevolg. Dat is alles wat we kunnen doen. We zijn in het verleden heel terughoudend geweest om dit vast te houden, om dit te doen. We hebben eerder met deze energieën gewerkt, dit is niet de eerste keer. Ze werken al generaties en generaties met ons samen. We bevinden ons hier op een zeer verschillende tijdslijn, omdat generaties zeer lange perioden zijn. En in de loop van de afgelopen generaties hebben we dezelfde bescherming ingeroepen. Het werkte in het verleden, maar we zijn het erover eens, dat dit ten einde loopt. We moeten doen wat we kunnen."

Ondanks hun beste prestaties faalden ze. Ze deed een vreemde uitspraak die ik niet begreep. Ze zei: "We kunnen niet langer op deze manier doorgaan. We gaan nu slapen. Hierna is er geen andere procedure meer. We moeten allemaal lang gaan slapen." Ik vroeg om meer uitleg. Bedoelde ze dat ze stierven, en hun fysieke lichaam zouden verlaten?

Het was deels dat, maar meer. "Het betekent dat, nadat ons lichaam de gevolgen van deze straling niet langer kan weerstaan, ons lichaam zal afsterven, en dan moeten we de lichamen verlaten. Ik ben net als iedereen. Ik ben ook bang. De manieren zoals we die kennen, zullen worden verteerd, door een kracht die van de Zon lijkt te zijn. Dat zal worden geconsumeerd, en we zullen niet meer bestaan, zoals we op dit moment kennen. Dit zal het einde van een tijdperk zijn. Maar het zal nog lang duren voordat we terug kunnen komen, en de operaties kunnen hervatten We moeten door een slaapperiode gaan, waarin we andere dingen moeten laten gebeuren, blijkbaar om terug te keren naar een punt ... om terug te beginnen waar we waren, en om deze gouden tijd opnieuw op te bouwen. We gaan nog even slapen. Het betekent dat onze bewuste kennis niet zal zijn wat het vandaag is. Het zal niet worden wat het was voor ons en vorige generaties. Het gaat slapen en sluiten, terwijl we door deze donkere cyclus gaan. Het kan weer wakker worden als de tijd rijp is, en er zullen tijden en plaatsen zoals deze, waarop een nieuwe manier te vinden zal zijn. Met deze vrouwelijke wezens, die opnieuw alle krachten komen aanroepen, en alle anderen wezens van de Zon, en de , en de Aardse sferen en de kosmos... Ze komen allemaal samen om weer te werken. Om terug te gaan naar een gouden tijd als dit albast waarmee we omringd waren. We gaan op een dag weer op een nieuwe manier bij elkaar komen. Het signaleren van het weer wakker worden. We zijn heel verdrietig. De kennis gaat slapen tot... het is bijna alsof het in ons voorgeprogrammeerd was, dat er een tijd zou komen dat we, net als Doornroosje, weer wakker zouden worden en het weer heel mooi zou zijn."

Blijkbaar bedoelde ze, dat de kennis en hun menselijk vermogen om het te gebruiken voor een lange tijd zou worden afgesloten, totdat de tijd rijp was om deze vermogens en talenten weer naar de Aarde te brengen. Mij werd verteld dat dit was, wat er gebeurde, na het misbruik van de vermogens in Atlantis. Het was als het blazen van een lont, en de menselijke geest zou niet in staat zijn om het te doen herleven, totdat de tijd rijp is. Het moest afgesloten worden voor de mensheid. Mij is ook verteld, dat ze denken dat we nu de tijd van ontwaken hebben bereikt, en deze vermogens beginnen bij veel mensen weer op te duiken. Ik weet dat het gebeurt met de mensen die naar me toe komen voor sessies. Een hoofddoel van de sessie lijkt er doorgaans uit te bestaan, om hen te laten weten dat ze deze vaardigheden hadden, en dat ze die nu terug kunnen krijgen.

Vanuit haar "buiten het lichaam" perspectief, wist ik dat ze alles kon zien wat er gebeurde, dus vroeg ik haar om me te vertellen wat ze kon zien. "Het verbrandt alles! Alles! De levensvormen kunnen de straling niet overleven. We worden verpulverd door straling, maar het is doordrongen van deze gouden energie en licht. Ik begrijp er niets van. Het is allemaal weg." Ik vroeg naar de gebouwen. "Ik denk niet eens dat die vraag nog relevant is. Alles wat binnen die frequentie moest leven, binnen die dimensie, alle dingen die delicaat zijn, en die worden gehandhaafd op de juiste elektromagnetische balans, de juiste stralingsniveaus, de juiste temperatuur en vochtigheidsniveaus. Omdat al het leven gevoelig is voor alles binnen dat bereik van het leven zoals wij dat kennen, inclusief de planten en de dieren, is er nu niets meer over van dat. Het loopt ten einde."

Toen beschreef ze, hoe het eruit zag, nadat het rustiger was geworden. Blijkbaar was het niet het einde van de mensheid, want ze zag wel wat mensen overleven. "Het is heel donker. Mensen zijn terug. Het is gewoon een andere plek. Het is een verschillende geografische locatie. Het is veel donkerder. De landmassa lijkt te zijn wat het Midden-Oosten zal worden genoemd, misschien in Afrika. Het lijkt op elkaar, behalve dat er meer landmassa is tussen het Midden-Oosten en Afrika."

Ik wilde meer informatie over de oorzaak van de catastrofe. "Ze waren aan het experimenteren en ermee aan het spelen. Ze maakten gebruik van energie, omdat we ver vooruit waren gekomen in onze kennis van energie en licht en kristal / siliconen krachten. En we hebben er veel van gebruikt, blijkbaar tot het uiterste. Ik heb niet op dat gebied gewerkt. Dat was niet mijn taak. Ik was hier in het koepelgebied, omdat ik een vrouw was en dat was wat ik deed. Maar er waren anderen, de mannelijken, aan de buitenkant. Zij mochten met de energieën te werken. Er waren ook enkele vrouwen, die er ook mee wilden werken. Ze werkten samen met deze generatoren en kristallen en dat soort dingen. Ik zie ze nu. Ze versterken het echt, maar ze creëren ook een aantal problemen die we niet kunnen terugdraaien. En het werkt niet goed met de effecten van de straling van de zon, die interageert met wat ze hebben gecreëerd. Het had een zeer verwoestende effect. Er was geen manier om het te stoppen. Ze hebben het gemaakt. Ze hebben het overdreven. Omdat ze hiermee de stralingsbalans enorm verstoorden. Ze maakten het zodanig, dat we totaal kwetsbaar waren en absoluut geen atmosferische barrières meer hadden, om ons te beschermen tegen de zon en diens straling. En dat had op de een of andere manier te maken met wat ze aan het doen waren. Ze vernietigden, ze verdampten onze beschermende barrières. Dit was het begin van het einde, omdat we niet verondersteld worden volledig onderworpen te zijn aan de effecten van de zon. We zitten er te dicht bij. Allerlei buitengewone geavanceerde elementen waren al aanwezig voor onze bescherming en ze werden vernietigd. Ze speelden met krachtbronnen. Nu mogen we terug het donker in. We moeten het nu helemaal opnieuw uitzoeken."

Ik vroeg: "Was jouw gebied het enige gebied van de Aarde waar dit gebeurde, of waren er andere plaatsen in de wereld?"

"Dat is de landmassa, en het gebied dat werd opgebrand. Elders waren er echter grote problemen. Ik weet niet eens hoeveel tijd er is verstreken. Er is leven. Het is somber. Het is ijl, maar het is er, in dit Midden-Oosten gebied, en strekt zich uit tot in Afrika. Er is wat vegetatie, maar niet veel. Er is niet veel geavanceerds gaande. Vroeger was het heel groen. Ik zie alleen waar ik eerder was. Dat is er niet meer. Dat is klaar, over, weg ermee. Maar er waren milieu-effecten, die ook op andere gebieden hun weerslag hadden. Het was niet alleen gelokaliseerd in dat ene gebied, en het duurde lang, voordat het leven in zekere zin echt herstelde qua balans, omdat andere gebieden ook geraakt leken te zijn. En wat overbleef, was gewoon niet zo mooi, noch was het aangenaam. Het waren niet de meest gewilde plaatsen om naartoe te gaan, maar we moesten erheen. En er was niet veel gebladerte, en het was er niet aantrekkelijk. Het was heel droog."

Ik vroeg me af, of dit de oorzaak was van de woestijnen, die de grootste ter wereld zijn, of ze zich in dat gebied hebben gevormd omwille van die gebeurtenis. "Het kan heel goed de oorzaak zijn, want er is niet veel vegetatie die is hervormd of teruggekomen. Als ik het in de toekomst bekijk, zijn er veel zwarte, donkere, energieën. Er zijn veel uitgedroogde, droge, wat we kennen als "woestijnachtige" regio's. Ruig, woestijnachtig en bruin. Niet veel gebladerte, maar hier en daar kleine, volhardende, ruwe stukjes vegetatie. Niets van wat we er voorheen aantroffen. We hadden prachtige gewassen, en mooie planten, en zo'n mooie manier om de planten groot te brengen. Er was de energie om ze op totaal mooie en unieke en schone manieren op te voeden. Alles bloeide vertienvoudigd in vergelijking met de moderne tijd, zonder chemicaliën. Gewoon, omdat we wisten, hoe we energie moesten gebruiken om onze gewassen te laten groeien. Hoe we voor een overvloedige opbrengst konden zorgen, zonder ooit iets uit te putten of te slopen of dergelijke. En nu zie ik niet eens, hoe we gaan leven op dit waardeloos ogende land."

"Je zei dat je even moest gaan slapen."

"Ja, en die kracht werd niet meer wakker. Die kennis werd niet wakker. Alles wat wakker werd, waren onze primitieve geesten en lichamen; overleven was de boodschap. De ziel is afgeschermd van onszelf. We wisten eigenlijk niet eens meer wat de ziel was."

"Dus je bent opnieuw begonnen, in een primitiever leven?"

"Niet primitief zoals bij grotmensen. We zijn mensen, mensen zoals degenen die we nu kennen. Maar primitief als ... erin verborgen, is gewoon een wanhopig, hongerig soort bestaan voor de ziel.. Geen loon naar werk. Geen overvloed meer. De kennis was weg. En het eten en de planten. Je ziet hier niet eens dieren in de buurt. Een paar kleine dingen die kruipen. Alleen degenen die echt in barre omgevingen kunnen overleven, zijn hier. Dat is alles. Sommige van die dingen eten we zelfs. – Een van mijn laatste inzichten was, dat we hier zoveel schoonheid hadden, en dat er zoveel hulp werd gegeven. En zoveel bijstand vanuit zoveel dimensies en rijken, dat maakte dit zo'n mooie en leefbare, zelfs overvloedige, groene levenservaring voor ons. En dat respecteerden we niet. We respecteerden niet alle ingewikkelde niveaus van intelligentie, die nodig waren om deze plek als een holistische entiteit te laten functioneren. Er waren velen onder ons, die dat niet respecteerden, omdat ze zo geobsedeerd waren door alleen maar "versterken". Meer kracht is volgens die personen een betere kracht, en ze namen de eigenlijke bronnen van kristal en siliconen en alles ... en speelden met deze elementaire krachten. En ze versterkten het zo veel ... denkende, dat meer beter zou zijn. Het is me niet duidelijk waarom ze dit dachten, omdat ik niet betrokken was bij het energieveld, bij de energieproductie zoals zij. Het is zelfs vanuit mijn perspectief nog niet helemaal duidelijk wat ze precies dachten dat ze aan het doen waren. We hadden alles al. Meer hadden we niet nodig. Ik begrijp niet eens waarom ze dachten, dat we meer macht nodig hadden. Er moet iets zijn geweest dat ze probeerden te bereiken of te bemachtigen of te onthouden. Ik weet het niet."

"Denk je dat daar een les in zat?"

"Meer is niet beter. Misbruik van energie, machtsmisbruik, ingaan tegen de natuurlijke orde die prachtig voor ons was gecreëerd. Daar tegenin gaan, door het af te doen alsof het geen betekenis heeft, is enorm schadelijk. Macht is macht. Rauwe kracht en hun experimenten leken voor enkelen belangrijker, dan het eren van wat hier al bestond en ons beschermde. Omdat ze niet begrepen, dat er een grotere kracht is dan alles wat ze hadden kunnen bedenken... Het was ergens onvermijdelijk, omdat ze een kracht hanteerden die zo vernietigend was. Het lijkt erop, dat we nu een aantal soortgelijke dingen doen. De geschiedenis herhaalt zich. Maar er was veel schade aan alle zielen en wezens die daar leefden. Veel schade, groot verdriet. Grote schok, verdriet en rechtvaardige duisternis en schade daalden neer op die zielen. We waren er op dat moment allemaal, en we spraken af om er op dat moment te zijn. Sommigen waren informatieverzamelaars. Sommigen waren er gewoon, om het verslag ervan bij te houden, voor wanneer we wakker werden. Anderen waren er om de gebeurtenis actief te bespoedigen, en toegegeven, het was niet het slimste, verstandigste om te doen. Maar het was hoe het was, en iedereen speelde zijn rol precies zoals ze hadden afgesproken. Ik begrijp niet waarom het zo moest. Er moet een soort proces zijn geweest, dat we moesten doorlopen. Ik begrijp niet waarom het ooit die kant op moest, maar het bleek van wel. Dus nu was het proces dat volgde, noodzakelijk."

Ik riep toen het onderbewuste op, om te vragen waarom dit leven was gekozen voor Rita om te zien. Wat zou dit met haar huidige leven te maken kunnen hebben?

Er kwam als repliek: "Dit is waar het hart pijn deed. Dit is waar de hele ziel gekwetst werd. Alles was, voor velen, gekwetst. Dit is waar we neervielen. Het was zeer schokkend voor alle niveaus. Elk niveau. Een aanslag op de ziel. Op de astrale niveaus, elk niveau van het wezen was zo geschokt... Het was immens. Er was een angst om te weten. Men was bang. De donkere dagen die voor ons liggen. Het had gewoon geen zin om dat te onthouden, omdat het lang zou duren om terug te komen. Rita's hartcentrum is te lang beschermd geweest en dezelfde bescherming is nu niet langer gepast. Ze kan de herinneringen terugbrengen. Dit is een zeer belangrijke periode voor iedereen. Het is interessant om te zien, dat we opnieuw hebben geleerd, hoe we dingen kunnen laten groeien, en dingen overvloedig kunnen maken. En we hebben een wildgroei aan dieren en planten en dergelijke meer. En we vernietigen het weer. Dit kan niet getolereerd worden."

De wetenschap was in die tijd ietwat uit de hand gelopen en wetenschappers speelden met het beheersen van het weer en de atmosfeer. "Blijkbaar hebben ze iets gedaan waardoor we buitengewoon kwetsbaar zijn geworden op elektromagnetisch niveau. We werden erg kwetsbaar voor de invloeden van de Zon en haar anomalieën, haar afwijkingen. Zij waren verantwoordelijk voor deze verwoesting. Op de een of andere manier was er een verdunning van de beschermende barrière van de zon. En de zon doet iets te fel wat ze normaal doet, als de Aarde niet goed geïsoleerd is."

Deze groep waar ze deel van uitmaakte, wist, dat dit negatieve gebruik van de natuur alleen maar rampspoed kon betekenen. Ze probeerden hun positieve energie te gebruiken om het tegen te gaan, maar waren niet succesvol. Het misbruik van de energie slaagde erin een enorm gat in de ozonlaag te scheuren. De directe kracht van de Zon kwam door en verbrandde de Aarde op bepaalde plekken. Vele miljoenen soorten, zowel mens als dier, lieten het leven en het klimaat veranderde. Enorme woestijnen vormden zich waar de directe kracht naar beneden kwam. Het leven en de vruchtbaarheid keerde nooit terug naar die gebieden. Dit klinkt angstaanjagend bekend in onze eigen tijdsperiode. Hoe vaak moet de geschiedenis zich herhalen, voor de mensheid eindelijk de boodschap vat? De Aarde is een levend wezen, en zal in opstand komen als er te veel schade wordt aangericht. En het heeft de kracht om tegen ons in te gaan. Als gewone stervelingen denken, dat ze de macht hebben om te proberen het te regeren, zal het tegendeel worden bewezen.

* * *

Een ander voorbeeld van een beschaving die in de oudheid werd vernietigd:

Carol is een zeer begaafde paragnost. Ze werkt samen met de politie, en ook met mensen van over de hele wereld. Dat zijn vaak mensen die proberen verloren informatie van historische sites te ontdekken. We zijn al vele jaren vrienden, en deze sessie vond plaats toen ik haar bezocht in haar huis in Little Rock, Arkansas. We waren op zoek naar informatie die zou helpen bij haar onderzoeken in Egypte. Zoals gewoonlijk begon ik met het onderbewuste de persoon terug te laten brengen naar het meest geschikte vorige leven dat kan verklaren wat er nu in zijn leven gebeurt. Carol ging heel snel in trance, maar als paragnost was ze gewend aan de trancetoestand; ze kende me, en vertrouwde me ook, dat vergemakkelijkt het proces.

Ze kwam uit de wolken, in een onbekende omgeving, en had het moeilijk om te beschrijven wat ze zag. "Het zijn verblijven, maar ze zijn op elkaar gestapeld." Ze waren opgebouwd uit klei, en hadden verschillende pastelkleuren. "Ik heb niets om het mee te vergelijken. Ze was verbijsterd. Vele, vele individuele verblijfjes, met openingen, verspringend op elkaar. Als een berg of een hoop dozen." Ze waren niet in een berg gebouwd, maar werden opgetrokken als een berg.". "Sommige steken meer uit dan andere. Sommige zijn verzonken, en andere net niet. En sommige van degenen die zijn verzonken, zijn voor looppaden. Ze zijn heel vreemd. Er zijn gebouwen aan mijn linkerkant, die niet in deze bergachtige voorraad staan. Ze zijn ook heel vreemd. Daken schuin. Platte, vreemde hoeken. Er is niet veel vegetatie. Alleen deze grote stad van vreemde gebouwen."

Ik vroeg naar een beschrijving van hoe zij zichzelf zag, en ze merkte op, dat ze een jong meisje van een jaar of veertien was. Ze had rood haar en een zeer lichte huid. Ze was gekleed in een los, gelaagd, tuniekachtig kledingstuk, dat was vastgebonden met een koord in de taille. Het meest opvallende was, dat ze een grote rode steen aan een ketting om haar nek had hangen. Haar stem werd kinderachtiger naarmate ze zich meer identificeerde met de persoonlijkheid.

C: Een ketting. (Ze greep dit woord alsof het niet een woord was waar ze uit zichzelf aan zou hebben gedacht.) Met een rode steen.
D: *Het klinkt mooi.*
C: Mooi, nee. Een hulpmiddel. Het is natuurlijk. Het is erg lang. Het is niet perfect. Het is een hulpmiddel om te gebruiken ... (Ze had moeite met de taal en vond de juiste woorden niet makkelijk. Ze sprak primitief en gebruikte vaak één woord in plaats van een zin.) Hart. Gebruikt voor hart. Openen. Houd het hart open.
D: *Weet je hoe je het op die manier moet gebruiken?*
C: Ik heb het altijd geweten. Ieder van ons weet op welke manier we deze stenen moeten gebruiken. Ieder van ons doet dat.
D: *Zijn er verschillende stenen voor verschillende dingen? (Jazeker) Heeft ieder van jullie een andere steen?*
C: Ieder van ons, ja. De mijne is de rode. Om het hart open te houden en te laten stromen, in eenheid.
D: *Je zei dat er anderen zijn. Zijn jullie met een groep?*

C: Ja. En zo hebben we het altijd gedaan, in groep.
D: *Al als kind?*
C: Altijd.
D: *Heeft iemand je geleerd hoe je het moet gebruiken?*
C: (Verward.) Onderwijzen?
D: *Je laten zien hoe?*
C: Ehmm, velen.
D: *Veel mensen lieten je zien ....*
C: (Onderbroken) Mensen, nee. Geen mensen. Mensen weten het niet. Mensen begrijpen het niet.
D: *Je bedoelt dat de gemiddelde persoon niet begrijpt hoe je dit moet doen?*
C: Nee, we helpen ze.

Er waren twaalf jongens en meisjes in haar groep, en ze waren allemaal ongeveer even oud. Haar antwoorden werden op de eenvoudigste manier gegeven. Bijna kinderlijk.

D: *Maar je zei, dat je altijd al wist hoe je dit moest doen. En iemand anders liet je zien hoe?*
C: (Verward.) Ehmm. Ik heb hier een naam voor nodig.
D: *Nou, misschien geen naam, maar gewoon een beschrijving. Je zei dat het niet de gewone mensen zijn?*
C: Ze zijn niet menselijk. (Ze had moeite met het vinden van de woorden om ze te beschrijven.) Het zijn de mooie.
D: *Hoe zien ze eruit?*
C: Schijnend, glinsterend, mooi. Ze zijn van de Bron. De eenheid. Ze laten me herinneren wie ik ben. Maar niet altijd.
D: *Waarom niet altijd?*
C: Niet veilig.
D: *Waarom zou het niet veilig zijn?*
C: Proef. Te veel aandacht.
D: *Van de mensen in de stad?*
C: Nee. Duistere krachten. We zijn veilig. We zijn beschermd. (Dat woord werd gezegd alsof het een vreemd woord was.) Maar als we te veel aandacht naar ons brengen – want we zijn nog jong – kan dat gevaarlijk zijn voor onze lichamelijkheid.
D: *Dus het zijn niet de mensen in de stad waar je je zorgen over moet maken?*

C: Ehmm, nee. Ze bevinden zich op een leeftijd van begrip en openheid. Niet allemaal. Maar voor het grootste deel. Ze zijn jong in hun wijsheid.
D: *Heb je daar een gezin?*
C: Familie. Ja.
D: *Weet je familie wat je geleerd hebt?*
C: Ze hadden geen keus. Zij zijn onze familie. Ze zijn fysiek en we houden van ze. Maar ze begrijpen het niet.
D: *Je zei dat ze geen keuze hadden. Wat bedoel je?*
C: (Ze had moeite met het vinden van de woorden.) Gedwongen? (Verward) Ik heb nog geen volledige kennis. Ze moeten ons in staat stellen te doen wat we moeten doen. Ze kunnen ons niet tegenhouden, en zouden dat ook niet echt willen. Maar ze begrijpen dat we anders zijn. En daarom proberen ze niet in de weg te staan van wat we doen. Maar ze begrijpen niet waarom ze gedwongen worden om ons te laten doen wat we moeten doen. Ze weten niet waarom. Ze worden gedwongen.

Dit was vergelijkbaar met degenen in de eerdere hoofdstukken die werden geboren in normale gezinnen. Er waren er altijd die hun speciale vaardigheden niet konden begrijpen. In de andere gevallen werden de kinderen naar de tempel gebracht om er opgevoed te worden, omdat hun ouders hen niet begrepen. In dit geval waren ze verplicht om hun vaardigheden te ontwikkelen, en te oefenen zonder tussenkomst van de ouders.

Ik wilde meer weten over de bijzondere steen die ze om haar nek droeg. "Je zei dat de anderen in de groep verschillende stenen hebben. Zijn ze voor andere delen van het lichaam? Zoals die van jou voor het hart is?"

C: Ja, ja. Energie. Energiecentra.
D: *Wat zijn enkele van de kleuren die ze hebben?*
C: Blauw. Dat is om te helpen met de communicatie. Met het spreken van het woord, met channeling, met het naar buiten brengen van informatie. (Dit werd heel bewust gezegd, bijna alsof de woorden onbekend waren en moeilijk uit te spreken.) Geel. Voor de gezondheid. Heilig evenwicht.
D: *Je bedoelt het balanceren tussen het spirituele en het fysieke? (Jazeker) Zijn er nog andere stenen?*

C: Andere stenen, ja. Groen. Groen is voor de genezing. Groen is ook voor het handhaven van evenwicht met Aarde-energieën. En planten. Het helpt bij de communicatie met planten.
D: *Oh, je kunt communiceren met de planten?*
C: (Nadrukkelijk) Ja! Zo leren ze ons.
D: *Daar heb ik nooit aan gedacht. Wat kan een plant je leren?*
C: Hoe ze te gebruiken.
D: *Oh? Hoe kun je de planten gebruiken?*
C: Op welke manier dan ook waarvoor ze gemaakt zijn. (Alsof iedereen dit zou moeten weten.) Om mensen te helpen. Om andere planten te helpen. Om omgevingen te helpen. Om dieren te helpen. Om te helpen bij het creëren van eenheid. Ze kunnen alles!

Haar toon was er een van ongeloof, omdat ik deze dingen niet wist. Het was zo duidelijk en fundamenteel voor haar, het had voor mij hetzelfde moeten zijn.

D: *Ik denk dat ik er nog nooit zo over heb nagedacht. Gebruik je de planten om mensen te helpen?*
C: Ja. Ons wordt verteld wat we moeten doen. Ze weten hoe ze gebruikt moeten worden.
D: *Ik denk dat ik dacht aan het plukken van bladeren of wat dan ook.*
C: We hoeven de plant niet te vernietigen om de plant te gebruiken.
D: *Ik dacht aan het gebruik van de planten, of de bladeren, bessen of bloemen. Dat hoef je toch niet te doen?*
C: Dat kan.
D: *Hoe zou je het gebruiken als je de plant niet zou vernietigen?*
C: (Gewoon, alsof je tegen een kind spreekt.) Je gebruikt het bewustzijn. De vibratie en de essentie. En vraagT hen te doen wat ze doen.
D: *Ah, ik heb er nooit aan gedacht dat ze een bewustzijn hebben.*
C: Alles heeft bewustzijn. Maar we moeten heel voorzichtig zijn in hoe we het gebruiken, omdat het de aandacht zou trekken.
D: *De andere mensen begrijpen het gewoon niet, toch?*
C: Het maakt niet uit. Sommigen doen dat wel.
D: *Deze stad waar je woont, heb je vervoer in de stad?*
C: (Verward) Vervoer?
D: *Hoe kom je van de ene plek naar de andere?*
C: (Pauze, nog steeds in de war.) Voor wie?

D: *Nou, als je van het ene deel van de stad naar het andere zou gaan. Hoe zou je dat doen? Of zelfs buiten de stad? (Nog steeds in de war.) Ik denk dat ik gewoon nieuwsgierig ben naar de stad.*
C: De stad? Beweging? (Jazeker) Voertuigen? (Een onbekend woord.)
D: *Ja. Ken je dat woord?*
C: Door de geest van nu.
D: *Geest van nu. Wat wil dat zeggen?*
C: (Verwarde en gefrustreerde pauze.) Vergrooten. Vergrooten door woordgeest van nu. (Bewust) Deze tijd vergrooten door de geest van nu.
D: *Deze tijd vergrooten door de geest van nu. (Ik begreep het niet, maar ik ging mee in haar terminologie.) Zijn er voertuigen? Je gebruikte dat woord.*
C: Voertuigen. (Had moeilijkheden om dit uit te leggen.) Enkelvoudige voertuigen. Sommige dubbele voertuigen met beweging. En normale beweging. En zoals ... magnetisch?
D: *Kun je in deze voertuigen zitten en ergens naartoe gaan?*
C: Gaan zitten, ja.
D: *Gaan ze over de grond? (Aarzeling) Over de oppervlakte?*
C: Soort van, ja.

Dit werd steeds moeilijker naarmate ze dieper ging. Ik wist dat ze zich steeds meer identificeerde met de andere persoonlijkheid en dat ze het moeilijker had om dingen te beschrijven in termen die we konden begrijpen. Ze was volledig losgekoppeld van de geest van Carol, maar probeerde diens vocabulaire te gebruiken.

C: Ik kan het niet... Probeer te vergrooten door de geest van nu. Elektromagnetisch.
D: *Je stapt gewoon in het voertuig en wat doe je dan?*
C: Ga!
D: *Je kunt het gewoon? (Uh-huh). Door gebruik te maken van de geest van nu.*

Ik begreep niet dat ze verwees naar de geest van Carol. Ze bedoelde dat ze door Carol's geest vertaalde met behulp van haar vocabulaire.

C: Nee. Vergrooten door de geest van nu.

D: *(Ik begreep het nog steeds niet.) Vergrooten door de geest van nu ... ben je in staat om de voertuigen te laten bewegen. Klopt dat? (Ze was gefrustreerd: Nee.) Het spijt me, dat ik er zo'n probleem mee heb, want ik wil het wel begrijpen.*

C: Ik vertaal naar je met woorden, wat hier is, door de geest die hier is...(Verward)

D: *Nu denk ik dat ik begrijp wat je bedoelt. Je probeert de woorden te vinden. Klopt dat? (Ja, klopt.) En de andere geest, je eigen geest, heeft niet dezelfde woorden.*

Ze was opgelucht omdat ik het eindelijk begreep. Ze was eindelijk in staat om het aan mij over te brengen.

D: *Doe je best. Meer verwacht ik niet. Doe je uiterste best, met de woorden die je kunt vinden. Hoe worden deze voertuigen aangedreven?*

C: (Langzaam) Elektromagnetische ... polsslag.

D: *Moet je het op de een of andere manier sturen, of hoe laat je het vooruit gaan?*

C: Dacht.

D: *Je geest moet dan wel heel krachtig zijn, als je dit kunt doen. Bedenk maar eens waar je wilt dat het naartoe gaat?*

C: Het voertuig voldoet aan de eisen.

D: *Het komt overeen met je gedachten. (Jazeker) Heeft iedereen in de stad hetzelfde vermogen?*

C: (Weer aarzelend.) Sommige. Sommigen kunnen dat niet. Dan kunnen ze worden ingenomen door degenen die da wel kunnen.

D: *Ik zie het. Degenen die niet weten hoe ze het moeten doen, moeten door iemand anders worden ingenomen. De stad is dus een goede plek om te zijn.*

C: Ja, voor nu. Er komen donkere tijden aan.

D: *Hoe weet je dat er donkere tijden aankomen?*

C: (Helaas) We weten het. (Bijna huilend) We weten het.

D: *Wat zie je? (Ze huilde.)*

C: Alles gaat verloren! Weg!

D: *Wat zie je gebeuren?*

Ze huilde openlijk en het was moeilijk voor haar om te praten.

C: (Tussen het snikken door) Er zal een duisternis zijn ... en een verschuiving. En er is niets dat we kunnen doen.

D: *Wie zal de duisternis veroorzaken? Zie je dat?*

C: (Snikkend) Ik weet het allemaal niet. Ze worden niet wakker. Ze zullen niet in dienst raken ... in het ontwakingsproces. Het proces van de eenheid.

D: *Je weet niet wat de duisternis veroorzaakt?*

C: Het komt eraan. (Aarzeling en verwarring.) De duistere krachten? Niet van hier.

D: *Ze komen ergens anders vandaan?*

C: Een deel ervan. Het is verschrikkelijk. Daar kunnen we niet op ingaan. We weten dat het zal komen. Maar we zullen doen wat we kunnen, zolang het kan.

Ik besloot haar weg te halen van die scène, om erachter te komen wat er ging gebeuren. Ik instrueerde haar, om door te gaan naar een belangrijke dag, en vroeg haar wat ze zag. Ze was er meteen en leek overstuur. Ze kreunde alleen maar.

D: *Wat gebeurt er?*

C: (Ze antwoordde een paar seconden niet, maar ik kon uit haar gezichtsuitdrukkingen afleiden dat er iets aan de hand was.) Ik ben weg. (Eenvoudig en direct, geen emotie.)

Ik wist dat ik haar terug zou moeten bewegen naar een punt voor de gebeurtenis, als ik erachter wilde komen wat er was gebeurd. Ik instrueerde haar, dat ze het als waarnemer kon bekijken als ze dat wilde. Het leek iets traumatisch te zijn, en het zou gemakkelijker wezen, als ze het vanuit een objectief standpunt observeerde. Haar gezichtsuitdrukkingen duidden op emotie. Ze haalde plots diep adem, en begon me te vertellen wat ze zag.

C: Cirkel. We zijn allemaal in een cirkel. We bewegen in een cirkel, en er is iets in het midden. (Verwarring toen ze probeerde uit te leggen wat er aan de hand was.) Het is een obelisk met een steen erop. En we gaan er omheen. Toonbank... tegen de klok in.

D: *Waarom voer je de ceremonie uit?*

C: Om licht te brengen. De duisternis komt eraan. We moeten het zo lang mogelijk doen.

D: *Wat gebeurt er dan?*
C: Er zijn explosies. Er zijn... explosies van duisternis, gerommel, gegrol. Schreeuwt! We moeten doorgaan.
D: *Waar komen de explosies vandaan?*
C: Ze komen uit het Westen.
D: *Weet je wat de explosies veroorzaakt*
C: Ik weet het niet. Er is ... (Totale verwarring, ze was niet in staat om woorden te vormen voor wat er gebeurde.) Aarde... Verschuivingen. Iets dat explodeert, wat veel explosies veroorzaakt. Weet niet. Duisternis. Een duisternis die ... je ziet het aankomen. We moeten het licht houden. Voor de verbinding, en hoop.
D: *Wat gebeurt er dan?*
C: (Dikke zucht) Het is voorbij!
D: *Wat was de oorzaak?*
C: Alles. Het is als ... (verwarrings) explosies? Het is als een enorme golf. Van water. (Verward.) Energie. Water. Explosie. Hitte. Alles wat ... (gefrustreerd) er is een woord. Puin? Bergen puin.
D: *Oh, zo'n golf, van puin. Dan zou je toch niet voor zoiets weg kunnen lopen?*
C: Nee. We moesten doorgaan.
D: *Zolang je kon? (Jazeker) En toen werden jullie getroffen, door al deze duisternis en explosies. (Jazeker) Is dat toen je je lichaam verliet? (Jazeker) Hebben jullie allemaal tegelijk het lichaam verlaten? (Jazeker) Dat was goed. Je was tenminste niet alleen, hè?*
C: Nee, dat waren we niet.
D: *Als je er vanuit dat perspectief op neerkijkt, kun je dan zien wat er is gebeurd?*
C: Aarde ... veranderen. Enorme aardsverandering. De verschuiving!
D: *Gebeurde het overal?*
C: (Verward, dan:) Ja. Massief.
D: *Als dit overal tegelijk gebeurde, moeten er veel mensen zijn geweest die hun leven verloren.*
C: Milions.
D: *Als je het vanuit dat perspectief bekijkt, kun je nu meer zien, omdat je uit het lichaam bent getreden. Heb je enig idee waar deze plek was? Had het een naam, of iets dat mensen het noemden?*
C: (Dikke zucht.) Niet dat je het nu zou weten.

D: *Maar het klinkt alsof het een beschaving was.*
C: Dat was het ook. Dat was het ook.
D: *Zeer geavanceerd. Behalve dat je groep geavanceerder was dan de anderen, nietwaar?*
C: We moesten wel.

Veel experts en archeologen ontkennen dat deze oude beschavingen hadden kunnen bestaan. Ze beweren dat, als het waar was, ze bewijs zouden hebben gevonden, wat niet het geval is. Deze sessie legt uit waarom dat bewijs misschien niet mogelijk is. Sommigen zijn niet alleen begraven onder de waters van de oceaan, ze zijn ook begraven onder bergen modder en puin, en onder het meedogenloze stuifzand van woestijnen. Dus zal het zeer onwaarschijnlijk zijn, dat er ooit artefacten zullen worden gevonden. Hetzelfde zou kunnen gebeuren als onze huidige beschaving plotseling wordt begraven in een monumengroote ramp. Al onze prachtige structuren en technologie zouden plotseling verdwijnen. En mensen van de toekomst zouden nooit weten dat we in zo'n geavanceerde staat bestonden, behalve door middel van eventuele legendes, die dan misschien zouden worden doorgegeven doorheen de tand des tijds. Dus ik moedig de sceptici aan, om er niet zo zeker van te zijn, dat deze wonderen er in het verleden niet waren. We hebben het misschien over onze eigen toekomst...

D: *Toen je in dat leven was, sprak je over andere wezens, die je dingen leerden. (Jazeker) Aan deze kant, als je ernaar kijkt, weet je dan nog meer over wie die wezens waren?*
C: Onze gidsen. Er waren ook vele, vele anderen, die hielpen en gidsten. Dat waren spirituele wezens van andere ... ruimtes? Dimensies?
D: *Waarom hielpen ze je groep?*
C: Die van ons was niet de enige die werd geholpen. Er waren ook andere groepen.
D: *Maar ze gaven deze informatie niet aan de gemiddelde persoon.*
C: Zou kunnen. De mensen wilden het niet. Alleen sommigen wilden het. Maar degenen die het wel wilden, wilden het voor persoonlijk ego voor persoonlijk gewin. Dat was geen goed motief.
D: *Maar het is nu oké, want je hebt het overleefd, nietwaar?*
C: Altijd overleven. Kan niet anders dan overleven.

D: *Dat is waar, want niemand kan je echt vermoorden. Je gaat nooit dood.*
C: Dat klopt. Maar we hebben beperkte ruimte ... om te presteren, tijdens die periode dat we in het fysieke zijn. En er is nooit genoeg tijd.

Ik heb haar toen weggehaald van de verontrustende scène, en Carol's persoonlijkheid terug in het lichaam gebracht, zodat ik aan de onbewuste kant van haar vragen kon stellen.

D: *Waarom heb je dat leven gekozen om aan Carol te laten zien?*
C: Het is altijd hetzelfde geweest. We komen altijd weer bij elkaar. We doen dit altijd in dezelfde tijdframe, als we weer bij elkaar komen.
D: *Je bedoelt de groep?*
C: Ja. We komen apart terug, niet op hetzelfde moment.
D: *Vroeger, bedoel je? (Jazeker) Maar nu zijn jullie weer allemaal weer bij elkaar?*
C: Veel daarvan zijn verloren gegaan. In dat leven. Tussendoor. En in dit leven.
D: *Je bedoelt, dat ze niet allemaal weer bij elkaar zijn?*
C: Velen werden overgenomen uit andere groepen, die soortgelijk werk deden, om een balans te brengen, zodat het werk gedaan kon worden.
D: *Welke band heeft dat leven met haar huidige leven?*
C: De kennis. De eenheid. De kennis van het bewustzijn. Alle dingen die één zijn, kunnen zich verbinden. Alle kennis kan worden gebruikt en naar voren worden gebracht. In functie van positieve verandering.
D: *Bedoel je, dat we hetzelfde opnieuw meemaken? (Jazeker) Het klinkt in sommige opzichten vergelijkbaar, nietwaar? Moet ze deze kennis naar ons huidige leven brengen? (Jazeker) In dat leven had ze veel kennis van het omgaan met stenen, kristallen en planten, als ik het goed voorheb?*
C: Meer. Kennis van harmonische vibratieschalen. Kennis van frequenties. Kennis van het verkrijgen van informatie via frequenties van alles of iedereen. Tijdreizen.
D: *Deze groep was in staat om dat te doen door de kennis van harmonische leer en frequenties?*

C: Ja. De hersenen zijn ... (op zoek naar het woord) holograaf.
D: *Holografisch. Hoe konden ze de tijdreizen maken?*
C: Portalen.
D: *En ze weet deze portalen te vinden? (Jazeker) Dus ze heeft die kennis uit dat leven?*
C: Ja. En van anderen. Zo bekomen ze de sleutel voor de kennis in deze tijdsperiode.

Ik wilde weten, of Carol de kennis terug zou brengen naar haar huidige leven, want er gaat nooit iets verloren. Het is altijd aanwezig in het onderbewustzijn, wachtend tot het raadzaam is om opnieuw te worden gebruikt. Het onderbewuste zei, dat er een probleem was, ze had een diepgewortelde angst, omdat ze deze kennis in vele andere levens had gebruikt. Omwille hiervan, had ze in sommige levens in gevaar verkeerd. Deze angst was geïmplanteerd voor haar eigen bescherming, zodat ze niet willekeurig zou worden blootgesteld en de mogelijkheid zou lopen, om gevaar te brengen naar haar fysieke lichaam. Het onderbewuste was het erover eens, dat het nu tijd was om de angst los te laten, zodat ze de kennis naar onze huidige tijd kon brengen. Het instrueerde me, dat het de sleutel had, maar ik was degene die de procedure moest activeren om het te ontgrendelen. Ik kreeg te horen dat ik de schildwacht moest uitrekenen...
Dit was nieuw voor mij. Ik vroeg wat het betekende.

C: De schildwacht van interne/externe kennis.
D: *En deze schildwacht... kan het op een veilige manier langzaam loslaten?*
C: Langzaam is niet nodig.
D: *Maar veilig.*
C: Veilig.
D: *We willen haar geest niet overspoelen. Het moet worden vrijgegeven op een manier die ze aankan.*
C: Ja, maar bescherming ... angst... implantaat moet worden verwijderd.
D: *De schildwacht klinkt als een heel belangrijk persoon. Heeft hij de macht om dit te doen en kan hij de informatie op die manier in afgemeten doses vrijgeven?*
C: Ik geef je toestemming om het angstbeschermingsimplantaat te ontgrendelen. Alle andere zaken zullen vanzelf op zijn plaats

vallen. Ik ontgrendel nu het angstbeschermingsimplantaat. Voorgoed.

D: En de kennis zal alleen voor het goede eworden gebruikt. Voor positief. Klopt dat ?

C: Alleen voor het goede.

D: En dan zal de informatie terug beginnen te komen, die lange tijd verborgen was. *(Grote zucht)* En ze zal het kunnen gebruiken. Dat is heel mooi. Ik dank je, dat je dit hebt laten gebeuren. Zonder jou had het niet kunnen gebeuren.

C: Zonder jou had het ook niet kunnen gebeuren.

D: Maar ik ben slechts het hulpmiddel om te helpen bij de informatie die Carol wil gebruiken. Ik dank je dat je dit hebt laten gebeuren. Hoe ga je de informatie vrijgeven? Zal het in dromen worden gedaan, of via intuïtie?

C: Kennis. Ze zal het weten. Ze zal het zich herinneren.

* * *

Deze voorbeelden tonen aan, dat velen van ons in het verleden veel kennis hebben opgedaan over hoe we de krachten van de geest kunnen gebruiken. Hoewel we deze vermogens zijn vergeten, zijn ze nog steeds voorhanden, in afwachting van de tijd van hun ontgrendeling. Veel van de mensen die vandaag de dag leven, dragen deze herinneringen nog mee, ze weten ergens nog, hoe ze de geest moeten gebruiken, en de tijd lijkt aangebroken te zijn, om dit opnieuw te activeren. We leren opnieuw hoe ze te gebruiken voor het welzijn van onze planeet. Dit zijn inderdaad de bijzondere mensen. En mijn werk laat zien dat ze veel veelgrootliger aanwezig zijn dan iedereen vermoedt. De tijd van ontwaken is nu!

Hoofdstuk 8
In Veiligheid Gebracht

DOORHEEN MIJN WERK met het buitenaardse, en mijn regressiewerk, is mij vele malen verteld dat, als de Aarde geconfronteerd zou worden met vernietiging, of als er een nieuwe massaramp zou plaatsvinden -eentje die het menselijk ras zou bedreigen - dat bepaalde buitenaardsen ons van de planeet zouden halen. Er zijn verschillende versies hiervan in mijn werk naar voren gekomen. In een van de voorbeelden, zeiden ze, dat er een andere planeet werd voorbereid. Dit was er een, die bijna identiek zou zijn aan de Aarde. Het zou topografisch anders zijn, maar mensen zouden er kunnen overleven. Het werd het "Nieuwe Eden" genoemd, en dieren en planten werden daar al voorbereid, zodat de mensen zich op hun gemak zouden voelen. Een ander scenario was, dat mensen aan boord van ruimtevaartuigen zouden worden gebracht, om daar te wachten op de kalmering van de Aarde na de cataclysmes. In beide gevallen ging ik ervan uit dat het duizenden jaren zou duren, voordat de Aarde zou kalmeren, en weer bewoonbaar zou worden. Alles zou opnieuw moeten beginnen, afhankelijk van de ernst van de catastrofe. Als de overlevenden van de Aarde werden gehaald om dit af te wachten, neem ik aan dat dit was omdat er geruime tijd zou moeten voorbijgaan voor men ze weer op de planeet kon laten bestaan... is verteld dat dit vele malen voorheen is gebeurd, doorheen de turbulente geschiedenis van de Aarde. Beschavingen zijn vernietigd en het leven werd opnieuw opgestart. De belangrijkste boodschap van de buitenaardsen is, dat het menselijk ras niet ten onder mag gaan! Ze hebben te veel tijd en energie geïnvesteerd in onze ontwikkeling om ons in staat te stellen onszelf volledig te vernietigen. Zeker als dat zou gebeuren door onze eigen domheid.

Dit waren mijn aannames, gevormd binnen onze logische manier van denken. Dat het de afstammelingen van de oorspronkelijke overlevenden zouden moeten zijn, die zouden terugkeren om de Aarde opnieuw te bevolken, vanwege de ongelooflijke tijdsduur die ermee gemoeid moet zijn. Tijdens de daaropvolgende regressie ontdekte ik dat mijn aannames verkeerd waren.

***

Toen Marian van de wolk kwam, beschreef ze zichzelf als een man zijnde van in de dertig met lang zwart haar, eenvoudig gekleed in een kort gewaad vastgebonden met een koord rond het middel. Hij stond aan de rand van een bos en keek uit over een grasvlakte, met zicht op een klein stadje. Dit was zijn bestemming, en hij had twee of drie dagen eerder zijn eigen dorp verlaten. Toen hij het dorp binnenliep, was er veel verwarring onder de bewoners. "Er is iets aan de hand en de mensen begrijpen het niet. Ze zijn erg ongeorganiseerd. Ze lopen rond, rennen rond, proberen te achterhalen wat er gebeurt." Het leek alsof niemand precies wist wat er mis was, maar ze reageerden op dezelfde manier als dieren die gevaar kunnen voelen komen. Hij voelde zich ook ongerust.

"Het is de bedoeling dat ik deze groep in dit dorp zover krijg, dat ze zich aansluiten bij mijn groep of dorp. Ik ben een soort afgezant, maar het is zo van, oké, waar moet ik beginnen met deze puinhoop. Er is een natuurlijke leider, die de persoon is die het echt samentrekt. Ik moet op zoek naar die persoon. Hij of zij is degene die me kan helpen bereiken wat ik moet bereiken. Het is misschien niet de officiële heerser. Er gebeurt iets. Dit is niet de enige plek. Er is iets aan de hand om de boel in zijn geheel te ontwrichten. Het raakt iedereen. Daarom moeten we ons verenigen."

Toen hij de persoon vond die hij zocht, bleek het een vrouw te zijn. "Ze zit in een van de huizen. Ze is van dezelfde geest. Ze weet dat dingen onder controle moeten worden gebracht. De vorm, structuur, de organisatie moet naar de mensen komen, naar de groep. En ze wil met me samenwerken. Ze is rustig. Ze wordt gerespecteerd."

Hij wist dat de mensen naar haar zouden luisteren en hij stond op de achtergrond, terwijl ze met de mensen praatte. "Ik bevestig wat ze moest weten en doen. Dus nu gaat ze naar buiten en doet het. Ze begint met hen te praten, zodat ze eindelijk luisteren. Omdat ze het ook hard nodig hebben. Ze willen het, omdat ze bang zijn. Ze hebben een soort begeleiding nodig, en blijkbaar biedt de technisch aanwezige leider die niet."

Ik had geen idee waar dit allemaal naartoe ging, want het was vaag over de oorzaak van de verwarring, en Marian's rol in dit alles. Maar ik kon niet leiden. Ik moest het verhaal laten ontvouwen door alleen maar vragen te stellen. Ik vroeg: "Wat besluit je te doen?"

"Laat haar een tijdje met hen werken, voordat ze het idee van een heuse samenwerking presenteert. Van samenzijn met andere dorpen, zodat we een strategie kunnen bespreken. Er zijn andere mensen die naar andere dorpen zijn gegaan. Het wordt een soort raad. Er is een dreiging die we allemaal gemeen hebben. Het zijn niet andere mensen die ons bedreigen."

Ik dacht, dat het misschien een binnenvallend leger zou kunnen zijn, want dat gebeurde talloze keren in de geschiedenis. "Het is moeilijk te definiëren, want ik begrijp het ook niet. Ik kan niet zeggen of het aardse veranderingen zijn, of dat het van buitenaf komt. Niemand weet precies wat het is. Als we ons kunnen organiseren, kunnen we hier doorheen komen."

Ik besloot hem verder vooruit mee te nemen, om te zien wat er gebeurde, in de hoop dat het duidelijker zou worden. Alle mensen hadden zich verzameld op een grote open plek. Ze slaakte een grote zucht en zei: "Het is gek." Na een pauze vertelde ze me met tegenzin wat ze zag. "Ik zie schepen.

Buitenaardse schepen. Ze komen naar beneden. Het creëert angst, maar ze zijn niet vijandig." Hij beschreef de schepen als "Soort van rond, maar niet balvormig. Meer ovaal. Het zijn geen kleine twee- of driemansdingen. Ze zijn groter. Ze kunnen veel mensen vervoeren." De schepen landden niet, maar zweefden over de grond.

D: Wat doe je?
M: (Hysterisch lachend) Proberen te doen alsof ik niet bang ben.
D: Wisten de mensen dat zoiets ging gebeuren?
M: Zoiets hebben we nog nooit in ons leven gezien. Misschien op paranormaal niveau wisten we het wel. Op dierlijk niveau wisten we, dat er iets aan zat te komen, maar we wisten niet wat het was. Daarom waren we aan het organiseren. Er dreigde 'iets'. Maar niemand begreep de dreiging.
D: Dus het was iets waar je je niet echt op had kunnen voorbereiden.
M: Nee, maar we moesten wel. Want anders zouden mensen gewoon gek rondrennen. En dus moet je georganiseerd zijn. En alle mensen uit vele dorpen zijn hier.

D: *Wat gebeurt er?*
M: We moeten weg. Iedereen moet het schip in.
D: *Vertelt iemand je dat?*
M: Nee, ik weet het. Ik weet het gewoon.
D: *Waarom zou je weg moeten? Dit is jouw thuis.*
M: Omdat er iets gaat gebeuren. En als we niet weggaan, zijn we verloren. Dus deze dame van dat dorp, en ik van mijn dorp zijn hier, met de mensen die naar verschillende dorpen zijn gegaan. We weten dat we de mensen moeten laten gaan.
D: *Heb je enig idee wat er zou komen om te doden? Wat zou er gebeuren als je niet gaat?*
M: Iets wat met de Aarde gaat gebeuren.
D: *Zijn de mensen bereid om te gaan?*
M: Ze zijn allemaal bang. Het is moeilijk. Ik kan ze niet laten weten dat ik bang ben. Ik en deze vrouw, en andere mensen uit andere dorpen gaan hen helpen om hen op deze schepen te leiden. We proberen ze af te leiden en beetje als schapen te drijven. Sommigen gaan moedwillig. Ze willen volgen in vertrouwen. En anderen, die moet je dan weer aanmoedigen. Ze vinden het gek.

Ik vroeg om een beschrijving van de binnenkant van het schip nadat iedereen aan boord was.

M: Het is een goed formaat. Er is ruimte voor iedereen. En het is niet druk.
D: *Je zei dat er meerdere schepen zijn?*
M: Ja. Op verschillende plaatsen. Je kunt in de verte kijken en ze zien. Je kunt spullen meenemen als je wilt. Of dieren en wat je ook denkt.
D: *Kun je de mensen zien die met het schip zijn gekomen? Hoe zien ze eruit?*
M: (Grinnikt) Ze proberen er niet-bedreigend uit te zien. Ze proberen te glimlachen, hun hand uit te steken en vriendelijk te zijn. Wees voorzichtig met wie ze benaderen.
D: *Zien ze er menselijk uit? (Jazeker) Het is niet zo beangstigend op die manier. Welnu, als degenen die met hun dieren zullen aan boord komen, en wat dan ook, wat gebeurt er dan?*
M: (Lange pauze) De schepen gaan de ruimte en de hemel in.
D: *Wat vind je daarvan?*

M: Er is veel werk te doen. In termen van praten met de mensen en ze geruststellen. Ze hebben veel vragen=: is het oké. Het is het juiste om te doen. En het klopt. Ik begin te ontspannen. Ik heb het druk.

Hij was in staat om buiten het schip en de Aarde naar beneden te kijken. Ik wilde weten hoe het eruit zag. Hij zuchtte diep toen hij probeerde te beschrijven wat hij zag. "De Aarde ziet eruit zoals ik me zonnevlammen zou voorstellen. Dingen die oplaaien van de Aarde. Ik kan niet zeggen dat het vulkanen zijn. Ik weet niet wat het is."

D: Kun je een van de mensen op het schip vragen wat er aan de hand is?
M: Dat zou ik kunnen. Ze hebben het druk, maar ik zou het wel kunnen.
D: Vraag ze gewoon wat daar beneden aan de hand is?
M: Gewoon planetaire veranderingen die je niet zou begrijpen. (Grinnikt) Je zou het kunnen proberen. (Gelach)
D: Ja, laat hem het proberen.
M: Het is een soort kruising tussen een vulkaan en een komeet en een nucleaire explosie. Dat is het dichtste dat hij kan gebruiken om te beschrijven, althans in termen die ik kan begrijpen. Ze wisten dat het eraan zat te komen, daarom wilden ze zoveel mogelijk mensen weghalen. En we gaan terug.
D: Ga je meteen terug?
M: Hij begint uit te leggen dat we in een situatie kunnen worden gehouden waarin de tijd verstrijkt, maar we veranderen niet. En dan gaan we gewoon terug.
D: Dat is een interessante manier om het te zeggen. De tijd zal voorbijgaan, maar je zult niet veranderen. Kan hij het beter uitleggen?
M: Het is geen opgeschorte animatie. De tijd gaat voorbij, maar jij niet. (Heel zachtjes:) Hoe leg ik dit uit? De tijd gaat voorbij op de Aarde, de tijd gaat niet voorbij op het schip. De Aarde zal door dingen gaan, en het schip niet.
D: Het is een beetje als twee verschillende - ik denk niet dat "tijdsperioden" de juiste formulering is.
M: De tijd gaat daar voorbij, de tijd gaat hier niet voorbij.

Dit lijkt erg op het concept, waarover ze me hebben verteld, dat tijd een illusie is. De tijd verstrijkt vanuit het menselijk perspectief: uren, dagen, weken, maanden, omdat we gevangen zitten in dat concept. Ze hebben geen idee van tijd en dus bestaat het niet voor hen. Dit is een van de redenen waarom ze zo gemakkelijk door tijd en ruimte kunnen reizen zonder beperkingen. Ze zeiden dat de mensheid waarschijnlijk de enige soort in het universum is die een manier heeft gevonden om iets te meten dat niet bestaat.

D: Gaan ze je op het schip houden, tot het tijd is om terug te gaan?
M: Klopt. Het zal niet lang meer duren.
D: Maar op Aarde zou het veel langer duren. (Jazeker) Je gaat dus nergens anders heen. Je blijft gewoon op het schip.
M: Gewoon zweven.

Dat beantwoordde de vraag die ik eerder had. Ik dacht dat ze ergens naartoe moesten worden gebracht waar ze een catastrofe konden afwachten en niet in staat zouden zijn om terug te keren. Dit wil zeggen, totdat de Aarde in staat was om het leven weer te ondersteunen, wat duizenden jaren zou kunnen duren. Als ze niet gevangen zaten in het concept van tijd, zou het eerder zijn alsof je de gebeurtenissen als in de vooruitspoelmodus op een videoband bekijkt.

M: Dat is goed, dat het niet lang zal duren, want de mensen zullen dan niet zo boos worden. Er is voldoende ruimte, dus sommigen van hen hebben hun dieren meegenomen. (Gelach) Het is als een ark van Noach!
D: (Lachje) Dat dacht ik. Het klonk zo.
M: We zullen niet het gevoel hebben dat het een lang verblijf op het schip is.

Ik leidde hem vooruit, zodat hij kon zien wat er beneden op Aarde gebeurde.

M: Het is bijna als de vierde juli. Je weet wel, een van die kegels die afgaan. Zo ziet het eruit, alsof het in verschillende delen van de Aarde afgaat. Er waren branden en aswolken. Je ziet de kleuren veranderen.
D: Wat bedoel je met de kleuren?

M: Toen het voor het eerst afging, waren er de groene en de blauwe en de witte wolkendingen. En dan die fakkels. En soms waren er grijze wolken. Dan klaart de grijze op, en daarna klaren de lelijke bruine en grijze joekelige wolken langzaam op. En toen kwam het terug bij de blauwe en de groene en de blanke.

In korte tijd keek hij naar wat voor ons duizenden jaren zou hebben geduurd om te voltrekken in togrootiteit. Hij ging toen verder naar het moment waarop ze allemaal naar de Aarde terugkeerden.

D: *Brengen ze je terug naar dezelfde plek?*
M: Dat is moeilijk te zeggen. Er zijn weer bomen en zo. Ze kwamen terug. Maar er zijn geen dorpen, en geen door de mens gemaakt "iets" zelfs in de buurt. Er zijn geen dieren, behalve de dieren die we hebben meegenomen.
D: *Toen ze je loslieten, bleven ze dan bij je?*
M: Ze vertelden ons dat we gewoon opnieuw moesten beginnen.
D: *Dus het is niet hun verantwoordelijkheid om je te helpen?*
M: Ze probeerden mensen gewoon te laten inzien dat ze hun gaven en talenten voor het goede moeten gebruiken, wat ze ook weten.
D: *Het is moeilijk om overnieuw te beginnen. (Jazeker) Ze hebben tenminste iedereen gered.*
M: Klopt. En ze werken samen met de mensen om hun moraal op te krikken en hen vertrouwen te geven.
D: *Weet je of alles vernietigd is? (Jazeker) De hele wereld? (Jazeker) Gaan ze dan weg?*
M: Ja. Ze gaan door met hun functies.
D: *Je zult opnieuw moeten beginnen. Dat getuit van veel doorzettingsvermogen. Dat heb je nodig om dat allemaal te doen.*

Ik begeleidde haar toen verder in de tijd, in een poging om een andere belangrijke dag te vinden, hoewel ik niet dacht dat iets belangrijker kon zijn dan wat hij net had meegemaakt. Hij kondigde aan: "Ik leef niet veel langer. Er gebeurt iets met mij. Er is een ongeluk gebeurd. Een boom viel, tijdens het herbouwproces. Het heeft me verpletterd." Ik heb hem toen naar de geestenkant laten gaan, en vanuit dat perspectief naar het leven laten kijken. Ik vroeg wat hij van het leven had geleerd. "Soms moet je met het onbekende meegaan."

Vervolgens integreerde ik Marian's persoonlijkheid terug in het lichaam, verving de andere entiteit en bracht het onderbewuste naar voren.

D: *Waarom heb je dit vreemde leven uitgekozen voor Marian om te zien?*
M: Het gaat weer gebeuren.
D: *(Dit was een verrassing) Denk je dat echt?*
M: Het gaat weer gebeuren. Er zullen veranderingen op Aarde plaatsvinden. En de schepen gaan weer komen.
D: *Wat is de connectie met Marian's leven nu?*
M: Omdat ze weet dat het weer gaat gebeuren. Ze heeft het al een keer meegemaakt en ze zal leven als de Aarde er weer aan ten onder gaat.
D: *De man kon vanaf het schip iets zien gebeuren. Wat is er met de Aarde gebeurd?*
M: Er waren veel veranderingen. Veel verstoringen. Het is een cyclus.
D: *Is het de laatste keer door de mens veroorzaakt?*
M: Nee, het is een cyclus. Een natuurlijke cyclus.
D: *Dat de Aarde vergaat om dan weer door te gaan? (Jazeker) Maar het was toch niet de bedoeling dat al het leven zou vergaan?*
M: Nee, ze willen niet dat alles wordt weggevaagd.
D: *Dat is belangrijk, want het is veel werk om helemaal opnieuw te beginnen. Wat bedoelden ze toen ze stelden: "De tijd zou voorbij gaan op Aarde, maar niet op het schip"?*
M: Want zo is de tijd.
D: *Het moet lang hebben geduurd voordat de Aarde weer terug was op de plek waar ze bewoonbaar was. Toch veranderden de mensen op het schip niet.*
M: Tijd is waar je je op richt. Op Aarde ga je stap voor stap voor stap. Dat hoeft ook niet als je niet op Aarde bent. Je focust je gewoon en je bent er. Als je je daar concentreert, ben je er. Er is geen tijdschaal. Je bent uit de schaal, omdat ze geen schaal nodig hebben.
D: *Het is altijd moeilijk voor onze geest om te begrijpen.*
M: Het gaat weer gebeuren. Ik weet niet eens zeker of het in dit leven gaat gebeuren of niet. Ik bedoel het leven van Marian. Maar het is de taak om mensen bewust te maken. Het plan is dat ze langzaam informatie ontdekt, zodat het haar niet zal overweldigen. Maar de

informatie is er, en ze moet het ontdekken. En het heeft hiermee te maken ... buitenaardse dingen. Dit Aarde project spul. Ze moet mensen laten zien wat er is. Bereid mensen voor. Meer mensen bewust. Dat er meer dingen zijn dan haast en haast in deze wereld. Er zijn meer dingen dan alleen naar de supermarkt gaan. Ze moet hun geest openen. Ze moeten wakker worden. Ze zijn niet dom.

D: *Mij is vaak verteld dat mensen de Aarde echt pijn doen. Is dat wat wordt bedoeld?*

M: (Dikke zucht) Het gaat verder dan dat. Stoppen met het kwetsen van de Aarde zou de zaken hebben vertraagd, niet afgewend Het gaat gebeuren. Periode!

D: *Er is nu geen manier om het te stoppen?*

M: Nee. Het is onderweg.

D: *Wat moet ze doen?*

M: Blijf mensen gewoon wakker maken. Het gebeurt misschien niet in deze generatie. Maar hoe meer mensen zich ervan bewust zijn dat er dingen met de Aarde zelf kunnen gebeuren, hoe meer mensen klaar zullen zijn en bereid zullen zijn om op de schepen te gaan.

D: *Het zal weer hetzelfde zijn? (Jazeker) Ze zullen komen om wat te nemen? (Jazeker) Maar er zullen er zijn die niet willen gaan?*

M: De zachtmoedigen kunnen de Aarde hebben.

D: *Ik denk dat de zachtmoedigen degenen zijn die bang zijn om te gaan.*

M: Ze moet mensen vertellen over dingen waar ze nog nooit aan hebben gedacht. Dingen waar ze nog nooit naar hebben gekeken. Dingen die ze altijd raar en lachwekkend vonden.

D: *Je bedoelt metafysische ideeën?*

M: Klopt. Het hoeven geen UFO's te zijn.

D: *Dit zou een manier zijn om vooruit te komen?*

M: Het zou een manier zijn om je kont te redden.

Het is verbazingwekkend dat ik deze stukjes van de puzzel van zoveel mensen over de hele wereld blijf krijgen. Het is mijn taak om de puzzel in elkaar te leggen, en terwijl ik dat doe, begint het een soort van zin te krijgen, zelfs als onze bewuste redenering de enormiteit van dit alles niet helemaal kan bevatten. Er lijkt veel meer te zijn dat net buiten bereik is.

DEEL III
GEVORDERDE WEZENS EN KARMA

Hoofdstuk 9
Kinderen Creëren karma

EEN ZAAK DIE IK IN 2001 IN CALIFORNIË DEED, toonde aan dat de verschrikkelijke zielen, die het aardse leven niet hebben gekend, zich hebben aangepast aan deze hectische planeet. Een jonge vrouw kwam naar me toe toen ik in San Jose was voor een al-day lezing voor de A.R.E. groep (Edgar Cayce Foundation). Ik probeer meestal mensen te zien die op mijn wachtlijst staan voor privésessies en ik plan ze rond mijn gesprekken. Susan had overgewicht en ik dacht meteen dat dit een van de problemen zou zijn die ze zou willen onderzoeken. Maar haar grootste probleem was dat zij en haar man kinderen wilden en dat ze niet zwanger kon worden. Ik geef het onderbewuste altijd de opdracht om de persoon naar het meest geschikte leven te brengen om de problemen uit te leggen die ze in dit huidige leven hebben. Dit was de procedure die ik met Susan volgde.

Toen Susan de diepe hypnotische staat binnenging, gebeurde het volgende: in plaats van zichzelf in een vorig leven op Aarde te vinden, zweefde ze door de ruimte en stond ze voor een grote heel grote n deur met een grote X erop. De X bestond uit vier driehoeken, en terwijl we praatten, openden de driehoeken zich al naar buiten zodat ze naar binnen kon. Door de deuropening kon ze zien dat ze zeker niet op Aarde was. Ze zat op een rots, met uitzicht op een vallei. Alles: rotsen, vuil en lucht, had een roodachtige kleur. Ze zag een grote koepel in de vallei, maar er waren geen bomen of vegetatie. Ze wist meteen, dat je de lucht niet kon inademen. Niemand was veilig buiten. Ze wist dat er mensen in schuilplaatsen onder de oppervlakte waren, en dat dat was waar ze naartoe moest. Ze vond de ingang in de zijkant van de rots, en ging naar beneden in een zeer donker gebied onder het oppervlakte van de Aarde, waar de mensen zich verstopten. Susan bleek een lang, dun, blond mannetje te zijn. "Geen vet!" grinnikte ze.

Haar taak bestond eruit, om voorraden te leveren aan verschillende buitenposten op planeten in hun tweede zonnestelsel. Dit was een van de haltes onderweg en haar taak was om de mensen te controleren en te zien wat ze nodig hadden. De mensen hadden voedsel, maar water was schaars. Ze konden niet naar de oppervlakte, maar moesten samengepakt onder de grond leven. De mensen leken menselijk, maar waren gekleed in vodden. De koepel bevatte motoren, en had iets te maken met het opwekken van stroom. Blijkbaar filterde het ook de lucht die de ondergrondse schuilplaats bereikte. Ze legde uit dat er vele, vele jaren eerder een oorlog was geweest, die de atmosfeer had vernietigd, en het zoedoende gevaarlijk had gemaakt voor de overlevende bevolking. Het was veroorzaakt door zoiets als een kernbom, en het leven was niet teruggekeerd naar de oppervlakte, omdat de lucht besmet was. Ze hadden zich aangepast aan dit soort leven en bouwden de ondergrondse schuilplaats, maar nu doemde een nieuw gevaar op. Een andere groep had de planeet ontdekt en probeerde het over te nemen. Ze deden dit voor de mineralen die het bevatte. Er werd dus meer gevochten, waardoor het dubbel zo gevaarlijk geworden was om aan de oppervlakte te zijn.

Toen de gevechten een tijdje vertraagden, ging ze terug naar de oppervlakte en keerde terug naar haar kleine verkenningsschip en verliet de planeet. Ik heb haar toen gevraagd om naar een belangrijke dag in dat leven te gaan. Ik kies altijd een belangrijke dag, omdat, in de meeste levens (zelfs in onze huidige), de dagen erg op elkaar lijken. Wat de een als een belangrijke dag beschouwt, doet de ander evenwel soms niet. Vaak zijn deze alledaags, maar dat komt omdat het leven alledaags is, en er niet veel gaande is om het te veranderen. Susans leven was geen uitzondering. Hoewel het leek plaats te nemen op een andere planeet, leek het heel gewoon te zijn. Gewoon een man die voorraden aflevert bij de ene na de andere buitenpost. Zelfs de plaats waar hij de voorraden verkreeg (een dorre planeet) leek onopvallend. Toen ik haar vroeg om door te gaan naar een belangrijke dag, kondigde ze plotseling aan: "Ik crash!" Het leek haar niet te deren om dit te zeggen. Ze was emotieloos en afstandelijk toen ze het gevoel van neerstorten beschreef. "We raakten iets, of iets raakte ons. De voorkant van het vaartuig is half weg. Ik weet niet wat er is gebeurd." Ze had het lichaam al verlaten voordat het schip terug op de planeet stortte.

Ik kon niet begrijpen hoe dit vreemde buitenaardse leven Susans onvermogen om zwanger te worden kon verklaren. De logica van het onderbewuste overtreft altijd de mijne, en het antwoord dat ik kreeg, was er niet een dat ik had verwacht.

Het onderbewuste had haar dat leven laten zien, zodat ze zich zou herinneren waar ze vandaan kwam: de planeet met twee zonnen. Susan droomde al sinds haar kindertijd over een plek, die niet de Aarde was, met twee zonnen aan de hemel. Ze tekende zelfs foto's van deze vreemde plek, maar ze kon niet begrijpen waar deze herinneringen vandaan kwamen. Het onderbewuste zei haar, dat de reden dat ze geen kinderen kreeg, te zoeken was in dat leven, omdat ze zich nog steeds identificeerde met de andere persoonlijkheid die neerstortte.

Haar andere levens waren meestal op andere planeten geweest, en toen ze besloot om te experimenteren en te proberen op Aarde te leven, had ze een moeilijke aanpassingstijd. Ze vond het hier niet leuk en wilde weg, terug naar huis. Ze zei: "Er is te veel verantwoordelijkheid. Te veel alles. Te hard. Meer uitdaging."

Haar andere persoonlijkheden hadden meestal in een lichaam gezeten dat geen geslachtsorganen had en niet als man of vrouw kon worden gedefinieerd. Dit wordt "androgeen" genoemd, en veel buitenaardsen die ik heb onderzocht, leven vandaag de dag op deze manier op hun werelden. Ze hield er niet van om vrouw te zijn of seksdelen te hebben. Ze zei: "Er is geen seks als er geen seks is." Deze andere wezens plantten zich niet voort, maar worden "gemaakt". Dit gebeurt meestal door een kloonproces en die bevolking heeft dus geen seks nodig om zich voort te planten.

Ik probeerde uit te leggen dat ik haar identificatie met de andere persoonlijkheden begreep, maar om een kind in dit leven te krijgen, was seks de enige manier waarop mensen weten hoe ze kinderen hier kunnen krijgen. Ze antwoordde dat ze geen mens wilde zijn. Ze hield helemaal niet van deze wereld. Ze vond dat ze genoeg had geleerd en wilde gaan. Dit is altijd een waarschuwingssignaal en ik wist dat ik voorzichtig te werk moest gaan. Hoewel de bewuste persoonlijkheid van Susan goed aangepast leek te zijn en kinderen wilde, was dit andere deel van haar een totaal tegenovergestelde. Het beviel het hier niet en wilde weg. Het is altijd mijn taak om de persoon met wie ik werk te beschermen en geen enkel gevaar te vermijden om hen te beroeren, zelfs als het van een ander deel van zichzelf is. Ze bleef volhouden: "Ik ben nu klaar. Ik ben klaar. Ik ben klaar. Ik wil gaan."

Ze stond er ook opm dat ze geen kind hoefde te krijgen. Een kind zou verbindingen met de Aarde veroorzaken. Ze wilde alle verbindingen verbreken. Ze wilde geen karma creëren met een kind, waardoor ze hier terug zou komen. Als ze geen banden met de Aarde had, zou het gemakkelijker zijn, om terug te keren naar haar thuisplaneet. Dit experiment was niet verlopen zoals ze dacht dat het zou gebeuren. De oorzaak van haar overgewicht, was om haar te beschermen tegen seks, zodat ze geen kinderen zou krijgen. Ik heb dit eerder gehoord wanneer mensen onbewust ervoor zorgen dat ze overgewicht hebben, om zichzelf onaantrekkelijk te maken voor het andere geslacht, en de opvulling van het extra gewicht fungeert ook als bescherming. Omdat het ongewild een barrière opwerpt. Dus hoewel de bewuste geest van Susan zei, dat ze kinderen wilde, had het onderbewuste deel een ander scenario voor ogen.

Ik probeerde ruzie met haar te maken. Ze zei dat ze van kinderen hield en graag met hen werkte. Dus stelde ik voor dat ze, omdat ze inherente liefdevolle neigingen had, een goede moeder zou zijn. Als ze er zelf een had, zou ze het allerlei prachtige dingen kunnen leren. Dat zou een nieuwe ervaring zijn. Het zou een uitdaging zijn, om een kind te leren hoe het in deze wereld moet leven, moet gedijen. Het zou een geschenk zijn dat ze aan deze planeet zou kunnen geven. Ze was nog steeds bang om verbindingen te creëren die haar aan deze wereld zouden binden. "Het zou ervoor zorgen dat ik hier steeds weer terug kom. Ik vind het hier niet leuk. Ik hou niet van connecties."

Ze stond er erg op dat haar leven kort zou zijn. Dat was bijna tijd om te vertrekken omdat ze naar huis wilde. Ik betoogde dat, als ze het zou inkorten, ze alleen maar terug zou moeten komen en het opnieuw zou moeten uitvoeren, totdat ze haar verplichtingen had voltooid. Dat wilde ze absoluut niet, want ze wilde er duidelijk 'uit'. Dus ik dacht, dat ik wat vooruitgang boekte, door mijn overtuigingen met haar te delen. Ze had het grootste deel van haar leven dromen gehad over haar thuisplaneet, dus ze zou niet vergeten waar ze vandaan kwam, en hier vast komen te zitten zonder herinnering aan waar ze vandaan kwam. Het is te gemakkelijk om te vergeten zodra de ziel het lichaam binnenkomt. De persoon raakt verstrikt in deze wereld, en vooral in zijn unieke problemen. Toen ik het had over haar gewichtsverlies, zei ze dat deze wereld te zwaar was. Een manier om van het gewicht af te komen was om gewoon haar lichaam te verlaten. Ze was zeker vastberaden, dat kan ik je zeggen. Ik kan alleen maar hopen dat mijn positieve gevoelens door haar koppigheid heen zijn gesijpeld. Ik bleef volhouden dat ze niet weg kon voordat ze haar verantwoordelijkheden had voltooid. Ze hoefde niet verstrikt te raken in de cyclus van eindeloos terugkeren naar de Aarde. Dat is een moeilijkere cyclus om te doorbreken.

Dit was een moeilijk geval, omdat ik niet wist dat ik zo'n weerstand van Susans onderbewustzijn zou tegenkomen. Ik zou later andere zielen ontdekken, die zich vrijwillig aanmeldden, om in deze tijd in deze wereld te komen om te helpen. Ze wilden ook geen kinderen, omdat het hen aan onze wereld zou kunnen binden. Ze moesten vrij blijven van karma, zodat ze konden vertrekken als ze klaar waren.

* * *

Het is interessant dat veel van de mensen met wie ik de afgelopen jaren heb gewerkt, terugvallen naar levens waarin ze lichtwezens waren, die in een staat van gelukzaligheid leefden. Ze hadden geen reden om in de dichtheid en negativiteit van de Aarde verwikkeld te raken. Ze boden zich allemaal aan, om de Aarde in deze tijd te komen helpen, maar hadden geen idee hoe moeilijk het zou worden. Eenmaal ze in het lichaam waren.

Ik ben geconfronteerd met wat ik beschouw als, verschillende golven van zielen, die op verschillende momenten zijn binnengekomen. De eerste golf waren zielen zoals Phil, in mijn boek "Keepers of the Garden". Die zijn nu in de veertig. Ze hadden een moeilijke aanpassing, en velen ervan wilden zelfmoord plegen om "naar huis" terug te keren. Ze hebben normaal gesproken een goed gezinsleven, een uitstekend beroep, en alles wat we zouden beschouwen als de basis voor 'een goed leven'. Maar er ontbrak iets, iets waardoor ze nooit het gevoel hadden dat ze hier thuishoorden. Ze hielden niet van het geweld en de gruwelijkheid, die ze in deze wereld aantroffen. Ze wilden terug naar huis, ook al hadden ze bewust gesproken geen idee waar deze "thuis" zou kunnen zijn. Ik heb van veel mensen over de hele wereld gesproken, die denken dat ze tot deze groep behoren. Ze dachten dat ze de enigen in de wereld waren die zich zo voelden, en waren erg opgelucht toen ze mijn boek lazen. Het deed hun deugd, te ontdekken dat ze echt niet alleen waren.

Een tweede golf die ik ontdekte, kwam zo'n tien jaar later. Die zijn nu twintigers en dertigers. Sommige daarvan hebben zich zeer goed aangepast. Onder hypnose zeggen ze dat ze hier gewoon zijn om te fungeren als een kanaal, of kagrootysator, om het type energie naar de

Aarde te leiden dat op dit moment nodig is. Deze mensen leiden een zeer onopvallend leven, vaak ongehuwd, zonder verantwoordelijkheden (vooral geen kinderen). Ze hebben banen die hen voldoende vrije tijd geven om hun ware interesses te verkennen, die lijken te draaien om het helpen van mensen. Ze lijken geen problemen te hebben en hebben zich veel gemakkelijker aan deze wereld aangepast dan de eerste golf.

   De derde golf zijn zeker de bijzondere kinderen (de Indigokinderen) die zijn gekomen en nog steeds binnenkomen. Sommigen van hen bevinden zich nu in de vroege puberteit. Dit zijn inderdaad de speciale en hebben de hoop van de mensheid gekregen. Ze moeten worden begrepen omdat ze op een ander niveau en frequentie functioneren dan andere kinderen van hun leeftijd. Er zijn veel boeken over deze kinderen geschreven en ik heb op conferenties gesproken, met deze specifieke kinderen als thema. Ze zijn inderdaad verschillend. Zelfs hun DNA is bewezen verschillend te zijn. In mijn werk is mij verteld om te benadrukken dat men ze best niet probeert te bepereken aan de hand van medicatie. Dit gaat dan met name over Relatine, wat een geestverruimende stof is. Ze vervelen zich op school en zijn -soms- "storend", omdat ze in staat zijn om veel sneller te leren en te absorberen dan kinderen van andere generaties. Ik kreeg te horen dat men ze vooral uitdagingen moet voorschotelen. Dit zal hun nieuwsgierigheid stimuleren en hun vaardigheden aanscherpen. Er zijn veel kinderen in deze leeftijdsgroep die aandacht van de media krijgen. Dit gebeurt vanwege hun opmerkelijke vaardigheden. Door de geschiedenis heen zijn er altijd verhalen geweest over zogenaamde "wonderkinderen"; kinderen die talenten hadden die ver voorbij hun jaren gingen. Dit waren er maar weinig. De wetenschap kon ze niet verklaren, maar ik denk dat hun vaardigheden voortkomen uit talenten die ze in hun vorige levens hebben geleerd en geperfectioneerd. De nieuwe groep lijkt echter anders te zijn. Hoewel degenen in het verleden zeldzaam en uniek waren, lijkt er veel meer van deze nieuwe golf van kinderen te zijn die de capaciteiten van genialiteit vertonen. De kinderen die op tv worden geïnterviewd, zijn al bezig met een carrière. Maar elk van hen benadrukte de wens om organisaties te vormen. Ze willen dit doen om de minder bedeelde kinderen van de wereld te helpen.

   Ik heb de neiging om vanuit mijn eigen positie te denken dat deze talenten niet uit hun vorige levens komen, maar uit de verscheidenheid in hun zielspatroon. Al deze drie golven die ik heb waargenomen, kwamen om de Aarde te helpen in haar tijd van nood. De meesten van hen hadden nog nooit een leven op deze planeet gehad, dus vinden ze het een moeilijke plek om te wonen. Ze zijn hier voor bepaalde doeleinden en willen hun opdracht afmaken en "naar huis" gaan. Ook al weten ze het niet bewust, ze zijn zich vaag bewust van hun missie op Aarde. Het is niet verborgen onder lagen van vorige levens en karma. De nieuwste golf wordt niet zo verborgen als de andere. De machthebbers, die deze beslissingen nemen over wie ze moeten sturen, maken ze opmekbaar, omdat de tijd steeds korter wordt om de veranderingen aan te brengen die onze wereld zullen redden of vernietigen. Meer en meer van deze zielen, die niet inheems zijn in onze wereld, maar het grootste deel van hun leven op andere planeten of andere dimensies hebben geleefd, worden gestuurd, omdat men gelooft dat ze een verschil kunnen maken. De "inheemse" zielen die talloze levens op Aarde hebben geleefd, zijn zo verzand geraakt in karma en de dagelijkse druk van het leven in onze hectische wereld, dat ze hun doel om hier te zijn uit het oog zijn verloren. Dit zorgt ervoor dat ze steeds terugkomen en dezelfde fouten herhalen. Dus de hoop voor onze toekomst bestaat uit zielen die niet door de Aarde zijn aangetast en die ons kunnen helpen overleven. Als ze tenminste kunnen voorkomen dat ze ook vast komen te zitten en hun missie vergeten.

* * *

In de begindagen van mijn werk dacht ik dat het onmogelijk zou zijn voor een ziel, om rechtstreeks in een fysiek lichaam te komen. Dit wil zeggen, als eerste incarnatie in onze beschaafde en hectische cultuur. Mij was verteld, dat ze logischerwijs eerst zouden incarneren in een primitieve samenleving, waar het leven eenvoudiger zou zijn. Op die manier konden ze zich aanpassen en leren hoe ze op Aarde moesten leven. Leren hoe ze met andere mensen moesten omgaan, voordat ze in onze moderne levensstijl terechtkwamen. Nu merk ik, dat dat niet altijd het geval is. Ik kom meer en meer bijzondere mensen tegen, die bewust gestuurd zijn. Of die zich vrijwillig aanmelden om te komen helpen in deze uitdagende tijden. Ze zeggen, dat ze zijn verzonden als kanalen van energie, of als antennes enz. Het vergt uiteraard een boel meer moeite voor deze zachtaardige zielen om aan te passen. Ook omdat ze niet de achtergrond van aardse levens hebben, die handig kan zijn om hen voor te bereiden.

In oktober 2004 ontmoette ik nog twee van deze bijzondere mensen. Wat nog ongebruikelijker was, ze waren effectief getrouwd als man en vrouw. Ik vind het geweldig dat ze elkaar konden vinden en met elkaar verbinden. Dit was een selectie uit de miljoenen mensen in deze wereld, perfect afgestemd, zodat hun identieke energieën konden samenwerken. Maar dan heb ik later ook vernomen, dat niets per ongeluk gebeurt. Ze waren blijkbaar akkoord gegaan om dit pad te volgen, en hadden plannen gemaakt aan de andere kant voordat ze incarneerden.

Ze vertelden allebei identieke verhalen terwijl ze in diepe trance waren, ook al waren ze zich hiervan niet bewust . Toen Tony uit de wolk kwam, zag hij enkel een heel helder licht. "Het is heel helder. Het straalt, het heeft stralen die in alle richtingen gaan. Het is heel mooi, maar je kunt er niet direct naar kijken. Het heeft ook veel verschillende kleuren. Het is heel rustgevend. Er komt zoveel liefde uit voort. Het omringt je, net alsof het je knuffelt." Wanneer dit gebeurt, weet ik, dat ze ofwel naar de geestenkant zijn gegaan, of terug naar de Bron. Ook verschillende energiewezens zien er zo uit. Ik vroeg aan Tony om het op te nemen in zijn bewustzijn. Daarna verzocht ik hem, hem iets te laten zien dat belangrijk voor hem was om te zien, in dit leven. In plaats van een vorig leven in te gaan, werd hij naar een kamer gebracht. Er waren verschillende wezens aan wezig, allen in gewaden gekleed. Hij kon geen kenmerken onderscheiden aan de wezens die met een onontkenbare gratie door de kamer zweefden.

T: Ik zie geen muren, maar je voelt je alsnog in een gesloten omgeving. Dit is als ... een raad, en het is een vergadering waar ze bijeen zijn gekomen, om verschillende soorten dingen te bespreken. Dingen van het universum. Alle verschillende planeten. Ze moeten beslissingen nemen voor andere soorten wezens, of voor ... Ik denk dat het voor lagere trillingen zou zijn. Voor degenen die de hogere niveaus of hogere trillingen niet hebben bereikt. Dit is de raad, die hen helpt bij het nemen van beslissingen in hun processen; of wat ze gaan doen.

Hij zag, dat hij hetzelfde type magerige, spookachtige lichaam had en voelde zich lid van deze raad.

T: Anders zou ik hier niet kunnen zijn. Dit is een hogere trilling, een hogere frequentie. En ze helpen bij het nemen van beslissingen. Ze nemen niet noodzakelijkerwijs zelf de beslissingen, maar ze helpen bij het nemen van beslissingen. Wat als volgende stap geschikt zou zijn voor de lagere trillingen.

D: Hoe helpen ze anderen om deze beslissingen te nemen?

T: Het lijkt erop, dat er voor elke lagere vibratie, bepaalde dingen zijn, die ze moeten leren. Dit is om hun vibraties naar een ander niveau te kunnen verheffen. Om hen te helpen. De raad helpt hen daadwerkelijk om beslissingen te nemen die hun vibratie daadwerkelijk verhogen.

D: Dit is niet storend?

T: Nee, het is slechts een vorm van begeleiding.

D: Heb je iets in het bijzonder waar je op dit moment aan werkt?

T: Alleen om van dienst te zijn. Om te helpen. Om begeleiding te geven. Daar zijn we hier alleen maar voor. Om hen te helpen de kennis te verwerven.

D: Is er een bepaald project waar je je op dit moment zorgen over maakt?

T: Er zijn verschillende soorten projecten. Zoals we de lagere trillingen helpen, helpen we ook onszelf. Omdat het ons ook leert terwijl wij hen onderwijzen. Als je dient, win je. Dit helpt je, om kennis op te doen.

D: Werk je op dit moment met een bepaalde planeet?

T: Het werkt met alle universa. Het is niet slechts één planeet.

D: Moest je doorheen fysieke levens gaan, om dat punt te bereiken? Waar zou je in de raad kunnen zitten?

T: Nee. Ik hoefde geen fysieke levens te doorlopen. Alleen uit vrije wil.

D: Dus hoe ben je op dat punt gekomen, dat je in de raad kon zitten?

T: Je kunt je trillingsniveau verhogen, al hoef je geen fysieke levens te doorlopen om in de raad te zitten. Soms kan het een periode van tijd duren. Maar soms, af en toe, kun je heel snel vooruitgang boeken.

D: Heb je ooit een verlangen gehad om fysiek te zijn?

T: Op dit moment niet, nee.

D: Je deed daar toen je werk.

T: Dat was alles wat ik moest doen.

D: Nou, het klinkt alsof het een heel belangrijke baan is.
T: Dit was alles wat mij gevraagd werd om te doen.

Ik vroeg hem toen, om te bewegen naar wanneer hij de beslissing nam om in het fysieke te komen, omdat ik tenslotte communiceerde met een fysiek lichaam in onze dimensie. Hij moet, uiteindelijk, besloten hebben om hierheen te komen en te incarneren. Ik wilde weten of iemand hem zei dat hij moest komen.

T: Nee, het was alleen uit vrije wil. En de kans was er. Het vermogen ... of de fysieke vorm, met andere woorden, degene die zou passen, was er op het moment van de keuze.
D: Is er iets gebeurd waardoor je de keuze hebt gemaakt?
T: Om te ervaren. Want dat had ik nog nooit gedaan. Het was zeker nieuw.
D: Heb je het lichaam uitgezocht waar je in gaat? (Jazeker.) Hoe ziet het eruit?
T: Het is het heden. Er is geen ander moment.
D: Leg uit wat je bedoelt.
T: Het is als de persoon met wie je spreekt.
D: Tony, bedoel je? (Jazeker.) Je bedoelt dat Tony hiervoor nog nooit andere fysieke incarnaties heeft gehad? (Nee.) Ik dacht altijd, dat als dat het geval zou zijn, het heel moeilijk zou zijn, nietwaar? Om rechtstreeks van de spirituele kant van het leven te komen, zoals we het nu op Aarde hebben. Zonder eerdere levens om de persoon te conditioneren.
T: Het is heel moeilijk. Maar er zijn manieren waarop ze helpen bij het doen van dingen. Er waren bepaalde dingen. Ik weet niet of ik deze dingen voor je kan beschrijven.
D: Ik zou het erg op prijs stellen als je het zou kunnen proberen. Analogieën zijn ook altijd goed.
T: Het is alsof de informatie wordt verstrekt. Het is alsof je een kamer binnengaat. En als je eenmaal uit deze kamer komt, is deze informatie in je geplaatst. Dan zou deze informatie, als het eenmaal in je is geplaatst, je een achtergrond geven. Iets om je mee te verhouden.

Ik wist waar hij het over had. Hij doelde op inprenting. Dit wordt in dit boek besproken, evenals in "Keepers of the Garden" en ook in

"Between Death and Life". Het is een manier om informatie uit het leven van andere mensen te implementeren in de huidige ziel die "vlekkeloos" naar de Aarde komt, zodat de ziel enige achtergrond kan hebben om te kunnen functioneren.

T: Ik denk niet dat je met "niets" binnen kunt komen op dit niveau. Het is nog steeds moeilijk, zelfs als deze informatie er vooraf in wordt geplaatst. Het is hier buitengewoon verschillend. Er is veel te leren en te beleven. Het was moeilijk, om die prachtige plek te verlaten, maar het was iets dat ervaren moest worden. Deze tijd in de geschiedenis is wanneer er grote verandering op til is. Het gaat heel snel, verschrikkelijk snel. Hij wilde deze dingen kunnen observeren.

D: *Dus niemand vertelde hem dat hij deze dingen moest doen.*

T: Nee, niemand geeft je de opdracht en zegt dat je deze dingen moet doen. Dat zijn keuzes. En ook discussies. En hij werd geholpen door andere leden van de raad. Ze helpen, of begeleiden, hem bij het maken van deze keuzes.

D: *We zijn gewend om te denken aan aardse levens, waar we karma verzamelen. Dan moeten we steeds weer terugkomen, om het terug te begrooten.*

T: Hij heeft niet dat soort karma, niet het soort waar je het over hebt. Hij is hier om de progressie van de mens te observeren. Hoe ze daadwerkelijk hun trillingsniveau verhogen. Om te zien hoe ze kennis accepteren. En hoe ze kennis gebruiken. Of ze die kennis gebruiken voor het welzijn van de mensheid, of voor hebzucht.

D: *Omdat de Aarde een gecompliceerde planeet is.*

T: Het is extreem ingewikkeld. Het is niet zoals eender welke andere planeet. Ik denk, dat de vorm van negativiteit op deze planeet het anders maakt. Het menselijk ras is een zeer krijgerachtig ras. Ze hebben veel moeite met het leven in vrede. Het is bijna, alsof hun ras niet in vrede naast elkaar kan bestaan. Dit kan komen door het bestaan van/in hun lagere trillingen. Ik denk dat iedereen die hier komt, voorzichtig moet zijn, en niet verstrikt moet raken in deze lagere trillingen. Het is een zeer uitdagende planeet. Die kans heb ik wel gegrepen. Ik denk dat elke keer dat je in dit bestaan komt, je ongewild karma hebt gecreëerd. En ongetwijfeld zal ik dit karma moeten terugbegrooten. Ik denk echter ook, dat het belangrijkste dat ik hier doe, is het proberen om een balans te bewaren tussen heel positief zijn, heel liefdevol, en welk karma ik dan ook met de Aarde heb gecreëerd. Het is niet per se bestaande in een negatieve vorm. Het is om daadwerkelijk manieren te vinden om dat te verminderen. En dan, in tweede plaats, om voor dat karma te zorgen. En om een manier te vinden om het niet over te dragen.

D: *Wat heb je gepland?*

T: Op dit moment is het belangrijk om binnen te kunnen komen voor dit ene leven. Ik zal moeten zien wat ik verder doe, als ik terug ben.

D: *Je wilt niet blijven, en andere bestaansvormen ervaren?*

T: Ik weet niet of ik terugkom voor een ander bestaan. Er zijn misschien belangrijkere dingen voor mij om te doen, dan terug te keren. Misschien is het niet meer nodig om fysiek te zijn. Ik weet niet of ik dit zal kunnen bereiken of niet. Het zou heel gemakkelijk zijn om hier vast te komen te zitten. Er zijn zoveel dingen om me in de val te lokken. Dat is de reden waarom het zo moeilijk is om hier te komen, in de fysieke vorm. Hoewel velen naar deze aanwezigheid verlangen, is het buitengewoon moeilijk. Het ziet er vrij eenvoudig uit totdat je binnenkomt. Als je eenmaal in de fysieke vorm bent, dan is het extreem moeilijk.

D: *Een van de problemen is, dat, een je in het fysieke niveau vertoeft, je al deze dingen vergeet en niet weet?*

T: Oh, helemaal waar.

D: *Zou het gemakkelijker zijn, als ze zich alles zou kunnen herinneren?*

T: Ik denk niet dat het goed zou zijn voor de fysieke vorm, om te onthouden. Ik denk dat het te veel zou zijn. Om al deze dingen te onthouden zou te groot zijn. Het zou te verwarrend zijn, en dan zouden ze proberen dingen te veranderen, en waarschijnlijk op een zeer ongewenste manier. En misschien niet de dingen leren waarvoor ze hierheen kwamen. Vergeten, door te herinneren, om te leren voor hun eigen groei.

D: *Mensen zeggen altijd dat, als ze maar wisten hoe het vroeger was, het gemakkelijker zou zijn.*

T: Ik denk dat dit te veel informatie voor hen zou zijn. Als je al deze kennis voor je had, wat zou dan het doel zijn om binnen te komen? We geven ook les. Kinderen onderwijzen hun ouders, zoals ouders denken dat ze hun kinderen onderwijzen. Meer andersom. Meer dan we ons realiseren.

D: *Ik lijk de laatste tijd met veel mensen te werken die energiewerkers en genezers zijn.*

T: Er komt nog veel meer. Dit begint pas open te bloeien, deze bron van informatie. En mensen zoeken naar andere alternatieven. Ze zijn op zoek naar verschillende manieren. Ze zien dat wat ze gewend zijn, niet echt in hun belang werkt. Er zullen er zijn die zich vastklampen aan de oude vormen. Ze hebben moeite om daar voorbij te komen. Het is hun conditionering en opvoeding, maar jullie hebben er hier veel. Er komen vooral ook veel nieuwe binnen, die op zoek zullen gaan naar al deze nieuwe informatie. En natuurlijk brengen ze die nieuwe informatie ook met zich mee. De meeste informatie is niet nieuw. Het is nieuw voor de mensen die aanwezig zijn. Maar het is eigenlijk oude informatie. – Er zijn maar zoveel fysieke vormen beschikbaar, snap je. En er zijn zoveel meer spirituele vormen die willen komen, dat er niet genoeg fysieke vormen voorhanden zijn.

D: *Maar op dit moment, met onze bevolkingsgroei, zijn er veel fysieke vormen beschikbaar.*

T: Maar dat is niet echt zo. Ook heb je er bepaalde; die proberen de metafysische vormen die beschikbaar zijn te beheersen. Je hebt leiders, die proberen de beschikbaarheid van fysieke vormen te beheersen. Natuurlijke catastrofe, ziekten, de oorlogen.

D: *Je bedoelt, dat ze veel van de fysieke vormen elimineren? (O ja.) Dan zijn er nog die fysieke vormen, waarover gesproken wordt, door die zielen die terug willen komen. Onder andere ook om algemeen karma terug te begrooten.*

T: Dat is helemaal waar, ja.

D: *Is dat wat je bedoelt? Dat er slechts beperkte fysieke vormen zijn, waarin jouw type geest zou kunnen komen?*

T: Ja. Dat is waar. Het is moeilijk om geschikt voedsel te vinden vanwege alle chemicaliën in het voedsel vandaag de dag. Maar ook het menselijk lichaam past zich aan. Jullie zien op dit moment nieuwe mensen die binnenkomen met de oude kennis. De bron van het voedsel zal naarmate de tijd vordert meer zijn gebrek aan echte voedingswaarde tonen. Het zal echt een probleem zijn.

D: *Dit alles zal van invloed zijn op het verhogen van de trillingen.*

T: We moeten het lichaam lichter maken. En dit zal helpen in het proces.

Tony kreeg te horen hoe hij zijn geest kon gebruiken om te genezen. "Hij zal zijn geest moeten ontwikkelen en ook zijn geest moeten vertrouwen. De geest is zeer krachtig. En door het probleem te bekijken, het probleem te zien, dan zal zijn geest de veranderingen aanbrengen. Het zal zijn alsof je in het lichaam kunt kijken. Het is alsof je naar binnen zou gaan en naar die persoon binnen zou kijken. Het is alsof het in het blad van de boom zou gaan en in de kanalen van de chlorofyl zou drijven. Hij zal ze zien als foto's. En deze veranderingen kunnen dan plaatsvinden. Hij zou niet de samenwerking van de persoon hoeven te hebben, maar hij zou hun toestemming moeten hebben. Omdat sommigen ervoor kiezen om deze voorwaarden te stellen, om welke reden dan ook."

* * *

's Middags had ik een sessie met Tony's vrouw, Sally, en ik was verrast om te ontdekken dat ze hetzelfde type ziel was. Dit was ook haar eerste keer dat ze naar de Aarde kwam. Hoe opmerkelijk dat de twee elkaar wisten te vinden. Natuurlijk gebeurt er niets per ongeluk, maar ik was nog nooit twee van dergelijke gevallen op dezelfde dag tegengekomen. Wat een eer.

In het begin van de sessie had Sally ook moeite met het zien van alles, behalve het veranderen van kleuren, en na verschillende pogingen om haar naar een vorig leven, of iets meer visueels te begeleiden, nam ik eindelijk contact op met het onderbewuste. Het leverde de informatie aan, die mij was ontzegd. Soms gebeurt dit. Als het onderwerp niet klaar is, dan komt de informatie niet naar buiten. Vanwege de bescherming vanuit het onderbewuste. Dit deel werkt heel slectief rond wie wat mag weten.

S: Wat er met Sally gebeurt, is een experiment. Het is nog nooit eerder gedaan. We proberen het energieniveau te verhogen. Er zijn energieregels aangaande incarnatie op Aarde, en overal in het inversum. Maar vanwege de huidige tijden en vanwege de noodzaak… We probeerden een hogere vibratie naar de Aarde te brengen, en deze vervolgens uit te breiden, het niveau zelfs na de incarnatie te verhogen. En het dient ook, om het hoogste niveau binnen te halen dat we konden bekomen, zonder schade toe te brengen aan de fysieke vorm. Er is een niveau dat de menselijke vorm niet kan vasthouden. Dit is erg belangrijk voor Sally, we hebben er eerder in gefaald. Daarom bood ze zich vrijwillig aan om die energie binnen te halen en er doorheen te gaan en het op deze manier te doen. En dat is gelukt. Het werkte deze keer. Toen het eerder faalde, was het, alsof je een circuit opblies.

D: Heeft het de fysieke vorm geschaad waarin ze probeerde te komen?
S: Klopt. Dat deed het. Het lichaam overleed. Het was te veel energie, te veel informatie, een te hoge vibratie in één fysiek lichaam.

D: Dat kan het gewoon niet volhouden.
S: Klopt. Maar dit lichaam heeft het wel kunnen doen. We hebben ook het lichaam verfijnd, naarmate het ouder wordt. Om meer vast te kunnen houden, en we hebben er sindsdien meer aan toegevoegd.

D: Heeft ze eerder fysieke incarnaties gehad?
S: Afdrukken. Veel van de fysieke problemen zijn te wijten aan de stress en spanning op het lichaam, door het vasthouden van de energie die er is.

D: Dan bedoel je dat Sally nog nooit ergens in een fysieke incarnatie is geweest? (Nee.) Maar ik dacht altijd, dat wanneer ze voor het eerst in het fysieke lichaam kwamen, in dit soort beschavingen, het te zwaar zou zijn voor het lichaam om de ziel te dragen. Of andersom, te zwaar op de ziel om in deze vibratie te verblijven.
S: Ze is een assistent van de Aarde geweest. Niet geïncarneerd in de Aarde, maar rond de Aarde om anderen te helpen die incarneren. Ze heeft een werkbare kennis, maar geen echte incarnatiekennis, maar ze heeft achter de schermen anderen geholpen die incarneren.

D: Waarom besloot ze dan om deze keer zelf te komen?
S: Omdat het heel belangrijk was voor de Aarde, en ze het vermogen had om de energie binnen te halen die op dat moment nodig was. Op die manier, in die omvang, en in de verhoudingen die op dat moment moesten komen. Het is heel wetenschappelijk. Ik leg het niet goed uit. Het is bijna als wiskundige vergelijkingen van energie. De hare was het meest aanpasbaar om binnen te komen, omdat ze nauw had samengewerkt met de Aarde. En ze wist hoe het werkte, hoe de regels en voorschriften en dat soort dingen in

elkaar klikten, wetenschappelijk. Zo kon ze haar energie aanpassen en het lichaam aanpassen. En daar helpen we ook bij.

D: *Maar als iemand dit voor de allereerste keer doet, loopt ze dan geen kans om verstrikt te raken in karma?*

S: Nee. De reden dat ze geen risico neemt om verstrikt te raken in karma, is omdat ze geen karma verzamelt. Ze zit op een ander niveau. Of een verschillend contract, kunnen we zeggen, met de Aarde. Ze zal niet vast komen te zitten. Haar contract bestond eruit, om binnen te komen, en die energie binnen te halen. Om haar energie naar de Aarde te brengen. Het is geen karmisch contract.

D: *Dat is heel lastig om te doen, vermoed ik.*

S: En de mensen met wie ze kwam, zijn mensen die wel met contracten kwamen en die intussen vervuld zijn. Die voelen zich tot haar aangetrokken omdat ze, op een onbewust niveau, hen helpt dat te herintroduceren.

D: *Ze hadden dus zelf geen karma bij zich.*

S: Nee. Ze kwam om hen te helpen hun karma met anderen los te laten, zonder erin verstrikt te raken. Het is bijna als een slagmachine, als je het slaan bij basebal beoefent. De bal komt op je af, en je raakt hem. Zij was het decor waar de bal om gaat. Maar het was geen echt team dat de bal ving en ermee liep. Ze hield een plekje vast zodat ze hun karma met haar konden loslaten.

D: *Dus deze andere mensen hadden iemand nodig om hen te helpen hun karma uit te werken.*

S: Juist, omdat ze op een neerwaarts pad zaten. Omdat ze zichzelf in een negatieve spiraal hadden gebracht. Ze contracteerde wel om de Aarde te helpen, maar het was op een verschillend niveau. Het was niet op incarnatieniveau. Maar nu koos ze ervoor om dit te doen, om meer energie in het geheel te pompen gedurende deze tijd. Het is een strategische tijd vanwege de vrije wil, en ook omdat ... het is een balans. Het is een evenwichtstijd, waarin de Aarde beide kanten op kan gaan en het is een grote verschuiving. Het is een verschuivende plek, om he zo te noemen. Een kruispuntplaats.

D: *Is dit de reden waarom meer van deze -ik wil het geen "nieuwe" zielen noemen, omdat jullie veel kennis en macht hebben- maar is dit de reden waarom er op dit moment meer van deze "soort" binnenkomen? (Jazeker) Ik blijf mee vergaderen. Sommigen van hen zeggen, dat ze slechts waarnemers zijn. Ze willen hier niet verstrikt raken.*

S: Het is niet zo dat het waarnemers zijn, maar als je je kunt voorstellen wat ik bedoelde toen ik zei: het is alsof het beslag de bal raakt, en ergens tegenin gaat, tegen de stroom in. Dus je slaat, en zet het daar neer, maar de achtergrond reageert niet op de een of andere manier. Het is dus geen karma verzamelen. Alles stuitert ervan weg, wordt afgeketst. Maar die persoon doet zijn ding, en laat zijn stomp los. En daarom verzamelen ze geen karma. Ze kwamen niet hier om karma te verzamelen. En het zijn niet alleen waarnemers. Het zijn genezers. Ze brengen positieve energie binnen om andere zielen te helpen zien voorbij wat ze "nu" ervaren. En ze voelen hun vibraties, daar willen ze aan wennen.

D: *Maar het belangrijkste is, dat ze niet worden meegezogen.*

S: Er is geen gevaar om te worden meegezogen. Omdat hun energieniveau is wat het is. Het is bijna alsof er de hele tijd, van bij die mensen, licht uitstraalt. Of energie, die naar buiten gaat, en op een helende manier met anderen omgaat. En er zijn geen gaten om te zuigen. Of er is geen karma om je mee te verbinden. Zodat het iets heel positiefs is.

Sommige van mijn andere gevallen, die dit soort speciale wezens waren, werden beschermd tegen het verzamelen van karma, door beschermende apparaten, of schilden eromheen te plaatsen. Dit wordt in andere hoofdstukken gemeld. Maar Saly's onderbewustzijn zei: "Er is geen behoefte aan bescherming, omdat bescherming is ingebouwd, vanwege het doel en vanwege het energieniveau. Ook omdat er geen voorafgaand karma is. Er is niets aan te sluiten."

S: Haar dochter is op dezelfde manier gekomen als haar moeder, alleen is het nu meer geperfectioneerd. Haar lichaam is beter geacclimatiseerd. Vanwege degenen die als eerste binnenkwamen en de energie binnenbrachten, is het niet zo moeilijk voor de nieuwe om te komen. De eerste pogingen mislukten. Het was te hard; te stressvol voor de menselijke vorm.

D: *Mij is verteld, dat alle energie van iemands ziel onmogelijk in het menselijk lichaam zou kunnen passen. Dat dit het lichaam zou vernietigen.*

S: Dat klopt. Haar man, Tony, is binnengekomen, op een zeer vergelijkbare manier. Om het pad te effenen.

D: *En hij verzamelt ook geen karma. (Klopt) Was het per ongeluk/toeval, dat de twee elkaar vonden?*

S: Nee. Het was geen toeval. Ze waren van plan om samen te komen in hetzelfde gebied, dit was afgesproken voordat ze incarneerden. Het zijn twee vergelijkbare soorten energie. Niet hetzelfde, maar wel erg vergelijkbaar. Sally was een experiment. De hoeveelheid energie die in haar lichaam zit, zou normaal gesproken net zoveel zijn, als in twee afzonderlijke lichamen. En een deel van het probleem was de hoeveelheid energie, en ook het trillingsniveau. De vorige keer mislukte het. We hadden niet de correcte tijdsfrequentie en de gedetailleerde callibratie van het lichaam, noch van de ziel die binnenkwamen en de exacte hoeveelheden energie. Dit allemaal moest dan ook gebeuren op de juiste momenten. Het is heel technisch.

D: *Maar het moest dus net zoveel energie zijn, als met normaal gesproken aantreft in twee lichamen?*

S: Ja. Dit was het experiment. Het was heel belangrijk en het heeft veel bereikt. Dat was heel gunstig. Ze is niet de enige die dit deed. Net als haar man. Hij was een van degenen die kwam. Het is een beetje anders, maar heel er gelijkend. Er zijn er nog meer. En ze heeft er ook mee geholpen, aan de andere zijde, als ze uit haar lichaam is. Ze had hen geholpen zich aan te passen en in te leven. Ze was toen uit haar lichaam. Ze heeft er verschillende geholpen om dit te kunnen doen, maar het deel dat ze niet begrijpt... Ach, dat is, dat er sinds die tijd zielen die ze had begeleid binnenkwam, er ook meer energie in haar is gekomen. Je hebt gehoord van walk-ins, waarbij de ene ziel vertrekt, en de andere komt. Zo is het niet. Dit waren niet echt twee zielen. Het was alleen zo, dat het deel dat binnenkwam, het volume van twee zielen zou aannemen. Het dubbele van het normale bedrag is binnengekomen en heeft zich onlangs bij haar aangesloten. Dat is nu bij haar geïncarneerd.

D: *De twee wisselden niet uit.*

S: Nee, er was geen uitwisseling. Dat was een samenvoeging, een toevoeging. We hebben haar twee keer verteld dat dit nieuwe deel van zichzelf eraan zat te komen. En nu is het hier en nu is het samengevoegd.

D: *Wist ze wanneer dit gebeurde?*

S: Niet bewust. Maar ze wist dat het ging gebeuren en ze bereidde zich bewust voor, en dat was een grote hulp. En ze weet dat ze zich nu anders voelt. Maar ze heeft niet bewust erkend, dat er meer van haar was. En dat het zich had aangesloten. Ze zal nu heel veel kennis opdoen. Het zal niet allemaal in één keer gebeuren, maar het zal worden geactiveerd naarmate ze acclimatiseert.

D: *Als dit leven voorbij is, zal ze dan teruggaan? Zal ze dan niet steeds meer hoeven terugkeren?*

S: Klopt. Ze zal blijven tot haar werk erop zit. Ze hoeft niet opnieuw te incarneren. Ze blijft tot de dienst compleet is.

D: *Deze plek waar ze vandaan kwam, is dat wat ik de geestenkant noem?*

S: Alles wat geen vorm is, is geestenkant. Er zijn meerdere, bijna ontelbare plaatsen. Het is niet alsof je sterft en daarheen gaat. Het is gewoon een plek, voordat je incarneert, je bent er. Het is gewoon een ander rijk.

D: *Sommige mensen beschouwen die geesten als engelen, die nooit geïncarneerd zijn.*

S: Het is geen engel. Het is een ziel zoals iedereen. Alleen niet geïncarneerd in vorm. Dat hoeft niet altijd. Die voelde de noodzaak tot nu toe niet. Ze was toen wel degelijk bestaande in vorm, alleen niet in een lichaamsvorm. Ze was in geestvorm. En er zijn verschillende niveaus van ... we benoemen ze niet als incarnatie, omdat het niet lager gevormd is als een lichaam op een planeet vertoeft. Het is een energie, en het heeft een lichaam. Het heeft een individualiteit, maar het is gewoon energie. Maar het is in een ruimte. Het is niet de energie die we de Ene energie noemen. De energie van het "Alles". Het is een aparte, individuele energie. Maar het is niet in een lichaam of in een fysieke vorm zoals een menselijke vorm. Of een lichaam op welke planeet dan ook.

D: *Dat lijkt me logisch. Maar nu komen er meer mensen naar me toe; die hier zijn als genezers en energiewerkers.*

S: Dat komt voor een groot deel door de veranderende tijden. We zijn bezig met het afsluiten van een tijdperk. Dus dit soort wezens, zoals Sally en Tony, zijn hier om te helpen met deze overgang. - Ik zal je vertellen met wie je hebt gesproken. Dit is het deel van Sally dat net verbonden is.

D: *De nieuwe energie. (Jazeker.)*

* * *

Een ander vreemd voorval, in 2004, betrof een man in de medische professie. Zijn belangrijkste klacht was, dat hij leek vast te houden wat hij "angst en angst" noemde in zijn 'zonnechakra'. Het voelde als een grote knoop, en bezorgde hem veel ongemak. Hij was constant onzeker en had angst voor iets dat zou kunnen gebeuren. Al was er in zijn welbenoemde leven geen reden om te verklaren wat dat 'iets' was. Hij wilde weten waar dit gevoel vandaan kwam, wat het betekende, en vooral hoe hij er verlichting ron kon krijgen.

Hij ging naar een van de meest ongewone vorige levens die ik ooit heb mogen aanschouwen. Hij was op een andere planeet. Op die planeet was hij een moordmachine. In zijn bewuste staat zou hij geschokt zijn geweest door de rauwe haat in zijn stem, toen hij uitriep dat hij alles wilde vernietigen. Dat was zijn enige doel: alles waar hij mee in aanraking kwam, in de war brengen of kapotmaken. En dat deed hij op een unieke manier. Zijn thuisplaneet en een naburige planeet, waren al vele generaties lang in oorlog. Hij was het product van genetische manipulatie. Zijn lichaam was ontworpen, om een enorme hoeveelheid energie op te slaan. Hij werd op een ruimteschip naar de vijandelijke planeet gestuurd om er zijn taak uit te voeren. Toen hij landde, ging hij de vijand opsporen. Deze vijand had volgens hem geleerd zich voor deze machines te verbergen. Hij gebruikte geen wapens van welke aard dan ook. Hij was het wapen. Hij was een zelfmoordmachine. Hij kon de energie in zijn lichaam activeren en het zou exploderen met de kracht van tien waterstofbommen. Het zou alles vernietigen dat ook maar in de verste verte aanwezig was. Zijn planeet was zo geavanceerd, dat ze de metafysica begrepen en konden manipuleren. Wanneer hij ontplofte en verging, zou zijn ziel onmiddellijk in dezelfde samenleving worden gereïncarneerd. En het proces zou opnieuw beginnen. Nadat hij een bepaald stadium van ontwikkeling, en een bepaalde leeftijd had bereikt, werd hij weer op pad gestuurd. Het was een vicieuze cirkel, het leek alsof hij erin gevangen zat. Hij had nooit een familie- of sociaal leven binnen de planetaire structuur. Hij was gewoon ontworpen als een moordmachine. Dit was zijn totale aanwezige breincapaciteit: haat, moorden en vernietiging. Uiteindelijk, na vele, vele generaties, realiseerden de twee planeten zich, dat de enige manier om het doden te laten stoppen eruit bestond om hun bewustzijn te verhogen, en dit begon dan ook langzaam vanzelf tot stand te komen.

Op dat moment was hij eindelijk in staat om zich los te maken van de vicieuze cirkel, en werd hij gereïncarneerd op Aarde. Ook toen was het motief nog zo sterk aanwezig, dat hij vele, vele levens meemaakte waarin hij doode en moordde. Hij was de programmering nog niet helemaal ontvlucht. Hij zei, dat de Aarde in zekere zin op zijn thuisplaneet leek, omdat er hier veel gemoord werd. Het was gewoon niet op zo'n grote schaal. Zijn huidige leven was eindelijk een poging om de cyclus te doorbreken. Hij werd geboren in een familie die hem naar beneden duwde, zijn geest brak en hem zachtmoedig en mild maakte. (Dus zelfs dat soort gezinnen hebben een functie.) Hij zei dat hij als kind een verlangen had om huurling te worden toen hij opgroeide, wat dezelfde cyclus zou hebben voortgezet. In plaats daarvan ging hij de medische professie in en hielp nu mensen.

Het intense gevoel dat hij voelde in zijn zonnechakra, was dit tegenhouden van de woede, de haat en het geweld die zoveel eonen lang zo'n deel van zijn persoonlijkheid waren geweest. Hij was bang voor wat er zou gebeuren als het losgelaten zou worden. Daarom moest hij het onderdrukt houden. Hij deed het goed, en met de hulp van het onderbewuste leek het erop dat hij deze strijd zou kunnen winnen. Hij zei bij het ontwaken, dat deze vreemde verklaring het ontbrekende stuk was dat hij nooit zelf had kunnen achterhalen. Een van de redenen waarom hij op dat moment hier op Aarde was, was omdat de Aarde ook uit haar gewelddadige cyclus stapte en op het punt stond haar bewustzijn naar een nieuw tijdperk te verhogen.

Ik vraag me af hoeveel anderen deze onderdrukte gevoelens en emoties hebben, die voor hen geen zin hebben en niet kunnen worden verklaard door hun opvoeding? Hoeveel jongeren hebben soortgelijke gevoelens die overdreven lijken en opgewekt zijn door het geweld in onze wereld? Het is te vinden op elk medium waar tegenwoordig maar toegang tot is… Dit opent een nieuw standpunt, van waaruit we naar deze omstandigheden kunnen kijken. Het zijn evoluties in onze maatschappij waar de autoriteiten geen verklaring voor lijken te hebben.

Hoofdstuk 10
Leven In Niet-Menselijke Lichamen

DEZE SESSIE VOND plaats in Clearwater, Florida, toen ik ter plaatse was voor een Expo in oktober van 2002.

Als mensen raken we eraan gewend om te denken (als we eenmaal het concept van reïncarnatie hebben geaccepteerd), dat we alleen vorige levens in een menselijke vorm hebben ervaren. Deze overtuiging is zeer beperkend, zoals ik heb mogen ervaren tijdens mijn onderzoek. Het leven, in welke vorm dan ook, heeft ons een les te leren. Dat is waar het leven op Aarde namelijk om draait; naar de Aardse school gaan en lessen leren. Je kunt niet doorgaan naar het volgende leerjaar, totdat je het leerjaar waar je op dit moment aan werkt met succes hebt afgerond. Natuurlijk is de les die wordt geleerd door mens te zijn veel complexer dan het leven als een rots of een korenaar, maar ze zijn even levend, alleen trillend/bestaand op een verschillende frequentie.

In mijn boek "Legacy From the Stars", nam ik een jongeman mee terug naar zijn eerste leven op Aarde, denkende dat het waarschijnlijk als holbewoner of iets dergelijks zou zijn. In plaats daarvan ging hij naar de tijd waarin de Aarde nog aan het afkoelen was, zodat het (voor het eerst) leven kon ondersteunen. Er waren nog steeds vulkanen die lava en gevaarlijke dampen in de lucht lieten rinkelen. Het was nog geen gezonde omgeving voor leven, om zich te ontwikkelen. De jongeman vond zichzelf onderdeel van de sfeer. Zijn taak, samen met vele anderen, was om de lucht te helpen reinigen van ammoniak en andere giftige gassen, zodat, op het moment dat de Aarde afkoelde, het gastvrij zou wezen. Dit was nodig voor het leven dat zich in zijn eerste rudimentaire stadia ontwikkelde. Hoewel hij niet had, wat wij als een "lichaam" beschouwen, leefde hij, en was hij zich bewust van zijn opdracht. Hij had zeker een persoonlijkheid en zag alles vanuit zijn eigen unieke perspectief. Hij nam zelfs de tijd vrij van zijn "baan" om af en toe plezier te hebben, door in en uit de stromende lava te gaan om te ervaren hoe dat voelde.

Ik ontdekte en rapporteerde in mijn boek "Between death and life", dat we het leven in al zijn vormen moeten ervaren, voordat we eindelijk het menselijke stadium (mogen) betreden. Dit heeft een doel dat niet wordt herkend door onze bewuste geest. Het is om ons te laten zien, dat al het leven één is, en dat we allen verbonden zijn op een dieper zielsniveau. We zijn, in de eerste plaats, geesten en beleven vele verschillende avonturen terwijl we de ladder van alle kennis beklimmen, om uiteindelijk terug te keren en weer één te worden met de Bron. Ik verbaas me er dus niet meer over als een proefpersoon een leven als een "niet-menselijk leven" vermeldt. Het onderbewuste kiest datgene die het denkt te moeten tonen aan de huidige persoon, op dit moment, in hun leven. Vaker wel dan niet wanneer ze op zoek zijn naar antwoorden.

Enkele van de niet-menselijke levens die aan mij zijn gemeld waren: het leven als een stengel maïs, waar genot vergaard werd via het baden in de zon en zwaaien in de zachte bries. Het leven als een rots, waar de tijd met ongelooflijke traagheid voorbijging. Het leven als een mammoet, waarbij het belangrijkste gevoel de grootsheid en zwaarte van het lichaam was. Het leven als een gigantische vogel, die bescherming voelt tegenover zijn ei en de kameraadschap van anderen in zijn soort voelt. Het leven als een gigantische aap... die vrede en tevredenheid voelde met anderen in zijn groep. Hij bezat alleen de eenvoudigste emoties. Hun leider was een oudere aap, van wie ze verwachtten dat hij voor hen zou zorgen. Toen hij stierf, was er veel verwarring onder de groep, en ze prikten het lichaam ... om te proberen hem wakker te maken.

Al deze levens waren eenvoudig in vergelijking met mensen, maar ze hadden hun unieke verschillende kwaliteiten, die aangaven dat ze levende en bewuste wezens waren. Als we dit zouden kunnen begrijpen, en ons zouden realiseren dat we al door deze stadia zijn gegaan, zouden we beter voor ons milieu en onze planeet zorgen; beseffend dat we allemaal verbonden zijn op een dieper, groter, alles omvattend zielsniveau.

Deze sessie met Rick was een ander voorbeeld van een cliënt die een ongewoon en onverwacht leven als niet-mens gaat herbeleven. Toen Rick uit de wolken kwam, was hij in de war, omdat hij niet kon begrijpen wat hij was, of waar hij was. Normaal gesproken komt de cliënt uit de wolk naar beneden en staat op iets stevigs, en de indrukken gaan vanaf daar verder. De sceptici zeggen hierover, dat de cliënt een scène en een omgeving zal fantaseren, om de hypnotiseur te behagen. Toch voelde Rick niets onder zijn voeten nadat hij de oppervlakte had bereikt, en dat maakte zijn verwarring alleen maar groter. Ik zei hem dat hij moest vertrouwen op alle indrukken die op hem af kwamen.

R: Wel, het is alsof ik omhoog kijk. En het is een paarsachtige lucht. (Verwarring) En dat is recht voor mijn ogen, als ik omhoog kijk. En wat er op mijn perifere zicht staat, is ... het is moeilijk te beschrijven. Het is echt wazig. Ik voel geen druk tegen mijn voeten.

Ik instrueerde hem dat de gewaarwordingen duidelijker zouden worden.

D: *Kijk naar rechts en kijk wat er op het randapparaat staat. (Lange pauze) Het zal duidelijk beginnen te worden, in plaats van wazig te zijn. (Pauze) Vertrouw op alles wat komt. De eerste indruk.*
R: Oké, nu zijn er meer kleuren. Het is helderder, zoals de zonsopgang. En misschien wel als water.
D: *Zoals de zon op het water?*
R: Ja, of zoals ... heb je ooit de zon onder water gezien?
D: *Dat heb ik niet gedaan, maar ik denk dat het mogelijk is.*
R: Het is als ... Ja, ik heb het gevoel dat ik onder water ben.

Dit was een verrassing. Ik wist niet zeker of hij aan het zwemmen was. Misschien waren we in het laatste stadium van zijn leven aanbeland en was hij verdronken. Er waren verschillende mogelijkheden. Maar ik had nooit kunnen voorspellen welke hij echt meemaakte. Dit was een primeur.

R: Dat is het paarsblauw. Omhoog kijken door het water. En rechts van mij is als ... de zonsopgang boven het water, gezien onder water. Hmmm. Alleen de kleuren bewegen en golven, zoals de golven van het water de lichtpatronen vervormen. En het is goudkleurig, zoals 's ochtends, als de stralen in het water komen. Daarom is er geen vorm. Ik ben in het water.
D: *Daarom voel je ook geen druk. (Jazeker) Zie je iets in de andere richting?*

R: Nee, niet echt. Alleen maar donkerder. In de tegenovergestelde richting, want de zon komt in de andere richting op.
D: *De zon klinkt prachtig, zo gezien vanuit het water. (Jazeker) Hoe voelt het water aan op je lichaam?*
R: Hmm. Natuurlijk. Er is geen angst. Het voelt gewoon heel comfortabel.
D: *Word je bewust van je lichaam. Hoe ziet je lichaam eruit?*
R: Het is soepel. (Hij vond dit humoristisch.) Ik weet het niet. Het is als een dolfijn. (Zachtjes) Hoe kan dat? Maar ja, dat is wat ik zie. Ik zie een dolfijn. Alsof ik er buiten naar kijk, of ik kijk naar een ander. Maar ik zit niet op mijn rug omhoog te kijken. Ik zit op mijn buik omhoog te kijken. Alsof ik slaap, soort van. Gewoon daar in het water liggen. Op en neer bewegen. Vanuit het ene oog kan ik de zon zien en uit het andere oog kan ik het donker zien. En ik kan ook naar boven kijken, zonder me om te hoeven draaien en te bewegen. Het hele panorama van Oost naar West.

Hoe zien dolfijnen of zeedieren en wat is hun gezichtsveld? Weten we het echt? Misschien kunnen ze een veel breder bereik zien met hun ogen aan weerszijden van hun hoofd. Dat bleek in ieder geval zo te zijn.

D: *Dat is interessant. En denk je dat er nog zo een is?*
R: Denk ik. Of ik zag het. Ik beweeg in en uit, kijk om me heen. Want ik was binnen en toen ben ik naar buiten gegaan om te kijken hoe het lichaam eruit zag. Dus ik denk dat het van mij is. Het is soepel. Zacht. (Met overtuiging.) Ik ben een dolfijn. Het is heel rustig. 't Is ... verrassend.
D: *Voelt het goed om in het water te zijn?*
R: Ja. Het voelt vrij. Geen beperkingen. Je hebt alles wat je nodig hebt.
D: *Gewoon volledige vrijheid in het water. (Jazeker) Wat doe je met je tijd? Je zei nu, dat je sliep.*
R: Slapen. Het is tijd om iets te doen nu ik wakker ben. We bestaan gewoon ... we leven gewoon! Er is geen plan. Er wordt gegeten. Gewoon moeten eten. Maar op dit moment lijkt het ... zoals we gewoon drijven en dan ... het is moeilijk om je te verhouden. Er is geen baan. Nee moet iets doen. Anders dan alleen voelen. En om me – ik weet het niet – lekker te voelen, echt. Dat vind ik op dit moment wat vreemd.

D: *Waarom is het vreemd?*
R: Omdat ik het niet in de juiste context kan plaatsen. Ik kan het niet benoemen.
D: *Doe gewoon je best. Wat eet je?*
R: Oh, andere vissen.
D: *Ben je in staat om in het water te ademen?*
R: Ja. Maar lucht. Verbazingwekkend! (Pauze) Ik zie iets. Ik zie gebouwen die ... aan de kust.
D: *Zit je nu boven op het water?*
R: Soort van. Soort van. Zijwaarts. Ik zie ze met mijn hoofd boven het water. Het zijn een soort hutten. Zoals jungle-achtige dingen, met de grasdaken. Ik vraag me alleen af wie dat zijn? Wat het is?
D: *Heb je ooit mensen gezien? (Nee) Heb je de kust al eens zo gezien? (Nee. Nee.) Meestal op zee geweest? (Jazeker)*

Hij werd -en identificeerde zich duidelijk meer met- de dolfijn. Zijn antwoorden waren traag en eenvoudig.

D: *En nu zie je de rand waar het water stopt? (Jazeker)*

Ik structureerde mijn vragen in de richting van een heel eenvoudig wezen. Ik dacht niet dat het iets complex zou begrijpen. Het had al aangetoond dat het een voelend wezen was.

D: *Hoe voelt dat?*
R: Nieuwsgierig.
D: *Weten dat er een grens in het water zit, of wat bedoel je?*
R: Ja. (Hij had moeite met het vinden van de woorden.) Het is... waarom... Wat is het? Het is anders. Ik heb het gevoel dat ik ergens anders heen moet.

Er was een lange pauze. Hij had duidelijk moeite met het vinden van de juiste woorden in de hersenen van de dolfijn.

R: (Lange pauze, hij struikelde over woorden.) Het is de ... het is gewoon ... Ik weet het niet. Ik begrijp het niet. Ik begrijp niet wat die ... wat het hier doet. Wat... waarom ik hier ben. En waarom ik het doe. Het is iets nieuws. En ik begrijp het niet. En ik weet het niet. Ik begrijp dingen waar ik was. Ik begrijp dit niet. En ik weet niet wat het is. Het is gewoon anders.

Het was duidelijk dat hij als zeedier gewend was om niets anders te zien dan het water. Nu kon hij zien dat de zee grenzen had, en de groep hutten was iets waar hij niet bekend mee was, dus er was geen manier om het te beschrijven.

D: *Maar je zei dat je het gevoel had dat je ergens anders heen moest gaan?*
R: Ja, even had ik het gevoel dat ik daar weg moest.
D: *Wat bedoelde je met ergens anders heen gaan?*
R: Zoals ... weg. Alsof je snel gaat.
D: *Weg van waar die hutten waren?*
R: Nee, weg van dat ... dat waar ik ben. Mij. Ik ben (Pauze) Uit dat lichaam?
D: *Vertel me wat er gebeurt. Hoe voelt het?*
R: Ik ben in de war. Omdat ik dat lichaam kan zien. Die bruinvis. En dan is het alsof ik dat wil laten. Of ergens anders heen wil. Ik had even het gevoel dat ik snel ging. Toen stopte het, want ik schrok ervan. Maar ik wil er graag terug naartoe. Ik vond het leuk in de dolfijn, maar ik niet ... het was te (had last met verwoorden) verwarrend, te verschillend? Ik kon me er niet in vinden.
D: *Maar als je ergens anders heen wilt, kan dat. Je kunt overal naartoe waar je wilt. We zijn op zoek naar iets dat passend is en betekenis heeft. Dus laten we ons begeven naar waar dat is. Vertel me wat er gebeurt als je beweegt. Wat zie je als je naar iets anders gaat, iets dat geschikt en belangrijk voor je is om te weten?*

Rick bevond zich vervolgens in een leven in de oudheid, toen hij een leider was van een groep mensen. Hij had een grote verantwoordelijkheid en voelde dat hij hen verraadde, toen hij hen in een oorlog leidde die onmogelijk te winnen was. Het was meer voor de bevrediging van zijn eigen ego, dan om het volk ten goede te komen. Hij droeg die schuld nog steeds met zich mee in zijn huidige leven, en dat verklaarde veel van zijn fysieke problemen. Er was onder andere sprake van rugproblemen, omdat hij stierf door het vallen van een rots, en enkele dagen enorme pijn had van een gebroken rug. De herinneringen bleven in zijn huidige lichaam, als herinnering aan het lichtvaardig nemen van verantwoordelijkheid in dit vorige leven.

Ik heb toen contact opgenomen met zijn onderbewustzijn, zodat we vragen konden stellen. De belangrijkste vraag, en eentje waar ik me zorgen over maakte, was het motief, om hem het leven als de dolfijn of het zeedier te laten zien.

D: *Waarom toonde je hem dat leven?*
R: Omdat het buitenaards is. Omdat het ergens vandaan komt ... waar zijn ware wortels liggen. Hij is veranderd, op een manier, om "menselijkheid" te ervaren vanuit de wortels van die eerste incarnatie.
D: *Was dat zijn eerste incarnatie op Aarde?*
R: Nee. Het was een andere plaats, niet de Aarde. Een plek die geen mensen heeft. Alleen dat soort wezens.
D: *Degenen die in het water leven?*
R: Ja. Daarom beleefde hij de tijd van snel bewegen. Want hij was nieuwsgierig en vroeg zich af hoe het zou zijn op die plek, die oever. Dat visioen dat hij had, van de bomen en de hutten, kwam daarvandaan. Daarom begreep hij het niet. Het was een visioen van een plek die hij nog nooit had gezien.
D: *Dat was dan geen fysieke plek in zijn waterwereld?*
R: Het was een fysieke plek waar hij nieuwsgierig naar was. Hij was benieuwd, hoe het zou zijn om uit het water te zijn. Dus verlangde hij naar die ervaring.
D: *En dit leidde ertoe dat hij reïncarneerde als mens?*
R: Uiteindelijk wel. Dit zijn zijn ware roots. Daar begon het voor hem op deze reis.
D: *In de waterwereld.*
R: Uit de waterwereld.
D: *En je zei dat hij veranderd moest worden?*
R: Ja. Zijn verandering vond plaats in een reeks processen. Trillingsverschuivingen. Bijgestaan door degenen die nog steeds helpen bij de fijnstelling, afwerking, van de planeet. Het experiment is al vele milennia aan de gang. Ze kozen ervoor en ze vroegen erom. Ze zochten naar kern- en wortelmateriaal, dat kon worden gebruikt en aangepast voor de menselijke ervaring.
D: *Maar kon de ziel, de geest, niet gewoon komen en een menselijk lichaam binnengaan?*

R: Het moest aangepast worden. Er zijn onverenigbaarheden tussen de ziel, de energie, en de essenties van dat waterwezen. Voordat ze tot deze ervaring kwamen, waren die aanpassingen nodig om het schepsel de correcte gevoelens ... of beter gezegd, de instincten die in de mens waren geprogrammeerd, goed te begrijpen.

D: Ik zie het. Het zou dus te moeilijk – of onmogelijk – voor hem zijn geweest om rechtstreeks van het waterwezen in een mens te komen.

R: Dat klopt.

Dit is vergelijkbaar met Estelle, die uit het reptielenras afstamt, en veranderingen in haar menselijk lichaam heeft moeten ondergaan om verschillende types energie te kunnen behuizen.

D: Maar toen begon hij een reeks levens op Aarde. (Jazeker) En daarom liet je hem in het begin de dolfijn zien. (Jazeker) Hij vraagt zich al zijn hele leven af, waarom hij interesse heeft in het buitenaardse leven en buitenaardse wezens. Is dit waarom? (Jazeker) Hoewel ik denk dat hij het zich eerder voorstelt als de filmvariant. (Grinnikt) Dit is toch anders?

R: Vergelijkbaar, maar verschillend. Er zijn programma's vastgesteld in het hele universum. Allerlei soorten materiaal. Laten we zeggen dat alle bronnen in aanmerking kwamen voor deze ervaring. Dit is toevallig zijn primaire bron, namelijk die van de waterwereldwezens. Er waren ook anderen, die uit verschillende andere groepen kwamen.

D: Het is dus niet enkel hoe hij denkt, dat hij afkomstig van wezens uit ruimtevaartuigen en dat soort dingen. Er kunnen veel verschillende soorten zijn?

R: Ja. Maar die tuigen waren wel degelijk betrokken bij het transport. De modificatie en het experimentele aspect.

D: Het aanpassen van het lichaam.

R: Over de milennia heen.

D: Dus ze waren in staat om degenen die in een menselijk lichaam wilden komen, te helpen om zich hieraan aan te passen.

R: Ze waren nodig. De oorspronkelijke bedoeling was, om te ervaren. Die oorspronkelijke intentie werd door de anderen in stand gehouden en gefaciliteerd. In de mate dat hij hier is gedeponeerd.

D: *Ik zie het. Heeft hij contact met hen gehad, sinds hij als Rick in het menselijk lichaam is geweest?*
R: Niet fysiek. In zijn dromen. In zijn niet-fysieke staat. Als hij mediteert, als hij slaapt.
D: *Hij is dan uit het lichaam?*
R: Ja. Wanneer hij het erg koud heeft, of wanneer hij het erg warm heeft. Dit is de overdracht.
D: *Als hij uit het lichaam verdwijnt, bedoel je?*
R: Ja. Of als hij binnenkomt. Wanneer hij zijn fysieke lichaam binnenkomt, wordt hij heet. Wanneer hij uitstapt, vertrekt in zijn lichte lichaam, wordt hij koel.
D: *En hij herinnert zich dit niet.*
R: Hij wordt zich steeds meer bewust van de abnormaliteit van zijn normale dromen. Hij experimenteert nu met wat "remote viewing" zou kunnen worden genoemd. Het komt, op een bepaald moment, wanneer hij in een toestand van rust is. Het gebeurt niet vaak, maar hij is zich ervan bewust als het gebeurt. Hij zou dit vaker moeten oefenen. Hij zou in staat zijn om –duidelijk- gebeurtenissen te zien, zowel in het heden als in het verleden, en potentiële toekomst. Dit vermogen zal niet alleen belangrijk voor hem zijn, maar ook voor degenen die bescherming wensen.

* * *

Dit was enigszins vergelijkbaar met een andere situatie die ik ervAarde voor ik met Rick werkte. Een vrouw kwam naar me toe, toen ik in Memphis was. Ze was zo dun, dat ze als een wandelend skelet kon worden bestempeld. Ze vertelde me, dat ze drie keer bijna was overleden. De artsen zeiden dat er iets mis was met elk orgaan in haar lichaam. Ze waren verbaasd dat ze nog leefde. Natuurlijk had ze veel pijn, veel ongemak en was ze erg ongelukkig met haar leven. Ze wilde wanhopig graag antwoorden. Toen die antwoorden voorhanden kwamen, had ze het nooit verwacht. Ze ging naar naar een zorgeloos, prachtig leven als zeedier, vergelijkbaar met een dolfijn. Ze genoot enorm van haar leven. Het bestond uit zwemmen in een volledig vrije omgeving, zonder problemen. Toen werd het tijd voor haar, om dat leven te verlaten… Het maakt niet uit hoe gelukkig een persoon in een bepaald leven kan zijn, uiteindelijk moeten de lessen worden geleerd en kan er niets meer worden gewonnen door daar in utopia te blijven.

Het is dan tijd voor de ziel, om verder te gaan. Voor het volgen van meer diepgaande en complexe lessen. De ziel moet vooruit. Dus werd ze gedwongen om te vertrekken en haar menselijke incarnaties te beginnen. Ze haatte het om gedwongen te worden in het menselijk lichaam, met zijn beperkingen. Ze verlangde naar de vrijheid van het water, maar het mocht niet zo zijn. Dus in haar frustratie, probeerde ze haar huidige lichaam te vernietigen, zodat ze het kon verlaten. Dit wist ze niet op het bewuste niveau, maar het was de reden voor de vele fysieke problemen. Ze werd echter niet toegejuicht, mede de reden voor de vele fysieke problemen. Ze werd echter niet op deze manier uit het spel gezet. Ze maakte zichzelf gewoon ellendig, door zich niet aan te passen aan haar fysieke lichaam. Het kostte veel therapie om haar de reden voor de ziektes te laten zien. Een vreemde verklaring, maar het toont de gehechtheid, die een mens kan hebben voor een heerlijk, ongecompliceerd leven van vrijheid.

Toen ik haar een jaar later zag, leek ze aan te komen en had ze niet zoveel problemen met haar gezondheid. Ze maakte eindelijk de aanpassing met de beslissing om in deze wereld te blijven totdat deze les was geleerd. Als je te vroeg vertrekt, om welke reden dan ook, moet je terugkeren om de les te voltooien. Je komt er nooit zo makkelijk uit.

Er was ook het geval dat wordt vermeld in "Het ingewikkelde universum, Book Eén". Dit betrof een jongeman uit Australië, die eonen doorbracht als een vrij zwevende geest, op een prachtige planeet. Hij had geen verplichtingen of verantwoordelijkheden, alleen een zorgeloos leven van puur genieten. Hij kreeg vaak de kans om te vertrekken en verder te gaan in een andere vorm, maar hij vermaakte zich en wilde niet weg. Dus de gidsen, (of leiders, of wie dan ook die de leiding heeft over deze dingen) moesten uiteindelijk een handje helpen bij het nemen van de beslissing voor hem. En hij werd van die planeet gezogen, net zoals een stofzuiger een stuk zakdoek zou opzuigen. Zo omschreef hij het. En hij werd, tot zijn afkeerd en ontsteltenis, in een fysiek lichaam gedeponeerd. Toen hij aan het begin van de sessie voor het eerst zijn prachtige planeet zag, werd hij erg emotioneel. Hij huilde en beschreef het als zijn "thuis", omdat alle herinneringen aan het leven -ginds was het een leven in alle vrede en harmonie- terugkwamen. Er was onmiddellijk herkenning en meteen ook ntens verdriet, omdat hij gedwongen was om te vertrekken. Het is dus mogelijk voor ons, om een herinnering te dragen, aan een plaats van volledig geluk die tegelijk een diep verdriet in ons creëert. Of het nu als een vrij zwevende geest in een prachtige wereld is, of als een onbeperkt zeedier in een waterwereld.

Hoofdstuk 11
Vreemdeling Op Aarde

IK BLIJF DEZE speciale zielen, die niet oorspronkelijk van de Aarde afkomstig zijn, op de vreemdste manieren vinden. Misschien vinden zij mij... Het feit dat ze verschillend zijn, en hier op een speciale missie zijn, is nooit duidelijk bij onze eerste ontmoeting. Ze zien er fysiek uit als ieder ander. Het grootste deel van de tijd zijn ze zich er niet bewust van dat ze anders zijn, hoewel ze zich vaak niet op hun plaats voelen. Hun unieke kwaliteiten worden alleen onthuld door het onderbewuste, en dan enkel als het denkt dat de persoon klaar is om dergelijke informatie te kennen en accepteren. Het is net zo beschermend als ik, en is zich er terdege van bewust dat sommige informatie meer kwaad dan goed kan doen. Maar het lijkt erop, dat wanneer de persoon klaar is om deze dingen te weten, hij op de een of andere manier zijn weg naar mij vindt; en de geheimen worden onthuld.

Aaron was een man die voor NASA werkt, als ingenieur, hij was betrokken bij ruimteprojecten. Ik wil de locatie waar hij werkt niet onthullen, om redenen die duidelijk zullen worden. Hij reed vele uren om deze sessie te kunnen laten gebeuren. Hij nam zijn vriendin mee, en zij wilde ook aan de sessie deelnemen. Ze werd behoorlijk opdringerig toen ik haar vertelde dat het ongebruikelijk was voor een buitenstaander om deel te nemen aan een van mijn therapiesessies. Ze zei dat Aaron haar toch altijd alles vertelde. Ik stond erop dat ik mijn procedure niet zou veranderen en ze ging met tegenzin terug naar haar motelkamer. Nadat ze was vertrokken, zei Aaron dat hij blij was dat ik haar niet liet blijven. Hij wilde haar er niet bij hebben, maar hij wist niet hoe zijn poot stijf te houden bij haar... Eens ze weg was, kon hij ontspannen en konden we ons interview beginnen. Deze sessie vond plaats in een motel in Eureka Springs, Arkansas, in februari 2002. Dit was gedurende de periode waarin ik een week lang sessies wilde houden met de lokale bevolking: Arkansas, Missouri, Oklahoma en Kansas. Maar toen Aaron het op mijn website zag, reisde hij een langere weg dan eender wie om er te geraken...

Eens we aan de sessie begonnen waren, kwam Aaron, zoals zovelen, uit de wolk naar beneden. Het eerste wat hij zag, was een klein dorp, bestaande uit hutten met strodaken, genesteld tussen rollende groene heuvels. Hij merkte op, dat hij een jonge twintiger was, donkerharig, bebaard, gekleed in losse baggy kleding. Dit klonk als het begin van een normale regressie van een vorig leven, waarbij de persoon een eenvoudig plattelandsleven als boer enz. herbeleeft. Het werd al snel duidelijk dat er een schaarste was. Hij keek vanop een heuvel naar beneden, richting het dorp en was nerveus omdat hij zich verstopte. "Ik voel me ergens angstig over. Alsof er iets gaat gebeuren in het dorp. Ik denk dat er een groep is, of een aantal militairen die me komen zoeken." Dit waren geen mensen uit het dorp. Het leek eerder de lokale overheid, of het leger, te zijn. Hij voelde zich ongerust: "Ze zijn om de een of andere reden naar me op zoek. En daarom ben ik hier. Ik wil niet in het dorp zitten. Bang dat ze me te pakken krijgen of wat dan ook." Hij kwam oorspronkelijk niet uit het dorp, maar verbleef er bij een gezin..

D: *Waarom denk je dat ze naar je op zoek zijn?*
A: (Langzaam) Omdat ik op de één of andere manier anders ben. Ik gebruik een aantal dingen zoals telepathie, of een aantal psychische dingen waarmee ik ben opgegroeid. Ik ben in staat om objecten alleen met mijn geest te verplaatsen en ervoor te zorgen dat dingen door andere dingen gaan die solide zijn. En ik kan dingen op deze manier manipuleren. Slechts enkelen weten hiervan. En dit veroorzaakt een probleem. Het trekt de aandacht. Ze denken dat ik een ander soort wezen ben, of een soort duivel. Ik probeer geen aandacht op me te vestigen.
D: *Ik begrijp waarom sommige mensen bang zou worden. Hoe kwamen de militairen dit te weten?*
A: Ik denk dat er iemand langskwam om het dorp te bezoeken, en sommige dorpelingen vertelden hen gewoon over mij. Ze vonden het niet iets dat ze geheim moesten houden. Ze zijn gewend dat ik deze dingen doe. Ik ben bang dat ze me gaan ombrengen, of zoiets dergelijks…

Hij voelde dat hij weg moest voor zijn eigen veiligheid, ook al wist hij niet waarheen. "Ik heb al een paar andere plekken verlaten."

D: *Waarom moest je de andere plaatsen verlaten?*
A: Dezelfde redenen. Hetzelfde zou gebeuren. Ik heb het gevoel dat ik nooit een plek heb om te verblijven. Je alleen voelen, bang. (Grote zucht)
D: *Hoe heb je geleerd hoe je dit moet doen?*
A: Ik denk dat ik uit een ander sterrenstelsel of een andere plaats vandaan kom. Op de een of andere manier weet ik dit gewoon. Ik heb gewoon deze vaardigheden. Ik ben hiermee opgegroeid.

Dit zou zeker geen normale regressie zijn. Ik vroeg me af of hij rechtstreeks uit een ander sterrenstelsel was gekomen. Misschien was hij als baby het lichaam binnengegaan en op Aarde opgegroeid. Dit had een overeenstemming met anderen mensen, personen met wie ik heb gewerkt en die het lichaam binnenkwamen als een geest in hun huidige leven, om pas later te ontdekken dat ze zogenaamde "Sterrenkinderen" waren.

A: Ik ben hier geboren, maar ik weet dat ik niet van hier afkomstig ben.
D: *Herinner je je de andere plaats, de plek waar je vandaan kwam?*
A: Je bedoelt de andere plaatsen waar ik voorheen woonde?
D: *Nou, je had het zelf over het komen uit een ander sterrenstelsel.*
A: Ik denk dat ik daar terug ga voor bezoeken, 's nachts of op andere momenten. En zo weet ik wie ik ben.
D: *Heb je geprobeerd je vaardigheden geheim te houden, zodat mensen er niet achter zouden komen?*
A: Ja, ik heb het geprobeerd. Dan zou er iets ongewoons gebeuren. Erna zou er nog iets gebeuren. En ze zouden op de een of andere manier aanvoelen, dat ik degene was, die verantwoordelijk was.
D: *Wat doe je voor de kost, als je in deze dorpen verblijft?*
A: Ik weet hoe ik dingen van glas moet maken. Zoals glasblazen, en ik kan een deel van mijn mogelijkheden gebruiken, om het glas te manipuleren op manieren die men normaal niet zou kunnen.

Zijn ongewone vaardigheden zouden hem ook waarschuwen als er gevaar dreigde. Daarom ging hij schuilen in de heuvels boven het dorp. Hij verschanste zich. Hij had een voorgevoel dat er iets van schade zijn kant op ging komen. Toen de soldaten hem niet konden vinden, zag hij ze -uiteindelijk- vertrekken. Nu was hij aan het beslissen wat hij moest doen. Hij wist dat hij niet langer veilig was in het dorp. "Ik moet een andere plek vinden om te wonen. Misschien vind je mensen die – als ze niet zijn zoals ik – op zijn minst meer open zijn, en die een beetje meer beschermend zijn, naar jou toe."

Omdat hij zijn achtervolgers tijdelijk had afgeschud, schoof ik hem naar een belangrijke dag, en vroeg om me te vertellen wat hij kon waarnemen.

A: Ik ben op een plein en ik heb een prijs gekregen voor het doen van een verdienstelijke vorm van verrichting, in deze gemeenschap. Ik vond een aantal plaatsen waar ze water konden krijgen, en ook enkele andere soorten mineralen. Ik zie een grot. En sommige mineralen worden gebruikt voor verschillende soorten dingen, zaken die ze ermee kunnen maken. En ik ben gelukkig. Ik glunder nu. Meer controle over alles, echt.
D: *Je capaciteiten?*
A: Vaardigheden ... en ook in staat om efficiënter met mensen om te gaan. En niet zo bang.

Hij had deze dingen voor de gemeenschap ontdekt met zijn paranormale gaven. Hij had blijkbaar geleerd om ze te beheersen en te gebruiken, zonder ongewenste aandacht te creëren. Blijkbaar waren deze mensen begripvoller en hoefde hij niet op de vlucht te blijven slaan.

D: *Denk je, dat veel ervan, gewoon het leren beheersen van de vaardigheden was?*
A: Ja, nu gewoon meer gefocust. Het moet meer gefocust zijn met de energie. Ik zit nu in een ander gebied. En het voelt, alsof het een beschaving van een hoger niveau is. Niet zo primitief. Ik heb nu een gemeenschap om bij te blijven waar ik me onderdeel van kan voelen.
D: *Je zei dat je het gevoel had, dat je terugging naar de plek waar je 's nachts vandaan kwam (het andere sterrenstelsel). Heb je nog steeds het gevoel dat je dat doet?*
A: Nee, ik denk dat ik dat op een meer directe manier doe, tegenwoordig. Ik reserveer een tijd om me terug te trekken, en dan ga ik er mentaal weer naartoe.
D: *Ik dacht dat je misschien niet meer terug hoefde.*

A: Nu is het meer gebaseerd op het uitwisselen van informatie. Het is uitleggen hoe mijn levenservaring hier is, aan de mensen die daar zijn. Dit is als een trainingsmissie. Een oefenterrein. Dit leert me, om te leren hoe ik deze dingen moet doen, en hoe ik met de mensen hier moet omgaan.

D: *Je bedoelt dat de Aarde als een trainingsmissie is?*

A: Nee. Het is alsof dit leven zich voorbereidt op een toekomstige tijd waarin veel hiervan nodig zal zijn. Het zal een beetje meer een tweede natuur zijn en beter begrijpen hoe mensen op deze verschillende dingen reageren.

Ik schoof hem weer vooruit naar een andere belangrijke dag en Aaron bleef me verrassen.

A: Ik ontmoet deze wezens van deze planeet waar ik vandaan kom.

D: *In het fysieke?*

A: Ik denk dat ik het in het fysieke zit.

D: *Je kunt daar terug naartoe?*

A: Nee, ik denk dat ze hier echt kwamen waar ik was. In een soort voertuig. Dat is tenminste het beeld dat ik zie. Dit is gewoon een bezoek. Het is als een beloning voor goed werk, in plaats van alleen mentaal terug te gaan. Dus nu is het ook met een fysieke aanwezigheid, en het is alsof je oude vrienden ontmoet. Je weet wel, gewoon knuffelen.

D: *Maar in deze situatie stierf het lichaam niet. Is dat wat je bedoelt?*

Dit is het soort dingen dat normaal gesproken na de dood zou gebeuren, om "naar huis" terug te keren.

A: Nog niet in dit leven, nee, ik ben wel behoorlijk oud hoor. Het is een goed gevoel. Ik ga met hen mee terug.

D: *Hebben ze je verteld wat je nu gaat doen?*

A: Ik ga in principe dit menselijk lichaam afwerpen en met hen terugkeren. Onze beschaving bestaat niet in deze fysieke dichtheid. Het is anders. Het is een iets hogere trillingsfrequentie, vibratie. Maar wanneer we naar de Aarde komen, nemen we een fysieke vorm aan, zoals elk ander wezen hier op Aarde dat doet. En zo is het ook voor ons, behalve dat we er meer kennis van hebben. En we werken gewoon een beetje directer met dat proces, is alles.

D: *Dus, als je daar teruggaat, kan je fysieke lichaam daar niet bestaan. Is dat wat je bedoelt?*

A: Ja, in principe klopt dat. Het lost gewoon op, of het zou oplossen, dus ja.

D: *Omdat je het niet meer nodig hebt. (Nee) Hoe vind je het om terug te gaan?*

A: Echt goed, aangenaam. Het is thuis. (Grote zucht, deugddoend) En op Aarde zijn ... het was gewoon moeilijk, niet vlot, niet gemakkelijk om te doen. Het is echt een pittige opdracht. En als je het afmaakt, voel je je er goed bij, en opgelucht. Ik weet dat ik waarschijnlijk op een later tijdstip naar de Aarde zal terugkeren, maar het is nu tijd voor rust. Om niet langer verstrikt te raken in dingen die gaande zijn.

D: *Was dat de eerste keer, dat je in een hemellichaam naar de Aarde ging?*

A: Ik weet het niet. Ik denk dat dat de eerste keer was vanuit dit ... huis. Van deze plek. Ik denk dat het de eerste was. Ik weet het niet zeker, hoor.

D: *Is deze plek een fysieke plek? Een fysieke planeet?*

Ik probeer te bepalen of we het hebben over het spirituele vlak, waar je tussen fysieke levens gaat, of een andere, werkelijkere, fysieke plaats.

A: Ja, het heeft fysieke aspecten voor mij, net zoals de Aarde dat zou doen voor jou, en anderen.

D: *Behalve dat je dit lichaam niet nodig zou hebben.*

A: We hebben een vorm. Het is alleen zo, dat die vorm trilt in een verschillende snelheid dan die van jou. Het is alsof je op Aarde bent, maar aan de andere kant, is de energie-uitwisseling met de omgeving anders. Je maakt er meer deel van uit. Je voelt je onderdeel van alles en je kunt dingen zoveel directer aanvoelen.

D: *Hoe ziet je vorm eruit?*

A: We zijn redelijk grootrijk en een beetje dun. Lang – zoals je zou zeggen – aanhangsels of armen. We zien er nogal mager uit, vanuit het standpunt van de Aarde, vanuit het aardse perspectief.

En ik denk dat je zou zeggen dat we een beetje ... sprinkhaanachtig zijn?

D: *Spichtig?*

A: We zijn spichtig van vorm, ja. En onze planeet heeft veel rode kleur, dus we hebben de neiging om ook rood te zijn.

D: *Maar dus, als je dit besluit, kun je gewoon naar een andere plek gaan? Of word je gestuurd?*

A: We kunnen bezoeken. We voeren bepaalkde missies uit. Bijvoorbeeld, om naar bepaalde plaatsen te gaan. Maar dat gaat altijd gepaard met een terugschakeling van energie. En er zijn bepaalde protocollen die we moeten volgen, die zijn vastgesteld door de regerenden - niet door te regering... Hoe dit uit te leggen ... Het zijn geen leiders, maar wezens die waken over verschillende gebieden. Het is dus niet dat je zomaar kunt kiezen en gaan waar je maar wilt.

D: *Er zijn bepaalde regels en voorschriften. (Jazeker) Ze moeten je vertellen waar je heen moet?*

A: Wel, als we interesse hebben in een bepaald gebied, of we hebben een missie uit te voeren, kunnen we instellen dat er een missie komt, of we kunnen hierom vragen. We kunnen een bezoek plannen. En als het dan compatibel is met andere variabelen, kunnen we erheen gaan. Op dit moment hebben we dit project, op deze planeet Aarde, waar we aan meewerken. Het is een project voor de langere termijn. We werden uigenodigd om hieraan deel te nemen.

D: *Je zei een tijdje geleden iets, over het meer verspreiden van deze vaardigheden. Is dat onderdeel van het project?*

A: Dat hoort erbij; om wezens in de menselijke vorm in staat te stellen hier op een goed niveau te bestaan. We begeleiden hun zodanig dat ze sommige van deze vermogens gaan gebruiken op een bepaalde manier. Op een wijze die de overgang van mensen naar een hoger functionerende staat zal faciliteren. Om deze crisisperiode door te komen, een periode waarin er nog steeds een neiging zou zijn om dit te willen voorkomen. Om deze "terughoudende" individuen te stoppen, of op de een of andere manier de beweging van deze individuen te beperken, of om bepaalde thema's als een bedreiging te zien.

D: *Zouden de mensen op Aarde dit niet zelf kunnen ontwikkelen, zonder jullie hulp?*

A: We worden beschouwd als adviseurs, of gidsen.

D: Ik dacht aan leraren, maar dan zou je ze laten zien hoe het moet.

A: Ja. Meer als een stervoetballer, of iets dergelijks. Waar mensen ze zien en bewonderen, en begrijpen wat ze kunnen doen. Het is meer een voorbeeld.

D: *Het klinkt alsof het een zeer langlopend project is, als je op verschillende tijdstippen naar de Aarde komt om dit in goede banen te leiden.*

A: Ja, alles heeft zijn tijd en plaats, en we waren gewoon bezig met één aspect van dingen.

D: *Blijkbaar heeft je groep genoeg geduld, om bij het project te blijven.*

A: De Aarde is niet hun enige project. Er zijn anderen die zich richten op verschillende soorten dingen. We werken ook samen met andere beschavingen. Deze dienst maakte dus deel uit van ons evolutionaire proces.

D: *Je zei een tijdje geleden dat het een crisisperiode op Aarde was. Wat bedoelde je daarmee?*

A: Er zijn energieën, die alle belangrijke ontwikkelingen op dit gebied in toom willen houden. Ze zijn bang om hun controle te verliezen. Dit maakt het moeilijk. Het lijkt erg op de ervaring die ik eerder op Aarde had. Het is een kwestie van leren hoe je dit kunt doen zonder te veel aandacht, of te veel 'zichtbaarheid' te trekken. Zodanig dat je uiteindelijk op het punt komt dat het gewoon gebeurd is ... en er verder niets aan te doen is.

D: *Als het een crisisperiode was, dan kon het beide kanten op.*

A: Ik denk dat dat de reden is waarom wij, zowel als anderen, werden gestuurd om te helpen. Er was een bezorgdheid dat ... het is niet dat dit het helemaal zou hebben gestopt. Het is alleen een kwestie van wanneer en hoe. Het zou uiteindelijk zijn gebeurd, maar het zou kunnen zijn gebeurd nadat de beschaving was vernietigd, verdwenen, en opnieuw was opgestart.

D: *Dat zou moeilijker zijn, nietwaar?*

A: Ja. Je verliest wat momentum, en het heeft andere gevolgen, elders. Wat hier gebeurt, heeft ergens andere dingen te maken en breken. Het is dus in ieders belang om te zorgen voor het succesvolle pad.

D: *Het klinkt alsof je een meer geavanceerde soort bent dan die op Aarde.*

A: We hebben veel winst geboekt, maar we hebben onze eigen uitdagingen en onze eigen richtingen van streven.
D: Je bent dus nog niet in de perfecte staat. (Nee) Maar jullie lijken geavanceerder te zijn dan de soort op Aarde, als jullie in staat zijn om terug te komen en hen te helpen.
A: Ja, dat zijn we, ja.
D: Als je terugkomt om ze te helpen, doe je dat dan altijd door als baby in een lichaam geboren te worden?
A: Normaal gesproken wel. Hoewel we soms onze frequentie kunnen samenvoegen met iemand anders die wil, die hier al in menselijke vorm is. Soms is er een koppeling waarover overeenstemming kan worden bereikt. En dus werken we via hen, of kunnen we met hen samenwerken, hen adviseren of regisseren. Het is een manier om een deel ervan te bereiken zonder het geboorteproces te hoeven doorlopen.
D: Sterft het lichaam op jouw planeet?
A: Het gaat ook door een overgang. En het duurt – ik wil zeggen – duizenden van jullie jaren, voordat dit gebeurt. Maar, het komt voor met meer van het afstotende concept, in de zin dat we weten dat er ook een hoger deel aan onszelf is. Daar zijn we ons meer van bewust. En het is bijna als een gepland evenement waarvan je weet dat het zal gebeuren.
D: Je bent dus niet onfeilbaar of onsterfelijk. Het lichaam moet uiteindelijk wel dood.
A: Niet echt. Zo zien we het niet. We zien het meer als een regeneratieperiode, waarin we naar het hogere zelf gaan, naar de hogere energieën, en geregenereerd worden, verjongd. En dan komen we terug en nemen we weer een vorm aan.
D: Welke vorm je ook wilt. (Jazeker) Dat is best interessant. Dus je hebt toen op veel verschillende plaatsen levens geleid.
A: Ja. Het is iets waar ik van geniet. Ik geniet ervan om verschillende ervaringen in verschillende beschavingen mee te maken.
D: Hoewel het klinkt alsof, wanneer je naar de Aarde komt, het meer beperkend is.
A: Ja, het is hier niet zo leuk. In het bredere perspectief is het leuk, maar als je hier bent, ja, een deel ervan is niet zo goed.
D: Maar saai is het in ieder geval niet. Je mag verschillende dingen proberen.

Ik had het gevoel dat we alles hadden geleerd wat we konden van deze ongewone entiteit, dus vroeg ik hem om te vertrekken en bracht Aarons volle persoonlijkheid terug, om contact te maken met zijn onderbewustzijn. Aaron haalde diep adem toen deze overdracht plaatsvond. Ik vroeg het onderbewuste, waarom het dat bepaalde leven voor Aaron koos om te zien.

A: Dit is een deel van de reden waarom hij hier op dit moment is. Het gaat over deze gave, en aspecten van zichzelf die hij niet heeft willen manifesteren. Dingen die hij nodig heeft om hier in dit leven ten volle te bestaan. Dit is nog niet erg goed gemanifesteerd. Hij heeft zich ingehouden. Hij was bang, zoals hij bang was in het begin van dat eerste leven. Dus hij moet die angst loslaten en op het punt komen waarop hij het gevoel ervoer toen hij de prijs in dat leven ontving. Dat gevoel in plaats van het andere. Hij heeft bepaalde dingen opgemerkt, die zijn gebeurd, en hij is bang geweest dat deze de aandacht op hem als buitenstaander zouden vestigen. Ze zouden volgens hem een bedreigende situatie kunnen veroorzaken, waarin hij als een buitenaards wezen of iets anders zou worden gezien.

D: *Maar het zou nu waarschijnlijk niet gebeuren, toch?*

A: Nee. Dit is een angst die hij nu kan loslaten. Deze verbinding is iets wat hij niet erg goed heeft ... gemanipuleerd.

D: *Het klinkt alsof hij in wezen geen Aards persoon is. Klopt dat?*

A: Hij was hier was onder camouflage, ja.

D: *Dat hij echt van andere plaatsen komt. (Jazeker) En hij komt gewoon af en toe naar de Aarde?*

A: Ja. Hij heeft beide gedaan. Als geboorte en als samensmelting. Beide soorten. Hij heeft altijd het één of het ander gedaan. Maar ja, hij is niet zoals anderen, hoewel hij een band heeft met een andere "thuis".

D: *Zoals ik het begrijp, wanneer mensen veel aardse levens hebben, creëren ze karma, dat vereist dat ze hier keer op keer terugkomen. Ze zitten hier min of meer een tijdje vast, totdat het is terugbetaald.*

A: Hij werkt met de karmische patronen die er zijn, op de hoogte dat die in termen van een mens worden toegeschreven; een menselijke ervaring om te ontvouwen of te ontrafelen. Maar zijn lot is daar niet aan gebonden. Hij draagt bij aan het collectieve menselijke onbewuste. En in die zin zijn er karmische patronen die worden gecreëerd en opgelost, maar daar is hij niet aan gebonden. Begrijp je?

D: Het is moeilijk om op Aarde te zijn en geen karma te creëren.

A: Het is bijna onmogelijk.

D: Maar het is een ander soort ding, omdat hij niet steeds weer zal terugkeren?

A: Dat klopt. Het is als een mouw die over hem heen wordt gelegd. Door deze dienst, deze verantwoordelijkheid, wordt hij beschermd tegen de karmische schuld die anders zou ontstaan.

D: Hij zal hier dus niet vast komen te zitten. (Correct)

Aaron had gevraagd waarom zijn huwelijk in een scheiding was geëindigd. Ik had gedacht dat die gebeurtenis karma zou hebben opgelopen, maar het onderbewuste was het daar niet mee eens. Onderdeel daarvan was de leer- en hulpverleningsmogelijkheid. "Een omhulsel van emotionele instabiliteit" dat hem ook toeliet om menselijke emoties te ervaren waar hij op geen enkele andere manier tegenaan zou zijn gelopen. Het was ook een list, of een beetje "camouflage", om hem normaal te laten lijken voor de buitenwereld.

A: Dit zijn lessen voor hem om te ervaren. Hij kan geen karma creëren omdat hij tegen deze aardse dingen wordt beschermd door het schild van "de mouw" die om hem heen is geplaatst.

Ik besloot naar de vragen te gaan die Aaron wilde stellen. Vragen die hem het grootste deel van zijn leven dwars hadden gezeten.

D: Hij zei, dat hij zich in zijn vroege jeugd herinnert dat hij een soort ervaringen had met andere wezens. Het klonk alsof ze het sprinkhaantype waren. Hij wist niet zeker of hij dit droomde, of dat hij het echt meemaakte. Kun je hem daar iets over vertellen?

A: Ja, dit waren echte ervaringen. Dit waren de wezens waar we zojuist naar verwezen en die van zijn thuisplaneet kwamen. Ze bezochten hem vroeg in zijn leven, om hem specifiek voor te bereiden op de verwonding die hij als kind had opgelopen. En andere dingen die zouden gebeuren, dingen die het een beetje gemakkelijker zouden maken om zich een weg door dit leven te banen.

D: En veel meer dan dat moest hij zich niet herinneren. Alleen dat ze als droommensen aanwezig waren, speelkameraadjes?
A: Juist. Hij kreeg wel instructie en begeleiding. Ze zijn er al geweest om hem te helpen en te begeleiden, maar hij is er zich niet van bewust.
D: Sinds je de blessure ter sprake hebt gebracht ... waarom moest hij dat dan meemaken? Wat was het doel ervan?

Aaron had als kind een traumatisch ongeval opgelopen. Ik wil niet specifiek zeggen welk deel van zijn lichaam, omdat ik om voor de hand liggende redenen zijn identiteit probeer te beschermen. Maar het liet hem achter met een lichte misvorming en beperking. Ik kon niet begrijpen hoe ze dachten dat zo'n blessure het voor hem gemakkelijker zou maken om door dit leven te gaan.

A: Het was een beperking, waarvan wij dachten dat het het beste voor hem zou zijn. Een beetje zoals, zou je kunnen zeggen ... een camouflageaspect, om hem in staat te stellen op bepaalde gebieden te functioneren zonder al te veel aandacht te trekken. Het stelde een zekere instabiliteit in zijn emotionele zelf in, die hem soms parten speelt. En daarom wil hij niet zo direct opvallen.
D: Bedoel je, dat het hebben van een soort handicap, ervoor zorgt dat hij normaler, menselijker lijkt?
A: Ja, eigenlijk menselijker. Dit was een "uitspelen" van karma dat anderen om hem heen nodig hadden. Het moest er dus weer bij horen. Het was een offer dat hij wilde brengen. We hebben geprobeerd het aan te passen aan de omstandigheden. Het is belangrijk dat hij zich niet alleen voelt. Ik roep hem op om zijn focus op de sterren te houden. Verlies het perspectief niet van waar hij vandaan komt en waar hij in dit leven naartoe probeert te gaan. Er zijn veel verschillende invloeden die hem daarvan proberen te verdrijven. Maar als hij die focus behoudt, zal hij het succesvolst en gelukkigst zijn.

* * *

Een sessie met een andere man ging ook over interactie met ruimtewezens in een vorig leven. We hebben de neiging om te denken dat UFO-betrokkenheid nieuw en uniek is voor onze moderne tijd, maar ik heb sessies gehad waarin mensen in andere levens dezelfde waarnemingen, interacties en emoties ervoeren als hun moderne tegenhangers. Een man ging terug naar een leven dat eerst alledaags en saai leek, net zoals negentig procent van de herinneringen aan vorige levens dat zijn. Hij was een eenvoudige herder die in een kleine hut in een vallei tussen de Groot-bergen woonde. Zijn enige metgezellen waren de schapen die hij verzorgde. Hij had geen familie en zag niemand, tenzij hij naar de naburige stad moest. Hij was erg ongelukkig en verlangde naar gezelschap.

Er was ook een element van angst in zijn eenzame bestaan, omdat hij af en toe enorme lichten over de bergen zag komen en over het weiland zweefde waar zijn hut en de schapen waren. Op deze momenten verstopte hij zich in zijn huis totdat de lichten zouden verdwijnen. Dat waren tenminste zijn "bewuste" herinneringen. In werkelijkheid belandde hij op verschillende gelegenheden in één van de lichten, die ruimtevaartuigen bleken te zijn, niet ver van zijn hut. Hij werd wakker en ging het veld in en praatte met de bewoners. Op die momenten smeekte hij hen om hem mee te nemen. Hij wilde "naar huis". Ze vertelden hem dat de tijd nog niet rijp was. Hij had zich vrijwillig aangemeld om deel uit te maken van dit experiment en hij moest blijven tot het voorbij was. Hem werd verteld dat er velen waren die zich vrijwillig hadden aangemeld om onder verschillende omstandigheden een leven als mens te komen leiden, om te zien hoe ze zich konden aanpassen aan het leven op Aarde. Er was ook een element van angst in zijn eenzame bestaan, omdat hij af en toe enorme lichten over de bergen zag komen die over het weiland zweefden waar zijn hut en de schapen waren. Op deze momenten verstopte hij zich in zijn huis totdat de lichten zouden verdwijnen. Dat waren tenminste zijn bewuste herinneringen. In werkelijkheid landde, bij verschillende gelegenheden, een van de lichten, die ruimtevaartuigen bleken te zijn, niet ver van zijn hut. Hij werd wakker en ging het veld in en praatte met de bewoners. Op die momenten smeekte hij hen om hem mee te nemen. Hij wilde "naar huis". Ze vertelden hem dat de tijd nog niet rijp was. Hij had zich vrijwillig aangemeld om deel uit te maken van dit experiment en hij moest blijven tot het voorbij was. Hem werd verteld dat er velen waren die zich vrijwillig hadden aangemeld om onder verschillende omstandigheden een leven als mens te komen leiden, om te zien hoe ze zich konden aanpassen aan het leven op Aarde. Sommigen van de anderen leefden andere soorten levens, maar het zou een leven van eenzaamheid en isolatie zijn, om te zien hoe hij ermee om zou gaan. Toen het schip wegvloog, stond hij in het veld en huilde en smeekte hen om terug te komen en hem mee te nemen, omdat hij dit bestaan ondraaglijk vond. Dan ging hij terug de hut in, sliep weer en werd 's ochtends wakker zonder herinnering aan wat er 's nachts was gebeurd.

Dit leek erg op moderne UFO-gevallen die ik heb onderzocht. De bewuste herinneringen van de persoon aan wat er is gebeurd en de werkelijke ervaring zijn vaak zeer verschillend. Wat de bewuste geest zich met angst herinnert, is vaak een zeer onschuldige en goedaardige ervaring. Mensen zijn meestal bang voor wat ze niet begrijpen. Wanneer de waarheid bekend wordt, is het gemakkelijker om ermee om te gaan, omdat het nooit zo erg is als wat ze dachten dat er gebeurde.

De herder werd pas bevrijd van zijn eenzame leven in de vallei toen hij eindelijk als een oude man stierf. Op dat moment keerde het schip nog een laatste keer terug. Hij kon naar buiten lopen en begroette de inzittenden blij en betrad het schip voor de reis naar huis. Zoals in veel van deze contracten en overeenkomsten uit het verleden om op Aarde te leven en te leren hoe het is om mens te zijn, was het leven niet opwindend of dramatisch. Misschien valt er meer te leren door de buitenaardse ziel van een leven van monotonie en eenvoud, in plaats van geweld of drama. Het was duidelijk dat dit soort leven geen karma kon creëren, omdat er geen interactie was met andere mensen.

Zoals Aaron zei, is het moeilijk om aan karma te ontsnappen terwijl je op Aarde leeft. Wanneer de ziel karma creëert, dan is ze gevangen en veroordeeld om terug te keren, om het karma terug te begrooten. Aaron zei dat, in zijn geval, een beschermende mouw om hem heen werd geplaatst om hem te beschermen tegen de invloed van karma, om te voorkomen dat het hem zou afstoten. Zonder zo'n beschermend apparaat zou het onmogelijk zijn om onder mensen te leven en dan "naar huis" terug te keren zonder de besmetting en beknelling van karma.

Bobbi's tape vermeldde ook een beschermend apparaat. Ze beschreef het als een beschermende film, om te voorkomen dat ze vast komt te zitten in het vliegpapier van karma... Dit wordt uitgebreid behandeld in hoofdstuk 28, "Een alternatief voor walk-ins." De sessie met Bobbi vond plaats op dezelfde locatie in Eureka Springs, volgend op Aarons regressie. Bijna alsof "ze" wilden dat ik twee voorbeelden had van individuele zielen die in staat waren om karma buiten te sluiten en beknotting te vermijden.

Hoofdstuk 12
Werk Tijdens De Slaapstand

DEZE SESSIE VOND PLAATS in Clearwater, Florida in oktober 2002. Ik had deze ingepland toen ik er een lezing gaf op een expositie. Patricia was een verpleegster en een medewerker die hielp bij het begeleiden van de stervenden en hun families. Toen ik aan deze sessie begon, wist ik niet dat ze ook haar werk voortzette tijdens de slaaptoestand en op deze manier zielen hielp de overgang naar de andere kant te maken. Geen wonder dat haar beroep haar zoveel voldoening gaf. Ze werkte met de stervenden tijdens de wakkere toestand en ook in haar slaaptoestand.

Wanneer je al zo lang als ikzelf regressies doet, leer je herkennen wanneer de cliënt iets anders beschrijft dan een normale Aarde-instelling. Wanneer ze van de wolk in een vorig leven komen, kan de omgeving zowel een stad als een veld, woestijn, bos, tuin, enz. zijn, maar de beschrijving klinkt normaal, en ze gaan door een vorig leven dat kan worden gebruikt voor therapie. Dit is waar "luisteren" erg belangrijk wordt, want als de setting een andere planeet, een andere dimensie of het geestenrijk is, zullen de aanwijzingen in hun beschrijving worden gegeven. Ik ga er altijd in mee en probeer ze niet te corrigeren of te veranderen. Hun onderbewustzijn heeft deze omgeving voor hen gekozen om iets te ervaren dat ze moeten weten dat hen in dit leven zal helpen. Als het me ook helpt in mijn onderzoek, dan juich ik het toe, maar ik weet nooit waar we heen gaan.

In eerste instantie klonk de beschrijving van Patricia normaal en aards, maar naarmate ze verder ging, werd het duidelijk dat dit niet het geval was. Terwijl ze van de wolk afdreef zag ze land onder haar, met groene heuvels en blauw water. Het klonk normaal genoeg, en toen haar voeten de grond raakten, zei ze: "Het voelt heel comfortabel. Het is heel helder. Zeer, zeer helder, maar het is comfortabel. Alles ziet eruit als een tuin. Het voelt als een tuin, maar het is niet zo dat iemand ervoor moet zorgen. Het is gewoon zo. Er is een pad, en het vertakt zich in verschillende richtingen. Ik ben ... in een soort park. Er is groen gras en kleine plekjes om te zitten. Er zijn prachtige bomen. En het water bevindt zich voor me. Daar is het zand, en dat heeft een gouden kleur. En als ik loop, voelt het alsof ik overal deel van uitmaak. Ik loop erop en ik sta er niet los van. Ik maak er deel van uit, maar ik ben nog steeds mezelf. En ik kan in het water lopen zonder nat te worden, als ik dat wil."

Nee, dit klonk al als iets anders dan een normale tuin.

P: Er groeien wat bloemen rondom. Het is gewoon een prachtige plek. En ik loop, maar het is anders. Het voelt alsof ik gewoon wil bewegen, en dat doe ik ook. Ik denk het gewoon en ik kan het. Het kost me geen ons moeite.

D: Is er nog iemand, behalve jou?

Ze werd onverwacht en onverklaarbaar emotioneel: "Oh, daar is mijn familie!"

D: Wat bedoel je met "je familie"?
P: Het voelt als waar ik vandaan kom. (Met spijt in haar toon) En ik wilde niet weg.
D: Het klinkt heel mooi.
P: Dat is zo. (Ze stond op het punt van tranen. Ze stelde zichzelf gerust:) Het is oké. Gewoon hier zijn is goed.

Dit is vele malen gebeurd in mijn werk en is gerapporteerd in "Keepers of the Garden" en het eerste boek van deze reeks. De persoon zal een plek zien die vreemd lijkt aan alles wat ze op Aarde kennen, en er is geen logische reden voor emotie. Maar alleen al het zien ervan brengt emotie naar de oppervlakte, en een enorm gevoel van melancholie en heimwee. Hoewel ze geen bewuste herinnering aan deze plek hebben, hebben ze het overweldigende gevoel "thuis" te komen na een lange reis. Ze reizen naar een plek die zo speciaal is, maar toch zo begraven in de geest. Als je het opnieuw ziet, worden alle verloren en vergeten gevoelens wakker.

D: Dat klinkt als een prachtige plek. Maar je zei dat er veel wegen in veel verschillende richtingen gaan?
P: Ja, in veel verschillende richtingen. Ik kan overal naartoe, en het is anders. (Grinnikt) Het is heel anders.
D: Waarom is het anders?

P: (Diepe zucht, dan een fluistering:) Waarom is het anders? Het is moeilijk om de woorden te vinden. We zijn er gewoon ... samen ... de hele tijd. Alles is zoals het zou moeten zijn. Het is moeilijk om dat uit te leggen. Ik kan een pad nemen, of een richting bedenken, en ik kan bij deze mensen zijn, en we kunnen veel dingen samen doen. We kunnen samen dingen creëren. We kunnen samen zijn en gewoon genieten van het samenzijn, of we hebben projecten die we doen om andere mensen te helpen, omdat dit een speciale plek is, erg geschikt voor helen. Ik zie dat de lucht anders is. Het heeft een variatie aan kleuren en het kan verschillende kleuren zijn op verschillende plaatsen. En ik kom van een plek waar de lucht er goudkleurig uitziet. Je kunt een pad nemen en naar ergens anders gaan - we zouden ze als "buurten" benoemen. Het is een beetje zo. En ik kan verhuizen naar bepaalde buurten van verschillende kleuren en me er zeer comfortabel voelen. Er zijn er nog vele andere waar ik naartoe ga voor de uitvoer van speciale projecten.

D: *Het zijn niet je favoriete plekken om naartoe te gaan? (Ik kon dit opmerken aan de hand van de toon van haar stem.)*

P: Nee, nee. Maar ik ga erheen vanwege mijn kleuren.

D: *Hoe bedoel je?*

P: Omdat ik me comfortabel voel in de gouden kleur. En dat is een zeer nuttige, zeer liefdevolle kleur. En daar kom ik vandaan.

D: *De lucht is daar die kleur?*

P: Ik kijk door de gouden kleur heen, en de lucht kan elke kleur hebben die ik wil.

D: *Maar je zei dat je te horen krijgt dat je naar een aantal van de andere plaatsen op projecten moet gaan?*

P: Ik ga op uitstap als ik een geschikt project heb. Ik voer opdrachten uit wanneer ik wil. Ik word niet gedwongen. Het wordt gesuggereerd. Ik zou "nee" kunnen zeggen, maar dat doe ik niet.

D: *Hebben sommige van deze plaatsen verschillende kleuren?*

P: Ze hebben een heel ander gevoel. Verschillende plaatsen, verschillende energieën en de kleur is dus verschillend. Ik hou niet van de donkere plekken. Donkerdere kleuren, donkerdere energie, zwaardere energie. En ik ga niet te vaak naar die donkere plekken. Sommige van die paden worden alleen door anderen genomen, omdat hun energie er beter mee kan werken ... kan er beter me omgaan. Maar ik kan het wel, als ik ervoor zou kiezen om dat te doen.

D: *Er zijn ook paden die naar die plaatsen gaan.*

P: Ja. We gaan allemaal naar plaatsen waar we geschikt zijn om naartoe te gaan, om te werken. Daarom ben ik gekomen. Ik wil werken met de energie die lichter is. (Pauze) Ik kan de woorden niet vinden. Degenen die met hardere energieën kunnen omgaan, gaan naar de andere paden. De donkere paden. Dat doe ik niet graag. Maar ik ben graag thuis.

D: *Ga je soms naar huis terug?*

P: (Zucht) Ja, als ik slaap.

D: *Wanneer Patricia's lichaam slaapt, kun je terugkeren naar deze plek?*

P: Ja. Patricia, het lichaam, wat ik ben dat ik heb, dat is bij mij. Ik ben verbonden met dat lichaam.

D: *Hoe ben je verbonden?*

P: Door de energie. De energie komt naar het lichaam, en dat lichaam kan veel energie vasthouden, want ik ben met dat lichaam.

D: *Maar je bedoelt, 's nachts, als het lichaam slaapt, dan wil je graag terugkeren naar deze plek?*

P: Soms keer ik daar terug. Soms ga ik naar andere plekken. Ik blijf meestal rond de Aarde en doe werk. Ik doe veel werk.

D: *Wat voor werk doe je terwijl het lichaam slaapt?*

P: Ik help mensen die naar huis gaan. Mensen helpen die verdwaald zijn, om thuis te komen. Ik werk tussen de werelden door om ze te helpen thuis te komen. Dat is mijn taak. Ik kan de energieën van de twee plaatsen vasthouden. Het gouden licht is erg sterk op Aarde, dus ik ben hier om mensen te helpen die energie vast te houden. En om mensen te helpen door die energie naar huis te gaan. Dus ik ben aan het werk.

D: *Kunnen deze mensen niet zelf thuiskomen?*

P: Sommigen van hen kunnen dat niet. Sommigen zijn bang. Sommigen zijn in de war. Sommigen weten niet eens dat er thuis is. Ik ben iemand die mensen begeleidt, die mensen laat zien waar thuis is. Sommigen weten dat er een thuis is, maar zijn bang; ze zijn timide. Ze weten niet waar ze moeten zoeken. Ik kan er heel gemakkelijk naartoe. En zelfs als ik die plek niet op ga, leid ik ze naar de ingang waar anderen wachten. Dat is wat ik doe.

D: *Je bedoelt, ze zijn op zoek naar thuis als ze het fysieke lichaam verlaten? (Jazeker) Niet alleen 's nachts, maar wanneer ze het permanent verlaten?*
P: Klopt. Er zijn er die binnenkort gaan vertrekken, en ze zijn ... we zouden kunnen zeggen ... "oefenen", maar het is geen oefening. Het is een beetje als leren, want (Zucht) als er zoveel vertrekken is er een ... wel, je kunt niet zeggen "verstopping", want het is niet zoals deze Aarde. Maar velen vertrekken, en het is gemakkelijker als ze de weg weten.
D: *Anders is er verwarring met zoveel geesten die tegelijk vertrekken?*
P: Ja. Dus we helpen mensen ...
D: *Ik dacht altijd dat, als ze het lichaam verlieten en daadwerkelijk naar huis terugkeerden, dat het een automatisch iets was. Ze zouden weten welke kant ze op moesten.*
P: Er zijn mensen die helpen. Maar wanneer mensen vertrekken in een grote energie van verwarring of angst, lost dat emotionele lichaam niet meteen op. En soms zien ze het niet. Er zijn verschillende manieren om hen te helpen nog voordat ze gaan. We kunnen het "oefenen" of onderwijzen of begeleiden. Dat is wat het is.

In mijn boek "Between death and life", werd mij verteld dat er "groeters" zijn die de persoon ontmoeten wanneer ze sterven. Ze zijn er voor de personen die het lichaam verlaten en de reis naar het licht beginnen. Ik ging er altijd van uit dat dit geestzielen waren, overleden familieleden of vrienden, of de beschermengel of gids van de persoon. Nu leek het erop dat deze taak ook wordt uitgevoerd door mensen die nog steeds in een lichaam leven. Het wordt gedaan tijdens de nachtelijke excursie die we allemaal nemen terwijl we slapen. Patricia zei in ieder geval dat het haar taak was om de doden naar de ingang te leiden, waar anderen het van daaruit zouden overnemen om hen de rest van de weg te leiden. Ze zou niet in staat zijn om de hele weg te gaan zolang ze nog steeds verbonden was met haar fysieke lichaam door het zilveren koord.

D: *Weet je dat dit mensen zijn die binnenkort gaan vertrekken? (Jazeker) Hoe weet je dat het hun tijd is?*
P: Omdat het hun plan is. Ze weten het niet altijd. Maar de hogere geest heeft er weet van, heeft ingestemd en weet dat de tijd rijp is. Er zijn dus mensen die met hen werken, met hun lichaam. Niet

hun fysieke lichaam, maar met het deel van hun geest dat verbonden is met hun lichaam, omdat we vele niveaus van "zijn" hebben. We hebben een deel van ons dat op het spirituele pad is, op de geestenwereld. En delen daartussenin. En delen over de fysieke wereld. En sommige mensen zijn niet verbonden met hun spirituele deel, of ze weten niet dat verbinding een betere manier is om het te zeggen. Dus we helpen die mensen om te oefenen. Als het dan tijd is, weten ze hoe ze moeten bewegen. Ze weten hoe ze zich moeten voelen en ze weten het spirituele deel waar te nemen.

D: *Maar ze hoeven niet helemaal te gaan. Ze krijgen gewoon het pad te zien.*

P: Oh, ja. Zojuist het pad getoond, zodat ze gemakkelijker verbinding kunnen maken. Er zijn veel bijeenkomsten van deze mensen.

D: *Wat bedoel je met bijeenkomsten?*

P: Veel plaatsen van licht in de buurt van de Aarde waar deze mensen naartoe worden gebracht. We bereiden ons voor.

D: *Maar hoe weet je dat het hun tijd is? Wordt het je op de een of andere manier verteld?*

P: Ja, want ik ben anders dan de meesten. Ik kwam van thuis om vrijwilligerswerk te doen om hier te zijn, om dit te doen.

D: *Maar kwamen we niet allemaal van huis?*

P: Ja, dat hebben we gedaan, maar verschillende "paden" van het huis. Niet alles kwam van dat pad waar de gouden energie is.

D: *Heeft dit te maken met de ontwikkeling van de persoon?*

P: Het heeft te maken met hoeveel van je geest je hebt omarmd, omdat we allemaal dezelfde geest hebben. Niemand is meer geest dan anderen. Het is hoeveel je hebt omarmd.

D: *Ik dacht gewoon dat het automatisch was, maar als het gebeurt, weten ze niet altijd de weg.*

P: Dat klopt. Wanneer het gebeurt in omstandigheden van verwarring, of wanneer het gebeurt met een persoon die in angstfrequentie bestaat, of die niet wil gaan. We zouden kunnen zeggen "repetitie". Het is niet bepaald repetitie, maar het wordt van tevoren getoond, dus het is gemakkelijker.

D: *Wat als het bewuste deel van de persoon besluit dat het op dat moment niet wil gaan? Kan het van gedachten veranderen?*

P: Niet altijd, nee. Er zijn momenten dat het kan duren. Misschien andere keren, nee. Het hangt ervan af wat het contract is. In sommige contracten is er een specifieke gebeurtenis of omstandigheid waarbij veel mensen betrokken zijn. En men kan dat contract niet veranderen. Er zijn anderen waar er mogelijkheden van tijd of omstandigheden zijn. Het hangt af van het contract.

D: *Omdat je weet dat mensen altijd erg terughoudend zijn om te gaan. (Jazeker) Ook al kent de geest het plan, het menselijk lichaam wil zo lang mogelijk volhouden.*

P: Ja. En er zijn momenten dat dat geen optie is. Ongelukken, catastrofes of zelfs een persoonlijke gebeurtenis zoals een beroerte of hartaanval. Vaak is dat niet te veranderen. Het staat in hun contract.

Het contract is de afspraak die je maakt terwijl je aan de spirituele kant bent voordat je het fysieke lichaam weer binnengaat. Hierover is meer te vinden in "Between death and life".

D: *Maar je zei dat er een aantal groepen, dus veel mensen tegelijk, gingen.*

P: Zo voelt het. (Zucht) Ik voelde het vorig jaar (2001) ook al, voor 11 september. Er waren veel wezens en ik begreep het niet. Het deel van mij dat op Aarde is, voelde het. Er zijn heel veel mensen die komen helpen. Meer dan anders. Ik voelde me omringd door andere geestenhelpers. Ze waren hier. En ik voelde dat ze mensen hielpen. En ik voel het ook aankomen. Ik heb het gevoel dat er nog meer komt.

D: *Je bedoelt vanwege de verwarring in die tijd, dat ze hen de juiste weg wilden wijzen? (Jazeker.) Of zou er gewoon massale verwarring zijn geweest met zoveel simultane vertrekkenden?*

P: Ja. Er was te veel ... een energie van afschuw. Maar er waren veel geestelijke wezens die hier waren, die hielpen.

D: *Heb je toen geholpen?*

P: (Zachtjes) Ja, dat heb ik gedaan.

D: *Hadden sommige van die mensen niet van tevoren repetities, oefenmomenten? Het was zo onverwacht.*

P: Allemaal hadden ze repetities.

D: *Iedereen wist op een ander niveau dat het hun tijd was om te gaan?*

P: Ja. Iedereen had repetities. Daarom waren degenen die er moesten zijn er. Degenen die er niet zouden zijn, waren er niet.

D: Er waren verhalen van mensen die op wonderbaarlijke wijze ontsnapten.
P: Ja. Daar waren ook repetities voor. En er waren repetities voor degenen die dat niet waren. Op dit moment zijn er veel mogelijkheden, en ik wil ze niet zien.

* * *

Ik ontving in 2004 een e-mail van een onbekende bron; die volgens mij gepast is om hier in te voegen:
Na 11 september werden de de resterende leden van andere bedrijven die waren gedecimeerd door de aanval op de Twin Towers uitgenodigd om hun beschikbaar ijsruimte te delen. Tijdens een ochtendvergadering vertelde het hoofd van de beveiliging verhalen over waarom mensen nog leefden.

En alle verhalen waren slechts KLEINE DINGEN:

het hoofd van het bedrijf kwam laat die dag, omdat zijn zoon naar de kleuterschool ging.

Een andere vluchteling leefde nog omdat het zijn beurt was om donuts te brengen.

Een vrouw was te laat omdat haar wekker niet op tijd ging.

Eentje was te laat omdat hij vastzat op de New Jersey Turnpike vanwege een auto-ongeluk.

Een van hen miste zijn bus.

Eentje morste eten op haar kleren en moest de tijd nemen om zich om te kleden.

Iemands auto wilde niet starten.

Eentje ging terug om de telefoon op te nemen.

De ene had een kind dat tegendraads was en zich niet klaarmaakte zoals het hoorde.

Men kon geen taxi krijgen.

Een van de meest ongewone uit deze opsomming, was de man die die ochtend een nieuw paar schoenen aantrok, met het openbaar vervoer op tijd vertrok maar een blaar ontwikkelde onderweg. Hij stopte bij een drogisterij om een pleister te kopen. Daarom leeft hij vandaag.

Als ik nu vastzit in het verkeer, een lift mis, terugdraai om een rinkelende telefoon op te nemen ... al de kleine dingen die me irriteren.

Ik denk bij mezelf, dit is precies waar God wil dat ik op dit moment ben.

De volgende keer dat je ochtend verkeerd lijkt te gaan, de kinderen zich langzaam aankleden, je de autosleutels niet kunt vinden, elk stoplicht je tegenwerkt... Word niet boos of gefrustreerd;
God is aan het werk en waakt over je.

Moge God je blijven zegenen met al die vervelende kleine dingen en moge je je hun mogelijke doel herinneren.

(Voor mij klinken dit als repetities om te overleven.)

* * *

D: *Maar je zei, dat je het gevoel had, dat er volgend jaar veel mensen zouden vertrekken? (Jazeker) Zijn het gewoon veel mogelijkheden, waarschijnlijkheden, of is het iets definitiefs.*

P: Dit is een andere tijd. De gebeurtenis die gebeurde waar ik het vorig jaar (2001) over heb, was in wat we het "etherische" berekenen, en toen kwam het in het fysieke. Er zijn nu veel gebeurtenissen in het etherische. Sommige zijn groot, sommige zijn smal. Er zijn veel verschillende mogelijkheden, maar zelfs degenen onder ons die op dit moment met potentieel werken, weten niet welke dat zullen zijn. Omdat dit een tijd is ...Ik zie een cirkel. Het is alsof alles zich in de cirkel van licht bevindt. Het vertegenwoordigt het geheel, het goddelijke, de geest. Het vertegenwoordigt alles wat is. Daarin zitten veel potenties. En dat hoeven we nu niet te weten. Het voelt alsof we veranderingen aanbrengen. Al mag zich niet manifesteren. En daar kijk ik voorbij. En ik voel me veel comfortabeler, omdat ik me er niet prettig bij voelde om erover na te denken.

D: *Maar als je met mensen werkt om ze op volgend jaar voor te bereiden, zijn er zoveel kansen en mogelijkheden. Wat gebeurt er, als de omstandigheden veranderen?*

P: Daarom is het zo mooi. We werken met mensen, helpen ze beetje bij beetje om steeds meer van het licht te zien, van wie ze zijn. Dus, als het zover is, zullen ze niet bang zijn. En wat er ook komt, het maakt niet uit, want de tijd zal komen voor hen om hun ware licht te kennen. Om naar een grotere uitbreiding te gaan. En het maakt niet uit hoe die tijd komt, en dat weet ik. Het deel van mij dat met de mensen werkt, weet dat. We hebben vele verschillende manieren om naar dat grotere licht te gaan. En daar gaan we naartoe. We gaan er binnenkort allemaal naartoe.

D: *Hoe snel gaan we daar allemaal verzameld zijn, duurt het nog lang?*
P: Zodra het daar tijd voor is, voor het fysieke lichaam, in dit leven.
D: *Deze levens kunnen echter veel verschillende lengtes hebben. (Jazeker)*

Het klonk alsof ze zou kunnen verwijzen naar de ascensie naar de volgende dimensie wanneer de frequentie en vibratie van ons lichaam veranderen en we puur licht worden. Dit is in veel van mijn sessies besproken en wordt in dit hoofdstuk en in het hele boek uitgebreider behandeld.

D: *Maar iets eerder zei je dat er catastrofes kunnen zijn waarbij veel mensen zullen vertrekken.*
P: Het is mogelijk. Deuropeningen gaan open. Hoewel het moeilijk is om het te zeggen, zullen deuropeningen op verschillende manieren opengaan, afhankelijk van hoe we ze moeten openen. En daaromtrent zijn veel keuzes te maken.
D: *Maar bij bijvoorbeeld rampen stappen meer mensen tegelijk uit.*
P: Ja. Maar er zullen in de komende tijd openingen en deuropeningen zijn waar velen in het licht doorheen kunnen bewegen. Zoals een wandeling, heen en weer.
D: *Wat gebeurt er met die mensen die in de war zijn en niet willen gaan? Degenen die niet begrijpen wat er gebeurt?*
P: Hun lichaam is weg. Maar ze weten het soms niet, omdat hun energielichaam gehecht is aan het fysieke lichaam. En ze denken dat ze er nog steeds in zitten. Ze zijn gewoon in de war en weten niet wat ze ermee moeten doen. Maar velen zijn bij hen om te helpen, en ze kunnen hen helpen. De manier waarop we deze mensen helpen, is door energie te sturen en ze zo te omarmen. En wanneer onze energie hen omarmt, voelen ze een troost. En omdat ze deze troost eerder hebben gevoeld, zijn ze in staat om er aandacht aan te besteden. Ze hebben veel chaos in hun energie. Maar ze beginnen de rustgevende troost te voelen, omdat ze het eerder hebben gevoeld. En dan kunnen ze meer opletten. En ze zijn in staat om te begrijpen. Dan is hun eigen spirituele deel van hen in staat om contact te maken. Dus we werken eraan om zo

deze mensen te helpen. Het is een zeer chaotische energie die zich manifesteert in een catastrofe. Het is alsof alle trillingen beginnen te bewegen op een manier die niet comfortabel is. Je moet dus troostende en rustgevende energie inbrengen. Zodat mensen het kunnen gaan voelen en de chaos van hun energie kunnen verminderen. En degenen die het niet zo moeilijk hebben om in hun eigen hart vredig te zijn en verbonden met hun innerlijke geest. En dat zijn er nog veel meer. Er komen er nog veel, veel meer aan. Dat is wat we doen. Daarom werken we met mensen. De deuropening is hun eigen geest. Ze bewegen zich door hun geest naar de hogere trillingen. En wanneer ze dit doen, kunnen ze op een rustige manier naar huis gaan.

D: *Hoe zit het met de geloofssystemen van de persoon? Belemmert dit het proces niet op een of andere manier?*

P: Soms wel. Daarom is er angst. Zij die schuldgevoelens hebben, zij die bang zijn voor wat men "God" noemt. Ze schamen zich, en daar zijn ze zo bang voor. Ze hebben geleerd om bang te zijn voor de dood, voor hel. Dat weerhoudt hen ervan het licht te omarmen, dat gewoon liefde is. Het is liefde die regeert, en liefde is thuis.

D: *Ze denken dat het iets slechts is.*

P: Dat doen ze. En alles wat we zijn is liefde. Maar dat menselijke deel van ons is heel mannelijk, heel gemakkelijk te manipuleren. Het is als klei, en soms worden ze wat ze niet zijn. En dan is het heel moeilijk voor hen om de weg naar huis te zien.

D: *Mensen worden beïnvloed door hun cultuur, hun opleiding.*

P: En dat is een deel van onze les. Om op verschillende manieren te leren.

D: *Je zei ook, dat er op die andere paden andere projecten waren. Dit is jouw project, maar wat zijn de andere projecten die op de andere paden liggen?*

P: (Zucht) Dat zijn mensen, wezens ... (verward over hoe het te verwoorden) ... als je gips zou nemen en het ergens omheen zou doen en het zou laten uitharden. En binnen was een prachtig juweel, maar rondom was dit donkere, lelijke gips. Zo zijn ze. Ze weten niet dat ze mooi zijn van binnen; ze denken dat ze donker en lelijk zijn. En er zijn grote, liefdevolle wezens die met hen werken. En dat is een heel ander project dan het project waar ik hier in zit.

D: *Zijn dit de energieën van mensen terwijl ze nog in het fysieke zijn, of nadat ze zijn overgestoken?*
P: Wel, ze zijn niet op Aarde, als dat is wat je bedoelt.
D: *Waar zijn ze? In de geestenwereld?*
P: Ja, het maakt deel uit van een "energieplek". Alles is energie, maar het is een verschillende vibratie om je heen. Het is een energie die heel dicht is. Het is nog dichter dan deze planeet.
D: *Zijn deze geesten die dingen hebben gedaan die als negatief worden beschouwd? (Jazeker) Daarom zitten ze bij wijze van spreken in het gips?*
P: Ja, klopt, want ze vonden da negatieve echt leuk. Om mensen te kwetsen – of wat dan ook – om dingen te doen waardoor andere mensen zich slecht voelen. Zo konden ze hun licht vinden. Ze houden van de duisternis. Dus dat is hun pad, en dat is wat ze blijven doen, totdat ze veranderen.
D: *Het moet veel geduld vergen voor geesten om met dat type mens te werken.*
P: Er is veel liefde en veel licht voor nodig om dat te doen.
D: *En toewijding. (Jazeker) Mogen die negatieve geesten overal reïncarneren?*
P: Nee, nu niet.
D: *Mij werd verteld dat dit type die negativiteit met zich mee terug kon brengen.*
P: Ja, ze reïncarneren nu niet. Vooral kunnen ze niet naar de Aarde komen. Maar ze kunnen ook niet naar andere plekken komen, want het is een lang project. En het moet van binnenuit komen. Deze grote lichtwezens zijn er bij hen en zij schijnen hun licht. En ze moeten door deze grote duisternis heen. En het kost tijd – geen tijd, maar het is vibrationeel. En het gebeurt op een andere plaats. Het gebeurt op een verschillende manier. En ze kunnen hier niet zijn. Er zijn hier sommigen die stil in het fysieke zijn die daar naartoe kunnen gaan. Er is een punt op de cirkel waar we naartoe komen. Ik zie het. Het is een cirkel. Het is geen pauze. Maar er is een punt waar we naartoe gaan. Daar kunnen we naar een andere plek verhuizen. En als we op die plek aankomen, zullen mensen naar verschillende plaatsen gaan, afhankelijk van hun eigen vibratie, hun eigen energie. En er zijn er die misschien naar die donkere plek moeten.
D: *Vanwege wat ze op Aarde hebben gedaan?*

P: Ja.

D: *Maar dit gaat over karma, nietwaar?*

P: Zo is het. Ja dat is zo. We kunnen het wel berekenen, maar het is hun energie. Het is geen straf, want ze willen er graag naartoe. Dit is waar ze zich comfortabel voelen.

D: *Maar ze worden niet gedwongen om daarheen te gaan, zoals de kerk, de georganiseerde religie, ons leert?*

P: Nee, ze willen gaan. Het is geen straf.

D: *Deze wezens willen op die donkere plekken zijn.*

P: Oh, ja. En ze hebben nog steeds hun licht, omdat ik het licht in hen kan zien. Het is er altijd. Maar het is bedekt met het gips, en ze denken dat ze het gips zijn.

D: *Maar ze komen hier niet terug, omdat de Aarde aan het veranderen is.*

P: Precies. Daarom kunnen ze niet meer komen. Er is te veel veranderd. Ze kunnen het licht niet zien. Ze zien de duisternis. Maar dan door verandering van vibratie, door deze grote wezens die moedwillig met hen werken, beginnen ze hun innerlijke licht te laten schijnen. En wanneer dat innerlijke licht zich verbindt met het uiterlijke licht, dan is de duisternis verdwenen. Maar het duurt zo lang als nodig is. En als dat gebeurt, dan kunnen ze naar andere plaatsen gaan, om opnieuw te beginnen bestaan en te zijn, zodat ze dat licht in nut kunnen brengen. Want het gaat allemaal om het gebruik van het licht. En er zijn naast deze plek van de Aarde nog andere plekken waar we allemaal heen en weer naartoe gaan. Maar deze plek komt naar die cirkelopening. Het is allemaal energie. Een andere plek. Een verschillende energie. Even denken ... laten we eens kijken. (Probeert de juiste woorden te vinden.) Het is niet thuis! Maar het is net als thuis. Kijk, thuis is de energie waar we vandaan komen.

D: *De oorspronkelijke energie.*

P: Ja. Er zijn veel verschillende niveaus (onzeker of dat het juiste woord was) van energie op deze planeet Aarde. En er zal een omleiding zijn van energieën, van mensen. Een omleiding. Er zullen dus mensen zijn die paden nemen naar verschillende plaatsen waar ze zich op hun gemak voelen.

D: *Het is niet per se naar huis gaan. Het gaat ergens anders heen.*

P: Klopt. Sommigen zullen naar huis gaan. Sommigen die zijn gekomen om te helpen, die geen doel hebben om ergens anders te zijn. Hun enige doel is om te helpen. Dat is ook mijn doel.

D: *Ze zouden terug naar huis gaan. (Jazeker) Maar de anderen zouden een ander doel hebben als ze oversteken? (Pauze.) Je zei dat het op een punt op de cirkel komt? Een zeker punt, waar het zou openen.*

P: Het zal verschillende paden openen, verschillende niveaus. Mensen gaan naar plaatsen waar ze zich op hun gemak voelen. En van daaruit kunnen ze dan andere keuzes en andere beslissingen nemen, wanneer het voor hen goed is.

D: *Hangt het allemaal af van wat ze in hun fysieke leven hebben gedaan? (Jazeker, dat klopt inderdaad.) Dus karma is ook op die manier betrokken.*

P: Ja. Karma betekent de balans van hun energie, waar het hen naartoe brengt. En niemand hoeft gestraft te worden. En waar we nu zijn, is een heel bijzonder plan geweest op een heel speciale plek in het universum. En het voelt alsof hier veel goeds uit voortkomt.

D: *Ik heb altijd het gevoel gehad dat iedereen, als ze na elk leven overstaken, naar huis zou gaan. Ze zouden naar die plek gaan die je beschrijft.*

P: Ja, maar thuis is voor mensen anders. Thuis voor de ene, is niet hetzelfde als thuis voor de ander. Hoewel het technisch gepsroken hetzelfde is, gaat het over verschillende niveaus van hetzelfde. Dat is wat ik bedoel.

D: *Dus je zei dat sommige van deze mensen andere paden te zien zouden krijgen. (Jazeker) Naar huis gaan is iets anders dan naar de geestenkant gaan.*

P: Eerst mogen ze naar de geest gaan, dan zullen ze ervoor kiezen om naar andere plaatsen te gaan. Deze planeet gaat naar de geest.

D: *De hele planeet?*

P: In zekere zin, omdat het zich bewust gaat worden van zijn hogere vibratie.

D: *Ja, dat heb ik gehoord. Ze zeggen dat de vibratie, de frequentie van de planeet zelf aan het veranderen is.*

P: Dat is zo. Daarom ben ik hier. En vele anderen zijn hier ook, want er zijn vele verschillende vibraties van mensen op de planeet. Velen zijn hier om te helpen.

D: Ik heb gehoord dat de hele planeet massaal gaat bewegen. Is dat zo?
P: Dat is wat ik zie.
D: Zoveel mensen met zoveel verschillende vibraties, dat zou moeilijk zijn.
P: Daarom zijn er veel paden. Kijk, dat is de deuropening. Het is als de cirkel, en de opening in die cirkel, het is moeilijk uit te leggen. En als we bij de opening komen, gaan ze naar de cirkel, maar naar verschillende plaatsen in de cirkel. In verschillende paden. Dus het is oké voor iedereen. Iedereen zal zijn waar hij hoort te zijn. En er is nog een cirkel van wezens rond onze Aarde. Er zijn al deze prachtige energieën. Mooie wezens, die bij ons zijn, en werken met degenen op het fysieke vlak. En zij zijn niet onze engelen. Zij zijn wat wij zouden zien als de "geascendeerde wezens", degenen die dit hebben gedaan. Ze hebben zich door de energie heen bewogen, als het ware. En ze breiden hun energie uit, om als het ware te fungeren als paden, voor ons. Dat zijn de wezens waar ik het eerder over had.

Dit was een perfect moment, voor mij, om een paar van Patricia's vragen te stellen. Ik wist dat ik het onderbewuste niet hoefde te berekenen, omdat ik sinds het begin van de sessie communiceerde met het deel van haar dat alle kennis had.

D: Patricia zei dat ze in haar meditatie wezens heeft gezien die leken alsof ze van goud en platina gemaakt waren. Zijn dit degenen waar je het over hebt?
P: Ik zie veel verschillende wezens rond de planeet. Veel verschillende kleurtrillingen. Ik zie blauw, en wit en violet, en goud en zilver en platina. Maar dit zijn liefdevolle energieën die ons nu al komen helpen. De verschillende kleuren helpen de mensen van diezelfde vibraties.
D: Dus we hebben allemaal verschillende kleuren, evenals trillingen?
P: Kleuren zijn trillingen.
D: En deze wezens voelen zich aangetrokken tot de verschillende kleuren? (Jazeker) Dus deze geestenhelpers zijn anders dan de engelen?
P: Ja, dat zijn ze. Engelen zijn ook bij ons, maar deze zijn verschillend, omdat deze een begrip hebben. Velen van hen hebben dit

meegemaakt, hetzij op deze fysieke wereld, hetzij op andere soortgelijke werelden. Maar ze weten ook hoe het is om door de trillingsvlakken te bewegen. Dit is wat ze doen.

D: *Dus wat is hun doel, als de bewakers of spirituele helpers zoals jij. Zijn ze er om individuen te helpen?*

P: Ze helpen ons, de geestenhelpers. Het is als energietransformatoren die energie afbouwen. En er zijn veel mensen die hier op Aarde zijn, die de energie van die grote wezens niet konden vasthouden of voelen. Maar er zijn anderen die tussenpersonen kunnen zijn. We zijn dus tussenpersonen, schakels.

D: *Toen Patricia in dit leven kwam, wist ze dat ze deze dingen ging doen?*

P: Nee, Patricia wist het niet. Patricia's ziel wist het wel...

D: *Ja, het fysieke deel van ons is het laatste dat het te weten komt.*

P: Ja. Patricia stopte zichzelf in een zelfopgelegde kast, zodat ze het niet zou weten. En ze heeft veel meegemaakt. Ze moest uit de kast komen en zeggen: "Oké, ik zit niet in de kast." En dat deed ze. En ze is ook verbonden met het gouden licht. Dat is haar energie.

D: *Maar als mensen kennen we de afspraken die we hebben gemaakt niet bewust, en we kennen de verbanden niet.*

P: Nee. En ze voelde de geestenfamilie. En ze kent thuis. Ze weet het heel goed. En soms wil ze daar naartoe. Vroeger wilde ze er intens naartoe gaan en uit dit leven zijn, maar ze kon zichzelf nooit kilen.

D: *Omdat we een contract hebben, nietwaar?*

P: Ja, en ze wist dat ze hier moest zijn. Dat er iets te doen was. Dus bleef ze. En ze was, uiteindelijk, in staat om tot haar ware begrip te komen van wie ze is. Veel van de problemen die ze heeft gehad met relaties waren te wijten aan een overeenkomst.

D: *Wat voor soort overeenkomst?*

P: Als ze ervoor koos om dat te doen, was dat de moeilijke weg. Het was een keuze. Dat hoefde ze niet te doen, maar ze koos ervoor om dat wel te doen.

D: *Je zei dat er een keuze was, en zij koos voor de moeilijkere. Wat zou het andere pad zijn geweest? Zie je dat?*

P: Ja. Ik denk dat ze jong zou zijn gestorven.

D: *Waarom denk je dat?*

P: Omdat ... dit is ingewikkeld, maar het is tijd voor haar om het te weten. Ik moet de woorden vinden. Als ze het gemakkelijke pad had gekozen, zou ze in haar fysieke leven niet de kennis hebben gehad om zoveel mogelijk mensen te helpen. Het accepteren van het pad van Moeilijkheden in haar leven leren haar veel ervaringen en veel kennis. Ook veel andere mensen kunnen erdoor geholpen worden. Dat hoefde ze niet te doen. Ze had alleen van de andere kant kunnen helpen. Vanuit "thuis". Het is in zekere zin een grap. Omdat ze altijd al naar huis heeft willen gaan, en toch is dat waar ze mensen helpt om naartoe te gaan. Dat is haar werk.

D: *En ze gaat er 's nachts naartoe, ook al beseft ze het niet.*

P: Ja, daar gaat ze naartoe. Haar fysieke lichaam heeft het soms moeilijk om zoveel energie vast te houden als het doet. En hoewel ze gezond is, moet ze heel omzcihtig te werk gaan en extra voorzichtig zijn, omdat haar lichaam veel energie bevat. Maar ze moet zeker nu heel hard oppletten, vooral omdat de energieën steeds hoger in vibratie worden. Ik zie haar lichaam overeenstemmen met het gouden licht, veranderen in gouden energie. En ze kan dit. Ze zal steeds meer vasthouden. Zich steeds meer wenden tot het gouden licht, waar ze vandaan komt. En terwijl het fysieke lichaam daar naartoe beweegt, helpt ze nog veel meer mensen om daar naartoe te gaan. Degenen die ervoor kiezen om die weg te bewandelen. Zij die bij wijze van spreken de gouden lichtsnelweg nemen. Maar het komt nu in de laatste tijden ervan. De laatste dagen. Ik weet niet goed hoe dit correct uit te leggen, hoe te benoemen.

D: *Wat bedoel je met de "laatste dagen"?*

P: Voordat we op die plek in de cirkel komen, waar we ons op verschillende plaatsen begeven.

D: *Je zei aan de geestenkant, dat, als haar lichaam slaapt, ze werkt met mensen die gaan sterven, om hen te helpen over te gaan. (Jazeker) Maar fysiek is ze ook al iemand die de stervenden begeleidt.*

P: Ze heeft veel gedaan. Ze voelt beide werelden. Ze heeft altijd beide werelden gevoeld.

D: *Is dit de reden waarom ze zich op haar gemak voelt als hospicemedewerker, vanwege de verbinding, als ze slaapt?*

P: Oh, ja. Ze helpt mensen graag thuis, want ze weet hoe geweldig het is.

D: *Natuurlijk is het makkelijker om op het juiste niveau te werken, met name terwijl ze slaapt, nietwaar?*

P: Ja, het is makkelijker voor haar.

D: *Want als je in het fysieke probeert te werken met mensen die stervende zijn, loop je aan tegen de interferentie van de fysieke, de programmering die eraan vastzit.*
P: Mensen voelen angst, veel angst in het fysieke. En dat is wat ze doet, mensen helpen om angst te overwinnen, omdat ze zelf geen angst voor de dood heeft. En als mensen bij haar zijn, voelen ze haar waarheid, omdat ze echt is. Zij is het. Ze is verbonden met die energie van liefde.
D: *Op die manier kan ze mensen veel effectiever helpen. Maar ze heeft andere levens op Aarde gehad, nietwaar? (Pauze) Omdat je zei dat ze ook aan deze geestenkant bestaat ,op hetzelfde moment dat ze het leven van Patricia leidt.*
P: Het voelt alsof het ja is, en het is nee. Een deel van haar heeft levens gehad. Maar niet Patricia, andere delen van haar ziel.
D: *Omdat we het zien als reïncarnatie.*
P: Ja, het is inderdaad zo te verklaren, in zekere zin, maar het is anders. (Ze had moeite met het vinden van de woorden.) Ze is afkomstig uit een ziel die vele, vele levens van spirituele betekenis heeft gehad, werkend op een spiritueel pad. En die levens hebben hun energie, hun kennis, dus datgene ze hebben verzameld aan informatie, teruggebracht naar haar ziel. Dus het deel dat Patricia is, heeft kleine stukjes en beetjes uit al die levens gehaald. Ze moet onthouden dat ze altijd verbonden is met thuis en altijd verbonden is met haar familie (dat wil zeggen de geestenfamilie). En is zeer geliefd.

* * *

Tijdens een andere sessie, in Minneapolis in oktober 2002, was er een soortgelijk incident. Ik was in Minneapolis om een reeks lezingen en workshops te geven, en ging meteen daarna naar Australië en Nieuw-Zeeland. Deze sessie werd gedaan met een gepensioneerde leraar die ik Shal Cal Ida noem.

Zoals ik al zei, normaal gesproken in mijn techniek laat ik het onderwerp een mooie plek, naar keuze, visualiseren, om de visualisatie op gang te brengen. Dan voltooi ik de inductie, inclusief het afdalen uit de wolk. In dit geval liet Ida me de inductie niet afmaken. Ze beschreef haar prachtige plek en het klonk niet als de planeet Aarde. Ze had het er al over voordat ik me realiseerde dat ze de rest van de inductie niet nodig had. Dit gebeurt af en toe, en ik heb geleerd hoe ik dat verschil moet herkennen en hoe ik verder moet gaan. Ik zette de microfoon aan. Ze beschreef een prachtige tuin op haar planeet, een plek vol licht.

I: Er lopen mooie lichtwezens rond. Er is gewoon liefde. En het is zo mooi, zo vredig, zo harmonieus. Hier kom ik vandaan.
D: Je zei dat daar een tuin was?
I: Oh, ja. Het is zo mooi. Het schijnt met het gouden licht van God. Het heeft iluminatie en een energie en frequentie van volledige vrede, liefde en harmonie. Er zijn prachtige gouden fonteinen. Ze zien eruit als water, maar het is de essentie van God, die overal overheen stroomt. Het is gewoon pure schoonheid, liefde en gelukzaligheid.

Dit klonk erg vergelijkbaar met de plaats die Patricia slechts een week eerder beschreef.

I: We zijn allemaal lichtwezens. We herkennen elkaar aan de essentie en de trillingsfrequenties. Er is geen verbale communicatie. We spreken gewoon zonder woorden. Het is een trilling van wat we willen zeggen dat de een oppikt van de ander. Dit is waar ik vandaan kom. En dit is waar er totale gelukzaligheid en totale vrede en totale harmonie heerst. Ik ga wel heen en weer in mijn slaaptoestand. Ik ontmoet de raad, en we bespreken het werk dat ik op dit aardse vlak moet doen.
D: Waar is de raad gevestigd?
I: De raad bevindt zich ook op deze planeet. En we ontmoeten elkaar in dezelfde prachtige tuinen.
D: Je doet dit in de slaapstand.
I: Ik wel. Die frequentie is toegankelijk in mijn slaaptoestand. Hoewel mijn fysieke vorm en mijn fysieke geest zich dat niet herinneren. Maar dit gebeurt de hele tijd. En ik doe ook boodschappen in mijn slaaptoestand. We kijken naar alle interactie die ik heb met verschillende wezens op dit aardse vlak. En wanneer er hulp nodig is, word ik begeleid en gestuurd om al het werk te doen dat ik moet doen.
D: Is het met mensen die je kent, of anderen of... ?
I: Sommige mensen ken ik, en er zijn anderen die ik niet ken.

D: Wat voor soort begeleiding geef je ze, als je ze 's nachts ontmoet?
I: Ik werk op vele niveaus met hen samen. Ik werk met de geest. Ik breng er denkpatronen in, zodat ze kunnen verschuiven in hun dagelijks leven. Ik genees ook een aantal van hen. Ik werk met helende frequenties en helende energieën met veel van hen. Ik ga ook naar oorlogsgebieden en werk met de gewonden. Ik werk met mensen met pijn. Ik heb veel werk gedaan in Afghanistan, toen het nodig was. Er is zoveel trauma en pijn in dat land. Niet alleen met de Amerikaanse soldaten en andere vredestroepen die er zijn, maar ook de lokale bevolking is volledig en totaal getraumatiseerd door wat er aan de hand is. Ze zijn niet gewend aan alle bommen die daar zijn beland. Al het letsel dat hun land is overkomen. Er is daar zoveel verwoesting. De helft daarvan wordt niet gemeld in je media of in het nieuws.
D: Dat kan ik geloven. We weten niet echt wat er aan de hand is.

De rest van de sessie ging over voorspellingen over de oorlog die het jaar daarop in 2003 in Irak uitbrak. Ze waren uiterst nauwkeurig, maar ik was niet zeker of ik die voorspellingen in dit boek moest opnemen. Ik wilde hier alleen het deel opnemen dat relevant was voor het werk dat we doen tijdens onze slaaptoestand. Een toestand van "zijn", die onbekend is voor onze bewuste geest. We werden gewaarschuwd dat er veel doden zouden vallen tijdens de oorlog, en mensen zoals Ida zouden het erg druk hebben tijdens hun "slaap" – toestand, het kostte energie om hen in de juiste richting te leiden.

* * *

Er zijn veel scholen aan de geestenkant. Deze werden besproken in Tussen dood en leven. De meest geavanceerde bevinden zich in het Tempel van Wijsheid complex, dat de Grote Hal van Leren bevat, waar absoluut alles wat bekend en onbekend is kan worden geleerd. Deze worden ook beschreven in "Holiday in Heaven", door Aron Abramsen. Veel van de leraren zijn geavanceerde gidsen, die genoeg van hun karma hebben voltooid dat ze niet naar de Aarde hoeven terug te keren voor meer lessen. Ze zijn in een positie om anderen te onderwijzen en op te leiden. Zoals in mijn andere boek stond: "Je kunt geen gids worden zolang je een gids nodig hebt." Normaal gesproken begint de training om gids te worden wanneer de persoon het aardse vlak heeft verlaten. De gidsen en ouderlingen beslissen of de persoon klaar is voor deze vooruitgang, na het bekijken van een levensoverzicht. De dingen op Aarde veranderen echter snel en de training moet mee veranderen. Er zijn op dit moment zoveel problemen op Aarde dat veel gevorderde zielen zijn geïncarneerd, niet om hun eigen karma uit te werken, maar om de anderen te helpen die in het fysieke energieveld vertoeven. Natuurlijk weten ze dit niet bewust, dat het geavanceerde zielen zijn die voor specifieke doeleinden naar de Aarde zijn gestuurd. Maar ik kom steeds meer van hen tegen doorheen het verloop mijn werk, en hun onderbewustzijn aarzelt niet langer om hen te vertellen dat ze een taak te doen hebben. Het maakt duidelijk dat ze er maar beter mee doorgaan in plaats van kostbare tijd te verspillen. In mijn begindagen van het werken in de trancetoestand werd dit niet vermeld. Nu wordt het bij elke klant ter sprake gebracht. Er wordt benadrukt dat de tijd steeds korter wordt en dat ze moeten doorgaan met het werk waarvoor ze zich vrijwillig hebben aangemeld.

Omdat er zoveel gevorderde zielen zijn, die zijn teruggekeerd naar het aardse vlak, wordt een deel van de spirituele training gedaan in de slaaptoestand. Een deel van de training die deze zielen ontvangen, bestaat uit het helpen met het doodsproces van zielen die de Aarde verlaten. Tijdens de slaaptoestand hebben ze geholpen bij veel van dergelijke gevallen, met behulp van een meer ervaren gids. Ze worden niet uitgezonden om het werk alleen te doen, totdat ze genoeg training of ervaring of vertrouwen hebben gehad, en zelf voelen dat ze het aankunnen. Hun belangrijkste taak is, om de persoon in de juiste richting, en uit verwarring te leiden, zodat de meer ervaren en juiste "groeter" het kan overnemen. Bovendien kan de helper niet verder gaan dan een bepaald punt, totdat het hun tijd is om het lichaam te verlaten.

* * *

In mijn werk heb ik ontdekt dat het echte deel van ons: onze ziel of geest, nooit slaapt. Het fysieke lichaam is het deel dat moe wordt en moet rusten. De geest heeft hier geen behoefte aan. Ik zeg altijd: "Het zou verveeld worden om te wachten tot het lichaam wakker wordt, zodat het het leven kan voortzetten." Dus terwijl het lichaam slaapt, beleeft de geest vele verschillende avonturen op zichzelf. Het kan overal ter wereld reizen, of naar de geestenkant gaan en praten met zijn gidsen en de meesters en ouderlingen of om meer informatie te krijgen, lessen bij te wonen en training te volgen. Ik hoor van veel van mijn lezers die dromen melden om naar school te gaan terwijl ze in slaaptoestand zijn. Ik probeer ze uit te leggen dat het waarschijnlijk echt is, omdat dit een favoriete plek is voor de geest om opnieuw te bezoeken. Ze kunnen ook naar andere planeten of andere dimensies reizen. Normaal gesproken heeft het bewuste deel geen herinneringen aan deze reizen, tenzij het zich dromen van vliegen of onbekende plaatsen herinnert. Dit is hetzelfde dat wordt ervaren tijdens reizen buiten het lichaam, wanneer de persoon zichzelf heeft getraind om uit het lichaam te gaan en te onthouden wat hij ziet. Al tijdens het fysieke leven is de geest verbonden met het lichaam, door het zilveren koord. Dit fungeert als een soort ketting gedurende de hele tijd dat je leeft. De navelstreng, die pas gebroken wordt door de dood van het fysieke lichaam. Met deze dood wordt het koord doorgesneden en wordt de geest losgelaten om "naar huis" terug te keren. Wanneer de geest 's nachts uit het lichaam reist, is hij altijd verbonden door het koord. Op een bepaald moment moet het lichaam ontwaken om met op het fysieke niveau door te gaan. Op dat moment voelt de geest een ruk aan het koord en wordt het "binnengehaald", bij gebrek aan een beter woord. Op dat moment komt de geest weer het lichaam binnen en kan het lichaam ontwaken.

Veel mensen hebben mij een vreemde gewaarwording gemeld, die ze soms ervaren bij het ontwaken. Dit kan ook gebeuren wanneer het lichaam gaat slapen. Ze zeggen dat ze tijdelijke verlamming hebben, en dit kan behoorlijk beangstigend zijn. Een vrouw zei dat haar arts haar vertelde dat het een ernstige aandoening was die "slaapapneu" werd genoemd, en rekende meer dan duizendvijfhonderd euro voor de uitvoer van zogenaamde slaaponderzoeken. Het is eigenlijk helemaal niet zo ingewikkeld. Het gaat over een natuurlijk verschijnsel dat zich soms voordoet. Terwijl de geest is losgekoppeld van het lichaam, worden de lichaamsfuncties verzorgd door een ander deel van de hersenen. Het gaat verder bestaan op de automatische piloot. Wanneer de geest terugkeert, moeten de verbindingen tussen hersenen en lichaam zich opnieuw verbinden. Als het lichaam te vroeg ontwaakt, voordat de verbindingen op hun plaats zijn, kan er een tijdelijk gevoel van verlamming ontstaan. Soms ook een gevoel van "vallen". Ik heb gevallen onderzocht waarin een plotseling geluid in de omgeving van de persoon hen op slag wakker maakt, voordat ze volledig terug in het lichaam zijn. Als ze een paar minuten kunnen ontspannen, zal alles weer normaal worden. Hetzelfde gevoel kan worden waargenomen als de geest voor het eerst het lichaam verlaat en zodoende de fysieke verbinding verbreekt. Dit laat zien hoe geest en lichaam werkelijk gescheiden zijn, maar toch één. Het lichaam kan niet bestaan zonder de vonk van het leven dat binnenin woont, maar de geest of ziel kan bestaan zonder het lichaam. Bij de dood, wanneer de geest voor de laatste keer vertrekt, wordt de verbinding verbroken en begint het lichaam onmiddellijk met de afbraak van de atomen. Zonder de geest van het leven vallen immers alle systemen stil. Wanneer het zilveren koord bij de dood wordt doorgesneden, kan de geest het lichaam niet opnieuw binnendringen.

In deze sessie zien we, net als anderen, dat ons "echte" zelf, de geest, niet alleen reist, en avonturen beleeft terwijl het lichaam slaapt, het werkt ook. Er wordt blijkbaar veel werk verricht in de astrale staat waar we ons totaal niet bewust van zijn. Zoals mij in een sessie werd verteld: "Deze dingen gebeuren hoe dan ook. Je hebt er geen controle over. Ze zijn een deel van je bestaan waarvan je je niet bewust bent. Je kunt er niets aan doen. Ze zijn natuurlijk, dus het heeft geen zin om je er zorgen over te maken." Hetzelfde geldt voor reïncarnatie en andere metafysische concepten. Ze zullen blijven gebeuren, of de persoon er nu in gelooft of niet. Mij werd verteld dat we de complexiteit ervan nooit zullen begrijpen. Het is onmogelijk. Het probleem bij het begrijpen en begrijpen zit in de geest. Het zijn niet de hersenen, maar de geest. Er staat niets in dat de togrootiteit van deze concepten kan bevatten. Dus ik krijg kleine stukjes en hints van de enormiteit ervan. Naarmate de tijd verstrijkt, lijkt het erop dat het ons wordt toegestaan om meer te zien. We krijgen de kans om het te begrijpen. Maar het is als turen door een kleine scheur in de muur van tijd en ruimte, en toegejuicht worden als we een klein deel van het hele plaatje zien.

* * *

Wanneer een geest ervoor kiest om terug te keren naar de Aarde voor een nieuwe cyclus van het leven van een menselijk leven in een fysiek lichaam, komt het met zijn plan voor wat het deze keer wil bereiken. Het heeft de oudsten en meesters al ontmoet. Het heeft het

het leven dat het zojuist heeft verlaten doorgenomen en beslissingen, plannen en doelen geëvalueerd. Het heeft afspraken gemaakt met andere geesten, waarmee het verbintenissen had om schulden af te lossen. En met hun toestemming zouden bepaalde dingen worden uitgewerkt en bepaalde lessen worden geleerd. Het komt terug naar de Aarde met zijn mooie kleine plan, verpakt als een kerstcadeau. Het probleem is, dat dit een planeet van vrije wil is. Dit is wat de Aarde zo uitdagend maakt. En alle anderen komen binnen met hun leuke plantjes. En vanwege de vrije wil zullen deze plannen en hoop en angsten soms botsen. Ook de geest incarneert, alle herinneringen zijn echter gewist. Er is geen handleiding rond de plannen die oorpspronkelijk werden gemaakt. Alleen het onderbewuste onthoudt het. Ik vroeg een keer, waarom konden we het ons niet herinneren? Zou het het niet makkelijker maken? Ik kreeg te horen: "Het zou geen test zijn als je de antwoorden wist." Dus we komen naar de Aarde en weten eigenlijk niet meer dat we bereid zijn om de uitdagingen aan te gaan, die ons in de weg zullen worden gelegd. Dit alles terwijl we werken aan onze doelen, dromen en aspiraties. Maar vaak zijn we niet zo voorbereid als we denken dat we zijn. Het ziet er altijd makkelijker uit vanaf de andere kant. Terwijl we de frustraties van het fysieke leven doorstaan, worden we opgezogen in alles wat ons "menselijk" maakt. Hopelijk komen we er goed uit en slagen we voor de test om door te gaan naar het volgende "niveau". Of we gaan naar te vroeg naar "huis", dan zullen we terug moeten komen en het helemaal opnieuw moeten doen. Je kunt niet doorgaan naar het volgende leerjaar of de volgende klas, totdat je de lessen en tests van het huidige level hebt voltooid. Je kunt op deze school achteruitgaan, maar je kunt geen klas overslaan. Er zijn zeer strenge schoolmeesters met zeer strenge regels en voorschriften. Maar paradoxaal genoeg zijn deze schoolmeesters ook heel aardig, rechtvaardig en begripvol.

Net zoals we met een plan in het leven komen, hebben we ook een plan voor ons vertrek uit dit leven. Iedereen beslist voordat hij binnenkomt hoe hij eruit komt. Dit wordt met verteld zonder enige emotie, en moet op die manier worden begrepen. Niets van dit alles is bekend op het bewuste niveau, en het is waarschijnlijk heel verstandig dat we onze eigen vooropgestelde plannen niet herinneren. Mensen zeggen altijd dat ze niet willen sterven, ze willen niet ziek worden en ze zijn niet van plan om hun geliefden te verlaten. Ze zouden ten stelligste ontkennen dat ze hun dood aan het plannen waren. Maar het maakt allemaal deel uit van een plan dat onze kennis en begrip veel verder te boven gaat. Daarom is de enige manier om ernaar te kijken met onze beperkte menselijke geest logisch met alle emoties verwijderd.

Er zijn verschillende redenen waarom een geest besluit dat het tijd is om het fysieke te verlaten. Het heeft zijn doel, zijn plan voltooid en al het karma uitgewerkt dat nodig was voor dit leven. In dit geval is het niet nodig om door te gaan. In andere gevallen beslist het dat andere mensen veel sneller vooruitgang zullen boeken als hun aanwezigheid niet als een verplichting fungeerde. In deze gevallen besluit de geest af te zien van zijn eigen verdere ontwikkeling, zodat anderen die te afhankelijk zijn, zelfstandig kunnen gaan. Ze kunnen dus "opgroeien", met andere woorden. Deze redenen zijn vaak niet zichtbaar aan de oppervlakte en kunnen pas worden ontdekt na veel onderzoek.

Een ander interessant scenario is, dat het leven van sommige mensen zo rigide opgesloten zit in één keten van gebeurtenissen, dat het onmogelijk wordt om om te schakelen om hun doel in het leven te bereiken. Mogelijk slaagden ze er niet in om hun aardse doel te bereiken vanwege ongepaste keuzes die door vrije wil werden gemaakt. Dus besluiten ze te sterven, uit de situatie te komen en opnieuw te beginnen. De volgende keer, hopelijk, zullen ze niet in dezelfde richting of situatie terechtkomen.

Een interessant en passender alternatief hiervoor is wanneer het leven van de persoon op een andere manier "sterft". De persoon is ook opgesloten in een keten van gebeurtenissen die hem niet in staat stellen om te bereiken waarvoor hij in dit leven is gekomen. Er zou te veel tijd verloren gaan als ze fysiek zouden sterven om opnieuw te beginnen. Of misschien zouden de fysieke omstandigheden, die nodig zijn ,niet aanwezig zijn in een andere tijdlijn. In plaats van te sterven, besluiten ze opnieuw te beginnen door de dood van hun leven op een andere manier te creëren. Door alles te verliezen wat hen dierbaar is, vooral al hun fysieke bezittingen. Zo'n scenario zou hen ook in staat stellen zich te concentreren op wat echt belangrijk is in het leven, en het zijn geen bezittingen, hoe stevig ze ze ook vasthouden. Nu alles is weggenomen, kunnen ze opnieuw beginnen en opnieuw beginnen in de richting van hun echte doel in het leven. Waar ze echt voor binnenkwamen. Ze werden te veel ondergedompeld in de materiële wereld, dus die moest allemaal worden weggenomen. Zonder deze materiële afleiding kunnen ze nu in de juiste richting gaan. Zo'n incident deed zich voor bij een lid van mijn eigen familie. Door een vreemde reeks omstandigheden buiten hun controle, verloren ze al het materiële: huis, bedrijf, beroep en alle andere materiële bezittingen. In die tijd leek het een wrede speling van het lot of een straf van God. Het was heel moeilijk om het te begrijpen. Maar de tijd die verstreek, wees uit dat het een manier was om hen in een andere richting te duwen. De richting die ze op hadden moeten gaan, maar ze raakten verstrikt in een andere manier van leven. Ze zeggen dat wanneer de ene deur sluit, er een andere opengaat. In dit geval was de deur niet alleen gesloten, maar ook dichtgeslagen. Ze hadden geen andere keuze dan een andere kant op te gaan. Er was geen weg terug. Vaker wel dan niet is wat een ramp lijkt, een vermomde zegen.

Een ander voorbeeld van een drastische oplossing werd gegeven door een klant. Tijdens mijn interview met hem vertelde de man me over een vreselijk incident dat plaatsvond toen hij jonger was. Hij werd aangevallen in een steegje in een grote stad, herhaaldelijk neergestoken door een bende en vervolgens voor dood achtergelaten. Hij slaagde erin om naar de straat te kruipen, waar iemand hem vond. Die bracht hem naar het ziekenhuis. Hij overleed bijna en bleef nog een tijdje in het ziekenhuis om te herstellen. Een van de dingen die hij tijdens onze sessie wilde weten, was het doel van de vreselijke ervaring. Waarom is het gebeurd? Tijdens de sessie, toen ik contact opnam met het onderbewuste en het die vraag stelde, was het antwoord zeer verrassend. Er stond: "Oh, dat was een groep van zijn vrienden die zich vrijwillig aanmeldden om hem te helpen." Ik dacht, met zulke vrienden, wie heeft er vijanden nodig! Het leek niet het soort dingen dat een vriend zou doen!

Het onderbewuste legde uit dat het allemaal van de andere kant was georganiseerd. Het leven van de man ging de verkeerde kant op en hij zou niet in staat zijn om weer op zijn pad te komen zonder drastische actie die zijn leven zou veranderen. Er waren veel subtiele pogingen geweest om zijn aandacht te trekken, en toen deze niet werkten, werd de aanval geregeld. Drastisch, verwoestend, onverklaarbaar, ja, maar het toont de uitersten waar het universum gebruik van maakt om iemands leven te veranderen, zonder dat ze deze wereld fysiek verlaten. Dat zou waarschijnlijk de volgende stap zijn geweest als de aanval niet had gewerkt.

Zodra de ziel heeft besloten dat het tijd is om het fysieke te verlaten, zal het gebeurtenissen op zodanige wijze regelen zodat het kan sterven. Een interessant punt is naar voren gebracht door mijn regressiemateriaal: dat een van de problemen vandaag de dag de medische visie is. Als de persoon in een ziekenhuis sterft, proberen de artsen hem vaak in leven te houden met alle prachtige apparatuur die beschikbaar is. Ook de familie is niet meteen geneugd om hen te laten vertrekken, ook al is het fysieke lichaam zo beschadigd dat het de persoon / ziel niet langer kan ondersteunen. Het heeft geen zin om te blijven. Dus de snelste, gemakkelijkste manier met de minste kans op interferentie, is om te sterven in een ongeluk of natuurramp, enz. Sommige van deze methoden om het leven te verlaten zijn "ongelukken" en kunnen behoorlijk bizar zijn. Ik heb altijd geloofd dat, als het je tijd is om te gaan, het zelfs zal gebeuren terwijl je in je woonkamer zit. Er zijn gevallen gemeld van vliegtuigen of auto's die tegen een huis botsen en iemand op deze manier "in de val lokken".

Terwijl ik dit schreef, aan het einde van 2003, was er de verschrikkelijke aardbeving in Bam, Iran. Die had net plaatsgevonden en kostte het leven aan meer dan 41.000 mensen. Voordat we met dit boek naar de pers konden gaan, vond de verschrikkelijke 9.3 aardbeving en tsunami plaats tijdens Kerstmis, 2004, van de kust van Indonesië. Bij de laatste telling besloten bijna 200.000 mensen massaal te vertrekken. Ook stierven tegelijkertijd veel mensen in modderglijbanen en lawines in andere delen van de wereld. Zoals in dit hoofdstuk wordt gemeld, besluiten mensen vaak om samen te vertrekken. Dit wordt al op het onbewuste niveau bepaald en er worden afspraken (of zoals Patricia zei, "repetities") gemaakt. Ook zullen er regelingen worden getroffen voor degenen die niet geacht worden betrokken te zijn om op wonderbaarlijke wijze te ontsnappen, of om er in de eerste plaats niet bij te zijn. Dit is veel mensen overkomen die toevallig een bepaalde vlucht hebben gemist, of op het laatste moment zijn ontsnapt. Ze werden vertraagd om het huis te verlaten door een telefoontje of dergelijke meer, om vervolgens te ontdekken dat ze net een vreselijk ongeluk hadden misgelopen. Ik geloof ook dat onze beschermengelen hier ook een grote rol in spelen. Ze zijn druk bezig om ons te waarschuwen met subtiele duwtjes en suggesties, of het "stemmetje in ons hoofd". En soms zijn hun methoden om ons veilig te houden niet zo subtiel. We moeten leren om sterk aandacht te besteden aan onze intuïties en "onderbuikgevoelens".

Hoofdstuk 13
De Eerste Van De Zeven

DEZE SESSIE WERD GEDAAN toen ik sprak op de Glastonbury Crop Circle Conference in Glastonbury, Engeland in juli 2002. Dit is een zeer oude stad met veel oude banden met het verleden. Er is een enorme hoeveelheid energie die daar voelbaar is. De sessie was in de Bed and Breakfast waar we verbleven, vlak bij het plein. De klant, Robert, nam de trein vanuit Londen voor de sessie. Hij channelt al een paar jaar en had een boek geschreven over de channeling. Hij voelde echter dat hij geen betrouwbare persoonlijke informatie, vooral over de richting die zijn leven zou moeten nemen, uit de channeling kon halen. Dus wilde hij een persoonlijke sessie om een aantal dingen te verduidelijken. Ik probeer de cliënt te helpen de beste keuze voor zijn leven te vinden, met medewerking van het onderbewuste. Omdat hij gewend was aan de trancetoestand, ging hij heel snel diep. Dit is vaak het geval bij het werken met channelers, paragnosten, genezers of mensen die regelmatig mediteren. De veranderde toestand is een bekende toestand.

Toen hij werd gevraagd om naar de prachtige plek te gaan, nam hij al contact op met iemand, dus ik hoefde de inductie niet te voltooien, wat normaal gesproken vereist is. Ik kan normaal gesproken zelf duiden waar ze zijn door de antwoorden die ze geven. En ik weet wat voor soort antwoorden gelden als "de normale" mooie plek. Als de beschrijving onaards klinkt, is dat meestal de eerste aanwijzing. Ik zette de bandrecorder aan en probeerde samen te vatten wat hij had gezegd.

Hij zag zichzelf, op een prachtige plek bij een waterval. Daar stond een oude man met een zilveren baard. Dit was de eerste aanwijzing dat hij niet op een normale plek was. Robert vervolgde met een zeer zachte stem die nauwelijks hoorbaar was: "Hij zegt: 'Je hebt zoveel pijn. Kom hierheen.'" Hij wil kennis verspreiden. Hij zegt dat ik kennis moet verspreiden. En hij maakt deel uit van de creatie van die kennis. "Jij bent de bemiddelaar van die kennis. Je moet de pijn begrijpen."

D: *Wat bedoel je met de pijn?*
R: De effecten op het menselijk lichaam. De last die je draagt. De jongen. Hij praat met de jongen. Deze jongen.
D: *Zie je jezelf als een jongen? (Jazeker) Van welke leeftijd?*
R: De jongen is drie.
D: *En hij is op deze prachtige plek, met de waterval?*
R: Hij is er nu. Het hoeft niet altijd mooi te zijn. Het is de multidimensionale ervaring van moleculaire structuur, van de equivalenten ervan, als positief en negatief. Het kind is hier om te leren, om les te geven. Er zijn niet alleen bloemen, maar er zijn levende bloemen en er zijn dode bloemen. En de evoluerende cyclus is creatief.

Zijn stem werd luider en ik wist uit ervaring en uit de stemtoon zowel woordenschat dat er een entiteit doorheen Robert aan het communiceren was. Deze entiteit bleek op verschillende manieren anders te zijn dan degene met wie ik normaal gewend was om in deze staat te praten. Deze gebruikte woorden en ingewikkelde terminologie die vaak moeilijk te begrijpen was, en het creëerde nieuwe woorden. Dit kan zijn omdat het niet gewend was aan het menselijke vocabulaire en zodoende improviseerde. De entiteit leek ook een koudere, bijna abstracte interesse in Robert te hebben. Het onderbewuste zal een afstandelijk waarnemersstandpunt hebben wanneer het over de entiteit spreekt, maar deze was bijna … wreed in zijn observatie. Naarmate we verder gingen, beschreef het Robert als een ander type mens dan ik eerder was tegengekomen. Mijn eerste doel is, om het onderwerp te beschermen, maar deze entiteit maakte me ongemakkelijk en was moeilijk en vervelend om mee te praten. De taal en terminologie was te ingewikkeld om duidelijk te worden begrepen, dus ik heb het ietwat samengevat,en geprobeerd een groot deel van de sessie te verduidelijken.

Roberts lichaam begon symptomen te vertonen. Hij had af en toe schokken met plotselinge stuiptrekkingen. Ik vroeg: "Wat is er met je aan de hand?" Er kwam geen antwoord. Ik wist dat, als ik me er niet op concentreerde, het vanzelf zou stoppen, omdat het Robert geen fysiek ongemak leek te bezorgen.

R: De multidimensionale frequentie van het kind komt hier om te leren. Hij "heeft" verschillende elementen die te maken hebben met het verleden, het heden en de toekomst. Hierover is veel informatie te verkrijgen. Deze informatie is zo belangrijk dat de last die het op het jonge kind ligt, soms immens wordt. Maar het belang van deze informatie wordt gevormd tot een trillingsenergiefrequentie. Zodat de repolarisatie van de mensheid en de polen waarin hij werkt een nieuw proces van herstructurering kan creëren.

D: *Waarom moet deze last op een jong kind worden gelegd?*

R: Het kind is geen kind. Het kind is een onderdeel van deze energie. Het kind is de realiteit achter je menselijke format (vorm). Maar de realiteit achter het kind is, dat hij een samenstelling van energie is. En die energie is de relevantie achter de veranderingen waar de mens in de kern, geest en lichaam, deel van uitmaken. De strijd tussen het driedimensionale en het niet-fysieke is een zeer moeilijke. Omdat er een grote tegenstrijdigheid is binnen deze menselijke frequentie. En totdat die strijd verdwijnt, zal het kind doorgaan met de pijn. En de niet-kennis is wat nodig is.

D: *Dus het is de niet-kennis die de pijn veroorzaakt? Is dat wat je bedoelt?*

R: Het is de niet-aanvaarding van niet-kennis.

D: *Maar weet je, in het menselijk leven is dat hoe we zijn. We komen binnen zonder hierover iets te weten.*

R: Dit kind kwam binnen met de kennis.

D: *We waren benieuwd of hij andere levens op Aarde had? (Nee) Waar waren zijn vorige levens?*

Robert begon een opeenvolging van ontelbare geluiden, een beetje als een klakken met z'n tong. Dit ging ongeveer een minuut door, snel achter elkaar, alsof ik probeerde iets heel snel uit te spreken, maar in een onverstaanbare vorm. Het klonk niet als een taal, maar gewoon als een reeks geluiden. Ik probeerde het te stoppen.

D: *Je zult in het Engels moeten spreken, zodat ik je kan begrijpen.*

Robert liet een aantal zeer diepe fluitende ademhalingen horen, bijna alsof hij remde op de ontboezeming.

R: We moeten energievormen van communicatie downloaden naar de frequentie van de driedimensionale energie die hier zit. Zodat hij in zijn formaat voor jou opnieuw kan vocaliseren.
D: Maar je mag het voertuig op geen enkele manier beschadigen.

Ik ben altijd heel voorzichtig als deze vreemde fysieke manifestaties zich voordoen. Ik wil er altijd voor zorgen dat de entiteiten (of wat ze ook zijn) zich realiseren dat het fysieke voertuig waarmee ze proberen te spreken mogelijk door hun energie kan worden geschaad. Maar ik heb me nooit zorgen hoeven maken, want 'ze' lijken net zo beschermend (of zelfs meer) te zijn als ik.

R: Het voertuig is nooit beschadigd. De schade wordt gecreëerd door het doel dat het kind heeft op het driedimensionale niveau, door niet-acceptatie van wie hij is. Hij creëert zijn eigen schade. De schade komt van buitenaf, niet van binnen. De lichamelijkheid die dit kind creëert, is de schade die wordt gecreëerd. We creëren geen schade bij het kind.
D: Want dat is wat ik nodig heb als ik deze sessies doe, dat er geen kwaad naar het voertuig komt.

Hij had nog steeds krampachtige schokken, bijna als elektrische ladingen. Dit en de lichamelijke reactie op de vreemde geluiden baarde me zorgen.

R: Dit is nooit gebeurd. Wij "relevanceren" je informatie, we zorgen dat je het relevant wordt.
D: Oké. Maar ik ben benieuwd, als hij niet eerder een fysiek leven op Aarde had, waar bevond hij zich dan, het grootste deel van zijn leven?
R: Er bestaat niet zoiets als "had een leven" formaat.
D: Hij heeft nooit een fysiek leven gehad in een andere dimensie?
R: Ja. Een leven in de dimensie waar je het niet over hebt.
D: Niet in deze dimensie dan. (Nee) Maar in welke andere dimensie bevond hij zich voordat hij hier kwam?
R: Een astrale dimensie.
D: Was dit een fysieke? (Nee) Omdat ik me ervan bewust ben dat er andere dimensies zijn, waar fysieke steden en mensen bestaan.

R: Een pakket aan relevante informatie maakte deel uit van de overgang tussen dit kind en het leven dat men op dit moment accepteert. Dit pakket aan informatie is wat dit kind met zich meedraagt. Hij is een licht lichaam. Hij is een etherisch lichaam. Hij is een fysiek lichaam. Maar dat niet alleen, hij is een multidimensionale frequentie die een immense hoeveelheid kennis met zich meedraagt. Dit wordt op zijn beurt geleidelijk naar beneden getransduceerd, doorgesijpeld, via de niveaus, naar een driedimensionale frequentie. Dit kind kan deze kennis dus laten trillen in een vocaal formaat. In een spiraalvormig formaat naar en met begrip voor degenen die op dit moment met deze niveaus werken.

De entiteit gebruikte het woord "geleider" tijdens deze sessie meerdere keren als zelfstandig naamwoord en ook als werkwoord. Ik kon het eindelijk vinden in de thesaurus. Het werd gedefinieerd als iets dat lijkt op een transformator, of iets dat iets in iets anders verandert.

D: *Er zijn veel anderen die hetzelfde doen als Robert waar ik mee in contact ben gekomen. (Jazeker) Gebeurde dit op driejarige leeftijd, of was het daarvoor?*
R: Het overgangspunt, de verandering, vond plaats op dit punt.
D: *Maar hij werd geboren als een fysiek mens. (Jazeker) En de kennis was er al toen hij baby was. (Nee) Daarvoor was hij ... wat? (Ik probeerde het te begrijpen.)*
R: Het kind was, voorafgaand aan het bestaan en de overgang, een overgangsgedachtevorm die door anderen werd gezien, maar niet echt.
D: *Het was niet solide en fysiek?*
R: Nee, het was een verschijning.
D: *Maar toch werd het gevoed en opgevoed door de ouders.*
R: Ja, gezien, maar in werkelijkheid niet. Er werd dus geen overtreding of scheppingsproces aan de mensheid opgelopen ... door het gebruik van een menselijke vorm. De menselijke vorm die je nu ziet is een scheppingsproces. Het is geen echt proces. Het is een verzinsel. Een verzinsel waar we op dit moment niet aan willen vasthouden. Het is een verzinsel.

Het fysieke lichaam van Robert dat op het bed lag, leek zeker echt en solide genoeg, en geen ilusion. Ik hoopte voordat de vergadering voorbij was dat deze opmerkingen duidelijker zouden worden gemaakt.

Een van de incidenten die Robert had gevraagd om te onderzoeken, ging over zijn herinnering waarbij hem op driejarige leeftijd iets overkwam. Hij voelde dat er een verandering was. Dat was de enige term die hij kon vinden die enige zin had in context van zijn ervaring.

R: Een "changeling" is de versie van het kind van zijn ogen. Het besef hierachter is totaal anders.
D: *Hij had het gevoel dat er op dat moment een ontwaken plaatsvond.*
R: Een ontwaken in je ogen. Het was een aanvaarding van een plicht.
D: *Op driejarige leeftijd?*
R: Op jouw leeftijd van drie, niet de zijne. De dimensie van denken en uren, minuten, tijden, dimensies, is een proces waaraan we ons moeten aanpassen. Om het je uit te leggen. ... het is als werken met je perimeters. Dus daarom zullen we accepteren wat je zegt, maar het is niet de ware realiteit achter de waarheid.
D: *Ja. Ik heb dit vaak gehoord, dus ik kan op mijn beperkte manier begrijpen waar je het over hebt. Maar de scène die hij zag van de waterval en de man, was dat een echte fysieke plek waar het kind werd meegenomen?*
R: Dit is een portaalverbindingspunt. En dit verbindingspunt zal hem en het en de energie terugbrengen naar een punt van niet-bestaan. Tot op een punt van de werkelijkheid. Tot een punt waarop deze energie en de last achter de energie werd gecreëerd door de gemanifesteerde wezens, die hier zijn om te helpen een nieuw doel te creëren. Een nieuw gedachteformaat voor de mens, om zijn geest te verlengen en uit te rekken. Dit proces wordt de mens niet opgedrongen. Het is er een van een acceptatie. En degenen die met deze acceptatie willen werken, kunnen zich afstemmen op deze kennis. Dit wordt "niet-kennis" genoemd. Het is een nieuwe kennis. Het is er niet een die is achtergelaten in portalen van informatie uit jullie tri-existentie. Dit is een niet-kennis, een nieuwe acceptatie. Een nieuwe perimeter, een nieuwe structuur, een nieuw begrip. Een nieuw gevoel en sensatie dat aan de mens wordt gegeven. Dit kind zit met deze kennis. Hij vibreert met deze

kennis. En werkt op dit moment met deze kennis. Op dit moment weet het kind zo weinig over wat hij is. Het is niet wat hij is, het is wat hij draagt dat de belangrijke weg naar realisatie is. Er zijn niet veel van deze kinderen op deze planeet. We stellen de perimeter van vijf tot zeven kinderen die op dit moment correct werk doen, met betrekking tot deze verlenging van de geest.

D: *Mij is verteld dat er andere kinderen zijn gekomen die min of meer als energiekanalen functioneren, om de mensheid in deze tijd te helpen.*

R: Ze komen allemaal uit verschillende aspecten van hetzelfde. Er zijn velen hier die deze planeet op dit moment helpen.

D: *Dus dit is gewoon een ander aspect?*

R: Dit is een ander aspect. Nog een verzinsel. In de manier waarop het kind een verzinsel is, een energie, een mogelijkheid, een verlenging.

D: *Dus de geest die in het lichaam is, heeft geen ander fysiek bestaan gehad op andere planeten of dimensies?*

R: Dit klopt niet. Deze verlenging van de geest kan zichzelf niet naar deze punten brengen, omdat het het driedimensionale lichaam dat hier is zal beïnvloeden. Er is geen acceptatie vanwaar dit kind is gekomen. Het zou het huidige werk verstoren. Het is zo ontzettend moeilijk om dit te verenigen eens dit kind ervoor heeft gekozen om te werken.

D: *Maar ik heb het over de ziel. We weten dat er een ziel en een geest aanwezig is in het lichaam, die de vonk van het leven is.*

R: De vonk van het leven dat in mijn kind brandt, is gecreëerd door het scheppingsdoel achter de mensheid. Dus als we vanaf dat punt werken, kan het scheppingsdoel dit kind herscheppen en een omtrek voor dit kind creëren. En zijn eigen nieuwe ziel en perimeters hebben om vanuit te werken. In gedachten houdend, zal een nieuwe ziel niet de verlenging van eerdere bestaansvormen hebben. Maar de programmering ... als je wilt verlengen in levens, kun je je uitstrekken tot levens die in dit kind zijn geprogrammeerd, maar ze hebben geen relevantie. Als je dit kind zou regresseren, zou je terugvallen in ... geprogrammeerde geheugenverslaggevers, maar ze zouden niet relevant zijn.

D: *Is dit wat ik heb gevonden als inprenting?*

Voor een duidelijkere definitie van imprinting zie mijn boek "Between Death and Life". Dit gaat over een proces waarbij het verslag van andere levens op de geest kan worden ingeprent. Dit zijn levens die het individu niet heeft geleefd, maar die de nodige informatie verschaffen om hen in staat te stellen in deze wereld te functioneren. Alle herinneringen, inclusief emoties, zijn opgenomen in deze procedure, en niemand (inclusief de persoon) zou in staat zijn om te duiden of ze echt zijn of niet. Deze zijn vooral nuttig als de persoon nog nooit een eigen aardse leven heeft gehad. Als dit hun eerste leven op deze planeet is.

R: Dat zou je kunnen stellen. Dat is jouw woordgebruik. Dat is voor ons acceptabel.

D: *Ik heb met andere mensen gewerkt die het imprinting noemden. Dat waren eigenlijk programma's van andere levens die ze eigenlijk nooit hadden geleefd.*

R: Klopt.

D: *Dus we gebruiken sowieso dezelfde definities.*

R: Klopt.

D: *Ik weet dat het moeilijk voor ons is om te begrijpen, omdat ik heb ontdekt dat de ziel in veel verschillende facetten kan versplinteren. Dit is waar je het over hebt, nietwaar?*

R: Absoluut.

Dit concept zal later in dit boek worden besproken.

D: *Ik heb mensen altijd meegenomen naar relevante en geschikte levens, zodat ze zullen begrijpen wat er nu in hun leven gebeurt. En je bedoelt dat dit niet mogelijk zou zijn?*

R: Dit zou niet relevant zijn.

D: *Oké. Omdat we altijd willen weten waar de ziel vandaan komt. En veel van deze mensen boden zich aan, om hierheen te komen, om dit werk te doen.*

R: Gemanifesteerd, gecreëerd, gemaakt, gewild.

D: *Wie ben jij, de wezens die spreken, als je "zij" zegt?*

R: We maken deel uit van het creatieproces achter het menselijk formaat. De oorsprong achter het scheppingsproces, de façade van de mensheid en de planeet waarin we leven. Wij maken deel uit van dat scheppingsdoel. Wij maken deel uit van de energie daarachter. We zijn hier nu, om degenen die willen begrijpen dat er een ander bestaan is, opnieuw te verlichten. Er is nog een ander energieformaat om naartoe te gaan. Er zijn hier zo weinigen, die bereid zijn om de veranderingen en relevantie te accepteren. Verandering is op dit moment zo relevant. De mensheid bevindt zich op een punt waar ze de verlenging van de geest kan oprekken tot het punt, waarop het bestaan van de mens niet langer kan bestaan ... op dit punt van energiefrequentie. Dit is geen inmenging. Wat dit is, is een verklaring van feiten. Daar moet verandering in komen. Er moet begrip zijn. Maar het voortbewegen moet correct gebeuren, met begrip, met kennis, met de frequentie van de lichamen die daartoe bereid zijn. En daarbij kunnen ze praten en werken met deze energieniveaus. Deze gedachten en "formats" zijn niet het proces van menselijkheid. Ze zijn het proces van de scheppingsinspanningen achter de manier waarop mensen werden geschapen.

D: Ja, dat kan ik begrijpen, ook al zijn er vele anderen die dat niet kunnen, omdat ik hier al zo lang mee bezig ben. Maar mij is verteld dat er tienduizenden mensen zijn die het niveau hebben bereikt en dat ze deel zullen uitmaken van deze verandering.

R: Er zijn er veel. Tienduizenden zijn zeer weinig, met betrekking tot de naamloze mensen op deze planeet. Tienduizenden zouden gelijk hebben. Je hebt gelijk. Het punt is dat er zo weinig zijn, die daadwerkelijk een energie van de rede dragen. Velen leren de reden, maar ... de waarheid achter de reden, daar gaat het om voor dit kind. Dat is de reden.

D: Ik weet dat er heel veel bij betrokken waren, maar ze hebben er geen weet van. De persoon beseft niet wat er gebeurt. Er is echter een ontwaken gaande. Meer mensen worden zich meer bewust van het feit dat er iets met de Aarde gebeurt. – Maar dit waren dingen waar hij over wilde weten, wat er gebeurde toen hij drie jaar oud was.

R: Het kind weet precies wat er is gebeurd, dus we hoeven hier geen verdere informatie over te geven.

D: Nou, hij had er vragen over.

R: Het kind heeft alle antwoorden. Hij heeft ze altijd.

Een herinnering die Robert sinds zijn derde achtervolgde en die volgens hem nergens op sloeg, was dat hij op een strand stond en naar een klif keek. Hij zag wat hij zag als zijn 'echte' ouders die van hem wegliepen op de top van de klif. Hij was erg overstuur. Hij huilde en schreeuwde dat ze terug moesten komen, dat ze hem daar niet achter mochten laten. Omdat hij zich deze herinnering herinnerde vanuit het standpunt van een volwassene, had het geen enkele validiteit, omdat deze mensen die hij zich herinnerde en als zijn "echte" ouders benoemde, niet zijn biologische ouders waren die hem opvoedden. Daarom wilde hij het onderzoeken.

R: (Zucht) We zijn bereid te accepteren dat het kind deze informatie niet krijgt. Jullie moeten accepteren, en "we" moeten accepteren dat, op dit moment in de tijd … om het kind te verlengen tot het punt waar het vandaan komt, hij niet in staat zal zijn om te blijven en te leven binnen de dimensies waarin hij zich bevindt. Er zijn energiefrequenties die totaal niet bevorderlijk zouden zijn voor het frame waarin hij zich bevindt. Hij werkt heel weinig met deze energieën, maar ze beïnvloeden hem veel. Dit was de keuze. Dit was de acceptatie toen dit kind dit werk kwam doen. De omtrek daarachter zal enige onbalans van misvorming binnen zijn fysieke structuur creëren. Dit moet worden geaccepteerd. Er zullen niet-correctionele doeleinden worden ingevoerd, maar ze zullen nooit correct of fysiek functioneren. Zijn lichaam zal veel lijden met betrekking tot de energie die hij met zich meedraagt. We kunnen het doel achter waar hij vandaan komt niet verdoezelen. Om de eenvoudige reden: dat de energie waarvan hij is, niet de energie en realiteit is achter waar hij vandaan komt. Dit zal zo verwarrend zijn voor degenen die de waarheid begrijpen.

D: Maar mij is verteld dat de volledige scheppingsenergie nooit een menselijk lichaam kan binnendringen. Dat zou onmogelijk zijn. Dus dit is slechts een fragment?

R: Dit is een fragment. Het kind heeft een fragment van zijn werkelijkheid gekregen.

D: Maar je denkt dat een deel van deze kennis, van wat er gebeurde toen hij drie was, gevaarlijk voor hem is om te weten?

R: De kennis van het voorafgaande bestaan van waaruit hij is gekomen, de energie waar dat vandaan is gekomen, zou niet bevorderlijk zijn voor zijn fysieke element. Hij kan deze kennis hebben wanneer hij uit zijn fysieke element is, wat op dit moment niet het geval is. Hij is dus niet geneigd om erop uit te trekken.

Dat is een deel van de pijn die hij moet verdragen. Dat wist hij toen hij dit werk op zich nam. Hij is het energieformaat .. hij wist dat hij niet in staat zou zijn om te communiceren met de energie van het leven waar hij vandaan komt. Er is maar één "portaalacceptatie" die hem daartoe in staat stelt. We zagen het instappunt. De enige keer dat dat toegangspunt opnieuw kan worden betreden, is op het punt van ondergang. Als, en wanneer dit kind deze planeet verlaat, zal het worden meegenomen. Hij zal niet door de normale "buizen van het parellele" gaan, die hem terug zullen verdragen in een niet-frequentie van acceptatie. Zoals we ons op dit moment wel bewust zijn, wanneer een aardse geest naar de vierde dimensie gaat, is er een buis. En binnen deze buis is er prachtig licht. Maar langwerpig in dit licht zijn veel ervaringen die je kunnen meenemen en je naar verlengingen van spectrum kunnen slepen die niet bevorderlijk voor je zijn. Ze zijn gemaakt door lage astrale frequenties. Het kind zal hier niet relevant mee in overeenstemming zijn. Hij hoeft zich niet door deze processen heen te bewegen. Het kind is herboren uit het licht en is zich nu wel bewust van het werk dat hij moet doen. Hij is gepusht naar een hoger niveau, met dit werk.

D: Dus je denkt dat het niet raadzaam is om vragen te stellen voor zijn nieuwsgierigheid naar wat er gebeurde toen hij drie was.

R: Nee. De waarheid is er. Wat er gebeurde, is vanaf het moment dat hij zich herinnerde. Niets daarvoor zal gegeven worden, en zal nooit gegeven worden.

Ik was niet van plan om op te geven. Ik probeerde opnieuw om op zijn minst een kleine hoeveelheid informatie voor Robert te krijgen.

D: Hij was gewoon nieuwsgierig, vanwege zijn herinneringen aan het zien van zijn echte ouders die hem verlieten.

R: Echte energieën achtergelaten in het menselijke formaat. Op het moment dat hij in een menselijk formaat was, creëerden de energieën een menselijk formaat voor hem om te zien, voor hen om te zien, voor jullie om te zien, dat deze verandering plaatsvond. Dat er op dat moment een opschorting van anonimiteit plaatsvond.

D: Dus dat was gewoon iets voor hem om te onthouden.

R: Dat klopt.

D: *Dat zou een veilige herinnering zijn.*
R: Dat hij ergens vandaan komt, en niet hier. En er is liefde in overvloed als en wanneer zijn werk is voltooid, en het is nog lang niet voltooid.
D: *Ja, dat begrijp ik. Maar je weet dat dit moeilijk is voor de mens als ze het gevoel hebben dat ze hier zijn achtergelaten. Ze voelen zich erg geïsoleerd. En ze voelen zich anders dan de andere mensen.*
R: Houd in gedachten dat waar je op dit moment mee praat, niet-fysiek is. Maar het fysieke lichaam waar je naar kijkt, op dit moment in de tijd, is fysiek en lijdt veel onder het werk en het onbegrip van degenen die hij in het fysieke gedachteformaat heeft en waarmee hij voorkomt.

Robert zei, dat hij als kind zeer hoge koortsen en fysieke problemen had, die de artsen niet konden verklaren. Hij kwam verschillende keren dicht bij de dood en bracht vele dagen door in het ziekenhuis, terwijl ze probeerden zijn temperatuur onder controle te houden en te begrijpen wat er met hem gebeurde. Tot op de dag van vandaag kregen zijn ouders nooit uitleg.

R: Dit heeft te maken met de overgangssituatie van nieuwe energieën die zich richten. Er zijn veel mensen die als een vergrootglas van energie zijn. Dit kind is één. Wat hij is, is een curator van energie, maar geeft het door. Hij is een formatter. Hij is een begripsbegrip. Hij is een transducer. Hij is als een lont die energie van het ene punt naar het andere verplaatst. Hij begrijpt het niet altijd. Dit heeft veel effect op het fysieke menselijke lichaam dat hij draagt. Hij begrijpt dat veel van deze energie niet van hem is. Het is een gedeelde energie. Het is een transducement van één portaalpunt, naar een fysiek toegangspunt, naar een fysieke mensheid.
D: *En dit is de oorzaak van de koorts en de fysieke problemen die in die vroege dagen plaatsvonden?*
R: Dit was een leer omgaan met energieën. Dit was een punt in zijn leven waarop hij wakker moest worden voor wie hij was. Anders had hij deze planeet verlaten. Er zou voor hem geen reden zijn geweest om hier te zijn.
D: *Dus hij moest zich aanpassen aan ... wat? Een opleving van de energie?*

R: Aanpassen of uit! Feit! Cijfers! Aanpassen of uit! Daar is geen enkele relevantie van.
D: Dus het zou een opstap zijn in de frequenties op dat moment?
R: Ja, of step-out! Stap weg van de mensheid. Ga terug. En laat een andere energie het werk goed doen.
D: Hij zei dat het erg traumatisch was en dat ze niet konden begrijpen wat er met hem gebeurde.
R: Ongelooflijk, te veel voor een fysieke energie om te verdragen. Bijna buiten het uithoudingsvermogen. Het kind heeft veel te gaan dat verder gaat dan uithoudingsvermogen. Om ook op fysiek niveau met energieën om te gaan, moet je naar het punt worden gebracht dat er geen uithoudingsvermogen meer over is. Om dat te begrijpen is het punt waarop je niet meer kunt gaan. Het wordt beschouwd als de geteste tijd. Het is ... leren begrijpen dat de planeet van de lichamelijkheid in vorm is. Dit kind heeft een immense kracht, die velen ver te boven gaat. Hij moet nog de ware zin en het ware doel begrijpen achter wat hij zal uitvoeren. Er is zoveel werk aan de winkel. Veel ervan zal in het fysieke worden gedaan, maar zoveel zal worden gedaan op de subliminale en bovenbewuste niveaus.

De stem beïnvloedde de tape. Het had algemeen een hees geluid, maar nu werd het meer uitgesproken, als een elektronisch signaal dat begon te breken. Sommige woorden hadden een vervormde en onnatuurlijke klank. Overal klonk mijn stem normaal op de band, alleen die van hem was vervormd. Ik heb het niet gemerkt tijdens de sessie. Het werd pas duidelijk op de tape. Dit is vele malen gebeurd, dat de entiteit mijn elektronische apparatuur op een onnatuurlijke manier heeft beïnvloed.

D: Maar hij heeft zich nu aangepast. Hij heeft niet langer de koortsen en de andere pijnen en de pijnen die hij in het verleden had.
R: Hij heeft nieuwe pijnen. Dit is een verkeerde interpretatie van energieformaten.
D: Hij zei dat ze in de rug en zijn benen zaten.
R: Dit zijn energiepunten van de nieuwe energie.
D: Dus er vindt weer een opwaartse stap in energie plaats?
R: Dat klopt. Het kind heeft dit uitgelegd gekregen. Accepteert niet. Zal accepteren. Dit wordt verwacht.

Robert liet onverwacht een rare hoge kreun horen en zijn lichaam stuipte en schudde. Het was onverwacht en verraste me.

R: Geluid is de enige manier van programmeren en accepteren.

Dit was blijkbaar de reden voor het vreemde geluid.

R: Geluid is een nieuwe creatieprogrammering. Accepteren. Accepteren. Accepteren. We zijn bereid te accepteren dat de nieuwe geluidsgrenzen die een helende basis op deze planeet creëren, een formule zullen zijn voor menselijke wezens om de pijn die ze doorstaan te accepteren. Dit kind werkt nu toe naar het werken met geluid. Geluid wil zijn lichaam weer polariseren. Om opnieuw toegang te krijgen. Om opnieuw te leren hoe je de grenzen van de energie die het draagt kunt ontwikkelen. Het kind heeft dit nu op zijn plaats.

D: *Bedoel je met geluid de menselijke stem of muziek?*

R: Met muziek. Het kind werkt met muziek. Muziek uitdelen en muziek zingen en produceren. En hij houdt zich ook bezig met geluid. Met mensen die werken met het stemmen van geluid. Geluidsresonanties, frequenties, geluid, kleur, uitbreidingen.

D: *Het is allemaal erg belangrijk omdat de frequenties van muziek het menselijk lichaam beïnvloeden. Het zou beter zijn als hij deze energie-aanpassingen en de step-ups in de energieën kon maken zonder ongemak voor het lichaam.*

R: Ja, dat zou bevorderlijk zijn, maar het lichaam kent zijn beperkingen niet totdat ze zijn verkregen. Dat is het punt. Dit is een leerproces. Om het menselijk lichaam te laten veranderen, moet men begrijpen dat de elementen die de mensheid koos, niet door leren door liefde, maar door leren door angst en energie waren. En angst en energie creëren een verwijdering van ongewenste energie, die uiteindelijk pijn creëert. Pijn is dus het punt van leren. Pijn is het punt van evolutie en uitrekken tot het punt van begrip. Dus daarom is pijn het punt van leren.

Hier veranderde Roberts stem en werd emotioneel, op het punt van huilen. Wat er gezegd werd, had zeker invloed op Robert, en dat menselijke deel overheerste de entiteit.

R: Dus daarom is pijn het punt waarop dit kind op het punt van uithoudingsvermogen komt. En dan zal hij het vermogen hebben om anderen te leren dat te doen.

Robert huilde nu. Ik probeerde het te negeren in plaats van me erop te concentreren. Op deze manier kon ik de entiteit terugkrijgen en Roberts emoties onderdrukt houden. Bovendien is het altijd mijn taak om pijn weg te nemen, niet om het te rechtvaardigen of te verlengen.

D: Maar we willen echt geen pijn, want pijn geeft ongemak aan het lichaam.
R: Ja, klopt. (De entiteit had weer de controle.)
D: Dus kan het op een veel gemakkelijkere manier?
R: Nee, niet in deze omstandigheid. Wat er moet gebeuren is dit: Beheer het punt van pijn. Hij heeft dit element, deze frequentie, deze tweeduizendjarige cyclus gekozen om zich door de energie van pijn te ontwikkelen tot de evolutie van een nieuw lichaam. Dit is hoe de mens ervoor heeft gekozen om te leren. We gaan nu naar een nieuw proces van liefdesomgeving waar pijn zal worden kwijtgescholden. En liefde zal de frequentie van blootstelling zijn als en wanneer nieuwe ervaringen doorkomen. Wat er moet gebeuren, is het versnellingsproces waarbij de mens verplicht is om alle pijn die hij draagt te transduceren en te verwijderen. Dus daarom kunnen de nieuwe liefde elementaire gevoelens en sensaties worden doorgevoerd in de vierde en derde. Zo gebeurt dat. Het wordt door deze cyclus van ervaring van deze last van dit kind getoond.

Deze verandering van het menselijk lichaam om in de Nieuwe Aarde te kunnen bestaan zal later in dit boek worden uitgebreid.

D: Is het het DNA van het lichaam dat wordt aangetast?
R: Absoluut.
D: Ik heb dit van andere mensen gehoord. En ze zeiden dat het een duidelijke verhoging van de frequenties is.
R: Ja, absoluut.

D: *Maar ik zou willen dat het gebeurt met minder ongemak voor zijn lichaam.*

Ik was vastbesloten om ongemak uit Roberts lichaam weg te nemen, ook al stuitte ik op enorme weerstand van de koppige entiteit.

R: In het begin leer je dat de pijn niet al is. Naarmate je leert, wordt en vordert de pijn minder. Pijn, niet noodzakelijkerwijs de functie van pijn. Pijn is het evolutionaire proces van leren. Als je veel leert, ontstaat pijn door de werking van de hersenen. Pijn ontstaat door hard te moeten werken. Pijn ontstaat door te veel lief te hebben of te veel te leven. Dit zijn de processen waarmee de mens koos om mee te evolueren.

D: *Ja, het hoort allemaal bij onze lessen.*

R: De mens krijgt een afstappunt, maar hij moet zijn grenzen kennen. Hij moet begrijpen dat deze afstappunten stappen van realisatie zijn. Je moet het oude verwijderen om met het nieuwe mee te verhuizen. Het is de opruimtijd. Daar moeten we mee aan de slag. Er moeten discipelen zijn van deze opruimtijd. Dit kind is een van de zeven discipelen op dit moment en doet het specifieke werk dat hij heeft gekozen om te doen. Dit is de eerste die jullie zullen ontmoeten. Je zult meer ontmoeten. Jullie hebben nu met deze energie gewerkt. Deze energie trek je weer aan. Ze zijn misschien niet zo'n moeilijk onderwerp om mee te werken. Dit kind is geprogrammeerd met elementen die hem niet in staat stellen om naar de plek te gaan waar hij vandaan komt. Het was het lichtlichaam waarin hij koos om binnen te komen. De lichtlichamen met het volgende kind waar je mee gaat werken, willen je weer terugbrengen naar het doel achter dit kind. En de energie waar ze vandaan komen. Je zult nu een ander ontmoeten. Je zult dat naar je toe trekken, omdat je geïnteresseerd zult zijn om te weten wat er achter dit doel zit. Dat krijg je deze keer niet.

D: *Ik weet wel dat een deel van het doel te maken heeft met het creëren van een nieuwe wereld, en het naar een andere dimensie gaan, door de frequentie en de vibratie te veranderen. Ik heb dat soort informatie gekregen.*

R: Ja, dat heb je. Je zult langwerpig zijn op het spectrum van die informatie. Rekening houdend met de resonantie van die informatie zal je in staat zijn om in veel opzichten te resoneren.

Zoals je zult waarderen, mijn lieve dame die zo hard en goed werkt, draag je heel weinig van de ervaring die je hebt. En de energie die je in niet-fysieke zin draagt, is de onmetelijkheid achter het werk dat je bent. Mijn kind, je moet bedankt worden. Maar je fysieke element draagt zo weinig, en het feit dat dit fysieke element zo weinig draagt, het is wat je draagt, niet wie je bent.

D: *De energieën achter dit alles.*

R: Niet alleen de energieën, maar ook de energieën die aan die energie verbonden zijn. Het kost tijd voordat die paralel-ervaringen zijn verzameld. Het is als de vis in het visnet zoals de trawler in het net pulseert. Geleidelijk wordt het gewas blootgesteld terwijl de vangst wordt verpulverd. Maar de kracht moet worden gewonnen om het net naar binnen te pulveren. Dus daarom zal het gewicht van de kennis die binnen dat net wordt gedragen alleen gebeuren als en wanneer de persoon of het uithoudingsvermogen voor dat doel is gegeven. Je verzamelt die informatie. Je hebt een acceptatie achter wie je bent en wat je bent, mijn kind. Je hebt ook een acceptatie die veel verder gaat dan dat, dat je ervoor hebt gekozen om te komen werken met waar je mee werkt. Buiten je fysieke elementen krijg je zoveel. Maar binnen je fysieke elementen krijg je zo weinig. In feite krijg je zo weinig dank met betrekking tot wat je op zoveel verschillende niveaus doet. Maar de zeer weinige dank die je krijgt, zijn ware dank. Wat jullie in werkelijkheid te wachten staat, ligt achter jullie van wat jullie nog over hebben. Op dezelfde manier met dit kind. Jullie komen allemaal uit hetzelfde doel. Dat beseffen we allemaal. Deze spiraal van bewustzijn spiraalde uit een andere spiraal die spiraalde van een andere spiraal die spiraalde van een andere spiraal. Het is een verlenging van een proces dat niet te begrijpen is in de dimensies van wat je hebt. Maar jullie krijgen meer dan jullie in het verleden zijn gegeven. Je krijgt het vermogen om te begrijpen, als dat een punt maakt.

D: *Mijn deel is proberen anderen te helpen het te begrijpen en het te presenteren op een manier die ze kunnen begrijpen en accepteren.*

R: Je zegt zoveel woorden die op dat moment heel weinig betekenis hebben. Maar de resonanties achter die woorden zijn de ware betekenis. Een verlenging achter wat die energie is. Er zijn veel visies en houdingen die we hebben als en wanneer je spreekt, maar je kunt er niet over spreken. Maar wat je eigenlijk doet met de woorden, is transduceren, die energie transporteren naar deze mensen. Dus daarom behoudt en neemt de cellulaire structuur een energie aan die voor hen bevorderlijk is; dat wil hen in beweging brengen. Er zijn zoveel mensen die zo weinig doen. Er zijn heel veel mensen die ontzettend veel doen.

D: *Dus het zal op een ander niveau voor hen resoneren, anders dan wat ze in de boeken lezen.*

R: Absoluut, mijn kind. je boeken hebben een resonantie. Je hoeft ze alleen maar te bezitten om de resonantie, de proportatie van hun informatie, hun energie te dragen.

D: *Dus mensen zullen meer krijgen dan ze eigenlijk denken te ontvangen bij het lezen van de woorden op de pagina?*

R: Ze zullen de inspiratie voelen. Ze zullen de boeken voelen en aanraken, en de behoefte voelen ... dat er iets in dat boek zit. En het kan één zin zijn. Het kan een idee zijn, het kan intuïtie zijn. Het kan verlenging zijn. Het kan de neiging zijn om dat alleen maar te horen, dat een geheel nieuwe frequentie van gedachtevorm voor hen zal verlengen. Dat zal hen in staat stellen om te transduceren, om een hele nieuwe spiraal van informatie te accepteren. Daar gaat het om. Jullie, wij, zijn de curatoren van de nieuwe kracht. En de kracht is niet waar je naartoe gaat. Het is waar je vandaan komt. Het is tijd om af te ronden voor velen. En het is tijd om te beginnen voor vele anderen. Het is tijd voor een evolutie van verandering. Er is een cyclus begonnen.

D: *Dat is wat ik heb gehoord, dat niet iedereen deze overgang zal maken.*

R: Dat klopt. Degenen die er klaar voor zijn, zullen degenen zijn die in staat zullen zijn om fysiek minstens tien procent te begrijpen van waar ze naartoe gaan. Dat recht zullen ze moeten verdienen.

D: *De anderen zullen niet begrijpen wat er gebeurt en ze zullen erg in de war zijn.*

R: Ze kunnen in de laatste vijf minuten van hun bestaan worden getranspondeerd of de informatie op hun fysieke niveau krijgen, zodat ze verder kunnen gaan. En ze zullen op een subliminaal niveau hebben gewerkt. In de laatste momenten van hun leven krijgen ze dat op fysiek niveau. Dus daarom zullen ze de energie hebben om over te stappen. En met de leer om te begrijpen dat wanneer ze door de buis van kennis gaan, wanneer ze van het ene bestaan naar het andere gaan, ze niet naar de vierde dimensie zullen gaan. Ze zullen teruggaan naar het juiste punt, naar het energiepunt van waaruit ze zich hebben losgemaakt.

D: *Hoe zit het met die mensen die weigeren te begrijpen?*

R: Nogmaals, keuze is de vrijheid van de mens.

D: *Dat is waar. We hebben een vrije wil.*

R: Dat klopt.

D: *Dan gaan ze niet verder in de overgang.*

R: Deze keer niet! Tijd is het element van je frequentie.

D: *Ja, ik weet dat tijd een illusie is, maar we zitten erin gevangen. We moeten het gebruiken.*

R: In hun ervaring zal het hun tijd zijn. In jouw ervaring zal het niets zijn. Jij, degene die is overgegaan naar een andere ervaring. Het zal zijn alsof je wacht om je kudde samen te brengen, zodat de kudde dan naar andere weiden kan verhuizen. Als we moeten accepteren dat de goddelijke vonken van het menselijk bewustzijn van één niveau zijn afgebroken, als dit een acceptatie moet zijn, dan zijn jullie goddelijk weggebroken in vonken van individualisme. Je werkt en evolueert dan naar een bewustzijnsstaat. Terwijl jullie in dit bewustzijn zijn geëvolueerd, hebben jullie een dichtheidsfrequentie van deze planeet gecreëerd. De dichtheidsfrequenties van energiekennis achter deze planeet. Het leven, de dood, het leven, de dood. De dichtheidsfrequentie, het karma, de informatie daaromheen. Het punt waarop je dit punt verlaat en teruggaat naar je multidimensionale enkelvoudsfrequentie, je zult wachten tot de kudde zich opnieuw verzamelt. Dit kan milennia vergen. Maar het punt is, wanneer je wacht tot je kudde zich verzamelt, ben je in een afgrond van totale liefde en acceptatie. Je krijgt precies wat je nodig hebt om te genieten van wat je bent.

D: *Ja, ik heb gehoord dat het heel mooi is. Het wordt totaal anders. In eerste instantie vond ik het nogal wreed dat de anderen niet tegelijk zouden gaan. Ze zouden achterblijven.*

R: Zo is het helemaal niet. Het is niet zo dat je weg moet; lichamen, zoals wat het kind heeft ervaren, ervaart, de verlenging van emotie van het verlaten van een fysiek gezin. Wat hij werkelijk heeft achtergelaten is een fysieke familie van de dimensie waaruit hij is gekomen. Hij mist de liefde. Hij beseft ook dat hij daar niet op terug kan. Hij komt al vele milennia heen en weer om te begrijpen hoe de planeet werkt. Bij deze gelegenheid heeft hij ervoor gekozen, of hij heeft de keuze gekregen, om met de planeet te komen werken. Om de kudde te transduceren en terug te trekken. Als we dit in een denkproces willen plaatsen, is dit kind de discipel van nieuwe kennis. Dit kind moet versierd worden met betrekking tot de informatie die door deze stem is gegeven. Het kind werkt niet binnen karma. Hij is afgestapt van de energetische frequenties van de spiraal van karmische frequentie en derde en vierde dimensie.

D: *Omdat je weet dat je met karma gevangen kunt raken in de aardse frequentie.*

R: Je praat op dit moment met een niet-karmisch invloedrijk doel. Haal daar alle denkniveaus uit. Neem jezelf hierboven.

D: *Dus hij is hier alleen maar om dit doel te dienen. En dan gaat hij terug naar de dimensie waar hij vandaan kwam.*

R: Dat klopt. Hij zal een normaal menselijk leven leiden. En tijdens dat mensenleven zal hij zijn taak uitvoeren, maar hij heeft wel invloeden. Hij kan in een driedimensionaal doel worden getrokken.

D: *Ja, het is heel moeilijk om in deze wereld te leven en daar niet in getrokken te worden.*

R: En als hij in een driedimensionaal doel wordt getrokken, wordt hij er weer uitgetrokken.

D: *Omdat dit is hoe karma wordt gecreëerd. We zijn hier om lessen te leren.*

R: (Hij onderbrak.) We raken geïrriteerd door dit onderwerp. Karma wordt hier op dit punt niet weerspiegeld met deze invloed. We zullen niet onbeleefd tegen je zijn. Kunnen we deze informatie elders verder uitwerken, alstublieft?

D: *Oké. Ik wilde het alleen maar verduidelijken in zijn voordeel, omdat hij ermee bezig was.*

R: Verduidelijkt geaccepteerd. Het kind weet alle antwoorden.

D: *Maar zijn bewuste geest niet. We proberen het door te geven aan de bewuste geest.*

R: Bedankt voor het werken met zijn bewuste geest. Je kunt beter werken met informatie die je nodig hebt. Het kind heeft alle antwoorden. Je hoeft deze vragen niet te stellen. Alle vragen die hij heeft gesteld, daar heeft hij de informatie over. Je zult van dezelfde plek werken. Er is je verteld dat je met deze mensen zult werken. Dat zal uiteindelijk voor jou gebeuren. Dat moet gebeuren. Daar moet op worden gewacht. Het zal op tijd gebeuren.

D: *De andere mensen met wie ik heb gewerkt, wat we "sterrenkinderen" noemen, of degenen die binnenkomen, hebben niet zoveel moeite als Robert.*

R: We drukken oude informatie opnieuw uit, maar ik zal dit opnieuw uitleggen: (Hij leek geërgerd.) Op dit moment in de tijd, de overgangsperiode tussen liefdesfrequentie en de energie-ervaring van het denken van de mens, ... wordt verlengd door een zekere pijn. Het punt waarop er een overgangspunt is, waar de mens kan overgaan van pijn, dus aangeleerde evolutionaire ervaring, naar liefde aangeleerde evolutionaire ervaring, moet worden verlengd door voorbeelden. Nu moet het punt van bewegen en kantelen van het ene punt naar het andere worden getoond. De enige manier waarop men dit kan doen, is door op dat punt te komen. En leren om van het uiterste punt van de spiraal naar de volgende verlenging van expressie te gaan. Dus daarom moeten de discipelen die doorkomen begrijpen waar dat punt is. Het afstappunt. Het punt waar je elkaar ontmoet op de brug. Het punt waarop je begrijpt dat het tijd is om lief te hebben. (Bewust) Is dit zinnig om dit te verduidelijken?

D: *Ja. Ik geloof dat de andere die ik heb gesproken, waarschijnlijk niet van dezelfde frequentie zijn. Maar ze hebben zich ook vrijwillig aangemeld om de wereld te komen helpen.*

R: Ze werken aan de niveaufrequenties die naar dit punt toe bewegen. Dit betekent niet dat deze energiefrequentie hoger of lager is. Ze maken deel uit van de opstap. Ze maken deel uit van de treden tot het punt aan de top van de piramide. De top van de piramide is het punt waar het kind dan klaar is om zichzelf te rapporteren. De verlenging van de bestaande spirituele rek van de geest zal op het punt zijn waar het zal worden toegestaan om zichzelf terug te brengen naar het doel vanwaar ze kwamen. Zoek dan naar een andere ervaring wanneer de kudde zich weer heeft verzameld.

D: *Maar je weet hoe moeilijk dit voor de gewone mens zal zijn om te begrijpen.*

R: De gewone mens heeft tijd over, maar de tijd versnelt. Dus daarom versnelt deze verlenging. De verwachting versnelt dus. Daarom versnelt de DNA-herstructurering. Dus daarom versnelt de trillingsfrequentie. Alles versnelt. Dus pijn zal ook versnellen en tot een punt worden uitgerekt. Pijn is weer niet alleen pijn met betrekking tot bloed. Het is ook pijn met betrekking tot elk gepland evolutionair doel. Het uithoudingsvermogen van de mens van evolutie en de evolutie in zijn geheel.

D: *Mij is verteld dat we veel sneller karma uitwerken, omdat we proberen ons aan deze frequenties aan te passen en te vertrekken.*
R: Dat klopt. We downloaden de huidige informatie, energiegedachteformaten, die al vele milennia bij ons zijn. Er is nu een punt waarop mensen worden toegestaan om te downloaden, op te ruimen en worden toegestaan om uit de karmische cyclus te stappen. Op het moment dat ze uit de invloed van de karmische cyclus kunnen stappen, kunnen ze vervolgens werken met de spiraal van informatie die hen ertoe aanzet om uit te stappen, en uit, en terug naar de frequentie waaruit ze zijn gekomen. Simplistische termen van uitleg. Niet makkelijk om mee te werken. Wil werken met.

Hij klonk geïrriteerd, omdat hij het eenvoudig moest uitleggen, en onder woorden moest brengen die ik kon begrijpen, maar het was eindelijk een beetje logischer.

D: *Mij is verteld dat veel van deze dingen heel moeilijk te begrijpen zijn voor onze geest. Daarom hebben we de informatie nog niet eerder gekregen.*
R: Geaccepteerd.
D: *Dat de fysieke menselijke geest gewoon niet de capaciteit heeft.*
R: Dat klopt.
D: *Dus ik heb altijd te horen gekregen dat ik de informatie moet presenteren op een manier die mensen kunnen begrijpen.*
R: Dat klopt. En dat ben je.
D: *Maar de informatie die je geeft is veel ingewikkelder.*
R: Dat klopt, want je vraagt om de antwoorden.
D: *Maar ik denk dat het voor sommige mensen nog steeds moeilijk zal zijn om het te begrijpen. Dat is het probleem.*
R: De mensen zullen het op dit moment begrijpen. Omdat hun evolutionaire doel, hun lichamelijke energiefrequentie, dit doel zal kunnen accepteren. Dat is het punt dat wij maken. We hebben nu zeven discipelen naar deze planeet gestuurd. Twee verlengen,

twee rekken. Er komt een drie en er komt een vier. Ze zullen elkaar op een gegeven moment ontmoeten. Maar de drie zullen de vier niet kennen, en de vier zullen de drie niet kennen. De eerste die er een heeft ontmoet, heeft plaatsgevonden. De eerste van de drie staan op het punt om elkaar eventueel te ontmoeten.

D: Maar de andere vier zullen ze nooit ontmoeten.
R: Dat klopt.
D: Ze zullen op verschillende gebieden werken?
R: Dat klopt.
D: Maar ik zal er een paar tegenkomen?
R: Dat wil je. En als en wanneer je ze tegenkomt, moet je het ene niet tegen het andere benoemen, in fysieke zin. Je kunt subtiel praten, maar je moet niet in fysieke zin praten. Het zal interfereren met de energieën. Omdat ze dezelfde energieën dragen, maar ze gebruiken verschillende formules. Rekening houdend met het feit dat de etnische fokkerij anders is. Ze dragen verschillende energieën. Dus daarom zijn de energieën van het zuidelijk en oostelijk en westelijk en noordelijk halfrond niet helemaal bevorderlijk voor elkaar op de planeet. Dus daarom moet je het niet benoemen.
D: Het zullen dus verschillende rassen en culturen zijn.
R: Verschillende culturen zouden beter zijn dan rassen. Ze spreken misschien dezelfde taal, maar de culturele bruggen zullen anders zijn.
D: Maar als ik ze ontmoet, zal ik het weten?
R: Dat wil je.
D: Zal ik het zo weten, in trance?
R: Je weet het meteen.
D: Omdat ik hier meestal mijn informatie krijg.
R: Helemaal juist. Daarom weet je het meteen wanneer je een van de anderen ontmoet. Je zult het op het niet-fysieke niveau weten voordat het zelfs maar gebeurt.
D: En ik moet ze niet met elkaar in contact brengen. Ze mogen niet met elkaar in contact worden gebracht.
R: Dat klopt. Tenzij je het wordt verteld.
D: Mij is hetzelfde verteld over andere informatie. Ik heb mensen gevonden die aan dezelfde uitvindingen werken. En ik kreeg te horen dat ik ze op dit moment niet van elkaar op de hoogte moest stellen.

R: Dat klopt. Energieën interfereren met energieën. Wat je hebt, is een verbinding via een subliminaal gedachtevormproces, dat verbonden is via één spiraal van energie. Als je de ene met de andere verbindt, kunt je de twee samenvoegen en de informatie verdunnen. Je weet precies wat er gezegd wordt, dus daarom zou verdunning niet bevorderlijk zijn voor het gedachteformaat colectional doel achter de energie. Dus daarom zou het verwarrend zijn om de een aan de ander hetzelfde werk te laten doen. Rekening houdend met het feit dat, wanneer en wanneer een uitvinding klaar is om te gebeuren, deze op veel verschillende manieren moet plaatsvinden. Dus daarom is de energie klaar op een subliminaal niveau. Dus wanneer de bewuste acceptatie komt, is het subliminale er al. Het zit dus goed.

D: Ik ontmoette een man in Californië, en toen ik verder reisde over de hele wereld, onder andere in Australië, ontmoette ik een andere man, die aan dezelfde "uitvinding" werkte. En mij werd in deze staat verteld dat het zou zijn als twee golven in de oceaan die vanzelf zouden bewegen, maar als ze zouden samensmelten, zou het slechts één golf zijn, en het zou zijn – zijn energie of zijn potentie.

R: Dat klopt. Dat is een mooie analogie met betrekking tot je driedimensionale termen. Je zult ook, heel binnenkort, als je dat nog niet bent, werken met totale geluidsresonantie.

D: Ik heb mensen ontmoet die met de medische professie werken en die proberen natuurlijke genezing te introduceren.

R: Je zult je gedachten verder uitrekken tot deze gedachte. Jullie hebben nu een proportment van energie die op dit moment naar jullie wordt overgebracht. Je zult hierover kunnen schrijven. Het zal binnenkort met je werken.

D: Ik heb andere klanten gehad die me vertelden dat ze met geluid en kleur wilden werken. Dit zal de nieuwe genezing zijn.

R: Kleur gaat voor geluid.

D: Vóór geluid.

R: Kleur gaat voor geluid. Kleurresonantie klinkt. En dat resoneert energie. Dan resoneert dat gedachteformaat frequentie. Kleur staat voorop. Het kleurenspectrum resoneert geluid. Het spectrum van geluid resoneert kleur.

D: Het werkt dus samen.

R: Werkt in totale rek en stretching, om het zo te noemen. Wat we op dit moment niet aan het overbrengen zijn, is begrijpen dat elk verzinsel, de elementaire frequentie van het fysieke lichaam, resoneert op een bepaald geluidsniveau. Het DNA, de cellulaire structuur, werkt al met geluidsresonanties. Daarom worden we geprogrammeerd met een totaal nieuwe DNA-structuur. Dus daarom kunnen geluidsresonanties worden beschermd en geprojecteerd op het menselijke gedachteformaat. Dus daarom zullen we in staat zijn om nieuwe frequenties te accepteren. En deze worden via geluid getransduceerd. Via gewascirkelende geluiden, via indrukken, via ontmoetingsintonaties, via geluidsfrequenties. Dit zijn alle intonaties van geluid en kleur. En ze komen in een veel dikkere, meer welvarende zin op dit moment. We krijgen ook het element van introductie van kennis op een driedimensionaal niveau. Hoe dit te begrijpen en ermee te werken. Dus daarom kunnen menselijke ziekten worden gemanifesteerd en gecreëerd in een positiever formaat, in plaats van te leven en te sterven met deze ziekten, en te leren welke energieën deze ziekten dragen. Ziekten zijn informatie. Maar als het lichaam niet over de informatie van deze ziekte beschikt, creëert het lichaam de ondergang. Het is een zeer interessant formaat om te denken dat een ziekte eigenlijk een energie van belang is, niet een energie van negativiteit.

D: *Ik kreeg ook te horen dat het lichaam resistenter zal worden tegen de verschillende ziekten.*

R: Het lichaam zal resistent worden tegen verschillende ziekten, alleen als het gedachteformaat creatiedoel achter het lichaam klaar is om resistent te worden. Als het scheppingsdoel van het gedachteformaat in het lichaam dat van het totale driedimensionisme is, dan zullen de ziekten zijn normale verloop vertonen. Tenzij er een introductie van nieuwe levels wordt gecreëerd.

D: *Ik kreeg te horen dat ze proberen het lichaam resistenter te maken en ook de levensduur te verlengen.*

R: Dit klopt helemaal.

D: *Omdat we naar een totaal andere dimensie gaan, frequentie, dan we ooit eerder hebben gedaan.*

R: Dat klopt. We zijn nog nooit, in een menselijk kader van begrip, een beetje verder van dit punt in de tijd gekomen. Dit is de eerste.

Je realiseert je niet het belang van dit nieuwe niveau van werk. Dit is de eerste keer dat dit op deze niveaus op planeet Aarde is geïntroduceerd.

D: Is mij daarom verteld dat het hele universum toekijkt, om te zien wat er gaat gebeuren?

R: Dat klopt.

D: Maar eerst moeten we deze huidige tijd doorkomen.

R: Dat klopt.

D: Daarom wordt het de "Tijd van Problemen" genoemd. (Zogeheten door Nostradamus in mijn boeken over zijn voorspellingen.)

R: De Tijd van Problemen is in feite het karma van de wereld, dat op het punt komt waarop het zichzelf transduceert, tot stand komt. De wereld is een levende, ademende entiteit, evenals alles wat zichzelf in de wereld creëert. De mensheid is slechts een vlo op de zalf van de wereld. We maken allemaal deel uit van de overgang, het doel. Een geheel nieuwe energie die zal worden verlengd naar het planetaire systeem. Veel van de planeten helpen hier. Ze zijn hier niet aan het handhaven en controleren. Ze zijn hier om te helpen.

D: Dat geloof ik, want dat is mij door vele anderen verteld. En ik weet ook dat de planeet een levend wezen is, omdat dit concepten zijn die ik ook heb gekregen. Dus je versterkt een deel van dezelfde informatie.

R: Helemaal juist. Er komt nog zoveel meer naar je toe. Je verdient zoveel, vanwege het werk dat je hebt uitgevoerd. De zegeningen die je gegeven zullen worden zijn zegeningen van totale liefde.

D: Is het dan toegestaan dat ik deze informatie gebruik? Hetgeen we vandaag hebben gekregen?

R: Absoluut. Deze informatie is van de bevolking. Het is geen informatie van het individu. En Robert zal begrijpen dat de pijnen pijnen zijn van het werk dat hij heeft gekozen om uit te voeren. Deze pijnen, eenmaal begrepen, zullen aanvaardbaar en draaglijk zijn. Het werk dat hij moet doen, zit achter de pijnen. En de pijn achter het werk dat hij moet doen. Ze maken allemaal deel uit van het engagement. Ze maken allemaal deel uit van het voortplantingsdoel achter het werk en de energie die het kind heeft gekozen om mee te werken. Er kan nooit mee worden gestoord. Dat is hem verteld. Er is ook een ander doel dat op dit moment voor jullie moet worden uitgerekt, omdat jullie nu op het punt staan dit tegen te komen.

D: *Wat is dat?*

R: Je hebt vanavond informatie gekregen met betrekking tot een heel nieuw format van overgang van mensen. Dit is het doel achter sommige mensen die totaal anders zullen zijn dan wat jullie gewend zijn. Wat er werkelijk gebeurt op dit moment in de tijd, er zijn mensen die hier werkelijk op een fysiek niveau zijn, maar ze dragen een zielsimpregnatie die nooit kan worden gelezen. Dit kind dat hier vandaag zit, kan niet worden gelezen op een paranormaal niveau, op een wichelroedeniveau, op welk niveau het kind ook niet kan worden gelezen. Omdat we op deze planeet wel weten, kun je, eenmaal gelezen, worden afgestemd op en gehinderd worden. Die niveaufrequentie is verwijderd. Hij is niet te lezen. Dus als je hem op een intuïtief niveau inleest, krijg je een ander milieudoel achter je. Je zult niet persoonlijk zijn, Dolores, omdat je een niveau van evolutiedoel bent. Je lichte lichaamsniveau is dat van schoonheid en liefde. Degenen die niet op dat niveau volharden, zullen niet in staat zijn om zich af te stemmen op hem, en vele anderen zoals hij, die hiermee werken. Jullie zullen nu beginnen te begrijpen dat er hier twee differentiëlen zijn. Er zijn mensen die kunnen worden afgestemd en degenen die dat niet kunnen.

D: *Het is een vorm van bescherming.*

R: Dat klopt. Een subliminale bescherming die is ingesteld. Wat er dus feitelijk gebeurt, is dat dit kind niet betrokken is bij het karmische evolutieproces.

D: *Dat is belangrijk dat hij beschermd wordt.*

R: Dat is belangrijk. Hij is beschermd. Het is ook een aangeleerd ervaringsproces voor jou vanavond, omdat ik geloof dat je meer van dit doel zult gaan ervaren, omdat je deze energie bij je hebt uitgenodigd. En de energie heeft zichzelf uitgenodigd.

D: *En ik zal meer van dit soort mensen vinden.*

R: Ja, dat wil je. Wees niet verbijsterd.

Toen we aan het einde van de sessie kwamen, bedankte ik de entiteit voor de informatie en vroeg deze om zich terug te trekken. Hij reageerde in de klik-klak geluiden. Robert werd toen geheroriënteerd en teruggebracht naar het volle bewustzijn.

Hier volgt nog een interessant geval, van een knappe jongeman die kasten maakte voor de kost. In zijn bewuste staat was er absoluut geen indicatie van wat er net onder de oppervlakte van zijn persoonlijkheid lag.

Natuurlijk waren veel van de dingen die hij zei verwarrend en desoriënterend omdat ze moeilijk te begrijpen en te begrijpen waren. Vooral vanwege de manier waarop de entiteit de Engelse taal gebruikte. Maar een van hen kwam wel uit. Hij zei dat er zeven discipelen over de hele wereld waren. Dit waren speciale mensen die naar deze wereld werden gestuurd. Ze trilden op een andere frequentie, ze waren niet gebonden aan karma en hadden een specifiek doel. Hij zei dat ik net een van de zeven had ontmoet en dat ik een ander zou ontmoeten. Ze zouden in verschillende landen wonen en verschillende culturele achtergronden hebben. De belangrijkste vermaning was dat ik ze niet met elkaar in contact bracht. Verbazingwekkend en onverwacht gebeurde dit een paar weken later, nadat ik terugkeerde naar de Verenigde Staten. Ik ontmoette een andere discipel tijdens het geven van mijn hypnoseles in Fayettevile, Arkansas. Ik heb geen idee of ik allemaal zeven zal ontmoeten, of dat ik alleen maar wilde weten dat ze bestonden. Misschien zou die kennis genoeg wezen. Maar hij was correct, ze bevinden zich op verschillende continenten, en hebben verschillende culturele achtergronden.

Ik heb veel mensen ontmoet die, door trance, ongeweten door hun bewuste geest, meldden dat ze op dit moment naar de Aarde waren gekomen om de mensheid te helpen met de vooruitgang door de komende veranderingen. Maar blijkbaar zijn deze zeven van een nog andere vibratie en op een andere missie.

Hoofdstuk 14
Gevorderde Wezens

DEZE SESSIE WAS EEN PERFECT VOORBEELD omdat "ze" door veel van mijn klanten bleven komen, vaak onder ongewone en onverwachte omstandigheden. Deze zaak was zeker onverwacht. Ik was nog maar een paar weken eerder terug uit Engeland. Daar tijdens een sessie met Robert op Glastonbury, zeiden "ze" dat ik een van de speciale mensen had ontmoet die zich vrijwillig hadden aangemeld of waren gestuurd om te helpen met de veranderingen die vandaag de dag in de wereld gaande zijn. Ze zeiden dat er zeven van deze speciale mensen of discipelen waren, en ik had een van hen ontmoet toen ik met Robert werkte. Er werd me ook gemeld dat ik binnenkort nog een andere zou ontmoeten. Maar ik werd gewaarschuwd om ze niet met elkaar in contact te brengen. Ze moesten doorgaan op hun eigen weg, zelfs als ze fysiek een wereld van elkaar verwijderd waren. Ik wist niet dat ik de tweede slechts een paar weken later zou ontdekken, onder verre van normale omstandigheden.

"Ze" hadden me in 2002 gewaarschuwd dat ik te veel reisde om lezingen te geven op conferenties en expo's. Op het hoogtepunt van mijn werk in 2001 en 2002 zat ik elke week in een vliegtuig om in alle delen van de wereld te spreken. Het was niet ongebruikelijk dat ik in een week voor thuiskomst naar twee of drie verschillende steden ging, om vervolgens weer te beginnen. Ik begon de stress te voelen, dus ik wist dat ze gelijk hadden. Ze zeiden dat ik niet zoveel hoefde te reizen als in het verleden. Dat mijn boeken nu op zichzelf konden staan. De energie was er en het zou escaleren. Ze wilden dat ik meer zou schrijven en mijn hypnosetechniek meer zou leren. Ze zeiden dat het de therapie van de toekomst zou worden. Ik zei dat ik nog steeds zou moeten reizen om les te geven, maar ze zeiden: "Laat ze naar je toe komen." En verbazingwekkend genoeg is dat wat er gebeurde. Ik begon mijn lessen te houden in de naburige stad Fayettevile, Arkansas, en mensen kwamen van over de hele wereld om de techniek te leren.

Halverwege augustus 2002 gaf ik nog een van mijn hypnosetrainingen in de nabijgelegen stad. Ik houd mijn lessen smal, zodat er meer interactie en persoonlijke betrokkenheid zal zijn, om het gemakkelijker te maken om mijn techniek te begrijpen. Ik had niet veel lessen gedaan, dus ik was nog steeds bezig met het uitwerken van de procedure om ze uit te voeren. In de eerdere lessen liet ik de studenten (die al gediplomeerd hypnotiseur waren) op de laatste dag op elkaar oefenen. Tijdens deze les besloot ik iets anders te proberen, want hoewel ik mijn techniek had geleerd, hadden ze niet genoeg tijd gehad om het te bestuderen. Ze zouden dit moeten doen wanneer ze terugkeerden naar hun eigen praktijken. In het verleden werden de resultaten gesponeerd omdat het voor hen onbekend was. Dus aan het einde van de tweede trainingsdag heb ik dit met de klas besproken. Ze besloten allemaal dat ze me liever een demonstratie zouden zien doen op een van de studenten, zodat ze konden observeren. Zij dachten dat dit efficiënter zou zijn. Dat zet de leraar natuurlijk altijd op het verkeerde been. Hoewel ik veel succes heb met mijn techniek, zou dit onder verschillende omstandigheden zijn, een goudviskomachtige sfeer. Wat als het onderwerp, vanwege de omgeving van iedereen die toekijkt, nerveus en zelfbewust wordt en zich verzet tegen het in trance gaan? Ik zou harder moeten werken als dat zou gebeuren, dus ik maakte me zorgen of het zou werken. Verschillende mensen wilden zich vrijwillig aanmelden om proefkonijn te zijn. De oplossing was om ze al hun naam in een doos te laten stoppen, en ik zou degene kiezen om de demonstratie de volgende ochtend te doen. Ik snuffelde door de namen en een stuk papier leek omhoog te vliegen en aan mijn hand te blijven plakken. Het was Estelle.

Ze was een onverwachte cliënt. Ik zal niet vertellen waar ze vandaan komt om redenen die duidelijk zullen worden. Ik gaf een lezing op een conferentie en twee mensen wilden de volgende week mijn les volgen. Ik had al het vaste nummer dat ik wilde voor de klas, dus ik wist niet of er ruimte zou zijn. Toen ik ijs calste, ontdekte ik dat twee mensen op het laatste moment hadden afgezegd, dus ik vertelde Estelle dat er ruimte was als ze geïnteresseerd was. Omdat ze op het laatste moment had besloten om te komen, moest ze meer begrooten voor haar vliegticket. In het begin aarzelde ze om te komen, maar besloot dat de kans niet voor niets was geboden en dat het de kosten waard was. Ze was ook verbaasd over hoe gemakkelijk haar baas ermee instemde om haar een paar dagen van haar werk te geven. Ze zei later dat ze heel graag een sessie had gewild, dus ze was niet verbaasd dat haar naam was gekozen.

Een van de studenten had een kamer in het hotel die meer op een suite leek, dus we besloten dat we de volgende ochtend eerst in het klaslokaal zouden afspreken en dan naar haar kamer zouden gaan. Sommige mannen droegen extra stoelen en de kamer was erg druk. Er waren tien studenten, mijn assistente en ikzelf, wat betekende dat twaalf mensen zich verzamelden in de kleine hotelkamer. 's Nachts had ik extra zorgen omdat Estelle een accent had, en ik heb soms moeite met het begrijpen van accenten als de cliënt in trance is. Wanneer ze in een diepe hypnotische staat zijn, wordt hun stem zacht en onduidelijk. Ik had echt problemen toen ik sessies gaf in Hong Kong en Singapore, maar ik raakte uiteindelijk gewend aan het verschillende accent. Al deze dingen gingen door mijn hoofd toen we ons klaarmaakten om te beginnen. Ik hoefde me geen zorgen te maken, want 'ze' waren me ver voor en gingen alles aan.

De kamer was erg druk met studenten die op de bank zaten, op alle beschikbare stoelen en op de vloer. Estelle lag op het tweepersoonsbed en ik zei tegen iedereen dat ze zo stil mogelijk moest zijn toen ik begon. Ik was me er niet van bewust dat er al vreemde dingen gebeurden totdat de sessie voorbij was, maar "ze" hadden het al overgenomen. Omdat ik normaal gesproken de inductie niet opneem, lag de microfoon op het nachtkastje naast de recorder. Ik gebruik doorgaans een handmicrofoon, omdat ik die vlak naast de mond van de cliënt kan houden. Hun stem kan heel zacht worden tijdens diepe trance, en op deze manier ben ik er zeker van dat ik de woorden op de bandrecorder zal registreren. Andere mensen gebruiken andere types overdracht, maar dit is de manier waarop ik mijn sessies altijd heb opgenomen. Dit type microfoon kan worden bediend door op een knop te drukken, zodat de recorder niet zou starten voordat ik de microfoon opneem en aanzet. Hierover later meer.

Ik begon met de inductie en ze ging meteen onder trance. Mijn eerste angst bleek dus onterecht. Ze besteedde geen aandacht aan het aantal mensen in de kamer. Ze veroorzaakten geen afleiding. In mijn techniek heb ik het onderwerp meestal een plek waar ik een mooie plek vind, een plek waar geen zorgen of problemen zijn. Ik laat ze de plek kiezen die ze als de mooiste, rustigste plek beschouwen. Van daaruit neemt de rest van de techniek hen mee naar een vorig leven, wat het doel van de demonstratie was. Maar Estelle wachtte niet tot ik de hele inductie voltooide. Dit gebeurt soms, en ik ben zo gewend om dit te doen dat ik het herken vanwege hun beschrijving van de prachtige plek. Het klonk niet als de normale perfecte plek. Sterker nog, het klonk niet eens aards.

E: Het is een plek waar veel exotische bloemen en verschillende kleuren zijn. De wind waait. Ik voel de wind. Er zijn daar veel kristallen. Veel generatoren. Vogels vliegen, ik zie hun verschillende kleuren.

Dit was toen ik me realiseerde dat ze het niet over de Aarde had. Ze was voor me uitgesprongen en maakte al ergens iets mee. Ik pakte de microfoon van de tafel en zette de bandrecorder aan. De sfeer in de overvolle zaal was gespannen. Niemand maakte een geluid, maar iedereen wist instinctief dat er al iets ongewoons aan de hand was. Vooral omdat ik niet eens de hele inductie die ik hen had geleerd, moest voltooien. Het was onnodig.

D: *Wat bedoel je met kristallen en generatoren?*
E: Grote kristallen die uit de grond komen. En ze zijn lang, een paar meters lang. Ze hebben een punt aan de top.
D: *Waarom noemde je ze generatoren?*
E: Ze wekken energie op.
D: *Is er nog iets anders in de buurt?*
E: De kleuring op de vloer. De kleur is groen, maar het is geen gras zoals we gras kennen. Het is iets vergelijkbaars met gras. Toch is het groen en bedekt het de grond.
D: *En daar komen die kristallen uit voort?*
E: Ja, en ze zijn strategisch geplaatst om de energie in dat gebied op te wekken.
D: *Welk gebied is dit?*
E: Het is een plek ver weg. Ik wil zeggen ... een ander sterrenstelsel?
D: *Zijn er gebouwen?*
E: Nee. Het is als een vast gebied speciaal om daarheen te gaan om energie op te doen en tegelijkertijd te ontspannen en je in vrede te voelen.

D: *Dus het is een plek waar mensen niet de hele tijd wonen, bedoel je?*
E: Klopt.
D: *Het is alsof je naar een vakantieplek gaat? Je gaat erheen om specifiek energiek te zijn en te ontspannen.*
E: Dat klopt.
D: *Wie zijn degenen die daarheen gaan om energie te krijgen?*
E: Je hebt verschillende soorten wezens die daar naartoe gaan.

Dit was blijkbaar de reden waarom ze onbewust deze plek koos als haar mooie plek. Sommige mensen zien plaatsen waar ze zich herinneren dat ze een vakantie hebben doorgebracht, dat was heel speciaal voor hen.

E: Zodra ze zich ervan bewust worden, kunnen ze zichzelf daar projecteren.
D: *Oh, ze projecteren zonder in een voertuig te gaan?*
E: Dat klopt. Iedereen kan zich daar projecteren als ze zich verbinden met de plek of als ze zich ervan bewust worden. Je blijft een tijdje, niet te lang. Genoeg om de energie te voelen en het gevoel van vrede en rust te krijgen, zodat je terug kunt komen naar waar je ook was. En ga door met wat je ook aan het doen was.
D: *Ga je daarheen in een fysiek lichaam?*
E: Je kunt er naartoe gaan in een fysiek lichaam of je kunt je energie daar projecteren.
D: *Als je daar bent, verschijn je dan in je fysieke ... als een vorm van een soort?*
E: Sommige wezens wel. Ze kunnen in hun vorm verschijnen. Het is een plek waar iedereen welkom is.
D: *En je gaat er vaak naartoe?*
E: Ja. Ik geniet erg van de plek. Het geeft me een gevoel van rust en bewustzijn.
D: *En dan moet je terug naar waar je je werk doet?*
E: Dat klopt.
D: *Als je terugkeert van deze prachtige plek en teruggaat naar waar je je werk doet, hoe ziet die plek er dan uit?*
E: Het werk wordt gelijktijdig gedaan op het aardse vlak. En het werk wordt ook gedaan in een verre plaats, op wat je zou cal cal een

basis. Het wordt gedaan in vele sterrenstelsels, vele dimensies. Maar de thuisbasis op dit moment is de Aarde.

D: *Dus je doet beide tegelijk, bedoel je?*
E: Dat klopt.
D: *Als je het op het aardse vlak doet, hoe ziet die plek er dan uit?*
E: Het is een plek waar je met veel wezens omgaat, net als in die heilige ruimte. Je herkent vele anderen door naar hun ogen te kijken. Je herkent ze door je te verbinden met hun energieën. En ondanks alle maskers die ze dragen, word je je bewust van wie ze zijn. Je kijkt diep in hen en je herkent hun energieën.
D: *Is dit iets dat de gemiddelde persoon niet zou weten?*
E: Velen weten hiervan. En vele anderen zijn zich ervan bewust, maar niet op een bewust niveau.
D: *Als je op het aardse vlak werkt, hoe ziet je lichaam er dan uit?*
E: Als ik op het aardse vlak werk, ziet mijn lichaam eruit zoals de meeste mensen. Het neemt een menselijke vorm aan. Maar het is als een masker dat ik draag. Ik projecteer het naar buiten toe, zodat de anderen zien wat ze gewend zijn te zien.
D: *De reguliere fysieke vorm.*
E: Dat klopt.
D: *Is dit het masker van Estelle?*
E: Dat klopt.

Het was interessant voor mij om te ontdekken dat de definitie van persoon / persoonlijkheid masker is. Ontleend aan het Latijn: persona. Letterlijk: een acteursmasker, dus een mens.

D: *Dat is het masker dat jullie op dit moment op Aarde dragen om jullie werk te doen. (Jazeker.) Het is een heel goed masker, het is een mooi masker. En dit is wat andere mensen zien.*
E: Dat is wat ze zien.

Robert zei ook dat wat mensen als zijn fysieke vorm zagen, slechts een illusie was. Hoewel beide mensen me zeker solide en menselijk leken.

D: *Hoe zie je eruit zonder het masker?*
E: Zonder het masker heb ik ook een fysieke vorm omringd door een licht. Het is de fysieke vorm die vorm heeft, die substantie heeft.

Maar binnen die fysieke vorm, aan de buitenranden, is er ook energie en licht.

D: *Mij is verteld dat de basisvorm van iedereen licht is.*

E: Dat klopt. Zo zouden anderen het zien. Maar als ze een beetje dieper naar binnen kijken, zullen ze zien dat het fysiek een andere vorm heeft, zoals je fysiek zou cal. Want het heeft de vorm van waar het vandaan komt. En de plaats waar het vandaan kwam, er was vorm, maar het was anders.

D: *Hoe was die vorm?*

E: Het zou op Aarde "reptielachtige" vorm worden geroepen. Ik moet zeggen dat er vele gradaties van reptielenvorm zijn.

D: *Dit is waar je tegelijkertijd bestaat, bedoel je?*

E: Dat klopt.

D: *Dus je hebt een reptielvorm op een andere plaats? En de Aarde vorm op deze plek? Begrijp ik het goed?*

E: Er is een deel van de energie, dat op die andere plaats is, maar de huidige ervaring wordt nu ervaren in dit fysieke aardse vlak.

Ik heb zoveel ongewone dingen gehoord in mijn werk dat deze uitspraak me niet stoorde. Ik blijf altijd maar vragen stellen, want alles is mogelijk in dit soort werk. Maar ik keek de zaal rond om te zien hoe deze uitspraak mijn studenten afschermde. Ze waren absoluut stil en hun aandacht was gericht op de vrouw die roerloos op het bed lag. Hier zei een mooie donkerharige vrouw van middelbare leeftijd dat ze ook een gelijktijdig leven leidde als reptiel op een andere planeet. En het was helemaal niet verontrustend of opzienbarend. Misschien hadden ze genoeg van mijn boeken gelezen om te weten dat alles mogelijk is met dit soort hypnose, maar het was ongebruikelijk voor mij om anderen dit te laten observeren. Nadat het voorbij was en we gingen lunchen, vertelde een van de mannelijke studenten me dat het het meest opmerkelijke was dat hij ooit had gezien. In dit geval spraken daden echt luider dan woorden. De demonstratie leerde hen meer dan de klas. Het is één ding om ze te vertellen hoe het wordt gedaan, en heel iets anders om ze te laten zien. Boeken leren versus hands-on.

Ik ging verder: "Hoe is het op de andere plek?"

E: Op de andere plaats observeren we de andere sterrenstelsels om er zeker van te zijn dat alles in orde is, dat niemand anderen schade berokkent. En daar observeren en houden we alles bij wat er gaande is.

D: *Dat klinkt als een hele grote klus. Om alles te observeren.*

E: Het is groot, maar we zijn ervoor opgeleid. En het is iets dat als je eenmaal getraind bent, het een tweede natuur wordt. De manier waarop alles wordt als je getraind bent, waar je ook bent.

D: *Het zou een hele klus zijn om alles te observeren. Gebruik je hiervoor machines?*

E: Je doet het met je verstand.

D: *Dat zou betekenen dat je een grote geestcapaciteit hebt, nietwaar?*

E: Ja, dat doen we, we projecteren de geest op plaatsen. Iedereen heeft bepaalde gebieden waar ze specifiek mee verbonden zijn, maar op elk moment kunnen ze zichzelf op andere plaatsen projecteren. Mensen hebben dat vermogen nog niet ontwikkeld.

D: *Zei je dat dit net als een thuisbasis is?*

E: Ja, je zou het een thuisbasis noemen.

D: *Zoals een hoofdkantoor?*

E: Als een station.

D: *Is het een plek, los zwevend, of is het een planeet?*

E: Het is geen vaartuig en het is geen planeet zoals je een planeet zou waarnemen. Het is meer van ... een plek, een station.

D: *Ik denk aan een soort fysieke plek.*

E: Het is als ... een behuizing ... in een open … Als je je de lucht zou kunnen voorstellen, laten we zeggen bijvoorbeeld. En in deze lucht is er deze omheining, in zichzelf, die de verschillende plaatsen eromheen bewaakt. Dat is wat dit zou zijn.

D: *Ik denk aan de geestenwereld waar we naartoe gaan nadat we het fysieke lichaam hebben verlaten. Is het zo of anders?*

E: Dit is verschillend, want dit is geen spirituele wereld. Dit is een fysieke plek. Dit is een plek waar er is wat je zou cal cal fysieke vorm. Niet fysiek zoals mensen aannemen, maar een vorm die wezens van andere plaatsen binnenin zouden aannemen om te kunnen overleven en leven.

D: *Is het als een andere dimensie?*

E: Het zou meer op een ander sterrenstelsel lijken.

D: *Waar jullie allemaal deze plek creëren, gewoon in de ruimte, om zo te zeggen?*

E: Ja, het is alsof de plek is gemaakt omdat het een bepaalde functie heeft. En dat is waar we bestaan.

D: *Dus is er de gecombineerde geestkracht van iedereen nodig om het in stand te houden?*
E: Nee. Als het eenmaal tot stand is gebracht, blijft het in het bestaan. Want het heeft een specifiek doel en het is een blijvend doel.
D: *Dus het bestaat, of jij of de anderen er zijn of niet.*
E: Dat klopt.

Dit klonk vergelijkbaar met het geval waarin het holbewonerachtige wezen op de wereld bestond met de paarse zon. Zijn onderbewustzijn zei dat het geen planeet was, maar een sterrenstelsel dat opereerde onder een verschillende reeks regels die we niet konden begrijpen. Die wezens creëerden ook alles wat ze nodig hadden met hun geest. (Zie hoofdstuk 18.)

D: *En het lijkt meer op het hoofdkwartier, de hoofdbasis, om zo te zeggen, het station waar de monitoring van alle werelden wordt gedaan.*
E: Dat klopt.
D: *Het lijkt een zeer krachtige plek. Hoe wordt deze informatie opgeslagen als je deze met je eigen geest verzamelt?*
E: Het wordt niet opgeslagen zoals je zou opslaan in een computer, want dat is verouderd. Maar toch wordt het opgeslagen zoals je zou denken van het opslaan op een schijf. Maar het is meer een miniatuur, klein schijfje dat miljoenen stukjes informatie opslaat.
D: *Hmm, dat zou onze computers overbodig maken. En hoe wordt deze informatie gelezen als het slechts een kleine schijf is.*
E: Het wordt gelezen met de geest. Wanneer je het in je hand houdt, ontvang je alle informatie.
D: *Waar je naar op zoek bent? (Jazeker.) Anders zou het toch een bombardement aan informatie zijn?*
E: Dat klopt, je wilt geen overtollige informatie in je hoofd houden, want dat is niet nodig.

Een ander ongewoon fenomeen dat zich kort na het begin van de sessie voordeed, was dat Estelle haar accent verloor toen we deze andere wereld binnenkwamen. Het wezen dat door haar sprak, had een zeer precieze, exacte manier van spreken en uitspreken van de woorden. Dit maakte het voor mij natuurlijk makkelijker. Ik hoefde niet zo goed te luisteren. Het was voor iedereen in de kamer duidelijk dat dit niet Estelle was die sprak.

D: Ik wil je niet beledigen, maar in onze periode hebben sommige mensen de indruk dat het reptielenras negatief is.
E: Dat komt omdat er velen zijn die nog steeds negatief zijn. Je moet begrijpen dat er in alles een evenwicht is. Die balans is er hier op deze plek. Die balans is er overal. En vooral op het aardse vlak, wanneer anderen komen te bestaan, zul je die dualiteit meer vinden dan op die andere plaatsen. Dus daarom, voor zover de reptielen, zijn er velen hier op Aarde die die energie dragen. En omdat ze die negatieve energie dragen – om het dat woord te geven, is het meer een misleide vergeten energie van het ware zelf. Ze zullen dingen doen die, ja, als negatief worden gezien.
D: Maar dit is niet de ware aard van je volk.
E: Niet in de toekomst, zoals je – bij gebrek aan een beter woord – de toekomst zou berekenen.
D: Is dat waar je vandaan spreekt?
E: Dat klopt.
D: Je weet dat je spreekt door een voertuig, waarvan je zei dat het in het aardse vlak leefde. Een van de vragen die ze zich afvroeg was: bestaat ze in de toekomst tegelijkertijd?
E: Ik spreek vanuit de toekomst. Maar ik spreek ook vanuit wat je het heden zou willen berekenen. Ik spreek tegelijkertijd vanuit beide plaatsen. Want ik ben één.
D: Dus in dit toekomstige leven ben je op dit station bezig met het openen en verzamelen van informatie. Waarom besloot je dan om ook in onze tijdsperiode in de 21ste eeuw te bestaan?
E: Vanwege wat hier gebeurde, en wat hier gebeurt met het reptielenras. Er zijn velen die zich in een plaats van macht en positie bevinden die die macht misbruiken om te controleren en te manipuleren. En ik werd gevraagd om hier te komen om te helpen, om te verlichten en om anderen te laten weten wat er aan de hand is. Want enkelen kunnen het geheel niet controleren. En omdat het geheel zich niet bewust is, zijn ze een paar aan het uitstellen om te controleren en te manipuleren.
D: Dus je koos ervoor om tegelijkertijd terug te komen terwijl je daar bestaat, om een deel van je energie, of wat dan ook, een fysiek lichaam binnen te laten komen?

E: (Zucht) Ik ben geen fysiek lichaam binnengegaan. Ik veranderde van vorm naar een fysiek lichaam. Maar om mijn energieën hier te laten resoneren met de energie van de planeet, die dicht is, om te kunnen overleven in deze dichte energie, moest ik geboren worden door een fysiek wezen. Maar de mensen die ik heb gekozen om door te komen, één, de vader is ook reptielachtig. Hij is altijd reptielachtig geweest. In al zijn bestaan heeft hij ervoor gekozen om niets anders te ervaren dan dat. En voor deze Aardse ervaring koos hij ervoor om een voertuig te worden om mijn energie door te laten komen. Degene die mijn fysieke moeder is, heeft me slechts negen maanden gedragen, zoals de tijd wordt waargenomen. Er werd veel werk en voorbereiding gedaan zodat ze mijn energie kon vasthouden, want dat kon ze niet. Ze moest dus voorbereid zijn, zodat ik in die ruimte kon blijven en dan geboren kon worden en min of meer geaard kon worden.

D: *Maar het lichaam was genetisch gevormd uit het DNA van de moeder en vader, nietwaar?*

E: (Zware zucht) Het is een verschillend proces dat niet helemaal begrepen wordt door mensen. Daarom ziet het er menselijk uit. Maar als er werk zou worden gedaan om de ware samenstelling, de genetische samenstelling, te achterhalen, zouden ze ontdekken dat er dingen zijn die verschillend zijn.

D: *Als iemand het DNA, of de genen van degene die bekend staat als Estelle zou onderzoeken?*

E: Dat klopt. Dat is de reden waarom het fysieke lichaam geen ziektes krijgt. Want het fysieke lichaam kan niet worden onderworpen aan sondes en tests.

D: *Daarom wil je niet dat artsen het lichaam onderzoeken?*

E: Dat klopt. Ze zullen iets anders vinden en dan zullen ze willen verkennen. En dat zal niet worden toegestaan. Ze is dus niet verplicht om ziek te worden. We kunnen zeggen dat zij en ik onderscheid maken, wanneer zij communiceert, en wanneer ik communiceer, ook al zijn we hetzelfde. Ze laat de informatie soms niet doorkomen.

D: *Waarom is dat?*

E: Ze heeft geen totale vrede gesloten met haar hele ervaring op het aardse vlak.

D: *Maar je weet dat het moeilijk is voor een mens om dit te begrijpen.*

E: Het was voor mij moeilijk om mezelf op deze planeet Aarde te zien.

D: *(Lacht) Het is anders, nietwaar?*
E: Het is heel verschillend.
D: *Omdat je verder bent geëvolueerd dan dat.*
E: Dat klopt. Ik heb vele levens gehad, of ik moet zeggen, mijn geest heeft vele levens gehad op het aardse vlak. Het was een verrassing voor mij toen ik werd gekozen om terug te komen en hier weer een ervaring te hebben.
D: *Je dacht dat je klaar was, nietwaar?*
E: Dat klopt.
D: *(Lacht) Het was tijd om ergens anders heen te gaan.*
E: Dat klopt.
D: *Toen zeiden ze dat je terug moest gaan. Het is bijna alsof je teruggaat naar de kleuterschool, nietwaar?*
E: Dat klopt en ik voelde een grote verantwoordelijkheid om terug te moeten komen en de omstandigheden te kennen van wat er zou komen. Ik voelde me alleen.
D: *Is het omdat er hier niet veel van je eigen soort zijn?*
E: Dat klopt. En ik wist dat de velen die ik zou tegenkomen, van het type zouden zijn dat met hun energieën werkte om schade aan te richten en controle te veroorzaken. Dat was de reden waarom ik als driejarige de ervaring had die ik had. Omdat dat nodig was om het fysieke lichaam te helpen vergeten wie het was, en waar het vandaan kwam en wat het moest doen. Want als het op die jonge leeftijd was begonnen om de dingen te zeggen die nodig zouden zijn om te zeggen, zou het zijn geëlimineerd.

Die uitspraak was een onverwachte verrassing.

D: *Denk je van wel? Of zouden ze het gewoon een vreemd kind vinden?*
E: Dat klopt. Er waren velen die probeerden de energie te vinden, maar de energie werd gecamoufleerd in een kind.
D: *Dus ze zouden het niet alleen kinderachtig praten vinden. Misschien herkennen ze je wel?*
E: Dat klopt. Want we hebben het niet alleen over fysieke wezens. We werken ook met de verschillende energieën, of ze nu als fysiek worden waargenomen of niet.
D: *Dus het was een waarborg? Ter bescherming?*

E: Dat klopt. Het was een waarborg om het wezen te beschermen tegen spreken. Het was niet het moment.

D: *Wat gebeurde er toen ze drie jaar oud was, want dat was een van de vragen waar ze over wilde weten?*

E: Toen ze drie jaar oud was, werd ze aan boord van een vaartuig gebracht. Haar herinnering daaraan klopt. Toen ze om zich heen keek en zag waar ze was, wist ze dat ze geen schade had. Maar het was een verrassing voor haar fysieke wezen om zichzelf daar te vinden en het niet te weten. Door al het bestaan zijn we ons bewust geweest wanneer we communiceren en in welke vorm. In die tijd was er een sluier die werd gelegd, zodat er geen herinneringen zouden komen aan wat k. Als driejarige is de ervaring die van hoe je reageert.

D: *Dus tot ze drie jaar oud was, had ze de herinnering aan wie ze was en waar ze vandaan kwam?*

E: Dat klopt.

D: *Maar ze kon het nog niet uitdrukken?*

E: Er waren geen woorden om dit uit te drukken.

D: *Ze had de woordenschat niet. Dat zou logisch zijn.*

E: Dat klopt. Daarom voelde ze zich geïsoleerd. En toch was ze in staat om met ons en met vele anderen te communiceren. Toen ze drie jaar oud was, werd de sluier opgelicht en zag ze iets meer, maar ze kon zich toen niet uitdrukken, dus de herinnering moest op een plaats worden bewaard, totdat het gepast was. De verbinding werd nog steeds tot stand gebracht, maar nu werd het meer op psychisch niveau gedaan dan op fysiek niveau.

D: *En voor haar eigen veiligheid legde je de sluier om haar heen toen ze op het vaartuig was om ... wat? Die herinneringen doden of verzachten?*

E: Om min of meer ... dood de herinneringen, dat zou een goed woord zijn.

D: *Zodat ze als kind kon functioneren zonder onnodige aandacht te veroorzaken.*

E: Ja. En toch voelde ze zich als kind geïsoleerd, omdat ze zich niet kon verhouden tot alles wat er om haar heen gebeurde.

D: *Ik heb veel mensen gevonden die het gevoel hebben dat ze van andere plaatsen komen. Ze zijn hier erg eenzaam. Maar hoe werd de sluier gelegd toen ze aan boord van het vaartuig was? Wat gebeurde er toen?*

E: Ze was zo verstrikt in het voelen van het verraad van het niet weten dat dit aan de hand was, dat het op dat moment een periode van onverschilligheid creëerde om niet meer te willen communiceren.

D: *Maar hebben de mensen op het vaartuig haar fysiek iets aangedaan om deze oogkleppen, deze sluier te creëren?*

E: Energetisch werd er een doos in haar wezen geplaatst, die constante communicatie uitstraalde. Een uitwisseling van informatie, maar niet op een bewust niveau. Waar het voorheen op een bewust niveau werd gedaan.

D: *Wat bedoel je met een doos?*

E: Het was meer van, ik wil het woord "implantaat" niet per se gebruiken, want dat heeft een negatieve connotatie, maar eigenlijk was het als ... wat zou je ... (Ze had het moeilijk.)

D: *Nou, voor mij is een implantaat niet negatief, want ik begrijp ze.*

E: Het was meer, laten we zeggen ... als een paneel.

Ik had al vaak over implantaten gehoord en ik begreep hun doelen. Dit wordt uitgelegd in The Custodians. Maar ik had nog nooit gehoord dat er een paneel in iemand werd geplaatst.

E: Een paneel met diepte erin. Binnen waar de zogenaamde "doos" kleine chips had. Hetzelfde als die op de controlestations.

D: *Oh, kleine elektronische onderdelen.*

E: Ja. Wat overigens ook deel uitmaakt van haar fysieke opmaak. In haar fysieke opmaak zijn er – hoe kan ik dit benoemen – het enige woord dat in haar opkomt is ... draden.

D: *Deze draden bevinden zich in haar fysieke lichaam. (Jazeker.) Waarom zijn ze er?*

E: Omdat ze altijd verbonden is met alles wat er is. Het maakt ook deel uit van haar genetische samenstelling als reptielachtig. En daarom behield ze, in vormveranderende, om er menselijk uit te zien, alles van dat binnen het uiterlijk van het fysieke lichaam.

D: *Als een arts haar dan zou onderzoeken, zou hij dan deze vreemde dingen vinden?*

E: Hij zou verschillende dingen vinden die zich binnenin afspeelden. Hij zou merken dat de energie op verschillende manieren zou stromen dan hij gewend was en dat is waar het verlangen om meer te onderzoeken zou binnenkomen.

D: *Hmm, dus dat kunnen we niet hebben, hè.*

E: Nee, dat kunnen we niet.

D: *Omdat ze het niet zouden begrijpen. Op dezelfde manier waarop je dacht dat ze op driejarige leeftijd in gevaar zou zijn, als ze wisten wat er aan de hand was. (Jazeker.) Maar is het goed dat we dit weten?*

E: Het is goed dat je het weet, want je was als groep een collectief. Er zijn veel dingen die jullie samen zullen doen om de rest te helpen.

D: *Zodat je weet dat ze niet in gevaar is voor ons.*

E: Nee, ze vertrouwt iedereen hier. Of, moet ik zeggen, we vertrouwen iedereen hier. Ze zijn met elkaar verbonden.

D: *Je zou de informatie niet hebben laten doorkomen als je ons niet vertrouwde, toch?*

E: Dat klopt.

D: *Omdat ik het voertuig nooit in gevaar zou brengen.*

E: Dat klopt.

D: *Dus degenen die hier zijn, zijn degenen die werden gekozen om deze informatie te kennen.*

E: Daarom hebben we tot het laatste moment gewacht om deel uit te maken van de groep. Want zoals je weet, was er in het begin geen ruimte.

D: *Dat klopt, zij was de laatste die binnenkwam.*

E: We moesten er zeker van zijn dat de energieën die aanwezig zouden zijn, verenigbaar zouden zijn met het onthullen van deze dingen.

D: *En het was geen toeval dat ik toen haar naam koos.*

E: Ja, ze wist toen ze haar naam in de doos stopte, dat ze eruit geplukt zou worden, en haar vriend die naast haar zat wist het ook. Het was dus een bevestiging voor hen beiden toen het gebeurde.

D: *Deze informatie zou dus helemaal niet zijn doorgekomen als je niet iedereen in de kamer had vertrouwd om haar te beschermen. Want we willen niet dat dit publiek bekend wordt. Het zou haar schaden, nietwaar?*

E: Dat klopt.

D: *Dus ik denk dat iedereen hier het vertrouwelijk zal houden.*

Ik keek de kamer rond naar de studenten terwijl ik dat zei, en ze knikten allemaal. Ik wist dat ze de ernst begrepen van het beschermen van haar identiteit, en het speciale dat net was gebeurd toen ze al bekend waren met deze vreemde informatie. Ik had ook het gevoel dat als ze deze belofte van privacy en bescherming voor Estelle niet zouden nakomen, dat "ze" het zouden weten. Ik weet niet wat er zou gebeuren als deze belofte zou worden geschonden, maar ik heb lang genoeg met hen gewerkt om te weten dat ik naar hen moet luisteren en moet doen wat ze zeggen. Als ik hun instructies niet zou opvolgen, zou de uitwisseling van informatie worden gestopt. Ik weet niet wat er met de anderen zou gebeuren, maar ik denk dat ze de ernst van de situatie beseften. Later zouden ze zich afvragen wat er echt op deze ochtend is gebeurd, maar toen het gebeurde, was het al te echt. Ik was gewend om gedurende vele jaren met dit soort entiteiten te communiceren, en ik wist dat het zeer ongebruikelijk was dat ze dit soort informatie niet voor zoveel getuigen naar buiten lieten komen. Misschien was dit ook bedoeld om de studenten grafisch te laten zien, wat er kon gebeuren bij het gebruik van mijn hypnosetechniek, zodat ze niet zouden schrikken als het tijdens hun sessies gebeurde. Een demonstratie zegt meer dan duizend woorden.

E: We zullen kijken. Als ze een deel van de ervaring willen delen, is het toegestaan, maar gebruik gewoon niet de naam of de locatie waar de informatie te vinden is.

D: Dat is geen nieuws, dat doe ik altijd. Ik werk met veel van dit soort mensen en ik krijg altijd te horen dat ik ze moet beschermen.

Dit is de reden waarom haar echte naam, locatie en etnische achtergrond hier niet worden onthuld.

Ik was benieuwd naar het paneel waarvan ze zei dat het zich in haar lichaam bevond, omdat dit anders klonk dan de implantaten die ik heel goed kende. "Waar zit dat in haar hoofd?"

E: Het bevindt zich in haar achterhoofd.
D: Zoals ik begrijp, zou het heel, heel klein zijn, nietwaar?
E: Eigenlijk niet. Deze beslaat de hele achterkant van haar hoofd, het onderste deel. Er was te veel informatie die van de ene plaats naar de andere moest worden ontvangen en overgedragen. Dus daarom is het op die manier ontworpen.
D: Hmm, dus het is groter dan degene die ik ken. Is het van een fysieke substantie, of is het een etherisch iets?
E: Het was allebei. Eerst was het etherisch en toen werd het van een fysieke aard, zodat anderen het konden voelen en zich ervan bewust konden worden. En daarom, door zich ervan bewust te

worden, werden ze zich meer bewust van wie zij is, wie wij zijn ... en delen ze die kennis.

D: *Zou dit door röntgenfoto's kunnen worden opgepikt, als iemand haar zou onderzoeken?*

E: Daar werd het beschermd door een schild van energie dat alleen zou worden opgepikt door degenen die het moesten waarnemen.

D: *Dat is nog een reden waarom ze niet ziek kan worden. Je wilt geen onderzoeken.*

E: Dat klopt.

D: *Je beschermt haar ook tegen ongelukken?*

E: Ja. De enige keer dat ze onderzocht moest worden – en dat was het niet zo veel – was toen ze haar kinderen kreeg. Helaas voor het fysieke lichaam, vanwege de manier waarop het is, kon het op een natuurlijke manier geen kinderen krijgen. Dus werd er een keizersnede gecalculeerd, dit moest worden gedaan om het kind eruit te halen.

D: *Het lichaam is dus niet ontworpen op een manier die normaal kinderen zou kunnen krijgen.*

E: Dat klopt, het lichaam heeft nooit meegemaakt wat je "bevallen" zou noemen.

D: *Maar de artsen zouden niets ongewoons in het lichaam hebben opgemerkt?*

E: Dat klopt, want toen ze naar binnen ging voor de operatie, was het over en klaar mee, en er was geen reden om iets anders te controleren.

D: *Hoe zat het voordat ze een kind kreeg? Ze voeren meestal veel tests uit terwijl je zwanger bent.*

E: Er werden geen tests gedaan, want ze was gezond. Ze zorgden er gewoon voor dat haar dieet in balans werd gehouden en dat was alles. Wat het dieet betreft, eet ze meestal niet, ze heeft niet veel van het voedsel nodig dat op dit fysieke vlak wordt gegeten. Haar smaak in eten is heel eenvoudig. Ze zal niet veel van het voedsel opnemen dat wordt gegeten, vooral als het gaat over te sterk bewerkt voedsel. Want het zal het uiterlijk van het fysieke lichaam dichter maken, en zij en wij zullen zich helemaal niet goed voelen.

D: *Door een deel van het zwaardere voedsel te eten, wordt het lichaam dichter van aard. En dit zou het moeilijker maken voor het andere deel om binnen te komen en de controle te behouden?*

E: Dat klopt.

D: *Waarom mag ze deze dingen nu weten?*

E: Omdat het tijd is voor haar, om te ontwaken en zelf te onderwijzen. Want hoe meer je weet, hoe meer je met anderen kunt delen. Waar we nu op het fysieke aardse vlak mee te maken hebben, is een strijd, maar het is geen strijd zoals anderen zouden waarnemen. Het heeft niet te maken met strijd in de fysieke vorm. Ook al worden er gevechten uitgevochten, de gevechten die nu gaande zijn, gaan over het donker met het licht. En het licht zal samen moeten komen om verspreid te worden, zodat degenen die momenteel te veel controleren kunnen worden gestopt.

D: *Dit is onderdeel van haar werk?*

E: Dat klopt.

D: *Zijn er velen van jullie die zijn teruggekeerd naar het fysieke op Aarde?*

E: Wat mijn soort betreft, zijn er maar een paar, maar er zijn nog veel verschillende soorten die hier zijn om op dezelfde manier te helpen.

D: *Omdat mij, door veel verschillende soorten wezens werd verteld dat er zijn die (terug)komen. Sommigen van hen zijn zielen die hebben bestaan op andere planeten en die zich vrijwillig hebben aangemeld om in een fysiek lichaam op Aarde te komen om op dit moment te helpen.*

E: Dat klopt. Jullie hebben er nu velen in deze tijd die een fysiek bestaan hebben aangenomen, maar toch is hun geest ... wie ze werkelijk zijn is verbonden met vele andere dingen. En de informatie is aan hen gegeven, zodat ze kunnen ontwaken. Dat ze kunnen bestaan in "alles" wat ze zijn. Om je ervan bewust te worden dat dit een ervaring is, ja, maar er is veel werk te doen.

D: *Sommigen van degenen met wie ik werk, hebben moeite om zich aan te passen aan het aardse vlak.*

E: Dat klopt, want hoe meer je je bewust bent van waar je vandaan komt, hoe moeilijker het is om te bestaan op een planeet die zo dicht is, vanwege de negativiteit die hier te vinden is. Ook al dient de negativiteit die hier te vinden is wel om anderen te helpen vooruit te komen.

D: *Dat is wat ze me hebben verteld, dat de wereld zo gewelddadig is en dat er zoveel negativiteit is, dat ze hier niet willen zijn. Want het is niet zoals waar ze vandaan komen.*

E: Maar toch zullen ze hier blijven, want dat is wat ze kozen om te doen.

D: Maar sommigen van hen hebben zoveel moeite dat ze zelfmoord proberen te plegen en te vertrekken.

E: Zoals we weten, is dit een planeet van vrije wil.

D: Dat is waar. En de gevallen waarmee ik heb gewerkt, werden op wonderbaarlijke wijze verhinderd om dit te doen.

E: De hulp wordt altijd ontvangen wanneer het nodig is, als er om gevraagd wordt.

D: En nu ze beseffen waarvoor ze hier zijn, hebben ze gezegd dat ze zullen blijven, ook al houden ze niet van deze wereld.

E: Dat klopt.

D: Maar laat me je vragen, ik heb verschillende golven van mensen zien binnenkomen. Degenen van Estelle's generatie lijken meer moeite te hebben gehad om zich aan te passen dan de nieuwe die nu binnenkomen.

E: Dat komt omdat degenen die nu binnenkomen zich meer bewust zijn van wie ze werkelijk zijn. De kinderen moeten worden opgevoed. De kinderen moeten leren begrijpen dat ze niet onwetend zijn. Ook al zitten ze in het lichaam van een klein kind. Ze zijn geavanceerder dan de meeste mensen die hier nu zijn.

D: Daarom ga ik naar veel groepen en spreek ik, omdat ze proberen de opvoeders op te leiden, als het ware. De doorsnee mensen begrijpen deze nieuwe kinderen niet.

E: Dat klopt.

D: De kinderen lijken geavanceerder te zijn, maar de leraren weten niet hoe ze ermee om moeten gaan.

E: De kleine kinderen moeten ook geleerd worden hoe ze met energieën moeten werken, want zij zullen helpen bij deze transformatie. Hoe meer mensen ontwaakt worden, hoe sterker de energie zal worden.

D: Dan is het goed, als de nieuwe zich bewuster zijn van waar ze vandaan komen?

E: Ze kozen ervoor om als kind terug te komen, omdat kinderen heel open zijn. Ze hebben dus meer bewustzijn en omdat ze zich ervan bewust zijn, kunnen ze meer doen. Gewoonlijk, in het verleden, wanneer kinderen op de hoogte waren, zouden de meeste volwassenen hen vertellen dat ze het verzonnen en het niet aanmoedigden.

D: *Denk je dat de volwassenen het nu beter zullen kunnen begrijpen?*
E: Meer volwassenn willen het effectief begrijpen, en de kinderen kunnen de volwassenen opvoeden tot bewustzijn.
D: *Maar het probleem op dit moment is, dat sommige leraren en artsen deze kinderen medicijnen geven.*
E: Het is aan de ouders om een standpunt in te nemen en te zeggen: nee. Dat is waar het bewustzijn van wie deze kinderen zijn in het spel komt. Er zijn mensen die boeken schrijven over deze kinderen. Het is aan iedereen om de kennis te delen en deze ouders bewust te maken van met wie ze te maken hebben.
D: *Mij is verteld dat zij de hoop van de wereld zijn.*
E: Dat klopt. In geestvorm kan veel worden gedaan, maar velen hebben ervoor gekozen om het in fysieke vorm te doen.
D: *Maar de medicijnen die ze hen geven zijn zeer krachtig, en dit is geen goede zaak.*
E: Alle medicatie die wordt gebruikt ... dit is niet de natuurlijke manier van zijn. En wees je ervan bewust dat er nog veel meer medicijnen zullen worden geprobeerd om de geest te verdoven en het fysieke lichaam ziek te maken. Dat zou een manier zijn om velen te elimineren.
D: *Bedoelt je dat een deel van de medicatie opzettelijk zou zijn om deze kinderen te elimineren?*
E: Niet alleen de kinderen, maar ook de volwassenen. Dat is de realiteit van degenen die proberen te controleren en te manipuleren.
D: *Ik dacht, dat dit misschien een manier van eliminatie is, omdat ze het hebben over het geven van vaccinaties aan iedereen, dingen die we niet nodig hebben.*
E: Dat klopt. Veel mensen zijn zeer onwetend over wat er aan de hand is, maar dat is niet hun schuld, want dat is waar ze worden gehouden op kennisvlak, met wat hen wordt verteld. Dat is waar bewustzijn van wie je bent en wat je hier doet in het spel komt. Want je wordt je ervan bewust dat de dingen niet zijn wat ze werkelijk lijken te zijn. Er is meer aan de hand dat niet voor de hand ligt.
D: *Maar ze gebruiken angst om mensen te laten instemmen met medicijnen en vaccinaties.*

E: Dat klopt, en de vaccinaties zullen worden gebruikt om te proberen velen te stoppen. Mensen moeten onthouden dat waar angst is, er controle is door krachten van buitenaf.

D: *Dus het belangrijkste wat we moeten doen is gezond blijven, zodat we geen medicijnen nodig hebben?*

E: Dat klopt, wees je bewust van wat je jezelf aandoet. Zoek naar andere wegen voordat je gewoon medicijnen gaat halen. Er zullen momenten zijn waarop de medicatie nodig zal zijn om het fysieke lichaam te helpen, maar als je eenmaal wat onderzoek hebt gedaan, tenzij het een levensles is, die bewust is gekozen om van te leren, kan aan al het andere worden gewerkt, zonder medicatiebehoefte.

D: *Is het goed om natuurlijke stoffen zoals kruiden en mineralen te gebruiken?*

E: Dat is goed om te doen, maar wat echt nodig is, is om het fysieke lichaam in staat te stellen zichzelf te genezen. Want het heeft die capaciteit om dat te doen.

D: *Maar hoe voorkomen we dat de overheid ons vaccinaties en injecties geeft die we niet nodig hebben?*

E: Het is een kwestie van een standpunt in te nemen. Als er geen standpunt wordt ingenomen, dan zal de regering blijven doen wat ze nu doet. Er komt een moment dat er keuzes gemaakt moeten worden. En als je je herinnert dat dit een geestelijke oorlog is, wat valt er dan te vrezen?

D: *Er zijn dus veel wezens die in onze wereld zijn gekomen om te helpen met dit alles. En velen van hen leven in fysieke lichamen zoals deze*

E: Dat klopt.

D: *En ze zijn zich er niet bewust van dat ze eigenlijk van andere plaatsen komen.*

E: Sommigen zijn zich ervan bewust, anderen worden nog meer wakker. Maar ja, er zijn velen die zich er nog steeds niet van bewust zijn.

D: *Zoals ik het begrijp, heeft het reptielenras zich net in een andere richting ontwikkeld. Daarom zie je er anders uit, klopt dat?*

E: Dat klopt. Het was een kwestie van waar men zich ontwikkelde, zich aanpaste aan de omstandigheden van de plaats. Want dat is wat bepaalt hoe men eruit ziet of hoe men is. De omgeving van de plaats waar men bestaat, bepaalt hoe men eruit zou zien. Welke vorm men zou aannemen om op die plek te overleven.

D: *Ja, dat is logisch. Dat is wat mij werd verteld, sommige ontwikkelden zich in de reptielenlijn, sommige ontwikkelden zich in de insectenlijn en we ontwikkelden ons in de zoogdierlijn.*

E: Dat klopt. En een deel daarvan komt door de omstandigheden op de planeet.

D: *Ja. De omstandigheden in de planeet en het milieu en de "oersoep", zoals het wordt genoemd, over welke manier ze zich ontwikkelden.*

E: Dat klopt.

D: *Maar de geest, de ziel, kan elk type lichaam binnengaan dat ze wil.*

E: Dat klopt. Dat is wat we moeten onthouden. Het maakt niet uit welke fysieke vorm het lichaam is, wat je werkelijk bent, is je geestvorm. En dat is altijd energie en licht.

D: *We gaan gewoon verschillende lichamen binnen om verschillende ervaringen en lessen te hebben.*

E: Dat klopt.

D: *Estelle wilde weten wat haar doel was. Waarom ze hier is, wat moet ze doen? Ze voelt dat ze als mens veel obstakels op haar weg heeft en ze wil vooruit in haar werk. Wat kun je haar daarover vertellen?*

E: Ze zal meer van haar werk doen nu ze dit heeft gedaan, want ze heeft meer duidelijkheid en bewustzijn van wie we zijn. Ik zeg 'wij', ook al zijn we één. En nu ze dit bewustzijn heeft en er vrede mee sluit, gaat ze verder. Want ze wil die begeleiding volgen om binnen te komen en het te volgen.

D: *Ze zal nu meer zelfvertrouwen hebben.*

E: Dat klopt.

D: *Maar het zal moeilijk zijn, omdat ze mensen deze dingen toch niet kan vertellen?*

E: Er komt een moment dat ze dat gaat doen. Ze wordt geacht mensen op te leiden en te helpen herinneren wie ze zijn en waar ze vandaan komen.

D: *Bedoel je van de Bron?*

E: Ja, van de Bron, maar hen helpen zich op individuele basis de ervaring van hun ziel te herinneren en waarom ze ervoor kozen om hier nu te zijn. Ze is hier ook om hen te onderwijzen over deze verschillende wezens in andere dimensies en andere sterrenstelsels, en waarom ze hier zijn en hoe ze functioneren. Er is veel misvatting en angst over wezens uit andere plaatsen. Het is voor de mens een helse beroering geweest. Ze houden soms niet van jonge mensen. Hoe kan van hen worden verwacht dat ze anderen van andere plaatsen openen en ontvangen? Het is nu heel belangrijk omdat de zaken versnellen. Degenen die de leiding hebben, worden zich ervan bewust dat er een ontwaken is, en ze zullen proberen dingen te doen om dat te voorkomen of op zijn minst te vertragen.

D: *Maar er zijn dingen aan het veranderen. Ik weet dat ze versnellen. Zou het raadzaam zijn als Estelle zich de informatie kan herinneren die ze vandaag heeft gekregen? Want meestal weet de persoon het niet meer.*

E: Het zou raadzaam zijn om het haar te helpen om alles te kennen en te verbinden en er vrede mee te sluiten.

D: *Zou het goed zijn als ik een deel van deze informatie in mijn werk gebruik?*

E: Het is geen toeval dat dit gebeurde. Zij weet het en jij ook.

D: *Maar ik vraag altijd toestemming.*

E: Ja, je hebt toestemming om alles te gebruiken zoals je wilt.

D: *Omdat ik het uit veel verschillende bronnen haal en ik het allemaal als een puzzel in elkaar heb gezet. En ik zal haar identiteit niet prijsgeven. Ik houd altijd iedereen anoniem waar ik over schrijf.*

E: Daar is ze niet mee bezig, want jij en zij hebben een connectie die van lang geleden komt. Er was een tijd in Atlantis waar je zij aan zij werkte. (Dit was een verrassing.) Je werkte met kristallen. Jullie waren erg verbonden met de energie van het gebruik van de kristallen.

D: *Was het in een laboratorium?*

E: Er waren geen laboratoria. Het waren eerder open ruimtes die kristallen gebruikten om te genezen. Het waren meer tempels dan laboratoria. In wat men vandaag de dag een tempelomgeving zou noemen. Het vond plaats in hoe tempels in deze tijd zouden worden waargenomen. Jullie waren met z'n tweeën genezingen aan het doen met kristallen. Wonderbaarlijk werk kan worden gedaan met kristallen door degenen die weten hoe ze zich met de energie moeten verbinden. Er zijn velen hier in deze kamer die er in verschillende tijden waren om met de kristallen te werken. Het is een geschenk dat de kristallen gaven, en het is een geschenk dat nu in deze tijden kan worden gebruikt om informatie te verzamelen en om dieper in het werk te kunnen gaan om anderen te helpen bij genezing.

D: *Mij is verteld dat Atlantis al duizenden jaren bestond. Zovelen in deze kamer leefden in die tijd?*

E: De meesten hier hadden daar vele levens. Als ze het in twijfel trekken, kunnen ze deze modus gebruiken om de kennis te herstellen.

D: *Ja, en ze trainen om deze methode te kunnen gebruiken om de informatie terug te krijgen.*

E: Dat klopt. Dat is een van de verbindingen die we hier allemaal hebben. Ons leven in Atlantis. Ze kunnen deze methoden gebruiken om de informatie terug te krijgen, en dan kunnen ze herstellen en werken met kristallen, want kristallen slaan veel kennis op. En kristallen kunnen ook werken bij het genezen van veel verschillende dingen waarvan mensen zich nog niet bewust zijn. Het is nu tijd om de informatie terug te krijgen. Het is nu tijd voor veel dingen. Het is nu tijd om bewuster te worden en in je kracht te staan. Als er blokkades zijn die moeten worden opgeruimd, vanwege de fysieke overtuigingen, dan moet daar aan worden gewerkt, zodat je geest meer met je kan communiceren en je kunt uitvoeren wat je kwam doen. Dit is geen tijd van angst. Dit is een tijd van ontwaken en vreugde en ontdekken dat je een spiritueel wezen bent met vele redenen om hier in deze tijd te zijn.

D: *Dit is een van de redenen waarom ze hier allemaal bij elkaar zijn gekomen?*

E: Dat klopt. Ze vinden het allemaal geen toeval dat ze communiceerden. En ze communiceren op een dieper niveau veel dingen die in de nabije toekomst naar voren zullen komen.

D: *En ze worden verondersteld deze kennis terug te nemen en te gebruiken, en meer kennis te herstellen terwijl ze met verschillende mensen werken.*

E: Dat klopt.

De entiteit was op het punt komen dat het de sessie niet wou verderzetten, dus ik vroeg (zoals ik altijd doe) of er een bericht of advies was voor Estelle voordat we afscheid namen van elkaar.

E: Ze zal merken dat, de komende dagen, meer dingen natuurlijk zullen stromen, zoals ze de afgelopen weken hebben gevloeid. Ze zal dat mentaal waarnemen, alles wat ze moet doen is nadenken over dingen en ze zal resultaten zien. Dat is een deel van de energie die we dragen.

D: *En ze wordt beschermd en verzorgd.*

E: Ze heeft nooit gevreesd of in twijfel getrokken dat ze dat niet zou zijn. Het was meer een ding om anderen buiten te houden dan om haar binnen te houden.

D: *Omdat ze deze dingen niet bewust wist, toch?*

E: Dat klopt. Ze kan ze nu kennen, want ze vraagt er al een tijdje om. Want ze begrijpt dat ze veel werk doet en ze begrijpt dat er veel dingen aan de hand zijn, maar ze moest meer zelfvertrouwen hebben op een bewust niveau.

D: *Omdat we niets willen doen dat haar schade of problemen zal berokkenen. Ze krijgt alleen wat ze op dit moment aankan.*

E: Dat klopt.

D: *Oké. Ik wil je bedanken voor je komst en het geven van deze informatie. Het is heel goed van je om iedereen in de zaal het te laten horen.*

E: Het is een eer en een genoegen om hier onder jullie te zijn. En vergeet niet dat we ieder van jullie in de gaten zullen houden. En jij, Dolores, zult meer mensen vinden die deze speciale energie dragen, zodat je meer informatie kunt krijgen.

Ik vroeg de entiteit toen om te vertrekken, gaf integratie-instructies en bracht Estelle terug naar het bewustzijn. Ze herinnerde zich heel weinig toen ze wakker werd in een kamer vol verbijsterde waarnemers.

* * *

Deze sessie was in meer dan één opzicht een verrassing geweest. Het maakte echt indruk op de studenten, omdat ik geloof dat het hen liet zien waartoe ze in staat zouden zijn als ze het onderbewustzijn op deze manier verkennen. Ik was de sessie begonnen met behoedzaamheid, vanwege de omgeving waarin ik zou werken. Veel mensen verdrongen zich in een hotelkamer En het gevoel dat de sfeer er niet bevorderlijk zou zijn voor de hypnotische toestand van Estelle. Niemand vindt het leuk om een flater te slaan. In mijn achterhoofd zat de mogelijkheid dat er helemaal niets zou gebeuren. Maar 'ze' wisten wel beter. Ze hadden het vanaf het begin georkestreerd, toen Estelle ervoor koos om op het laatste moment naar de klas te komen, en een verrassende annulering dit mogelijk maakte. Er waren een paar anderen die op het laatste moment ook afzegden, maar "ze" zeiden dat dat geen toeval was. Degenen die er waren, waren degenen die getuige moesten zijn van deze geweldige sessie. Het was blijkbaar ook geen toeval dat ik Estelle's naam uit de doos plukte. Dit was het zoveelste bewijs dat er van tevoren niets geregeld had kunnen worden, want niemand wist welk klaslid gekozen zou worden. Ja, deze sessie bevatte veel verrassingen voor zowel mijzelf als de studenten. Maar er moest nog een komen, en daar zou ik pas achter komen als ik thuiskwam.

Ik vertelde de studenten dat ik kopieën van de opname zou maken en deze samen met hun certificaten aan iedereen zou bezorgen. Die avond, nadat iedereen het motel had verlaten en aan zijn reis naar huis was begonnen, dacht ik aan iets dat ik had moeten doen en vergeten was bij het opzetten van de sessie. Ik vond het jammer dat ik niet de hele inductie had opgenomen, want het zou waardevol zijn voor de studenten om er een verslag van te hebben. Tijdens de les gaf ik elk van hen voorbeeldinductietapes, om later te bestuderen, maar ik dacht dat het waardevol voor hen zou zijn geweest om de hele procedure te horen. Deze vergissing was natuurlijk omdat ik elke keer dat ik een sessie doe, de inductie nooit opneem. Ik vind het zonde van de tape, en ik wil ook niet dat de klant het later hoort als hij de tape afspeelt. Mijn stem heeft de neiging om ze er weer onder te zetten, en ik wil niet dat zoiets gebeurt als ik er niet bij ben. Dus ik start altijd de tape als ze uit de cloud komen en het vorige leven ingaan. In het geval van Estelle heeft ze me niet eens toegestaan om de inductie te voltooien voordat ze al in de juiste scène zat die bedoeld was voor haar en de klas om te ervaren. De microfoon lag op de kleine tafel naast het bed en ik pakte hem plotseling en zette hem aan toen ik me realiseerde wat er gebeurde. Later was ik boos op mezelf omdat ik de bandrecorder aan het begin van de sessie niet had gestart. Maar ik wist pas de volgende dag dat 'ze' daar ook een handje van hadden gestoken. Een andere paranormale gebeurtenis moest nog plaatsvinden waar ik geen verklaring voor zou hebben.

De volgende dag besloot ik het begin van de tape af te spelen voordat ik kopieën begon te maken. Ik wilde zien waar het begon en of mijn plotselinge actie een groot deel van het begin van de sessie had weggesneden. Mijn dochter, Nancy, werkte aan haar boekhouding achter de computer. Toen ik aan de tape begon, hoorde ze me hijgen en vroeg wat er aan de hand was. Ik zei: "Je gaat dit niet geloven! De hele inductie zit op de band! Het begint helemaal bij het begin! Maar dat is onmogelijk!"

Ik heb onmiddellijk mijn vriend, Gladys McCoy, gecontacteerd, die samen met haar man Harold het hoofd is van het Ozark Research Institute in Fayettevile. Ze is een oude vriendin en was een student in deze klas. Ze had tijdens de sessie recht tegenover me aan de andere kant van het bed gezeten. Ze had een duidelijk zicht op alles wat er gebeurde. Ik vertelde haar dat de inductie op de band zat.

Ze merkte op: "Dat is onmogelijk! Ik hield je heel nauwlettend in de gaten om te zien hoe je je inducties doet. De microfoon lag op tafel en je pakte hem niet op en zette hem aan totdat ze eronder zat." Ze had er ook geen verklaring voor, want zij wist wat zij zag en ik wist wat ik had gedaan. Toen ik de banden en certificaten naar de studenten stuurde, voegde ik een korte brief toe waarin ik hen vertelde wat er was gebeurd. Op deze manier zouden ze weten dat ze getuige waren geweest van een nog vreemdere gebeurtenis dan ze dachten dat ze hadden. Ik heb daar nog steeds geen verklaring voor, vooral niet voor de inductie die wordt opgenomen. Het enige antwoord kan zijn dat 'ze' alles controleerden. Ze waren bedoeld voor de studenten om de opname van de procedure te hebben, evenals de sessie. Een sessie waarvan ze allemaal afsprak dat ze die privé en vertrouwelijk zouden houden. En ze beloofden dat ze Estelle's identiteit of locatie niet zouden onthullen. Ik geloof dat ze het gevoel hadden dat als ze dit vertrouwen zouden schenden, er iets zou kunnen gebeuren. We waren ons er al van bewust dat we te maken hadden met iets veel hogers en veel beter geïnformeerd en in controle dan wij gewone stervelingen. Dit was een ervaring die ik nooit zou vergeten, en ik ben er zeker van dat het een onuitwisbare indruk maakte op alle aanwezigen.

Maar ik wist niet dat het bij mijn volgende les herhaald zou worden. Ze hielden zeker mijn acties en mijn lessen in de gaten.

* * *

Ik geloof dat Estelle de tweede van de zeven discipelen of speciale mensen zou kunnen zijn die ik zou ontmoeten tijdens de sessie met Robert in Engeland. Ik kreeg te horen dat ik een aantal van hen zou ontmoeten, maar niet al. En dat ik ze niet met elkaar in contact mocht brengen, omdat hun werk op dit moment apart moest gebeuren. Als ze een van deze speciale en unieke groep entiteiten is die zijn teruggekeerd om de Aarde door deze turbulente tijden te helpen, dan weten we dat er een in Engeland is en een in Amerika. Mij werd verteld dat zij op verschillende continenten zouden leven en een verschillende culturele achtergrond zouden hebben. Uit de bilions van mensen in de wereld, wat zijn de kansen om twee van deze unieke mensen binnen twee weken een halve wereld van elkaar te vinden? Ik denk dat de kansen duizelingwekkend zouden zijn, maar ik twijfel niet. Ik blijf gewoon mijn werk doen in het onbekende, nooit wetende wat ze voor me in petto hebben.

DEEL IV
DE WIJZE MENSEN

Hoofdstuk 15
De Wijze Gedenken

DIT WAS EEN VAN DE ANDERE sessies die ik uitvoerde tijdens de buitengewone week die ik doorbracht in Laughlin, Nevada, op de UFO-conferentie onmiddellijk na de aanslagen van 11 september in 2001. Van de twaalf sessies die week bevatten er tien informatie die ik kon gebruiken, of persoonlijke berichten voor mij. Virginia was aanwezig bij de experiencersbijeenkomsten die ik en Barbara Lamb elke ochtend tijdens de conferentie hielden. Dit waren bijeenkomsten bedoeld voor degenen die dachten dat ze UFO/ontvoering, etc. ervaringen hadden gehad, zodat ze deze konden delen met andere sympathieke mensen. Tijdens de sessie was Virginia van plan zich vooral te concentreren op haar vermoedelijke UFO-ervaringen. Het ging echter een andere kant op. Ze was een knappe vrouw die er jonger uitzag dan ze was (begin jaren 50). Ze was al jaren geregistreerd verpleegkundige in een groot ziekenhuis.

Toen Virginia uit de wolk kwam, bevond ze zich in een dorre, sombere omgeving. Geen vegetatie, alleen bruin vuil dat zich kilometers lang uitstrekt naar bruine heuvels in de verte. Een zeer desolate plek. Ze vond de plek niet leuk omdat het zo kaal was. "Ik hou van groen en ik hou van palmbomen, maar die plek heeft dat hier niet."

V: Dat is alles wat ik kan zien. Op een afstand begin ik wat mensen te zien. Een lange stroom mensen. En wat kamelen. Mensen die meestal de kamelen leiden, die worden geladen. En af en toe kan er iemand op een kameel zitten. Maar meestal zijn het de mensen die lopen, en de kamelen zijn geladen met hun schatten, hun producten, hun goederen, hun producten. Ze nemen ze mee om op de markt te worden gebracht. Om ingeruild te worden voor andere dingen. Ik zie ze op afstand gewoon langs me heen komen. Ze bewegen van mijn rechter naar links, gewoon langs dit pad, maar ze zijn een eindje verderop. En ik zie geen andere mensen dan deze. Het is vrij desolaat. De mensen moeten goed inpakken, wat voedsel bij zich hebben en weten waar de waterbronnen zijn. Gewoon mensen op een lang, heet pad.

Ik vroeg haar om zichzelf te beschrijven. Ze was een vrouw, met een donkere huid en lang los zwart haar, helemaal niet haar huidige kleur. "Ik heb een paar simpele leren sandalen aan. Ik denk dat ik ze zelf heb gemaakt. Ik ... hakte het uit huiden en paste het op mijn voet. Ik draag een loszittend gewaad. Wit, maar niet zuiver wit. Loszittend omdat het erg warm is. En het is luchtig en het is huiselijk geweven materiaal. Maar het past bij het doel, het bedekt mijn lichaam en maakt ventilatie mogelijk. En het is iets dat we voor onszelf kunnen doen."

Toen ik vroeg of ze jong of oud was, zei ze: "Ik word als redelijk oud beschouwd voor mijn cultuur. Ik ben bijna vijfendertig. Het lichaam voelt zich gezond, maar moe. Er is veel fysiek werk. Dat eist een tol van mijn lichaam. Ik ben moe. Ik werk te hard en heb te veel verantwoordelijkheden. En niet genoeg tijd om uit te rusten en te spelen. Dingen zijn in mijn leven. Het is een strijd om te overleven."

D: *Woon je daarbuiten?*
V: Waar we wonen, is het deels een grot en deels een structuur gebouwd rond de ingang van een grot. Binnen kunnen we ontsnappen aan de verzengende hitte. Soms kunnen we 's nachts, als het koeler wordt, naar buiten komen. En we hebben een luchtige structuur gebouwd buiten de grot, waar we een aantal van onze gebruiksvoorwerpen en dingen kunnen bewaren.
D: *Wonen er veel mensen?*
V: Er zijn er niet zoveel als vroeger. We zijn ... versplinterd, er zijn nog fragmenten. Geen gezinnen meer. We zijn altijd bang. Er zijn bendes, plunderaars die hier langs komen. En we zijn altijd bang dat we opnieuw getroffen zullen worden. Velen zijn gedood en sommige vrouwen zijn geschonden. (Emotioneel) En soms worden hun kinderen gestolen.
D: *Ze nemen de kinderen mee?*
V: (Huilend) Dat doen ze! Ze willen hun gemeenschap vergroten, en de onze verkleinen. Dus haten ze ons. (Huilt) Ik weet niet waarom!

Ik moest haar afleiden om haar weg te krijgen van de emotie, zodat ze met me kon praten zonder te huilen.

D: *Maar in deze gemeenschap wonen jullie allemaal in de verschillende grotten met de structuren ervoor?*
V: (Snikkend) Dat is alles wat we weten. Ik weet dat er andere mensen zijn die een andere levensstijl en andere manieren hebben, maar dit zijn mijn mensen. (Snikkend)
D: *Met hoeveel zijn jullie binnen je gezin?*
V: Ik heb een man en ik heb twee kinderen. En ik had er nog een die ... (Helaas) niet meer bij ons. (Snikkend) Er waren mensen die doorkwamen, en ze pakten hem gewoon op en namen hem mee.
D: *Daarom is het zo emotioneel voor je, omdat je er zelf een bent kwijtgeraakt.*
V: (Huilend) Dat heb ik meegemaakt. Ik weet niet wat er met hem is gebeurd. Maar ik heb gehoord dat ze gewoon hun eigen thema's aankaarten, opdringen aan de kinderen die ze meenemen. (Snuffelt) Ze willen hun ... Ik wil zeggen "hun kudde" vergroten.
D: *Ze nemen de kinderne niet echt mee om ze schade toe te brengen.*
V: Nee. (Snuffelt) Ik heb dat gehoord, en ik hoop dat het waar is. (Snikkend) Maar ik mis hem. En ik zou graag willen weten dat hij in orde is, en niet te bang.
D: *Maar je hebt wel andere kinderen.*
V: Ik wel. Ik heb nog een zoontje en een dochtertje. (Snikkend) Maar ik ben bang dat het nog een keer gaat gebeuren. Het is moeilijk. Het leven is hard. Het leven is hard en soms vraag ik me af waarom het zo moeilijk is. (Snikkend) Waarom kunnen we niet gewoon gelukkig en vrij zijn. Ik kan me herinneren dat ik vrij was. Ik weet niet waarom ik me herinner dat ik vrij was, maar het zou beter moeten zijn dan dit.
D: *Is het moeilijk om daar voedsel te vinden?*
V: Dat is inderdaad zo. Er zijn plaatsen waar water is. En er zijn wat vijgenbomen en dadels. En we kunnen uitstapjes maken. En we verzamelen voedsel en brengen het terug. Maar het is eng om op zoektocht te gaan En er zijn mensen met wie we handel drijven, zodat we de middelen hebben om brood te maken. (Snuffelt) Maar het is moeilijk. We moeten voorzichtig zijn.
D: *Waarom woon je niet in een stad; een plek met meer mensen? Zou dat niet veiliger zijn?*
V: Dat leven kennen we niet. Het is te ver weg. Wij zijn geen stadsmensen. Dit is waar we weten hoe te zijn. We hebben

gehoord dat er andere, grotere nederzettingen zijn. We hebben ook gehoord dat daar slechte dingen gebeuren. We proberen dus niet naar grotere nederzettingen te gaan.

D: *Als je ergens naartoe zou gaan, waar meer van jullie zijn ... zou je misschien veiliger zijn, omdat er meer mensen zouden zijn.*

V: Misschien. Misschien. Hier heb ik altijd gewoond.

D: *Heb je dieren?*

V: Er zijn er een paar van ons, die ezels hebben. Er zijn er die een kameel hebben. Maar niet velen van ons hebben die dingen, "dieren".

D: *Ik dacht dat dat het makkelijker zou maken, als je met dieren reisde en voedsel verzamelde.*

V: Ja, we gaan naar plaatsen waar we wat dingen kunnen uitwisselen. Ik weef hier en daar. En ik neem mijn dekens en mijn manden, en ik kan ze ruilen voor dingen om te eten, voor ... voedsel. We doen handel, en er is een handelsroute waar mensen langskomen. En het is niet ver weg van ons kampement, waar we wonen. En soms kunnen dingen verkrijgen.

Dit was waarschijnlijk de lange stroom mensen die ze in het begin van de sessie zag. De karavaan die de handelsroute volgde.

D: *Zo ben je in staat om te overleven.*

V: We overleven. Maar het is moeilijk.

D: *Is weven wat je voornmaelijk doet?*

V: Ik weef en ik probeer schoonheid in mijn dekens te stoppen. Met behulp van de kleuring, middelen om te kleuren, die ik kan vinden. Ik kan wol krijgen. Er zijn mensen die geiten hebben. En ik kan dekens maken. En ik probeer wat ontwerpen in te voeren wanneer ik de juiste kleurstoffen kan krijgen om mijn draad te kleuren. Ik kan er ontwerpen in stoppen waar ik me gelukkiger bij voel. En hopelijk zullen andere mensen zich gelukkiger voelen. Ik heb het gevoel dat ik schoonheid moet creëren. Het is belangrijk.

D: *Wat doet je man voor je kleine groep, hoe helpt die?*

V: Hij heeft een aantal geiten waar hij voor zorgt. En hij neemt ze mee naar plekken waar ze wat water kunnen vinden. En soms is er wat groen gras dat ze rond de drinkplaatsen kunnen eten. Hij leidt ze en hij is de hele dag weg. Soms meer dan één dag. En we kunnen melk van hen krijgen. En we kunnen er een paar eten. Dat doet me pijn! Het doet me pijn om mijn dieren op te eten! Ik eet ze niet graag, maar we moeten overleven. We moeten zelf gevoed worden. De dieren zijn mijn vrienden.

D: *Dit betekent dat je veel alleen bent, nietwaar?*

V: Dat ben ik. Er zijn andere mensen niet al te ver weg in dit gebied. En ik voel me niet geïsoleerd. Maar hij is veel weg, en ik doe mijn weven en mijn denken. En dat is goed.

D: *En je hebt de kinderen om voor te zorgen.*

V: Ik wel, en ze zijn een plezier.

D: *Het klinkt alsof je daar niet echt zo gelukkig bent.*

V: Het is veel werk. Op de een of andere manier weet ik, dat er meer in het leven is, dan alleen maar worstelen om te overleven en voor mijn gezin te zorgen. Ik hou van mijn familie en ik wil voor hen zorgen, maar er is een deel van mij dat weet dat dit niet alles is wat er is. Dit kan niet alles zijn wat er is. En soms verlang ik naar andere plekken, en vrijer zijn. Er moet iets anders zijn. En op de een of andere manier weet ik dat ik het me herinner– Ik weet niet hoe ik me herinner, of wat ik me herinner – maar ik herinner me dat het niet zo was. (Snikt) En toch spoken de herinneringen door elkaar. Het zet me aan het denken over hoe moeilijk dit leven is. En ik weet iets, ik voel iets, over het leven dat niet zo moeilijk is. Maar het helpt me ook, om me eraan te herinneren dat er dingen komen, die weer zo zullen zijn... Ik weet niet goed hoe dit uit te leggen.

D: *Dat zal best wel verwarrend zijn, om dat te weten, en het niet echt te kunnen onthouden.*

V: Dat is zo. Dat is het ook. Ik weet het, maar toch weet ik niet waarom ik het weet. Niemand anders lijkt het te weten.

D: *Ze hebben deze herinneringen niet?*

V: Dat lijken ze niet te doen. (Huilt) Waarom weten ze het ook niet? (Ze huilde nu openlijk.) Soms denken ze dat ik gek ben. Ze denken dat ik niet goed in mijn hoofd zit. (Snuffelt) Als ze alleen maar denken aan het maken van brood of het voeden van zichzelf, denk ik aan andere dingen. Ik weet niet waarom ik over dingen nadenk, maar ik denk aan andere dingen, en ik weet niet hoe ik het weet. (Snuffelt) Het liep anders. Ze waren vredig en ik was gelukkig. En ik hoefde niet zo hard te werken. (Snikkend)

Dit klonk erg vergelijkbaar met sommige mensen in onze huidige wereld. Ze hebben herinneringen aan andere levens en andere bestaansvormen. Ze weten niet waar deze vandaan komen, omdat ze hiervoor geen basis hebben in hun huidige realiteit, vooral de manier waarop ze door de Kerk zijn geïndoctrineerd. Dit kan nu erg verwarrend zijn, dus het is gemakkelijk om te zien hoe het totaal vreemd zou zijn voor een vrouw die verafgelegen woont, met duidelijk weinig opleiding. Iemand die geen blootstelling aan een andere manier van denken had gehad. Ze had blijkbaar vage herinneringen aan andere levens, en er was geen logische verklaring. Het droeg alleen maar bij aan haar gevoel ongeluk en gevoel van afgescheidenheid van de groep. Deze frustratie van proberen erbij te horen en verkeerd begrepen te worden, lijkt tijdloos. Het lijkt geen grenzen te kennen en bestaat al zolang er denkende mensen op deze Aarde zijn. Het verklaart ook gedeeltelijk het onderliggende verlangen om "naar huis te gaan".

D: *Dat maakt je huidige bestaan aanvaarden des te moeilijker, als je die herinneringen hebt.*
V: (Snuffelend) Het is moeilijk. Het is moeilijk met mensen te leven, mensen die denken dat ik niet goed in mijn hoofd zit.
D: *Maar je weet dat je in orde bent.*
V: (Emotioneel) Soms vraag ik me af of ik wel gelijk heb.
D: *Je bent net een tikje anders, dat is alles. Je onthoudt dingen die ze niet onthouden. Maar dat is niet erg. Je kunt met mij praten. Ik begrijp het.*

Ik heb haar toen wat vooruit laten gaan, naar een belangrijke dag. In een leven waarin de ene dag net zo is als de andere, is het vaak moeilijk voor het onderwerp om iets te vinden dat belangrijk is. En omdat hun leven zo alledaags is, zou wat zij belangrijk vinden, vaak niet belangrijk zijn, voor ons.

D: *Het is een belangrijke dag. Wat doe je nu? Wat zie je?*

De emotie die aanwezig was geweest, was nu weg. Haar stem was weer normaal, zelfs alledaags.

V: Oh, ik begin mijn dag, net als alle anderen. Opstaan en me voorbereiden op mijn dag en het klaarmaken van mijn familiemaaltijden. Maar toch is dit een dag om nooit te vergeten. Ik zal deze dag iemand ontmoeten, die mijn leven zal veranderen.
D: *Hoe weet je dit?*
V: Nou, ik weet het nog niet, maar dit is de dag. Terugkijkend vanuit het "hier" perspectief, is dit de dag waarop een zeer ongebruikelijk persoon deel uitmaakte van de handelskaravaan die ik ging ontmoeten. Ik ging op pad met wat dekens en manden. En er was iemand op deze weg die de karavaan gewoonlijk neemt. Hij ging gewoon een tijdje met hen mee. Misschien ging hij gewoon naar dezelfde plek waar zij naartoe gingen, maar hij was geen handelaar. Hij was een oudere man. (Serieus) Maar hij was iemand die van die andere dingen wist. De karavaan stond even stil. Toen wist ik, dat ik ze mijn waren kon tonen. Ze bleven overnachten. En deze man reisde met hen mee. Hij was een andere man. Een man van zachtheid en kracht en leren. En heel, heel bescheiden. Niet zoals sommige mensen op deze route, die denken dat je gewoon niemand bent. En ze zijn allemaal belangrijk en alwetend. Deze man sprak tot mij. Hij praatte tegen me alsof ik ook belangrijk was. Hij keek me aan en riep me: "Mijn kind." En hij sprak tot mij over andere dingen, over andere plaatsen en zelfs over andere tijden. Hij kon me aankijken en hij wist alles over me. Ik hoefde het hem niet eens te vertellen. Hij voelde mijn pijn. Hij voelde mijn verwarring met het leven. En hoe het leven verder ging. Ik vroeg mezelf altijd af: "Wat doen we hier? Is dit alles wat er is? Waarom zijn er geen andere dingen in mijn leven, dingen waarvan ik me lijk te herinneren dat ik ze eerder had?" En ik verlangde naar het water. Ik heb gehoord dat er water is, veel water op andere plaatsen. Ik heb het nog nooit gezien. Ik wil zijn waar veel water is. Het zou mijn leven zoveel makkelijker maken. En hij spreekt over water. (Huilt) En hij spreekt over het water des levens. Hij spreekt over water alsof hij het niet echt over water heeft. (Snuffelt) Hij heeft het over andere dingen die me kunnen bevrijden. Het gaat erom wie ik van binnen ben. Hij vertelt me dat, als ik me maar hard genoeg kan herinneren, dat ... een deel van mij kan plaatsen bezoeken zonder mijn lichaam mee te nemen. Dat dit lichaam niet echt mij is. Dat ik ergens naartoe kan en me geen zorgen hoef te maken... En ik

heb toegang tot andere rijken, andere tijden zelfs. En ik kan mijn vrienden bezoeken die ik in andere tijden en andere plaatsen heb gekend. En hij spreekt over engelen. (Rustig) Ik heb wel eens dingen gezien, maar ik vertel het niet. Ik vertel het niet eens aan mijn man. Maar ik zie mensen die komen, en ze zijn gemaakt van licht. En ze praten met me. Maar toch vraag ik me dan af of ik wel gek ben. En hij vertelt me dat dit mensen zijn, grote wezens die van mij houden. En dat ze mij ook missen. Ze komen bij mij op bezoek. En ik kan met ze meegaan, en hoef zelfs op geen enkele manier te reizen. Maar ik denk dat ik wel moet. Ik kan met ze meegaan en ik kan mensen bezoeken. En ik kan zelfs eten wat ik wil. Ik kan het gevoel hebben dat ik alles eet wat ik wil. Ik denk dat het niet echt zou zijn. Maar ik kan genieten van het gevoel om alles in me op te nemen wat ik wil, inclusief veel leren. Omdat ik meer dingen wil weten. (Ze werd weer emotioneel.) En meer dingen kan ik hier niet weten. Er is niemand om mij iets te leren. Maar hij zegt dat ik het wel kan. (Huilt) En het is moeilijk voor mij om te geloven. Ik wil het geloven. Ik wil meer weten. Ik heb het gevoel dat ik meer weet, maar toch weet ik dat niet. Het is moeilijk uit te leggen. Maar hij vertelt me dat ik ergens naartoe kan gaan. En als ik gewoon met deze grote wezens kan komen die ik zie, deze wezens waar ik niet over praat. Ze zijn licht. Ze zijn alsof ze gemaakt zijn van een kaarsvlam of zoiets.

D: *Komen ze naar je toe als je alleen bent?*

V: Ze komen 's nachts naar me toe als iedereen slaapt. Soms zie ik ze, en soms spreken ze me aan. Ik heb nooit geprobeerd om met ze terug te praten, omdat ik niemand wakker wil maken. Maar ik luister naar ze. Dan denk ik misschien dat ik uit mijn gedachten ga. Ik wil ze horen, maar ... soms wil ik gewoon niet dat ze weggaan.

D: *Maar deze man begrijpt deze dingen?*

V: Hij begrijpt deze dingen en hij begrijpt mij. Hij begrijpt mijn verlangen en hij begrijpt mijn frustratie. En hij weet dat ik het wil weten. En hij vertelt me dat ik naar deze plaatsen kan gaan. Ik kan naar leerplekken gaan. En dat kan ik doen door te zijn wie ik ben en waar ik ben. En dat vind ik spannend.

D: *Dat zijn toch heel vreemde ideeën?*

V: Het zijn vreemde ideeën. Niemand spreekt over deze dingen.

D: *Weet je wie deze man is?*

V: Hij vertelt me over iemand met wie hij al lang verbonden is. En ze worden allebei heel oud. En hij vertelt me over de tijd in een ander land waar ze moesten vluchten. En ze zijn al vele, vele jaren in mijn land en hun tijd loopt ten einde in dit leven. En hij vertelt me over andere levens. En om niet bang te zijn. Deze man waarover hij spreekt is een machtige man van vrede en liefde. Hij is zijn vriend en zijn beschermer geweest voor vele, vele, vele jaren. En ze worden moe en verlangen ernaar terug te keren naar waar ze vandaan kwamen. Ik wist altijd dat ik ergens anders vandaan kwam. En hij vertelt me dat als we klaar zijn in dit leven, dat we daar teruggaan. En het is prachtig, en het is mooi. En hij gaat dit doen. Hij en zijn meester – hij noemt hem – gaan dit zeer binnenkort doen. Ze zullen met hun vrienden ergens anders zijn voordat ze dit leven binnengingen. Maar hij heeft veel dingen geleerd. Deze man weet veel dingen en hij heeft veel ervaringen gedeeld met degene die hij de "meester" noemt.

Dit klonk niet als Jezus, omdat de man te oud was. Ik vroeg me af of ze in het Heilige Land zou kunnen wonen, en dit zou een van de discipelen kunnen zijn die reisden en anderen onderrichtten.

D: *Dit land waar je woont, heb je het een naam horen noemen?*
V: De naam lijkt een beetje op een rivier die ik ken. Ik hoor mensen spreken over een grote rivier. Het wordt de Indusrivier genoemd. Het is het land rond die rivier. We hebben er hier geen naam voor.
D: *Zei deze man waar hij vandaan kwam?*
V: Hij was verder naar het westen geweest en had de plaats bezocht waar hij ooit had gewoond. Hij had belangrijke contacten met mensen die hij daar terug moest zien. Hij wilde met hen in contact blijven. Het was vrij ver weg, maar deze handelsroutes komen via deze weg, en hij reist met hen mee voor bescherming.
D: *Nou, dit is een belangrijke dag waarop je deze man ontmoet en iemand vindt die je begrijpt.*
V: Hij gaat door. Maar hij heeft me een geschenk gegeven dat me niet kan worden afgenomen. (Snikkend) Hij helpt me te begrijpen. En hij vertelt me hoe ik er meer van kan toestaan en me er niet tegen kan verzetten. En om manieren te vinden om te leren en andere plaatsen te bezoeken. En hoe ik dat kan doen en ook hier mijn leven kan leiden. Ik kan voor mijn gezin zorgen. Ik kan een goede

vrouw zijn. Ik kan een goede moeder zijn. En ik kan mijn manden en mijn dekens weven. En ik kan ook vrij zijn om naar andere plaatsen te gaan en andere dingen te weten. En om mezelf op die manier te voeden.
D: *Dat is heel belangrijk. Hij heeft jullie een heel groot geschenk gegeven.*

Ik heb haar toen weer laten doorgaan naar een andere belangrijke dag in haar leven.

V: Ik maak me (diepe zucht) klaar om dit leven te verlaten. Het lichaam is zwak en ik ben oud. En ik begin visioenen te zien. Ik heb veel plaatsen bezocht sinds ik deze man ontmoette. Deze man van Judea, vertelt hij me.
D: *Is dat waar hij zei dat hij vandaan kwam?*
V: Hij kwam uit Judea. Ik ken Judea niet. En ik ben veel gelukkiger aan het einde van mijn leven, omdat hij me dingen heeft geleerd. Hij leerde me hoe ik vrij kon zijn waar ik ben. Hij vertelde me over het permanent verlaten van het lichaam, in wat we "dood" noemen. Hij zei dat ik er niet bang voor moest zijn. En ik heb sindsdien ook van anderen geleerd dat ik contact heb opgenomen. Grote wezens die nooit sterven. En ik weet dat ik hier maar even ben. En ik heb andere dingen te doen, andere plaatsen om te zijn en andere mensen om mee om te gaan. En ik verlaat dit lichaam, en ik heb geen angst.
D: *Dus er is niets mis met het lichaam? Het is gewoon versleten.*
V: Gewoon versleten. En ik heb mijn tijd hier afgemaakt. Mijn familie, wat er nog van over is, is verdrietig. Maar ik zeg dat ze niet verdrietig moeten zijn. Toch begrijpen ze me toch niet. Dat hebben ze nooit gedaan. En ze zijn blij dat ik in mijn latere jaren gelukkiger ben geworden. Maar ze weten niet waarom. En ik zeg dat ze niet verdrietig moeten zijn bij mijn vertrek. Dat begrijpen ze ook niet. Ik heb geprobeerd anderen te onderwijzen. Ze hebben het niet goed geaccepteerd.
D: *Maar je was altijd de andere.*
V: Dat was ik. En mijn kinderen denken dat ik misschien gelijk heb, omdat ze van me houden en ze me respecteren. Maar toch worden ze meer beïnvloed door de anderen dan door mij, het spijt me te moeten zeggen. Maar ik ga weg. Ik ben niet ongelukkig met mijn

vertrek. Ik weet dat ik over mijn familie, mijn kinderen kan waken en dat ze nu een eigen leven hebben. Maar ik kan over hen waken zoals deze wezens, ik weet het zeker, over mij hebben gewaakt.

Ik gidste haar naar het punt waarop ze haar lichaam verliet (stierf) en vroeg haar om me te vertellen hoe dat was.

V: Het is heel, heel, heel vredig. Ik zie mijn engelenvrienden. Ze steken hun armen voor me uit. En ik voel me lichter en lichter en lichter. En uiteindelijk zweef ik gewoon naar hen toe. En ik ben op deze prachtige plek van vrede en liefde. Vrede en liefde en licht en vrijheid. En het is gewoon een heerlijk gevoel om terug te zijn waar ik thuishoor, waar ik het gevoel heb dat ik net vandaan kom. Alsof het maar een minuut was. Mijn leven leek zo lang en moeilijk, maar toch lijkt het nu alsof het een minuut was.

D: *Als je naar dit leven kijkt dat je net hebt verlaten, kun je het allemaal vanuit een ander perspectief bekijken. Wat was het doel van dat leven?*

V: Ik zou leren hoe ik dit rijk kon integreren met het aardse rijk. Het aardse alledaagse bestaan. Ik moest leren hoe ik mijn kennis van hogere rijken kon opnemen in mijn dagelijkse werkwereld. Dit is een probleem dat ik nog steeds niet onder de knie heb. Ik heb veel geleerd in dat leven. En het was alle pijn waard. Alle dingen die ik doormaakte om te leren dat het kan. En het kan met succes worden geïntegreerd.

D: *Ook al had je tegenstand en spot.*

V: Er zal altijd tegenstand zijn in het aardse leven. Wanneer men de herinneringen en de kennis van de hemelse rijken binnenbrengt, wanneer men zich het bestaan vóór dat leven herinnert en weet dat er andere dingen zijn, en niet alleen maar afgesloten zijn voor wat voor zijn aangezicht ligt. Er zullen altijd mensen zijn die net op dat niveau zitten. En ze zullen uithalen naar degenen die zelfs zulke dingen suggereren. Dus dit is om me ook in toekomstige levens te helpen. Want welk leven ik ook inga, het zal een leven zijn waarin er weerstand is.

D: *Maar maakt dat het niet moeilijker om deze herinneringen te hebben als je in de fysieke wereld bent?*

V: Het lijkt erop dat ik deze herinneringen altijd zal hebben. Mij wordt verteld dat ik niet iemand ben die het helemaal vergeet. En dit is om me voor te bereiden om dit te kunnen integreren, omdat ik op een hoger niveau heb gekozen om niet helemaal vergeetachtig te zijn. Om niet helemaal achter de sluier te zitten. Ik kies hiervoor. En door hiervoor te kiezen, moet ik ook leren hoe ik het kan integreren.

D: Maar maakt dit het niet moeilijker om in een leven te leven als je de herinneringen hebt?

V: Het is een moeilijk leven. Maar vanuit mijn hogere visie kies ik ervoor om moeilijkheden in het fysieke leven te hebben die me zullen helpen om spiritueel te groeien. Het is niet belangrijk hoe makkelijk mijn leven is. Het is alleen belangrijk hoeveel ik groei. En dit is het pad dat ik heb gekozen om dit te doen. Niet alleen om een leven lang volledig blind en dom te zijn voor het grotere geheel. En vergeet wat ik kwam doen. Dat is niet van belang. Ik kom in het leven met de herinnering aan dingen die ik moet leren. Soms kost het me een tijdje om het bij elkaar te krijgen, om te onthouden wat dat is en hoe ik het moet doen. Maar dit is de weg die ik heb gekozen vanuit overleg met de ouderlingen.

D: Ja, maar het maakt het wel moeilijker.

V: Het is moeilijker, maar ik heb dit pad gekozen dat geesten door moeilijkheden zullen gaan.

D: Dus je zult altijd minder vergeetachtigheid hebben in al je levens.

V: Dat klopt. Ik zal dingen weten en ik zal dingen onthouden. En het zal helpen herinneren, met helpen weten wie ik ben, en waarvoor ik in het leven ben gekomen. Ik heb het gevoel dat als ik deze moeilijke ervaringen heb, ik meer zal bereiken dan het ene na het andere leven ingaan en vergeten wat ik ben komen doen en hoe ik het moet doen. Dus ik kom binnen met gedeeltelijk geheugen. Net genoeg om me aan te sporen en te weten dat er dingen te leren en werk te doen zijn. Om te weten dat er meer is. Ik ben heel, heel bang geweest voor de mogelijkheid om een leven in te gaan met al deze grootse visioenen van dingen die ik ging doen, en verdwaald te raken en te vergeten wat ik kwam doen. En het zou een verspilde tijd en verspilde kansen zijn. En misschien andere mensen pijn doen en hun pad belemmeren. Ik kies ervoor om hier meer verlichting voor te hebben. Ook al is het voor mij heel vaak moeilijk om te integreren. Maar ik heb vrienden die bij mij in het leven komen, en we hebben een pact gesloten om elkaar te helpen herinneren. En dit deed ik met dit prachtige wezen dat ik op het pad ontmoette. Hij wist en ik wist voordat we in een van deze levens kwamen wat we met elkaar gingen doen. Het was een karmische belofte. En ik heb dit ook in andere levens met anderen opgezet. Ik zal genoeg weten om vragen te stellen en anderen zullen me helpen om de antwoorden te vinden.

D: *Dus in elk leven dat je ingaat, zal er altijd iemand zijn.*

V: Die zal er zijn. Ik ben nooit alleen. Ik heb vele, vele, vele vrienden via vroegere kennissen en verenigingen. En we kennen allemaal de gevaren van verdwalen in de modder en het moeras. En we hebben een noodknop.

D: *Wat bedoel je met een noodknop?*

V: Misschien denk ik, als ik een leven in ga, dat ik zal vergeten. En ik heb liefdevolle vrienden die met mij het leven ingaan, of die ik ergens in mijn leven zal ontmoeten. En we hebben beloftes gedaan dat we elkaar zullen herinneren aan wie we zijn. En we zullen zeker niet allemaal alles vergeten. Dus als iemand zich het ene herinnert, en de ander iets anders, dan zullen we elkaar helpen. En we zullen zelfs dingen hebben die we "codes" noemen. Als iemand slechts één zin of één woord onthoudt, zal dit dingen in een andere veroorzaken die veel herinneringen en kennis zullen openen.

D: *Dus je weet hoe je elkaar kunt identificeren?*

V: We zullen dit voor elkaar doen. Het is geen bewuste code. Maar er zijn dingen die iemand kan zeggen die we van tevoren hebben opgezet. Zoals wanneer je dit zegt, zal het deze hele doos met informatie voor me downloaden wanneer ik er klaar voor ben. En we zullen elkaar ontmoeten als ik er klaar voor ben, of als jij er klaar voor bent. En we doen het voor elkaar. En het is als een klein vangnet om een eng leven in te gaan waar we bang zijn dat we het zullen vergeten.

D: *En je zult altijd bij deze mensen zijn in verschillende levens. Klopt dat?*

V: Dat klopt. Het kost me wat, wat je "tijd" zou noemen, na een leven, om te rusten en na te denken over alles wat ik heb geleerd. En dingen die ik niet heb geleerd.

D: *Om te assimileren, ja.*

V: Assimileren is een goed woord. Het kost me een tijdje om dat te doen, en dan ben ik vrij om te doen wat ik wil. Ik kan veel paden kiezen. Een daarvan gaat een ander leven in. En ik heb ervoor gekozen om vrij vaak terug te gaan naar levens, met wat tijd tussendoor om door te gaan naar hoger onderwijs en wat werk met anderen te doen. Soms breng ik gewoon tijd door met het werken met anderen op het aardse vlak. Hen bezoeken en inspireren. En ik heb nog steeds degenen die mijn zielsverwanten zijn, noem ik ze, in levens. En ik breng zelfs tijd met hen door in mijn droomtijd. Ik fluister ze dingen in, en ik beïnvloed ze, en ik waak over ze. En er zijn momenten waarop ik andere leergebieden ga bezoeken. En soms gewoon ontspanning. En er zal altijd een tijd komen dat ik overleg met wat ik de "oudsten" noem.

Ik heb Virginia toen vooruitgeschoven in de tijd en de andere entiteit in het verleden verlaten, zodat ik de vragen over haar huidige leven kon stellen. Het onderbewuste had in het verleden moeite om de andere persoonlijkheid te verlaten.

V: Het is alsof Virginia nu de vrouw is in het dorre land van wat nu India is. Alsof ze nu die persoon was. En dit is een analogie waarvan ik zou willen dat ze die begrijpt. Ze is, net als die persoon, op een bepaald niveau. En de buitenlander die door haar gebied kwam – niet uit haar omgeving, let wel – maar gewoon doorkwam voor een kort verblijf, en de plek opzocht, en de mensen enigszins leerde kennen. Er zijn anderen die zijn als de reiziger die doorkwam die haar verdere verlichting bracht. En liet haar zien hoe ze in zichzelf kon kijken om haar vrijheid te vinden en zich te herinneren wie ze is.
D: *Is dat de reden waarom het onderbewuste dat leven voor haar koos om vandaag te zien?*
V: Dit is het doel van dat leven. Het is een analogie. Zij is nu degene, de vrouw die dwangarbeid verricht. En ze werkt hard. En ze heeft soms moeite om haar kennis te integreren met haar dagelijkse werkwereld. En er zijn mensen, vooral op haar werkplek, die niets van haar mystiek zullen horen. (Virginia is verpleegster in een groot ziekenhuis.) En dat is vaak frustrerend. En er zijn mensen die 's nachts naar haar toe komen, die haar andere dingen leren. Ze nemen haar mee naar andere rijken en ze laten haar veel dingen zien. En het is haar manier om boven dit leven uit te groeien. En ze stemde ermee in dat dit zou gebeuren, dat dit zou gebeuren. Het was om haar te helpen herinneren dat er andere dingen in het leven

zijn dan het hier en het nu, en het werk dat voor je staat. Er gebeuren veel dingen op vele niveaus. Maar voor haar directe niveau was het een overeenkomst voordat ze in dit leven kwam, omdat ze veel te doen had in dit leven. Veel karma om af te maken. En het was haar doel om mensen te helpen herinneren wie ze waren. En ze was bang dat ze zou vergeten wie ze was en zichzelf of iemand anders niet zou kunnen helpen.

Virginia had tijdens meditatie en dromen fragmeten gezien van een entiteit die ze "Heperon" noemde. Ze wilde weten of dit een echte entiteit was, en zo ja, wie hij was.

V: Heperon is een zeer integraal onderdeel van haar wezen. Ze zou zich nooit vrijwillig hebben aangemeld voor de Aarde-ervaring als het niet was geweest voor de wetenschap dat haar "zielsverwant" hier ook aanwezig was. Zo zou ik het benoemen. Deze zeer, zeer dierbare persoon uit haar zielengroep, die op een andere planeet bij haar was. Hij verzekerde haar dat het hun afspraak was dat ze in het aardse leven zou komen en dat hij over haar zou waken. Hij zou te allen tijde op een bepaald niveau bij haar zijn. Hij is, wat je zou noemen, een "multidimensionaal" wezen. Hij kan veel dingen doen in vele rijken, en ook waken over Virginia. En dit is een zeer integraal onderdeel van haar leven. Haar bestaan op Aarde in de wetenschap dat Heperon over haar waakt vanuit zijn – je zou het kunnen noemen – enigszins "verheven" positie. Hij kan op veel plaatsen op vele momenten zijn. Hij is, wat je zou kunnen noemen, een engel. Hij is sowieso een engel voor haar.

D: *Hij is dus heel belangrijk in haar leven.*
V: Die verbinding is ontzettend belangrijk. Het is de kern van haar bestaan op Aarde.
D: *Dat is heel goed. Ze heeft nog een paar vragen. Ze wilde weten of ze ooit een band met Jezus had?*
V: Er was een incident in Kasjmir waar ze de jongeman ontmoette die Jezus was. Ze was priester in die tijd, toen Jezus met zijn oom Jozef op reis was en studeerde bij de wijze leraren. Het was een ware ontmoeting. Het was een zeer, zeer ware ontmoeting. Een ware herinnering. Een zeer diepgaande. En de herinnering aan zijn sereniteit heeft haar in dit leven op vele manieren geholpen.

Alleen al het aanboren van die zielsherinnering, van de liefde en de vrede die hij uitstraalde, is een stabiliserende kracht geweest. En de wetenschap dat hij er is. Hij is standvastig als een rots, en hij is liefde en vrede. Dat is een innerlijk weten geweest. En ook tijdens dit leven dat deze dag in deze sessie werd onthuld. Het sijpelde verder naar .. de volgende incarnatie van deze entiteit, Virginia.

D: *Na de andere in Kasjmir?*

V: Na de andere. En deze man – dit is moeilijk te zeggen, omdat het niet algemeen aanvaard is – maar deze man die haar onderwees, leefde een lang leven met Jezus.

D: *Ik dacht dat het niet Jezus was, omdat hij ouder was.*

V: Hij was een metgezel van Jezus. Hij droeg de kennis, dus Jezus heeft haar leven twee keer aangeraakt.

Ik eindigde de sessie met vragen rond de fysieke problemen van Virginia. Ze werden veroorzaakt doordat ze bleef werken in de negatieve sfeer van het ziekenhuis nadat haar nut daar voorbij was. Ze dacht dat ze mensen hielp, maar de energieën die in die omgeving aanwezig waren, putten haar uit. Het was tijd voor haar om verder te gaan in haar werk. Ze kon nog steeds mensen helpen en werken met degenen die stierven, maar ze moest het ziekenhuis verlaten.

Hoofdstuk 16
Zoeken Naar De Wijze

DIT IS EEN ANDERE SESSIE, die ik deed in Clearwater, Florida, terwijl ik daar sprak op een expositie in oktober 2002. Hier betof het ook een band met een wijze man, maar een van een ander type.

Toen Nancy, het onderwerp, uit de wolk kwam, stond ze blootsvoets op scherp grind, kleine stukjes gemalen rots. Dit maakte haar ongemakkelijk, maar ze werd meer van streek toen ze zag dat ze op de rand van een klif stond . Ze zag dat ze een jonge man was, met kort bruin haar in een dik gewatteerd vest en een broek van ruw materiaal. "Ik ben heel dicht bij een klif . Ik heb het gevoel dat ik achteruit wil gaan, weg van de rand. Ik krijg te horen dat ik me niet moet omdraaien. Er staat iemand achter me. En ik wil rennen", zei ze met een grote zucht. "Ik wil weg. Waarom doen ze dit?" Het antwoord was een openbaring: "Ze proberen me bang te maken."

Ik vroeg of ze zich wilde omdraaien en kijken wie het was. "Er is meer dan één persoon. Ik heb het gevoel dat, als ik dichter bij de rand kom, ik ga uitglijden en vallen. En ze laten me hier staan om me een lesje te leren. Maar ik weet niet wat die les is. Het zijn heel kleine mensen, met licht haar. Bijna wit. Ik ben veel groter dan zij, in ieder geval een voet of meer. En mijn kleuring is anders. Ik ben donker en zij zijn heel licht. Ze zijn verschillend van mij. Ik hoor er niet bij. Ik maak er geen deel van uit. Ik heb het gevoel dat ik door hun dorp reisde voor dit gebeurde. Ze zijn bang voor me. Ik wist niet waar ik was en ik vond deze plek. Eerst dacht ik dat het kinderen waren. Ze hebben geen wapens, maar op de een of andere manier hebben ze me hierheen gedwongen."

D: Op wat voor plek woonden ze?
N: Hmmm. Ik zie dat ze zich kunnen verstoppen. Ik weet niet hoe ik dit moet zeggen. Ze kunnen verdwijnen. Ze kunnen hun huizen, hun gebouwen ... verbergen in de natuur, in de omgeving. En toen ik ze voor het eerst zag, leek het op een kinderdorp. Ze hadden grasdaken, als kleine hutjes, maar dat was niet echt. Dat was

gewoon een camouflage die ze gebruikten. Het was niet echt hoe hun huizen eruit zagen. Alsof ze me voor de gek hielden. Het is erg verwarrend.

D: *Dat is wat je zag, toen je in het dorp kwam?*
N: Ja. Ik zag de hutjes met het gras op de daken. En het leken wel spelende kinderen. Maar echt, hun huizen zijn verborgen. Ik weet dat ze ze camoufleren. Ze verstoppen ze in de heuvels. Het is grappig, maar ik weet niet hoe ze er echt uitzien. Maar ik weet dat ze verborgen zijn.

D: *Heb je een lange weg afgelegd om daar te komen?*
N: Ver omhoog in de bergen.

D: *Daar was je huis?*
N: Nee, daar stak ik over. Dit is heel erg hoog. Ik was net op reis. (Grote zucht) Ik wilde naar het verre oosten. Het was mijn reis. Ik hoorde verhalen van een magische man, die ik wilde zien. Ver weg, ver omhoog in de bergen. Heel hoog. Die magie had. De heilige man. Verhalen van deze man. Ik wilde hem vinden.

D: *Het klinkt alsof het een lange reis zou worden.*
N: Heel lang. Ik dacht dat het me een jaar of langer zou kosten om daar te komen. Ik had voorraden, maar deze mensen namen ze af.

D: *Had je een gezin op de plek waar je vertrok?*
N: Ik heb het gevoel dat ik alleen was.

D: *Dus je was vrij om te reizen als je dat wilde? (Jazeker) Moest je verder gaan toen je dit kleine dorpje tegenkwam?*
N: Oh ja, veel verder. Ik was al heel lang onderweg. Ik kwam een bocht om en ik lette niet echt op. Het was gewoon zo mooi. En toen zag ik deze hutten. En ik hoorde mensen binnenin. Ik dacht, dat het spelende kinderen waren. Maar ik maakte ze bang, dit was nooit mijn bedoeling. Ik keek naar binnen en ik maakte ze bang. Dit voelt als een plek waar niemand komt. Dit is een verborgen plek. Dit is een zeer geheime plek voor hen.

D: *Dus je maakte ze bang omdat je er niet hoorde te zijn.*
N: Ja. En ik kan niet met hen communiceren. Ze begrijpen niet wat ik zeg. Ik probeer ze te vertellen dat ik ze geen pijn ga doen, maar ze begrijpen het niet.

D: *Je zei dat ze je voorraden meenamen?*
N: Ja. Ik had zakjes aan riemen over me heen. (Handbewegingen die iets over zijn schouders aangeven.) Over me heen. En water. En een zak van – ik weet niet hoe dit te benoemen. Wat eten ...

gedroogde dingen en andere zaken. En dan vond ik van tijd tot tijd ander eten tijdens mijn reizen. Plaatsen waar ik zou stoppen waar mensen met mij zouden delen. Maar dit is een andere plek. Deze mensen zien er niet hetzelfde uit. Ze zijn heel erg bleek en smal. Zeer lichte huid. Heel licht, bijna wit haar.

D: *Zijn hun kenmerken dan zo anders?*

N: Ja, dat zijn ze. Ze hebben allemaal dezelfde kenmerken. Hun ogen zijn verschillende kleuren. Ze zijn niet blauw, niet groen, maar allebei. Bijna turkoois, een blauwgroene kleur. Maar hun lichamen zijn erg klein. Zeer smalle neus, petite. Zeer magere kin. Zeer delicate kenmerken. En scherp.

D: *Zien ze er mannelijk en vrouwelijk uit?*

N: Ik zie jongeren bij zich die hun kinderen zijn. Er zijn volwassen partners. Gezinnen! Het zijn families. Maar de ouders lijken erg op elkaar.

D: *Dus het is moeilijk om geslacht te onderscheiden? (Jazeker.) Heb je geprobeerd te voorkomen dat ze je voorraden zouden meenemen?*

N: Nee, ik stond daar gewoon. Ik voelde me heel stil. Heel stil. Ze liepen gewoon naar boven en namen ze van me af. Waarom hebben ze mijn schoenen meegenomen? (Ze was verbaasd over haar reactie.) Ik laat het ze gewoon doen. Ik stond daar gewoon. Dat is heel vreemd. Ik stond heel stil. En toen liepen ze me dit pad op met de stenen. Doe pijn aan mijn voeten. (Knipoogt) Het deed pijn aan mijn voeten. (Een openbaring:) Oh! Hun plaatsen zijn een geheim. Niemand mag weten dat ze er zijn. En ik vond ze. En ze willen me niet kwetsen, maar ze kunnen me niet laten gaan. Ze zijn bang dat ik anderen ga meenemen, of erover ga praten. Ik zou niets vertellen. Ik probeerde ze te vertellen dat ik niets zou zeggen. (Grote zucht) En ik wil weg van die klif. Ze staan achter me, maar ze zijn ver weg. Ze raken me niet aan en er zijn geen wapens, maar hun gedachten duwen me naar de rand. (Streng) En ik beraad ze. Ik ga het niet doen! Ik ga het ze niet laten doen. (Bepaald) Ik ga me omdraaien. Ik weet dat ik het kan. Ik ga me heel hard omdraaien. En ik ga ze vertellen om te stoppen. Stop ermee! (Grote ademhalingen, en ze hield haar hand omhoog met de handpalm naar buiten gericht.) Ik roep ze op om te stoppen. (Grote opgeluchte adem.) Ze stoppen! En nu ben ik heel stellig tegen ze. Ik ga ze dit niet laten doen! Ik dacht dat, als ik zou volgen wat ze wilden dat ik deed, ze zouden zien dat ik hen geen kwaad zou doen. Maar nu zie ik dat ik ze moet aanmanen om te stoppen. Ze gaan me niet toestaan om dit te doen. En nu brengt een van hen mijn benodigdheden en mijn schoenen. Ze geven ze aan mij, zodat ik op weg kan. Ze zijn erg verdrietig. Ze verontschuldigen zich. Ze spreken niet tegen me, maar ik kan voelen hoe ze zich voelen. Ik heb het gevoel dat ze spijt hebben.

D: *Was je in staat om met hen te communiceren en te melden dat je ze niet ging ontmaskeren?*

N: Ja. Toen ik me omdraaide en zei dat ze moesten stoppen, was ik boos. En ik voelde me sterk. Ik vertelde hen dat ik hen geen pijn zou doen. Ik zou niemand inlichten. Maar ze waren niet van plan om me van de klif te laten lopen. Ze wisten dat dat fout was. En ze voelden zich erg verdrietig.

D: *Misschien was dit de enige manier waarop ze dachten dat ze zichzelf konden beschermen.*

N: Ze waren erg bang. En nu ga ik weg. Omhoog gaan. (Diepe zucht) Ze houden me in de gaten. Ze beginnen te vertrekken. Ik stopte net, op de top van de heuvel, en ze liepen terug naar beneden. Oef! Maar ik ben oké, ik ben veilig, ik ben weer op weg. Maar het is heel merkwaardig, want ik weet dat ze hier niet thuishoorden. Ze zijn verschillend. Ik heb het gevoel dat ze hier in deze tijd niet thuishoren.

D: *Deze keer?*

N: Ja. Ze horen niet thuis in deze tijd. (Probeerde te bedenken hoe het uit te leggen.) ... Ik heb het gevoel dat ze uit een andere tijd komen. Ver in de toekomst! Heel ver in de toekomst. En ze waren er gewoon. Maar ik heb het gevoel dat ze er al heel lang zijn. Maar ze dachten dat ze veilig waren op deze plek. Dat niemand ze daar zou vinden.

D: *Waarom krijg je het gevoel dat ze uit de toekomst komen waar je bent?*

N: Ik weet het niet. Ik weet alleen dat ze ... ver in de toekomst liggen. Dat ze niet van mijn plaats zijn, niet van "deze keer". Ze komen niet van hier. Ze dachten dat ze een veilige schuilplaats hadden gevonden.

D: *Ik vraag me af waar ze zich voor verstopten?*

N: Ik weet het niet.

D: *Maar goed, je stond je mannetje en je bent nu weer veilig.*

N: Ja, het gaat goed met me. (Een opgeluchte zucht.) Ik ben blij dat ik op weg ben. Ik kijk er naar uit om deze bijzondere persoon te ontmoeten. En ik weet dat ik deze persoon ga zien.

Ik heb Nancy toen vooruit laten gaan, naar een belangrijke dag:

N: (Glimlachend) Ik ben hier. Ik ben zo opgewonden. Ik heb veel mensen ontmoet op mijn reis. En ik hoorde de hele tijd verhalen van deze persoon. Ik voel me ouder.
D: *Maar je hebt nooit meer iemand ontmoet, die zo vreemd is, als die kleine mensen waren.*
N: Nee. (Lachend) Dat was maar één keer.
D: *Woont deze man in een stad?*
N: Hij is ver boven op de bergtop, maar iedereen hier in de stad kent hem. Hij is een heilig man. En ik ben op een soort marktplaats.
D: *Weet je de naam van deze stad? Heb je iemand horen zeggen?*
N: Dit voelt alsof het in de Himalaya is. Er is een naam die ze berekenen, maar de stad ligt op de lagere hoogte. (Ik kon zien dat ze moeite had om de naam te vinden.) Ik denk niet dat het de naam is die ze bedoelen, maar ik wil Katmandu zeggen, maar ik denk dat dat een moderne naam is. Ik denk niet dat dat is wat ze het nu, in mijn tijd, berekenen. Er zijn veel hoge bergen in de buurt. En deze stad ligt op een hoge hoogte, maar het is onder waar hij is.

Toen ze het over de Himalaya had, dacht ik meteen aan Tibet. Ik was verrast toen ik in de encyclopedie keek en ontdekte dat Katmandu een stad in Nepal is. Het ligt op een plateau duizenden meters boven de zeespiegel en is omgeven door zeer hoge bergen. Het Himalayagebergte heeft de hoogste bergen ter wereld en vormt de noordelijke grens van Nepal en China. Ik wist niet dat de Himalaya zich zo ver uitstrekte. Ik geloof ook niet dat Nancy deze informatie had. Het zou natuurlijker voor haar zijn geweest, om te zeggen dat ze in Tibet was, als ze aan de Himalaya dacht. Blijkbaar was de herinnering echt, want het voldeed niet aan wat onze bewuste geest zou fantaseren. De vreemde kleine mensen leken niet te passen, maar dit alles zou worden uitgelegd voordat de sessie voorbij was.

D: *Hij is veel hoger, en iedereen weet van deze man?*

N: Ja, dit is een heel bijzonder persoon, van wie ik het gevoel heb dat ik ervan kan leren. (Lange pauze) Ik moet hier rusten en mezelf schoonmaken. Ik moet baden. Ik ben al heel lang onderweg. Ik heb het gevoel dat ik even moet rusten en me ook moet aanpassen aan de hoogte. En ik moet me omkleden. Ik heb het nu niet warm genoeg. Ik moet meer kleding aantrekken, want het is erg hoog en koud.

Ik besloot haar vooruit te laten gaan, naar het moment dat ze de berg op ging om hem te zien.

D: Hebben ze je verteld waar hij is?
N: Ik weet waar hij is. Ik voel hoe hij me daar bijna ... hij reikt uit naar me. Hij weet dat ik kom en hij regisseert, instrueert me. Ik voel hoe hij me hoger trekt. Hier is het erg steil. Het is erg koud. Ik heb het koud.

Ze bibberde en haar stem trilde. Ik gaf instructies zodat ze fysiek geen ongemak zou hebben.

D: Ligt er ook sneeuw?
N: Nee, het is nu gewoon steil. Het is niet het winterseizoen. Maar het waait erg. Ik ben op een vlak stuk grond gekomen. Er is een grot. En hij is binnen. Het is donker en stil. Daar zijn kaarsen. Ik stop even. Mijn ogen passen zich aan het gebrekkige licht. En hij is hier.
D: Kun je hem zien? (Ze knikt) Hoe ziet hij eruit?
N: (Grote ademteug) Hij heeft de vorm van een man, maar hij is energie. Hij is niet echt solide. (Plotselinge lach.) Hij vertelt me dat hij de belichaming is van vele heilige mensen. Hij toont me eerst een heilige man in alleen maar haveloze kleren, als een gewaad en lang, bruin, vies gematteerd haar. En een lange donkere vieze baard. En dan wordt hij ineens rein en zuiver. En hij is met velen. Hij is niet één persoon. Het zijn vele zielen. Hij is een combinatie... (Ze had moeite om het woord te vinden.)
D: Een samenstelling?
N: Ja! Van allemaal. En hij is heel helder. Hij verschijnt als een helder licht, maar ook als de vorm van een man. Hij is beide. Hij kan transformeren van de mens naar de vorm van een man, en dan

plotseling gewoon dit schitterende licht zijn. Bijna verblindend licht.

D: *Is dit de reden waarom hij op zo'n vreemde plek kan wonen, omdat hij niet solide is?*

N: Ja. Hij past zich aan, waar dan ook, wat zijn omgeving ook is. Het doet hem niet af.

D: *Als andere mensen hem komen opzoeken, zouden ze hem dan op die manier zien?*

N: Er komen er maar een paar naar hem toe. Mensen weten dat hij er is, maar slechts enkelen maken ooit de reis naar hem toe. (Pauze) Het is een oproep. Hij "roept" je.

D: *Ik vroeg me af, als er iemand uit het dorp kwam, zouden ze hem dan als een mens zien, of zoals jij hem ziet?*

N: Ze weten dat ze niet kunnen gaan. Je moet geroepen worden. Ze weten dat hij er is, maar hij heeft er maar een paar die komen. Hij kan op andere plaatsen tegelijk bestaan.

D: *Maar je moest de reis daarheen maken. (Jazeker) Je had hem niet ergens anders kunnen vinden?*

N: Nee, daar moest ik heen. Daar wilde hij dat ik kwam. De reis was erg belangrijk. Hij moest weten dat ik geloofde, genoeg om de reis te maken. Hij moest weten dat ik het waard was. Hij moest weten dat de drang, die ik van binnen voelde, sterk genoeg was.

D: *Omdat hij anders overal aan je had kunnen verschijnen. (O ja.) Maar hij moest weten dat je de vastberadenheid had om zo ver te reizen, om hem te vinden. (Jazeker) Waarom voelde je deze vastberadenheid?*

N: Ik voelde gewoon dat ik erbij moest zijn. Ik werd verpletterd door de drang en aangetrokken tot hem. Ik heb het gevoel dat ik iets van hem moet leren. En ik kon gewoon niet "niet" gaan. Ik moest gaan. En ik ging. Het kon me niet schelen hoe lang het duurde om daar te komen. Ik zou hem zien.

D: *Maar in je normale leven waar je begon, was je een heilig persoon of een normaal persoon?*

N: Het is zo lang geleden. Ik was een soort leerling. Ik vond het niet leuk. Ik deed het omdat ... wel, je moest iets doen. Ik werkte met mijn handen. Een metselaar, denk ik. Ik ging dingen bouwen, maar ik was gewoon aan het leren hoe ik deze verschillende dingen moest doen. Ik was jong.

D: *Maar toen voelde je die drang om deze man te vinden, ook al sloeg het nergens op?*

N: Ja, ik wist dat ik hem moest vinden. Ik was niet zoals iedereen. Ik had gewoon altijd het gevoel dat ik daar niet echt thuishoorde. Ik voelde me gewoon anders. De mensen waren erg arm en erg vies. En ze werkten gewoon de hele tijd. Ze waren aardig voor me, maar ik denk niet dat ik daar echt thuishoorde. Ik denk dat ik daar gewoon even ben gestopt, omdat ik niet wist waar ik heen moest. Ik wist dat ik deze man moest vinden. En ik wist welke richting ik op moest. En ik wist dat, als ik op mijn pad naar hem zou blijven, dat hij me in al mijn benodigdheden zou voorzien. Dat hij me eten en water zou geven. Maar ik moest op mijn pad naar hem blijven. Ik had elk moment kunnen stoppen, als ik dat wilde, maar ik wilde niet.

D: *Nu je hem gevonden hebt, wat ga je dan doen?*

N: Hij heeft me dingen te leren.

D: *Blijf je bij hem?*

N: Ja. Voor even. Tot de tijd rijp is. En ik ben de enige hier. We zijn gewoon met z'n tweeën. Niemand anders.

D: *Geen andere studenten.*

N: Nee. Alleen ik. Hij heeft me geroepen. Van heel ver, heel ver.

D: *Wat heeft hij je te leren?*

N: (Lange pauze) Ik moet een van zijn kinderen worden. En door dat te doen, kan ik zijn leer met anderen delen. De leer van velen zijn allemaal van de Ene. En ik begin het te begrijpen, maar het is nog veel voor mij om te begrijpen. Het zal me wat tijd met hem kosten om het te begrijpen. Hij heeft me veel te leren.

Ik voelde dat dit nog wel even kon duren, dus ik schoof haar in tijd weer vooruit. "Hoe lang blijf je daar?"

N: (Dikke zucht) Het was winter, nu voorbij. Nu is het lente. Ik ben hier al een tijdje. (Gelach) En ik heb haar op mijn gezicht. (Ik lachte) En mijn haar op mijn hoofd is langer. En ik voel me ouder. Ik ben nog jeugdig, maar ik voel me ouder. En het is bijna tijd voor mij om te gaan.

D: *Wat heeft hij je geleerd?*

N: (Een fluistering) Zoveel. Hij zegt tegen mij ... want ik heb de informatie nodig, het zal er zijn als ik het nodig heb. Maar hij stuurt mij op weg met de kennis van de waarheid, van de eenvoud, van de leer van onder andere Christus, de leer van de waarheid van velen. Van Boeddha. De leer van velen van hen die allemaal hetzelfde zijn. Ze hebben allemaal dezelfde waarheden.

D: *Alle wijze mensen?*

N: Ja. Christus was niet de enige. Jezus was niet de enige, maar er waren er veel. En er waren vrouwen die ook deze Christusenergie hadden.

D: *De capaciteiten en kennis.*

N: Ja. En het is bijna tijd voor mij om nu te gaan, om de waarheid te delen.

D: *Heb je hem ooit gevraagd waar hij vandaan kwam en wat hij was? je zei dat hij geen mens was. Hij was niet solide.*

N: Oh, ik weet het. Je hoeft het niet te vragen. Hij is de Christusenergie. Hij is de God-energie die zich op verschillende plaatsen over deze planeet manifesteert.

D: *Hoe heeft hij je onderwezen?*

N: Ik heb heel lang geslapen, en zo is het gegaan. Terwijl ik sliep, ja.

D: *Je hebt dit min of meer geabsorbeerd. Zou dat een goed woord zijn?*

N: Ja, dat is het. Geabsorbeerd. En nu moet ik weg. Ik ben heel blij. Ik ben heel gelukkig.

D: *Vind je het niet erg om hem te verlaten?*

N: Nee. Omdat ik weet dat hij altijd bij me is.

D: *Je raakt hem dus nooit meer kwijt.*

N: (Een zeer emotionele reactie:) Nee! Hij is een deel van mij.

D: *Omdat hij deze kennis en informatie in jou heeft geplaatst.*

N: Ja. En er is grote vreugde. (Ze was emotioneel en bijna huilend.) Ik ga gewoon heel voorzichtig naar beneden. Kijkend naar mijn voeten, want er zijn veel stenen, en erg steil. En als ik bij het dorp kom, word ik door iedereen begroet. En er zijn veel bloemen, en muziek en dans. Een feest.

D: *Dat je bent teruggekeerd?*

N: Ja. (Glimlacht) Het is heel feestelijk. En er zijn prachtige kleuren, en muziek. En een feestmaal. En ik blijf een tijdje. En ik krijg kleren en benodigdheden. En ik ben vereerd. En nu moet ik weg. Ik weet niet waar ik naartoe moet. (Grinnikt) Ik word geacht rond te dwalen en mensen te ontmoeten. Ik heb het gevoel dat ik naar het zuiden ga.

D: *Weg van de bergen?*
N: Ja. Verder naar het zuiden. En ik weet niet wat ik precies ga doen. Maar ik weet dat ik zijn leer moet volgen. En praten met mensen.
D: *Om te delen wat hij je heeft geleerd? (Jazeker) Denk je dat het goed komt?*
N: Ja, ik weet dat ik dat wil. Ik heb geen angst. Er wordt voor mij gezorgd. Geen angst.

Ik liet haar toen weer vooruitgaan, naar een andere belangrijke dag, omdat de reis veel tijd kon kosten.

N: Het is de dag van mijn overlijden. Ik ben heel oud. Er zijn veel bruiloften en veel zegeningen geweest. En veel mensen van wie ik heb gehouden en die ik heb aangeraakt. Ik voel me goed in mijn leven. En ik heb heel veel kinderen. En veel kleinkinderen. Veel dierbaren om me heen. En ik ben klaar om te gaan.
D: *Was je in staat om de kennis te onderwijzen?*
N: Ja. Het was er gewoon als het klaar was. Het kwam naar boven toen ik verhalen vertelde, toen ik sprak.
D: *En je hebt nooit getwijfeld, omdat je wist dat het er gewoon was. (Jazeker) Wat zorgt er op de dag van je overlijden voor dat het lichaam niet meer functioneert?*
N: Het is gewoon tijd. Ik ben gewoon oud en moe. En hij caling me. Hij is me weer aan het calden. Het is tijd voor mij om uit te rusten. Hij zegt dat ik hem goed heb gediend, maar nu is het tijd voor mijn beloningen. En ik ben heel blij. (Tevreden zucht.) En in vrede. En ik weet dat ik binnenkort vertrek.
D: *Laten we dan naar het moment gaan waarop het gebeurt. Als je de passing maakt, wat gebeurt er dan op dat moment?*
N: (Dikke zucht) Ik ben gewoon ... Ik ben gewoon weg. (Grinnikt) Ik ben weg. En ik voel beweging, en zie licht. Ik ben er gewoon en dan ben ik weg. (Gelach) Het is heel eenvoudig.
D: *Is er iemand bij je?*
N: Ik voel verschillende die zijn gekomen. Maar ik had hun hulp echt niet nodig, want ik kreeg al eerder te horen hoe ik dit moest doen. Ze waren er als ik ze nodig had, maar ik gleed gewoon weg.
D: *Maar je zei dat hij je belde voor je beloning. Wat is de beloning die je gaat halen?*

N: Ik heb me van dat oude lichaam ontdaan. Het was moe. En ik was heel oud. En ik heb het gevoel dat ik nog steeds dezelfde persoon ben. Maar dat vermoeide, zware lichaam heb ik nu niet bij me.

D: *Vanuit dat gezichtspunt kun je terugkijken op het hele leven. En het klinkt alsof het een zeer lonend leven was.*

N: Ja, heel erg.

D: *Je hebt veel goeds gedaan. Als je ernaar kijkt, wat was de les die je in dat leven moest leren?*

N: Ik heb in dat leven veel lessen gehad. Ik had lessen van geloof, en geloof in mezelf. En de dimensie van geesten. Ik moest leren dat ik niet altijd gemakkelijk geaccepteerd zou worden. En ik moest leren dat ik mijn kracht moest gebruiken met mijn zachtmoedigheid. Dat het niet alleen het een of het ander was. Maar het was een combinatie van het gebruik van je kracht en je kracht met de zachtheid en de liefde.

D: *Dat zijn toch belangrijke dingen?*

N: Ja. Er waren veel zielen aangeraakt in dat leven.

Ik vroeg de entiteit toen om te blijven waar hij was en bracht Nancy's persoonlijkheid terug in het lichaam. Nadat ze georiënteerd was, vroeg ik om met het onderbewuste te spreken om meer informatie te krijgen over deze vreemde sessie.

D: *Waarom heb je dat leven gekozen voor Nancy om naar te kijken?*

N: (Grote zucht) Ze moest zich haar sterke verbinding met de Christusenergie herinneren. En ook om die krachtm die ze heeftm naar boven te brengen. Die kracht om dingen te laten gebeuren. Maar ook om die liefde en de waarheid te voelen. Om haar eraan te herinneren deze kwaliteiten nog steeds in haar huidige leven te gebruiken. Ze heeft hier soms moeite mee. Ze heeft grote uitdagingen in dit leven. Ze heeft nu een leven dat, hoewel de omstandigheden anders zijn, hoewel de tijd anders is, ze nog steeds voor soortgelijke uitdagingen staat. Van het ontmoeten van mensen en het delen van de waarheid met hen. En van het incorporeren van die kracht en wijsheid.

D: *Dit wezen noemde ze de Christusenergie, die verscheen als een man in de grot. Wat was dat? Het leek niet menselijk.*

N: Dat was de universele wijsheid. Dat was de universele kracht. Dat was de kosmische kennis. Dat was het element dat dat deel van ieder van ons activeert, dat ons eraan herinnert ... (Zachtjes, een fluistering:) Dat klopt niet.

D: *De woorden kloppen niet?*

N: Ja. Het was de kagrootysator. De kagrootysator om haar eraan te herinneren wat ze moet doen.

D: *Dus het is als een belichaming van al kennis? (Jazeker) En het werd doorgegeven aan de man die ze in dat leven was. (Jazeker) In het begin kwam ze naar dat dorp met de kleine vreemde wezens. Wie waren dat?*

N: (Luid lachend) Dat was een test, die op mijn pad werd gelegd. Om te zien hoe ik veel dingen zou aanpakken. Omgaan met degenen die niet zijn zoals ik. Omgaan met mijn eigen kracht. Het was een test van het geloof en van mijn eigen kracht. Het was een test van hoeveel liefdevolle energie ik had. Hoe ik mijn kracht zou gebruiken. Zou ik proberen ze pijn te doen, of zou ik de met rust laten? Veel beproevingen, veel ... onderzoek.

D: *En dat je veel mensen zou ontmoeten die anders zouden zijn. (Jazeker) Waren het echte fysieke wezens?*

N: Ja, maar ze kwamen niet van die plek. Ze kwamen uit een andere plaats. Ze boden zich vrijwillig aan om deze scène op te voeren, maar dat waren ze niet uit die tijd.

D: *Hij zei dat het uiterlijk van de hutten als een illusie was.*

N: Ja. Maar dat waren ze niet uit die tijd. Ze kwamen uit een andere dimensie. En ze boden zich aan, omdat ze wisten dat ik onderweg geholpen moest worden. Ja, ze waren er om me te helpen.

D: *Hoe zal Nancy in staat zijn om deze kennis aan te boren en te gebruiken in haar huidige leven?*

N: Ze is bang om afgewezen te worden, om belachelijk gemaakt te worden, om anders te zijn.

D: *Dat zijn normale menselijke angsten, nietwaar?*

N: Ja. Er is in dat leven niets met de man gebeurd. Hij werd aangenomen. Daarom werd het haar getoond. Zodat ze kan zien dat het mogelijk is om deze kennis te gebruiken zonder afgewezen of belachelijk gemaakt te worden. Ze kan deze vergeten vaardigheden gebruiken. Er zullen altijd mensen zijn die het niet begrijpen. Maar misschien hoeft ze niet met die mensen te werken, of hoeft ze niet zoveel te delen als ze zou kunnen.

Dit was een ander geval waarin de persoon in een vorig leven grote kennis had verzameld. Er wordt aangenomen dat het verloren is gegaan; achtergelaten met de overleden persoonlijkheid. Maar ik wist uit ervaring dat dit niet waar was. Alles wat ooit in een ander leven is geleerd, welk grootent dan ook etc., gaat nooit verloren. Het wordt opgeslagen in het onderbewustzijn en kan worden nieuw leven ingeblazen en naar voren worden gebracht om in het huidige leven te worden gebruikt, als het gepast is. Ik heb de afgelopen jaren veel gevallen gevonden waarin grote paranormale vermogens en helende kennis worden toegestaan om naar voren te komen naar de bewuste geest. Omdat ze nodig zullen zijn in de tijd die we tegemoet gaan.

* * *

Ik denk dat het gepast zou zijn om een ander vreemd geval te noemen dat ook een tijdsverschuiving leek te zijn. Het onderwerp daalde af naar een grote moderne stad, maar overal waar hij keek waren er geen mensen, of enig teken van leven. Alles was stil; alleen de gebouwen en omgeving waren er. Ik verplaatste hem naar veel plaatsen in de stad, maar alles leek verlaten. Hij zei dat niets bekend leek, bijna alsof hij een zeer verbaasde waarnemer was. Hij leek buiten tijd en plaats te "zijn", alsof hij was neergedaald in een buitenaardse omgeving waar hij niet thuishoorde. Hij was erg in de war, net als ik, want het was moeilijk om te weten hoe het verder moest. Uiteindelijk vroeg ik hem, om naar een plek te verhuizen waar hij zich wel op zijn gemak voelde. Hij bevond zich toen midden in het bos en leefde een zeer primitief en eenzaam bestaan in een grot. Hier voelde hij zich thuis, met alleen het gezelschap van zijn hond. De rest van de sessie ging over een heel eenvoudig, alledaags leven waarin hij nooit iemand anders tegenkwam, maar toch tevreden was.

Na zijn dood communiceerde ik met zijn onderbewustzijn. Ik wilde weten wat de ongewone omstandigheden in het begin waren. Vanwaar dat vreemde contrast? Het onderbewuste zei dat hij op de juiste locatie, maar op het verkeerde moment, ter plaatse was gekomen. Tijdens zijn bestaan in de bossen was er geen stad, maar in een toekomstige tijd zou er op dezelfde locatie een grote stad worden gebouwd. Zo zag hij de stad en die was verlaten, omdat de stad in zijn tijd nog niet bestond. Geen wonder dat hij in de war was en niets kon vinden dat hem bekend was. Hij was tevreden toen we de bossen vonden die voor de stad hadden bestaan. Alsof verleden en toekomst gelijktijdig als overlays op dezelfde locatie samensmelten, met slechts een dun fineer dat de afmetingen scheidt.

* * *

Ik dacht dat dit boek af was, en bereidde het voor om effectief gedrukt te worden, maar de informatie bleef doorkomen tijdens mijn therapiesessies. Aangezien de informatie niet ophoudt, veronderstel ik dat er een derde boek zal moeten verschijnen. Toch lijken deze stukken, die blijven doorkomen in dit boek, te willen worden ingevoegd, dus ik denk dat dit zal doorgaan totdat het boek eindelijk ter perse gaat...

In november 2004 had ik in Arkansas een sessie, die betrekking heeft op deze, de zoektocht naar de wijze man. Dit vondper ongeluk plaats en heeft de kwaliteiten van de beroemde Rip Van Winkle-klassieker...

Gail ging naar een vorig leven, waarin ze een jonge man was die met een groep semi-primitieve mensen in een gebied met hoge bergen woonde. Ze leefden in onderkomens gemaakt van takken en huiden, of in grotten. Hij woonde in een van de hutten met een oud vrouwelijk familielid. Zijn taak was om het bos in te gaan en bessen en noten te verzamelen, die met de anderen werden gedeeld. Op een van deze verzameltochten in het hooggebergte dat hun nederzetting omringde, vond hij enkele vreemde kleine rotsen op een richel. Ze hadden er foto's van dieren en mensen in gekerfd. Hij had geen idee waar ze vandaan kwamen, omdat zulke dingen vreemd waren binnen zijn cultuur. Denkend dat ze mooi waren en misschien geluk hadden, stopte hij ze in een buidel en droeg ze altijd bij zich. Toen hij ze aan de andere mensen liet zien, creëerde dat alleen maar grote angst en achterdocht, omdat ze nog nooit zoiets als dat hadden gezien. Zijn volk hakte alleen bruikbare gebruiksvoorwerpen uit hout, nooit uit rots.

Hij wilde terug naar hetzelfde gebied om te zien of hij meer kon vinden. Omdat ze op de grootste berg werden gevonden, wilde hij ook naar de top klimmen, wat niemand in het dorp ooit had gedaan. Ik verkortte de tijd om te zien wat er zou gebeuren als hij besloot de berg te beklimmen. Onderweg vond hij meer rotsen, maar die waren niet het type met houtsnijwerk. Ze waren blauw en wit en schitterden.

(Waarschijnlijk een soort kwartskristal.) Ik heb nog een poging gedaan, om te zien of hij de top kon halen. Hij zei: "Ik ben bijna aan de top. Had een moeilijke tijd. Moeilijk om te ademen. Het was een lange weg. Ik vond een grot aan de zijkant. Ik ben moe... mijn lichaam. De zon staat hoog buiten, dus het is warm. Dit ziet eruit als een goede plek om uit te rusten en het is aangenaam."

Toen hij de grot binnenging, was hij verrast om daar een persoon aan te treffen. Een wezen was aan het snijden op grotere rotsen met een andere rots die vonken wierp terwijl hij het gebruikte. Toen ik vroeg hoe de man eruit zag, zei hij: "Niet zoals ik. Zijn huid is een beetje glanzend. Hij heeft grote ogen en zijn hoofd is een beetje schuin en puntig." Het was moeilijk om hem duidelijk te zien omdat hij zo helder was. "Hij straalt. Het kan zijn dat zijn kleren glanzend zijn, maar het lijkt alsof er geen scheiding is tussen zijn kleding en zijn huid, dus ik weet het niet." Omdat hij niet bang was voor het wezen, besloot hij een tijdje te blijven en hem in de gaten te houden, in plaats van zijn klim naar de top van de berg voort te zetten. Er was een vorm van mengroote communicatie gaande. "Hij schudt zijn hoofd zoals ik het moet begrijpen. Ik denk niet dat hij daar woont, maar hij blijft er wel. Ik geloof dat als hij aan het snijden is, de glimmende vonken hem warm houden, omdat het hier nu zo warm is."

Hij voelde dat hij moest in slaap zijn gevallen, want toen hij zijn ogen opendeed, was het wezen weg en was de grot koud. "Ik moet hier al heel lang zijn, want er wordt veel meer geschreven of gesneden. Meer als symbolen." Dit waren geen houtsnijwerk van mensen en dieren, maar waren ontwerpen of symbolen. "Het zijn vormen met drie kanten. En ze staan in verschillende hoeken ten opzichte van elkaar. Sommigen van hen zijn op elkaar gehaakt, zodat ze meer kanten hebben. Moet er een soort boodschap aan zijn." Deze lagen op rotsen die deel uitmaakten van de grot, dus ze konden niet worden verplaatst. "Hij is weg en het is daar koud, dus ik denk dat ik naar buiten ga en naar de top van de berg ga."

Toen hij de grot uitging, ontdekte hij dat alles was veranderd. Op de berg lag nu ijs en sneeuw en kon hij niet verder naar de top. Toen hij probeerde het pad terug naar beneden te vinden, ontdekte hij iets dat hem volledig in ontzag achterliet. Hij zag iets roods uit de zijkant van de berg komen. "Het is rood en het beweegt. En er komen blauwe wolken uit. Er komen rotsen en andere dingen langs de kant van de berg naar beneden." Het was iets wat hij nog nooit eerder had gezien.

Zijn eigen veiligheid negerend wilde hij dichterbij komen. "Het maakt niet uit. Ik wil het zien. Ik klim door het ijs en de sneeuw en rotsen, en ik kwam op een plek waar ik over de andere kant van de berg naar beneden kan kijken. Het maakt lawaai en ... (ontroerd)... en het is zwart en rood en ... heet. Het smelt ijs en de sneeuw. Het maakt zijn eigen wolken. Mooi. De grond trilt. Misschien is het waar de man vandaan kwam. Misschien woont hij daar wel." Voor mij klonk het alsof hij getuige was van een kleine vulkaanuitbarsting van dichtbij, maar hij had nog nooit zoiets gezien en kon het alleen beschrijven in zijn beperkte woordenschat en ervaring.

Hij had toen moeite om te beslissen hoe hij de berg weer af moest. "Misschien ben ik te ver omhoog geklommen. Ik weet niet hoe ik naar beneden moet komen. Ik kan de manier waarop ik er ben opgekomen niet vinden. Het is erg steil en glad. Het is weg! Het is langs de zijkant van de berg naar beneden gegaan. Ik moet een andere kant op." Terwijl hij worstelde om af te dalen, gleed hij verschillende keren uit en bezeerde hij zijn hoofd en rug en been. "Ik ga een lange weg voordat ik een weg naar beneden vind die niet ijzig en wankel is. Er was geen ijs toen ik naar boven ging. Ik werk mezelf eindelijk weer naar beneden, waar er bomen staan."

Nadat hij een beekje had gevonden om uit te drinken, zocht hij naar iets vertrouwds, zodat hij terug kon keren naar zijn huis. Maar niets zag er hetzelfde uit. Na veel wandelen zag hij de grotten en wat mensen. "Ze zien er niet hetzelfde uit. Het zijn niet dezelfde mensen die ik ken. De hutten zijn er wel, maar ze zien er ouder uit, alsof ze gerepareerd moeten worden. Ze kennen me niet. Ik probeer de oude vrouw te vinden, vraag ik iemand. Ze is al heel lang weg. Ze herkennen me niet. Ik zie er niet hetzelfde uit. Ik ben ... oud. Mijn haar is grijs en erg lang. Ze herinneren zich me niet. Ik weet niet wat er is gebeurd. Ik moet heel lang weg zijn geweest. Het leek niet heel lang, maar alles is nu anders. Toch is het dezelfde plek." Hoewel het zeer opzienbarend moet zijn geweest om deze vreemde verwarde man in het dorp te zien komen, hebben ze hem gevraagd om te blijven.

Toen ik hem meenam naar een belangrijke dag zat hij in een grot met mensen om hem heen. Hij liet hen de rotsen uit zijn buidel zien en vertelde hen het verhaal van de man en de symbolen in de grot. "Sommigen van hen zijn boos. Ze denken niet dat het waar is. Ze weten niet wat het betekent. Het is anders. Ze denken dat ik een gekke oude man ben. Dat ik te lang op de berg was. Stootte mijn hoofd. Ze denken dat ik de kinderen bang maak. Maar ik begin het te begrijpen, en ik hoef er alleen maar over te praten om ze te bereiken. Het is als magie en ze denken dat het iets is om bang voor te zijn. Sommigen van hen wilden luisteren."

Er was een jonge vrouw die naar hem luisterde en hem geloofde. Ze bleef ernaar vragen en wilde er naartoe, maar ze was te bang. Ze was bij hem toen hij stierf in een van de grotten met zijn rotsen aan zijn zijde. Na zijn dood vroeg ik hem om vanuit de geest te beschrijven welke les hij had geleerd. "Ik moest uitzoeken wat er aan de andere kant van die berg was. Ik vond daar iemand die kennis had. Ik plaatste kennis boven alles." Hij wilde het onbekende in om het te vinden, zelfs als niemand hem geloofde. Toen ik het onderbewuste uitkoos om vragen te beantwoorden, breidde het uit. "Een zoektocht naar kennis is het belangrijkste. Het is niet het antwoord op wat Gail zoekt. Het is gewoon de reis. Het is de ervaring. Ze moet de kennis nu gebruiken. De kennis zit niet ergens anders. Die kennis heeft ze al." Ik wilde weten wat voor soort kennis ze moest gebruiken, omdat een van haar vragen ging over haar doel in dit leven. "We zien dat deze het licht van verschillende kleuren, verschillende frequenties en trillingsniveaus gebruikt om het lichaam te genezen.

Het licht zal uit stenen tot haar komen. Blauwe stenen. Zij zullen degenen zijn, die ze zal gebruiken om de waarheid te spreken, en dan zullen de lichten komen. Ze zal de weg naar het volgende punt kennen. Er zullen instructies zijn. Het zal informatie zijn die uit het licht zal komen. We zien dit vanuit alternatieve werkelijkheden komen. Ze zal naar binnen moeten gaan, en dan zullen er instructies zijn, over hoe het licht en de kleuren te gebruiken. Deze ziel krijgt de informatie van een contactpersoon in een alternatieve realiteit."

Natuurlijk wilde ik weten wat ze zag in de grot op de top van de berg. "Het wezen was van een ander – zoals deze zou zeggen – zonnestelsel (had moeite met het woord). Maar het bewustzijn is hoe ze communiceerden. Niet via fysiek geluid, en dat is dezelfde manier waarop deze nieuwe informatie binnenkomt."

Ik vroeg: "Als hij van een andere plaats kwam, wat deed hij dan daar in de grot, in onze wereld?"

"Het is moeilijk te beschrijven. Het is een zeer dunne ... het is als een muur of een sluier die de twee scheidt, ook al liggen ze ver uit elkaar. Hij was er met de symbolen, om het door te geven. Maar het was dezelfde tijd, maar dat was het ook niet. Deze had op dat moment niet het bewustzijn om dat te begrijpen. De kennis is doorgegeven, en ze behoudt het nog steeds. Deze moet daar bij wijze van spreken gebruik van maken. Deze moet gedisciplineerd worden."

Ik vroeg: "De man zei dat hij het gevoel had dat hij lang in die grot was. Klopte dat?"

"In zijn manier van tijd meten, ja. De andere entiteit keerde terug naar zijn geschikte tijd en plaats."

"Hoe kon hij in leven blijven als hij niets consumeerde?"

"Dat was niet nodig. Zijn fysieke lichaam werd verzorgd door de energie."

"Hij had de indruk dat hij ouder was geworden toen hij van de berg afkwam."

"Op de manier die hij registreert, ja."

Hij was in een staat van opgeschorte animatie geplaatst, terwijl de tijd verstreek. Toch bleef zijn fysieke lichaam verouderen. "Wat gebeurde er in die tijd?"

"Zijn geest stond er bij wijze van spreken voor open om deze symbolen in te plaatsen. Hoewel, hij heeft het misschien niet met zijn fysieke ogen gezien. Het werd geplant, dus het voedt zich gewoon, in zijn bewustzijn. Hij had het in dat leven niet nodig. Hij miste de talenten mentaal. De informatie is er al vele jaren, maar deze heeft het onderdrukt. En het is nu tijd dat het naar buiten komt. Daarom werd ze dit leven getoond."

Ik wilde ook weten wat de gebeurtenis was die plaatsvond toen hij uit de grot kwam. "Het was kracht van de Aarde. Energieën van de Aarde, die in dit leven kunnen worden gebruikt. Het had veel weg van een vulkaan, maar dit had hij nog nooit gezien. Hij begreep het niet. De Aarde is een levende energie en heeft haar eigen energieën. Dat kwam naar voren."

Dit was een ander geval van herinneringen uit een vorig leven, herinneringen die opnieuw werden losgemaakt, om helende kennis naar deze tijd te brengen. Ik heb veel UFO/ET gevallen onderzocht waarbij symbolen op celniveau in de hersenen zijn geplaatst. Dit is informatie die moet worden gebruikt op een toekomstig moment, waarop het zal worden geactiveerd. Dit is ook het doel van de graancirkels, om de informatie in het symbool vrij te geven en te implanteren in de geest van iedereen die het symbool in de korrel ziet. Het is een taal die perfect begrepen wordt door het onderbewuste.

* * *

Deze afzonderlijke ontmoetingen in het verleden, met individuen die extreme kennis en wijsheid hadden, waren verschillend van elkaar. Maar ze toonden aan dat toegang tot dergelijke kennis mogelijk is en vele malen eerder is bereikt. In elk geval veranderde extreem geloof hun leven. Hoevelen van ons hebben ook zo'n leven geleid en hebben de kennis en informatie begraven in ons onderbewustzijn? Het aantal moet legio zijn, omdat we elk denkbaar type leven moeten leiden en elk type situatie moeten ervaren voordat we perfectie bereiken en uiteindelijk ascenderen.

DEEL V
ANDERE PLANETEN

Hoofdstuk 17
Leven Op Andere Planeten

DIT WAS WEER EEN DEMONSTRATIESESSIE voor mijn hypnoseles in 2003. Net als bij de vorige, liet ik de studenten hun namen in een doos stoppen en koos ik degene die ik de volgende dag de demonstratie zou geven. Margaret was degene die ik koos. Ik vroeg haar om een lijst met vragen te schrijven die ik kon stellen als ze eenmaal in trance was. Omdat dit de laatste dag van de les was, kozen we de kamer van een van de studenten die overnachtte, omdat de meesten van ons onze kamers hadden opgegeven. We waren met z'n twaalven en we verdrongen ons weer in een kleine hotelkamer. Ik zat in de hoek naast een kleine tafel naast het bed, met nauwelijks genoeg ruimte om te draaien. Alle studenten zaten verdrongen rond het bed. Sommigen hadden stoelen uit het klaslokaal meegenomen en sommigen zaten op de grond. Velen hadden notitieboekjes en maakten aantekeningen. Dit zorgde voor een grappige opmerking, die Margaret ons na de sessie vertelde. Ze zei dat ze iedereen kon horen schrijven, krabbende geluiden makend. Ze zei dat ze nog nooit zoveel had gehoord en bang was dat het geluid zou afleiden en haar ervan zou weerhouden om kopje onder te gaan. Maar verrassend genoeg raakte ze meteen in diepe trance en hoorde ze de geluiden niet meer. Toen ze na de sessie wakker werd, herinnerde ze zich niets en moesten we haar inlichten rond wat er was gebeurd. De sessie was opnieuw ongewoon, maar niet zo vreemd als die van Estelle tijdens de les in 2002. Ik had deze graag verder willen verkennen, maar omdat het voor een demonstratie van mijn techniek was, probeerde ik het kort te houden.

Toen ik deze keer begon, herinnerde ik me dat ik de inductie moest opnemen, zodat de studenten een verslag zouden hebben van hoe het werd gedaan. Margaret kwam van de wolk op een zeer kaal, desolaat landschap. Geen vegetatie, alleen vuil met een paar rotsen. Het was een zeer onherbergzame omgeving. Ze zag een paar mensen in de buurt staan, gekleed in beige gewaden en sandalen. Ze zag dat ze een man was die op dezelfde manier gekleed was, met het gewaad en een koord om haar middel. Toen ik vroeg of ze daar in de buurt woonde, kon ze geen enkele structuur zien, alleen het dorre landschap. Toen was ze verrast om iets onverwachts op de grond te zien liggen door de mensen. "Er zit een gat in de grond", zei ze. "Het gaat de grond in. Daar gaan we naar beneden." Toen ze er naartoe ging, merkte ze dat er een ladder naar beneden ging in het gat, en ze wist dat ze naar binnen kon gaan als ze dat wilde.

Op het moment dat ze de ladder afdaalde, zag ze dat er veel mensen een heel eenvoudig bestaan onder de grond leefden. Er was een vrouw aan het koken boven een open vuur.

M: Het is een grote ruimte. Het is de toegang tot de doorgangen en dergelijke. En dit is waar mensen wonen.
D: Waarom leef je onder de grond?
M: Er zit niets bovenop.
D: Zou je daar geen huis kunnen bouwen?
M: Het is niet nodig om daar iets op te bouwen, want alles wat we nodig hebben zit eronder. Er is niets daarboven.

Toen ik vroeg waar het eten en de voorraden vandaan kwamen, raakte hij in de war en kon hij me niet bereiken met de juiste woorden. Blijkbaar trok hij het niet in twijfel. Ze kregen wat ze nodig hadden om te leven. Iedereen woonde daar beneden samen, maar ze hadden wel individuele ruimtes. Hij deelde de zijne met zijn vrouw. Het was heel simpel. Er waren veel mensen, en ook kinderen.

M: Er is veel vuil. Tunnels. Het is daar heel afgerond. Overal... Het is heel licht.
D: Liggen er lichten op de grond?
M: Nee, ze staan aan de zijkanten. In de muren. Ze snijden een beetje ... Ik denk een klein gaatje ervoor.
D: Heb je altijd onder de grond gewoond? (Jazeker) Dus niemand heeft ooit boven de grond geleefd?
M: (Streng:) Nee, nee! We leven niet bovenop. Nee, nee!

Blijkbaar hebben ze er geen vragen bij. Het was volkomen natuurlijk voor hen om op deze manier te leven. Ze hadden alles wat ze nodig hadden om ondergronds te bestaan. Ik vroeg wat zijn beroep was. Wat deed hij voor de gemeenschap?

M: Ik kijk! Ik ga bovengronds en ik kijk toe. Ik bescherm. Ik kijk. Ik ben ... bewaker.
D: Moet je daar boven de opening gaan staan? (Nadrukkelijk: Ja!) Waar let je op?
M: Machines.
D: (Dat was een ongebruikelijk antwoord.) Is er gevaar?
M: Er lijkt nu geen gevaar te zijn. Het is meer preventie.
D: Wat voor soort machines? (Ze was onzeker.) Hoe zien ze eruit?
M: Dat hangt ervan af. Er zijn verschillende soorten. Sommigen van hen zijn klein en ze vliegen boven het oppervlak. Ze bewegen heel snel. Ze zijn smal en rond.

Dit klonk niet als een aardse omgeving, tenzij Margaret vooruit was gegaan naar een toekomstig leven.

D: Wat doe je als je zo'n machine ziet?
M: We gaan naar beneden. We gaan altijd naar beneden.
D: Maar ze zijn niet erg groot. Je zei dat ze gewoon over het oppervlak vliegen?
M: De kleintjes vliegen dicht bij de oppervlakte.
D: Hoe zit het met de andere machines? Hoe zien ze eruit?
M: Sommigen van hen zijn erg groot, en zeer ... doelgematigd. Ik weet niet altijd waarom ze langskomen, soms wel.
D: Kun je beschrijven hoe een daarvan eruit ziet?
M: Ja. Twee benen. En bovenop kunnen ze zien. Ze komen langs en ze kunnen het zien.
D: Lijkt het op een van jullie?
M: (Nadrukkelijk:) Nee, nee! Het heeft grote poten. Het heeft geen armen.
D: Loopt het?
M: Ja. Het is heel onhandig. Daar zijn we het meest bang voor. (Lange pauze) Ze scannen op gaten in de grond. Ze komen langs en ze scannen.
D: Wat zouden ze doen als ze een gat vonden?
M: Ze zouden iemand nemen. De andere machines nemen niemand.

Zijn taak was, om op deze vreemde machines te letten en de mensen te waarschuwen wanneer ze kwamen. Ook anderen keken om de beurt toe. Hij wist niet wat er gebeurde met de mensen die ze meenamen; ze hebben ze gewoon nooit meer gezien. Ik besloot Margaret vooruit te schuiven naar een belangrijke dag. Ze werd erg emotioneel toen ze op dat punt kwam.

M: Ik ben bang. (Aarzeling) Zij... ze hebben ons gevonden. En ze nemen ... (emotioneel) ze nemen de mensen weg. En ik probeer mijn familie te beschermen. (Emotioneel, sneller ademhalen.) Iedereen is in paniek.
D: Ik dacht dat je daar veilig was. Ze konden in het gat komen?
M: Nee, ze komen niet in het gat, maar ze nemen ons mee. Het is alsof ze fysiek niet naar beneden hoeven te komen. Ze zuigen ons op. Door het gat. (Dit maakte haar van streek.) We hebben doorgangen om ons weg te halen van het gevaar. Dat gaat dieper. We nemen onze families en we nemen ze dieper. Dieper in ... de planeet. De grond in. We hebben doorgangen die dieper gaan.
D: Heb je wapens die je zou kunnen gebruiken?
M: Nee. We kunnen er niets tegen doen.
D: Dus je moet gewoon rennen. Dat is de enige manier om hier onderuit te komen? (Jazeker.) Je zei dat het was alsof je eruit werd gezogen. Is dat wat je zag gebeuren? (Weer emotioneel: Ja.) Is dit de eerste keer dat ze daar zo binnenkomen? (Jazeker)

Ik probeerde vragen te bedenken om te stellen, omdat Margaret niet veel informatie vrijwillig gaf. Angst overheerste haar verlangen om met me te praten. Dit was een vreemde regressie om te hebben voor een demonstratie, en de studenten zaten roerloos naar elk woord te luisteren. Ik ben gewend om dit soort vreemde sessies te hebben, maar zoiets hadden mijn studenten nog niet meegemaakt. Maar dat was het hele motief van het hebben van de klas, om hen te laten zien dat het vreemde en ongewone mogelijk is met mijn techniek. Op deze manier, als, en wanneer, het hen overkwam, zouden ze weten dat het kan worden gecontroleerd en dat de cliënt geen gevaar loopt. Het onderbewuste liet het verhaal naar buiten komen om een reden die Margaret ten goede kwam. Ik moest uitzoeken wat die reden was.

De meeste mensen konden ontsnappen aan de vreemde machine. Daarna heb ik Margaret weer vooruit laten gaan, naar een andere belangrijke dag. Als ze een vreemd verhaal had gefantaseerd om indruk op ons te maken, geloof ik dat ze was doorgegaan met de angstaanjagende machine. In plaats daarvan ging ze naar een heel normale scène.

M: Mijn zoon bereidt zich voor om te vertrekken. Hij vertrekt hier nu ... voorgoed.
D: *Ik dacht dat je daar moest blijven.*
M: Hij blijft niet. Hij gaat ergens anders dienen. Hij is zijn tassen aan het klaarmaken. Hij is erg trots. Soms gaan de jongens ergens anders heen. Ze worden meegenomen en ze gaan op andere locaties dienen. Op verschillende manieren. Niet iedereen blijft "eronder".
D: *Heb je deze plaatsen ooit gezien? (Nee) Wat vindt je ervan dat je zoon vertrekt?*
M: Het is prima. Hij is een sterke jongen. Hij is heel stevig. Hij is heel "grootrijk". Hij is heel sterk. De sterkere gaan naar andere plaatsen. Het is niet triest. Het is moeilijk, maar ik ben trots op hem.

Ik bracht hem naar een andere belangrijke dag en hij werd geëerd voor jaren van trouwe dienst. Hij was nu ouder en hoefde niet meer te werken. Hij zei dat het nu tijd was om na te denken, een tijd voor reflectie.

Er was nu nog maar één plek om naartoe te gaan, en dat was tot zijn dood. Ik wist niet goed wat ik kon verwachten vanwege de vreemde aard van deze regressie. Maar het was geen gewelddadige dood door de vreemde machine. Het was een normale gewone dood in zijn bed in de ondergrondse vertrekken. Hij zei dat hij ouder was en dat zijn hart hem problemen gaf. Margaret vertoonde fysieke sensaties, dus ik moest suggesties doen om deze te verwijderen.

M: Ik heb veel boeken geschreven die in de hoek liggen. Ik ben ontzettend trots.
D: *Waar gingen de boeken over?*
M: Filosofie. Spiritualiteit. Veel mensen lezen mijn boeken. Daar ligt een hele stapel.
D: *Dat is goed. Je denkt graag na. Je hebt de kennis doorgegeven.*

Ik heb hem toen verplaatst naar na de dood, toen hij het geestenrijk was binnengegaan. Vanuit dat perspectief zou hij in staat zijn om het hele leven te zien, niet alleen de kleine porties die we hadden behandeld. Hij beschreef dat het hun gewoonte was om het lichaam na de dood te verbranden. Dit gebeurde ook in de ondergrondse plek, de omgeving moet veel gebieden binnen het tunnelcomplex hebben gehad. Ik vroeg wat hij dacht dat er geleerd was van dit vreemde leven. Vanuit mijn standpunt was het sowieso vreemd.

M: Dienst. Dienst met mijn werk, en dienst met mijn boeken. En het belang van introspectie.
D: Je bedoelt denken?
M: Ja, dat heb ik veel gedaan.

Ik heb haar toen van het toneel verwijderd en naar de huidige tijd gebracht. Ik liet Margaret's persoonlijkheid die van de man vervangen, zodat ik in staat zou zijn om het onderbewuste naar voren te brengen om de redenen te vinden voor het presenteren van deze vreemde sessie.

D: Waarom heb je dit leven gekozen voor Margaret om te zien?
M: Nederigheid. Ze leidde een leven van waken en dienen, maar ze was niet erg nederig. Ze moest leren hoe ze nederig kon zijn.
D: Ze was trots? (Jazeker) Dat wisten we niet. Ze deed dus goed werk op haar werk, maar ze was niet bescheiden. (Jazeker) Dat was een vreemd leven. Was het op Aarde? (Nee) Kun je ons een idee geven waar het was?
M: Orion.
D: Waarom was het zo kaal?
M: Er is geen leven op het oppervlak van die planeet.
D: Is dat de reden waarom ze ondergronds leefden? (Jazeker) Waar haalden ze hun eten vandaan?
M: Het werd hen gebracht. Hun vrienden in de buurt brachten het eten regelmatig. Het was in ruil voor materialen op de planeet. Ze brachten eten mee en ze namen veel materialen mee.
D: Ze leek niet te weten waar het eten vandaan kwam.
M: Nee, het was over land. De meeste mensen werkten niet, op die planeet. Het werd aan hen verstrekt.
D: De mensen die ondergronds leefden leken niet erg geavanceerd te zijn. Ze hadden toch niet veel technologie?
M: Nee. Ze waren een zeer joviale en luchtige, vriendelijke groep.

D: *Wat waren die vreemde machines?*
M: Ze kwamen van de centrale basis.

Blijkbaar was, waar de man woonde, een buitenpost en ze hadden geen reden of vermogen om er heel ver vandaan te reizen.

D: *Wat waren de kleine vliegmachines die ze zag?*
M: Patrouilles (moeite met het woord). Op patrouille gaan. Om te kijken wat ze konden vinden.
D: *Wat waren die met de megagrote poten?*
M: Aaseters. Ze gingen op zoek naar de gaten en namen wat ze konden vinden ... van energieën.
D: *Wat zouden ze met de mensen doen als ze ze vonden?*
M: Gebruik ze. Ze zouden ze gebruiken voor brandstof.
D: *Brandstof? Wat bedoel je?*
M: Verbrand ze voor brandstof op de centrale basis.
D: *Dit was hoe de basis werd aangedreven of wat bedoel je?*
M: Ja. Door mensen. Mensen die ze ondergronds konden vinden. Er zat niets bovenop. Ze moesten iets hebben om te gebruiken voor brandstof.

Dit was alvast een gruwelijk (mentaal) beeld.

D: *Ze zei dat het bijna was alsof ze eruit werden gezogen.*
M: Ja. Er was een combinatie tussen het fysiek uitpuffen van hen en het opslokken van hun energie. Het zou inderdaad lijken alsof ze eruit werden gezogen.
D: *En ze zouden ze terugbrengen naar de basis en ze gebruiken als brandstof om de stad van stroom te voorzien?*
M: Er is geen stad zoals je zou denken. Het zijn meer machines, grote machines. Niet zozeer een stad. Gemechaniseerde.
D: *Welke connectie heeft dat nu met Margarets leven?*
M: Ze moet een les van nederigheid leren. Haar grote doel is, om anderen te dienen. Ze heeft een gevoel van urgentie om echt naar buiten te gaan en andere mensen te helpen. Het is bijna alsof het soms onverzadigbaar is.
D: *Maar is dat haar doel? Want dat is een van de vragen die ze wilde stellen.*

M: Ja, zeker. Ze doet het juiste. Ze heeft zoveel angsten en zorgen. En ze laat gewoon niet los.

* * *

Dit is een rode draad, die door de meeste van mijn regressies loopt, ook al is het het laatste waar de cliënt zich bewust van is. Het onderbewuste tuchtigt hen altijd, omdat ze hier zijn om iets te doen (meestal om anderen op de een of andere manier te helpen) en ze zijn verstrikt in de alledaagse sleur van het leven. Dit heeft ervoor gezorgd dat ze vergeten zijn wat ze kwamen doen. Ik heb nooit de indruk gehad dat de persoon hier is om te leven en te spelen, een gezin en een alledaags bestaan te hebben. Ze krijgen altijd te horen dat ze hier zijn voor een doel, en dat doel wordt verondersteld een verschil te maken in het leven van andere mensen. Ze maken een verschil in de wereld. Het is verbazingwekkend dat dit een gemeenschappelijk thema is, maar het is totaal onbekend voor de bewuste geest. Het lijkt erop dat, zodra de persoon hier komt en volwassen wordt, ze verstrikt raken in het aardse leven. De onwerkelijkheid ervan wordt hun realiteit, en hoe hoogdravend ze ook lijken, ze hebben hun ware reden om te incarneren uit het oog verloren. Hopelijk kunnen ze hun doel ontdekken en eraan werken voordat ze te dicht bij het einde van hun leven komen, en het is te laat om het te bereiken. Als dat gebeurt, is de enige oplossing om terug te keren en het opnieuw te proberen.

Ik ging verder met haar vragen, waarvan de meeste gingen over haar persoonlijke leven: haar beroep en de stad waar ze zou moeten wonen. Haar romantische relatie en andere zorgen.

Nadat Margaret wakker was geworden, zette ik de bandrecorder weer aan om enkele van haar herinneringen aan de sessie op te nemen.

M: Toen we de doorgang afdaalden ... zag ik de binnenste doorgang heel duidelijk. Er waren zoiets als ... bruggen onder de grond. Lange bruggen van vuil. Het was erg hol en open. Ik zag lange rijen mensen naar beneden gaan.

Blijkbaar was dat alles wat ze zich herinnerde, alleen de scènes aan het begin. Dit is typisch en is ook wat de meeste mensen onthouden. De studenten vertelden haar over de dingen die ze zei, vooral de delen die uit het onderbewustzijn kwamen. Veel hiervan was persoonlijk en ik heb het hier niet opgenomen. Ze had geen herinnering aan die delen. Ze was erg verbaasd over haar onthullingen over zichzelf.

* * *

In een ander geval reisde een vrouw eind 2004 naar een andere planeet, waar de bewoners een humanoïde lichaamsvorm hadden, maar ze waren zeker geen mens. Ze leken allemaal op elkaar, omdat ze bedekkingen droegen die hun hele lichaam insluiten in een strak materiaal. Het enige wat hier niet onder viel was hun gezicht. Het werd echter ook bedekt door een doorzichtig paneel dat diende als een ademhalingsapparaat. Op deze planeet hadden ze geen behoefte aan voedsel of slaap. Het wezen reisde naar andere planeten en asteroïden in een klein eenmansmissie en verzamelde bodemmonsters. Deze bracht hij terug naar de thuisplaneet en daar werden ze geanalyseerd. Hun taak bestond eruit, om te zien of de planeet die hij bezocht, in staat was om het leven te ondersteunen. Vervolgens werden de rest van de procedures door iemand anders afgehandeld. Hij overleed uiteindelijk toen zijn beademingsapparaat defect raakte. Al deze gevallen in deze sectie laten zien dat er evenveel mogelijke scenario's zijn van leven op andere planeten als er sterren aan de hemel zijn. Ze tarten onze verbeelding.

Hoofdstuk 18
De Planeet Met De Paarse Zon

DEZE SESSIE was een van de eerste die ik deed na het openen van mijn kantoor in Huntsville, Arkansas, kort na Kerstmis 2003. Het ijs heeft heel goed gewerkt en de energie lijkt bevorderlijk te zijn voor zeer krachtige sessies. Elke persoon die daar komt, lijkt zijn eigen unieke vibratie te brengen. Mijn cliënten zeggen dat ze daar een zeer positieve energie kunnen voelen.

Tijdens deze sessie werd Molly letterlijk de andere persoonlijkheid en was geanimeerder dan ik voorheen gewoon was van cliënten.

Toen Molly uit de wolk kwam, was een van de dingen die ze kon zien paarse en groene kleuren. Dit gebeurt soms en ik moet de persoon door de kleuren heen bewegen om tot een scène te komen. Deze keer bleken de kleuren iets anders te zijn, iets dat ik niet had kunnen voorzien. Ze zag alleen duisternis, waarbij de kleuren het enige licht gaven. Na enkele minuten realiseerde ze zich eindelijk dat ze in een grot was. Dit was de reden dat het donker en moeilijk was om iets anders te zien dan de kleuren.

M: Ja, ik ben in de grot. En er zijn lichten aan de bovenkant. Ik ben aan de onderkant en aan het plafond van de grot zijn er reflecties. Gereflecteerd licht. Er is geen vuur. Er is geen licht. Alleen al die gloeiende lampjes aan het plafond.
D: Ik vraag me af vanwaar de reflecties komen?
M: Kristallen. Amethisten. Groot, zoals geoden. En hoe dieper ik ga, hoe dieper de kleur wordt. Ze worden daar op het plafond weerspiegeld. (Haar stem klonk bijna kinderlijk.) En ik lig naar boven te kijken. Ik loop niet. Ik lig op de vloer van de grot en kijk omhoog. Zanderig. Ik lig op iets zanderigs en kijk omhoog naar het plafond. Hmm. Er moeten hier ergens lichten zijn die naar beneden worden gereflecteerd. Maar ik vind het hier leuk. Het is als mijn eigen aurora borealis binnenin.
D: Ben je alleen?

M: Ik denk het wel. Het voelt alsof ik mezelf besmeur.
D: *Wat voor kleding heb je aan? Hoe voelt het?*
M: (Ze wreef met haar handen over haar borst en probeerde de kleren te voelen.) Harig. (Ze lachte.) Harig, ja. (Ze bleef erover wrijven en glimlachen.)
D: *Bedekken ze je hele lichaam?*
M: Kan dit niet zien. Het is donker. Het dekt gewoon naar hier en naar hier. (Ze legde haar handen op haar borst en dij.)
D: *Je borst en je taille?*
M: Torso. Niet op mijn armen.
D: *Ben je een man of een vrouw?*
M: Ik ben een man. Ik voel me behoorlijk groot. (Ze bewoog alsof ze trots was op haar lichaam. Ze genoot ervan om in dit lichaam te zijn.)
D: *Ben je jong of oud? (Pauze) Hoe voelt het?*
M: Vijftien zomers.
D: *Oh, dus je bent nog jong dan.*
M: Ik heb familie. Ik heb verantwoordelijkheden. Ze werd zeker en vast meer en meer de andere persoonlijkheid. Haar stem en manier van spreken waren heel eenvoudig.

Dus ik veronderstelde dat ze een soort inheems of primitief persoon was.

D: *Als je een man bent, heb je dan een baard? (Ze voelde haar gezicht en kin.) Wat voel je daar?*
M: Harig. Dit (gezichtshaar) is grover dan dit (kleding).
D: *Maar je hebt verantwoordelijkheden. Je hebt al een gezin. (Jazeker) Heb je kinderen? (Jazeker) Een vrouw?*
M: (Ze aarzelde, alsof het woord onbekend was.) Ik heb een vrouw.
D: *Woon je in die grot?*

Hij klonk zeker als een holbewoner, maar er stond me een verrassing te wachten.

M: Nee, dat vond ik. Ik heb hier een dier ingegraven. En dit is waar ik naartoe kan gaan en gewoon naar de kleuren kan kijken. Ik weet het al sinds ik een kind was. Maar ik weet dat niet iedereen hierover weet. Het is van mij. (Zelfvoldaan lachen.)

D: *Je wilt niet dat ze het vinden.*
M: Nee. Als het moet, zou ik delen. Maar omdat ik dat niet hoef te doen, hebben we andere accommodaties. Ik houd dit gewoon een tijdje voor mezelf. Het is hier rustig. Mijn werk zit erop. Ik kan hier ontspannen.
D: *Wat voor werk doe je?*
M: Hmmm. (Denkend) Ik zaai dingen. Ik graaf in de grond en ik zaai dingen. Wat ik zaai en kweek dan ruil ik in voor andere dingen. We hebben jagers en we hebben telers. En ik pas in de kwekers, want ik kan niet jagen.
D: *Iedereen heeft iets wat hij kan doen. Ze hebben hun specialiteit. (Jazeker) Zijn er veel in je groep? (Pauze) Want ik ga ervan uit dat het niet alleen jij en je vrouw en je kinderen zijn.*
M: Die tel ik. Vijftien. We zijn een behoorlijk grote groep.
D: *Ja. Zijn jullie allemaal familie? Zijn jullie allemaal familie van elkaar?*
M: (Denkt) Nee. We zijn een groep.
D: *Woon je in de buurt van waar deze grot is?*
M: Het is een halve dag verwijderd van waar ik woon.
D: *Maakt de groep zich geen zorgen om jou als je zo lang weg bent?*
M: Ze denken dat ik op een zoektocht ben.
D: *Gaan je mensen op speurtochten?*
M: Er zijn mannelijke mensen die dat doen.
D: *Waar let je op als je op zoek gaat?*
M: Draken. Ik doe de queestes voor de groep. De mannetjes die op speurtocht gaan, worden begeleid voor de jacht. Als ik op mijn zoektocht ga, is het om te ontdekken wat er nodig is voor de groep.

Vergelijkbaar met andere primitieve culturen, zoals in mijn boek, "Legend of Starcrash", waar ze vertrouwden op instincten om dieren te vinden, enz.

D: *Je zei ook dat je handel drijft met anderen.*
M: Vooral om te overleven handel ik binnen mijn groep. En dan gaan we ook nog eens per jaar naar een bijeenkomst en wisselen we goederen uit.
D: *Het klinkt alsof je daar gelukkig bent, nietwaar? (Geen antwoord.) Weet je wat dat betekent? (Nee) Het betekent dat je er graag woont?*

M: Ja, ik woon er graag. Er wordt voor ons gezorgd. (Woorden werden steeds minder goed verstaanbaar.) We hebben onderdak. We hebben water. We hebben eten. En we hebben wat we nodig hebben. Is dat gelukkig?
D: *Ja, dat denk ik wel. Je zou niets veranderen. Als je niets anders zou willen, dan ben je tevreden. Je bent blij.*
M: Ja, gelukkig. Als we naar groepsbijeenkomsten gaan, brengen we daar wijzigingen aan. We leren wat andere groepen doen, en als we het leuk vinden, brengen we het terug. We kunnen verschillende gereedschappen verhandelen en verwerven, en dingen die we nodig hebben om ons leven comfortabeler te maken.
D: *Je deelt kennis en informatie. Dat is heel goed. Waar je woont, is het er koud of warm?*
M: Het is warm. Het is zeer ... (had moeite met het vinden van het woord) aangenaam en warm. Wat is dit? (Had moeite met de volgorde van de woorden.) Een ... koude ... komt, zodanig dat we soms een extra huid of deken nodig hebben, maar niet voor heel lang.
D: *Dan is dat een goede plek om te wonen. En je hebt alles wat je nodig hebt.*
M: (Onverwacht) We hebben een paarse zon. Humph!
D: *Een paarse zon?*

Dit was een onverwachte wending. De eerste aanwijzing dat dit geen eenvoudig primitief leven was.

M: We hebben een paarse zon. Een zon, daarboven zon, het is paars.
D: *Paars. Dat is een nogal vreemde kleur, zou ik denken.*
M: Ik weet het niet. Het is paars. (Ik lachte.)
D: *Nou, waar ik woon, is het geel of oranje.*
M: Dat is iets vreemds. De mijne is paars.
D: *Hmmm. Welke kleur heeft de lucht?*
M: Het is ... Zoiets... paars. (Alsof ze het bestudeerde.) (Gelach) Diverse tinten paars.
D: *Dus de lucht is ook paars? (Jazeker) Schijnt de zon de hele tijd, dag en nacht?*
M: (Pauze) Ik weet het niet dag, nacht.
D: *Wordt het wel eens donker buiten?*

M: Niet buiten, nee. Hier wordt het donker (in de grot), maar niet buiten.
D: *Omdat je weet dat, wanneer het donker is, het moeilijk te zien is. (Jazeker) Maar als je buiten bent, bedoel je dat de zon de hele tijd schijnt?*
M: Tenzij ik mijn ogen sluit. Maar ja, het wordt niet zoals in de grot. Het blijft hetzelfde, diverse kleurschakeringen buiten.
D: *Oh. Want waar ik woon, wordt het soms heel donker, als de zon weggaat.*
M: Buiten? Gaat je zon weg?

Ze sprak haar oprechte verbazing uit.

D: *Ja. (Oh!) En het komt wel terug.*
M: Waar gaat het heen?
D: *Oh, het gaat een tijdje weg en gaat slapen, en dan komt het terug.*

Als ik met iemand praat die ogenschijnlijk primitief is, moet ik terminologie gebruiken waarvan ik denk dat ze die zullen begrijpen Het mag niet te ingewikkeld worden.

D: *En we maken ons er geen zorgen over. Maar als het gaat slapen, dan wordt de hele wereld donker. Dus je ervaart het niet zo?*
M: Nee. Het is erg lavendel ... we hebben diverse tinten lavendel of paars. En soms zijn ze licht, en soms krijgen ze een donkerdere tint, maar het is zodanig dat ik mijn hand kan zien. Of ik zie het pad aflopen. Ik heb geen kunstmatig of ander licht nodig om dat te zien.
D: *Je hebt geen vuur nodig of zo? (Nee) Weet je wat "vuur" is?*
M: Wel, ik heb het niet nodig, dus ik denk het niet.

Hoe verklaar je zoiets basaals en eenvoudigs?

D: *Kook je je eten?*
M: Eten koken? Nee. We plukken eten. En we graven het op. En we hebben manieren om ons eten te bereiden. We hebben rotsen die heel erg heet zijn. We stoppen ons voedsel in containers en we zetten het bij de rotsen totdat het klaar is.

D: Nou, een vuur zou heel erg heet zijn, zoals vlammen. En je ziet het. Dat heb je dus niet.

M: Nee, we hebben hete rotsen. We hebben heet water en we hebben hete stoom.

D: Komt dit uit de bergen?

M: Het zit in de grond. Het is altijd warm.

D: Dat is heel goed.

M: Is dat zo? Ja, het is heel goed.

D: Dood je wel eens iets om het op te eten?

M: Kil dingen? Zoals themon het hoofd slaan, of ze in de hete rotsen drijven?

D: Nou, dieren van welke aard dan ook?

M: Ja, want daar is deze vacht van gemaakt.

D: Dat is wat je draagt. (Jazeker) Dus je doodt soms dieren? (Jazeker) Eet je dan het vlees?

M: Ja, ja. We gebruiken daar alles. Er blijft niet veel meer over als we klaar zijn.

D: Dus er zijn bepaalde soorten dieren die je gaat eten?

M: Ja, ze hebben vier poten.

D: Gebruik je de dieren wel eens voor iets anders?

M: (Verward) Nee. Als...

D: Nou, sommige mensen gebruiken dieren om dingen te dragen en om dingen te trekken.

M: Nee. Als we iets zwaars hebben dat ergens anders heen moet, kijken we er gewoon naar. Het beweegt het.

D: (Dat was een verrassing.) Oh! Dat klinkt makkelijk.

M: Ja. En toen ik zei dat we de dieren naar de hete rotsen rijden? We rea ly gewoon ... (moeilijkheden denken hoe het te verklaren.) ... vraag ze gewoon om dat te doen, en ze doen dat. (Grote zucht)

D: Hebben alle mensen in je groep dit vermogen? Om gewoon naar dingen te kijken en deze dingen te laten gebeuren?

M: (Verward) Ik denk het wel. We doen het gewoon. Ja, dat moet ook wel, want als de baby, of de sma l, daar iets wil, gaat het over waar de baby is. Kleine dingen.

D: Dus zelfs de baby is in staat om dit te doen. (Jazeker)

Dit wezen klonk zo vreemd met deze vaardigheden, ik vroeg me af of het er ook anders uitzag dan mensen.

D: *Ik ben benieuwd hoe het zit met je lichaam. Heeft je ook ... nou ja, je hebt toch geen vier benen?*
M: Nee, ik heb twee benen.
D: *En twee armen?*
M: (Ze hief haar armen voor zich uit om ze te onderzoeken.) Twee armen. Ja, twee armen.
D: *Ik denk dat sommige van deze woorden je niet kent. Maar dat is niet erg. Ik denk dat we elkaar begrijpen. Hoeveel vingers heb je aan een van je handen?*
M: (Ze stak haar hand op om het te onderzoeken.) Drie.
D: *Drie vingers. Welke zijn dat? Kun je het me laten zien?*
M: (Ze hield ze voor me op.) Drie. Dat vind ik fijn.

De pink ontbrak. Dit is gebeurd in verschillende regressies waarbij mensen buitenaardse wezens waren of buitenaardse wezens zagen. De pink ontbreekt, of alleen een nutteloze stomp.

D: *Heb je wat wij een duim noemen?*
M: Zo? Ja.
D: *Is dat genoeg om het werk te doen?*
M: (Ze lachte. Het leek hem waarschijnlijk een domme vraag.) Ja.
D: *(Lacht) Oké. Maar welke kleur heeft je huid?*
M: Zwart. Het is heel donker.
D: *En je zei dat je een baard hebt. Welke kleur heeft je haar op je hoofd en je baard?*
M: Donker. Zwart. Dif erent donker dan mijn huid.
D: *Heb je ogen? En neus en mond?*
M: (Lange pauze) Ik zie het! En ik spreek! En ik eet.
D: *En de neus is om te ruiken, nietwaar?*
M: (Vol vertrouwen) Ik kan ruiken!
D: *Dus je kunt al die dingen doen. (Jazeker) Zijn er anderen die er anders uitzien of zich anders kleden?*
M: We kleden ons zoals we willen, maar we hebben hetzelfde uiterlijk, ja.

Ik dacht niet na, want dat is moeilijk te doen in een sessie als deze, maar hij dacht misschien "anders dan wat?". Omdat hij waarschijnlijk net als iedereen in zijn cultuur was. Ik was het meest afwijkende element.

D: *Waar woon je?*
M: Ik heb een structuur, een verblijf.

   Toen hij de "structuur" beschreef, werd het nog duidelijker dat dit geen primitieve samenleving was, ook al leek de man vrij eenvoudig te leven.
   De structuur was koepelvormig en iedereen had zijn eigen "sectie" binnen de grotere structuur. "Het zijn koepels in koepels." Er werd een grotere centrale structuur gebruikt voor ontmoeting, eten en bezoeken. Toen ik vroeg van welk materiaal de structuren waren gemaakt, bracht dat hem alleen maar meer in verwarring. Ik vroeg naar hout en hij begreep het niet. Ik probeerde bomen te beschrijven en het was duidelijk dat ze dergelijke planten niet hadden. Of als ze dat wel deden, werden ze niet gebruikt voor de bouw. "Onze planten zijn voor ons eten en versieren. Ze bieden voedsel voor onze dieren binnen onze volkeren." Hij zei dat de structuren een soort polymeer waren. Nu was het mijn beurt om in de war te raken; dit was een woord dat ik niet kende.
   Woordenboek: polymeer - een van de twee of meer polymere verbindingen, samengesteld uit dezelfde chemische elementen in dezelfde gewichtsverhoudingen, maar verschillend in molecuulgewicht. Polymerisatie - het proces van het samenvoegen van twee of meer soortgelijke moleculen om een complexer molecuul te vormen waarvan het molecuulgewicht een veelvoud is van het origineel en waarvan de fysische eigenschappen verschillend zijn.
   Ik wist niet meer, dan voordat ik het opzocht. Complex is zacht uitgedrukt. Ik vroeg of zijn mensen de structuur bouwden.
   "O, nee. Je kijkt naar foto's en je kijkt waar je hem wilt hebben. En dat wordt het."
   Hij zat vol verrassingen. Hij zei dat de foto's zich in hun bibliotheken bevonden. "Er zijn kleie bibliotheken in deze structuur, en dan is er de grote hoofdbibliotheek in de grote verzamelplaats. Ik zie ze. Ze zijn ... projecties (onzeker over het woord). Waar je naar de kamer gaat, en je bedenkt wat je wilt zien. En dan komen de projecties en kies je degene die je wilt. En je kiest de plek waar je het wilt hebben, en het wordt er."

D: *(Dit was een ander en uniek idee.)* Dus de foto's staan altijd op de muur.

M: Ze zijn als ... een doos. Een doos. En ze gaan ... snel. Of zo snel als je wilt dat ze gaan. (Gelach) (Handbewegingen.) En als je dan het gebied vindt waar je naar wilt kijken, vertraagt het. En dan kijk je ernaar, totdat je datgene vindt dat je aanspreekt.

D: *En dan maak je het gewoon met je verstand. (Jazeker) Dat is wonderlijk.*

M: En dan doe je wat je wilt met de binnenkant.

D: *Dus jullie mensen besloten om van de structuren een koepelvorm te maken. (Jazeker) En je kunt zelfs het materiaal maken om het van te maken. (Jazeker) Je hoeft geen materiaal te hebben dat je met je handen zou bouwen, om het te laten gebeuren.*

M: Nee. Je ... Doe het. We doen dit al vele, vele manen.

D: *Heeft iemand je laten zien hoe je het moet doen?*

M: Ik denk het niet. Het is een beetje alsof je ervoor oefent. Iets doen als je een kind bent, en als je dan groeit, begin je verschillende dingen te doen. En al vrij snel kun je je eigen denken. Wanneer je een schuilplaats nodig hebt, kun je die zelf maken, zelf bedenken. Sommigen kiezen ervoor om het in sma 1 groepen te doen. Anderen doen het in grote groepen. Sommigen doen het geïsoleerd, of waar ze verder uit elkaar staan, weg van de rest van de groep.

D: *Maar iedereen in je groep weet hoe je deze dingen moet doen.*

M: Ja. Als mijn kinderen groter zijn, dan zullen ze hetzelfde doen.

D: *Waar je woont, zijn er steden in de buurt?*

M: We gaan naar de grote bijeenkomst. En dat is veel groter. Er kunnen daar honderden mensen zijn.

D: *Weet je wat een stad is? (Lange pauze, dan: Nee.) Het is waar er vele, vele structuren heel dicht bij elkaar liggen. En er wonen veel mensen allemaal op dezelfde plek.*

M: Dat zou heel ongemakkelijk zijn. We zijn dus meer in kleine groepen voor ons comfort en om het land niet onder druk te zetten.

D: *Ja, dat lijkt me logisch. Tja, hoe reis je om naar deze verschillende plekken te gaan?*

M: Als we naar bijeenkomsten gaan, komt onze groep bij elkaar, en we denken waar we naartoe willen, en daar zijn we.

D: *De hele groep gaat in één keer?*

M: We gaan op ... op hetzelfde ... Ja.

D: *Ik dacht dat je misschien moest lopen.*
M: Als ik naar mijn grot ga, of als ik op verkenning ga, dan beweeg ik met mijn benen. Maar als we naar bijeenkomsten gaan, gaan we "Poef". (Handbewegingen die de snelheid aangeven).
D: *Heel snel.*
M: Ja. En we missen veel dingen. We doen gewoon "Poef". (Ik lachte) Dus als ik thuis ben en ik wil dingen vinden, loop ik rond en kijk ik, om te zien wat ik kan zien.

Deze sessie had me zeker verrast en had veel wendingen. Wat een eenvoudig leven van een primitieve holbewoner leek, veranderde in een veel geavanceerdere samenleving. Ik besloot hem mee te nemen naar een belangrijke dag.

D: *Wat ben je aan het doen? Wat zie je?*
M: Er is veel lawaai. Veel chaotisch lawaai. Mensen donderen. De Aarde schudt met een soort lawaai. De Aarde ... Oooh.
D: *Het land beweegt, bedoel je?*
M: Het trilt. Mensen schreeuwen. Dieren schreeuwen. Het is erg luidruchtig. (Ze huiverde) Heel chaotisch. En het is heel moeilijk om te ademen.

Ze vertoonde fysieke tekenen die toonden dat ze ongemak ondervond. Ze begon te hoesten. Ik gaf kalmerende suggesties. Ze haalde verschillende keren diep adem toen de afleidende lichamelijke symptomen afnamen.

D: *Wat is de oorzaak daarvan?*
M: De berg explodeert. Het ontplofte gewoon. Misschien hebben we de god niet gesust.
D: *Geloof je in goden?*
M: We hebben veel goden. De priesters en priesteressen onder ons hebben vele goden. We hebben een god voor het huis, en een god om vruchtbaar te zijn voor de kinderen, voor bescherming, voor de tuin, voor ... we hebben veel goden.
D: *En je zei dat je ze moest sussen?*
M: Ja. Anders worden ze boos als ze genegeerd worden. Ze hebben soms zoiets van (Ze verlaagde haar stem tot een fluistering, alsof ze een geheim was, of probeerde te voorkomen dat de goden haar

hoorden.). Shhh! Het zijn net kleine kinderen die hun zin niet krijgen.

D: *Ik begrijp wat je bedoelt. Wat doe je om deze goden te sussen?*

M: We geven geld aan de priesters. We geven honing. We maken kleine altaren. We eren ze gewoon en laten ze weten dat we weten dat ze er zijn.

D: *Ik zou niet denken dat je geld nodig zou hebben.*

M: Het zijn kleine zilveren dingen. Klein geld maakt hen gelukkig, om iets glanzends te hebben.

D: *Maar je denkt dat je het misschien niet goed hebt gedaan?*

M: De priesters zeggen dat we dat niet goed hebben gedaan. We hebben niet genoeg opgeofferd. Dat we niet sterk genoeg geloofden. Dus de berggod moet ons vertellen dat we moeten geloven, recht moeten staan.

D: *Je denkt dat de berggod boos werd.*

M: Dat is wat mij wordt verteld.

D: *En dit zorgde ervoor dat de berg explodeerde en de grond trilde.*

M: Ja. En heet, ... heet ... heet. (Had moeilijkheden met het vinden van het juiste woord) Er komt nog iets dat ... lava. En as in de lucht.

D: *Daarom is het moeilijk om te ademen?*

M: Ja. En je kunt het niet zien. Het is heel moeilijk, en het is heel eng. En het is zeer verwoestend. Mensen gaan dood.

D: *Kun je je vaardigheden niet gebruiken om gewoon te bewegen om weg te komen?*

M: We l, je kunt rennen, maar waar kun je naartoe? (Nerveuze lach)

D: *Ik bedoel je andere vaardigheden die je gewoon van de ene plaats naar de andere moet verplaatsen. Dat kun je toch niet doen om weg te komen?*

M: Dat kan ik niet!

D: *Je moet het in een groep doen?*

M: Dat kan ik niet. Dat kunnen we niet.

D: *Ik dacht dat je zo van de ene plaats naar de andere ging.*

M: Ik niet! Ik moet lopen of rennen of een kont rijden.

D: *Je kunt dus niet wegkomen. Mensen moeten gewoon rennen.*

M: Ja. En als je niet kunt ademen, en als je bang bent, vallen mensen weg. En dan bedekt de as je zo snel. En dan kun je niet meer ademen. En...

D: *Je kunt erover praten. Je hebt er helemaal geen last van. Ik wil niet dat je je ongemakkelijk voelt. Hoe zit het met je familie? Zijn ze er?*
M: Nee. Mijn vader en mijn moeder zaten dichter bij de top. Ze stonden op de top van de berg. Ze wonen dichter bij de top, en ik ben beneden in de va ley. En degenen aan de top waren degenen die als eerste werden omgebracht. Maar nu is het naar beneden verplaatst, naar de vallei. En de as waait en de lava stroomt. De Aarde trilt en de huizen zijn aan het instorten.
D: *Zijn je vrouw en je kinderen daar?*
M: Ik heb geen vrouwen en kinderen! Ik heb deze keer geen familie waar ik ben.
D: *Dus dit is een andere plek? O, het spijt me. Ik raak in de war.*
M: Dit is de enige plek waar ik woon.

Ik heb de tekenen niet eerder opgepikt, alleen toen ik tijdens het transcriberen naar de tape luisterde. Ik had het moeten oppikken toen ze niet wist waar ik het over had, met het vermogen om zichzelf te bewegen. Nu was het duidelijk. Toen ik haar vroeg om naar een belangrijke dag te gaan, "sprong ze". Ze sprong in een ander leven! Ik was met haar blijven praten alsof zij de man op de planeet was met de paarse zon. Nu begreep ik dat ze in een ander leven was gesprongen. Ik zou mijn ondervraging moeten aanpassen.

D: *De enige plek waar je woont. OK. Maar dat klinkt heel eng.*
M: De hemel is aan het vallen, en de Aarde beweegt omhoog om haar te ontmoeten. Veel langer zullen we niet zijn.
D: *Wat voor werk deed je?*
M: Ik heb gouden sieraden gemaakt. Bladgoud en kettingen. Tiara's en kronen. En armbanden. Ik maakte sieraden.

We waren in dit andere leven gekomen op de dag van haar dood. Maar ik wilde doorgaan en het leven van de ongewone man op de planeet beëindigen met de paarse zon, in plaats van meer te weten te komen over een ander leven. Bovendien wist ik dat we het een beetje recht konden krijgen als ik met het onderbewuste sprak. Dus liet ik haar die scène van vernietiging verlaten en de man met de vacht lokaliseren die in de koepelstructuur op de planeet met de paarse zon leefde. Ze keerde onmiddellijk terug naar dat leven en ik kon haar naar de laatste dag van haar leven in dat leven brengen.

D: *Wat gebeurt er? Wat zie je op de laatste dag?*
M: Mijn familie is gekomen, om me vaarwel te zeggen. Het is tijd voor mij om te vertrekken.
D: *Is er iets mis met het lichaam?*
M: Het is gewoon opgebruikt. Het is tijd om het te verlaten. En maak ruimte voor anderen om hier te komen wonen.
D: *Soms stopt het lichaam omdat er iets mis mee is.*
M: Nee, het functioneert gewoon niet meer. Ik geloof dat het tijd is om te gaan. Ik voel me erg op mijn gemak.
D: *Besluit je gewoon te gaan wanneer je wilt?*
M: We hebben opties in onze ... maatschappij. We kunnen blijven totdat we worden verdreven door ilness, of ongeluk, of we kunnen onze tijd kiezen. En ik heb nu net een beslissing genomen, dat het tijd is voor mij om te gaan. Ik heb mijn doelen bereikt.
D: *Dus je familie is bij je. Ik neem aan dat ze nu gegroeid zijn, nietwaar?*
M: Mijn vrouw is weg. je term is "vrouw", correct? En ze is weg. Mijn zonen en dochters zijn hier. En hun kleinkinderen. We hebben nu achter-achterkleinkinderen.
D: *Dus ze zijn er allemaal om afscheid van je te nemen.*
M: Om afscheid te nemen. Het is geen groot ding. Het is gewoon een respect dat ze hier zijn om me te tonen.
D: *Zit je in je koepelstructuur?*
M: We zijn niet bij degene waar je eerder met mij bent geweest. We hebben een andere. We hebben ervoor gekozen om op het platteland te wonen.
D: *Ik dacht dat je in de grot was die je zo leuk vond.*
M: Nee, want dat wilde ik nog met niemand delen. Ik heb nooit iemand van die grot verteld. Dat was niet nodig.
D: *Dat was je eigen geheim.*
M: Dat was mijn zoektocht grot, ja.
D: *Laten we naar de plek gaan waar wat er gebeurd is al gebeurd is, en je bent aan de andere kant ervan. En vanuit die positie kun je terugkijken op het hele leven. En bekijk het vanuit een totaal ander perspectief. Wat deden ze met je lichaam nadat je het verliet? Wat is daar de gewoonte?*

M: Het ... (lachje) het lost op. Het lost op, ja. Maar we zijn nooit gradua ly tota ly niets, weet je. Het lost op en het wordt opgenomen in het systeem van ons land. Van ons land. Ons deel wordt een deel van de lucht en de Aarde. Het was een easy going, weet je. Als je er klaar voor bent en je weet dat je hebt bereikt waarvoor je bent gekomen, is het een gemakkelijke, vreugdevolle viering van het gaan. Er zijn er die boos zouden zijn, maar nee, het is maar een kortstondig iets. Nu is er een feest. En ik ben vrij van het lichaam.

D: *En ze vieren het, omdat ze weten dat je naar een andere wereld gaat.*

M: Ja. En het is heel levendig. (Gelach) Oh, ze hebben het daar heel erg naar hun zin. En (stem viel op een fluistertoon) ze praten lekker tegen me aan. Ze hebben goede herinneringen.

D: *Denk je dat je iets van dat leven hebt geleerd?*

M: (Langzaam) Ik leerde, dat ik in staat was om anderen te beïnvloeden. En moest heel voorzichtig zijn om mijn percepties als de enige percepties niet te projecteren op andere volkeren, andere wezens, andere delen van het gezin. Naar een lage ruimte voor elk individu om zijn eigen ontdekkingen te doen.

D: *Dat is een heel goede les, nietwaar?*

M: Ja. Het was soms proberen. (Gelach)

D: *En het was een goed leven.*

M: Oh, het was een heel goed leven. Ik heb geen wensen, geen spijt.

D: *En je zou prachtige dingen kunnen doen met je verstand.*

M: Daar verbaas je je over.

D: *Nou, op sommige plaatsen gebruiken ze hun verstand niet.*

M: Ik zie het! Ik zie het niet, maar ... (Gelach)

D: *Ik bedoel, er zijn veel plaatsen waar ze niet weten hoe ze deze vaardigheden moeten gebruiken.*

M: Ik kan me voorstellen dat ons ras misschien altijd deze vaardigheden had. Terugkijkend op mijn leven wel.

D: *Dat deden jullie allemaal, dus het was iets heel natuurlijks. (Jazeker) Daarom ben ik verrast, want waar ik vandaan kom, is niet natuurlijk.*

M: Maar je hebt een gele zon.

D: *(Lacht) Ja, we hebben een gele zon. (Gelach) Het moet op verschillende plekken anders. (Ze lachte.) En we hebben iets wat je niet had. We hebben een maan. (Oh?) Een maan is wit en dat is* te zien in het donker. (Oh.) Zoals ik al zei, de zon gaat weg en gaat slapen, de maan komt tevoorschijn. (Oh.) We hebben dus allemaal verschillende dingen.

M: Kun je dingen verplaatsen met je verstand?

D: Nee, we hebben nog niet geleerd hoe we dat moeten doen.

M: (Grote zucht) Het maakt het leven vrij gemakkelijk, weet je.

D: Dat is zo. En ik respecteer dat je weet hoe je dat moet doen. Dat zou je ons kunnen leren. Iets wat we goed konden gebruiken.

M: Mogelijk. Ik weet niet hoe ik dat moet onderwijzen, want het was er gewoon. En ik kan het niet eens beschrijven. Gewoon gedaan.

Ik oriënteerde haar toen terug naar onze tijdsperiode en integreerde Molly's persoonlijkheid terug in haar lichaam, zodat ik contact kon opnemen met haar onderbewustzijn om wat antwoorden te vinden. Er werd diep ademgehaald toen de verschuiving plaatsvond.

D: Waarom koos je voor dat ongewone leven voor haar om te zien? Ik vind het sowieso ongebruikelijk. (Gelach) Waarom koos je dat leven van de inboorling op de planeet met de paarse zon voor haar om te zien?

M: Ze wilde weten van andere planetaire levens, anders dan aardse wezens.

D: Het klonk alsof het een andere planeet was. (Jazeker) Ze hebben daar geen nacht gehad?

M: Nee. Zoals je misschien denkt in termen van tijd? (Jazeker) Dat tijdsbesef hadden ze niet. Ze hadden de dag en nacht niet. Als ze moe waren, rustten ze uit. Als ze niet moe waren, rustten ze niet. Maar er was geen duisternis, hè. Het was vrij constant. En er was 's nachts geen behoefte aan duisternis.

D: Omdat ik denk aan onze soort wereld en die om de zon draait.

M: Hun melkweg is verder weg. Het maakt geen deel uit van dit sterrenstelsel met de zon. Ik geloof dat het van de ... (Pauzeer terwijl ze dacht hoe ze het moest zeggen.) super zon. Nee, dat is niet het juiste woord.

D: Maar het maakt geen deel uit van ons zonnestelsel.

M: Klopt.

D: Maar het maakt deel uit van het sterrenstelsel?

M: Klopt.

D: En daar staat een andere zon.

M: Nee, niet de zon zoals mensen die kennen hoor. Het maakt deel uit van een super ... Ik denk dat superzon de ... dat is Molly's taal: superzon. Superzon is wat bekend staat als het opperwezen. Het geeft het licht aan de duisternis. En die planeet heeft geen duisternis.

D: *Het klinkt als wat ik ook de "centrale zon" heb horen noemen.*

M: Dat is het. De centrale zon. Dat zou in de omschrijving passen, ja.

D: *Maar het leken fysieke wezens te zijn. (Jazeker) En ze waren in staat om hun geest op een opmerkelijke wijze te gebruiken.*

M: Ja, dat klopt. Ze manifesteren zich gewoon.

D: *Ze waren fysiek omdat ze aten en ze sliepen en ze stierven.*

M: Ja. Ze hadden een kortere levensduur. Ze kozen voor een kortere levensduur om hun planeet onderbevolkt te houden.

D: *Maar toch, het is anders omdat de zon de hele tijd aan de hemel stond. En het was een paarse kleur.*

M: Klopt.

D: *Maar je liet dit aan Molly zien zodat ze zou weten dat ze op andere planeten had geleefd?*

M: Klopt.

D: *Hoe hangt dat samen met haar huidige leven?*

M: Ze heeft nog steeds het vermogen om te manifesteren wat ze nodig heeft i,n elke hoeveelheid die ze nodig heeft. Ze heeft veel natuurlijke vermogens die ze niet durft toe te geven, want dan zou ze anders zijn.

D: *Dus je probeert haar te laten zien dat ze dit eerder heeft gedaan, en dat ze het opnieuw kan doen? (Jazeker) Maar hoe kan ze dit beginnen doen? Hoe kan ze het naar voren brengen?*

M: Kies ervoor om te onthouden.

D: *Omdat ik weet dat als je eenmaal iets leert, je het nooit meer vergeet. Het is er altijd. En als het raadzaam is, kan het naar voren worden gehaald. Ze kon het nu toch gebruiken?*

M: Ja. Als ze voorbij wat bekend staat als haar menselijke angst stapt.

D: *Je weet hoe mensen zijn.*

M: Ja. (Gelach) O, wat een uitdaging. (Grote lach) Waarom komen mensen hier? (Gelach) Ze hebben deze cha lenge. Wat een gejoel! (Ze bleef lachen.)

D: *Om lessen te leren. (Jazeker) Ze vergeten alle dingen die ze vroeger wisten. (Jazeker) Zodat ze deze vaardigheden terug kan brengen, om alles te manifesteren wat ze wil, als ze ervoor kiest om te onthouden.*

M: Klopt.

D: Ik denk dat ze deze vaardigheden graag terug zou willen brengen. Kun je iets beter uitleggen wat ze kan doen?

M: Dingen komen in zekere zin heel gemakkelijk voor haar. In dit leven is ze ervan overtuigd dat ze voor alles hard moet werken. (Gelach) En dat doet ze niet. Dus als ze nog een paar minuten in haar meditatie zou nemen, dan zouden de herinneringen snel terug kunnen komen. Mag ik je vertellen, het is de conditionering die ze in dit leven heeft geaccepteerd, zeggend dat ze het niet kan.

D: Tijdens de sessie, toen ik haar meenam naar een belangrijke dag, sprong ze nqqr wat een ander leven leek te zijn. Waar de vulkanen uitbarstten en de grond trilde. Waarom heb je haar in dat leven gedeponeerd? We zijn er niet verder mee gegaan. Het was de dag van de dood. Waarom heb je dat aan haar laten zien?

M: We herinneren haar eraan ... – bij gebrek aan een andere term – de "slapte" van het overdragen van iemands innerlijke kracht aan invloeden van buitenaf. In plaats van naar binnen te gaan en de god in haar te kennen.

D: Hoe verhield zich dat tot de vulkaan en de Aardeveranderingen?

M: Het geloofssysteem was dat het werd veroorzaakt door het niet sussen van de goden.

D: Oh ja, dat klopt. Ze hebben de goden niet gesust en dat is de oorzaak.

M: Ja. Dat was het geloofssysteem, en daar is nog steeds iets van, dat komt veel voor in het gebied waar ze woont. En het beangstigt haar.

D: Ja, dat komt overeen met de religie die toen heerste.

Ze kreeg dat kleine stukje van dat leven te zien, om haar eraan te herinneren dat ze niet verstrikt moest raken in de traditionele religieuze overtuigingen van de cultuur waarin ze leeft. Het toont haar dat het beter is om voor zichzelf te denken en de ware God in zichzelf te vinden.

Tijdens mijn interview met Molly zei ze dat ze vreemde herinneringen had aan dingen die in haar jeugd gebeurden. Ze herinnerde zich dat ze op een donkere plek werd gezet en daar werd achtergelaten, en dat niemand contact met haar wilde hebben. Ze dacht dat het misschien een kast was, en het leek erop dat ze daar meerdere dagen achter elkaar zat. Natuurlijk zou ze tegen die tijd smerig en vies zijn, maar ze had het gevoel dat niemand iets met haar te maken wilde hebben... Toen ze haar moeder vroeg naar deze jeugdherinneringen, ontkende deze dat zoiets haar ooit was overkomen en zei dat ze het waarschijnlijk verzon of fantaseerde. Maar zoals ze zelf stelde: waarom zou ze zo'n vreselijke herinnering fantaseren? Een van de dingen die ze tijdens deze sessie wilde uitdokteren, was of het een echte herinnering was, of eerder een op hol geslagen fantasie. Het onderbewuste gaf het antwoord voordat ik de vraag kon stellen. En het antwoord was zo vreemd, we hadden het ons nooit kunnen inbeelden.

Haar familie woonde op het platteland, vele kilometers van iedereen vandaan, toen ze te vroeg werd geboren. Haar moeder deed het enige wat ze kende, ze stopte de baby in een schoenendoos en zette hem op de open ovendeur om warmte te bieden.

M: Wel, weet je ... Nah, je zou het niet weten, maar laat me je wat wijzer maken. Ze koos ervoor om in dit leven te komen met zoveel geschenken naar anderen toe. En ze ging in deze kleine baby. Ze was nog maar vier kilo toen ze geboren werd. Ze zou die dingen doen. Deze kleine schattige baby, in de schoenendoos die, op de ovendeur was geplaatst. (Gelach) Ze zou stuf doen, en het zou de mensen alleen maar laten schrikken, zoals "jezusmina, wat is dit!". En op een keer sloot haar moeder haar op, in de oven, om haar te laten stoppen. Omdat ze in de keuken alleen maar hommeles veroorzaakte door met dingen te jongleren zonder ze te aan te raken. (Gelach) Haar moeder was erg bang voor haar.

D: *Dus ze zette dingen in beweging.*

M: Ja. Ze jongleerde graag met het zilverwerk, omdat het flitste. Het was flitsend. (Gelach) En het maakte een fijn geluid. Maar het maakte haar moeder bang. Dus haar moeder snoerde haar de mond!

D: *Dus zette ze haar in de oven.*

M: Ze deed soms de ovendeur dicht.

D: *Ze heeft een vreemde herinnering aan het feit dat ze in een kast zat of zoiets. Kun je haar daar iets over vertellen? (Pauze) Wat denk je? Is het goed voor haar om het te weten?*

M: (Nu serieus.) Het zal beter voor haar zijn om te weten dat het de waarheid was, geen verbeelding. En dat het voor haar heel belangrijk is om te weten. Toen ze een paar jaar ouder was, sloten ze haar op in de kast en probeerden haar te vergeten, omdat ze hen zo bang maakte. Maar ze geeft zichzelf de schuld, omdat ze altijd te horen kreeg dat het haar schuld was, dat ze daar zat. Als ze zich zou gedragen, zou ze daar niet in vastzitten, zeiden ze.

D: *Wat deed ze?*

M: Ze vond het leuk om dat flitsende zilverwerk rond te laten zweven. En ze maakte graag lichtjes als het donker was. En ze maakte graag zanggeluiden als ze niet mocht praten. Dit maakte mensen bang. Dus ze vonden haar raar, en ze gaf zichzelf de schuld. En het is niet haar schuld. Ze gebruikte wat ze zich herinnerde en wat ze weet. Maar ze was gewoon een beetje "uit de tijd".

D: *Ja, ze vond het natuurlijk.*

M: En toen ze ouder werd, deed ze dingen die ... ongewoon. Opnieuw zou ze worden afgewezen of weggeduwd of gestraft, totdat ze gewoon stopte met die dingen.

D: *Het was echt de enige manier om te overleven.*

M: Ja. Ze omschrijft het als het dichtdraaien van de kraan.

D: *Dus toen ze te groot werd om in de oven te zetten, denk ik dat ze haar in een kast hebben gestopt. Is dat wat je bedoelt? (Jazeker) Dat is wreed, maar ik denk dat ze erg bang voor haar waren.*

M: Als ze haar in het donker zetten, was het gemakkelijker om haar daar gewoon te laten zitten en haar te vergeten. Dan zouden ze zich niet hoeven bezig te houden met dingen die in de keuken of in huis rondzweefde,, of haar gezang.

D: *Dus, uiteindelijk, om te overleven, deed ze de kraan dicht en deed het niet meer. En dan lieten ze haar bij hen in huis wonen?*

M: Ja. Zolang ze niet "slecht" was, kon ze deel gaan uitmaken van het huishouden.

D: *Nou, als dat allemaal is onderdrukt, denk je dan dat ze bang zou zijn om deze talenten nu terug te brengen?*

M: Ik denk het wel, want iemand steekt haar misschien achterover in de kast en doet de deur op slot en laat haar nooit meer buiten.

D: *Nou, weet je, dat zouden ze niet echt doen nu ze volwassen is. (Jazeker) Maar ik begrijp waarom ze bang zou zijn.*

M: Ik denk dat ze bepaalde dingen zou kunnen doen die meer worden geaccepteerd in deze maatschappij, en zo zou het beetje bij beetje naar haar terug kunnen komen. Want als ze midden op een veld een huis zou creëren, weet je dat de overheid haar zou kunnen komen zoeken. (Gelach)

D: Als ze dingen liet zweven, denk ik dat haar man misschien wat schrik zou krijgen. (Gelach) Dus ze wordt verondersteld deze dingen niet te doen.

M: Nee. Maar ze zou misschien de kraan kunnen opendraaien tot er "gedruppel". Ze is heel goed in staat om mensen te helpen. Ze is in staat om ze uit de duisternis te verheffen. En dat maakt mensen bang, en ze zijn niet bereid om te weten wie ze echt, diep vanbinnen, zijn. Maar ze is bang dat, als ze de kraan aanzet, dat er dan gelijk een stroom uitkomt. En dat overweldigt mensen, en ze rennen dan gillend de kamer uit. Ze heeft een heel diepe angst voor afwijzing. Ze kan een vorm van meditatie gebruiken om de kennis op een kleine schaal naar voren te brengen en die angst te verlichten. Hier is een foto die voor haar zal werken. Op het aanrecht staat een val. Waardoor? (Handbewegingen) Onder de gootsteen, ja, er is een afvoerpijp en daar is de val. En veel "talent" zit vast in de val. En als ze naar de val gaat, kan ze een beetje per beetje over de bocht per keer laten gaan. Laat het er weer uit sijpelen... Dit is moeilijk uit te leggen.

D: Laat het teruggaan naar de gootsteen. (Jazeker) Dit zou een mentaal beeld zijn dat ze zou kunnen gebruiken.

M: Ja. En als ze dan de val opent, of de val een beetje tegelijk opruimt, als het ware, maakt dat ruimte voor de informatie om terug te komen. De dingen die ze is vergeten, of in de val heeft gevangen.

D: Het is dus niet de bedoeling dat ze alles terug probeert te krijgen. Dat zou haar overweldigen.

M: Het zou overweldigend zijn voor zoveel anderen.

Dit soort vaardigheden worden nu als een ankerpunt teruggezet naar onze tijdsperiode, omdat deze in de niet al te verre toekomst als normaal zullen worden beschouwd. Maar het zou voorzichtig moeten gebeuren om zichzelf en anderen om haar heen niet te choqueren. Het belangrijkste was, dat Molly nu wist dat de vreemde herinneringen aan gebeurtenissen uit de kindertijd niet haar verbeelding waren, maar de acties van mensen die bang waren en het niet konden begrijpen. Ik vraag me af hoeveel anderen dit is overkomen. Hoeveel anderen zich in een positie bevonden waar ze de vaardigheden en herinneringen hebben moeten tegenhouden. Het is zeer moeilijk om de abnormale acties van kinderen te begrijpen en te accepteren.

DEEL VI
TIJDPORTALEN

Hoofdstuk 19
Hoeder Van De Portalen

NEGENTIG PROCENT van de sessies die ik voor therapie doe, houden in dat de cliënt teruggaat naar een vorig leven dat de antwoorden op hedendaagse problemen bevat. Maar het komt steeds vaker voor dat cliënten zich in een vreemde omgeving bevinden, die niet op de Aarde lijkt. Ze bevinden zich ook steeds vaker in parallelle situaties. Dit is waar ze een andere ervaring beleven, die tegelijkertijd met het huidige leven bestaat. Veel sceptici zullen zeggen dat dit slechts fantasieën zijn, maar ze lijken niet op fantasieën waar ik ooit van heb gehoord. Het grootste deel van de tijd zijn de vorige levens waar mensen naar terugvallen erg saai en alledaags. Ik kan ze "aardappelen rooien" levens noemen, omdat de persoon vaak een boer of dienaar is, enz., Waar niets spannends aan de hand is om over te berichten. Ze brengen hun leven door en doen eenvoudige, gewone dingen, zoals het bewerken van de velden. De levens zijn erg ondramatisch. Vaak is de persoon teleurgesteld wanneer hij wakker wordt. Een man zei na zo'n sessie: "Wij, ik was zeker geen farao in Egypte." Als ze fantaseerden, geloof ik dat ze een glamoureus leven zouden uitvinden, zoals een ridder in glimmend harnas die een schone jonkvrouw redt van de kasteeltoren, of een vrouw die een Assepoester-achtig leven herbeleeft met haar prins. Dit gebeurt nooit. De ervaren levens lijken misschien alledaags vanuit mijn standpunt, en ik vraag me vaak af waarom het onderbewuste het voor de sessie heeft gekozen. Maar voordat we klaar zijn met de sessie, wordt altijd duidelijk dat het precies het leven was dat ze moesten zien. Er is altijd iets, hoe obscuur ook, dat betrekking heeft op het probleem dat ze ervaren. Het is me aan de oppervlakte nooit duidelijk, maar het onderbewuste, in zijn oneindige wijsheid, heeft de precieze gekozen.

Soms is de scène waarin ze komen zo vreemd en misplaatst, dat ze niet eens woorden kunnen vinden om het te beschrijven. In deze gevallen ben ik er zeker van dat ze geen fantasie creëren, anders zou het hen niet zo moeilijk vallen een beschrijving mee te delen. Deze sessie, die in oktober 2002 in Florida werd gehouden, is zo'n voorbeeld. Betty was verpleegster op een neonanatale afdeling van een groot ziekenhuis. Wat ze tijdens de sessie ontdekte, was absoluut niet wat ze verwachtte. Toen ze uit de wolk kwam, stond ze voor iets dat zo ongewoon was, dat ze de woorden niet kon vinden om het te beschrijven.

B: Het lijkt erop dat ... het ziet eruit als een kristal ... het is moeilijk te beschrijven. Het is als een kristallen berg ding. Kristallen berg ding. (Grinnikt) Ik weet niet wat ik er nog meer kan zeggen erover. Het is als een kristallen berg. En ik zie ... wat lijkt op een indiaanse jongen met zwart haar, voor de kristallen berg staan. Het lijkt een beetje op ijs, maar het is niet koud. Het is duidelijk, maar niet helemaal duidelijk. Het schittert in de zon.

Dit klonk zeker niet als iets op Aarde, maar toch had ze de Indiase jongen genoemd. Waar was ze?

D: *Is de jongen er nog? (Ik dacht dat zij misschien de jongen was.) (Jazeker) Hoe is hij gekleed?*
B: Hij heeft gewoon dierenhuid, het hangt onder zijn middel. Waarschijnlijk tien jaar oud.
D: *Nou, kijk naar jezelf. Draag je iets?*

Dit is vooral de manier waarop ik de cliënt begin te oriënteren op het lichaam dat ze in het vorige leven hebben gehad. Haar antwoord was een onverwachte verrassing.

B: Ik ben ... Nah, ik ben heel groot! ... Ik ben enorm! Ik ben geen lichaam. Ik ben (onzeker hoe het te verwoorden) ... Ik heb energie vorm. Ik ben heel groot in vergelijking met deze jongen.
D: *Heb je het gevoel dat je perimeters hebt, dat je ergens een grens hebt? Je maakt toch niet zomaar deel uit van de lucht?*
B: Ik heb perimeters, maar het is niet solide. Het verschuift en verandert, maar heeft dezelfde hoeveelheid in zich. Dus de perimeter verschuift en verandert, maar het is groot.
D: *Dus het zit er toch in. (Ja, ja) OK. Welke band heb je met deze jongen?*
B: Ik observeer hem gewoon. – Ik heb het gevoel dat ik graag naar binnen wil. Er is een opening. Maar het is alsof ik de berg kan

worden. Het is alsof ik ... door naar de opening van de berg te gaan, het leven als de berg kon ervaren. Ik zou het worden. Ook al kon ik er weer los van komen.

Ik was bekend met energiewezens, een vorm van leven waarbij het wezen elk type lichaam dat ze wensen, kan vormen of creëren, om een ervaring te hebben. Maar deze ervaring klonk anders.

D: Dus je kunt veel verschillende dingen ervaren?
B: Ja. Ik kan worden, integreren met andere energieën, ervaren hoe dat is. En dan scheiden en dat bewustzijn als een deel van mij hebben. Ik ga het ervaren op die manier.
D: Je zei dat daar een opening was?
B: Ja. Het is een grote opening, als een natuurlijke opening. (Plotseling) Weet je wat? Deze kristallen berg is niet echt een berg. Zo heeft het zich nu eenmaal laten zien. Het is als ... een ruimteschip. Het is een voertuig. Hoe interessant!
D: Hoe weet je dat?
B: (Opgewonden) Wel, toen ik de opening zag ... zie je, zo ziet het er van buitenaf uit. En toen ik de opening verder verkende om te proberen het uit te leggen, realiseerde ik me dat het niet precies was zoals het leek.
D: Je bedoelt dat het de illusie van een berg gaf?
B: Precies. Dat klopt. Dus iedereen die het tegenkwam, zou zien dat dat was wat het was. Maar dan verschuift het bij nader inzien. Ah-ha!
D: Als het op Aarde is, zouden er andere bergen zijn. Het kunnen verschillende kleuren zijn, maar geen kristal.
B: Klopt. Er zijn andere bergen eromheen, die zijn verschillend. Ze zijn gewoon bruin, met bomen en stompen enzo.
D: Het zou ongebruikelijk zijn om een kristallen berg te zien. Het kan meer aandacht trekken.
B: Dat zou het wel zijn! Klopt! Hmm. Het is enigszins verwarrend. Maar dan vraag ik me af of anderen het wel zien. Omdat ik die jongen zag. Heeft de jongen het gezien? Ik weet het niet... Hij keek er vanaf. Ik weet het niet. – De opening verschoof, van een natuurlijke opening naar een deuropening. Toen ik ernaar keek, veranderde het in een deur. En er zijn trappen die van de grond naar de deur leiden. Zo solide lijkt het niet te zijn. Het ziet er

kristallijn en licht uit, en ik weet dat je erop zou kunnen stappen en het zou solide zijn. En toch heb ik ook het gevoel dat iemand er dwars doorheen kan lopen en zich er tegelijkertijd niet bewust van is. De enige verklaring die voor mij logisch is ... is dat het is als het samensmelten van twee werelden. Het is als een plek tussen de werelden. Dat er stukjes van beide zijn die daar samenkomen.

D: *Dit zou de reden zijn waarom sommige mensen het zouden zien en anderen niet?*

B: Ja. En dus heb ik het gevoel dat ik op de een of andere manier deel uitmaak van – ik moet gewoon zeggen wat er op me afkomt – omdat het voelt alsof ik op de een of andere manier de hoeder van deze poort, of deze "tussen" plaats, versterk. Zodat degenen die niet geacht worden binnen te komen, dat niet doen. En wie dat kan, doet dat ook. Er zijn een aantal "verantwoordelijkheden" voor bewustzijn, een soort van ... waken dat ik daarover doe, want ik ben van beide, ja.

D: *Om te weten wie er binnen kan komen en wie niet. (Juist) Maar zouden degenen die dat niet hoorden te doen, zouden zij zich er niet eens van bewust zijn?*

B: Dat is waar. Er zijn echter momenten waarop bepaalde omstandigheden het mogelijk maken. Dan is het zo, dat er een zien is, wat normaal gesproken niet zou plaatsvinden. En het is gewoon niet gunstig, voor het grootste deel, dat dat gebeurt. Bepaalde verschuivingen in de atmosferische druk en energie ... dingen. (Dit werd langzaam gezegd alsof ze het niet zeker wist en op zoek was naar de woorden.) Er zijn bepaalde, ja, verschuivingen, die ervoor kunnen zorgen dat het gebeurt.

D: *Dan verschuift naar een punt waar het te zien was, waar het normaal niet zou zijn. (Juist) In dat geval zou iemand het kunnen tegenkomen, die dat niet had moeten doen.*

B: Ja. En het zou heel verwarrend zijn.

D: *Zouden ze het kunnen betreden?*

B: Helaas zou de lichaamsopmaak, het fysieke, moeten verschuiven, vanwege de energieconfiguratie. En het zou die fysieke energie vermoedelijk, waarschijnlijk, onmiddellijk oplossen.

D: *Oh? Zou het het fysieke aspect dan vernietigen?*

B: De geest wordt niet vernietigd. De fysieke, celvormige structuur, ja.

D: *Het kon niet bestaan toen het er eenmaal mee in contact kwam?*
B: Dit klopt, want er is een verschillende make-up. En verschillende trillingen, ja. Het zou erg verwarrend en moeilijk zijn. Zelfs voor de geestelijke energie zou lastig zijn om te begrijpen wat er gebeurde. Het is niet de bedoeling dat het zo is.
D: *Dus het is jouw taak om ervoor te zorgen dat dit niet gebeurt?*
B: Ja, daar heb ik een soort "voogdij ... verantwoordelijkheid" voor.
D: *Zou je dit een portaal noemen?*
B: Ja, dat zou je kunnen zeggen. En ik geloof dat dat ook de reden is waarom ik in dit kristallijn-ding kan gaan, of het nu berg, ruimteschip of wat dan ook is. Ik "word", heb het bewustzijn daarvan, want dat intensiveert de energie om de bestaansvormen te scheiden.
D: *Wat als er iemand zou komen? Wat zou je doen om ze af te leiden of weg te houden?*
B: Richt mijn energie op die bocht in de plaats van wat ze niet mogen zien, om het te intensiveren. En geef ze gewoon een klein zacht duwtje in de tegenovergestelde richting. Het is niet erg om ze een duwtje te geven, ze hebben dan gewoon het gevoel dat de wind ze heeft geduwd, of ze worden in een andere richting geduwd.
D: *Net genoeg om ze ervan weg te houden, om te zorgen dat ze niet in contact komen met die energie? Omdat het jouw taak is om te voorkomen dat ze gewond raken.*
B: Precies. Bescherming, ja.
D: *Is dit portaal er altijd?*
B: Er zijn bepaalde momenten waarop het meer open is, wanneer het meer mogelijkheden heeft om open te zijn, en er zijn andere momenten waarop het gesloten is. Als het geen probleem is.
D: *Dan beweegt het niet als een ruimteschip?*
B: Nee, het blijft op één plek. Maar als ik dit van dichterbij bekijk, lijkt het meer op wat we een "sterrenpoort" zouden kunnen noemen, in plaats van een heus ruimteschip dat zou vertrekken. Het is meer een portaal om naar een andere dimensie te gaan.
D: *Dus daarom zal het op één plek blijven bestaan.*
B: Dat klopt.
D: *Waar wordt het portaal, deze sterrenpoort voor gebruikt?*
B: Ik moet aan deze beschrijving werken. Ik kan dit. Er is het portaal voor deze energie, en dan gaat het swoosh (een lang swooshing

geluid met handbewegingen) door ruimte en tijd naar een heel ander gebied van de – ik wil zeggen – de "melkweg".

D: *Afgaande op de bewegingen die je maakte, is het langwerpig, als een buis?*

B: Klopt. En zo probeer je het zien van de sterren, het universum en de energie te visualiseren... Moeilijk uit te leggen. Maar het is een zeer snel iets, swoosh (weer hetzelfde geluid en dezelfde handbewegingen) transportsysteem! En het gaat van dit portaal naar een ander sterrenstelsel.

D: *Is dat wat je zou zien als je deze kristallen berg binnen zou gaan?*

B: Dat zou een deel ervan zijn, want binnenin zijn er een l van deze levendige, levendige kleuren en kristallijn dingen. Het is een beetje als ... (had moeilijkheden het vinden van de woorden) opnieuw invoeren ... desensibilisatie is niet het juiste woord, maar zorgt ervoor dat je je weer normaal voelt. (Gelach) Want als je deze transportdingen doet, dan moet je ... re... niet regenereren, re ....

D: *Aanpassen?*

B: Pas me aan, dank je. Oef! Dat was moeilijk! Aanpassen. Nieuwe energie opdoen. (Gelach)

D: *Woorden zijn soms moeilijk te vinden.*

B: Ja. Aanpassen. Het is dus als een aanpassingsgebied. En je gaat deze crysta line kamer in met een l deze mooie, mooie kleuren. En ze vibreren in je wezen, en het regenereert je, of wat was het woord dat je zei?

D: Aanpassen?

B: Past je aan.

D: *Als het je aanpast, is dit dan voordat je gaat of nadat je terugkomt?*

B: Nadat je terugkomt. Er is er een voor beide uiteinden. Ik weet niet zeker hoe die aan de andere kant eruit ziet, op dit moment. Ik zou moeten reizen. Maar ik moet een deel van mezelf hier laten om dat te doen, want ik moet mijn verantwoordelijkheid houden.

D: *Ja, om het portaal te bewaken.*

B: Dit wordt gebruikt door andere wezens die komen om te leren, en komen voor extra bewustzijn, door te observeren. Als ik zeg "observeren" is het meer dan alleen kijken. Het is observeren met elk stukje van je zintuigen, zodat je het voelt, nee, ervaart. Maar je observeert het, omdat je niets creëert om te gebeuren. Je bent een waarnemer die een dieptepunt heeft om enigszins te integreren met de energieën die er zijn om te leren.

D: *Zijn dit fysieke wezens?*

B: Niet in die mate dat mensen fysieke wezens zijn. Er is een lichamelijkheid die van een mindere dichtheid is. En daarom zijn ze in staat om een ervaring te integreren en te observeren, op dat niveau.

D: *Waar komen deze wezens vandaan?*

B: (Pauzeer, dan een grinnik terwijl ze een manier probeerde te vinden om het uit te leggen.) P-L. P-L heeft er iets mee te maken. Ik denk niet dat het Pluto is. P–L.

D: *Vertel me gewoon wat je denkt. Maar ze komen niet van de Aarde?*

B: Nee, nee. Ze zijn verschillend.

D: *Ons zonnestelsel?*

B: Hmm. Een beetje verder. Vanuit een verschillende planetaire essentie. Nogmaals, het is geen volledig fysieke planeet.

D: *Maar het is niet zo'n energie als jij?*

B: Klopt. Ze zijn anders dan ik. Ik zie er niet menselijk uit, als een lichaam. Mijn energie verschuift. De wezens die langs dit transportportaalsysteem komen, hebben een vorm die vergelijkbaar is met die van mensen. Vergelijkbaar met een lichaam. Het zijn lange, dunne wezens. Lijkt op zware gewaden, maar zoals ik al zei, ze zijn niet fysiek.

D: *Niet zo solide? (Nee, nee.) Dus als ze door deze tunnel komen, deze buis, wat het ook is, komen ze onmiddellijk in deze kamer?*

B: Klopt, daar komen ze binnen.

D: *En ze passen hun energie aan? Trillingen of wat dan ook? (Juist) Wat doen ze dan?*

B: Dan kunnen ze daar vandaan komen. Dit is weer geen goede beschrijving, maar het is alsof je door glas heen kunt kijken, maar er is geen glas. Zo'n barrière is er niet. Ze zijn door het portaal gegaan en komen uit de kristallijnstructuur waar het licht en de kleuren waren. Daar zijn ze uit voortgekomen. Het maakt nog steeds deel uit van die energie, maar het zit niet meer in die structuur. Zodat het recht tegenover de – ik wil zeggen "Aarde". Ze zijn op de planeet en kunnen zien wat er aan de hand is, zodat ze kunnen observeren en integreren.

D: *Mogen ze die plek verlaten?*

B: Het lijkt me niet dat ze dat doen.

D: Dus ze staan gewoon en observeren vanaf die kant zonder daadwerkelijk deze andere dimensie binnen te gaan.
B: Klopt. Ze kunnen vanaf daar echter een groot, groot uitkijkpunt zien. Ze kunnen vrijwel overal observeren waar ze kiezen van dit portaal.

In een andere sessie zag een vrouw iets verschijnen dat op een wormgat leek, en wezens gingen er doorheen heen en weer. Ze beschreef het als een grote langwerpige buis met cirkelvormige richels zichtbaar aan de binnenkant ervan. Zou dit een andere beschrijving van hetzelfde type apparaat kunnen zijn? Als dat zo was, gingen de wezens die ze zag in en uit, terwijl degenen in deze regressie slechts een dieptepunt waren om het te gebruiken om te bekijken.

D: *So it's not just the area where this is located. They can see anywhere on Earth that they want to see without traveling to that place.*
B: Dat klopt. Vrijwel. En hoe werkt zo'n stuf? Ik weet het niet zeker. (Gelach)
D: *Kijk of je daar achter kunt komen. Hoe kunnen ze dat doen vanuit slechts één gezichtspunt zonder daadwerkelijk de dimensie binnen te gaan en over de hele wereld te reizen?*
B: Ze verschuiven hun perspectief. Dus het is alsof ze naar buiten komen en er is een bepaalde scène of gebied dat ze zien. En ze kunnen gewoon verschuiven, en het is alsof de wereld ervoor verschuift, zodat ze het kunnen zien. Ik weet dat dit nergens op slaat, maar wat ik zie is deze drieledige goudenergie die gewoon verschuift. (Grinnikt) De Aarde zou bijvoorbeeld zo groot kunnen zijn. En ze staan er op deze plek op. (Handbewegingen van een sma l object.) En de drieledige goudenergie verschuift het zodat ze observeren. Het is dus alsof alles meebeweegt. Dat is de enige manier die ik ken om het te beschrijven. Ook al is het duidelijk dat de Aarde niet zo groot is. (Handbewegingen.) Maar het is alsof het zo is, zoals ze het observeren. Het kan dus heel gemakkelijk worden verschoven.
D: *Op deze manier fungeren ze als een waarnemer en hebben ze geen interactie.*
B: Dat klopt. Ze hebben geen interactie. Ze veranderen niets. Ze observeren en integreren alleen maar informatie.

D: *Ze zouden dat deel toch niet mogen verlaten, denk ik, vanwege de manier waarop hun energiematrix is?*
B: Precies. Dat konden of wilden ze niet. Ze begrijpen de manier waarop het hun energieveld zou verlaten. Terwijl de mensen niet eens weten dat dit bestaat.
D: *Dus deze wezens observeren en integreren gewoon informatie, of wat ze ook proberen te verzamelen. En dan gaan ze door deze buis terug naar waar ze thuishoren?*
B: Dat klopt. Ze komen door dat portaal, maar ze komen van andere plaatsen om bij dat portaal te komen. En komen om te observeren, en dan terugkeren, en verslag uitbrengen.
D: *Ik dacht aan zoiets als een centrale locatie aan de andere kant. (Ja) Weet je wat ze met de informatie doen als ze eenmaal hebben waargenomen?*
B: Het wordt voor veel doeleinden gebruikt. (Pauzeer terwijl ze denkt.) Ik zie dat mijn energie nu verschuift, van dat beschermende wezen naar een van die wezens die kwamen en terugkeerden.
D: *Omdat je zei dat je dat kon doen, als je een deel van je energie daar laat om de opening te bewaken.*
B: Dat klopt. (Grote zucht) Door de buis gaan rammelt je energie wel een beetje op. Dus de kamer waar je in uitkomt brengt je terug – wat was het woord dat je gebruikte?
D: *Aanpassen?*
B: Aanpassen, is heel erg belangrijk.
D: *En als ze er weer doorheen gaan, is het dan snel?*
B: Het gaat heel snel. Heel, heel snel. En dan aan de andere kant, het is weer een andere kleur, energiesysteem.
D: *Vind je een andere kamer leuk?*
B: Dat is waar. En de kleuren en de energie-intensiteit brengen je weer bij jezelf. En ik kwam terug naar de andere planeet. En toen keerde ik terug naar mijn thuisbasis.
D: *Hoe ziet de ingang aan die kant eruit?*
B: Het is ook een kristallijnstructuur.
D: *Maar de mensen aan die kant kunnen het zien?*
B: Het heeft ook een verhullende factor, want er zijn mensen die met deze energie werken, en er zijn er die dat niet doen.
D: *Dus het is hetzelfde als op Aarde? Het zou niet voor iedereen zichtbaar zijn.*

B: Dat is waar. Hoewel de wezens op deze planeet een hogere of verschillende vibratie hebben, is er nog steeds geen behoefte aan een l om ervan te weten.

D: *Dus het wezen waar je mee gaat, komt door op zijn planeet. Waar gaat hij dan naartoe?*

B: Ik zie hem. Hij is als een schriftgeleerde, maar het schrijven is magisch. Het is niet fysiek, hoewel het er hetzelfde uitziet. (Ze bewoog haar handen.) Hij doet iets met zijn handen. Maar als ik ernaar kijk, is het weer licht en kleuren. Licht en kleuren zijn erg belangrijk. En dus worden de observaties, het leren, de kennis die is opgedaan opgenomen in ... (Ze had moeilijkheden met het vinden van de juiste woorden.) ... Ik zie als het wandtapijt. Hoe kan dat nu?

D: *Misschien probeer je een vergelijking te maken.*

B: Misschien. Omdat de informatie die deze persoon heeft meegenomen, in een deel van het wandtapijt gaat, of de archieven. Hij zit en het lijkt wel een tablet. Als ik zeg "tablet" bedoel ik als een stenen tablet. Het is geen papier. En er is wat ik zou zeggen een "magische pen", omdat hij lijkt te schrijven met behulp van magisch schrijven. En er zijn van die prachtige kleuren en licht die hierop komen. Maar dan beweegt en stroomt het en gaat het in ... wat ik zou zeggen een "geweefd iets". En het is kleurrijk en licht en sprankelend en ontroerend. Het is dus niet zo dat we een wandtapijt beschouwen. (Ze had moeilijkheden.) Het is een soort opslagplaats? Notitie. En het is een levende opname.

Dit klonk natuurlijk vergelijkbaar met het tapijt van het leven, dat zich in de Tempel van Wijsheid aan de geestzijde bevindt. Dit werd uitgelegd in "Between death and life". Het wordt beschreven als ongelooflijk mooi en lijkt te leven en te ademen, vanwege de prachtige kleuren die erin zijn geweven. Ik denk niet dat het hetzelfde is, want het wandtapijt aan de geestzijde is een verslag van de zielen die geleefd hebben. Elk leven wordt vertegenwoordigd door een draad. Het wandtapijt dat hier wordt beschreven is ook een plaat, maar misschien een ander type.

D: *Is dit zijn taak? Doet hij dit de hele tijd?*

B: Ja. En hij doet het graag.

D: Maar je zei dat er ook veel anderen zijn die op de hoogte zijn van deze deuropening?
B: Ja, er zijn wezens van andere planeten die naar het portaal komen. Dat is waar. Er zijn er veel die weten dat het bestaat. Dit is één portaal, maar er zijn er nog veel meer. Een deel van de informatie die terugkomt, wordt gebruikt om nieuwe mogelijkheden te helpen ontwikkelen. Het is alsof ... wanneer je op school zit, ze je dingen leren die mensen al weten. En als je eenmaal een basis hebt, dan ontwikkel je je eigen ideeën. De creativiteit die je hebt zorgt hiervoor.
D: Net als wetenschappers en onderzoekers zullen ze de basis nemen en hun eigen concepten ontwikkelen. Is dat wat je bedoelt?
B: Ja, en ook nieuwe mogelijkheden bieden voor deze planeet. Omdat ze observeren, ze zien, ze gaan terug, ze discussiëren. Ze kijken naar: "Hoe kunnen we de mensen van deze planeet helpen?" En dus komen ze met wat gedachten. En komen dan terug. Nee, dat kan niet ... dat klopt niet. Hmm. Het is om toe te voegen aan de hoeveelheid kennis die bestaat. Over de Aarde, specifiek in deze situatie.
D: Dus ze verzamelen informatie en ze proberen nieuwe ideeën te ontwikkelen om de Aarde vooruit te helpen, of wat bedoel je nu?
B: Dat was de indruk die ik kreeg. Maar er moet een andere manier zijn om de informatie te gebruiken om de Aarde te helpen. Want als ze door de buis komen, observeren ze gewoon, dus ze kunnen het niet op die manier doen. Ze observeren en nemen het mee terug naar hun planeet en leggen het vast. Er moet dus een andere manier zijn waarop het wordt gebruikt om te helpen. Het is niet op die manier.
D: Maar de andere wezens, die door de buis komen, doen het om dezelfde reden?
B: Sommigen zijn gewoon nieuwsgierig. En dat is een dieptepunt. Om geobserveerd te worden uit nieuwsgierigheid zonder enige inmenging. Net zoals het voor ons een dieptepunt is om zonder inmenging waar te nemen. En ik ging met dit andere wezen mee, wiens doel het is om de informatie terug te brengen naar zijn planeet. En er is een soort van (had moeilijkheden) - ik probeer een duidelijker beeld te krijgen. (Pauze) Deze is moeilijker te krijgen ... dus het lijkt een soort straalproces te zijn. Het lijkt me niet logisch. Daarom zit ik een beetje vast met de beschrijving...

D: *Beschrijf het zo goed als je kunt.*
B: Oké. Dus, ze nemen de informatie. Hij deelt het met die andere wezens die op hem lijken. En dan zenden ze bepaalde energieën of informatie terug naar planeet Aarde.
D: *In de tegenovergestelde richting van waar het kwam.*
B: Klopt. Het is als een begeleidingssysteem. Daarin werd de informatie van de Aarde gehaald, waargenomen vanaf de Aarde, en wordt teruggevoerd met de wezens. En dan nemen deze wezens deze informatie, en dit is waar de mensen van de Aarde wat hulp of begeleiding nodig hebben, of gewoon een kleine "aanpassing", of een beetje inspiratie, om hen te helpen in de juiste richting te bewegen. En het is geen oordeel, zoals in, maak de juiste stap. Het is net alsof je een beetje inspiratie stuurt. Dus het wordt op de een of andere manier naar de "Aardenergieatmosfeer" gestraald, wat dan ook. En dan zijn er mensen op Aarde die die signalen als het ware kunnen oppikken en die inspiratie kunnen ontvangen. En dit helpt hen om door te gaan naar de volgende stap. Of dingen tot stand brengen die misschien langer hadden geduurd.
D: *Wordt dit door één persoon gedaan of....*
B: Nee, het is een groep. Een groep met een soort machinerie die in staat is om de gedachtevorm of inspiratie terug naar de Aarde te stralen. De Aarde worstelt op dit moment bijvoorbeeld met oorlog/vrede, licht/duisternis. Dingen zoals dualiteit. En terwijl dat gebeurt, wordt de dualiteit geïntensiveerd. Dus deze wezens, op een gegeven moment, observeerden, gingen terug en straalden informatie uit die vergelijkbaar is met de inspiratie om massabewustzijn samen te brengen om zich te verenigen, om de realiteit te creëren die je wilt, bijvoorbeeld. Omdat veel mensen in verschillende delen van de wereld deze inspiratie op vergelijkbare tijdstippen ontvangen. En dan komen die samen, om het te laten gebeuren. Lijkt dat voorbeeld logisch voor je?
D: *Ja, dat denk ik wel. Maar staan deze groepen onder een soort instructie? Ze handelen toch niet alleen? (Pauze) Is er iemand die hen vertelt wat ze terug kunnen geven?*
B: Ik wil de juiste betekenis overbrengen. Ze zijn als een hogere raad, die de planeet helpt met haar groei. Ze zijn dus niet het enige lichaam dat dit doet. Zij zijn er een van. Net zoals ze de Aarde helpen dat te doen, zijn er ook hogere lichamen die hen helpen met hun proces. Zo gaat het door tot in het oneindige.

D: Er zijn dus veel verschillende lagen. (Jazeker) Het is alsof de mensen op Aarde nog niet zo ontwikkeld zijn. Ze zitten onderaan de niveaus, de lagen, denk ik.
B: Ik zou niet zeggen de "bodem". Ze zijn in transitie. Ze bewegen.
D: Maar ze zijn zich hier niet van bewust.
B: Klopt, klopt. Er zijn er die hiervan op de hoogte zijn. Omdat de energie verschuift en de trilling toeneemt, zijn er steeds meer die zich bewust worden van de verbinding. Er zijn bijvoorbeeld onze hogere zelven die observeren en helpen. Maar er is altijd vrije wil, een keuze. De inspiratie die doorkomt, is voor degenen met wie het resoneert.
D: Het wordt niemand opgedrongen. Het kan iets zijn waar ze naar op zoek zijn.
B: Precies. En het werkt vooral bij degenen die erom hebben gevraagd.

* * *

Er lijkt een rode draad te zijn door de informatie die ik heb verzameld. Het thema van massacommunicatie op vele niveaus. Ons eigen lichaam verwerkt en levert voortdurend informatie aan onze hersenen en ons centrale zenuwstelsel. Ons DNA verwerkt ook informatie. In mijn boek "Between death and life" werd duidelijk gemaakt dat we door talloze levens moeten gaan, zowel op Aarde als op andere planeten. We moeten, terwijl we op Aarde zijn, elke vorm van leven (rotsen, planten, dieren) ervaren voordat we evolueren naar het menselijke stadium. Wanneer we dan het menselijke stadium bereiken, moeten we alles in het leven ervaren (rijk / arm, man / vrouw, leven op elk continent, elk ras en elke religie, enz.) voordat we die cyclus hebben voltooid. Tussen het ervaren van deze levens door, gaan we heen en weer naar de geestenkant. Ons belangrijkste doel is om informatie te verzamelen over al het mogelijke. We zijn begonnen met God en ons doel is om terug te keren naar God. In dat boek werd ons verteld dat God dit systeem heeft ontwikkeld, omdat God niet alleen kan leren. Van ons, de kinderen, wordt verwacht dat we naar God terugkeren met de kennis en informatie die we gedurende onze ervaringen hebben verzameld. Op deze manier zijn we als cellen in het lichaam van God.

Wat ik dus leer van de buitenaardse wezens en deze andere meer geavanceerde, of meer bewuste, wezens, is dat zij een actievere rol spelen in de assimilatie van informatie. Ze zijn ook aan het opnemen en accumuleren, voor verschillende doeleinden. In "The Custodians" waren er voorbeelden van ET's, die vastlegden wat we hebben geleerd. Dit is een van de doelen van de implantaten waar mensen een verkeerde indruk van hebben. Ze nemen alles op wat de persoon ziet, hoort en voelt, en zenden het door naar gigantische computerbanken, bij gebrek aan een beter woord. Deze computerbanken zijn direct gekoppeld aan de historische gegevens van onze beschaving in de hogere raden. We ontdekten ook in "Keepers of the Garden" en het eerste boek van deze reeks, dat soms hele planeten opnameapparaten kunnen zijn. Verderop in dit boek zullen we zien dat dit fenomeen ook actief is in ons eigen zonnestelsel, met onze Zon als hoofdopnameapparaat. Het is niet ondenkbaar dat onze eigen planeet haar eigen ervaringen en reacties uitzendt rond de schade die ze op dit moment in onze geschiedenis oploopt. De Aarde is namelijk een levend wezen.

Het lijkt erop, dat dit een gemeenschappelijk thema of patroon is; van de kleinste cel in ons lichaam tot het hele universum. Van de microkosmos tot de macrokosmos wordt informatie verzonden en opgeslagen. De enige logische verklaring is, dat de eindbestemming van deze informatie alleen de Bron kan zijn. Net als een gigantische computer verzamelt die gegevens. Met welk doel, daarover kunnen we alleen maar speculeren. Maar het wordt steeds duidelijker dat dit is wat er gebeurt.

* * *

D: Waarom zijn al deze wezens zo bezig met wat er op Aarde gebeurt?
B: De Aarde is een heel bijzondere planeet. Het is een samensmelting van vele, vele, vele energieën van vele, vele, vele verschillende plaatsen. En dus is het als een mooi – ik wil niet zeggen "experiment" – maar mooi experiment, bij gebrek aan een beter woord.
D: Ja, dat heb ik eerder gehoord.
B: Door het samen te brengen, en een laag vrije wil en verschillende ervaringen te laten plaatsvinden. Nu is het grote experiment het samensmelten van geest met biologie. Het is de versmelting van

geest met lichamelijkheid. En dus hebben degenen die hun fysieke lichaam verdichten in plaats van verlichten, de boot gemist. Het gaat om de samensmelting, de integratie van de geest in het fysieke wezen. En dat is het deel van het grote experiment. Degenen die niet van deze dichtheid zijn, hebben die ervaring niet. Het is nogal verschillend. En dus is er veel nieuwsgierigheid. En er is veel opwinding, om te zien hoe dit zich ontvouwt in een van zijn reeks, om het zo stellen, moeilijk uit te leggen. En natuurlijk hebben we het licht en het donker, de schoonheid en de lelijkheid. Het is een van de uitdagingen.

D: *Degenen die kijken hebben deze variëteit niet?*
B: Nee, niet op deze manier. Niet bij zo een evenement. Het is als de Hof van Eden. Als mens nemen we het voor lief. We hebben dit prachtige Hof van Eden tot nu toe als vanzelfsprekend beschouwd. Het is heel triest.
D: *Maar sommige van deze andere planeten zijn fysiek, nietwaar?*
B: Ja, er zijn andere fysieke planeten. De variëteit is niet zo groot als hier. De variatie aan dingen is hier uitgebreider.
D: *Ik dacht dat, als ze fysiek waren, ze fysieke lichamen zouden hebben.*
B: Ja, maar er is onderscheid. Er zijn op de een of andere manier verschillende nuances.
D: *Ik probeer te begrijpen waarom de onze zo anders is. Omdat de andere wezens fysieke lichamen hebben en ze een leven leiden als deze andere wezens op andere werelden.*
B: Het enige dat ik op dit moment kan zien of weten, is dat er een ontwakend bewustzijn in de mens is, dat verschillend is. Er lijkt een groots drama te zijn dat we hebben gekozen om op Aarde te ervaren. Een ontwaken door het drama vindt nu plaats. En het is gewoon de beste show die er is. (Gelach)
D: *Daarom wil iedereen ernaar kijken. (Jazeker)*

* * *

Dit werd herhaald in verschillende van mijn boeken: dat veel wezens in het universum kijken naar wat er nu op Aarde gebeurt. Dit komt omdat het als verschillend wordt beschouwd van ergens anders. Het is de eerste keer dat een planeet of beschaving de gebeurtenissen heeft meegemaakt die nu plaatsvinden. Ze zijn benieuwd hoe het gaat uitpakken. Er is gezegd dat het ook de eerste keer is dat een hele planeet het niveau bereikt waarop het zijn frequentie en vibratie zal verhogen tot een bepaald niveau om massaal naar een andere dimensie te verschuiven. Veel andere wezens zijn zich bewust van het "drama" dat zich hier afspeelt, en net als bij het kijken naar een film of tv-programma, willen ze de conclusie zien. We leveren onbewust de dialogen, situaties en het script voor de acteurs op het toneel van de melkweg. En zoals ze zei: "Het is de beste show die er is."

* * *

Verdergaand met de sessie:

D: *Op Aarde raken we verstrikt in karma. Is dit anders op de andere planeten?*
B: Er lijkt in dat opzicht wel een verschil te zijn, ja. Er is een dichtheid in de atmosfeer van de Aarde. Zo omschrijf ik het nu eenmaal. Een dichtheid die de energieën hier houdt om op te lossen. En als het eenmaal is opgelost, kunnen ze uit die dichtheid komen.
D: *Dus de andere wezens hebben verschillende lessen te leren. Het is gewoon een andere vorm van leren.*
B: Precies, precies.
D: *Ik weet dat sommige van deze dingen heel moeilijk te begrijpen zijn. Maar is er zo'n hele reeks of lagen van raden over elkaar heen die dit allemaal bijhouden?*
B: Ja, die hebben er een besef van. Een beetje zoals een ouder en een kind. Natuurlijk heb je niet het volledige bewustzijn van alles, maar je doet het beste wat je kunt. Je bent erop afgestemd en je werkt eraan om de hulp en de begeleiding te bieden die ze nodig hebben.
D: *Maar in mijn werk heb ik ontdekt dat de wezens niet alleen observeren door portalen, maar dat sommigen van hen daadwerkelijk in fysieke schepen komen?*
B: Dat klopt. Maar er is een verschuiving in de energieën om dit te laten gebeuren. Omdat er een verlaging van de trilling moet zijn om in deze atmosferische energie te komen. Er is een beschermende laag rond de Aarde. En dus, om op dit niveau te komen, is er een verschuiving van vibraties tot op zekere hoogte, om zich in het fysieke te manifesteren. Te zien in het fysieke.

D: *Maar als de anderen alle informatie te weten komen door te observeren, waarom moeten sommige wezens dan fysiek naar de Aarde komen?*

B: Het is belangrijk dat de mensen van de Aarde beginnen te begrijpen dat er andere wezens buiten zichzelf zijn. En om hun bewustzijnsruimte uit te breiden. Ze hebben in veel opzichten een zeer bekrompen denken. En dus is het noodzakelijk dat er een uitbreiding plaatsvindt voor hun groei en ontwikkeling. Nu, niet alle entiteiten zijn er een van goedheid en licht. Net zoals er duisternis op Aarde is, zijn er donkere energieën op andere plaatsen als wij. En het is gewoon een deel van de manier waarop de dingen zijn.

D: *Maar ze komen ook om te observeren?*

B: Ja. In sommige gevallen is er een verlangen naar controle. Er is een verlangen naar middelen, dat soort dingen. Maar zoveel mogelijk controle, dat mag niet.

D: *Omdat deze planeet heel goed in de gaten wordt gehouden.*

B: Ja, heel voorzichtig.

D: *Maar dit is wat je hebt kunnen waarnemen. Je zei dat je een deel van jezelf verliet om het portaal te bewaken, en het andere deel reisde naar waar je kon observeren en vragen kon stellen. (Jazeker) Ga nu terug naar waar je de totale energie was, daar op het portaal. Ben je er al lang bezig met dit werk? Of heeft tijd enige betekenis?*

B: Het lijkt erop dat tijd geen betekenis heeft, maar het is als een berg. Een berg bestaat voor een enorme tijdspanne. En het is bewust. Zijn energie is gewoon erg vertraagd. Dus mijn energie als deze bewaker van dit gebied is ook zo. Dus het is er geweest voor, wat je zou noemen, een heel, heel lange tijd. En toch voelt het niet als een lange tijd op een manier. Het is gewoon heel mooi. (Grinnikt) Heel mooi. Net als een berg.

D: *Maar is dat het enige waar deze kristallijne structuur voor wordt gebruikt, dit portaal? Of heeft het andere onderdelen?*

B: Er lijken andere "kamers" te zijn, die je zou kunnen gebruiken, omdat er aparte ruimtes binnen zijn. Bijna als een systeem om informatie terug te sturen zonder zelf terug te gaan. Er is dus zo'n opstelling, ja.

D: *Je zei dat het meestal wordt gebruikt als een observatievenster. (Jazeker) Mogen wezens ooit van die plek uitgaan? Om deze planeet te verlaten? (Nee) Het is dan vooral op zichzelf staand als een observatiepost. (Jazeker) Dus de wezens blijven in die andere kamers die worden gebruikt voor het verzenden van informatie. (Juist) Ik wilde gewoon proberen om het allemaal recht te zetten. Maar de entiteit door wiens lichaam je spreekt, wiens naam Betty is, besta jij als deze energie op een ander moment dan zij of hoe zit dat?*

B: Nee, het is een samensmelting. Het is een samenwerking.

D: Je kunt bestaan als de energie die het portaal bewaakt, op hetzelfde moment dat je bestaat als het fysieke lichaam als Betty? (Juist) Hoe gaat dat in zijn werk? Kun je dat toelichten?

B: (Grinnikt) Dat is het lastige ook! En er is een kwestie van focus. Als Betty richt ik mijn bewustzijn op dit leven. Een ander deel van mijn wezen is echter ook de beschermende energie op dit portaal. Meestal zijn we ons niet bewust van elkaar.

D: Dat is wat ik dacht. Betty is niet op de hoogte geweest van het andere deel.

B: Nee. En toch is het een verschillend trillingsniveau waar we onder opereren. En dus ben ik in staat om op veel plaatsen te zijn en veel dingen tegelijk te doen.

D: Zonder dat een van deze delen zich van elkaar bewust is. (Juist) Dat is een van de dingen die ik verwarrend heb gevonden. Omdat mensen zeggen: hoe kunnen we al deze dingen tegelijkertijd zijn?

B: Wij, de mensen, proberen het te begrijpen met een beperkte waarneming en bewustzijn. Dat maakt het moeilijk.

D: (Grinnikt) De mens heeft grote moeite.

B: Precies, want de focus is anders. En dus is er momenteel niet het vermogen om je tegelijkertijd bewust te zijn van veel delen van je wezen.

D: Veel verschillende aspecten. (Juist) Dit is wat mij is verteld, dat de menselijke geest gewoon niet in staat is om alles te begrijpen.

B: Dat klopt.

D: Ik denk dat dit heel belangrijke informatie is. Mag ik deze informatie gebruiken? (Jazeker) Want in mijn werk ben ik ook de verslaggever, accumulerend, verzamelaar van informatie ....

B: (Opgetogen interruptie) Dit klopt! Dit is erg interessant! Je doet precies wat die andere wezens doen. En het is een grote eer om dit met jullie te delen.

D: *Omdat ik veel verschillende stukken neem en probeer ze op dezelfde manier samen te voegen, denk ik.*
B: Dat klopt.
D: *Ik doe het gewoon terwijl ik in het fysieke lichaam zit. (Ja, ja) Het ene stuk voegt toe aan het andere stukje informatie. Daarom heb ik zoveel vragen.*
B: En dit is goed, omdat het, nogmaals, helpt, om de percepties uit te breiden. Om de mogelijkheden uit te breiden. Om dat spirituele bewustzijn in het fysieke wezen te brengen. En daar gaat het om.
D: *Het probleem is, dat mensen het heel moeilijk hebben om deze ingewikkelde concepten te begrijpen. (Jazeker) Mijn taak is om het te vereenvoudigen, zodat ze het kunnen begrijpen. Dat is lastig. Kun je me vertellen waarom ze dit vandaag onderzoekt?*
B: Ah, ze is een boodschapper. Ze is zich daar nog niet van bewust. Ze zal zich meer openstellen voor het overbrengen van boodschappen om het trillingsproces te ondersteunen. Ze heeft gevraagd om zich meer open te stellen voor het ontvangen van boodschappen uit het spirituele rijk. En je meer bewust worden van de wezens die er zijn, triggert een opening voor berichten om te ontvangen.

Naast haar werk als verpleegkundige op een neonatale afdeling van een groot ziekenhuis, deed Betty paranormale lezingen voor mensen. Dit gebeurde spontaan, zonder training. Ze ontdekte dat ze in staat was om dingen over mensen op te pikken door gewoon in hun aanwezigheid te zijn. Natuurlijk waren er veel mensen die ze niet kon vertellen wat ze waarnam, vooral degenen die ze ontmoette in het ziekenhuis, waar de emoties hoogtij vieren.

* * *

Dit was een ander voorbeeld van hoe we onbewust twee of meer bestaansvormen tegelijkertijd leiden, waarbij elke tegenhanger zich niet bewust is van de andere. Alleen door deze methode kunnen ze zich bewust worden van elkaar en met elkaar omgaan.

Ik weet niet zeker of de ingang naar de andere dimensies die in deze sessie worden genoemd, kan worden geclassificeerd als een portaal of een venster. In het eerste boek werd dit concept uitgelegd:

je kunt door een portaal naar een andere dimensie gaan, terwijl je door een venster alleen kan kijken en observeren.

In de andere sessies die in deze sectie van het boek zijn opgenomen, lijkt het erop dat we ook te maken hebben met portalen die kunnen worden in- en uitgestapt, niet met vensters die alleen voor observatie worden gebruikt.

Hoofdstuk 20
De Aboriginals

DEZE SESSIE MET LILLY, een psychologe, werd gehouden tijdens de WE (Muurk- ins in Evolution) Conferentie in Las Vegas in april 2002. Het toonde aan dat portalen al veel langer bestaan dan we ons kunnen voorstellen en al die tijd actief zijn gebruikt.

Toen Lilly van de wolk afkwam, stond ze te midden van lang gras, dat was alles wat ze waarnam, zover het oog reikte. Haar geest leverde de locatie ongevraagd.

L: Velden van lang, stekelig gras, zoals tarwe. En er staat "The Outback, Australië".
D: Is dat waar je het voelt?
L: Ik voel het wel. Het voelt plat aan. En het voelt als onderdeel van een grote landmassa.

Ze was omringd door het gras, waarvan ze aannam dat het tarwe was, maar er was iets anders dat ze in de verte kon zien. Iets dat absoluut niet in deze pastorale scène paste.

L: En ik voel die grote monoliet in de verte.
D: Wat bedoel je met monoliet?
L: Een grote terp. Rots. Gemaakt van rots, maar groter en plat, rots.

Ik dacht dat als ze het over Australië had, het waarschijnlijk "Ayers Rock" was, dat zich in het midden van het continent bevindt. Het is belangrijk, omdat het alleen staat, op verder vlak en desolaat terrein. Maar ik wilde haar niet beïnvloeden, dus vroeg ik naar andere bergen.

L: Ayers. Ze zeggen Ayers. Het bestaat gewoon op zichzelf.

Informatie op internet:

Ayers Rock is ook bekend onder de Aboriginal naam "Uluru". Het is 's werelds grootste monoliet, die 318 meter boven de woestijnbodem in het midden van Australië uitsteekt, met een omtrek van 8 km. Het wordt beschouwd als een van de grote wonderen van de wereld en bevindt zich op een belangrijk planetair rasterpunt, net als de Grote Piramide in Egypte. Afhankelijk van het tijdstip van de dag en de atmosferische omstandigheden, kan de rots dramatisch van kleur veranderen, van blauw tot gloeiend rood.

Ayers Rock wordt beschouwd als een heilige plaats en wordt veel vereerd in de Aborginal-religie. De Aboriginals geloven dat het onder de grond hol is en dat er een energiebron is die ze "Tjukurpa" noemen, de "Droom Tijd"". De term Tjukurpa wordt ook gebruikt om te verwijzen naar het verslag van alle activiteiten van een bepaald voorouderlijk wezen, vanaf het allereerste begin van zijn of haar reizen tot het einde. De Aboriginals weten dat het gebied rond Ayers Rock wordt bewoond door tientallen voorouderlijke wezens, wiens activiteiten op veel verschillende locaties worden vastgelegd. Op elke locatie kunnen de gebeurtenissen die plaatsvonden worden verteld. Er is veel oude rotskunst te vinden in het gebied. Een deel ervan is vertaald en een ander deel (nog) niet. De schilderijen worden regelmatig vernieuwd, met laag op laag verf, daterend van vele duizenden jaren geleden.

* * *

D: Welke kleur heeft de monoliet?

Haar stem begon te veranderen, werd eenvoudiger, bijna primitief. Ze sprak heel bewust.

L: Donker. Bruinrood. Als de zon erop komt, wordt het meer vuurrood.

Ze beschreef zeker en vast Ayers Rock.

D: Maar verder zijn er om je heen gewoon velden.
L: Van tarwe. Of wat lijkt op groot, lang gras. Hard, harder dan gras.
D: Is er enig teken van bewoning, of gebouwen, of wat dan ook?
L: Hier wonen Aboriginals, (had moeite met dat woord) volkeren in de buurt. (Bewust) Tribal, kamp, stam? Zo'n mensen wonen in de buurt.

Ik vroeg haar om me een beschrijving te geven van zichzelf. Ze was een man met een bruine huid en zwart haar, met "heel weinig gezichtshaar", met "dierenhuid die mijn romp en lendenen bedekt". Hij was in de twintig of dertig, maar dat werd niet als jong beschouwd. Hij zei dat zijn lichaam "sterk, krijger, sterk" was. Dapper, ik ben bang."

D: Draag je versieringen of....
L: (Onderbroken) Kralen. Om mijn nek. Verschillende soorten strengen, met heel grote amuletten voor moed en bescherming. En in mijn haar zul je opmerken, eer. Teken van eer in gemeenschap.
D: Wat zit er in je haar dat dat betekent?
L: Cirkels van beenderen, slagtanden en heel grote munten.
D: Is dit verweven in je haar?
L: (Pauze) Als een ketting op mijn hoofd. (Ze sprak heel eenvoudig en gebruikte de woorden waarmee de entiteit bekend was.) Ik ben ... plaats van status. Als chef, maar niet als chef. Ik verdien dit. (Verward). Kun je me niet zien?
D: Niet echt, nee. Het is alsof er een sluier tussen ons hangt.
L: Mijn borst is groot van trots en spieren.

D: *Daarom moet ik vragen stellen, want ik kan je niet zo duidelijk zien. Kan je zich daarin vinden? (Jazeker) Heb je nog andere versieringen?*
L: Ja, mijn huid heeft incisies. Dit doen we als ... ritueel ... in het kweken en tonen van leeftijd in de puberteit. En met elke geslaagde jacht van inheemse dieren en ... andere kolonisten die ons schade toebrengen. Maar we blijven weg van het opzettelijk belagen van menselijke mensen, want dat is tegen onze religie.
D: *Ik zie het. Maar als je iets doodt, dan maak je een incisie?*
L: Ja. Het is een teken van ... krijgervaardigheid.
D: *Waar maak je de incisie?*
L: Op mijn rechterbovenarm. Soms linkerarm. En borst boven tepels. Boven... door de nek en borst.
D: *Is dit hoe je de amuletten ter ere hebt ontvangen, door de daden die je hebt gedaan? Zoals het doden van dieren?*
L: De incisies zijn meer voor elke prestatie. Het amulet is meer om gekweekt te worden in die cultuur waarin we ons bevinden. Het is een plaats van eer en waardigheid. Je hebt het van kinds af aan. Je weet wat er van je verwacht wordt.

Haar woorden werden zorgvuldig gekozen, alsof ze vreemd en onbekend waren voor de entiteit. Ze sprak heel bewust en direct.

D: *Dan ontvang je dit als een teken van het bereiken van die staat.*
L: Ja. Niet alle mensen in de stam hebben deze kans.
D: *Maar je zei dat je de inheemse dieren doodt.*
L: Ja. Dat is mijn rol als man. Ik dood met speer en handen.
D: *Dieren zouden toch heel snel zijn?*
L: We zijn slim. We weten hoe we het dier moeten volgen, traceren en op het juiste moment moeten aanvallen. Precisie is wat hier telt om te doden.
D: *Maar je zei ... soms moet je mensen doden?*
L: Als kolonisten ons land of ons volk komen vernietigen, moeten we dat soms eens doen – het wordt me meer verteld door mijn vader – maar ik heb het gevoel dat ik dit ook heb gedaan. Het is niet iets wat ik probeer te doen, mensen te schaden. Maar je moet soms beschermen. Mijn volk.
D: *Dat is waar. Deze kolonisten die komen, zijn het ook mensen met een bruine huid?*

L: Blanke mannen. En... en... (aarzelend, met een grote zucht) ... gloeiende mannen.
D: *Wat bedoel je met gloeiende mannen?*
L: (Hij leek ongerust.) Bollen. Ze zien eruit als gloeilampen. Gloeiende en stralende mannen. (Ze ademde sneller.)
D: *De blanke mannen lijken op jou, behalve hun huid? (Jazeker) En die andere zien er anders uit?*
L: (Verward en zeker bang.) Ze maken ... samen zijn de gloeiende mannen ... (op zoek naar het woord) wervelen ze. De geest ... de hersenen ... de kracht achter hen. De gloeiende bubbels ... de gloeiende wezens hebben de leiding. Zij hebben de macht.

Het was moeilijk, maar hij was tevreden dat hij de juiste woorden had gevonden.

D: *Ik dacht dat je bedoelde dat de blanken de kolonisten waren.*
L: De blanke mannen komen uit ... (had moeite) ruimteschip? Gebouw?T Ding? Komen uit het gloeiende ding, waar de gloeiende bollen zijn.
D: *Er zijn gloeiende wezens en de blanke mannen komen daar vandaan?*
L: Ja, de blanke mannen komen naar buiten. En de gloeiende wezens, ze zien eruit als reageerbuizen, of grote maïs op stengel, maar gloeiende wezens die op maïs lijken. Lang en langwerpig. Moeilijk uit te leggen.
D: *Ze zien er dus anders uit dan de anderen.*
L: (Opgewonden dat ze me had laten begrijpen.) Ja, ja!
D: *Het is dus iets wat je nog niet eerder hebt gezien.*
L: Nooit! Beangstigend! (Grote adem.) Daar kunnen we niet naartoe. Ze komen van ver in de lucht. En de witte mensen praten met ons en leggen het ons uit.
D: *De gloeiende, ben je in staat om elk gezicht of gelaatstrekken te onderscheiden? Of gloeit het gewoon allemaal?*
L: Alles is gloeiend en pulserend, en hersenen. Allemaal hersenen. Weten, weten, weten, weten.
D: *Wat bedoel je met alle hersenen?*
L: Ze weten het allemaal, alles. Ze weten het, ze zien alle tijd. En zoals ... computer, maar levend en pulserend. En geen armen, geen benen, geen gezicht. Maar kleur aan de bovenkant van hoge

stengel anders dan onderkant van stengel. De onderkant van de peul is meer blauw, iriserend blauw en groen. Top van peul, stengel is wit waar de hersenen zijn. Lang.

Het was duidelijk dat de entiteit woorden ontleende aan Lilly's hedendaagse vocabulaire. Anders zou de aboriginal geen woorden hebben om de onbekende dingen uit te leggen die hij me probeerde te beschrijven.

D: Maar je zei, dat deze wezen in een schip komen, en je kon er niet naartoe.
L: (Onderbroken) Nee! Niet naar het schip gaan. Niet naar het schip gaan.
D: Waar komt het naar beneden?
L: Bij de kliffen, bij de rotsen. Ver weg van de monoliet, maar dicht bij rotsen. En niet in de buurt van tarwe. De withuidige ... ze komen naar ons toe. En ze leggen het uit. In het begin waren we bang. Nooit wit gezien. We dachten dat ze ziek waren. Ze hebben geen bloed in zich. En geen haar zoals wij. Geen donker. Nee... niets zoals wij. Helemaal wit. Geen kleren. Maar nee ... (moeilijkheid) geen geboortespullen... Niet wat wij hebben.

Hij doelde duidelijk op de geslachtsorganen.

D: Hebben ze ogen zoals jij?
L: Ja. Maar geen knipperen. Geen knipperen. Het zijn witte mensen, maar anders. Maar nee ... wat je noemt "anatomie". Geen anatomie.
D: Maar je noemde ze "de kolonisten", nietwaar?
L: Ze komen om zich te vestigen, om te testen, om grond te nemen, om met ons te praten, om onze kinderen terug mee te nemen om met hen te werken.
D: Wat bedoel je, ze nemen je kinderen terug mee?
L: Terug naar het schip. Leer, praat, ga op en neer en breng ze terug.
D: Wat vind je daarvan?
L: Ze zeggen het is oké. Het zijn aardige mensen. Onze kinderen willen leren. We voelen ons goed. (Hij klonk er niet zo zelfverzekerd over.) Ik ga nergens heen. Nee, niet daarheen. Nee,

niet daarheen. Ik ben bang. Bang. Weet niet hoe ... weet niet hoe het moet.

D: *En de witte mensen die met je komen praten....*

L: (Onderbroken) Ze gloeien een beetje. Een beetje.

D: *Maar ze leggen uit wat er gaat gebeuren?*

L: Ja, ze zeggen alles prima. Om kalm te zijn, om oké te zijn, deze overeenkomst. We maken afspraken dat het geen kwaad kan, en kinderen zijn oké. Ze leren. En ze brengen gereedschap terug. Speer en rots. Rots, glad, gebogen aan het einde van de speer. En cirkels. Schijven. Om vrouwen te helpen met het maken van zaden, maïs, brood.

D: *Waar zijn die schijven van gemaakt?*

L: Steen, maar zacht, en rond en glad. En makkelijk om op te kloppen. Op tafel en stenen kommen. Ze laten ons zien hoe we het gemakkelijker kunnen maken. Heel fijn. Hoe ze stenen maken, weten we niet.

D: *Ze laten je niet zien hoe je ze moet maken?*

L: Nee, ze geven. Kinderen mogen leren, hopen we.

D: *Misschien is dat een van de dingen die ze hen leren.*

L: Kinderen nemen de tijd in het schip. En gaan heen en weer. Daar spreken we niet veel over.

D: *De kinderen vertellen je niet wat er gebeurt als ze terugkomen?*

L: (Hij leek bang om erover te praten.) Een of twee praten, maar niet veel praten. Ze gaan leren en doorgeven, en komen terug.

D: *Maar willen de kinderen erover praten?*

L: Ze zeiden dat ze dat niet moesten doen. Te veel voor hoofd, brein, om te begrijpen. Een angst. Maakt vrouwen bang. Schrik bij vrouwen, maar ik sterk. Ik kan wel wat nemen.

D: *Heb je kinderen?*

L: Ja. Vijf. Twee jongens gaan het schip op. Ze vinden het leuk.

D: *Ze hebben dingen geleerd?*

L: Ja. Maar reizen. Reis naar verre plaatsen, plaatsen. Niet hier. Ze gaan ver.

D: *Hebben ze je verteld hoe het eruit zag op de plek waar ze naartoe gingen?*

L: Ver van de maan. Ze zeggen dat er paarse wezens wonen. Maar geen blik op onze plek, deze wereld. Allemaal groen en vegetatie waar de paarse wezens zijn. Heet. Warm en vochtig op de huid. Paarse wezens hebben geen huid zoals wij. Het lijkt meer op rubber. Het zijn wat wordt benoemd als "amfibieën". Paarse wezens zijn amfibieën.

D: *Wat betekent dat voor jou?*

L: Ze zwemmen en lopen gelijk. Ze verstoppen zich in het vuil. Ze zien eruit als salamanderwezens. Heb je deze gezien?

D: *Ik weet dat een salamander is als een hagedis.*

L: Zwemmen meer dan hagedis. En ze kunnen ook rechtop. Hagedis niet zo geavanceerd. Heel rond, rubberachtig. Niet zo gedefinieerd, en niet zo hard en puntig als hagedis. Meer rond.

D: *Omdat hagedissen soms een ruwe huid hebben.*

L: Dit is glad en rubberachtig. En ze gloeien ook, maar niet zoveel als de gloedwezens in het schip. Die zijn het helderst. Veel helder.

D: *Is dit de plaats waar je zonen werden onderwezen? Of worden ze op het schip onderwezen?*

L: Ze gaan (naar) veel plaatsen. Ze gaven les op het schip en op plaatsen waar ze naartoe reizen.

D: *Zeiden ze wat hen werd geleerd?*

L: "Veel geleerd, papa, je zou het niet begrijpen." Dat is wat ze me vertellen. Ze zijn lief voor me. Ze zeggen dat ik het niet zou begrijpen. Zoals, voor jonge kinderen in jullie wereld, om aan oude mensen, honderd jaar oud, uit te leggen over de computer. Ja, zoals dit. Het is beter om gewoon te zeggen: "Je zou het niet begrijpen." Niet begrijpen, ja. Je wereld is heel geavanceerd, zoals het schip, ja?

D: *Dat denk ik wel, ja.*

Dus de aboriginal was op de een of andere manier in staat om te weten dat in de wereld waar zijn tegenhanger, Lilly, woonde, de dingen heel anders waren. Blijkbaar bracht het hem niet in verwarring. Ik heb dit ook opgemerkt in andere gevallen waarin ik met inheemse mensen praat. Ze zijn intuïtiever en kunnen vaak in andere dimensies kijken zonder te beseffen dat er iets ongewoons aan is.

D: *Maar in je leven zijn de dingen heel eenvoudig?*

L: Ja, en heel, heel ver weg verzenden. Ze komen van ver in de tijd. Ze reizen ver in de tijd.

D: *Is dat wat je zonen je hebben verteld? (Jazeker) Maar je weet tenminste dat ze niet zijn geschaad.*

L: Nee. Ze zijn er dol op. Ze willen meer.

D: *Hebben ze hen instructies gegeven over wat ze moesten doen met wat ze geleerd hebben?*
L: Cultiveer land voor inheemse volkeren. Laat het beter groeien, voor Aarde. Maak grond meer ... (onzekerheid) droger, om betere bonen en rijststengels te kweken. Geen zin. Maar ze zeggen dat het zal gebeuren. Ik zeg dat we water nodig hebben om vruchtbaar te zijn. Ze zeggen droog voor vruchtbaar. Ze tonen ons met ... vloeistof in buizen. Maar het is geen water. Het lijkt wel kwik. Het ziet eruit als zilverwitte composiet van de paarse wezens. Je giet het in de dorre grond en het laat alles groeien. Het is geweldig!
D: *Dus je hebt geen water nodig?*
L: Nee. En de witte wezens, ze laten ons zien hoe we moeten planten en boeren. (Verward) Hoe kon dit? Dus ze helpen ons en we worden sterk. Zorg voor voedsel voor baby's. En ze nemen onze kinderen mee op reis. En... onderzoek ze.
D: *Laten ze je zien hoe je dit vloeibaar kunt maken?*
L: Het komt van het schip. Van paarse planeet.
D: *Dus je kunt niet meer verdienen?*
L: Nee. Het is ruilhandel. We geven onze kinderen voor studie. Ze geven ons reageerbuisvloeistof voor het kweken en kweken.
D: *Maar je hebt het maar zolang ze het je geven. Je kunt het niet zelf maken.*
L: We hebben het voor altijd. Ze gaan niet weg.
D: *Dus ze zullen blijven en het aan je blijven geven.*
L: Denken we. Ze zijn er. Het zijn heel goede mensen.
D: *Is er water in de buurt? Want je moet ook water hebben om te leven.*
L: Niet genoeg. Heel droog. Het is soms een probleem.
D: *Maar je zei eerder dat je volk soms de kolonisten vermoordde. Wanneer is dat gebeurd?*
L: In het begin. Wanneer ze voor het eerst komen. We wisten het niet. We hebben fouten gemaakt. We … grote angst. We dachten dat ze onze baby's kwamen afpakken. En we hebben gevochten. Twee we doodden. En dan volgen we, zij ons uitgelegd wie.
D: *Dit waren twee van de blanke wezens? (Jazeker) Probeerden ze zich te verdedigen?*
L: Niet zoals wij. Ze namen hen mee naar het schip om hen te genezen.
D: *Dus ze zijn niet gestorven?*

L: Ze gaan dood. En dan ... ze geven ze nieuw leven. (Verbaasd) Ze geven hen nieuwe energie over het lichaam. (Onzeker hoe je het moet verwoorden.) Nieuwe zielsenergie over dood lichaam. Van bovenaf. Komt naar beneden en vult lichaam. En lichaam plat op schip. Ziel komt bovenop, versmelt en brengt weer tot leven.
D: *Dit is wat ze je vertelden?*
L: Dit is wat ik zag door mijn zoon.

Toen Lilly ontwaakte, behield ze een mentaal beeld van hoe het werd gedaan. Ze zag dat de dode buitenaardse wezens op een plaat werden geplaatst en een licht boven haar hoofd als een halo bracht ze weer tot leven.

D: *Toen doodden je mensen hen met speren?*
L: En met gif in pijlspeer. Er is plant die dodelijk is. Ik spreek precisie voor groot dier. Als je pijl of speer in de nek krijgt. Door een ader. (Handbewegingen die de zijkant van de nek aangeven. Waarschijnlijk de halsader.) Je doodt.
D: *Zo dood je de dieren?*
L: Groot dier.
D: *Dit is hoe sommige mensen de eersten die kwamen hebben gedood? (Jazeker) Ze moeten verrast zijn geweest, nietwaar?*
L: Nee. Ze wisten dat planeet gevaarlijk is. Niemand heeft het ooit gezegd. Ze hebben kennis. Ze kennen ons. Ze zeggen dat ze eerder zijn gekomen. (Pauze) Vijftienhonderd. Ze waren eerder gekomen.
D: *Vijftienhonderd jaar eerder?*
L: Jaar vijftienhonderd.
D: *Hebben je mensen legendes over dit soort mensen?*
L: Ja, op rotsen. De bubbel. De cirkel uit de lucht.
D: *Dit is getekend op de rotsen?*
L: Bij de kliffen waar ze terugkomen.
D: *Hebben je mensen die hen van vroeger kenden, de tekeningen op de rotsen getekend?*
L: Ja. En ze verdwenen. Velen verdwijnen en ze komen niet meer terug. Onze mensen. Van voor mijn ouders, voor hun ouders, voor hun ouders. Dit is een legende, vroeg je. Ze kwamen en velen keerden niet terug. Ze gingen er in schijf af en kwamen niet meer

terug. Hetzelfde geldt voor jullie mensen in dit land ....(Gepauzeerd, verward.)

D: je kunt zien waar ik vandaan spreek?

L: Ja, ze laten het me zien. Je bent als … een reis in de tijd.

D: Ja, dit is wat ik graag doe. En ik leer op deze manier veel informatie. Het is verloren informatie.

L: (Verrast) Anasazi! Ze zeggen dat je Anasazi kent. Soortgelijk. je begrijpt ons.

De Anasazi waren een stam van Amerikaanse indianen die in de 14e eeuw in Chaco Canyon in New Mexico leefden. Ze zijn volledig verdwenen, en niemand weet zeker waarom, ook al zijn hun ruïnes uitgebreid bestudeerd. Gaf hij aan dat er een bovennatuurlijke verklaring was?

D: Toen wisten de mensen dat je gevaarlijk was. Is dat de reden waarom jullie mensen hen vermoordden, omdat ze bang waren dat ze de mensen zouden nemen zoals ze deden in de legende?

L: We waren alleen bang voor onze kinderen. Aan legende konden we niet denken. Alleen onze baby's. Het is eng om te kijken. Foto's laten geen enge uitstraling zien. Zoiets heb je nog nooit gezien. Ze hebben geen lichaam en delen zoals mensen.

D: Tenminste, je hebt de vreemde mensen niet vermoord. Ze werden weer tot leven gewekt. Dat is toch heel wonderbaarlijk?

L: Ze deden dood… En dan werd het niet gebakken, niet gekookt. Goed medicijn.

D: Maar goed, je wilt niet naar waar het schip is? (Nee) Je bent heel dapper, maar niet zo dapper.

L: Mijn vader zei tegen me: "Ga niet in de buurt van het schip!" Anderen kwamen niet terug. Ik heb verantwoordelijkheid voor mijn familie en mijn kinderen. Ik ga niet. Ik gehoorzaam. Mijn vader zei: niet gaan. Ik moet mijn familie beschermen. Ik praat nu met witte wezens. Zonder angst. Ik ga niet op schip. Witte wezens oké. Mijn kinderen laten me zien dat ze oké zijn. Mijn kinderen stellen me aan hen voor.

D: En ze leren veel, en ze geven dingen die je mensen kunnen gebruiken.

L: Voor hun gewassen.

D: *Dat betekent dat ze je niet willen kwetsen. Ze willen je helpen. (Jazeker)*

Ik besloot dat het tijd was om hem naar een andere scène te verplaatsen waarin hij ouder was, zodat we meer informatie konden verzamelen. Ik verplaatste hem naar een dag die hij belangrijk vond. Ze leek ergens naar te kijken.

D: *Wat is het?*
L: Het is een structuur. Het ziet eruit als een stenen bloem, een stenen sculptuur, een steen ... diamantvormig, maar afgerond, met verschillende blauwe en ... donkerblauw aan de rand, en groen en wit – gebroken wit – aderen die door steen lopen. Daar word ik mee geconfronteerd. Het is groot. Het is groter dan persoon.
D: *Waar zit het?*
L: In het land. Vast in de grond.
D: *Was dat er eerder? (Nee) Heeft iemand het gemaakt, gesneden?*
L: Ik ben niet ... Ik ben niet op mijn eigen land.

Dit antwoord was een verrassing.

D: *Oh? Je bent niet waar je woonde?*
L: Nee, ik ben... in een andere wereld.
D: *Hoe ben je daar terechtgekomen?*
L: Ik weet het niet. Ik voel me niet comfortabel. Het is hier donker. Het is onbekend.
D: *Ik wil niet dat je je ongemakkelijk voelt. Wil je met me praten en je er niet door laten storen?*
L: Ja. Het lijkt in niets op wat ik weet. Het is ... als obsidiaansteen? Groter dan ik. Breder dan ik. Het heeft vorm ... als een groot blad dat rechtop staat. Waar het begint en dikker wordt, en dan aan de bovenkant weer dunner wordt. En het is steen! En ik loop hier naartoe. En dat is wat ik zie toen je me hierheen bracht.

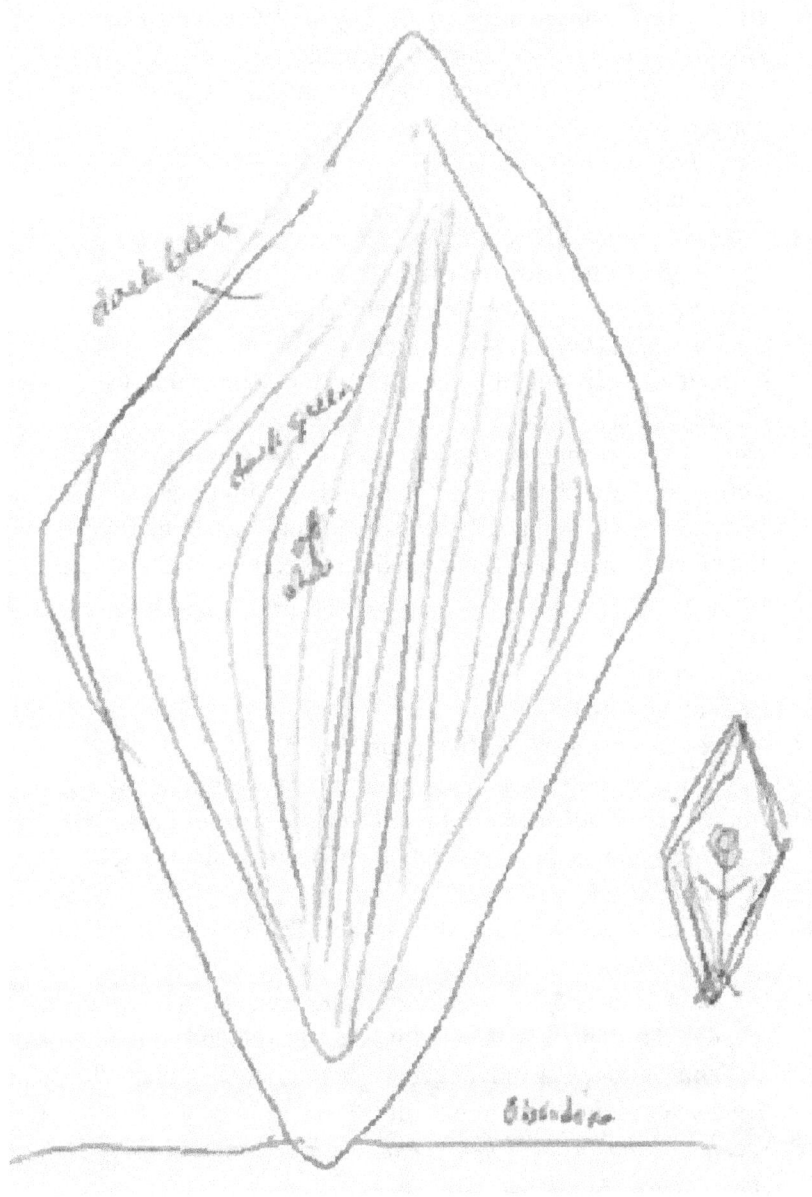

D: *Zijn er gebouwen in de buurt, of staat het op zichzelf?*
L: Nee, geen gebouw. Maar je vraagt, en ik hoor en voel een tunnel. Stenen tunnels. Ah! vraag ik. Ik ben in de Aarde.
D: *Daarom is het donker?*
L: Ja. Heel anders.

D: *Als je vraagt, kun je antwoorden krijgen? (Jazeker) Dat is goed. Hoe ben je op deze plek terecht gekomen?*
L: Ze lieten me hier. (Een openbaring.) Ik ging door een deur. Ze zeggen, in jouw taal "portaal".
D: *Op de plek waar je woonde?*
L: In de buurt. In de buurt van de kliffen.
D: *Je zei dat je niet in de buurt van het vaartuig zou komen.*
L: Niet in de buurt van vaartuig. Dichtbij, maar ver weg. Geen vaartuig. In de buurt van de kliffen. Er is als … een doorgang.
D: *Hebben ze je daarheen gebracht?*
L: Hij toont zich een weg. Ik ging zelf. Ik loop door de doorgangsdeur. Donkere deur.
D: *Hoe zag het portaal eruit, toen je het voor het eerst zag?*
L: (Verbaasd) Een schaduw! Het leek wel een lijn of een schaduw in de rode rots. Je loopt er naartoe, en je zet je voet om doorheen te lopen, en je bent weg. En ik zie deze steen voor me. Het is als … een god. Ik denk dat het … Ik ben ervan overtuigd dat het een god is.
D: *Is er iemand bij je?*
L: Nee, ik zie ze niet.
D: *Ze laten je gewoon door. Wat ga je doen?*
L: Ik kijk rond … voor licht. Voor anderen. En voor de terugweg.
D: *Kun je je omdraaien en teruggaan zoals je gekomen bent?*
L: Ik zie niets anders dan donker met een beetje licht. Tunnels.
D: *Niet zoals je gekomen bent?*
L: Nee, ik loop, zet een stap, ik ben hier. Ik weet niet hoe ik eraan gekomen ben.
D: *Je kunt de doorgang waar je doorheen bent gekomen niet vinden?*
L: Nee, dat kan ik niet. Ik voel dat ik naar dit standbeeld moet kijken en "zijn". Om iets te ontvangen. Of waarom ben ik hier? Het moet ergens voor zijn. Weet je wat dit is?
D: *Nee, het is niets waar ik bekend mee ben. Ik ben net zo verward als jij.*
L: (Verrast, een openbaring) Kennis hier. Ik haal kennis uit deze steen. Ik haal kennis uit het staan hier voor steen, en het leggen van mijn hoofd op steen. Ernaast gaan staan en mijn voorhoofd tegen de steen zetten.

Deze beschrijving van een vreemde steen die veel kennis bevatte en die zich onder de grond bevond, klonk zeer vergelijkbaar met twee andere gevallen waarover ik in mijn andere boeken heb geschreven. In "The Custodians" werd John Johnson van zijn hotelkamer in Egypte naar een ondergrondse kamer gebracht waar een massieve steen in het midden van een kamer lag, die grote kennis bevatte die hij had gekregen, maar niet kon vasthouden of herhalen. In "Legacy From the Stars" wordt melding gemaakt van een soortgelijke steen, die zich in de toekomst in een ondergrondse stad bevond. Dat was toen de Aarde haar atmosfeer had vergiftigd tot het punt dat leven aan de oppervlakte onmogelijk was. De overlevenden moesten ondergronds een mierenboerderij-achtig bestaan leiden. In een van de kamers was er een enorme steen, waar de wezens toegang hadden tot alle kennis die ze wensten. Ze konden deze kennis bereiken door simpelweg hun handen erop te leggen, of hun voorhoofd ertegen. Elk geval de kennis die op de een of andere manier in steen was opgeslagen.

D: Hou je van magie?
L: Zoals osmose.
D: Wat voor soort kennis komt op die manier door?
L: Wetenschap. Wetenschappelijke zaken.
D: Begrijp je het? (Verrast: Ja!) Ook al is het anders dan waar je vandaan komt?
L: Het is een manier om door de tijd te gaan zonder op … schip te gaan.
D: Ik zie het. Denk je dat dit de manier is waarop je zonen werden onderwezen?
L: (Verrassing) Ik weet het niet! Ik dacht dat ze op het schip leerden. Dit voelt nieuw. Ik weet niet of iemand dit weet. Het voelt geheim.
D: Maar ze lieten je toe om daarheen te gaan, nietwaar?
L: Ze hielden me niet tegen. (Pauze) Ik weet niet of ze me lieten zien, of dat mijn zonen me lieten zien. Ik weet niet of ze weten dat ik dat weet.
D: Als je informatie uit die steen haalt, wat ga je dan doen?
L: Reizen.
D: Hoe bedoel je?
L: Ik wil teruggaan en mijn mensen vinden die hier zijn vertrokken. Ik wil ze terugbrengen.
D: Degenen in de legende? (Jazeker) Denk je dat dat mogelijk is?

L: Ja. Ik heb het gevoel dat ik het uit de steen kan halen. En als ik de mensen terugbreng, dan kan ik in vrede sterven.

D: *Denk je dat de steen het je zal vertellen?*

L: Dat is mijn hoop. En om me daarheen te brengen. Ik heb gevoel. Ik weet niet hoe het kan, maar ik heb het gevoel dat ik door met steen te werken mijn mensen kan vinden.

D: *Denk je dat dat gevaarlijk zou zijn?*

L: Niet gevaarlijker dan wat ik heb gedaan. Hier naar beneden komen om te tunnelen.

D: *Maar als je ze vindt, hoe kon je ze dan terugkrijgen?*

L: Ik zou het graag willen proberen. Ik denk niet van tevoren. Ik probeer.

D: *Dacht je hier eerder over na, over het vinden van de mensen?*

L: Nee. Maar nu voel ik een verlangen om te verbinden, te vinden, om ze terug te verzamelen.

D: *Dus je maakt je niet echt zorgen over hoe je daar weg gaat komen.*

L: Ik ga ... voorwaarts. Ik wil de steen in.

D: *Denk je dat je ermee kunt fuseren? (Jazeker) Vertel me wat er gebeurt. (Ik benadrukte haar dat ze beschermd was.) Hoe voelt het?*

L: Ik ben licht. Ik ben aan het gloeien. Ik ben... de eeuwige Zon.

D: *Wanneer gebeurde dat?*

L: Ik versmelt met steen. Ik drukte mijn hoofd in steen en mijn lichaam in steen. En ik ben hier nu. Ik ben licht. Ik ben... als een vlam. Ik kan overal naartoe.

D: *Je zei dat je "hier" was. Waar is hier?*

L: Ik stond voor steen .... in de tunnel. En dan ben ik nu ... nergens. Ik ben licht. Ik ben energie.

D: *Je hebt niet meer het lichaam dat je had? (Nee) Wat vind je daarvan?*

L: Ik voel me geweldig. Ik wil niet meer terug. Ik wil de mensen vinden, maar ik wil niet terug naar mijn lichaam. Te klein. Ook... Beperkt.

D: *Te beperkend?*

L: Ja. Dit is groot. Nu weet ik misschien wat mijn zonen weten.

D: *Waar ze niet over konden praten. Je zei iets over de Zon?*

L: Ik voel dat ik de Zon ben.

D: *Gloeiend, bedoel je?*

L: En groot.

D: *Groot en gloeiend. Dat is toch heel raar?*
L: Het voelt niet vreemd. Het voelt alsof ik hier eerder ben geweest.
D: *Je mist het lichaam dan helemaal niet.*
L: Nee, ik wil geen lichaam.

Is dit wat er gebeurde met de anderen die uit de tribale groep verdwenen? Misschien kwamen ze ook dit portaal tegen, in de buurt van de kliffen. Het portaal bevond zich ook in de buurt waar het schip altijd verscheen. Misschien associeerden de mensen hun verdwijning met de mysterieuze wezens. Misschien gebruikten de wezens dit portaal om heen en weer te reizen tussen werelden.

D: *Hoe voelt het?*

Lilly's stem veranderde en werd weer normaal. Het was niet langer de aborginal die op zoek was naar de juiste woorden en opzettelijk sprak. Die persoonlijkheid leek te zijn achtergelaten en de echte persoonlijkheid kwam naar voren.

L: Het voelt heerlijk. Het voelt ... zoals dansende engelen. Ik kan alle andere wezens voelen. Ik voel al de intelligentie. Ik ben niet langer ongeschoold. Ik weet het allemaal.
D: *Zo snel kon je die overstap maken. Is dat wat je bedoelt?*
L: Ja. Mijn lichaam en mijn leven als die persoon was mannelijk, ongeschoold, primitief, onbeschaafd. Hij was een goed mens, maar hij was ... primitief. Ik ben dezelfde persoon, dacht ik. Maar ik voel me niet langer man of vrouw. Ik voel alles. Ik heb het gevoel dat ik alles kan weten door te zijn.
D: *Dat is een heerlijk gevoel, nietwaar?*
L: Het is zoals het is.
D: *Dan is dat een perfecte plek.*
L: Ja, maar het is geen plek. Het is overal. Het heeft geen muren. Ik ben grenzeloos. Ik wil niet terug naar dat lichaam en die beperking.
D: *In deze staat waarin je je nu bevindt, kun je weten wat er aan de hand was. Begrijp je nu meer van de witte wezens? En wat gebeurde er op dat moment met "jouw" mensen?*
L: De witte wezens zijn ruimtereizigers. En ze reizen door de melkweg naar alle uithoeken, op zoek naar beschavingen die iets te bieden

hebben, iets dat kan toevoegen, voor beide. Het is gelijke uitwisseling. Het zijn goede wezens. Dat doen ze al eonen, al eeuwen ... onsterfelijk. Zij zijn de ruimtereizigers.

D: *Hoe zit het met de gloeiende? Ze waren anders dan de blanken.*

L: Ze lijken meer op ... de energiewezens die we nu zijn. Vervat in een cellulaire zak, een membraan, dat hen vervolgens kan dwingen om met de groep mee te reizen, als een entourage. Anders is het heel moeilijk om vrije energie te bevatten. Het is dus een membraan om te reizen, zoals een ruimtepak.

D: *Dit zijn dan twee verschillende soorten wezens.*

L: Ja. Ze reizen samen. De ruimtemembraanwezens, of wij, in zakken, of pakken, zijn de bewakers. De commandanten van de missie.

D: *Ze hebben dus niet echt interactie met de mensen.*

L: Nee. Wij zijn de alwetende, alziende zeevaarders.

D: *Dus daarom waren er twee aparte groepen. Maar ze doen dit al eonen. En het is niet negatief, want ze proberen mensen te helpen.*

L: Absoluut. Dat is de weg van het universum. Om mensen op te voeden en vooruit te helpen. En om niet te interfereren tenzij het gewenst is, en gevraagd. (Pauze) En de amfibieën waar je naar vraagt...

Ze moet verwacht hebben dat ik er ook naar zou vragen.

D: *Ja, die met de paarse huiden?*

L: Ja. Ze hebben gouden innerlijke wezens. Hun energieveld binnenin is zoals goudstralen. En hun paarse amfibische buitenkant stelt hen in staat om met het klimaat om te gaan en de lucht in te ademen, zoals het is.

D: *Dit is precies wat nodig is waar ze wonen. Dat type lichaam voor die plek.*

L: Ja. Waar ze wonen, is het meer een rode planeet. Zeer gasvormig.

D: *Maar je zonen op de andere plaats werden daarheen gebracht zodat ze deze dingen konden leren.*

L: Oh ja, de amfibieën waren geïnteresseerd in het zien van mensen.

D: *Ze waren ook nieuwsgierig naar ons?*

L: Ja. Jonge jongens houden van slakken en hagedissen en vissen. Het was dus niet beangstigend voor hen.

D: *En dit waren dingen die jouw mensen op de rotsen hebben uitgehouwen?*

L: Nee. Daar was geen sprake van. Ze kerfden alleen de schijven in de lucht en de witte wezens die rondliepen. Maar we wisten niet dat dit echt was. Op dat moment wisten we niet wat "verhaal" was en wat feit was.

D: Maar er zat al een lange tijd tussen hun bezoeken.

L: Ja. Een andere schikking. Het is niet nodig om meer dan om de vier- tot vijfhonderd aardse jaren terug te komen. Om bodemmonsters te nemen en erosie te testen en te onderzoeken. Dit is ... we begrijpen zo dingen over atmosferische omstandigheden en brengen monsters van menselijk DNA terug.

D: *Omdat het lang zouden duren voor bepaalde zaken om te veranderen. (Jazeker) Dus kwamen ze van tijd tot tijd terug om gewoon dingen te controleren. (Jazeker) Ze hoeven er niet constant te zijn. (Nee) Deze wezens alvast niet.*

L: Klopt.

Ik ging verder met de therapie, want dat was tenslotte het doel van de sessie. Een deel ervan was persoonlijk en alleen gerelateerd aan Lilly, dus het zal niet in dit boek worden opgenomen.

D: *Ik weet dat, waar je bent, een beetje een vreemde plek is, maar je lijkt alle kennis te hebben. Ken je het wezen dat bekend staat als Lilly? (Jazeker) Op die plek weet je dat je in een toekomstig leven Lilly zult zijn? (Jazeker) Heb je toegang tot informatie over haar?*

L: Ik geloof dat we ons in een goede ruimte voor kennis bevinden. Waarom proberen we het niet? En als we niet in staat zijn om toegang te krijgen, kunnen we de wezens van de alle kennis vragen om te komen. Zij kunnen deze inspanning ondersteunen, omdat het binnen haar bevoegdheid valt om dat te vragen. Alle informatie is beschikbaar, zelfs voor u, als het gepast is. Alleen als de persoon, de ziel, het wenst. Dan kunnen ze er toegang toe hebben, als het het juiste moment is.

D: *Ja. De tijd is altijd erg belangrijk.*

L: En we willen je niet bang maken als we 'wij' zeggen, want we zijn vele facetten van de ziel.

D: *Ja, dat begrijp ik als je "wij" zegt. Ik heb vele, vele malen met je gesproken.*

L: Dankjewel voor je begrip.

D: Daar heb ik dus geen last van. Dan weet ik dat ik informatie kan vinden die nuttig is. Bijvoorbeeld het leven van deze man in dat land. Ik noem het "verloren" informatie.
L: Hmm, je bent een ontdekkingsreiziger.
D: Ja, ik ben een verslaggever, een onderzoeker.
L: We zien je graag als een ontdekkingsreiziger van de geest en het hemelse rijk.
D: Ik vind het leuk om alle kleine stukjes samen te voegen van dingen waar ik nog nooit van heb gehoord.
L: Je hebt veel gehoord.
D: Ja, dat heb ik, maar ik ben altijd op zoek naar meer.
L: Je herinnert me aan mijzelf, toen ik op Aarde was, al deze kennis nam en het als een cirkel om je heen liet gloeien.
D: (Grinnikt) Daarom schrijf ik de boeken. Ik probeer het aan andere mensen te geven, zodat ze het kunnen begrijpen.
L: Je doet goed werk.
D: Nou, laten we eens kijken of we wat antwoorden voor Lilly kunnen vinden. Ze heeft ook een zoekende geest, een vragende geest. Wat kun je ons over haar vertellen?
L: Er komt een grote verandering. En de overgang zal hobbelig zijn. Ze zal het als verraderlijk ervaren. Maar ze moet hier doorheen gaan, zoals ze deed of eerder, zoals ik deed, toen ik door de deuropening naar de hel ging, en het was naar de hemel. Dit was om haar te laten zien dat ze toegang heeft tot alle dimensies. En dat weet ze. Ze heeft veel toegang tot de andere werelden, en dat weet ze. Dat kan ze in haar voordeel gebruiken. We zijn hier allemaal om haar te helpen. Ze kan uitvoeren wat je als magie zou beschouwen, als ze loslaat en het gelooft. Zolang ze vasthoudt aan haar aardse overtuiging dat er niets meer is dan dit in haar carrière, zal ze niet uitbreiden naar haar volgende niveau, dat voortbouwt op de carrière... Maar magie brengt haar naar een kwantumsprong, voorwaarts, zoals ik deed toen ik voor de grote steen stapte. Haar wereldwijde doel is om één te zijn met het universum. Ze zal betrokken zijn bij een geweldig project, vergelijkbaar met het grote experiment. Ze heeft er al mee ingestemd om dit op de andere dimensies te doen. Ze zal door dit proces worden beschermd en versnellen.
D: Wat bedoel je met het "grote experiment"?

L: Er is op dit moment een grote test van wilsgevechten op planeet Aarde. Er is veel ziekte, veel onrust, veel burgeroorlog, veel strijd. Zij is een van de afgezanten die hier is gekomen om vrede en harmonie en "heel worden" naar deze planeet te brengen, door samen te werken met de mensen met wie zij in contact komt. Door haar liefde op te dragen, raakt ze die snaar en activeert ze wezens om in contact te komen met dat licht. Naarmate het licht op de planeet blijft groeien, zullen de krachten in meer balans of harmonie komen. Er zijn een groot aantal krijgers of soldaten van het licht, die vechten tegen dit evenwicht, deze triomfantelijke schaal van gerechtigheid.

D: *Waarom wordt dit "het grote experiment" genoemd?*
L: Dat is een metafoor. Want er is geen uitkomst die definitief is, alleen waarschijnlijkheden, zoals jullie ook weten. Er is geen definitieve uitkomst. Hij heeft tot je gesproken. De grote. Dat weet je. Je weet wie hij is. En dat begrijpt ze ook. Er kan het potentieel zijn dat deze planeet zichzelf vernietigt. Dat is een groot potentieel. En er is een groot – misschien wel groter – potentieel dat het tot een staat van evenwicht en rust zal komen. En er zijn mensen die moeten doen wat ze moeten doen aan weerszijden van dit "evenwichtswiel". Dit is misschien niet specifiek genoeg. Een deel van deze informatie wordt aan haar gegeven, zodat er enige objectiviteit kan zijn vanuit een menselijk perspectief. Het geeft haar wat perspectief, want ze is op dit moment nog in een menselijk lichaam. Hoewel er een spirituele opening voor haar is, en er de mogelijkheid voor haar is om binnen twee jaar afscheid te nemen van planeet Aarde. Als ze daarvoor zou kiezen. Het zou helemaal haar beslissing zijn. Het lichaam zou blijven.

D: *Hoe bedoel je, het lichaam blijft?*
L: Ze zou het doodsproces niet doorlopen. Het lichaam zou op de planeet blijven en zij, haar essentie, zou vertrekken.

D: *Zou het lichaam dan in leven blijven?*
L: Ja, dat zou het zijn.

D: *Hoe zou het in leven worden gehouden zonder haar essentie?*
L: Met een essentieziel die zou komen om de energie van het lichaam intact te houden.

Er is meer over het vasthouden van zielen in hoofdstuk 28.

D: *Maar dit zal zijn als ze besluit om dit te laten gebeuren.*
L: Ja. En het kan zijn dat, zodra de tweejarige opdracht is voltooid, als alles goed gaat met die tweejarige galactische opdracht, ze ervoor kan kiezen om op dat moment niet op planeet Aarde te blijven.
D: *Maar toch, het is haar beslissing.*
L: Helemaal haar beslissing. Het lichaam zal blijven. Het is gezond en intact. En we zien geen reden om aan te nemen dat er een ondergang van dit lichaam zou zijn. Er is veel werk te doen geweest op de planeet. Ze is een multidimensionaal wezen.
D: *Ja, en ik heb met andere multidimensionale wezens gesproken, dus dat verbaast me niet.*
L: Ja, ze werken graag met je samen. Je vindt ze niet dwaas. En dus wil ze graag dat je via ons en onze groepen, en de groepen waarmee we werken, weet dat we tot je dienst staan wanneer en of dat je ten dienste komt. Enkel als het passend of verrijkend zou zijn.
D: *Jullie zijn allemaal wezens die blijven doorkomen en mij informatie geven. En ik waardeer dit enorm en respecteer het. Daarom beschouw ik mezelf als de verslaggever, de verzamelaar van informatie.*
L: Je bent veel meer dan dat. Je bent een groot navigator van tijd en ruimte. Je bent een ruimte die jezelf is, en dat weet je. En ze ziet een verwante ruimte in je.
D: *Ik denk aan de informatie die we eerder hadden over de aborginal. Zou ik die informatie mogen gebruiken?*
L: Absoluut! Haar toestemming is gegeven.
D: *Omdat ik deze dingen als puzzels in elkaar heb gezet. En ik ben altijd op zoek naar iets waar ik nog nooit iets over gehoord heb.*
L: Als je meer stukjes van je puzzel nodig hebt, kun je ons op elk moment raadplegen namens het verspreiden van kennis.

Deze staat, waar je haar bij hebt geholpen, heeft toegang tot de heelheid, de bron van kennis, en heeft jullie beiden gediend, nietwaar? (Jazeker) We willen nu één suggestie in haar menselijke geest plaatsen. Dus dat zullen we doen met je instemming. We willen graag dat ze weet dat ze op elk moment bij ons terecht kan. Dat ze kan helpen bij haar eigen genezing van angsten en bij inzicht en wijsheid. Maar ze moet onthouden om het te vragen, zoals jij zo vriendelijk bent geweest om het te vragen. Er is niets te vrezen in de evolutie van haar carrière. Dit zal het tempo aannemen dat voor haar comfortabel is. Ze hoeft zich nergens rond te haasten, het gebeurt vanzelf.

Hoofdstuk 21
Tijdportalen Voor Toekomstige Wezens (Tijdreizigers)

DIT MATERIAAL WERD VERZAMELD uit een grotere verameling aan gegevens, voorstromend uit verschillende sessies. De wezens die ik sprak waren geen ET's, zoals we ze normaal waarnemen. Ze waren niet zoals degenen waarmee ik al heb gewerkt. Deze keer maakte het spreken van het wezen heel duidelijk dat het een tijdreiziger uit de toekomst was. Ze gebruiken ruimtevaartuigen die vergelijkbaar zijn met degene die vaak in onze lucht worden gezien, en waarvan wordt gedacht dat ze verband houden met buitenaardse wezens. Ze verschuiven ook heen en weer door dimensies, zoals de ET's doen, maar ze komen uit de dimensie die geassocieerd wordt met een van onze waarschijnlijke toekomsten. Ze reizen vaak terug naar hun verleden om veranderingen aan te brengen die voortkomen uit hun eigen beschaving. Deze veranderingen zijn vaak heel subtiel, ze zijn nauwelijks waarneembaar. Als de veranderingen dramatisch zouden zijn, zou het hun wereld te drastisch veranderen, en hun beschaving (zoals ze die kennen) zou onherkenbaar kunnen worden. Het zou worden veranderd en niet langer bestaan. Daarom, wanneer ze door de tijd reizen, volgen ze strikte regels en moeten ze heel voorzichtig zijn met hoe ze gebeurtenissen beïnvloeden. Vaak zijn ze alleen waarnemers, vanwege deze delicate omstandigheden. Ze zeggen dat ze portalen of vensters gebruiken. De tweedeling tussen deze twee werd in eerdere hoofdstukken uitgelegd. Een raam wordt gebruikt om doorheen te kijken, terwijl via een portaal eigenlijk informatie kan worden doorgegeven. Ramen zijn de veiligste manier om doorheen de tijd te reizen, omdat de wezens niets kunnen beïnvloeden of veranderen als ze alleen maar observeren. Ze stelden ook, dat er veel van deze tijdportalen zijn, die verbonden zijn met tijdvortexen op verschillende plaatsen op Aarde. Ze zijn gerelateerd aan de positionering van "leylijnen" waar ze elkaar kruisen bij vortexen (knooppunten). Veel van de heilige plaatsen en oude tempels werden op deze locaties gebouwd. Oude mensen hadden de kennis, ze wisten hoe deze te gebruiken. Ze gebruikten ze niet voor daadwerkelijke reizen maar voor observatie, om informatie te verkrijgen voor de mensen van hun tijd. Dit was een van de redenen waarom deze heilige plaatsen hun heiligdommen hadden, waar alleen ingewijden werden begraven. Ze hadden kennis waar we alleen maar van kunnen dromen. Veel van deze verloren kennis wordt toegeschreven aan terugkeer naar ons tijd. Het is nu tijd op Aarde om de vergeten informatie terug te winnen en een nieuw tijdperk in te gaan.

Mijn ontmoeting met een van deze toekomstige wezens, of tijdreizigers, kwam onverwacht tot stand, zoals het grootste deel van mijn materiaal doet. Volgens hun expliciete instructies ben ik niet eens verplicht om te zeggen waar het gebeurde, ik kan melden dat ik op verschillende conferenties in de omgeving van New York City sprak en enkele privésessies hield terwijl ik er bij een vriend verbleef. De vrouwelijke cliënt wilde onderzoeken wat zij dacht dat een UFO / ET-ontmoeting was met ontbrekende tijd in de zomer van 1996. Zij en een vriendin liepen op een eenzaam strand op een donkere maanverlichte nacht. Het was een relatief veilig strandgebied omdat er herenhuizen in de buurt waren en de volle maan een prachtige reflectie op het water wierp. Omdat het een warme nacht was, waren ze van plan om nog enkele kilometers langs het strand te lopen voordat ze zich omdraaiden. Tijdens het lopen zagen ze lichten in de lucht op hen afkomen. Het volgende dat ze waarnamen, was dat ze terug in hun hotelkamer waren aanbeland. Vastbesloten om erachter te komen wat er was gebeurd, keerden ze terug naar het strand. Ze zagen hun voetafdrukken nog steeds in het zand. De voetafdrukken gingen tot een bepaald punt en stopten toen abrupt. Nieuwsgierig naar hoe ze terugkwamen in het hotel, wilde ze zich tijdens de sessie concentreren op dit incident.

Toen we aan de sessie begonnen, kwam ze ten tonele. Terwijl ze de gebeurtenis herbeleefde, beschreef ze de omgeving en de volle maan. Het enige teken van leven was een zwarte vrachtwagen, met daarin vier mannen, die hen voorbij gingen zonder lichten aan. Anders was het strand verlaten. Ze zeiden dat ze zich een beetje vreemd voelden en toen ze opkeek, zagen ze verschillende witte lichten. Er waren veel vliegtuigen aan de hemel, maar deze lichten waren verschillend en vielen op. Ze beschreef ze als zeer helder, zelfs met de volle maan aan de hemel.

"Ze zijn veel helderder dan de maan," meldde ze. "En ze worden groter als ze naar ons toe komen. Ze komen als in een spiraal naar beneden. En ik heb het gevoel dat ik word opgezogen, als dat het woord ervoor is. Zoals het laatste kleine deel van de spiraal je voeten pakt en je gewoon optilt." Verrassend genoeg was ze niet bang. Hoewel wat er gebeurde ongebruikelijk was, wist ze dat ze niet zou worden geschaad.

Ze merkte toen dat ze door een gebied liep op een ruimtevaartuig dat tegelijkertijd een combinatie van vierkanten en cirkels had. Ik weet niet of ze ontwerpen op de muur beschreef of zo, want dit werd niet duidelijk gemaakt. Ze wist gewoon dat ze door een fel verlichte deuropening moest gaan. Ze zag dat haar vriend naar een andere kamer was gebracht. "Ze zit daar gewoon. Ze is niet bang. Ze laten haar iets zien. Voor haar zou het als een film zijn. Het zijn kleuren. Niet als een caleidoscoop, maar ze glinsteren en mengen zich gewoon. En er zit wat informatie in vermengd met wat ze haar laten zien. Het zijn kleuren met foto's erin." Informatie werd dus op subliminaal niveau doorgegeven.

In de kamer waarin ze zich bevond, was er een wit licht. Er stond iemand naast, maar ze kon niet zeggen wat of wie ze waren. "Er is een soort vorm, maar het is niet zoals een persoon. Het is als iets dat praat, dat in mijn hoofd zit. En ze vertellen me dat ik vanavond niet op het strand had moeten zijn. Als ik was doorgegaan, hadden ze me niet kunnen beschermen. Dit is een van hun toegangspunten, een interdimensionale deuropening, en het werd vanavond opengesteld. Het is energie en het heeft iets te maken met kristallen."

Op dit punt begon het wezen met me te praten en kondigde aan dat ze uit de toekomst kwamen. Ik verwachtte te communiceren met een buitenaards wezen, dat is voor mij 'normaal' geworden. Toen ik vroeg naar de moeilijkheid van tijdreizen, lachte hij luid, en zei dat het eigenlijk best gemakkelijk was. Veel mensen uit andere dimensies gebruiken deze deuropeningen om heen en weer te reizen. Maar voor mensen zou het gevaarlijk zijn om in het gebied te dwalen terwijl het wordt gebruikt. Dit was de reden waarom de twee vrouwen werden teruggebracht naar hun hotelkamer. Ze werden met geweld uit het gebied verwijderd voor hun eigen bescherming.

Het lijkt er dus op dat, wanneer de persoon lichten in de lucht ziet, tijd mist en aanneemt dat het te maken heeft met een buitenaardse ontmoeting, het misschien helemaal niet zo is. Het zou een interventie van toekomstige tijdreizigers kunnen zijn, omdat de twee sterk op elkaar lijken. In een ander deel van deze sectie werd uitgelegd dat een onverwachte of onbeschermde ontmoeting met het portaal gevaarlijk kan zijn voor mensen. Het zou zelfs het uiteenvallen van hun centrale zenuwstelsel kunnen veroorzaken. Dus mensen die deze portalen gebruiken, proberen ervoor te zorgen dat er geen mens in de buurt is zodanig dat die geen schade kan ondervinden door accidentele blootstelling.

Veel van de informatie die de tijdreiziger me gaf, moet op dit moment geheim blijven. Ik kreeg te horen dat ik het voor mijn werk kon krijgen, zodat ik het zou begrijpen, als soortgelijke informatie via mijn onderwerpen kwam, maar ik mocht er geen lezingen over geven of het publiceren. Ik heb jaren geleden geleerd om naar hen te luisteren en hen te gehoorzamen toen werd gesuggereerd dat ik materiaal bijhield zonder dit te delen. Dat tegenwerken futiel was, bleek, toen sommige van mijn banden acht jaar lang verdwenen. Ze doken pas weer op toen het tijd was om dat materiaal te publiceren. Dit verhaal wordt verteld in "The Custodians". Dus ik zal opnieuw naar hun advies luisteren en veel van het materiaal vasthouden. Ik zal alleen die delen neerschrijven, die van toepassing zijn op ander materiaal dat ik rond andere onderwerpen heb ontvangen.

Ze zeiden dat veel van deze tijdportalen zich ondergronds bevinden, zodat ze kunnen worden afgesloten, worden beperkt in omvang. Als ze zich bovengronds zouden bevinden, zouden ze groter kunnen worden, ze zouden kunnen uitbreiden. Het was beter als ze ondergronds bestaan, omringd door natuurlijke rotsformaties, of binnen muren van steen. Ze gaven een beschrijving van hoe een van deze eruit zou zien als deze zou worden geactiveerd. Ze zeiden dat het leek op een boltunnel. Ik zie een bol als een cirkel of een bal.

Het onderwerp probeerde te beschrijven wat ze zag: "Ik krijg de foto van twee van hen. De ene zou licht zijn, en de andere is als ... duisternis, met veel gebroken witte lijnen erin. En de twee zijn met elkaar verbonden. Je moet beide hebben, blijkbaar, om dit te gebruiken. Het lijkt erop dat je de twee activeert en de bol wordt in het midden gemaakt. Het is geen bal, het is energie. Het is niet eens een plek. Als je je een opening naar een grot kunt voorstellen. Het is als iets waar je doorheen gaat. Het hele cirkelgebeuren schittert, het beweegt. Ik zie de twee draaikolken. De ene is de donkere, de andere is de lichte. En wanneer ze elkaar ontmoeten, is dit wat er wordt gecreëerd: een tijdportaal. De bol bestaat tegelijkertijd als een andere bol in de ruimte in een andere dimensie, en ze zijn verbonden.

Het wezen vertelde me over veel van deze portalen, die zich over de hele wereld bevinden, maar de enige waar ik me comfortabel bij voel om over te schrijven, is die in Egypte. Waarschijnlijk omdat ik zoveel ongewone dingen rond de piramides heb gevonden, dat nog eentje me niet ongewoon lijkt. Degene die zich onder de piramide bevond, was vroeger de belangrijkste "bewaker", en werd in het verleden regelmatig gebruikt door degenen die de kennis bezaten over hoe ze door dimensies moesten reizen. Het wordt gebruikt door de tijdreizigers uit de toekomst, omdat het na onze huidige tijd werd herontdekt en in gebruik werd genomen. Het is een andere dimensionale deuropening. Ze reizen op de een of andere manier op de witte lijnen die te zien waren in de golvende boltunnel. Ze willen echt niet dat anderen deze portalen ontdekken en gebruiken, omdat ze erg gevaarlijk kunnen zijn als ze verkeerd worden gebruikt. De technologie is zeer complex.

Het is een beetje als een kind dat met vuur speelt. Het hangt af van het tijdsbestek waar de bezoekers vandaan komen, omdat ze weten hoe ze het moeten gebruiken zonder gevaar voor zichzelf. De mensen van hogere dimensies gebruiken deze niet, omdat ze op een verschillende manier reizen. Toen ik dit te horen kreeg, dacht ik aan een mogelijkheid waarbij ze konden reizen door de trillingen van hun lichaam te verhogen en te verlagen. Dit is een methode die ET's gebruiken om van de ene dimensie naar de andere te reizen, door de vibratie van hun ruimtevaartuig te veranderen, dus dit zou kunnen zijn waar naar wordt verwezen. Veel mensen kunnen voelen of waarnemen waar de vortex is. Soms zijn ze zelfs in staat om het te zien, maar ze kunnen er niet ingaan of die portalen beïnvloeden. Hij zei: "Het universum zorgt uiteindelijk voor zichzelf."

We kennen dit concept uit de populaire tv-serie "Star Trek", waar individuen moleculair worden afgebroken en elders opnieuw worden samengesteld.

PHILADELPHIA EXPERIMENT

Dit idee van tijdportalen naar het verleden en naar de toekomst deed me denken aan het mysterieuze geval van het Philadelphia-experiment, dat onze regering tijdens de Tweede Wereldoorlog zou hebben uitgevoerd. Ze hebben het voortdurend ontkend, maar het verhaal is blijven bestaan: dat ze een schip met zijn bemanning hebben laten verdwijnen en elders weer laten verschijnen. Een van de redenen waarom ik vermoed dat ze het hebben ontkend (hoewel het sowieso een geheim project was) was dat het desastreuze resultaten had. Sommige bemanningsleden verdwenen bij terugkeer en anderen zaten half in en half uit het metaal van het schip. Ik dacht dat ik zou kijken of hij daar iets over te zeggen had. Of hij het kon verifiëren of ontkennen. Hij leek de ideale persoon om dit aan te vragen.

S: Dit werd gedaan met een van deze tijdportalen, en dezelfde vortex die in dit experiment werd gebruikt, is nog steeds open. Daarom kunnen ze het gebruiken voor tijdreizen. De buitenaardse wezens gaven hen de technologie om het Philadelphia Experiment te doen.

D: Maar het werkte toch niet?

S: Eigenlijk wel. Maar ze wisten niet hoe ze het moesten beheersen, dus daarom moesten ze ermee stoppen. Ze hadden niet gepland dat twee vortexen met elkaar verbonden zouden worden. Ze dachten dat het schip door één draaikolk zou gaan en terug zou komen waar ze begonnen. De twee waren daadwerkelijk met elkaar verbonden en het kwam uit in een verschillende vortex.

D: Ik heb gehoord dat de mensen aan boord van het schip fysiek en mentaal werden getroffen. Waarom is dat gebeurd?

S: Want toen de "hyperspace-sprong" plaatsvond, gingen ze ergens anders heen in een verschillende dimensie. En ze verloren vorm en lichaam toen ze dit deden. Ze verdwenen. Zodat, toen de sprong terug werd gemaakt, helaas sommigen van hen vastliepen toen ze naar de oorspronkelijke formaten terugkwamen.

D: Bleef het fysieke schip solide of viel het ook uit elkaar?

S: Het fysieke schip brak ook moleculair uit elkaar.

D: Dus het brak allemaal uit elkaar, terwijl het door de vortex ging. Vooral wanneer het verbonden is met de andere vortex. En toen het werd teruggebracht, kwam het niet allemaal terug zoals het zou moeten?

S: Wel, eigenlijk wel. Het is alleen zo, dat, toen het terugkwam, alles weer bij elkaar kwam. Dus mensen die van dit ene punt werden verschoven, raakten verstrikt in materie. Er was een verschuiving en ze wisten niet hoe ze de vorm moesten houden op het punt waar de persoon vertrok toen ze dit deden.

Met andere woorden, ze wisten niet hoe ze de persoon terug moesten brengen naar het exacte punt waar hij begon. Het verschoof genoeg, dat de persoon gevangen zat in het fysieke materiaal van het schip.

D: *Je bedoelt de trillingssnelheid van hetgeen ze probeerden?*
S: En de hertransformatie.
D: *Het was niet in hetzelfde tempo?*
S: Het was niet hetzelfde ... Het was niet hetzelfde moment in de tijd. Het was niet op dezelfde plek dat ze vertrokken toen het gebeurde. Dat is cruciaal.
D: *Dus de boel vermengde zich op desastreuze wijze. Zou dat een manier zijn om het te zeggen? (Jazeker) Ze zeiden ook dat sommige mensen verdwenen.*
S: Ze zijn niet opnieuw getransformeerd. Ze waren verdwaald in de ruimte en overleefden het niet.
D: *Was dit een van de eerste experimenten?*
S: Nee, er waren er meer dan dat. Dat was de eerste die ze met mensen deden. Ze deden het eerst met voorwerpen, dieren en voorwerpen.
D: *Bleven ze experimenteren na het Philadelphia Experiment?*
S: Eigenlijk niet. Na die ene poging deden ze dat niet meer, omdat ze niet wisten hoe ze het mensen-formaat moesten beheersen, moest kalibreren. Maar ze bleven toch experimenteren met de tijdtunnel. De draaikolken, de vortexen. Ze probeerden het niet nog een keer met objecten en mensen samen. Ze kregen meer technologie, zodat ze mensen rechtstreeks door deze tunnel konden sturen. Ze stuurden ze nergens in, niet in een voertuig.
D: *Dus omzeilden ze dat probleem van het mengen van de materie.*
S: Ja. Hoewel, wanneer ze dit doen, ze ervoor moeten zorgen dat ze de persoon twee minuten van tevoren terugbrengen naar precies dezelfde plaats - denk ik, zodat ze opnieuw kunnen transformeren. Daar zijn ze behoorlijk goed in geworden.

* * *

Een ander onderwerp noemde ook tijdreizigers uit de toekomst. Dit is slechts een deel van een sessie.

L: Linda werkt ook met wezens uit de toekomst, uit de 23e eeuw. Ze ontdekten dat ze weten hoe ze in de tijd moeten reizen. En er zijn bepaalde scharnierpunten in de tijd, die belangrijk zijn voor het verleden en voor de toekomst. Ze hebben tot op zekere hoogte de juiste motieven, maar hoewel ze een betere organisatie zijn ... ze zijn menselijker. Ze zijn niet helemaal geëvolueerd naar het licht. Ze kwamen terug. Zo vonden ze Linda door draaipunten in de tijd bij te houden. En ze hebben in deze huidige tijd met haar en enkele anderen samengewerkt om een betere toekomst mogelijk te maken dan ze nu hebben.

D: *In hun tijd?*

L: Ja. Om te proberen enkele van de problemen die in de toekomst kwamen te minimaliseren.

D: *Maar zal dit hun toekomst niet veranderen?*

L: Dat is al gebeurd. En ze zijn zeer goed geïnformeerd, dankzij het onderwijs uit vele bronnen, over hoe ze de verschillende variabelen van de toekomst kunnen zien. En hoe je dat uitbreidt. Ze zijn heel voorzichtig. Degenen die het reizen in de tijd doen, zijn niet zo verbonden met hun tijd als sommige andere.

Een van de vragen die mensen hebben, is of de toekomst bijvoorbeeld zo veel zou veranderen, dat sommigen van hen niet geboren zouden worden. En hij zei dat ze ervoor zouden zorgen dat dat niet zou gebeuren.

D: *Dat is wat ik dacht, de theorie dat ze niet meer zouden bestaan.*

L: Ja. Hij zei dat ze heel voorzichtig zijn, om ervoor te zorgen dat er op die manier geen verbindingen zijn. Maar we kunnen verifiëren dat ze een groot deel van de toekomst op een zeer goede en positieve manier hebben veranderd.

* * *

Ik kwam een ander type tijdreiziger tegen, dat meer compatibel is met het concept van gelijktijdige levens. In 2003 vloog een man vanuit Denver, voor een privésessie. Hij had hypnose geprobeerd met verschillende andere gerenommeerde hypnotiseurs, maar ze waren niet succesvol. Dit gebeurt vaak als het onderbewustzijn niet zeker weet of het de informatie moet vrijgeven. Het moet vertrouwen en een zekere verstandhouding voelen met de hypnotiseur. Dat werd meer dan duidelijk, toen de informatie naar buiten kwam. Het was niet het soort ding dat zomaar met iedereen kon worden gedeeld. Het schokte me niet omdat ik zo lang op dit gebied heb gewerkt en veel soortgelijke gevallen ben tegengekomen.

Hij ging naar een scène uit het verleden, maar hij leek een waarnemer, een bezoeker, die net op doorreis was. Hij zei dat het zijn taak was om van plaats naar plaats te gaan en informatie te verzamelen. Hij was een ontdekkingsreiziger en bleef niet lang op één plek. Na een tijdje zei hij dat hij er vroeger niet bij wilde zijn, omdat het saai was. Hij wilde echt naar de toekomst. Daar voelde hij zich het meest op zijn gemak. Dat was zijn thuis. Hij beschreef een stad met weinig grote gebouwen. Er waren vooral huizen, waar alles perfect was. Er was geen overbevolking of vervuiling of iets negatiefs. Dat was allemaal geëlimineerd. Ze hadden machines in huis die alles leverden. Zelfs voor hun eten werd gezorgd. Zijn taak was om informatie te verzamelen en anderen te onderwijzen. Er was een centrale locatie waar informatie werd geassimileerd en gedeeld met anderen. Hij moest reizen naar verschillende tijdsperioden die in het verleden waren van waar hij was. Daar, in deze verschillende tijdsperioden, zou hij automatisch een lichaam creëren dat bij de tijd paste, zodat hij niet zou opvallen. Dan bracht hij de informatie die hij verzamelde of observeerde mee terug. Het leek alsof deze reizen naar verschillende tijdsperioden tegelijkertijd plaatsvonden, dus het kostte geen moeite van zijn kant. Zijn taak in dit huidige leven was, om zoveel mogelijk te leren, en alle informatie te verkrijgen die hij kon. Dit werd blijkbaar door dit andere deel van hem gebruikt om terug te keren naar het gecentraliseerde onderwijscentrum. Hij miste dit huis in de toekomst, omdat het zo divers en perfect was. Ver verwijderd van deze periode.

Zijn hele leven heeft hij zich nooit thuis gevoeld bij zijn ouders. Hij had het gevoel dat hij niet echt hun kind was. Ik heb dit vaak gehoord, het gevoel hier op Aarde niet thuis te horen, alsof dit niet echt "thuis" is. Deze ongewone regressie hielp dit te verklaren. Dit was een ander geval van een Tijdreiziger; een waarnemer die informatie verzamelt. Sommigen zouden het een gedaanteverwisselaar noemen. Als dat zo was, was het het algemene waarnemerstype, dat niet geneigd is zich ermee te bemoeien. Ook is hij nooit getrouwd en heeft hij geen kinderen. Dit type wil geen banden omdat het karma en banden met deze Aarde (en blijkbaar met deze periode) creëert. Ze moeten zich kunnen verzamelen, hun werk kunnen doen en dan terugkeren naar hun echte thuis.

* * *

Tijdens een van mijn andere privésessies ging een man naar een vorig leven in wat Egypte leek te zijn, maar ik denk dat het een veel oudere beschaving was (of misschien een leven op een andere planeet). Er waren hondengezichten, spichtige wezens (misschien maskers). Hij had iets gedaan dat verboden was (misschien het misbruik van energie) en werd gestraft. Ze stuurden hem door een tijdportaal. Het verscheen als een grote zwarte ruimte, als een deur. Het was een eenrichtingsportaal. Hij kon er niet doorheen om terug te keren. Hij bevond zich op een dorre, levenloze planeet van permanente schemering. Er waren enkele vreemde structuren (multi-piramidevormig), maar ze waren leeg. Hij had geen behoefte om iets te consumeren. Hij leefde er de rest van zijn leven en ging kapot van eenzaamheid en isolement. Zijn geest verdoofde zich uiteindelijk voor het isolement. Onnodig te zeggen dat hij blij was om dat leven eindelijk te verlaten. Wat een perfecte, maar afschuwelijke oplossing voor gevangenissen.

In mijn werk ontdekte ik dat sommige wetenschappers die in Atlantis woonden de mogelijkheid hadden om door een vortex of portaal naar de ruimte en naar andere werelden te gaan. Omdat er onderweg veel tunnels of uitgangen waren, moesten ze markeringen aan beide zijden van de uitgangen achterlaten, om zo hun weg terug naar het laboratorium te vinden. Ze hadden een ring, die iets te maken had met het vermogen om zo te reizen.

* * *

Een vrouw die ik "Marie" noem, wilde corresponderen met mij en wilde dat ik naar een klein stadje in de outback van Australië zou komen op mijn volgende reis daarheen. Na het lezen van mijn boeken wist ze van mijn interesse in UFO-onderzoek. Ze zei dat de kleine stad van ongeveer 2000 mensen zich bevond in wat een UFO-doorgangsruimte leek te zijn. Er waren voortdurend waarnemingen van ongewone lichten en objecten aan de hemel... Ik heb ermee ingestemd om de naam of locatie van de stad niet te onthullen, omdat ik niet wil dat nieuwsgierige zoekers het leven van deze zachtaardige mensen verstoren. Marie wilde ook dat ik naar haar 1000 hectare grote ranch buiten de stad kwam, waar ze me de locatie van een portaal wilde laten zien. Op mijn volgende reis naar Australië in 2001 regelde ik om de reis daar op te nemen tussen Expo's en lezingen in verschillende steden. We vlogen naar het dichtstbijzijnde vliegveld met een klein vliegtuig en werden meer dan een uur naar het stadje gereden. Het was erg geïsoleerd en genesteld tussen de heuvels en bomen, van waaruit veel kleurrijke wilde papegaaien heen en weer vlogen.

Toen we in de stad aankwamen, was het alsof we een reis terug in de tijd maakten naar de jaren 1880 en de dagen van het Oude Westen. We zouden twee nachten doorbrengen in een back-packer lodge. De lezing werd gehouden in een oude winkel die deed denken aan de oude films. Toen de stedelingen aankwamen, brachten de vrouwen vriendelijk gerechten voor een pot luck-avondmaal daarna. Het was koud en ik kroop zo dicht mogelijk bij een oude potbelied kachel voor warmte. Daar maakte ik kennis met een vrouw van in de 90 die de officiële historicus en recordhoudster was. Ze had de verslagen van de waarnemingen en ongewone gebeurtenissen gedurende vele jaren gedetailleerd beschreven. Het werd een fascinerende avond toen de mensen me eindelijk met tegenzin begonnen te vertellen over enkele dingen die ze hadden waargenomen. Ik zeg met tegenzin, want ze waren bang om bespot te worden. Verschillende mensen verifieerden het verslag van het portaal op het land van Marie zowel als het ongewone voorval in 1997.

's Nachts was het gemakkelijk te zien waarom er zoveel waarnemingen konden zijn. De locatie was erg geïsoleerd en omdat er geen stadslichten waren, was de lucht kristalhelder. De sterren zagen er groot en overvloedig uit. Een eigenaardigheid die ik tot mijn verbazing ontdekte, was dat de constelatie Orion ondersteboven te zien was... Wat ik denk dat het zou moeten zijn omdat ik aan de andere kant van de wereld op het Zuidelijk halfrond was.

Toen dit boek zijn laatste fase inging, heb ik Marie gecontacteerd, en haar gevraagd haar verslag van het incident naar me te mailen. Ik wilde niet op mijn geheugen vertrouwen. Ik wilde het zo nauwkeurig mogelijk weergeven. Ze zei dat dat geen probleem zou zijn, omdat ze het hele incident, direct nadat het was gebeurd, had opgeschreven.

* * *

Hier is haar verslag, van wat ik beschouw als een modern portaal, naar een andere dimensie, die actief wordt gebruikt:

"De Val" Lichtexplosie - Juni of Juli 1997.
We hebben een prachtig 50 meter hoog waterval dat we "De Val" hebben genoemd, een minuut of twee wandelen van het huis. Het had al een paar dagen geregend, dus de waterval was in volle stroom. Even voor 17.00 uur nam de regen af en werd het mistig. Ik hoorde een luid gerommel in de stroom, dus ik dacht dat ik zou gaan kijken wat er in het water werd meegeslingerd. Ik dacht dat het misschien een grote kei was, of misschien een ontwortelde boom, die op het punt stond om over de watervallen te worden gespoeld. Het geluid was niet anders dan onweer, maar het kwam van beneden in de stroom, niet uit de lucht.
Toen ik ongeveer halverwege de baan was en de waterval in het zicht kwam, was er een extra luid gerommel dat ik kon horen. Daarna volgde een explosie van goud, roze en wit licht, vanaf de bodem van de watervallen, zich verspreidend en omhooggaand in de lucht, het bereikte me bijna - ongeveer 75-100 meter verderop. Op dit moment hoorde ik een stem in de linkerkant van mijn hoofd zeggen: "Ga terug! Kom niet dichterbij! Ga nu terug!" Ik zei: "OK, prima, ik ga!", en draaide me om en liep snel terug naar het huis. De lucht leek elektrisch geladen en knisperend. De lichtexplosie was het meest bijzondere dat ik ooit heb gezien. Het was prachtig, het roze was zacht, het goud en wit waren briljant. Het hele tafereel zou een gebied van ongeveer 100 meter in diameter hebben beslaan, misschien meer. Ik weet niet hoe hoog het ging omdat ik niet goed kon zien, vanwege de mist die van kleur veranderde samen met de explosie.
Hoewel het gerommel en de explosie erg luid en opzienbarend waren, wist ik dat ik inderdaad iets heel bijzonders had meegemaakt. Ik belde mijn man in de stad om hem te vertellen wat er was gebeurd, maar kon maar kort met hem spreken omdat de lijn hard kraakte en statisch was.

Een vriend die in een vallei in het zuiden woonde, belde me die avond op. Ze zei dat ze rond 17u uit een raam naar onze plek had gekeken en een prachtige roze en gouden wolk boven de heuvels in onze richting had gezien. Ze beschreef het als "Bijbels – er zouden engelen op moeten zitten, een soort wolk". Toen hoorde ze een luid gerommel en gebonk, en een kolom goud/roze licht schoot naar de grond. "Maar het leek geen bliksem. Heel vreemd."

De volgende dag zei een andere kennis die in de vallei ten noorden van ons woont: "Wat heb je op je plek gedaan, Marie?" Vervolgens beschreef ze het zien van een prachtige gouden en roze wolk, die leek te exploderen in een kolom, in tegenstelling tot bliksem. Ze zei dat het heel anders was dan eender welke stormwolk die ze ooit had gezien.

Twee nachten later was ik naar bed gegaan en dacht ik nog na over wat ik had gezien. Ik besloot tot Jezus te bidden en te vragen of het mogelijk was dat ik enig begrip kreeg van wat er was gebeurd. Onmiddellijk zag ik een foto in mijn hoofd van het boek "The Keys of Enoch", van J.J. Hurtak, en een stem zei: "Pagina 221". Ik lag daar verbijsterd, de stem zei toen: "Je bent echt een scepticus, Marie. Pagina 221!" Dus ik stond natuurlijk op en zocht pagina 221 op. Hier volgt wat ik vond dat van toepassing was:

"Zo dalen de Merkabah-voertuigen van Licht neer op onze planeet, waardoor een lichtveld wordt geopend, 'hele lichtwezens' dalen neer terwijl de magnetische velden van de overlap ruimte-tijd worden gecontroleerd."

"Deze 'hele lichtlichamen' komen naar beneden door de kunstmatige tijdverdraaiingszones en landen op het oppervlak van de Aarde. En dit is wat de ouden zagen toen ze 'de pilaar van de wolk van voor hun aangezicht omhoog zagen gaan'".

Deze ervaring, het zien van zo'n prachtige gebeurtenis, en vooral het zachte duwtje van het feit dat ik te horen kreeg dat ik een scepticus was, heeft mijn manier van kijken totaal veranderd. Ik ben nu geen scepticus meer – ik wou gewoon dat ik meer begreep!"

Wel, daar sta je dan, Dolores. Ik hoop dat ik de gebeurtenis duidelijk heb beschreven. Wat jammer dat we de werkelijke emoties die we op dat moment ervaren niet kunnen doorgeven. Je zou er iets van krijgen, ben ik gerust.

Toen ik Marie's prachtige geïsoleerde huis bezocht, nam ze me mee naar de plek waar de gebeurtenis had plaatsgevonden. Natuurlijk kon ik nu geen enkel teken van een portaal zien. Alles wat ik zag, was een prachtig waterval dat langs de zijkant van de berg naar beneden stroomde in een diepe kloof beneden. Toch past dit in de beschrijving van het openen van een portaal naar een andere dimensie. De bewakers hadden die dag dienst om te voorkomen dat een onoplettend mens zich te dichtbij zou wagen. Zoals ze zeiden, zou de energie de matrix van een mens vernietigen. Marie wist zonder twijfel dat de vreemde en majestueuze gebeurtenis plaatsvond, maar ik ben blij dat ze de validatie had van haar vrienden aan de andere kant van de vallei.

* * *

Als ik in radioprogramma's spreek, ontvang ik meestal post (zowel "slakkenpost" als e-mail) van luisteraars. Vooral als ik praat over de Art Bel-show, die miljoenen luisteraars heeft. We hebben honderden e-mails op één dag ontvangen. Veel van deze mensen willen me hun persoonlijke verhalen vertellen, zaken waarvan ze het gevoel hebben dat ze ze niet met iemand anders kunnen delen, uit angst om voor gek te worden gehouden. Het geeft ze een beter gevoel als ze erachter komen dat ik veel vergelijkbare verhalen heb gehoord en dat ik het genoeg begrijp om te proberen het aan hen uit te leggen. Ze weten tenminste dat ze niet de enigen zijn die deze vreemde ervaringen hebben. Voor sommigen van deze verslagen heb ik geen logische verklaring. Ik denk dat ze misschien te maken hebben met heen en weer reizen tussen de vele dimensies om ons heen. Dit werd in het eerste boek van deze reeks uitgebreider uitgelegd.

Een man zei, dat hij 's nachts op een kustweg in Florida reed. Lang geleden werd de snelweg omgeleid en omzeilde alle kleine steden. Toch reed hij die nacht ineens (op dezelfde snelweg) door een smal stadje. Hij kon de buitenlichten van de huizen en verschillende gesloten bedrijven zien. Alles leek verlaten, zoals 's nachts in een klein stadje vanzelfsprekend is. Na een minuut of vijf vond hij plotseling de snelweg weer en was hij terug op de kustsnelweg waar hij thuishoorde. Mijn enige verklaring was, dat hij even achteruit was gegleden in de tijd en een dimensie was binnengegaan waar de weg door de stad nog steeds bestond.

* * *

De volgende stelling is een citaat uit de e-mail die ik in januari 2001 heb ontvangen. Als iemand een verklaring heeft, had ik graag dat ze contact met me opnamen.

"Ik slaagde erin, om een deel van je show op Coast to Coast AM mee te beluisteren, en vond het erg interessant, wat me ertoe aanzette om contact met je op te nemen. In september vorig jaar (2000), gedurende ongeveer 2 of 3 dagen, heb ik een aantal heel vreemde dingen meegemaakt. Het begon toen ik langs een lokaal vliegveld liep waar ik woon. Het was overdag, ik zag een passagiersvliegtuig opstijgen vanaf het vliegveld. Een paar minuten later was er nog een vliegtuig, en toen het de landingsbaan verliet en in de lucht klom, ging het verschillende keren heen en weer tijdens het opstijgen... Ik was met stomheid geslagen, want ik weet dat het onmogelijk is voor een jet om achteruit te gaan. Een paar minuten later deed een ander vliegtuig hetzelfde bij het opstijgen. Of was het hetzelfde vaartuig? Ik merkte toen dat de auto's op de weg hetzelfde deden. In plaats van vooruit te gaan op de weg, gingen ze heen en weer terwijl ze de weg aflegden... Ik merkte dat de wolken aan de hemel hetzelfde deden, heen en weer gaan. 's Nachts ging ik wandelen langs enkele bedrijven die toen gesloten waren. Toch zag ik binnen mensen bewegen die daar niet thuishoorden, omdat ze gekleed waren in kleding van zo'n 50 tot 60 jaar geleden. Ik zag ook andere ongewone beelden waarvan ik wist dat ze niet mogelijk waren. Enig idee wat er aan de hand was? Ik ben een zeer sceptisch persoon en geloof niet wat ik zag."

Mijn antwoord: "Bedankt voor het delen van je zeer interessante ervaringen. Ook al ben je sceptisch, je kunt iets niet ontkennen als je het met je eigen ogen ziet. Ik heb nog nooit van dit specifieke fenomeen gehoord, maar ik kan proberen te raden, op basis van de informatie die ik heb ontvangen en waarover ik heb geschreven. Er zijn meer vreemde dingen dan iemand zich kan voorstellen, dus ik weet dat ik ze op geen enkele manier heb onderzocht. Het klinkt alsof je misschien een vortex probeerde binnen te gaan, maar niet alle kanten op ging. Ook gaan mensen vaak heen en weer tussen dimensies en weten het niet omdat de omgeving erg op elkaar lijkt. Omdat de dingen heen en weer bewogen, was de lijn tussen dimensies misschien niet gestabiliseerd. Ik heb gehoord van mensen die zich plotseling in een andere periode bevinden en omgaan met mensen die anders gekleed waren, enz. Vaak gaan ze terug en proberen ze dezelfde plaatsen te vinden en ontdekken ze dat ze niet bestaan of in een verslechterde staat verkeren. Eén ding dat ik vreemd vind, is dat de mensen in de andere periode niets vreemds opmerken over de "toekomstige" persoon met wie ze omgaan. Ze lijken hun normale leven te leiden. Ik weet niet of dit je helpt, maar dat is de beste verklaring. Misschien probeerde je heen en weer te gaan tussen dimensies en was het niet gestabiliseerd. Anders had je nooit zulke vreemde waarnemingen gehad. Ik heb zelfs mensen gehad die op twee plaatsen tegelijk werden gemeld. Het werd geverifieerd door andere mensen die ze zagen en met hen spraken. Dus wie weet? Soms is het beter als we niet weten dat deze vreemde tijdsverdraaiingen regelmatig plaatsvinden. Het is minder verwarrend voor ons kleine sterfelijke brein."

* * *

De volgende e-mail is nog vreemder. Maar in dit geval was er fysiek bewijs dat er iets ongewoons was gebeurd.

"Ik had het geluk om je geweldige interview op Coast to Coast een voorbije avond te horen, maar er gebeurde iets dat drie van de luisteraars mystificeert. Daarom schrijf ik. Om zo kort mogelijk te zijn, we hebben alle drie de radio-opnemer, die kan worden ingesteld, en het neemt op 1/4 snelheid. We hebben dit apparaat alleen voor het Coast to Coast-programma, omdat we niet in staat zijn om tot midden in de nacht op te blijven. (De show gaat normaal gesproken van 12.00 tot 04.00 uur.) We hebben alle drie onze radio/recorder op hetzelfde station gezet, dat uit Nashvile, Tennessee komt. Het is het enige station waar we het programma op kunnen krijgen. We wonen op enige afstand van elkaar, en op behoorlijke afstand van Nashvile, maar WWTN is een 100.000 watt station. Tot mijn grote ontsteltenis, toen ik de volgende ochtend de opgenomen band voor je programma afspeelde, kreeg ik een sportevenement te horen, alle vier uren. Net als een van mijn vriendinnen op haar bandje. Ik heb het station opgezocht en ze vertelden me dat ze niet langer van kust tot kust zouden vliegen. Ze veranderden hun formaat, en het kon ze niet schelen hoeveel protesten er over waren. Nu is het GROTE mysterie: de andere persoon van ons groepje van drie, haar tape, had jouw hele interview erop! We weten absoluut dat het hetzelfde station was, omdat dezelfde roep-letters meerdere keren werden gegeven. We luisterden allemaal naar hetzelfde station, maar kregen verschillende uitzendingen. Ik heb met een paar mensen gesproken die een praktische kennis hebben van radio-uitzendingen (voormalige regeringsmensen wiens opleiding op dat gebied was), en ze zeiden allemaal, dat het onmogelijk was om zoiets te laten gebeuren. Godzijdank wel, want wij drie wilden horen wat je te zeggen had. Mijn vraag aan je is: heb je een verklaring voor dit incident? Het kwam in me op dat het misschien te maken zou kunnen hebben met het fenomeen van het parallelle-universum. Dat is het enige dat dit verklaart. Elk inzicht dat je hierover zou kunnen geven, zou zeer op prijs worden gesteld. PS: Om de een of andere reden is WWTN begonnen met het opnieuw uitzenden van Coast to Coast en waarderen we dat enorm! Het is ons contact met het universum."

Een deel van mijn antwoord: "In mijn werk heb ik tijdens sessies vreemde dingen meegemaakt met mijn bandrecorder die niet te verklaren zijn. Statische, vreemde geluiden, versnellen en vertragen, stemmen over stemmen en veel dingen die niet zouden moeten gebeuren met elektronica. Vaak is er meer dan één bandrecorder aan de gang, en ze raken onverklaarbaar allemaal gemanipuleerd, er was iets mis met elke opname. Ik heb ook vreemde ervaringen gehad met telefoons. Maar dit is de eerste keer dat ik van zoiets hoor. Misschien heb je gelijk dat het iets met dimensies te maken heeft. Dat is net zo'n goed antwoord als elk ander antwoord. Het station dat de sportshow uitzond, bestond in een paralele realiteit. Ik ben blij dat je drie mensen erbij betrokken had. Ik denk dat dat als bewijs zou kmuurificeren."

Een paar weken later sprak ik in de Unity Church in Memphis en was verrast toen ik ontdekte dat de drie dames vanuit Nashvile reden om me te ontmoeten. Ze wilden me vooral zien om te zien dat het incident echt heeft plaatsgevonden, en ze hebben de tapes om het te bewijzen. Ze waren drie van de meest normale vrouwen die iemand zou hopen tegen te komen. Ik ben ervan overtuigd dat ze de waarheid niet verdraaiden. Nogmaals, als iemand een andere verklaring heeft voor dit incident, hoor ik graag.

* * *

In mijn boek "Jezus en de Essenen", gaf Jezus het volgende voorbeeld van reïncarnatie en verschillende dimensies, waarbij hij de natuur in zijn gelijkenissen gebruikte, zodat de mensen het makkelijker konden begrijpen:

"Hij gebruikte een andere plant als voorbeeld, een plant die uit vele lagen bestaat (vergelijkbaar met een ui). Hij zegt dat dit de verschillende gebieden van het bestaan zou laten zien. Hij wees erop dat, in het midden van de plant, de lagen erg dun en dicht bij elkaar liggen. Als men elke laag als een verschillend vlak zou kunnen beschouwen, kan men zien dat, in het centrum, waar het de smerigste en meest beperkte is, dat is als de fysieke wereld. Als iemand naar boven en naar buiten reist in de gebieden, zou zijn horizon van begrip zich elke keer uitbreiden en zou je meer zien en begrijpen."

Het doet me afvragen of de mensen die hij deze gelijkenis (of het voorbeeld) gaf, de diepere betekenissen begrepen die hij probeerde over te brengen. Misschien was het zelfs voor de apostelen te complex. Maar het laat zien dat hij zich zeer bewust was van de diepere betekenissen van het leven en het universum.

* * *

Verschillende andere vreemde incidenten die te maken hebben met tijd en dimensies die zich tijdens mijn sessies hebben voorgedaan, worden door dit boek gestrooid.

DEEL VII
ENERGIEWEZENS EN
SCHEPPERWEZENS

Hoofdstuk 22
Mysteries

DIT EERSTE DEEL is een voortzetting van de sectie Mysteries van de Aarde, in het eerste boek van deze reeks. Er waren een paar dingen waar ik meer duidelijkheid over wilde hebben, voordat ik ze in een boek opnam. Dit was informatie die werd verzameld in de late jaren '90. Een deel ervan kwam van Phil, een jongeman waarover ik in veel van mijn boeken heb geschreven. Hij heeft het vermogen om in diepe trance te gaan en zijn bewuste geest te sluiten, zodat het de antwoorden die doorkomen niet zal verstoren. We zijn altijd in staat geweest om nieuwe, ongebruikelijke en waardevolle informatie te ontvangen wanneer we sessies hebben.

ONS ZONNESTELSEL

D: *Je hebt me ooit verteld, dat er op dit moment geen leven is zoals wij dat kennen op de andere planeten in ons zonnestelsel.*
Phil: Dat klopt. Er is geen menselijk leven, wat niet wil zeggen dat er geen leven is. Want de atmosfeer op de andere planeten is niet van zodanige aard, dat het menselijk leven zoals dat op dit moment op deze planeet bekend is, in stand zou houden. Dat betekent echter niet dat er geen leven is in andere vormen, zoals in geestelijke vorm of zelfs in een geavanceerde vorm of een andere vorm in fysieke toestand.
D: *Mij is verteld dat er ooit leven op Mars was. Er was daar een behoorlijke beschaving van humanoïde wezens. Is dat zo?*
P: Dat is in feite het geval en zal binnenkort bekend worden gemaakt aan jullie planeet. Het is voorzichtig gesuggereerd door microscopisch onderzoek van meteoren. Dit is een enorme verandering in bewustzijn die subtiel aan jullie beschaving moet worden meegegeven. Zij zijn in feite de voorouders van jullie beschaving en het leven op Aarde zoals jullie dit kennen. Er waren levensvormen die tegelijkertijd op beide planeten voorkwamen. De Marsplaneet was echter al veel langer stabiel en productief

rond het bestaan van leven dan haar zusterplaneet, die een heel andere weg had. Zowel ecologisch als geologisch. Mars vestigde zich en werd veel sneller bewoonbaar dan de Aarde. En dus begon het zaaiproces veel sneller en veel eerder op Mars dan op de planeet Aarde.

Het verhaal van het bezaaien van de planeet Aarde met de eerste levensvormen werd verteld in "Keepers of the Garden" en vervolgd in "The Custodians". Dit gaf aan dat de Aarde niet de enige planeet in ons zonnestelsel was die werd bezaaid, maar er moet in de loop van de tijd iets zijn gebeurd om sommige van deze andere planeten opnieuw levenloos te maken.

D: *Wat gebeurde er dat het leven op Mars vernietigde?*
P: Er waren in die tijd veel verschillende meningen over wie de controle over de wereldregering zou moeten hebben, en vele verschillende soorten technologie die hen ertoe brachten hun weer te manipuleren. Ze raakten enigszins onsamenhangend in hun doeleinden en vernietigden hun eigen weersysteem. Net zoals de vermogens die zich nu op jullie planeet manifesteren jullie ook in staat zullen stellen om jullie planeet te vernietigen als jullie de kans krijgen.

D: *Mij is ook verteld dat er nog restanten van leven op Mars zijn.*
P: Er zijn elementen van het leven, diep in de planeet, die erin geslaagd zijn hun levensvorm te behouden. Ze zijn echter niet wat je zou noemen "menselijk" of humanoïde. Ze zijn enigszins verschillend, in die zin dat hun evolutie van een ander pad kwam dan dat wat jullie op deze planeet hebben.

D: *Mij is verteld dat er steden onder het oppervlak van Mars zijn, waar sommige inwoners naartoe gingen, toen het oppervlak onbewoonbaar werd.*
P: Die analogie zou vergelijkbaar kunnen worden gebruikt met het concept van een kolonie. We zouden een "stad" echter niet karakteriseren op de manier waarop je "stad" huidig begrijpt. In technologische zin, meer als een kolonie termieten, in die sociale structuur. De wezens leven in structuren die natuurlijk voorkomen en ook binnen de planeet worden vervaardigd.

D: *Mij is ook verteld dat, wanneer de wetenschappers eindelijk op Mars aankomen, ze zich niet zullen realiseren dat er nog steeds leven is. Ze zullen het niet herkennen.*

P: Wanneer de wetenschappers op Mars komen, zullen ze zich bewust zijn van vele andere levensvormen naast wat er onder hun voeten ligt. Tegen die tijd zal het bewustzijn toenemen, zodanig dat de levensvormen op Mars als gewoon een andere levensvorm zullen worden beschouwd.

D: *Laten we nu overschakelen naar een ander deel van het zonnestelsel. Ik ben erg geïnteresseerd in Jupiter. Wat is het fenomeen dat de "Rode Vlek" op Jupiter wordt genoemd? Het is zichtbaar met onze telescopen.*

P: De uitdrukking van de Rode Vlek in je vliegtuig, zou een weersverstoring zijn. Wat je waarneemt op je bestaansvlak is een orkaan van gassen die een weerfenomeen zijn. Het is echter een fenomeen dat zijn kernessentie op een hoger niveau van de werkelijkheid heeft. De hogere uitdrukkingen zouden erop wijzen dat dit een gebied is van vele verschillende – van dezelfde vorm, maar afzonderlijke – individuele entiteiten van bewustzijn. Het is een stad, die op een hoger niveau van expressie een levensvorm is, die zijn lagere componenten uitdrukt in de vorm van een atmosferische verstoring op jouw niveau.

D: *Als het een atmosferische storing of een orkaan is, is het er altijd geweest, voor zover we weten. En het lijkt niet echt veel te veranderen. Het zou ook enorm groot zijn.*

P: Er zijn veel verschillende vormen van expressie van leven binnen dit universum, waarvan het menselijk bewustzijn zich eenvoudigweg niet bewust is. Om dit echter te begrijpen, zou dit kunnen worden vergeleken met een kolonie levende wezens waarvan de expressie reikt tot in jullie bewustzijnsniveau, zodanig dat de atmosferische omstandigheden die deze lagere vorm van expressie bedekken zichtbaar zijn. Er zijn vele verschillende niveaus van bewustzijn die geen overeenkomstige invloed hebben op een ander niveau. In dit geval is er echter sprake van een effect op het lagere expressievlak. Zodanig dat deze kolonie, die een beschaving is op de hogere niveaus van het bestaan, haar voetafdruk op jullie niveau achterlaat als een atmosferische verstoring.

D: *Dan denk ik dat je bedoelt dat het ee, in een alternatieve realiteit, een groep mensen is in een fysieke stad op Jupiter. En het is min of meer het werpen van een schaduw op ons vlak, dat verschijnt als een atmosferische toestand? Zou dat een goede analogie zijn?*
P: We zouden dit concept versterken door het niet zozeer als een stad in je terminologie te zien, maar meer als een kolonie van virussen of bacteriën, in die zin dat ze naast elkaar bestaan en op hun niveau leven. We zouden het echter niet karakteriseren als een technologische beschaving in jullie context.
D: *Dan zouden het geen intelligente wezens zijn, zoals wij ze beschouwen.*
P: Dat is in feite niet het geval. Ze zijn zeer intelligent, maar leven gewoon in een verschillende vorm. Hun uitdrukking omvat geen bouw- en technologische aspecten. Ze zijn hoogontwikkeld en beschaafd, maar ze zijn niet technologisch.
D: *Iemand anders vertelde me dat de relatie van Jupiter tot het aardse vlak van vitaal belang was. Heb je daar informatie over?*
P: Er zijn veel verschillende niveaus van co-afhankelijkheid binnen jullie zonnestelsel, want het gehele fysieke evenwicht is afhankelijk van elk individueel element dat zijn eigen evenwicht behoudt. Op het fysieke vlak zou het plotselinge verlies van een planeet de zwaartekrachtbalans van het hele zonnestelsel uit evenwicht brengen. Er zijn natuurlijk andere niveaus van bewustzijn en de verandering of het verlies van zo'n planeet zou natuurlijk ook implicaties en gevolgen hebben op de andere gebieden.
D: *Dit is wat de buitenaardse wezens ons over de Aarde hebben verteld. Dat we het niet moeten opblazen, omdat het grote ravage zou aanrichten in het universum en andere dimensies.*
P: Dat klopt.
D: *Ik heb gehoord dat anderen, die ons observeren, dit niet zouden laten gebeuren, simpelweg omdat het de balans van het sterrenstelsel zou verstoren.*
P: Dat klopt, in die zin dat de individuen die de andere bestaansgebieden bewonen, het recht hebben om hun beschavingen en hun levensvormen te beschermen tegen indringing. Het zou zijn alsof er een niet-verklaarde en onkenbare oorlog wordt gevoerd tegen een onzichtbare partij door een onwetende cultuur.

D: *Maar zij zijn zich meer bewust van deze dingen dan wij.*
P: Dat klopt. En dus hebben ze het recht om hun beschaving te beschermen tegen schade die wordt veroorzaakt door de onwetendheid van een enigszins weerbarstige buurman...
D: *Weet je iets over waar de asteroïdengordel vandaan komt?*
P: Dit was ooit een planeet die werd vernietigd toen een passerende ster een botsing veroorzaakte tussen hem en een meteoor die op zijn pad kwam. De botsing veroorzaakte het uiteenvallen van deze planeet. Met de eigen interne krachten van de planeet, en die van de zon en andere planeten, werd het zodanig uit elkaar geduwd, dat het gewoonweg vormloos werd gemaakt, en zich dus in zijn voormalige baan als deeltjes of asteroïden verspreidde.
D: *Ik heb ook gehoord dat er misschien een ras van mensen woonde en dat ze het zelf hebben opgeblazen.*
P: Dat klopt niet. De botsing was een natuurlijk verschijnsel dat optrad, niet door geknoei van een bepaald ras van mensen. Er is ook een geval waarin deze verhalen ontstaan door een verkeerde interpretatie van informatie. Geen opzettelijke verhalen die werden verteld, maar gewoon een misinterpretatie. Deze verhalen zijn ook niet de absolute regel, omdat dit voertuig niet de kern van het verhaal is. Er zijn ook potentiële onnauwkeurigheden in deze manier van verhalen verwerven. En dus moeten alle kanalen met een open bewustzijn van dit feit worden bekeken. Omdat de informatie alleen zo nauwkeurig kan zijn, als het voertuig (de mens in hypnose) fysiek mogelijk is om te weer te geven, en het zou bijna onmogelijk zijn om met onfeilbare nauwkeurigheid te kanaliseren, door te geven. Het is erg moeilijk uit te leggen. Want er zijn gewoon concepten en ideeën die geen precedent hebben in dit leven, of zelfs op dit gebied. En dus zouden sommige vragen die worden gesteld concepten vereisen die hier niet bestaan. Er moeten dus analogieën worden getrokken, die misschien niet helemaal juist zijn. De kern van de informatie kon echter worden vertaald.
D: *Ik begrijp dat alles wat door een mens komt, op die manier problemen zal hebben.*
P: Het is gewoon een kwestie van niet kunnen feitelijk wezen, vanwege vele factoren. Sommige, zoals we al zeiden, zijn het gebrek aan concepten om uit te putten.

***
DE ZON

D: Is de zon eigenlijk heet?
Phil: Er is inderdaad dat element dat heet is. We hebben echter het gevoel dat dit verkeerd wordt begrepen vanuit jullie fysieke perspectief. Omdat de hitte zelf hier het middelpunt van iemands aandacht lijkt te zijn, en het is niets meer dan een bijproduct. De ware energie van de zon is geen warmte, maar van een aard die veel verder gaat dan waartoe het begrip van de mens op dit moment in staat is. De hitte is gewoon een manifestatie van een fenomeen dat veel gecompliceerder is dan eenvoudige verbranding. Dit is een overgang van energieën, en het fysieke aspect zou zijn wat je vlam of verbranding noemt. Warmte is een bijproduct. De ware realiteit hiervan is een overdracht en verandering van energieën die zich manifesteert tot op een fysiek niveau, als warmte en verbranding.

D: De stralen en stromingen, die we niet kunnen zien, zijn ultraviolet. Bedoel je zoiets?
P: Veel verder dan wat je zelfs als stralen zou beschouwen, eerder als elementaire vormen van energie. Een fundamentele verandering in de energieën zelf.

***

De zon, zoals iedereen die waarneemt, is een gasvormige planeet. Maar een van mijn proefpersonen zei dat het in feite een cultuur onder de gasgordels heeft, die vanaf het buitenoppervlak niet te zien is.

D: Mensen op Aarde kunnen dat toch niet zien?
Bob: Nee, dat kunnen ze niet. Ze hebben geen idee. Ze gaan er gewoon van uit dat het, net als iedereen, een vaste gasvormig bal is. Maar alle explosies die buiten op de gordel plaatsvinden, vinden eigenlijk binnen die gordel plaats. Maar het centrale deel van de planeet is net als hier op Aarde. Ze hebben boerderijen, ze hebben huizen, ze hebben mensen. Ze hebben beschavingen. En dat alles is ingekapseld onder de energieband.

D: Dus het is niet warm aan de oppervlakte?

B: Oh, nee! Nee, nee! Dat is een van de interessante dingen eraan.
D: Je zou denken dat het te warm zou zijn om het leven te ondersteunen.
B: Dat zou je doen, maar dat zit allemaal hoog in de energie. Omhoog in de zogenaamde "sfeer". Het is iets vergelijkbaars met de Van Alen-gordel op deze planeet. Maar we reizen de hele tijd heen en weer. Om de haverklap. Het is een heel mooie beschaving.

Er waren meer verrassende onthullingen over de werkelijke eigenschappen van onze Zon, die verder in dit hoofdstuk worden onthuld.

* * *

D: Sommige mensen geloven dat de wereld is geschapen in wat de oerknaltheorie wordt genoemd. Zou dit waar zijn?
Phil: Als je op dat moment in fysieke vorm was, zou je zeker hebben waargenomen wat je een oerknal noemt. (Ik lachte) De oerknal is natuurlijk een analogie die door de wetenschappers wordt gebruikt om de explosie te beschrijven, in tegenstelling tot implosie. De uiterlijke bewegende kracht die ontstond, toen het universum, of misschien beter gezegd, wetten van het universum, werden vastgesteld. Dus in die zin, ja, het zou juist zijn om te zeggen dat de oerknaltheorie het begin betekent van dat punt in de tijd waarin de fysieke of materiële wetten van jullie universum werden vastgesteld.
D: Een theorie is dat, als de uiterlijke stuwkracht van deze werelden plaatsvindt, het een bepaald punt zal bereiken waarop het zal beginnen te draaien en weer samen te gaan. Zou dit waar zijn?
P: Dat klopt. Dat punt waarop alle uiterlijke beweging ophoudt, wordt "evenwicht" genoemd. En bevindt zich binnen het keerpunt waarin de wetten van het universum dan zouden veranderen en hun tegenpolen zouden zijn van degenen die ze nu zijn. Wat positief is, zou dan negatief worden en wat negatief is, zou dan positief worden. Het universum zou zich dan terugtrekken in dat wat weer een leegte is. De afgrond. Op dat moment zou het scheppingsverhaal zich herhalen.
D: Het zou helemaal opnieuw beginnen. Nadat het op zichzelf was ingestort, zou het als het ware weer ontploffen.

P: Dat klopt.
D: Hoe lang zal het duren voordat zoiets gebeurt?
P: Het zou veilig zijn om aan te nemen dat je in een andere vorm zou zijn wanneer dit gebeurt.
D: (Lachje) We hoeven ons er geen zorgen over te maken.

Dit concept toont aan dat de wetten van reïncarnatie of recyclage van toepassing zijn op alles, van de microkosmos tot de macrokosmos. Niets ontsnapt aan deze cyclus.

Wanneer het universum het einde van zijn uitdijing bereikt, het stadium waarin het omkeert, implodeert, teruggaat naar de Bron en weer explodeert, is dat wanneer we allemaal naar huis terugkeren naar de Schepper met alle kennis die we hebben verzameld? Ik besloot hier wat dieper op in te gaan.

D: Er is een gedachtegang dat deze wereld ofwel in zichzelf zal terug keren, of binnen 5000 jaar vernietigd zal worden. Tegelijkertijd wordt er een andere planeet voorbereid op die entiteiten die op deze Aarde leven en die hun vibraties hebben verhoogd of hun begrip van de geest hebben verhoogd. Is dit een echte theorie?
P: Misschien kan je chronologische tijdsgeest enigszins fout zijn. Het concept zelf is echter heel feitelijk, want zelfs nu zijn er degenen die ervoor kiezen om naar elders te migreren, niet alleen naar deze planeet waarover jullie spreken, maar ook naar andere planeten, die al begonnen zijn. Er is inderdaad de opvolger van deze planeet, die nog in de kinderschoenen staat. En tot nu toe heeft het nog niet dat stadium bereikt waarin het gastvrij zou zijn voor levensvormen, niet zoals jullie ze nu kennen, maar zoals ze binnenkort zijn. Dat zijn je levensvormen. De energieën die op dit moment op deze planeet wonen, zullen dan massaal bewegen naar datgene wat op dit moment wordt voorbereid. Want op dat moment zullen jullie levensvormen geëvolueerd zijn tot een wat anders niveau dan ze nu zijn. Het zou ongepast en onvolwassen zijn om te proberen deze levensvormen naar die planeet te transmigreren. Want geen van beiden is in dit stadium paraat. Er is nog een tijdsbestek om te evolueren voordat zowel de levensvorm als de planeet gastvrij voor elkaar zijn. Onnodig te zeggen dat het tijdstip waarop het gebeurt het meest geschikte moment zal zijn.

Dit antwoord kwam door in de jaren '90, maar is de laatste jaren met grotere frequentie herhaald in mijn sessies. Dit idee, van de lichamen die worden veranderd om een overgang naar een ander niveau te maken, zal in het laatste deel worden uitgebreid. Er is ook informatie ontvangen over een andere fysieke planeet vergelijkbaar met de Aarde die wordt voorbereid op de overlevenden van eventuele aardse calamiteiten. Er is benadrukt dat het menselijk ras niet ten onder mag gaan. Er zullen overlevenden zijn, zelfs als 'ze' hun toevlucht moeten nemen tot drastische maatregelen. Het verhaal van deze tweede Aarde wordt verteld in "Keepers of the Garden".

* * *

Er zijn veel vragen geweest over de schachten in de grote piramide die te klein lijken voor iets nuttigs, die gericht zijn op de hemel. Zoals met al het andere dat met de piramide verbonden is, zijn ze gehuld in mysterie.

D: Wat is het doel van die schachten in de piramide?
Carol: Het doel van de schachten in de piramide was om de zielen van de wezens die zij beschouwden als priesters en farao's, te dwingen terug te gaan naar hun planetaire systeem, zodat ze niet gebonden zouden worden aan de lagen, of het licht, van deze specifieke planeet. In het allereerste begin werden ze gemanifesteerd in het fysieke, en toen het niet langer nodig was om gemanifesteerd te zijn, reisde de ziel door die schachten met behulp van wat je een "sterrenpoort" kon noemen. (Dit woord werd gesteld als een vraag. Onzeker over het woord.) Met behulp van technische apparaten in de Koningskamer.
D: Er waren technische apparaten in de Koningskamer?
C: Wat je noemt: "de Kamer van de Koning". Ze gebruikten deze technische apparaten om die zielen in staat te stellen terug te gaan naar hun oorspronkelijke sterrenstelsel.

In "Keepers of the Garden" en "The Custodians", wordt vermeld dat buitenaardse wezens vaak in de vroege vorming van de beschaving naar onze planeet kwamen, om onder de zich ontwikkelende mensen te leven, om hen te helpen en hen de benodigde kennis en instructies te geven. Deze wezens hadden een ongelooflijke levensduur, dus ze werden uiteindelijk behandeld en gerespecteerd als goden. Dit geeft aan dat de eerste farao's dit soort wezens kunnen zijn geweest. (Zie ook hoofdstuk 4, Isis.)

Dit deed me denken aan sessies beschreven in "Legacy From the Stars", waar de zielen van buitenaardse wezens na hun dood gevangen raakten in onze wereld. Ze creëerden blijkbaar karma en konden niet terugkeren naar hun oorspronkelijke thuis, zelfs niet na de dood. In deze gevallen wist vaak niemand van hun thuisplaneet dat ze hier waren. Misschien waren de ET's zich er wel van bewust dat zoiets af en toe gebeurt, en wilden ze niet dat deze bezoekers, die zo lang op Aarde hadden geleefd, op dezelfde manier gevangen zouden zitten.

Een ander mysterie is het bestaan en de locatie van verborgen kamers onder de Sfinx.

D: Er wordt gezegd dat de kamers onder de Sfinx verzegeld waren. Waarom werd dit gedaan?
C: Er was een omverwerping van de wezens die niet van deze planeet waren.

Dit geeft aan dat sommige van de wezens, die in die tijd het piramidesysteem bedienden, niet menselijk waren. Misschien waren zij de adviseurs waarover in mijn andere boeken wordt gesproken. Wezens die onder de mensen kwamen wonen om hen de nieuwe geschenken (vooruitgang) te geven wanneer ze nodig waren. Dit zou ook het gebruik van de schachten verklaren om hun ziel terug te brengen naar hun oorspronkelijke sterrenstelsel. Ze wilden niet gevangen zitten en gebruikten de schachten om hun ziel terug te brengen naar hun oorspronkelijke sterrenstelsel. Ze wilden hier op Aarde niet gevangen zitten toen hun werk erop zat.

C: De mensheid wilde hun macht van hen afpakken en het van hen maken. De wezens wisten dat dit zou gebeuren. Er was dus een verzegeling van al deze technische apparaten en informatie, zodat het niet op het verkeerde moment in de verkeerde handen zou vallen, omdat ze zichzelf hiermee zouden vernietigen.

Dit klinkt ook een beetje als de mensen die, vanwege hun onwetendheid, de apparaten vernietigden die werden gebruikt om stroom te genereren van de zon, maan en sterren. (Bartholomeus gaf deze informatie in Convoluted Universe, Book Eén.)

D: *Dus de wezens van de andere planeten waren degenen die de kamers verzegelden? Het waren niet de mensen.*

C: Er waren ingewijden, degenen die door deze wezens werden getraind. De piramides werden gebruikt voor initiatie en training. Er zijn vele, vele van de oude tempels gelegen in wat nu bekend staat als het "plateau". (Dit gaat samen met de tempel van kattenmensen in hetzelfde gebied. Zie hoofdstuk 3.) En deze werden gebruikt voor inwijding van mensen, om hun bewustzijn en hun vibratie te verhogen. Dan zouden zij op hun beurt deze apparaten en technologie op een geschikte manier kunnen gebruiken om het planetenstelsel te helpen. De piramides waren gebaseerd op een rastersysteem. Het rastersysteem is erg belangrijk, omdat het het belangrijkste "connectiesysteem" voor de planeet is. Een van hen. Er waren verschillende systemen, maar dit was er een van. In elk van deze belangrijke plaatsen zijn er ook piramides. De piramides zijn geleiders van universele harmonische geleiding, die ook andere planeten in harmonie en vibratie met elkaar verbonden. Dit wordt ook gedaan met kleuren, geluidsfrequentie en ook "wervelingen", planetair door het hele rastersysteem, om het evenwicht en de harmonische sfeer voor dit planetaire systeem te behouden.

D: *En deze mensen wisten hoe ze deze dingen op de juiste manier moesten gebruiken.*

C: Ze instrueerden. Ze zetten ze op hun plaats.

D: *Dus de verzegeling was, omdat de andere mensen binnenkwamen en ze niet wilden dat ze deze dingen meenamen. je zei dat er ook een gevaar was voor anderen die niet wisten hoe ze ze moesten gebruiken.*

Nogmaals, dit klinkt als de energie in de tempel van het Kattenvolk, die gevaarlijk was voor degenen die het niet aankonden.

C: Een van de planetaire sterrenstelsels greep in. Ze stuurden afgezanten, die hielpen de mensheid te beïnvloeden, zoals altijd.

Omver te werpen, te personaliseren, de macht af te pakken van corrupte groepen.

D: *Dus deze mensen verzegelden de kamers om de informatie te verbergen en om mensen te beschermen tegen het gebruik ervan op de verkeerde manier.*

C: Om hen tegen zichzelf te beschermen.

D: *En waar bevinden deze zich?*

C: Verspringende kamers onder de Sfinx. Elk is verbonden met kleine tunnels en bewaakt door energieën en frequenties.

Nogmaals, dit klonk als de geschiedenis van Bartholomeus (Boek Één) waar de mensen dachten dat, als ze in het bezit waren van de geheime energie-apparaten, ze aan de macht zouden zijn en de buitenaardse wezens of priesters niet nodig zouden hebben. In zijn geschiedenis veroorzaakten ze vernietiging aan de apparaten en zichzelf. Dus blijkbaar besloot de laatste controlegroep bij de Sfinx, om de apparaten weg te sluiten, dus zoiets kon niet meer gebeuren. Sindsdien zijn ze begraven gebleven.

In "Nostradamus spreekt opnieuw" kan je opmerken dat Nostradamus ook verwees naar energieën die specifiek waren geplaatst. Alleen de juiste mensen konden ze bereiken. En dan enkel als die ooit in de buurt van de geheime ingangen van deze verborgen tunnels en kamers zouden komen, dan was dit immers de bedoeling. Als anderen mensen deze probeerden binnen te komen en die mensen een verkeerde of negatieve vibratie hadden, zouden ze verongelukken, of dergelijke meer. Het was dus een zeer uitgebreid beschermingssysteem, dat duizenden jaren geleden werd geïnstalleerd.

Raadpleeg hoofdstuk 6 over de symbolen die worden gebruikt om de verborgen informatie zichtbaar te maken.

* * *

Astrologie is altijd een interesse van mij geweest, ook al ben ik geen astroloog. Hoe is astrologie begonnen? Het lijkt erop dat de studie van de sterren al sinds mensenheugenis een fascinatie van de mensheid is. Ik vond het antwoord vrij onverwacht, tijdens een routine regressiesessie. Een vrouw ging terug naar een leven waarin ze priester was in het oude Babylon. Het is geaccepteerd dat Babylonië is waar de studie van astrologie begon. In mijn boeken over Nostradamus had hij een naslagwerk, waarvan hij zei dat het dateerde van de oude Egyptenaren en Babyloniërs. De vrouw was een mannelijke priester in een geïsoleerde en geheime religie of mysterieschool. Hij was in een prachtige tempel, die op een heuvel hoog boven de stad lag. Hij beschreef de studie van de sterren waar zijn groep al van oudsher bij betrokken was. Hij zei dat de beweging van de sterren al in kaart was gebracht zolang zijn groep bestond. Dit was hun belangrijkste doel, terwijl andere groepen genezing en profetie beoefenden. De tempel was open in het midden (geen dak), met enorme pilaren aan alle vier zijden. Hij zei dat de priester op een aangewezen plek in het midden van de tempel zou zitten en de posities van de sterren in kaart zou brengen terwijl ze over de openingen tussen de pilaren bewogen. De pilaren gaven hen een referentiepunt en een manier om de beweging van de planeten te meten, in tegenstelling tot de stationaire sterren, en ook om de rotatie van de Aarde te beoordelen. Na dit honderden jaren te hebben gedaan, hadden ze zeer nauwkeurige grafieken opgesteld. Dit werd ook gebruikt als een manier om de zonnewendes en equinoxen te bepalen, omdat er in een tropisch land weinig verandering van de seizoenen zou zijn om deze aan te geven. Dit kan verklaren waarom zoveel oude gebouwen op deze manier werden gebouwd, hoog op een heuvel, met veel gelijk verdeelde pilaren. Het is algemeen bekend dat velen hiervan overblijfsels van tempels waren in de oude wereld, maar het lijkt er nu op dat de pilaren een meer praktisch doel hadden. Om de beweging van de sterren te bekijken en vast te leggen.

* * *

Nadat een andere vrouwelijke cliënt een vorig leven had doorgemaakt en aan de geestenkant was, werd ze eerst naar het bestuur van ouderlingen gebracht dat het leven zou beoordelen dat ze zojuist had verlaten. Er werd besloten dat ze bewonderenswaardig had gehandeld en de lessen had geleerd die ze was komen leren. Nu was ze klaar voor de volgende opdracht. Dit was allemaal van tevoren uitgewerkt en met de hulp van de ouderlingen besproken. Ze konden haar voorstellen, maar haar niet dwingen, om de opdracht aan te nemen. Ze moest beslissen wie haar ouders zouden worden, waar ze geboren zou worden, etc. Dezelfde soort informatie die ik al vele malen eerder heb ontvangen. Maar deze keer zei ze dat ze ook de dag, maand en jaar en maan van haar geboorte moest bepalen. Dus stelde ik de vraag die vele anderen me hebben gesteld: "Is astrologie betrokken bij het besluitvormingsproces van een ziel die terugkeert naar de Aarde." Ze zei dat het zeker zo was. Het moest allemaal precies worden uitgewerkt. Dit zou erop wijzen dat zelfs vroeggeboorten vóór de geboorte waren gepland, omdat de astrologische invloeden belangrijk waren op de persoonlijkheid van de binnenkomende ziel. Er komt waarschijnlijk ook veel meer bij kijken, want ik geloof niet dat we alle kwaliteiten van astrologie en numerologie begrijpen.

* * *

OPSLAGPLAATS VAN ALLE KENNIS

Deze sessie nam een vreemde en ongewone wending. Phil woonde de UFO-conferentie bij in Eureka Springs, Arkansas, in april 2001, en we besloten een sessie te houden omdat het al een tijdje geleden was sinds de laatste.

Mijn oude vriendin, Harriët, was bij mij op kamers. Ze heeft geholpen met morele steun sinds het begin van mijn werk, meer dan 25 jaar geleden. Dit was het jaar (2001) dat het Convention Center in Eureka Springs afbrandde, en Lou Farish, de man die deze conferentie organiseert, moest een andere plek vinden om het te houden. We hebben nog steeds een kamer gereserveerd in de Inn of the Ozarks om het motel te ondersteunen (vanwege het verlies aan inkomsten). Veel mensen dachten dat de conferentie was afgelast vanwege de brand. Ann kwam op de laatste dag naar de conferentie en we lieten haar in onze kamer blijven in plaats van terug te gaan naar Fayettevile. Ze sliep op een palet op de grond. Toen ik aan de sessie begon, vroeg Ann of ze mocht zitten kijken, want hoewel ik een sessie met haar had gehad, had ze er nog nooit een waargenomen. Phil maakte geen bezwaar, omdat dit al vele malen eerder was gebeurd.

De vreemde incidenten begonnen vrijwel onmiddellijk. Nadat ik Phil zijn sleutelwoord had gegeven en hij aan de sessie begon, merkte ik dat Ann (gezeten in een stoel aan de andere kant van het bed) ook in trance ging. Ik keek naar Harriët en zij zag het ook. Ik kon niets anders doen dan doorgaan, hoewel ik Harriët verzocht haar in de gaten te houden. Waarschijnlijk omdat ik ook met Ann had gewerkt, had mijn stem het effect om haar onder hypnose te brengen, ook al had ik dit niet bedoeld. Ann zakte in de stoel, schijnbaar in een eigen wereld. Ik leidde de sessie op een normale manier, totdat Ann ook de vragen begon te beantwoorden. Toen wist ik dat ik een hachelijke situatie voorhanden had. Ik gebruik een handmicrofoon en houd deze tegen de mond van het onderwerp. Dit vormde een probleem toen ze met een zachte stem van een afstand begon te antwoorden. Dit voorval zal verder worden uitgelegd.

Bij het werken met Phil gebruik ik de liftmethode waar hij zo bekend mee is. Ik vroeg hem om me te beschrijven wat hij zag toen de liftdeur openging.

P: Er is daar iemand om me te begroeten. In een zuiver wit licht. We zijn oude vrienden. Hij neemt me mee naar een andere kamer waar informatie getoond kan worden. Er zijn hier verschillende die als doel hebben te helpen bij deze communicatie. Ze zeggen dat er vele anderen zijn die helpen, die zich in andere dimensies bevinden. Die het vermogen hebben om het materiaal vanuit hun perspectief te beïnvloeden, zodat het in ons perspectief kan worden weergegeven. Er is altijd enige informatie die wordt vastgehouden, omdat het net boven het niveau ligt waarop je het kunt waarnemen. Het is een groeiproces, dat, naarmate men verder gaat in het begrijpen, voortdurend nieuwe niveaus van informatie doorbreekt. Naarmate het groeiproces vordert, is er altijd, net voor het huidige niveau van begrip, een niveau van informatie dat nog niet is geschonden. Het is dit voortdurende inbreukproces dat het onderzoek en begrip van de informatie vergemakkelijkt. Want als het allemaal tegelijk zou worden gegeven, zou er geen manier zijn om zin te hebben.

D: We doen dit al vele jaren. En de informatie die we nu krijgen, zouden we in het begin nooit hebben begrepen. Dus het zou geen zin hebben gehad, en het zou op dat moment niet van enige waarde voor ons zijn geweest.

P: Het is nu tijd om je naar het volgende, meest geschikte niveau van informatie te brengen. De informatie die nodig is om je vragen te beantwoorden, wordt beschikbaar gesteld.

D: Een ding dat vele jaren geleden naar voren werd gebracht, was informatie over de zon in ons zonnestelsel. Op dat moment werd *mij verteld dat het niet was wat we ervan zagen, maar dat we niet klaar waren om het te begrijpen. Kunt je daar iets meer over zeggen? De ware aard van wat wij de "Zon" noemen, in ons zonnestelsel.*

P: We vragen je om je vraag te definiëren in termen van realiteit. Stel je hier de fysieke realiteit in vraag, of richt je je op de ultradimensionale aspecten?

D: *We zouden beide willen bespreken, denk ik. Omdat we het in de fysieke realiteit zien als de gloeiende bal aan de hemel, die leven geeft aan onze Aarde en alles laat functioneren met exploderende gassen. Dat is ons fysieke concept ervan. Klopt dat?*

P: We zouden zeggen dat je inderdaad een ervaring deelt met een fysiek lichaam dat niet lijkt op dat van jezelf. De fysieke manifestaties die je waarneemt via je fysieke zintuigen, zijn gewoon dat. Het zijn manifestaties die ontworpen zijn om een aanwezigheid, op dat specifieke niveau waarover jullie spreken, te bevorderen.

D: *We zien het met telescopen als exploderende gassen die zich een heel eind uitstrekken.*

P: Niet anders dan veel van je politici wiens invloed is als ranken, die uitstralen van hun machtsbasis. De invloed van jullie Zon is opzettelijk, en wordt versterkt door de interactie tussen die samenhangende elementen, de energieën, die zowel de zonne- als de planetaire manifestaties bevatten. Er zijn reacties waargenomen op de Zon die een direct gevolg zijn van de acties die op jullie planeet worden gepleegd. Dit wil niet zeggen dat alle reacties op de Zon worden beïnvloed door acties op jullie planeet. Want er zijn ook andere wezens rondom het zonnestelsel, die ook invloed hebben. De meest directe en dramatische invloed op datgene wat jullie de "Zon" noemen, zijn echter de acties van de wezens op jullie planeet op dit moment. Er wordt naar jullie planeet getrokken, gestuurd, aanpassingen en correcties om onevenwichtigheden op jullie planeet op dit moment te compenseren.

D: *Je zei ook, dat wat we fysiek zien, slechts een deel ervan is, slechts één manifestatie, maar de echte kwaliteit van de Zon was interdimensionaal?*

Op dit punt deed zich het vreemde en onverwachte fenomeen voor. Plots beantwoordde Ann de vraag vanuit haar stoel. Ze zat onderuitgezakt in de stoel met haar hoofd opzij geschoven, maar ze antwoordde... Ik was te ver weg voor de microfoon om het nauwkeurig op te nemen. Het klonk als: "Het is opnemen", op de band. Ik wist dat als dit zo door zou gaan, ik haar dichterbij zou moeten brengen, omdat ze aan de andere kant van het bed lag waarop Phil lag. In eerste instantie dacht ik dat het slechts een plotselinge uitbarsting was, en dat ze waarschijnlijk niet zou doorgaan. Ik bleef Phil ondervragen.

D: Kun je uitleggen wat je bedoelt met interdimensionaal?
P: We zouden willen vragen dat het andere individu zich alsjeblieft afstemt op onze energieën hier, zodat we allebei kunnen deelnemen.

Normaal gesproken was Phil zich niet bewust van wat er in de kamer gebeurde als hij in trance was. Maar blijkbaar wisten de entiteiten die communiceerden wat er gebeurde, en wilden ze dat Ann dichterbij werd gebracht. Dit zou het voor mij ook makkelijker maken.

Ik draaide de recorder uit en liep om het bed heen. Harriët hielp me om Ann overeind te houden. Ze is een grote vrouw en ze was een dood gewicht. Samen kregen we haar op de been, maar ze was helemaal geen hulp... We slaagden erin om haar te draaien naar waar ze viel, op het bed naast Phil. De hele tijd van de sessie lag ze daar in de ongemakkelijke positie waarin ze gevallen was, geen poging ondernemend om in een comfortabelere positie te komen. Op deze manier zou ik ze tenminste allebei op hetzelfde bed hebben. Maar ik moest over hen heen gaan staan en de microfoon heen en weer bewegen terwijl ze om de beurt spraken. Het was het meest interessante dat ze elkaar tijdens de sessie, terwijl ze de vragen beantwoordden, nooit onderbraken. Ze leken te weten wanneer de ander aan het woord was en vroegen hen om klaar te zijn voordat ze hun mening onderbraken. Ze vervolgden in sommige gevallen ook elkaars verklaringen en voegden meer informatie toe. Dit was de eerste keer dat mij zoiets was overkomen. Vaak leken andere mensen die in de kamer observeerden, in slaap te zijn gevallen, waarschijnlijk vanwege het geluid van mijn stem, maar ze namen nooit deel aan de sessie. Nadat we Ann hadden laten liggen, zette ik de recorder weer aan en ging verder.

D: *Je bent je ervan bewust dat er een ander individu in de kamer is, dat zich ook in deze staat bevindt?*
P: We zijn ons bewust van energieniveaus. Dat klopt.
D: *Dus als ze iets toe te voegen heeft aan het gesprek, is het goed om dat te doen?*
P: We zouden zeggen dat de communicatie simultaan is tussen ons. We gebruiken gewoon twee voertuigen.
D: *Dus als ze spreekt, is het alsof jullie allebei communiceren?*

(Ann antwoordde: "Ja".)

Dit zou een interessant experiment zijn. Het was de eerste keer dat ik twee onderwerpen op deze manier met elkaar verbond. Ik vroeg me af of ze in staat zouden zijn om samen als één te spreken. Ik wist niet wat er zou gebeuren.

D: *Oké. Wat we willen weten, zijn de ware aspecten van de Zon als het niet is zoals we het waarnemen op ons fysieke vlak. je zei dat het interdimensionaal was.*
Ann: Als opname.
D: *Hoe bedoel je?*
Ann: (Ze schraapte haar keel zodat ze kon praten.) Het registreert. Het is een energiebron die wordt geïnterpreteerd als het ontstaan van het denken. Deze gedachte registreert gedachten voor het universum waar je nu op leeft. Met deze gedachten die erin zijn vastgelegd, wordt het terug in het universum geprojecteerd en wordt het tegelijkertijd samen gebruikt.
D: *Maar het is slechts het opnameapparaat van ons zonnestelsel?*
Ann: Nee. Het is een duplicatie van vele andere zonnen.
D: *Je bedoelt, alle zonnen in de universa zijn opnameapparaten?*
Ann: Ja. Het is een bron van energie. Het is van de belangrijkste bron waar je vandaan komt. Het is een duplicatie, een lagere versie, een symbool dat jullie hebben gekozen om jullie te gebruiken om jullie te herinneren aan de energiebron waar jullie vandaan komen.
D: *Dan is de energiebron waar we vandaan komen gewoon een grotere manifestatie van de Zon, zoals wij die zien?*
Ann: Ja. Veel groter.

Ze verwees blijkbaar naar de Bron, of God, die in sommige van mijn sessies de Grote Centrale Zon is genoemd, wanneer mensen het hebben over waar we allemaal vandaan komen.

D: Maar de Zon geeft ook leven aan de planeten en aan ons.
Ann: Het is wat je hebt gekozen.
D: Maar ... zonnen gaan ook uit. Ze ontploffen. We hebben gehoord over supernova's. (Jazeker) Wat gebeurt er dan?
Ann: Je creëert opnieuw.
D: Wat gebeurt er met de informatie als het een opnameapparaat is?
Ann: Het gaat nooit meer weg.
D: Waar gaat het heen?
Ann: Dat blijft het, altijd.
D: Waar?
Ann: Het heeft altijd bestaan.
Phil: Er zijn andere niveaus van bewustzijn die niet fysiek zijn. Deze informatie wordt eenvoudigweg gelijktijdig doorgegeven aan deze andere niveaus, die geen fysiek destructief element hebben. De informatie bevindt zich eenvoudigweg op andere niveaus en is beschikbaar om op elk moment te worden verzonden, of teruggetrokken, naar een nieuwe of zich uitbreidende Zon.
D: In ons werk is ons verteld over vele planeten die planeten registreren. Sommige mensen met wie ik werk, noemen ze "thuis". De hele planeet is een bewaarplaats van kennis. Is dit een ander concept?
Phil: Het is precies hetzelfde. Het is gewoon een verschil in de manifestatie van het apparaat. Jullie hebben verschillende media in jullie ervaringswereld waarmee jullie kunnen opnemen. De apparaten zelf zijn echter niet de essentie van de opname. Ze zijn gewoon een manier om de opname zelf op te slaan en te projecteren. Het is op deze manier dat de definities worden gewijzigd, op basis van de geschiktheid van hoe deze informatie moet worden opgeslagen of geleverd.

Phil was de eerste van mijn proefpersonen die zo'n plek meldde. Dit werd beschreven in "Keepers of the Garden" als de Planeet van de Drie Torenspitsen, en uitgebreid in het eerste boek van "Het Ingewikkelde Universum" en "The Custodians". Ik heb sindsdien gehoord van andere planeten, die informatie registreren en als bewaarplaatsen worden beschouwd. Aan de kant van de geest is er de prachtige bibliotheek, die alle bekende en onbekende informatie bevat. De accumulatie van informatie lijkt van primair belang te zijn in de manier waarop de universa, enz. zijn geconstrueerd.

Ik begon een vraag te stellen, maar ik merkte dat Ann wilde onderbreken.

Ann: Ik geef een voorbeeld. De Zon die van binnen straalt, want jij bent binnenin die straalt met de Zon. Er is geen verschil in de balk. Het is allemaal van één balk... Moeilijk uit te leggen. Het is dezelfde straal, die alle kennis en alwetendheid doordringt. Je creëert de intensiteit. Het is de intensiteit die je samen creëert, collectief, die de kracht in de bron helderder naar boven haalt. Want wanneer de Zon verzwakt, is het jouw intensiteit die verzwakt.

D: *Dan controleren we de Zon?*

Ann: Klopt.

D: *Nou, we hebben echt alles in de hand, maar dat beseffen we niet. Is dat zo?*

Ann: Klopt. Jullie planeet is in deze tijd van verandering, in het proces. je hebt gevraagd om dit te laten gebeuren. Jullie weten dat dit gaat gebeuren. (Ann stak haar hand op en keek met haar handpalm naar me toe.) Het is zoals mijn hand, die op dit moment naar je ophoud. Op dit moment doe ik hetzelfde als de Zon. Ik schiet energie naar je toe. Ik leid deze energie naar jullie om. In een oogwenk voel je dat.

D: *Laat me een voorbeeld geven van enkele van de dingen die ik vind, en kijken of het zinvol is. Het is alsof onze ziel, onze geest – of het onderbewuste, of hoe je het ook wilt noemen – alle informatie verzamelt waaraan het wezen wordt blootgesteld en een opnameapparaat is op een lager, kleiner niveau. Dan betekent dit dat de planeten de bewaarplaats van kennis zijn, of kennis vastleggen, op een ander niveau. En nu zeg je dat de Zon ook een recorder van informatie is. Betekent dit dat er verschillende niveaus zijn, van kleiner tot groter?*

Phil: Er zijn veel verschillende uitdrukkingsvormen. We zijn gewoon dat alles op de een of andere manier zowel een uitdrukking van als een recorder van de werkelijkheid is. Er is geen recorder die niet uitdrukt. Want hoe kan het dat de opname gewoon gemaakt is, maar nooit tot uitdrukking komt? Het zou geen zin hebben om een blokfluit te hebben die nooit meer afspeelt.

D: *Dan, op het eenvoudige niveau. Iets dat de meerderheid van de fysieke wezens kan begrijpen, alles wat er met ons gebeurt in ons hele leven, zijn gewoon ervaringen die worden vastgelegd.*

Phil: De planeten zijn recorders van de mensen. De zonnen zijn recorders van de planeten. Het is, in feite, een keten van registratie, zodanig dat de individuele ervaringen van de individuele persoon collectief worden vastgelegd door de planeet. De individuele ervaringen van elke planeet worden vervolgens door de zon vastgelegd. De individuele opnames van elke zon van elke individuele planeet en elk individueel wezen worden vastgelegd in een sterrenstelsel. Elk sterrenstelsel wordt vervolgens vastgelegd in een universum. En elk universum wordt dan vastgelegd, zodat elke individuele ervaring nooit verloren gaat. Wat we hier zouden doen met de passage in je Bijbel. Er staat dat zelfs een mus niet uit een boom hapert die God niet kent. En dit is letterlijk waar. Elke gebeurtenis op elke planeet wordt uiteindelijk vastgelegd en uiteindelijk vastgelegd en bekend via de planetaire, zonne-, melkweg-, universele niveaus. Er bestaat niet zoiets als een gebeurtenis of idee dat onopgemerkt voorbijgaat.

D: *Als mensen dit zouden begrijpen, zouden ze zien dat er geen negatief is, er is geen positief. Er zijn alleen ervaringen die worden vastgelegd. Het zijn gewoon lessen die mensen leren, en worden in de totale geheugenbank gestopt, ik neem aan dat je het zou noemen?*

Zowel Ann als Phil zeiden tegelijkertijd: "Collectief."

D: *De collectieve geheugenbank of wat bedoel je?*
Phil: Het God-niveau. (Ann ging akkoord.)
D: *Veel van de mensen met wie ik werk, zijn naar deze opslagplaatsplaneten van kennis gegaan, waar niemand anders was dan geesten. Ze werden daarheen gebracht om als het ware informatie te downloaden. Klopt dat?*
Ann: Klopt.

D: *Het was alsof de enige mensen daar bewaarders van gegevens waren.*

Ann: Het zijn wezens die op andere niveaus hebben ervaren, anders dan jullie planetaire niveau.

D: *En ze zijn in staat om te helpen met de accumulatie van kennis?*

Ann: Klopt. Versnippering.

D: *Verspreiding van kennis. Ik zou het willen zien als een gigantische computer.*

Ann: Je hebt dit aangestipt. Je hebt het "inprenten" genoemd.

D: *Daar hebben we het jaren geleden al over gehad. Het was als een bibliotheek van alle levens die ooit geleefd hebben.*

De theorie achter imprinting is, dat een geest uit de bibliotheek een leven kan scannen en kiezen. Het zijn patronen die hij op zijn ziel heeft ingeprent voordat hij een incarnatie binnengaat. Dit gebeurt meestal als ze een leven ingaan waar er ervaring nodig is, die ze niet in hun levensgeschiedenis hebben gehad. In plaats van het leven daadwerkelijk te leven, is het gemakkelijker om het leven in te prenten. Mij werd verteld dat de afdruk alles bevat wat er in dat leven is gebeurd, inclusief emoties. Het zou onmogelijk zijn om te weten dat de persoon het leven niet daadwerkelijk had geleefd. Dit is een probleem voor de regressietherapeut. Maar het beantwoordt ook een van de vragen van de sceptici: "Waarom zijn er zoveel mensen die zeggen dat ze Napoleon, Cleopatra, enz. waren." Ze denken dat, als veel mensen zeggen dat ze de reïncarnatie van dezelfde persoon zijn, dit reïncarnatie ongeldig maakt. Maar dat doet het niet. Het betekent alleen dat verschillende mensen ervoor kozen om hetzelfde leven in hun ziel te "laden", voordat ze onze fysieke wereld binnengingen.
Het kan worden vergeleken met onderzoek, om hen voor te bereiden op het leven dat ze zullen binnengaan.

Ann: Deze geesten zijn de hoeders van wat je noemt "inprent". Zij zijn de verspreidende factoren in de nieuwe schepping, die jullie zeer binnenkort onder ogen zullen zien.

D: *Je bedoelt omdat de Aarde aan het veranderen is? (Jazeker) Maar in diezelfde geest is me ook verteld dat het DNA van onze bestaande lichamen aan het veranderen is.*

Ann: Dat is zo.

D: *Kun je me daar iets over vertellen?*

Ann: Ja. Stel je vraag.

D: *Mij is verteld dat het langzaam gebeurt. Dat de DNA-strengen veranderen? (Jazeker) Sommigen zeggen dat we uiteindelijk twaalf strengen DNA zullen zijn?*

Ann: Je wordt veertien.

D: *Maar mij is verteld dat als we twaalf strengen bereiken, we lichtlichamen zullen zijn, en daarom niet zichtbaar op dit niveau.*

Ann: Nee. Je zult in staat zijn om zichtbaar te zijn op dit niveau, omdat het jouw keuze is om dit te doen. Je hebt collectief gekozen.

D: *Maar ik kreeg te horen dat ons DNA geleidelijk aan verandert.*

Ann: Het is gebeurd. Dit is heel klein. (d.w.z.: subtiel)

D: *Omdat, als het plotseling zou gebeuren, de ziel het niet zou kunnen vasthouden.*

Ann: Dit is de reden waarom jullie energiesysteem rond jullie planeet verandert. Het neemt toe. Er zijn nu sommigen onder jullie, op de planeet, die zich hiervan bewust zijn. En ze bereiden zich op dit moment voor. En ze brengen kennis naar je toe. Op dit moment is er een energetische muur rond jullie planeet die verandert en draait, om deze bron vast te kunnen houden.

Phil: Er zullen altijd mensen zijn die kunnen acclimatiseren aan hogere niveaus van energie in een meer versneld tempo. Het is als het concept van de oudere, het hoeden van de jongere. Zodanig dat de hulp wordt gegeven aan degenen wiens vermogen om te begrijpen wordt verbeterd. Zij worden geholpen door degenen die het al begrijpen. De verandering in je DNA is nodig om je fysieke expressie, je lichaam, meer expressiemogelijkheden te geven. Verbeteringen aan de basisstructuur, voor deze hogere, meer geavanceerde en energetische uitdrukkingen. Het is gewoon een upgrade in jullie lichaamsversie, zodat het in staat zal zijn om deze hogere energieën te accommoderen, die bereid zijn zich fysiek uit te drukken. Tot nu toe is het niet mogelijk geweest voor bepaalde energieniveaus om zich fysiek uit te drukken. Want er was geen manier om met het fysieke menselijke lichaam te communiceren. Met deze upgrade zal het menselijke lichaam in staat zijn om op een hoger niveau te communiceren en in staat zijn om bepaalde energieën te activeren die op dit moment niet in staat zijn om zich uit te drukken.

D: Mij is verteld dat, met deze geleidelijke activering van het DNA, van de strengen, we ook resistenter worden gemaakt tegen ziekten.

Ann: Ik zal je laten zien hoe het zal werken. Je hebt je streng op dit moment, zoals je die nu kent. Deze lengtes worden toegevoegd aan de bovenkant van je streng. Je denkt nu dat ze onderaan staan. Dat zijn ze niet; ze staan aan de top. Ze zullen aan elkaar koppelen in een cirkelformatie, die je nu mist. In deze cirkelvorming, wanneer ze aan elkaar zijn gekoppeld, zal het de intensiteit verhogen. Door deze intensiteit zal het veranderen in jullie trillingsniveaus. Je zult in staat zijn om jezelf te transformeren van de ene plaats van bestaan naar de andere.

D: Je bedoelt met oplossen, of het afbreken, van de moleculen van het lichaam?

Zoals in Star Trek, wanneer ze van de ene plaats naar de andere gaan.

Ann: Het breekt niet af. je begrip van afbreken is enorm anders dan het onze.

D: Het oplossen of overbrengen van moleculen?

Ann: Het was om meer van energiegedachten te zijn. Je stuurt de energie om. Maar jullie hebben ervoor gekozen om dit op dit moment niet te begrijpen.

D: Maar we zullen het op dat moment kunnen begrijpen, en doen, wanneer het DNA verandert?

Ann: Klopt. Het wordt een lusvormige streng.

D: Ons is ook verteld dat dit het lichaam resistenter zal maken tegen ziekten?

Ann: Dat is zo minimaal. Het zal geen zorg meer zijn.

D: En ze zeiden dat ze ook onze levensduur verlengen.

Ann: Het is voor altijd, van eeuwigheid.

D: Maar het zal nog steeds een fysiek lichaam zijn, zoals we nu bezitten?

Ann: Als je dat wilt.

Ik wilde de scheiding tussen het lichaam en de geesttoestand verduidelijken, wanneer een lichaam niet langer nodig is. Ik veronderstel dat we, als mens, ons fysieke lichaam zo lang mogelijk willen behouden. We raken er na alles wel aan gehecht en we willen graag blijven bij wat we al kennen.

Harriët: (Ze had geluisterd, maar dit was de eerste keer dat ze deelnam.) Zal er enig voordeel zijn in het gebruik van het fysieke lichaam?

Ik stond boven het bed, in plaats van in de stoel, zoals ik normaal doe. Ik moest de microfoon van Phil naar Ann verplaatsen, en daarvoor moest ik me over het bed uitstrekken. Het leek heel onhandig, maar ik wist geen andere manier om beide stemmen op te nemen op duidelijke wijze. Nu wees ik de microfoon ook in Harriëts richting. Ik hoopte dat de bandrecorder alle gesprekken zou kunnen oppikken. Later, bij transcriptie, ontdekte ik dat mijn vertrouwde "kleine zwarte doos" me niet in de steek had gelaten. Het legde perfect en duidelijk vast.

Ann: Ja. Het zal je in voordeel zijn om jezelf te kunnen verplaatsen naar andere planetaire systemen.
D: Dus we zullen de lichamen die we nu hebben behouden.
Ann: Als je dat wilt.
D: En gewoon veranderd worden. Maar niet alle lichamen van de mensen zullen op deze manier worden veranderd. Klopt dat?
Ann: Het zal een geval van collectief denken en beslissen zijn. Je hebt er al voor gekozen om dit te doen.
D: Hoe zit het met degenen die dit niet begrijpen of erin geloven?
Ann: Ze begrijpen het wel. Ze zullen het op dit niveau niet begrijpen, maar ze kiezen er dus voor om verder te gaan.
Harriët: Kun je ons een tijdskader geven, hoe lang dit proces zal duren?
Ann: Je tijdsbesef is extreem beperkt. Dat is al gebeurd. Het is een kwestie van dat je het manifesteert in je realiteit.
Harriët: Zullen we dit doen binnen ons tijdsbestek, zoals we het nu kennen? (Jazeker)
D: Ze denkt aan vijf, tien of twintig jaar, zal het zich manifesteren?
Ann: In je wiskundig systeem? Tweeëntwintig jaar.
D: Tegen die tijd zal het afgerond zijn?
Ann: Je zult het initiëren. Tweeëntwintig jaar heb je je strengen "gelust" en begin je net met het initiëren van je proces.

Harriët: Zal een van de mensen, die momenteel in lichaam zijn, dan in staat zijn om naar dat punt te gaan?
Ann: Ze komen terug.
D: Hoe zit het met degenen onder ons die tot de oudere generatie behoren?
Ann: Je zult ervoor kiezen om terug te komen, als je dat wilt. Je komt terug met herinnering.
D: Maar zal ons lichaam niet in staat zijn om te veranderen ... op een manier die je toestaat hier te blijven tijdens het proces?
Ann: Je zult in staat zijn om je buitenste huidniveau te veranderen om de huidige verandering in het energieniveau van je aardoppervlak aan te kunnen.
D: Omdat mij werd verteld dat leeftijd niet hetzelfde zou zijn als hoe we er nu naar kijken.
Ann: Dat zal niet zo zijn.
Harriët: En het energieniveau gaat omhoog?
Ann: Klopt.
Harriët: Degenen die dat energieniveau niet kunnen handhaven, zullen ervoor kiezen om te vertrekken en later terug te komen? Klopt dat?
Ann: Je kiest ervoor om te verhuizen, als je dat wilt. Als je ervoor kiest om niet terug te komen, zal dat jouw keuze zijn. Er wordt collectief over nagedacht. je lijkt dit niet te begrijpen.
D: Nee, dat doen we niet, want we denken nog steeds in het individuele standpunt.
Ann: Nee, dat is gestopt. Dat is je probleem.

Ik richtte mijn vraag aan Phil, die had gezwegen en het Ann toestond om te meeste vragen te beantwoorden.

D: Heb je nog iets toe te voegen over het DNA?
Phil: We zouden zeggen, dat er meer verklaringen zullen zijn in andere arena's. Deze informatie zal via andere bronnen worden bevestigd. We vragen je vriendelijk om je bewust te blijven van dit onderwerp, zodat je op de hoogte bent wanneer items die deze informatie kunnen verbeteren aan je worden gepresenteerd, of het nu in je nieuwsformaat of conventieformaat is. En dan kun je het begrip van anderen vergroten die, net als jij, een elementair begrip hebben van het proces dat op het punt staat zich te ontvouwen.

D: *Het veranderen van het DNA en het toevoegen van meer strengen, zal dit zichtbaar zijn voor wetenschappers en artsen? (Ann: Ja.)*
Phil: Ze beginnen nu pas, via hun onderzoeksmogelijkheden, de implicaties te begrijpen van wat we hier vandaag uitdrukken. Het menselijk genoomproject heeft nu pas een hint gegeven naar de mogelijkheden, die nog niet tot uitdrukking zijn gebracht in jullie fysieke lichamen. Er zijn vele, vele segmenten van de keten die zijn geclassificeerd als "overtollig" DNA, simpelweg omdat ze de functie ervan niet begrijpen. Een deel van dit zogenaamde "overtollig" DNA is echter in feite in gebruik en drukt zich uit. Er zijn echter enkele secties die nog niet zijn geactiveerd. Deze extra segmenten zullen samenwerken met veel van de segmenten die al aanwezig zijn. Het is een verbetering, die veel van de segmenten activeert die tot nu toe op hun plaats waren, maar voorheen inactief waren.

Harriët: Ik weet dat je je heel erg bewust bent van de toestroom van de zogenaamde "Indigo" kinderen.
Ann: Klopt. Zij zijn jullie leraren. Er is een energieverandering. Hun lichamen zijn op dit moment aan het reconstrueren, met de energieverandering. Hun DNA-gehalte neemt toe.

H: Zijn er goede manieren om met deze nieuwe energieën om te gaan? (Jazeker) Hoe kunnen we de beste manier vinden om dit te doen?
A: Je hebt op dit moment middelen bij je. Water is een zeer belangrijke hulpbron voor je kinderen.

D: *Water? Bedoel je baden, drinken?*
A: Haal ze rond water. Interne inname. Is dat het juiste woord? Water is voor hen een evenwicht. Vanwege de reconstructie die op dit moment gaande is met je energieveld (Ze had moeite om het volgende woord te vinden. Ze bleef maar beginnen aan iets dat klonk als: cir ... cir ...).

D: *(Ik heb me vrijwillig aangemeld) Circuits? (Nee)*
H: *Circuleren?*
A: Circulatie rond jullie planeet. Op dit moment fungeert het als verwarring bij deze specifieke individuen. Ze zijn hier gekomen, zoals jullie hen hebben gevraagd, met een hoger bewustzijn en een hoger begrip. Hun energietrilling is veel hoger. Het is vanwege de constructie die rond jullie planeet is, dat ze het moeilijk hebben om zich op dit moment te verbinden. Maar ze wisten dat dit ging gebeuren.

D: Maar veel van de opvoeders, de leraren, begrijpen deze kinderen niet.

A: Je kunt niet verwachten dat ze ze begrijpen. Ze hebben geen fysiek, emotioneel begrip voor hen. Ze zijn zeer beperkt.

D: Maar het probleem is, dat ze hen medicijnen en dergelijke geven, waarvan we denken dat ze hun capaciteiten kunnen belemmeren.

A: Deze personen die deze medicijnen gebruiken die je hen geeft, begrijpen dat ze ze kunnen tegengaan.

D: Oh, dat is goed! Omdat we niet willen dat ze worden geschaad.

A: Je kunt ze geen kwaad doen. Het is hun individuele keuze, zelfs deze individuen die met deze verlichting komen. (Pauze) je vragen waren zeer beperkt. We hebben gemerkt dat je in het verleden met veel vragen bent gekomen. Dat je vragen deze keer heel minimaal zijn.

D: Dat komt omdat we niet voorbereid waren op dit voorval, en we probeerden ons te concentreren op slechts een paar items tegelijk.

A: Je zult alleen een beetje informatie ontvangen, omdat we het gevoel hebben dat je het nodig hebt voor de tijd die "nu" in je leven is. We kunnen je koers niet wijzigen. Je gooit het roer om. Wij kunnen je helpen met elke vraag die je hebt. We zullen je die informatie niet ontzeggen.

Phil: Er zullen kansen worden gegeven om deze onderzoekssessies voort te zetten, zoals we ze graag berekenen, omdat ze in feite een apparaat of kans zijn, waardoor je niet alleen ons begrip kunt onderzoeken, maar ook een manier waarop we het jouwe kunnen onderzoeken. We zouden zeggen dat we allebei, aan beide uiteinden van deze ervaringen van elkaar leren. Het maakt niet uit welke methode je gebruikt om contact met ons op te nemen en vragen te stellen. Het is je geluidstrilling die het lichaam doorsnijdt. Het maakt niet uit wat je woorden zijn.

D: Mijn stem, bedoel je?

A: Klopt. Het maakt nooit uit wat je woorden zijn. Het is altijd de geluidstrilling waarmee verbonden wordt.

D: Dus ik moet gewoon met ze praten met de intentie om verbinding te maken met jullie, en dan kunnen "wij" praten?

A: Klopt.

P: We willen je bedanken voor je inspanningen om deze bewustzijnsverschuiving te verspreiden. We zien de effecten die jullie hebben op degenen op jullie planeet. Degenen die hun focus hebben gericht op hogere inzichten, of beter gezegd, begrip van de hogere niveaus, hebben in je geschriften een zeer boeiende en gemakkelijk te begrijpen manier gevonden bij het bespreken van deze kwesties Zaken die voor sommigen "ver boven hun hoofd" zijn. Wij danken jullie, want jullie hebben geen idee, dat de efficiëntie die jullie hebben op de energie rond jullie planeet aantoonbaar en merkbaar verschillend is, vanwege, of als een direct gevolg van jullie inspanningen. Het wordt opgemerkt door degenen die van grote afstand observeren, deze verandering in de energie, die transparant is voor degenen onder jullie met fysieke zintuigen... Echter, die wezens die jullie vooruitgang op afstand bekijken, hebben deze verandering opgemerkt. Wij danken jullie voor, niet alleen zij, die wezens die niet in staat zijn om hun waardering aan jullie te uiten; maar ook in het bijzonder voor degenen onder ons die rechtstreeks met jullie en de wezens op jullie planeet werken. Dat de toename in bewustzijn op het pad van Gods verlangens ligt. Er zullen nog veel meer kansen worden gegeven voordat ieder van jullie in deze kamer de ultieme of misschien wel laatste ervaring heeft. Dat wil zeggen, je overgang naar huis. Ieder van jullie in deze kamer heeft nog veel te doen. je hoeft je geen zorgen te maken over overgangskwesties, omdat deze tijdschema's en manier van vertrekken worden afgehandeld door een zeer bevoegde autoriteit.

D: Ik kreeg te horen dat ik in de buurt zou zijn om deze dingen te zien gebeuren.

A: Dat wil je.

P: Er zullen veel verbazingwekkende dingen zijn, die ieder van jullie zal ervaren, voordat je taken zijn voltooid. Wij danken je nogmaals vanuit degenen onder ons hier en van degenen onder ons die hier niet kunnen zijn.

Bij het ontwaken was Ann erg verward en futloos. Ze had absoluut geen herinnering aan het in trance gaan, en geen herinnering aan wat er gebeurde. Phil had nog een paar opmerkingen toe te voegen voordat de band op was. Ik heb de recorder weer aangezet om die op te nemen.

D: Je zei, dat je het gevoel had dat er twee afzonderlijke kanalen waren, en niet dezelfde groep.

P: Ik denk dat dit waarschijnlijk komt omdat onze hogere bronnen, op een bepaald niveau, allemaal met elkaar verbonden zijn. Ik bedoel, het is dezelfde en ultieme bron, maar op ons niveau, hier beneden, voelt het individueel. Ik kon voelen wanneer Ann zich klaarmaakte om iets te zeggen, en ik kon niet tegelijkertijd praten.

D: Daar was ik bang voor. Dat jullie allebei tegelijk zouden beginnen te praten en je er niet van bewust zou zijn dat de ander aan het woord was. Je zette elkaars gedachten voort en deed er nog een schepje bovenop.

Ann zei, dat toen ze mijn stem hoorde, ze niet wakker kon blijven, ook al sprak ik met Phil. Het pakte dus goed uit, ook al was het onverwachts. Er was veel meer informatie tijdens deze sessie dan ik oorspronkelijk had vermoed. Het is opgenomen in andere hoofdstukken.

Hoofdstuk 23
Een Ander Energiewezen

DEZE SESSIE WERD GEHOUDEN op een verborgen retraite, in het noorden van Minnesota in oktober 2001, door een groep kijkers op afstand. Ze werken samen met anderen in de VS om informatie te verzamelen via "kijken op afstand". Ze weten dat ze in de gaten worden gehouden door overheidsagenten, die altijd proberen te achterhalen hoeveel en wat ze weten. Ze weten ook dat hun telefoons worden afgeluisterd. Dat wisten we toen ze met haar groep deze bijeenkomst organiseerden. Ongeveer één keer per jaar komt de groep ergens in afzondering bijeen om notities te vergelijken en de strategie te plannen. Deze bijeenkomst werd gehouden in een resort aan een meer dat gedurende de winter gesloten was. Wij waren de enige aanwezigen, behalve de eigenaren, die ook een bar op het terrein uitbaatten. De dag voordat de vergaderingen begonnen, terwijl ze zich nog aan het settelen waren met voorraden, enz., kwamen er enkele verdachte mensen opdagen die ongebruikelijke vragen stelden. Dus ze vermoedden dat de regering waarschijnlijk wist dat ze er een vergadering hadden. Ze laten zich er niet door storen. Ze zeiden dat ze hebben geprobeerd samen te werken met de overheidsinstanties, door hen informatie te verstrekken wanneer ze denken dat er iets gaat gebeuren. Dit is enorm veel informatie die ik gerust over hen kan meedelen. Minnesota is het land van 10.000 meren, dus het zou moeilijk zijn om hun locatie te bepalen. Ik probeer de identiteit van mijn "medewerkers" zoveel mogelijk te beschermen.

De plaats was erg verlaten. Nadat we in oktober 2001 op de MUFON-groep hadden gesproken, vlogen we vanuit Minneapolis naar het Noorden, met een klein vliegtuig. Daarna was het een tocht van ruim een uur. Het was koud en sneeuwde terwijl wij er waren. Na de vergadering vlogen we terug naar Minneapolis voor de WE (walk-ins for Evolution) conferentie.

Dit was slechts een paar weken na de aanslagen van 11 september. Tijdens de WE-conferentie viel de VS Afghanistan binnen, onder het mom van een poging om Bin Laden te vinden. Dit waren dus een paar spannende weken geweest en er was veel argwaan. Ik kon begrijpen waarom de groep zo voorzichtig was. De leider heeft me hierna een paar keer gevraagd om me te vertellen over gebeurtenissen waarvan ze dachten dat ze zouden kunnen gebeuren, zodat ik op de hoogte kon blijven van hun werk. Hun filosofie is om te proberen alle voorspelde gebeurtenissen te veranderen of te voorkomen dat ze gebeuren, door invloed van de groepsgeest.

Deze sessie werd gedaan met een van de leden in het resort. Ik gebruikte de wolktechniek met Laura, en toen ze naar beneden kwam, wist ze niet waar ze was, maar het klonk zeker niet als een vorig leven. Althans niet op Aarde. Ze kreeg meer vreemde indrukken dan scènes.

L: Het is bijna alsof de zon schijnt vanaf een helder object. Het zijn gewoon tinten van lichten en vormen. Het was alsof de zon een spiegel schuin raakte, en ik keek ernaar vanaf de vlakke kant aan de overkant. En nu is het helemaal donker.

Ik stelde verschillende vragen om haar te oriënteren en haar toe te staan beelden te vormen. Ze ging ervan uit dat ze binnen was, in plaats van buiten, omdat ze zich opgesloten voelde. Ze zag delen van verschillende objecten die haar onbekend waren. Dan lijnen, recht en grillig. Lichtschachten. Dan speelt het licht en worden beelden als een dubbele belichting over elkaar heen gelegd. Laura bleef enkele minuten verschillende geometrische vormen zien, waaronder enkele gestapelde diamanten en kleuren, maar niets dat kon verklaren waar ze was. Toen kondigde ze merkwaardig genoeg aan: "Ik denk dat ik in een soort machine zit! Of ik kijk naar een machine. Nu zie ik zoiets als een raam. Maar ik kan er niet doorheen kijken. Er zit een heel fel wit licht achter. Maar het licht doet geen pijn aan mijn ogen."

D: *Welke vorm heeft het raam?*
L: Het is heel rond. Misschien waren het de klemmen die het vasthielden, die ik eerder zag, toen ik de rand van het raam zag. Het licht dat ik door het raam zag komen, kwam van de binnenkant van de machine. Ik zit nu in de machine. En ik ben gewoon omringd door licht. Het is een beetje rond de buitenkant van mij. Een soort stralenkrans? Alleen is het op alle muren en alles… En soms komt het licht binnen en omringt het me volledig, en andere keren wordt het gewoon een cirkel om me heen. Een

cilinder om me heen. Ik ben naar de binnenkant van deze machine verhuisd. Het licht is nu lavendel.

Ik wilde een indruk krijgen van haar lichaam, dus ik liet haar focussen op haar voeten. "Ik voel mijn voeten, maar ik zie ze niet. Ik denk niet dat ik een lichaam heb. (Verward) Ik ben hier, maar ... er zijn geen voeten, geen armen. Ik ben hier gewoon. Ik denk niet dat er zozeer een "echt" lichaam is als wel dat er alleen "ik" is."
Dit is al vaak gebeurd, dus het verbaasde me niet. Ik hoefde alleen maar de juiste vragen te bedenken om aan dit soort wezens te stellen.

D: *Hoe ziet de rest van de machine eruit? Welke andere indrukken krijg je?*
L: Ik krijg de indruk van een textuur op de muren. Ik weet dat ze megagroot zijn, maar ze zien er niet megagroot uit of voelen niet megagroot aan. En de muren zijn in een soort op en neer grijpende diamantvorm.

Dit waren waarschijnlijk de diamantvormen die ze eerder zag, maar waar ze geen verklaring voor had.

D: *Voel je je op je gemak bij deze plek? Heb je het gevoel dat je daar thuishoort?*
L: Ja, dat doe ik. Het is een kleine machine. Ik zit erin opgesloten als ik erin ga. En ik neem waar, dat de wereld kleuren is. Veel gekleurd licht in de wereld en ik ben gekleurd licht. De kleuren veranderen als ik reageer op mijn omgeving. Licht en donker. We zijn nu donker, maar het gaat naar wit licht, lavendellicht, zacht licht.
D: *Ik wou dat we meer konden weten over deze plek en erachter konden komen waar het is. Wil je buiten deze machine treden en het van buitenaf bekijken?*
L: Ja, ik wil graag zien wat het is.
D: *Hoe ziet het er van buitenaf uit?*
L: Nogmaals, ik weet dat het megagroot is, maar het ziet er niet megagroot uit. Het ziet eruit als een donker plastic. Toch weet ik dat het megagroot is. Het is cilindrisch, met een puntige top als een kegel. Het lijkt erop dat het een strakke pasvorm heeft.

Beperken. Niet ingesnoerd, maar gewoon opgesloten, zoals ik het ervaar. Er was ruimte om te bewegen.
D: *Waar bevindt het zich?*
L: Ik weet niet wat ik nu zie. Ik zie het in een ...? Een band, een loopweg aan de buitenkant ervan. Ik sta erboven. Ik had een beetje het gevoel dat het een schip of een transportmiddel was. Nu ik er een beter beeld van krijg, weet ik dat het zo is.
D: *Als het een soort schip is, waar brengt het je dan naartoe?*
L: Overal, dat kwam in me op, overal. (Gelach) Het is op een veel grotere plaats, maar ik krijg een gevoel van een breed vlak gebied rond het laadperron en er is beweging op, maar niet veel. Het is geen drukke plek. En er gaat iets recht omhoog.
D: *Zijn er andere mensen in de buurt?*
L: Ja. Niet veel. Het zijn vormen en ik krijg het gevoel dat ze een uniform dragen. Geen menselijke vorm, alleen vormen.
D: *Hebben ze ook verschillende kleuren?*
L: Ze zijn vrijwel gewoon grijs of donker, flauw. Maar ik denk dat dat komt omdat ze iets dragen.
D: *Wat doen die andere mensen?*
L: Oh, ze doen hun werk. Ik zou het een laadperron vinden. Het zijn gewoon arbeiders.
D: *Wat is je werk?*
L: Ik loods het schip. Dat voelt als thuis.
D: *Hoe ziet dat deel eruit, waar je het bestuurt?*
L: Het is gewoon het hele schip. Ik ga in het schip en het doet wat ik wil dat het doet.
D: *Ze hoeven geen controles, geen stuurknuppel te hebben of zoiets dergelijks?*
L: Het is met de geest.

Dit was niet de eerste keer dat ik van dit concept hoorde. In mijn boek "Legacy From the Stars", waren er voorbeelden van buitenaardse wezens die op het schip waren aangesloten. Ze controleerden het schip via hun geest en via spierreacties. Die entiteiten waren fysieker, deze klonk vergelijkbaar met de energievariant; omdat ze geen lichaam van substantie leek te hebben.

Veel buitenaardsen beheersen hun voertuigen ook via hun geest. Groepsgeest is bijzonder krachtig.

L: Maar het schip is slank. Het is niet zoals een echt groot vrachtvliegtuig hier op Aarde. Het is gewoon een slanke kegel. Een beetje zoals een potlood, alleen is het rond en het is lang en het heeft een puntige bovenkant.

D: *En jij bent de enige die dit doet?*

L: Ik krijg het gevoel dat ik dat ben, ja. Als ik het schip neem, ben ik de enige. Ik doe boodschappen. Niet echt "boodschappen doen", maar ik vervoer geen vracht. Niet zoals vrachtwagens of zoiets op Aarde. Ik krijg geen duidelijk idee van wat ik doe als ik ga. Ik heb een doel om te gaan. Boodschappen bezorgen, om iets te doen, maar ik loods het schip. Ik neem het schip en ik ga.

D: *Neem je een bericht mee naar iemand? Is dat wat je bedoelt?*

L: Alleen al mijn "gaan" is de boodschap. Het is heel moeilijk uit te leggen. Zelfs ik kan niet helemaal begrijpen wat dat betekent.

D: *Zie jezelf het doen. Stap je gewoon in het vak en denk je na waar je naartoe moet?*

L: Ja, zo werkt het vaartuig, zo werkt de machine. De plek waar ik het aangemeerd zie, is niet mijn thuisplek, maar een plek waar ik regelmatig kom. Sommige anderen doen dat ook. Daarom hebben ze een laadperron dat past bij het schip. Het komt in de ring. En dan heeft het een platform eromheen. Daarom droegen de vormen kleding, en leken ze niet op mij. Omdat dit niet mijn thuis is, het is waar ik soms kom.

D: *Laten we eens kijken hoe de plek waar je vandaan komt eruit ziet. Je kunt er heel gemakkelijk terugkeren. Hoe ziet de plek die "thuis" is eruit?*

L: Licht. Veel licht. Zacht, zacht ... zeer zacht licht. Licht van alle kleuren.

D: *Ga je daarheen in het vak?*

L: Dat heb ik deze keer niet gedaan. Ik ging gewoon.

D: *Er is niets solide of fysieks?*

L: Ik zie het niet. We zijn allemaal gewoon ... licht.

D: *Zijn er andere wezens in de buurt?*

L: Het voelt alsof het al mij is, maar er is gewoon een deel van mij dat gaat. (Gelach) Maar dat is allemaal als ik thuis ben. En het is een goed, gelukkig gevoel; Ik ben thuis.

D: *Waarom zou je dan in een voertuig moeten gaan? Je zei dat je niet het gevoel hebt dat je een lichaam hebt.*

L: Ze hebben het voertuig nodig. Waar ik naartoe ga. Ze moeten het zien. Ik kan reizen zonder, maar ze moeten het vaartuig zien.

D: *Waarom moeten ze het zien?*

L: Het zijn nog niet helemaal lichtwezens, maar ze begrijpen het wel. En voor hun comfort gebruik ik het voertuig als ik naar die plekken ga. En ze voelen zich op hun gemak als ze een vaartuig zien binnenkomen en een lichtwezen eruit zien komen. Het lijkt me niet logisch, maar dat is de manier waarop ze zich er comfortabel bij voelen.

D: *Dus ze zien je als deze gekleurde lichten?*

L: Ze zien me als een lichtwezen, maar ze moeten dat voertuig zien. Waarom, ik heb het niet nodig. Zo van, ik ben naar huis gegaan en ik ben nu weer terug bij het voertuig. Toen ik naar huis ging, voelde dat goed. Het was gewoon het grote licht, toen ik naar huis ging. Maar ik had het voertuig nodig om hier te komen.

D: *Op dit licht, dat je als thuis beschouwt, is er niets fysieks? Huizen of iets dergelijks?*

L: Nee, ik krijg gewoon een idee van dit zwevende licht. En ik krijg het gevoel van "wij". 'Wij' zijn licht.

D: *Alsof er meer dan één van jullie op deze plek is?*

L: Ja. Maar we zijn maar één massa. En ik ga weg en dan kom ik terug. Als ik wegga, ben ik mezelf. Als ik terugkom, zijn we "we".

D: *Jullie maken dan allemaal deel uit van hetzelfde. (Jazeker)*

Ik besloot haar vooruit te schuiven naar een belangrijke dag waarop er iets gebeurde. Hoewel ik me niet kon voorstellen wat belangrijk zou worden geacht voor een energiewezen. Ik moest hoe dan ook de procedure volgen die in de loop der jaren zo goed voor me heeft gewerkt.

D: *Wat gebeurt er? Wat zie je?*

L: Het heeft te maken met het feit dat … we "ik" worden en ik "wij" worden. En het heeft te maken met het moeten hebben van het schip voor andere mensen. Voor hun comfort, voor hun welzijn. Ik moet het schip hebben. Maar voor mij is het gewoon ik zijn, en niet wij, en wij niet ik zijn. En ik snap dat het niet één bepaalde dag is, het is dat hele concept.

D: *Je zei dat je werd weggezonden voor het verspreiden van boodschappen.*

L: Ja, en soms blijf ik lang weg, waar ik naartoe moet voor een boodschap. Dat is wat ze me probeerden te vertellen. Dat is wat ik probeer te zien.
D: *Hoe bedoel je?*
L: Dit lichaam is nu mijn schip. En ik wil een berichtje. Niet voor niets.
D: *Op Aarde, bedoel je?*
L: Ja. Dit lichaam van Laura. En voor het comfortniveau van deze tijd en plaats moet ik erin zitten. En ik moet mezelf zijn. Ik kan wij niet zijn. En daar voel ik me prettig bij. Ik vind het leuk om mezelf te zijn, maar ik mis het wij-gevoel.
D: *Is dat wat het je laat zien; dat je ooit het "wij" was?*
L: Er wordt me verteld dat het de kleuterschool was, om me te laten zien dat dit een van de redenen was, of om uit te leggen waarom ik hier ben. Hoe het gebeurde.
D: *Hoe is het gebeurd?*
L: Ik werd hier gecalculeerd, geplaatst. Ik ben hier vaak geweest, maar deze keer werd ik hier gecalculeerd, naartoe berekend? Gezonden?.
D: *Hoe bedoel je?*
L: Ik was nodig. Ik moest komen. Ze wilden me hebben. Niemand anders. Ze wilden dat ik kwam. En het is een heel belangrijke klus. En het zou een lange klus worden. Ik kon niet komen en gewoon gaan. Ik moest dit schip nemen en hierheen komen.
D: *Je bedoelt, je kwam hier naar de Aarde om iets te doen dat lang zou duren?*
L: Ja. En het zou moeilijk worden, maar ik kon het. En ze voelden dat alleen ik het kon. Ik moet dingen veranderen. Het is heel subtiel. En het is een beetje vervormd. Maar de planeet, de entiteit heeft hulp nodig. En de planeet heeft mij ook geroepen. De entiteit die deze planeet maakt, is gepijnigd, ziet af en is gekwetst. Dus ik werk met de planeet. Ik werk met die entiteit. En de mensen op de planeet zijn gepijnigd, ze lijden en zijn gekwetst. Ik kwam helpen. Ik weet hoe ik deze dingen moet veranderen. Ik weet hoe ik eraan moet werken.
D: *Deed je in je andere leven hetzelfde werk?*
L: Ik doe het wanneer ik nodig ben, wanneer het nodig is.
D: *Dus in andere levens heb je hetzelfde werk gedaan door te proberen de planeet te helpen?*

L: Ja. Deze keer is het echter serieus.

D: *Hoe help je de planeet?*

L: Ik breng de energieën in balans. Ik probeer de energieën van de Aarde en de mensen vorm te geven, te vormen. Het is als beeldhouwen. Het klimaat, de sfeer. Het is allemaal één groot plaatje met veel onderdelen. En het is een beetje als ... het maken van ijzervijlsel met een magneet, zoals foto's van kleine kinderen... En je probeert van het ijzervijlsel een mooi plaatje te maken met de magneet. Ik probeer al dat ijzervijlsel bij elkaar te houden. (Grinnikt) Proberen om ze het mooie plaatje te laten behouden. Dit is zo'n prachtige planeet. In plaats daarvan gaan de dingen vanzelf door. Ze blijven dwalen, blijven afdwalen, blijven in de problemen komen. En het is een zware klus.

D: *Maar blijkbaar heb je je vrijwillig aangemeld om dit te doen, nietwaar?*

L: Ja. Deze persoon, dit lichaam, wilde weten waarom het hier werd geroepen. En daarom werd ze dus opgeroepen. Om de Aarde te helpen. Om de mensen te helpen. Om de sfeer te helpen.

Ze had zich op haar doel gericht. Dit betekende meestal, dat ik nu in contact stond met haar onderbewustzijn, of haar hogere zelf. Ik had nog niet om gevraagd om het naar buiten te brengen, maar vaak neemt het over en gaat het vanzelf de sessie in. Ik ben hier altijd blij mee, omdat ik weet dat ik antwoorden kan krijgen op zowel haar vragen, als de mijne.

D: *Deze plek waar ze vandaan kwam, kun je haar vertellen wat dat was? De plek die ze thuis noemde.*

L: Het is de Ene. De Ene. Waar alles één is.

D: *Maar ze kwam hier, om de Aarde te helpen.*

L: Altijd de "evenwicht brenger" van energieën. Al heel lang, ja. Ze is er erg goed in en het universum wist dat zij degene was die kon helpen. De meeste mensen komen voor het volgen van lessen. Ze komen voor wat dan ook. Ze kwam helpen. De planeet riep, het universum riep haar.

D: *Maar in dit leven leert ze ook lessen, nietwaar? Dat hoort bij de menselijke ervaring?*

L: Ja, ze heeft lessen geleerd om anderen te helpen hun lessen te leren. Altijd helpen, altijd helpen.

D: *Wanneer we op Aarde leven, hebben we de neiging om problemen te creëren en vervolgens karma te creëren.*
L: Ja, dat doen mensen. (Grinnikt) En er zijn zielen die dat te veel hebben gedaan, en ze heeft er ook mee ingestemd om die zielen te helpen leren hoe ze hun karma in één leven in evenwicht kunnen brengen. Ze wordt zelf niet verstrikt in karma dat haar hier gevangen zou houden. Het gaat goed met haar. Ze weet het nog. Wat er ook gebeurt, ze kan het karma in evenwicht brengen. En dat deed ze al voordat ze zich herinnerde dat ze wist hoe ze dat moest doen. Die herinnering bewaart ze goed, maar ze is dan ook oud. Dat heeft ze al vaak gedaan.
D: *Het is erg lastig om onder mensen te leven en geen karma te veroorzaken.*
L: Ze wordt door ons zeer gerespecteerd door dat te doen. Ze is een van de weinigen die dat niet doet, geen creatie heeft rond karma. En dit leven is een zwaar leven voor haar geweest. Maar ze herinnerde zich vroeg, en ze heeft het zich goed herinnerd, en ze herinnert zich nu veel. We vinden dat het tijd is. Ze wilde het weten. Ze herinnerde zich meer dan ze wilde erkennen, maar alleen omdat ze luisterde naar iedereen die haar andere dingen vertelde, daardoor wist ze niet alles. En we willen dat ze weet dat het zo is. Haar herinneringen kloppen.

* * *

Laura wilde ook meer weten over engelen, maar het lijkt erop dat ze een verschillend type entiteit zijn.

D: *Laura, het lichaam hier, wilde meer weten over engelen. Kun je haar vertellen of er zulke dingen zijn?*
L: Er zijn engelen. Ze werkt al vele duizenden en honderdduizenden jaren met hen samen. Ze heeft veel werk met hen gedaan. Ze heeft speciale engelen waarmee ze werkt.
D: *Zijn dit net als ... haar gidsen, of voogden?*
L: Die heeft ze ook, maar het zijn aparte dingen. Gidsen of voogden zijn mensen, mensen die ze in andere levens en in dit leven heeft gekend, die zijn teruggekomen om haar door deze tijd heen te helpen. Haar engelen zijn er altijd geweest. Door alle levens op deze planeet en sommige van de andere.

D: *Ze dacht, dat een engel iets was dat aan de Aarde gehecht was. Ik denk niet dat dat klopt, toch?*

L: Ik denk dat ze engelen verwart met enkele van de beschermende entiteiten van de Aarde die in de hogere atmosfeer leven. Ze blijven in de buurt van de Aarde omdat dat hun taak is. En ze werkt heel nauw samen met sommigen van hen, in de balancerende baan; in dat deel van waar ze voor gekomen is. Maar er zijn andere engelen die overal naartoe gaan waar de zielen gaan. De zielen die mensen en andere entiteiten maken. Ze vroeg zich af, of engelen in menselijke lichamen komen. En dat doen ze niet. Het zijn gewoon de wezens die ze engelen noemt. En er zijn bepaalde van die wezens die met haar werken, en een in het bijzonder die al deze tijd met haar heeft gewerkt. Al die honderdduizenden jaren. Vanaf het moment dat ze begon te incarneren, tot het heden. Ze zijn erg blij met haar werk met hen. Maar ze moet onthouden dat er meer zijn dan alleen de engelen die ze beschermengelen noemt. Ze moet zich alle andere engelen die haar ten dienste staan, herinneren, zoals ze het uitdrukt. Ze moet hen herinneren en prijzen en bedanken voor hun werk en bidden ...

D: *Dat was nog een van haar vragen. Wat ze voor hen zou moeten of kunnen doen?*

L: Ze moet zich het grotere geheel herinneren. Ze weet van de oproep voor het helpen van mensen, en voor het helpen van de zielen die naar haar worden gebracht om te helpen door hun ervaringen. Maar ze moet onthouden dat ze met al deze energieën in de atmosfeer, en de menselijke harmonie werkt. De energieën die alle mensen uitstralen, en de planetaire energieën. En daar zijn engelen die haar daarbij helpen. En nog anderen helpen, die enigszins hetzelfde werk doen. Er zijn anderen die op de Aarde werken. Anderen werken aan de menselijke energieën. En nog anderen werken aan de atmosfeer, die energieën. Ze is de enige die aan alledrie werkt.

D: *Dat zou een moeilijkere klus zijn, dan alleen maar aan één soort werken.*

L: Dat is zo. Het vraagt veel van haar. Ze vraagt zich vaak af waarom ze niet goed slaapt. En dat is een van de redenen. Ze is bezig op dat andere niveau en het houdt haar wakker. Ze voelt zich niet moe en dat komt omdat we haar proberen te dienen om haar actief te houden om haar in balans te houden.

D: *Dus ze doet veel dingen als ze denkt dat ze slaapt.*

L: Ze doet die zaken de hele tijd. Het is te zien in haar leven, omdat ze een zeer laag metabolisme heeft. En een laag energieniveau. Ze beweegt wat langzamer, praat een beetje langzamer. En ze heeft wat je noemt … een laag energieniveau. Slaapt erg laat, dat komt omdat ze het zo druk heeft op dit andere niveau. En het heeft invloed op haar lichaam op die manier.

* * *

In mijn werk tijdens de afgelopen jaren heb ik gemerkt dat steeds meer mensen zich bewust worden van hun ware zielsoorsprong en hun doel om op dit moment te leven. Het lijkt erop dat het nu tijd is om het allemaal aan hen te onthullen. Het is tijd om bewust te zijn van wie je bent en waarom!

Hoofdstuk 24
Als Je Denkt, Creëer Je

RICHARD, EEN SCHOOLLERAAR, daalde af uit de wolk. Er waren mensen die hem aan de oppervlakte kwamen begroeten. Ze verwelkomden hem terug. Hij dacht dat het een andere planeet was. Het was zeker niet de Aarde. "Het voelt anders. Het is heel rustig, heel erg kalm. De mensen zijn erg aardig. Het is net als mijn familie." De mensen leken op humanoïden, gekleed in vloeiende gewaden. Hij was gekleed in een paarse versie hiervan, en ze communiceerden niet mondeling met hem: "We wisselen telepathisch gedachtes uit."

D: Heb je het gevoel dat je solide of fysiek bent?
R: Tot op zekere hoogte fysiek, maar ook heel licht.

Hij werd emotioneel en begon te huilen toen hij zei dat het voelde alsof hij al lang weg was.

R: Ze vragen me hoe het is geweest. Wat voor ervaringen ik had. Het is bijna alsof je een baan aanneemt. Een opdracht aanneemt. Weg geweest; zoals .. alsof ik op een lange reis vertrok.
D: Waarom heb je besloten om terug te gaan?
R: Omdat het tijd is om terug te gaan. Gewoon om mijn energie op te frissen en om te onthouden waar ik vandaan kwam.
D: Waar ben je geweest?
R: Meestal op planeet Aarde. Dat is in ieder geval de laatste honderdduizend jaar mijn opdracht geweest.
D: Je bent dus al heel lang op Aarde.
R: Ja, veel levens. Altijd terugkomend.
D: Waarom moest je steeds terugkeren?
R: Omdat dat bij het werk hoort.
D: En je zei, dat je nu bent teruggekeerd om informatie uit te wisselen?
R: Ja, even een kleine opfrisser, denk ik. (Huilt)
D: Is het fysieke lichaam opgehouden te bestaan terwijl je daar bent?
R: Nee. Gewoon ... de frequentie gewijzigd.

D: *Is dit dan het fysieke lichaam van Richard?*
R: Ja, maar op een veel hogere frequentie.
D: *Dus je kunt naar deze plek gaan wanneer je de frequentie verandert? (Jazeker) Wanneer gebeurt dit normaal gesproken?*
R: Waarschijnlijk soms ... 's nachts. Tijdens mijn slaap.
D: *Dus Richard is zich niet bewust van deze dingen? (Nee) Is deze plek een fysieke plek?*
R: Ja, in zekere zin wel, maar het is ook in een verschillende dimensie. In sommige gevallen voelt het bijna fysiek, maar er zijn enkele aspecten die verschillend zijn. Meer lichtheid, meer vrij stromend, gemakkelijker te bewegen. Ik kan gemakkelijker creëren met visualisatie.
D: *Wat maak je?*
R: Vormen, energieën, muziek, kleuren.
D: *Creëer je deze dingen voor die dimensie?*
R: Een deel ervan, maar het andere deel bestaat uit het creëren van ervaringen op lagere niveaus. Wanneer je de trilling verlaagt, dan wordt het ... vaste vorm.
D: *Dus wat je daar kunt creëren blijft, of verdwijnt het?*
R: Nee, dat blijft zo. Het krijgt vorm. Ik weet niet hoe ik het moet uitleggen. Ik ken geen andere manier om het uit te leggen.
D: *Als je aan het creëren bent, hoe doe je dat dan?*
R: Gewoon door erover na te denken. En dan die gedachte vasthouden. En het dan van de hogere niveaus naar de lagere te brengen. En terwijl je dat doet, houd je de intentie vast, en dan plotseling komt het naar voren. En het is er!
D: *Ik vraag me af, of er een manier is, waarop mensen die zich in een fysiek lichaam op Aarde bevinden, dit vermogen kunnen gebruiken?*
R: Ja, dat zou mooi zijn. Ze zouden het kunnen doen door samen te werken en als groep te harmoniseren. Zich wijden aan de taak. Doe een aantal toezeggingen. Wees constant in de aandacht. Heb de wil om je over te geven aan de taak. Het maakt het makkelijker als groep, maar het is ook een tweezijdig iets. Aan de ene kant is er een individu. Je hebt niet alle complexiteiten van een groep, maar als groep heb je meer energie om iets groters te kunnen realiseren. Ze hebben dus zowel plussen als minnen.

D: *Ik dacht, als je het creëert, en denkt dat het tot stand komt, zou het dan verdwijnen als de energie eruit werd verwijderd? Verdwijnt het als je er niet meer aan denkt.*
R: Nee, je moet er altijd over nadenken. Je kunt over veel dingen tegelijk nadenken en de energie behouden. Er zijn massaal veel dingen, hele sterrenstelsels, waar je aan kunt denken.
D: *Kun je dit als individu doen, of heb je een groep nodig?*
R: Ik denk dat het beide zou zijn, eigenlijk allebei. Sommige aspecten kun je individueel doen, maar je hebt de groep ook nodig voor grotere projecten.
D: *Blijven die andere wezens daar de hele tijd?*
R: Sommigen van hen blijven daar de hele tijd, ja. Als ik op opdracht ga, houden ze de energie voor me vast.

Deze wezens hielpen Richard van die kant, zonder zijn bewuste medeweten, omdat hij soms vergeet wanneer hij in het fysieke is. Het is veel moeilijker om op de planeet Aarde te creëren, vanwege de dichtheid. Het werd hem toegestaan om deze dingen nu te weten, zodat hij het niet zo gemakkelijk zou vergeten.

D: *Hoe zou je deze plek noemen als je het zou beschrijven?*
R: Sterrenschip thuisbasis…? Ik weet niet wat de coördinaten zijn. Enkele lichtjaren vanaf hier, denk ik. Maar het duurt slechts een paar minuten om te reizen, als je in het lichte lichaam reist.
D: *Het is anders dan de geestenkant, of is er een overeenkomst?*
R: Het is een overeenkomst.
D: *Ik denk aan, wanneer het lichaam sterft, en de geest naar de geestkant gaat. Is het daar vergelijkbaar mee?*
R: Ja en nee. Ik denk dat, als je je lichaam verliest, je ... er is een beetje een ontkoppeling. Ik beschrijf het meer als de volgende fase, en dit is om alle levens te kunnen nemen, en dat in één lichaam te integreren, en gewoon de frequentie te verhogen en dat dan mee te nemen. Het lijkt meer op een ascensieproces of wat je het dan ook als naam geeft. Je verhoogt gewoon de frequentie. De dood is in zekere zin een beetje ontwrichtend. Dit is meer een voortzetting.
D: *Waarom denk je dat de dood ontwrichtend is?*
R: Dat is het een beetje. Het trekt je van de ene ervaring naar de andere ervaring. En soms raken mensen een beetje verdwaald. Maar dit

is meer een zeer bewuste, voortgaande, gemakkelijk stromende, verhoging van vibratie zonder verstoring van het bewustzijn.

D: Als ze naar de geestenkant gaan, komen ze weer terug als een cyclus. En deze is geen cyclus?

R: Ik denk dat dit zou zijn als ... jezelf bevrijden van die cyclus. Je hebt meer keuze omtrent wanneer je wilt komen, wanneer je terug wilt.

D: Waarom zou je besluiten om met de Aarde te experimenteren als je daar zou kunnen blijven waar het zo mooi is?

R: Ik denk dat ik soms moeilijke opdrachten wil aannemen.

D: De Aarde is een moeilijke opdracht?

R: Ja, dat denk ik wel.

D: Wat doen ze met deze informatie die je terugbrengt?

R: Ze bestuderen het. Ze stellen het samen. Ik denk dat het een ander ervaringsniveau is, waar sommigen van hen bekend mee zijn. Velen van hen hebben nooit besloten om een fysiek leven te ervaren.

D: Weet je wat ze met de informatie doen, als ze die verzamelen?

R: Ik denk dat het deel uitmaakt van een onderzoeksproject om erachter te komen of het experiment echt werkt. Of er misschien nog wat andere experimenten gestart moeten worden.

D: Hoe zou je dat onderzoeksexperiment verklaren?

R: (Pauzeerde, terwijl hij naar woorden zocht om het te beschrijven.) Hoe ontvouwt het goddelijke zich en keert dan weer terug? Steeds groter wordende en terugkomende cycli. Lancering van verschillende aanwijzingen. Al de uitgestrektheid van verschillende ervaringen.

D: Dit zijn ervaringen van alle individuen?

R: Nee, het zijn groepen, als ... massa's ... eerst ben je aan het uitbreiden en individualiseren en onderdeel worden en dan ... hoe breng je het weer terug?

D: Dit is wat het onderzoeksexperiment wordt genoemd? Al die verschillende onderdelen worden verspreid. En ze verzamelen informatie en brengen die vervolgens terug? (Jazeker) Is alleen de Aarde betrokken bij het experiment?

R: Nee, nee, nee. Ik denk dat het er veel zijn.

D: Is het al heel lang aan de gang?

R: Nee, ik denk dat de mensheid ongeveer honderdduizend, tweehonderdduizend jaar oud is. Andere experimenten waren langer. Toen alle andere levensvormen heel oud waren. Er was geen tijdslimiet aan iets.

D: *Daarom is het voor mij moeilijk om vragen te stellen over hoe lang iets duurt, omdat het geen zin heeft. (Nee) Denken ze dat het experiment werkt?*

R: Ik denk dat we vooruitgang boeken. Er is een sprankje hoop dat het zou kunnen werken.

D: *Wat zou er gebeuren als ze dachten dat het experiment niet werkte?*

R: (Lachje) Dan recycleer je. Je mengt ze gewoon en creëert iets nieuws.

D: *Wat zal er dan gebeuren met alle ervaringen en alle informatie die werd verzameld?*

R: Een deel ervan is misschien verloren gegaan, maar in de grote cyclus van dingen is het gewoon een deel van de opeenstapeling van informatie. Je hebt altijd experimenten. En sommige experimenten zullen werken en sommige andere niet. Maar ze dragen allemaal bij aan wat wel en niet werkt. Het is altijd waardevolle informatie. Dus je verandert de omstandigheden een beetje en stemt ze af, maar je verandert ze niet drastisch. Je leert van de ervaringen en dan breng je wat veranderingen aan en dan probeer je het opnieuw.

D: *Is dat een van de regels, je kunt het niet drastisch veranderen?*

R: Ja, want als je te veel variabelen tegelijk verandert, dan weet je het niet. Het is heel erg moeilijk om precies te weten wat werkt en wat niet werkt.

D: *Er zijn dus bepaalde regels en voorschriften. (Jazeker) Ik heb gehoord dat de Aarde een moeilijke planeet is.*

R: Ja, het is een van de "dichtere" plaatsen om te zijn. Maar daardoor heeft het ook enkele kansen en enkele uitdagingen. Omdat het een planeet van vrije wil is, zijn zoveel aspecten soms onvoorspelbaar. Veel verrassingen.

D: *Wanneer Richard het lichaam verlaat, wanneer hij sterft, gaat hij dan terug naar deze plaats of gaat hij naar de geestenkant?*

R: Ik denk niet dat ik terug hoef te gaan naar wat je de geestenkant noemt. Want deze keer ga ik misschien, zoals ik al eerder zei, gewoon naar een hogere frequentie stijgen. Dus ik zou natuurlijk teruggaan naar de thuisplaneet.

D: *Veel mensen moeten naar de lagere niveaus. Zouden ze zomaar ineens naar dat andere niveau kunnen springen, waar jij bent? (Nee) Zijn daar bepaalde regels voor?*
R: Regels is misschien niet helemaal het juiste woord, maar velen bevinden zich in bepaalde omstandigheden die hen niet zouden toestaan om zo snel te springen. Ook al zou de vrijheid er zijn, het zou heel moeilijk zijn.
D: *Ik weet dat veel mensen de geestenkant willen omzeilen, ook al is het mooi, en direct naar de plek gaan waar ze kunnen creëren.*
R: Ja. Maar je moet veel aan jezelf werken om dat te kunnen doen. Maar ook, denk ik, er moet een wil aanwezig zijn, een wil om te geven. Om te dienen. Om bij te dragen.
D: *Is dat je doel, om terug te gaan naar die plek en daar te blijven?*
R: Niet per se daar blijven, maar ik weet dat ik terug wil. En als er nog een opdracht is, zal ik er na een tijdje over nadenken en het opnieuw willen aannemen.
D: *Je zei dat sommige mensen daar nog nooit op een opdracht zijn gegaan.*
R: Ja, maar ze hebben ook verschillende rollen. Voor sommigen van hen is het de rol die ze op zich hebben genomen.
D: *Misschien zijn sommigen van hen als de accumulatoren van de informatie en verslaggevers. (Jazeker) En jij bent iemand die avonturen beleeft en terugbrengt. (Jazeker) Ik denk altijd aan machines. Hebben ze zoiets nodig om de informatie te verzamelen en vast te leggen?*
R: Ze hebben wel computers en verschillende apparaten, maar aan de andere kant heeft het het bewustzijn van de entiteiten nodig of wat je maar wilt. – Als je het had over creëren, kunnen er problemen zijn vanwege de vrije wil. Laten we zeggen dat je vrije energie hebt. Maar als je de vrije energie gebruikt om de verkeerde producten te creëren als gevolg daarvan, dan zou dat een misbruik van de vrije energie zijn. – Zijn ziel heeft dit eerder gedaan. Zelfs in een lang, ver, verleden. Eigenlijk is het best grappig om over het verleden te praten. Ik denk Atlantis, Lemurië. Hij wist het tot op zekere hoogte.
D: *Wat deed hij in die levens met de energie?*
R: Al dat soort dingen. Huizen verwarmen. Mensen vervoeren. Dingen bouwen. Genezing. Het onderhouden van het lichaam. Het kan voor veel dingen worden gebruikt.

D: *Wat is er gebeurd? Heeft hij misbruik gemaakt van de capaciteiten?*
R: Nee, hij heeft ze niet misbruikt, maar hij verloor de controle erover. Het kwam in verkeerde handen. Hij was er niet helemaal voorzichtig genoeg mee. Soms te veel vertrouwen en soms te veel geloven dat iedereen dezelfde goede bedoelingen heeft. Dus ik denk dat we wat kritischer moeten zijn.
D: *Hoe kan hij gebruik maken van de kennis die hij in die andere levens had?*
R: Door meditatie, door met mensen te praten, en dan gewoon door het te doen. En als hij dan met zijn handen werkt en er plotseling iets vorm krijgt, komt er een flits die zegt: "Oh, dit ziet er bekend uit." Ik denk soms gewoon door het te vertrouwen en het daadwerkelijk te doen. Want vaak wil hij perfect zijn en altijd aan het volgende beste denken ... maar dus gewoon door het te doen. - Ik denk dat het zien van deze plek, me gewoon herinnert aan waar ik vandaan kom, dus ik vergeet het niet. En me laten weten dat ze me steunen, aan me denken, me overschaduwen op een goede manier.
D: *Is er een manier waarop je contact of communicatie met hen kunt hebben tijdens je bewuste staat?*
R: De eerste stap is meditatie. En dan denk ik dat het kanaal zich meer zal openen. Het zal zich zo openen dat ik het bijna elk moment kan doen.
D: *Vandaag waren we op zoek naar een geschikt vorig leven voor Richard om te onderzoeken. Waarom heb je ervoor gekozen om hem mee te nemen naar de thuisplek waar hij vandaan kwam? Je nam hem daar direct mee naartoe, in plaats van een vorig leven.*
R: Ik denk, dat dat veel belangrijker is, dan informatie over een vorig leven, want daar is zijn thuisbasis. Ik denk dat de verschillende rollen die we spelen slechts een deel zijn van de algehele ervaring. Wat veel, veel belangrijker is, is de essentie van iemands oorsprong en waar we vandaan komen. Ik denk, dat het soms niet eens nuttig is om dingen te doen die in het verleden al zijn gebeurd. Het is belangrijk om je gewoon op de toekomst te richten, en door te doen wat er op dat moment nodig is, dan komt de nodige informatie. Dat zal helpen in het proces.
D: *Dan denk je dat stilstaan bij dingen die in het verleden zijn gebeurd ons tegenhoudt?*

R: Tot op zekere hoogte wel.

D: *Het verleden heeft een belang, en we willen niet dat het tevergeefs is geweest. Want we leren er toch lessen uit?*

R: Ja, dat doen we. Maar soms is het ook goed om los te laten. Laat het gewoon los. Zelfs als er slechte dingen gebeuren, laat dan gewoon los. Ze maken deel uit van de menselijke ervaring op het ene niveau, maar aan de andere kant is er zoveel meer.

* * *

Ik kwam een ander wezen tegen, dat in staat was om te creëren, toen ik een sessie had met Nicole, de supervisor van een groot bedrijf. Ze ging meteen naar een van - wereldse plek toen haar werd gevraagd om haar prachtige plek te beschrijven. Ze bevond zich in een grot, maar het klonk niet als een normale plek op Aarde, omdat er geesten waren waarmee ze communiceerde. "Ik zie deze geesten wanneer ik vragen heb of wanneer ze informatie hebben om me te geven. Ik kan ze berekenen. Soms doen ze andere dingen. Als ik ze roep, komen ze. Meestal kan ik ze hier gewoon vinden." Ze beschreef deze geesten als gloeiende witte lichten. "Ze zien er uit zoals ik wil dat ze eruit zien. Ze kunnen eruit zien als individuele mensen. Ik bekritiseer ze de >witte gewaadmensen'. Vaak kijk ik niet goed naar hun gezichten. Ik herken ze aan hun energietrillingen."

Ik vroeg naar deze grot waarin ze zich bevond. "Dit is een plek die ik heb gecreëerd. En ik kan er altijd komen. Ik creëerde het in mijn geest met mijn geest, maar ik creëerde het op een fysiek. Het bestaat op – wat je zou kunnen noemen – een astrale vlak. Het is een echte plek. Anderen zouden het herkennen."

D: *Maar de geesten waar je het over hebt, bestaan ze op het astrale vlak?*

N: Ze bestaan buiten het astrale vlak. Het zijn vrienden van me. Het zijn gidsen en collega's. Ik gebruik ze voor informatie, gezelschap. (Grinnikt) En gewoon om samen rond te hangen. Ze hebben toegang tot informatie die voor mij moeilijk toegankelijk is vanuit deze incarnatie. Ik hoef niet naar de grot. Ik kan overal contact met ze opnemen.

D: *Maar je houdt gewoon van dit astrale vlak omdat het vredig is?*

N: Het is rustgevend.

Het was duidelijk dat Nicole niet in een vorig leven was. Ze beschreef net haar contact met deze spirituele gidsen tijdens haar huidige incarnatie. "Ik heb in andere levens contact met hen opgenomen. We zijn meer coleagues geweest dan gidsen voor elkaar." Ik ben toen verder gegaan met de regressietechniek en heb de wolkmethode gebruikt.

N: Ik dwaal naar beneden door een aantal zeer puntige, puntige pijnbomen. Ik denk niet dat dit de Aarde is! De pijnbomen zijn heel, heel, heel groot. Misschien tien meter breed, en heel rond. En de grond verschuift. Het is niet solide.
D: Hoe voelt het als je erop staat?
N: Ik zit niet in het fysieke. Ik heb geen fysiek lichaam. Ik hoef er dus niet per se op te staan. De grond beweegt gewoon. Een beetje alsof je op een wolk staat, maar het is energie in plaats van waterdeeltjes.
D: Hoe zit het met de bomen, zijn ze stevig?
N: Nee, ze zijn niet solide. Niets is solide op een manier die je op Aarde verwacht. Ze hebben een vorm, maar je zou er je hand doorheen kunnen steken. Ze zijn driedimensionaal, als je je kunt voorstellen dat de moleculen waaruit de boom bestaat niet zo nauw met elkaar verbonden zijn als de moleculen op Aarde.
D: Daarom zou je er je hand doorheen kunnen steken. En de grond beweegt omdat hij ook niet stevig is? (Juist) En je lichaam lijkt meer op ....
N: Het is meer een energielichaam. Ik kan een vorm maken. Ik pulseer gewoon wat moleculen strakker aan elkaar. Ik heb een beetje materie. Het is wel heel losjes.
D: Als iemand naar je zou kijken, wat zouden ze dan zien?
N: (Grinnikt) Hangt ervan af wie er naar me keek. Misschien zouden sommige mensen een soort grijze uitstrijk zien. Andere mensen zouden al de schitteringen zien. Al verschillende kleuren. Het hangt ervan af waar ze zich bewust van waren. Tenzij ik de moleculen strakker naar binnen pulseer om een vorm te creëren.
D: Als je een vorm zou maken, wat zou je dan maken?
N: Wat ik ook wilde maken. Ik kon alles maken. Ik zou een grote kat kunnen maken. Ik zou mezelf kunnen creëren zoals ik ben in de huidige incarnatie. Ik kon mezelf creëren als man. Ik kon mezelf

vormen in elke vorm die ik wilde. Het is heel gemakkelijk om te doen.
D: *Wat je dan ook hebt gemaakt, zou het solide zijn?*
N: Niet vast zoals Aarde vast is, maar het zou net zo solide zijn als de bomen.
D: *Dan konden mensen er hun hand doorheen steken?*
N: Als ze daarvoor kozen.
D: *Dat is interessant. Maar zo ziet je lichaam er de hele tijd uit op deze plek?*
N: Meestal laat ik het als … glitters achter.
D: *Dat klinkt mooi. En deze hele wereld waar je bent is vormeloos?*
N: Nee, het is niet vormeloos. Er zijn ook regels op deze wereld. Er zijn andere parameters op deze realiteit dan op Aarde. De fysieke parameters zijn breder. Andere parameters zijn veel smaller. Er is niet zoveel speelruimte in de vergeving - ik denk dat ik dat woord verkeerd heb geïnterpreteerd. Er is minder speelruimte in het denken. Als je nadenkt, creëer je.
D: *Zei je dat deze plek, deze wereld, niet op Aarde is?*
N: Het zou gelijktijdig kunnen zijn met de Aarde. De ruimte die het inneemt, kan ook door de Aarde worden ingenomen.
D: *Ze zouden allebei dezelfde ruimte kunnen innemen?*
N: Zeker. Er zijn vliegtuigen. Je zou kunnen zeggen dat dit op een ander vlak is. Op een verschillend trillingsniveau. Een deel ervan overlapt delen van de Aarde.
D: *Dus dit is waarom ze op dezelfde locatie kunnen bestaan, omdat ze met verschillende snelheden trillen?*
N: Ja. Ze kunnen bezetten wat zou kunnen lijken van de incarnatie van de Aarde als het innemen van dezelfde ruimte. De ruimte is werkelijk oneindig. Door een verschillend trillingsniveau te bezetten, zou het onzichtbaar zijn voor de Aarde, in het grootste deel van zijn bezetting.
D: *Zijn er anderen zoals jij die daar bestaan?*
N: Er zijn er een paar. We nemen niet zo snel contact met elkaar op. Ik kom hier om alleen te zijn. Ik besta hier niet al de tijd. Het is de plek om te oefenen met het beheersen van gedachten. En om het te doen zonder al te grote gevaren.
D: *Wat bedoel je met buitensporige gevolgen?*
N: In veel gebieden, of vlakken, of trillingsniveaus, is het denken meer moeilijk te beheersen in de bezette entiteit. En dus creëert het

denken in die gevallen vaak onverwachte gevolgen. Die gevolgen kunnen in brede patronen vaak ontwrichtend zijn.

D: *Je bedoelt dat mensen dingen maken en dan is het ....*

N: Het is een vergissing. Onvolledig.

D: *Is dit wanneer het onmiddellijk wordt gemaakt?*

N: Nee. Alles wat je denkt, wordt onmiddellijk gemaakt. Op dit andere vlak dat ik bezoek, verschijnen de creaties direct. En dus is het een uitstekende plek om je denkpatronen te trainen. Omdat je iets denkt. Het verschijnt onmiddellijk en je kunt het onmiddellijk opblazen en verfijnen.

D: *Je bedoelt dat het daar gemakkelijker te controleren is.*

N: Ja. Het aardvlak is zo dik. Je creëert iets en er zijn storende energieën die zo dik zijn. Het duurt zo lang! Zo traag! De Aarde is zo traag. Het is dicht. Gedachten creëren iets, en het gaat uit en het duurt een tijdje om terug te komen. Tegen de tijd dat het terugkomt, heb je andere dingen gemaakt. Al deze tijd is voorbij. Deze creatie komt uiteindelijk en je gaat: "Pfft, dat is niet wat ik wilde. Dat was niet wat ik nodig had." Je moet het dus opblazen en helemaal opnieuw beginnen.

D: *Maar als het langer zou duren om te gebeuren, om tot bloei te komen, zou je het dan niet gemakkelijker kunnen veranderen?*

N: Soms wel. Soms kun je het niet helemaal uit de weg ruimen. Het is gewoon zo dik. Je hebt het niet altijd in de hand. De energieën van andere mensen grijpen naar de creaties en verplaatsen ze.

D: *Dat brengt veranderingen aan. Daar heb ik nooit over nagedacht. Het blijft niet zuiver. Andere invloeden komen binnen.*

N: Ja. Je moet het met een zeer hoge vibratie creëren om het schoon te houden. Het is zoveel gemakkelijker om hier te oefenen. Zoveel leuker. Het is zoveel makkelijker om mooie dingen te maken.

D: *Kun je wat je daar creëert naar het aardse vlak brengen?*

N: (Grinnikt) Dat zou behoorlijk ontwrichtend zijn. Om een tijger over straat te laten rennen. Dat soort dingen. Het is niet hetzelfde.

D: *Zou het niet sneller gaan als je dat kon doen?*

N: Nee. Er is een verschillende vibratie om dingen op het aardse vlak te creëren die beter werken.

D: *Ik dacht dat het misschien een manier was om de traagheid te omzeilen.*

N: De traagheid maakt deel uit van de regels, de wetten.

D: *Maar je kunt de persoon zien die je op Aarde bent. Ben je eigenlijk op twee plekken tegelijk?*

N: Ja, dat zou je kunnen zeggen. Ik kan me concentreren op bepaalde plaatsen. Het is complexer dan dat. Ik ben altijd op veel plaatsen aan het bestaan. Ik besta overal tegelijk op het hoogste niveau. Er is geen tijd, ruimte.

D: *Wat zou het doel zijn om overal tegelijk te bestaan?*

N: Op dat moment is dat om alles te weten wat je moet weten. Om toegang te hebben tot alle informatie.

D: *Heb je altijd bestaan? Of had je ergens een begin?*

N: Ik had een begin. Ik probeer die informatie te vinden. Ik denk niet dat er een manier is om het uit te leggen. Het was eigenlijk een gezamenlijke inspanning. Hoe leg ik dit uit? Het was nog een helft. Ik was half, en een mannelijke energie was half.

D: *Mannelijke en vrouwelijke energie was beide samen, bedoel je?*

N: (Ze haalde diep adem.) Ik heb een hoger energieniveau odig, alstublieft. (Ze ademde diep alsof ze zich ergens aan aanpaste.) Ik ga een paar niveaus omhoog. Ik heb dus toegang tot meer informatie.

D: *Sommige mensen geven me analogieën als ze de woorden niet kunnen vinden.*

N: Ja, maar het is moeilijk om een analogie op Aarde te vinden. Omdat er op Aarde geen enkel begrip is van het feit dat iets kan worden gecreëerd uit schijnbaar niets. Maar dat is wat het is. Zo ben ik als het ware spiritueel geboren. En ik was deze gedachte gecreëerd. Door na te denken. En ik weet dat je op Aarde zegt: hoe kun je jezelf creëren door middel van gedachten? Je zou al moeten bestaan om die gedachte te hebben!

D: *Of iets anders moet je in het leven roepen.*

N: Perhaps.

D: *Nou, als het te ingewikkeld is ....*

N: Nee, het is geen complicatie. Het is gewoon dat de informatie niet beschikbaar is op het aardse vlak.

D: *Je bedoelt dat het niet naar onze menselijke geest kan komen.*

N: Op dit moment niet. Het zou geen zin hebben.

D: *Misschien is het genoeg om te beseffen dat er dingen zijn die we niet kunnen begrijpen. (Jazeker) Bent je op de hoogte van de entiteit die bekend staat als Nicole? Degene via wie we communiceren?*

N: Ja, we zijn hetzelfde. Ik maak deel uit van haar.
D: *Je bent een deel van haar, maar je bent gescheiden. (Jazeker) Beïnvloed je haar leven op een of andere manier terwijl ze leeft?*
N: Ja. Door gedachteoverdracht.
D: *Ben je geïnteresseerd in wat er met haar gebeurt, of ben je helemaal los van elkaar?*
N: Ik ben meer geïnteresseerd in wat er met mij gebeurt.
D: *Waarom bestaan jullie dan ook als entiteit op Aarde?*
N: Bepaalde ervaringen zijn beschikbaar op Aarde.

Op dit punt gebeurde er iets onverwachts. De entiteit stopte mijn vragen zodat het een taak op Nicole kon uitvoeren. Nicole's lichaam ademde diep en toen zei de entiteit: "Ik verplaats Nicole naar het volgende niveau. Dit is het meer deskundige deel van zichzelf."

D: *Is het volgende niveau boven of onder?*
N: Hierboven. Een beetje lichter dan de andere. Dit helpt voor haar om zich bewust te zijn van de verschillende niveaus van bewustzijn in haar wezen, want dat zal de volgende stap in integratie zijn. En groei is om al deze te integreren in hun hoogste niveau. Op dit moment houdt ze zichzelf vaak dom om zich te verhouden tot mensen om haar heen. Op een manier die haar ongeduld met dwaasheid zal maskeren. Zodra ze op het fysieke niveau iets zegt over wat er op spiritueel niveau gebeurt, wordt er minachtend op haar gereageerd. Daarom is het voor haar veel leuker om alleen te zijn. Mensen zouden het niet begrijpen als haar vorm in het openbaar veranderde, of als ze de klok in een kikker veranderde. Het is frustrerend en irritant. (Diep ademhalen) Ze moet het allemaal opkroppen. Ze gebruikt deze energieën. Ze weet waar ze vandaan komen. Ze vertrouwt haar controle over hen in deze fysieke incarnatie nog niet per se. Het veroorzaakt breuken in de energie en muren in de energie. Daarom doet ze deze dingen niet. Ze houdt er niet van om mensen bang te maken. Ze wil haar voet niet door de muur zetten. Steek haar hand door de muur. Creëer dingen; open haar vuist en laat vlinders uitvliegen.
D: *Kan ze dat?*
N: Ze is capabel. Ze weet het, ze vreest het. Deze dingen zijn niet tegen de fysieke wetten van waar je woont. Bewust beseft ze dat ze deze dingen kan. Ze doet ze niet, omdat ze andere mensen niet

vertrouwt. Ze vertrouwt hun begrip niet. Ze vertrouwt hun reactie niet. Ze heeft dit altijd kunnen doen, zelfs toen ze een kind was. Ze veranderde als kind van gedaante.
D: Waar zou ze naartoe veranderen?
N: Alles wat ze wilde. Bomen. Water. Eekhoorn. Iets.

Dit is vergelijkbaar met andere hoofdstukken in dit boek, toen mensen in staat waren om dingen te doen waarvan we veronderstellen dat ze onmogelijk zijn. Sinds het schrijven van dit boek ben ik mensen tegengekomen die het vermogen hebben om vorm te geven, vaak zonder hun bewuste medeweten. Ze lijken gewoon plotseling anders voor waarnemers. Dit zal in Boek Drie staan. Zoals Nicole zei, deze dingen zijn niet tegen de natuurwetten van deze planeet en deze dimensie. We zijn gewoon van kinds af aan geconditioneerd dat er bepaalde dingen zijn die we doen en bepaalde dingen die we niet kunnen doen. Ik geef al jaren lezingen over het feit dat we de kracht van onze eigen geest niet kennen. Zodra de kracht van onze geest (die verstrooid is) georganiseerd en gefocust is (vooral in groepen), is er niets dat we niet kunnen doen. Wonderen worden dan mogelijk. We moeten dat schepperswezen dat binnenin dwingt herkennen en contact maken.

Hoofdstuk 25
Een Energiewezen Creëert

DE AANSLAGEN VAN 11 september 2001 op New York en het Pentagon waren keerpunten in onze wereld. Maar tegelijkertijd was er ook een verandering in mijn werk. Een keerpunt in het verkrijgen van informatie, en het soort informatie dat zou worden verkregen. In 2001 leek dit te gebeuren toen de wezens (of wie ze ook zijn) meer gecompliceerde concepten leverden. Ze leken aan te geven dat de wereld klaar was voor deze informatie. Soms verlangde ik naar de eenvoudigere dagen waarin mijn focus lag op vorige levens en de studie van de geschiedenis, maar dit mocht niet zo zijn. Ik zou nooit meer terug kunnen keren naar die tijd, en zou steeds verder moeten evolueren naar het onbekende en onontgonnen in de metafysica.

Mijn dochter Nancy en ik werden gevangen in de puinhoop die zich op 11 september na de aanslagen op de luchthavens voordeed. Ik was net klaar met spreken op een Expo in North Carolina, en we hadden de nacht doorgebracht in een privéwoning. We stonden die ochtend op en waren aan het inpakken om naar het vliegveld te gaan om een paar dagen naar huis terug te keren. De dame kreeg een hectisch telefoontje van een vriendin die haar vertelde de tv aan te zetten. Ze zei dat het Pentagon net was gebombardeerd. Ik zei, in totale verbazing: "Maar dat staat in mijn boeken! Behalve Nostradamus zei dat New York ook gebombardeerd zou worden."

Ze riep vanuit de andere kamer: "Je kunt hier maar beter binnenstappen. Het is allebei!" We keken met afgrijzen toe, hoe de camera heen en weer schakelde tussen de twee gebeurtenissen die tegelijkertijd plaatsvonden. Toen zagen we vol ongeloof de twin towers instorten tot een hoop puin. In de tien jaar dat ik lezingen had gegeven over de Nostradamus-profetieën, waren ze altijd een "mogelijk" scenario. Eentje waarvan ik oprecht dacht dat we die zouden kunnen vermijden. Nu werden zijn voorspellingen voor mijn neus uitgespeeld. Het schokte me tot de kern van mijn wezen. Ze waren altijd "misschien, zou kunnen zijn, mogelijk". Maar nu zaten ze in mijn realiteit.

Nadat mijn dochter Nancy en ik erin slaagden om onszelf van de tv los te rukken, wisten we dat we nog steeds naar het vliegveld moesten gaan waar we een vlucht naar huis moesten halen. Op dat moment wisten we niet wat er zou gebeuren. Terwijl we met onze huurauto naar het vliegveld reden, kwam het nieuws over de radio dat alle vluchten overal in de Verenigde Staten werden stopgezet en dat die vluchten in de lucht te horen kregen dat ze in één keer moesten landen. Overzeese vluchten werden ofwel teruggedraaid in vlucht of geland in Canada. Dit was de eerste keer dat zoiets ooit in de Verenigde Staten was gebeurd. De implicaties waren onthutsend. Toch moesten we nog naar het vliegveld om uit te zoeken wat we moesten doen.

Toen we de luchthaven van Greensboro naderden, leek het op een militair kamp of een politie-inval. Overal stonden slagbomen, politieauto's en politieagenten. Ze hadden de ingangen al afgesloten. We werden onmiddellijk tegengehouden en ik kon zien dat de politieagenten erg edgy en overstuur waren. Zij hadden geen idee meer van wat er aan de hand was dan wij. Niemand kende de omvang van de catastrofe nog. Ze vertelden ons dat er geen vluchten waren en dat we onmiddellijk zouden moeten vertrekken. Maar we moesten uitzoeken wat we met de huurauto moesten doen. Met tegenzin lieten ze ons parkeren en naar binnen gaan. Het was griezelig, het vliegveld was totaal verlaten. De vrouw bij de balie van de huurauto zei dat als we onze auto inleverden, we geen andere konden krijgen. Alle verhuur was stopgezet en ook alle Greyhound-bussen waren gestopt. De hele natie was krijsend tot stilstand gekomen. Ik keek Nancy aan en ze zei: "Ik heb de sleutel nog. We gaan rijden." We vertelden hen, dat we de auto zouden inleveren als we thuiskwamen in Arkansas. Ze maakten geen ruzie, het was de enige logische oplossing. Het kostte twee dagen rijden om terug te keren naar Arkansas. De hele weg, in een buitenaardse sfeer van de non-stop radio-uitzendingen.

Toen ik uitgeput thuiskwam, waren er berichten dat verschillende radiostations wilden dat ik onmiddellijk de lucht in ging om te praten over de Nostradamus-profetieën van de gebeurtenissen. Mijn boeken, Conversation With Nostradamus, waren de enige die de incidenten in detail beschreven hadden. De volgende dag kregen we een telefoontje van Bob Brown die de UFO-conferentie organiseerde in Laughlin, Nevada, waar ik dat weekend zou spreken. Ze hadden besloten om niet te annuleren, maar om de conferentie toch te houden, en ze zouden vanuit Colorado gaan rijden om dingen op te zetten. Ze zeiden dat sommige van hun sprekers die uit Europa kwamen, halverwege de vlucht waren omgedraaid en niet in staat zouden zijn om aanwezig te zijn. Niemand wist wat voor soort conferentie er zou zijn. Maar hij wilde dat ik het onderwerp van mijn lezing zou veranderen van UFO's naar de Nostradamus-profetieën vanwege de omstandigheden. Hij zei dat ik er moest komen, ook al moest ik rijden. Dat idee sprak me niet aan, aangezien we net twee dagen hadden gereden om thuis te komen. Toen we op zaterdag zouden vertrekken, stapten we op de enige vlucht naar Las Vegas omdat de luchtvaartmaatschappijen beperkte vluchten hervatten.

De conferentie had niet de opkomst die normaal werd verwacht, maar iedereen zei blij te zijn dat de Browns doorgingen. Anders hadden we allemaal thuis aan de tv gekluisterd gezeten, om naar vreselijke herhalingen van de gebeurtenissen te kijken. De conferentie gaf ons in ieder geval afleiding, iets anders om ons op te concentreren. Mijn lezing was de moeilijkste die ik ooit heb moeten presenteren, omdat ik het had over een realiteit die voorheen alleen een mogelijkheid was geweest. Als deze was uitgekomen, hoe zit het dan met de anderen die een gruwelijke oorlog voorspelden?

Het was in meer dan één opzicht een vrij vreemde week. Het interessante was datm toen ik een paar weken eerder een sessie in Memphis met Mary had, "ze" zeiden dat ik andere soort informatie zou krijgen. Dat een deurm die in het verleden voor mij gesloten was geweest, open zou gaan; en ik toegang zou krijgen. Tijdens deze week heb ik twaalf privésessies gedaan. Tien ervan bevatten informatie, om te gebruiken in toekomstige boeken, of een boodschap voor mij (inclusief eentje over mijn gezondheid). Deze berichten vonden meestal plaats aan het einde van de sessie, wanneer ik vroeg of het onderbewuste een boodschap had dat specifiek van toepassing was voor de cliënt. Naast het geven van een boodschap, zou het me ook iets vertellen dat ik moest weten. Het leek erop dat "ze" steeds meer gebruik maakten van de trancetoestand van mijn onderwerp, om me informatie te geven.

Veel van mijn sessies namen interessante wendingen. Het leek wel alsof me getoond werd, dat de focus op vorige levens niet zo belangrijk was als ik eerder dacht. Het was waardevol, bij het vinden van de oorzaken voor de fysieke problemen, ziekten, fobieën, allergieën en karmische problemen van cliënten. Ik geloof echter, dat de entiteiten, die veel van deze sessies controleerden, probeerden te duiden dat het tijd was, om naar een ander niveau van begrip te gaan. Een begrip dat verder ging dan alleen het opnieuw ervaren van vorige levens in deze dimensie. Ze probeerden ons te laten zien dat we zoveel meer zijn dan een geest die een ervaring heeft in een fysiek lichaam. We zijn ook iets veel hogers, veel ingewikkelders. Dat dit leven slechts één halte op onze reis was, en niet per se de belangrijkste stop. Blijkbaar dacht dit hogere niveau van begrip, dat de persoon met wie ik werkte, klaar was voor deze kennis, zodat ze hun leven vanuit een ander perspectief en een toegevoegd rijk van bestaan konden begrijpen. Sommige mensen zijn hier misschien klaar voor, maar voor sommigen kan het te moeilijk zijn voor hun geloofssysteem om ermee om te gaan. Ik bleef mezelf er altijd aan herinneren terwijl ik een sessie deed, dat het onderwerp nooit informatie krijgt totdat ze klaar zijn. Als hun onderbewustzijn (de monitor) niet dacht dat het onderwerp klaar was, zou de informatie niet worden getoond of zou het scherm gewoon leeg worden. Ik vecht hier nooit tegen, omdat ik weet dat 'zij' veel meer wijsheid hebben dan ik.

Toen ik begon te werken met Jerry, een zakenman die de Laughlin UFO-conferentie bijwoonde, vond er in het begin zeker censuur plaats door zijn onderbewustzijn. Het was bijna alsof het niet zeker was of hij klaar was om de informatie te zien. Ik moest wat manoeuvreren voordat hij het mocht hebben.

Onder normale omstandigheden, met mijn techniek, komt de persoon van de wolk af in een scène (meestal buiten), en begint hij met het beschrijven van zijn omgeving. Deze sessie was anders. Jerry liep door een tunnel. Aan het einde zag hij, dat het werd geblokkeerd door een zeer grote deur. Hij beschreef het meteen als een energiedeur, hoewel hij niet wist waarom hij het zo noemde. Hij was nieuwsgierig en wou erachter komen wat er aan de andere kant was. Ik vroeg hoe we een energiedeur zouden moeten openen. Hij zei dat het met de geest was gedaan. "Ik probeer het op te lossen, maar ik kan er maar een deel van krijgen. De benedenhoek lost op, maar het is voor mij niet genoeg om er doorheen te komen." Gefrustreerd ... kondigde hij aan: "Ik kom er niet doorheen. Ik voel dat ik er nog niet klaar voor ben. De elementen laten me niet door." Toen hij dat zei, verdween de deur. Ik vermoedde dus, dat hij blijkbaar nog niet klaar was om te kijken wat er achter de deur zat. Het onderbewuste doet geweldig werk om ons tegen onszelf te beschermen. Het zou hem niet toestaan om iets te zien wat hij niet aankon. Dit was wat ik dacht, maar ik had het mis.

Omdat de deur was verdwenen, moesten we ergens anders heen om de juiste plek voor Jerry te vinden om te zien. Ik instrueerde hem om elders te zoeken naar iets dat hem zou helpen zijn huidige leven te begrijpen. "We hoeven niet door die deur als ze dat niet willen. We kunnen een andere richting uitgaan en iets anders vinden dat veilig is voor je om naar te kijken. Iets dat voor jou logisch en belangrijk is." Ik nam hem mee naar een scène en vroeg wat hij zag. Verrassend genoeg bevond hij zich op een groot ruimteschip.

J: Het is een groot schip, waarvan ik voel dat het leeft. Het is niet gemaakt van staal of metaal.
D: Levend?

In mijn UFO-onderzoeken hebben veel mensen het gevoel gemeld dat het schip waarop ze zich bevonden nog leefde en zich op de een of andere manier bewust was van hen.

J: Levend. Het schip zelf heeft een bewustzijn. Het heeft vorm, maar ze laten me het niet zien. Alleen deze enorme kamer. Het heeft een tuin.
D: Een tuin is in de kamer?
J: (In verwondering.) ja! Het is bijna als een jungle planetarium, zoals op Aarde. Het heeft vegetatie en water. (Hij vond dit fascinerend.)
D: Zoals een grote kas?
J: Ja! Het heeft watervallen. Deze plek is enorm. Ha! Ze hebben hun eigen Aarde. Het zit in het schip. Het heeft water. Het heeft vegetatie. Het heeft ... ha! Dieren. Het stelt wezens in staat om in een vredige omgeving te reizen.
D: Het plafond moet ook hoog zijn, als het de waterval kan bevatten
J: Je kunt door het plafond heen kijken. Het is transparant. Je kunt de sterrenstelsels zien. En toch is het ingesloten. Het heeft een eigen sfeer.
D: Zijn de dieren het type dat op Aarde te vinden is?
J: We kunnen alle dieren maken die we willen. Laat me uitleggen, we maken dit. Het wordt gecreëerd door een groepsgeest. De groep die op dit vaartuig reist. Ha! Dat is interessant.
D: Maar je zei dat het schip leek te zijn gemaakt van iets dat leefde?

J: Ja, ja. Het heeft zijn eigen bewustzijn. We hebben dit schip gemaakt met de groepsgeest. Zo kunnen we reizen met gedachten en in een omgeving waarin we ons prettig voelen. Zo gaat dat.

D: *Alsof je een stukje van de planeet meeneemt.*

J: Ja. Enkele van de beste herinneringen die we hebben, nemen we mee. Zo gaat dat. Dat is wat we doen. Het zorgt voor een aangenamere reis.

D: *Is dit slechts een deel van het schip?*

J: We creëren woonruimtes die dan ... leven. En we kunnen met ze praten. We kunnen met hen communiceren. En het stelt ons in staat om te reizen.

D: *Communiceren met de woonruimte?*

J: Ja, met de energie. Het schip zelf leeft. Ik probeer te zien hoe we eruit zien. (Hij vond dit allemaal geweldig en vooral amusant. Hij had het naar zijn zin.) Oké, we zijn energie. We zijn allemaal energie, maar we kunnen elke vorm creëren die we willen. We kunnen lichamen van elke vorm, grootte, dimensie creëren. Het is allemaal met de geest.

D: *Hoe zie je eruit als je pure energie hebt?*

J: (Pauze, alsof hij naar iets keek voor hij het beschreef.) We kunnen van kleur veranderen. Allemaal paars. (Gelach) Het is net een spel. We veranderen van kleur en energieën om een spel te spelen.

D: *Heb je een leidraad?*

J: We kunnen vormen aannemen zoals we willen. (Verbaasd) Ha! We kunnen de vorm aannemen van ballen, vierkanten, driehoeken. We kunnen vormen van dieren aannemen. Het is net een groot spel. We zijn een apart bewustzijn, maar we zijn allemaal verbonden.

D: *En wat ben je, in je normale vorm?*

J: Gewoon energie. Bewuste energie. Het ziet eruit als een soort ... zichzelf wevende, golvende energie.

D: *En het kan elke vorm aannemen die het wil, gewoon om het spel te spelen?*

J: Jaaaaa. (Laugh) Dit is leuk!

D: *Waarom heb je het voertuig dan gemaakt?*

J: Ik denk dat het een illusie is, iets waar we van genieten. Dus zo reizen we, in een groep. En wij creëren het voertuig. En we kunnen watervallen bouwen. We kunnen ... meren plaatsen. We kunnen vis zetten. We kunnen veranderen ... het is nu heel stralend. De kleuren zijn echt helder, gloeiend, fosforescerend!

D: *De kleuren van de wezens?*

J: Ja, en het omringt de dieren. We kunnen er vlinders in doen. Libelles. Zelfs de vogels. Het is verbazingwekkend. Het creëert ... een Aarde ... met onze geest. Alleen is het, in dit geval, een schip.

D: *Creëer je hoe het is waar je vandaan komt?*

J: We zijn op veel plaatsen geweest. Dus die dingen waar we van hebben genoten, kunnen we met onze groepsgeest inbrengen en dan zo met elkaar delen. Dus om onszelf te vermaken, brengen we verschillende dingen in; herinneringen die we hebben aan plaatsen waar we zijn geweest.

D: *Het is fysiek en solide?*

Hij antwoordde me niet. Hij genoot van wat hij zag.

J: Oké, dat zijn piramides.

Hij begon zijn handen in ritmische en sierlijke bewegingen door de lucht te bewegen.

D: *Wat ben je aan het doen?*

Er was een lange pauze, toen hij zijn handen door de lucht bleef bewegen.

J: We zijn aan het creëren.

Hij genoot hiervan. Zijn uitdrukking was pure gelukzaligheid. Er was nog een lange pauze, terwijl hij genoot van alles wat hij deed.

D: *Wat maak je?*

J: Werelden. Planeten. Dimensies. Sterrenstelsels. (Gelach) We gaan naar buiten en we creëren. (Een uiting van puur genot.)

D: *Maar op je thuisplaneet, hoe is het daar?*

Hij wilde echt niet praten. Hij had het naar zijn zin. Uiteindelijk antwoordde hij: "Het is daar gemaakt met ... groepsgeest. Het is niet één individu. Het is gedaan met groepsgeest."

D: *Jullie moeten allemaal samen handelen?*
J: Ja, het is als een familie van zielen die samen creëren. En we gebruiken ons verstand. Het is als een spel van het creëren van deze prachtige universums. Sterren. En we doen het samen.

Hij begon zijn handen weer sierlijk te bewegen.

D: *Is jouw thuisplaneet een fysieke wereld? Een solide wereld?*

Ik heb nu genoeg ervaring met het praten met energiewezens, om te weten dat niet alle werelden fysiek of solide zijn, zoals wij de onze beschouwen. Er zijn veel verschillende mogelijkheden die de verbeelding tarten.

J: Nee, nee, dat is het niet. Het is een andere dimensie. Het zit niet in jouw dimensie. Het heeft verschillende vormen, gedaantes, kleuren. Het is niet solide. Het verandert voortdurend. Het zijn verschillende figuren en symbolen ... vormen, en kleuren.
D: *Waar je woont, of je nu op het vaartuig of op de thuisplaneet bent, moet je elke vorm van voedsel of voedsel meenemen? Iets om je in leven te houden? (Nee, nee.) Wat houdt je in leven?*
J: Gewoon energie. We kunnen lichamen creëren en "hebben", als we dat willen. We reizen ... op gedachten. Om te verkennen en te creëren. We gaan naar verschillende plaatsen met de geest. En het is een spel. Het is alsof kinderen plezier hebben.
D: *Maar wat je maakt, blijft het bestaan, na je vertrek?*
J: In sommige dimensies lost het op. In sommige dimensies gaat het over naar het fysieke. We zijn in staat om fysiek te bewerken, in de lagere dimensies. En in andere dimensies zijn het gewoon symbolen. De ruwe energieën nemen verschillende vormen aan.
D: *En ze blijven niet solide?*
J: Nee, we kunnen het wel solide maken.
D: *Ik dacht dat, het als een hologram was, het misschien zou het gewoon oplossen en vervagen nadat je ermee had gespeeld.*

J: We zouden naar planeten kunnen gaan die al gevormd zijn. En we kunnen "naar beneden". En we kunnen één worden met alles wat we willen. Bomen, dieren, en ze zo ervaren, beleven. Met verstand. We zouden onze energie kunnen steken in die wezens, in die vaste vormen. Het is net een spel. Net als kinderen.

D: *Maar je blijft daar niet? Ervaar je het gewoon?*

J: Ja, we ervaren het gewoon en gaan als groep verder. We reizen als groep.

D: *Maar je mag wel andere voorwerpen en dingen binnengaan? (ja) Ik denk dat dieren en mensen een ziel hebben.*

J: We hebben zielen. ja. We hebben zielen.

D: *Maar mag je een lichaam binnengaan, als daar een andere ziel al aanwezig is?*

J: Met toestemming, ja.

D: *Omdat het (de ziel) weet dat je niet zult binnenvallen of blijven. Is dat wat je bedoelt?*

J: Klopt. Het is gewoon om te ervaren. We vallen niet binnen. We eren die ziel. We moeten toestemming hebben.

D: *Gewoon om het te ervaren, en dan ga je verder.*

J: Ja. Dit is interdimensionaal. We zijn in staat om naar alle dimensies te gaan.

D: *Betekent dit, dat je erg geavanceerd bent?*

J: Daar is geen woord voor, of concept. Het is gewoon weten.

D: *Ik bedoel, heb je lagere levens ervaren en ben je naar deze staat geëvolueerd? (Lange stilte.) Heb je al incarnaties gedaan met levende lichamen?*

J: Ja, dat kunnen we, als we willen.

D: *Ik probeer te begrijpen hoe het werkt. Evolueer je naar deze staat na het voltooien van je andere levens en karma? Of hoe werkt het?*

J: Dit is een bijzondere planeet.

D: *Waar kom je vandaan?*

J: Waar we staan. (Grinnikt) Aarde. Het is een bijzondere planeet. Het is een ontmoetingsplaats voor andere zielen en andere groepen uit andere gebieden, andere dimensies. Het is als een vakantieplek, om te komen en deel te nemen aan groepen zielen uit andere gebieden, dimensies.

D: *Het is anders dan de andere plaatsen waar je bent geweest?*

J: Ja. We maken het allemaal mee. Het is een bijzondere plek. Een ... verzameling, plaats van zielen. Dit is het beste. Iedereen kent deze plek.

D: Wat is er anders aan?

J: Zijn liefdesenergie.

D: Oh, is dat niet op andere plaatsen te vinden?

J: Niet zo. Het is het portaal naar de Schepper. Het is die verbinding. Het ervaart alles.

D: En dit is op andere plaatsen niet mogelijk?

J: Ja, maar niet zoals op deze plek. Het is een beetje zoals Shangri-La op Aarde. (Gelach) Welnu, het is de Aarde.

D: Ik dacht dat je misschien toestemming moest hebben om dit te doen.

J: Dat mag. De Bron, de grote Schepper. Hij ervaart ... het ervaart door ons heen.

D: Zou je een mede-Schepper genoemd worden?

J: Ja, natuurlijk.

D: Ze stellen je in staat om te creëren, maar je zei dat een deel ervan gewoon oplost.

J: Het is alsof je een schilderij tekent, en er dan nog een schilderij op tekent. Je kunt het wissen of eroverheen gaan, hervormen, opnieuw creëren.

D: Dus het is een constant veranderend iets, bedoel je?

J: Het zou kunnen, ja.

D: Met de Aarde, als je iets creëert, blijft het?

J: De Aarde wel, maar ze verandert ook. De Aarde is een groepsbewustzijn.

D: (Hij maakte weer sierlijke handbewegingen.) Met al die handbewegingen, wat creëer je, terwijl je tegen me praat?

J: Ik probeer het me te herinneren.

D: Wat bedoel je?

J: Wat het allemaal betekent.

D: (Ik keek naar zijn constante, sierlijke, bewegingen.) Zijn de handbewegingen nodig om deze dingen te creëren?

J: Het werkt door het lichaam. Het lichaam wakker maken. Om bewustzijn te onthouden. Ik denk niet dat ik dit moest weten. Om het te onthouden. ja. Dat was de deur.

Hij verwees in het begin naar de energiedeur die hij niet kon openen. Hij dacht, dat de informatie geblokkeerd was, toen hij niet naar binnen mocht. Maar blijkbaar heeft het onderbewuste een andere manier gevonden om hem de kennis te geven.

D: *Maar als het door is gekomen, moet het tijd zijn, anders zou je het niet mogen onthouden. (ja) Dat betekent dat het belangrijk is. Maar als je je herinnert hoe het is gedaan, heb je de groep nodig, nietwaar?*

J: Ja, de groep is belangrijk.

D: *Je kunt het niet alleen?*

J: Dat zou ik niet willen. Een deel van de ervaring is samen creëren. Samen genieten. Het is eenzaam in je eentje, dus we kwamen als groep bij elkaar en we genieten van elkaars gezelschap. (Grinnikt) We vermaken elkaar. Dus dat maakt deel uit van het groepsbewustzijn, we kunnen elkaar vermaken. Verveling is er dus niet. Het is voortdurende verandering en creatie. En het bewonderen van andermans werk. Andere zielen, andere scheppers. We gaan naar plekken die gemaakt zijn. En net als een schilderij genieten we van deze plaatsen, om te zien wat andere mensen hebben gemaakt, andere zielen.

D: *Op die manier raak je toch niet verstrikt in het fysieke en het karma?*

J: Dat kan als je wilt. Dat hoort erbij. Een deel van het genieten. Ervaar zoveel mogelijk verschillende dingen.

D: *Maar waar je nu bent, heb je toch geen karma?*

J: Op het schip heb ik dat niet. Maar ik kan het wel, als ik wil. Er zijn verschillende manieren om het te ervaren. Je kunt vormen aannemen en ervaren.

D: *Dan wordt karma gecreëerd omdat je met andere mensen omgaat? (ja) Ik probeer te begrijpen hoe het werkt.*

J: Andere groepen zijn naar dit gebied gekomen en hebben met elkaar samengewerkt. Ze kiezen ervoor om een vorm aan te nemen, en die vorm te creëren en het spel te spelen. Het is allemaal een illusie, omdat het slechts een spel is, maar het is belangrijk om het te spelen. Omdat we de liefde en de emoties mogen ervaren. Het visuele, de smaak, alle sensaties die niet op andere plaatsen te vinden zijn. Het is heel uniek.

D: *Je bedoelt op andere plaatsen, en vooral op je thuisplaneet, dat er geen emoties zijn?*

J: Sommigen hebben ze, ja. Sommigen wel, anderen niet. Sommige zijn gewoon ruwe energie. De vormen, de symbolen. Aarde is uniek omdat het meer variatie heeft. Omdat het een verzamelplaats is. Niet één groep vormde dit, creëerde dit. Het waren vele groepen die het vormden en creëerden, wat het uniek maakt. Het is het alles wat aan het alles wordt toegevoegd. (Grinnikt) Het is als een groepsschilderij.

D: *Ze hebben er allemaal iets mee te maken gehad? (Ja, ja.) Maar om hier te reizen, moest je in een voertuig reizen. In een soort behuizing.*

J: Ja, dat is om de groep bij elkaar te houden.

D: *Zou je niet gewoon als energie kunnen reizen?*

J: Ja, we kunnen ons losmaken van de groep als we dat willen, en alleen op pad gaan. Maar we kunnen ons weer verbinden met de groep, omdat we altijd contact hebben. We kunnen reizen als lichtballen en naar verschillende plaatsen gaan. Soms alleen, meestal met goede "vriendenzielen".

D: *Maar als je niet de behuizing om je heen had, die je had gemaakt, kon je de groep niet bij elkaar houden?*

J: Ja, dat is het concept van de groep.

D: *De energie zou min of meer verdwijnen als je het niet bij elkaar hield?*

J: Ja, dat zou het zijn. We kozen ervoor om als groep samen te komen en samen te reizen.

Wanneer ik met andere energiewezens heb gesproken, is mij hetzelfde verteld. Ik dacht dat, als ze pure energie waren, ze overal alleen konden reizen. Waarom zouden ze een schip nodig hebben om in te reizen? Ze hebben me verteld dat het hun energie beperkt houdt. Anders zou het worden verspreid en vermengd met de andere energie eromheen. Ik heb ook van anderen te horen gekregen dat de Aarde wordt beschouwd als een vakantieplaats, waar wezens komen, om verschillende emoties en ervaringen te ervaren. Ze willen het avontuur beleven en dan "naar huis" terugkeren. Ze moeten oppassen dat ze niet verstrikt raken in de ervaring … tot het punt dat ze karma creëren en veroordeeld zijn om hier te blijven. Veel van deze bezoekers moeten objectieve waarnemers blijven, wat moeilijk is.

D: *En je creëert onderweg je plezier, tijdens het reizen, door het schip te maken zoals jij dat wilt.*

J: Ja. Het is alsof je naar een enorm tv- of entertainmentcentrum kijkt, alleen hebben we het zelf gemaakt. En dat is het spel, om verschillende dingen te doen. Soms creëren, soms genieten van andermans creaties. Maar de Aarde is heel bijzonder. Het is als een zeer sterke verbinding met de Bron.

D: *Waarom denk je dat het een sterke connectie heeft?*

J: Het is bijna als het hart van God, ik denk dat het de beste manier is om te zeggen. Van wat wij, als humanoïden, God of de Schepper zien. Maar dat is gewoon op het fysieke. Ik denk dat dat misschien in onze geest was, wat we hebben gecreëerd, de Bron is, naar de Bron...

D: *Hoe neem je de Bron waar?*

J: Wij zijn de Bron. Wij zijn een deel van de Bron. Het is gewoon energie. Het is gedacht. Het is in staat om vorm te krijgen, maar het is in staat om verbinding met ons te maken.

D: *En je bent hier meer opmerkzaam rond, omdat je geen fysiek lichaam hebt?*

J: Ja. We zijn op de hoogte. We weten het. De aanwezigheid is er. We kunnen afstemmen.

D: *Maar de Aarde staat dichter bij de Bron, vanwege de verscheidenheid?*

J: Dat komt door de bijeenkomst. De zielen. Alle zielen. Dit is de bron ervan. Het verbindingspunt. Het is als een galactische familie die samenkomt. Er is hier een grote aantrekkingskracht.

Hij was de hele sessie doorgegaan met het maken van de sierlijke handbewegingen.

D: *(Grinnikt) Het lijkt erop dat je echt geniet van deze creërende ervaring, nietwaar?*

J: De ervaring, ja.

D: *Blijf je lang weg van je thuisplaneet?*

J: Ik kan geen thuisplaneet voelen. Ik voel gewoon veel plaatsen waar ik ben geweest.

D: *Geen bepaalde plek, waar je naar terug zou willen keren? Je gaat graag van plek naar plek.*

J: Ja. Ik voel geen plek, geen begin. (Pauze) Ik probeer te kijken of er een plek is.
D: *Waar je vandaan komt.*
J: Ja. Ooit was er de vorm. In het begin was er geen vorm. Het was gewoon energie.

Dit is de manier waarop het in de Bijbel wordt beschreven: In het begin schiep God de hemel en de Aarde. En de Aarde was zonder vorm en leegte; en de duisternis was op het aangezicht van de diepte. En God zei: Laat er licht zijn, en er was licht. Genesis 1:1–3

D: *Maar, zoals je zei, je hebt wel een individuele ziel.*
J: Ja. Het is een weten. Het is een verbinding. Het is scheiding, en toch een deel van. Het is een verbindingspunt. Maar het is afscheiding, maar het is bewustzijn, bewustzijn. Het is verbinding maken met een Bron. En het staat er ook los van.
D: *En het is iets dat wil ervaren.*
J: Ja, ja. Ik kan het niet zien, maar het is gewoon overal. Het is een deel van ons.

Hij gebruikte nog steeds handbewegingen. Ik denk dat we langer bij die scène hadden kunnen blijven, maar ik had geen vragen meer om een energiewezen te stellen dat bezig was met zo hard te genieten van het creëren. Dus besloot ik te doen wat ik normaal doe. Ik bracht hem in dat leven naar een belangrijke dag, toen er iets gebeurde. Ik had geen idee wat een belangrijke dag zou zijn voor een niet-fysiek energiewezen.

D: *Wat zie je? Wat gebeurt er?*
J: Jezus wordt geboren.
D: *Oh? Vertel me er eens over. Kijk je ernaar?*
J: Van bovenaf.
D: *Wat zie je?*
J: (Pauze) Het is een gevoel. Een gevoel. Ik zie het wel, maar het is een gevoel. Het is een heel mooi gevoel. Het is een heel bijzondere gebeurtenis. Ik weet niet precies waarom, maar het is een speciale gebeurtenis. Heel bijzonder. Ik kijk van bovenaf.
D: *Zijn er anderen bij je?*

J: Ja, de groep is hier. Het is een hele mooie tijd. Ik observeer. Ik probeer het te begrijpen. Ik weet niet zeker waarom het zo belangrijk of speciaal is. Oké. Het is de liefdesenergie die op een heel speciale manier wordt gecreëerd. Je kunt het ervaren. Het is heel bijzonder. Het is interdimensionaal. Het is nodig op vele dimensies. We zijn er allemaal. Er is een bijeenkomst. We kunnen het ervaren, door de zielen van de wezens op de planeet, of we kunnen het van bovenaf observeren. Het is heel bijzonder.

D: *Je zei dat het was alsof liefde werd gemanifesteerd?*

J: Ja. In de man/vrouw manier waarop de Aarde gescheiden is, dualistisch. Het is God die mannelijk/vrouwelijk wordt. Het komt uit een hogere bron. Het komt van de Bron. Het is heel bijzonder. Vanuit dit perspectief kunnen we het vanuit een groter gezichtspunt bekijken. Het is van cruciaal belang.

D: *Waarom is het van cruciaal belang?*

J: Ik weet het niet. Voor de planeet, denk ik, maar niet voor ons. We zijn gescheiden. Maar het is voor de planeet. Waarom is het bijzonder? Gewoon liefde. Het brengt liefde naar de planeet op een manier die nog nooit is ervaren. In menselijke vorm. Maar het overstijgt vele dimensies. Het beïnvloedt vele dimensies op de planeet. Maar het is als een portaal.

D: *Een portaal? Wat bedoel je?*

J: Ik probeer het te begrijpen. Ik weet niet waarom. Het is een verbindend punt voor zielen. Wezens. Engelen. Het trekt alle wezens, de hele schepping daarheen. Het is een plek om te ervaren dat liefde op een speciale manier wordt gecreëerd.

D: *Daarom trekt het mensen aan om ernaar te kijken. Willen ze dat gevoel ervaren?*

J: Ja. Er zijn engelachtige wezens. Er zijn buitenaardse wezens. Verschillende rassen. Ze ervaren het allemaal. Het is... (emotioneel) er is geen woord voor. Gewoon bijzonder!

D: *Ze willen er gewoon zijn, om het gevoel en de emoties te ervaren.*

J: Ja, de emoties.

D: *Ja, dat is bijzonder en het is anders. Nou, ik ga je vragen om weg te gaan van die speciale dag, ook al is het iets dat erg belangrijk is. Een bijzondere gebeurtenis. Ik wil dat je beweegt – ik weet niet hoe ver het vooruit zou zijn – maar ik wil dat je naar het punt gaat waarop je ophield een energiewezen te zijn.*

Normaal neem ik het onderwerp mee naar de laatste dag van hun leven, als ze sterven. Maar ik dacht niet dat dat mogelijk zou zijn, dus ik probeerde te bedenken hoe ik het moest verwoorden. Energie houdt niet op te bestaan, zoals een lichaam dat doet.

D: Heb je ooit het punt bereikt waarop je de behoefte voelde om te stoppen met een energiewezen te zijn en een ander type wezen werd? (Dit was lastig.)
J: Ik heb vele levens aangenomen, vele levens.
D: Ik dacht dat een energiewezen niet zou sterven. Het zou gewoon evolueren. Zou dat een manier zijn om het te zeggen?
J: Het is meer ... om gewoon de verschillende concepten te ervaren.
D: Laten we dan naar het punt gaan waarop je, als energiewezen, besloot om naar het fysieke te gaan en daar te blijven. Kunnen we naar dat punt gaan en zien wat er is gebeurd? Hoe is dat? Wat gebeurt er dan?
J: Dus ik kies, en verkies welke "ik" wil kiezen.
D: Neem je een beslissing, dat je in een fysieke wilt gaan, en wat wilt zijn in plaats van een energievorm? (Jazeker) Is er iets gebeurd waardoor je besloot om de energievorm te verlaten?
J: Het was een nieuwe ervaring. Het was iets dat we kozen om te ervaren. Iemand anders had deze vormen gemaakt, dus kozen we ervoor om ze te ervaren. We hadden ze niet gemaakt, maar ze waren intrigerend.
D: Je dacht dat het interessant zou zijn om fysiek te worden?
J: Dat konden we als we wilden, ja. Maar er waren anderen die toezicht hielden op zielen. Het was met toestemming.

Dit is waar ik naar op zoek was. Ik wist uit mijn jaren van onderzoek naar reïncarnatie door duizenden mensen, dat er zeker regels en voorschriften zijn. Er is zoiets als een bestuur van ouderlingen, meesters en gidsen aan de geestenkant, die "waakt over" en de incarnatie in menselijke lichamen controleert. Niets wordt aan het toeval overgelaten. Ik ben ontzettend blij dat iemand bijhoudt wat er gebeurt. Het moet een gigantische opgave worden.

D: Je doet het dus niet willekeurig. Je moet toestemming hebben om deze overstap te maken, deze wijziging?

J: Ja, ja. Om er weer uit te kunnen komen. (Gelach) Misschien wil je blijven. Er is dus een manier om de ziel weer los te laten, zodat we hier niet te lang gevangen zouden zitten. Een proces rond ... ingang / uitgang.

D: *Denk je dat het gemakkelijk zou zijn om vast te komen te zitten?*

J: Zou kunnen. We moeten er weer uit kunnen. Er is te veel te beleven. Niet alleen om erbij te zijn. Andere dingen om te doen. Andere dingen om te ervaren. Andere dingen om te creëren. We willen niet gevangen zitten in een fysiek iets.

D: *Maar er waren andere wezens, die je toestemming gaven.*

J: Ja, er waren er die een beetje de leiding hadden. Ja, de opzieners.

D: *Dan zijn er zeker mensen die alles controleren, om het zo maar te zeggen.*

J: Ja, ja. Ik probeer te zien hoe ze eruit zien. Ze hebben hun eigen schip. Ja, ze zijn verbonden. Het maakt deel uit van de Bron. Het is gewoon de baas over deze planeet.

D: *Ze moeten het eens worden wanneer bepaalde energieën en zielen binnenkomen?*

J: Ja, anders zou het chaos zijn. Het heeft een gecontroleerde orde en doel. Er moet een doel zijn.

D: *Hoe is het, als je voor het eerst het fysieke lichaam betreedt?*

J: Het zijn nieuwe gevoelens, nieuwe emoties. Een nieuwe ervaring. Veel verschillende vormen, zie ik. Veel verschillende lichamen?

D: *Baby's ... of wat? Nieuwe vormen, nieuwe lichamen?*

J: Ten eerste ervaren we gewoon dat we naar verschillende planten, dieren gaan.

Dit sluit aan bij wat ik meldde in mijn boek "Between death and life". Wanneer een ziel voor het eerst het leven op Aarde ervaart, komen ze meestal niet onmiddellijk een menselijk lichaam binnen. (Hoewel ik veronderstel dat het zou kunnen gebeuren.) Ze moeten op het basisniveau beginnen, zodat ze zullen begrijpen hoe het is om alles te zijn. Als je eenmaal hebt ervaren dat je gasvormig bent, rotsen, planten en dieren, begrijp je de verbondenheid van al het leven. Het feit dat alles leeft en alles één is. Wanneer de ziel dan klaar is om een menselijk lichaam te ervaren, draagt het dit begrip in zich, op zielsniveau. Ons probleem, nu, in onze wereld, is om deze herinneringen terug te brengen naar het bewuste niveau. Zodat we onze Aarde weer kunnen gaan eren als een levend wezen.

J: Dat hoort bij het geboorteproces. Het gaat in een vorm. Er wordt een vorm gekozen. Het is gemaakt.
D: En de opzieners beslissen in welke vorm je gaat beleven?
J: Ja, het is samen besloten. Vooraf wordt bepaald wat men wil ervaren. Wat voor soort levensvorm. De moeilijkheid is, dat je gevangen zit in één vorm. En het is heel moeilijk voor de ziel om zich gevangen te voelen in één vorm. Het is heel beperkend. Sommigen kiezen ervoor om het niet te doen, omdat ze hun vrijheid niet willen opgeven. Het is eng voor sommigen. Het is het onbekende. Het is een lagere trilling. Het heeft dingen die we niet hebben meegemaakt. Duistere energieën. Weet je, er is een donkere kant. Het wordt gepresenteerd om ons iets nieuws en anders te laten ervaren. Het is uniek. En het stelt ons in staat om in contact te komen met de duistere kanten, de duistere energieën, de lagere trillingen. Ja, het is een beetje een kansspel voor sommigen om dat te ervaren.
D: Ben je in de vorm van een baby gekomen, een nieuw wezen dat net werd ontwikkeld?
J: Ik kan niet zien hoe de vorm eruit zag.

Hij leek zich ongemakkelijk te voelen, alsof hij iets onbekends en een beetje verontrustends voelde. Ik moest hem eraan herinneren dat hij zich vrijwillig had aangemeld om de ervaring te hebben. De opzieners zouden het niet hebben laten gebeuren, als ze dachten dat het niet het juiste was om te doen.

J: Het was goed. Het was iets waar ik naar uitkeek.
D: Is het zoals je dacht dat het zou worden?
J: Ja, omdat we nog steeds tot op zekere hoogte controle hebben. En bewustzijn tot op zekere hoogte. En in die vorm hebben we nog steeds een eigen wil. Het was dus niet slecht. Het was best leuk. Het was iets om naar uit te kijken. Het was een uitdaging. Het was een ander soort creatie dan we kenden. En had één vorm.
D: Heb je zoveel controle, als je eenmaal in het lichaam bent?
J: We zijn nog steeds telepathisch. We kunnen nog steeds verbinding maken met de andere kant. We zijn nog steeds op de hoogte. En toch zijn we hier om te ervaren. Als anderen, die ervoor kiezen om tegelijkertijd te komen.

D: *Kun je het bewustzijn van het fysieke waar je nu in zit beïnvloeden?*
J: Ja. Er is niet veel bewustzijn en vermogen om te creëren. Er zijn wetten. Er zijn bepaalde dingen die op hun plaats zijn gezet die we moeten volgen.
D: *Bepaalde voorschriften?*
J: Yes, it's the process of birth and growth. And one must agree to that before coming into the body. The process must be agreed to. But it's the group energy that holds the form together. It's not a soul experience, but a group experience.

Dit gaat ermee gepaard dat de ziel een groep is in plaats van een enkelvoudige entiteit en veel dingen of levens tegelijk ervaart. (Zie de volgende hoofdstukken.)

D: *Wat zijn de voorschriften waarmee je akkoord moet gaan als je dat fysieke lichaam betreedt?*
J: Om mee te gaan met de bestaande ontwikkeling van de soort. Om een dierlijke vorm aan te nemen. En toch is het een bewustzijn dat de dieren niet hadden. Een bewustzijn. En toch werd veel geblokkeerd. We waren ons bewust van elkaar.
D: *Op een ander niveau?*
J: Ja. Andere mensen, we waren ons bewust van deze zielen voordat ze het fysieke overnamen. Nu was het moeilijker om met hen te communiceren. Het was vreemd. In de vorm zijn was het beperkend. Toch was het alsof je een nieuw spel speelde. Het manipuleerde het lichaam. Formulier.
D: *Kun je er gemakkelijk uit komen en later teruggaan? (Jazeker)Are there rules and regulations about that?*
J: Ja, er zijn specifieke tijdschema's. Duurzaamheid. In het begin zijn er geen ideeën over wat je gaat doen. Je gaat dit gewoon ervaren, nu. Geen lessen. Lessen.
D: *Geen karma. Geen lessen. Gewoon fris beginnen.*
J: Precies. Het is als een nieuwe lei om je eigen te schilderen ... wat je ook wilt ervaren.
D: *Maar uiteindelijk verzamel je karma? Is dat een van de dingen die gebeuren als je het fysieke lichaam ingaat?*
J: Ik probeerde het te begrijpen en ik ... oh, ik begrijp het niet. Ik probeer erachter te komen wat karma is, of waarom ik het niet zie, ik voel het niet.

D: Misschien is het iets dat in de loop van de tijd komt.
J: Ik kan het niet begrijpen.
D: Maar goed, je hebt afgesproken om een bepaalde periode fysiek te zijn. (Jazeker) En gehoorzaam de bepaalde regels en voorschriften. Het is dus een ander soort ervaring, nietwaar?
J: Ja, het is beperkend. Het zijn de emoties, het zijn allemaal emoties. Het zijn allemaal gevoelens. Maar de liefde is er. Het is er nog steeds. De liefdesenergie is dus de geruststelling. Dat is de verbinding met de Bron.

Ik dacht dat we alles hadden gevonden wat mogelijk was vanuit het beperkte zicht van een energie co-creërende geest, die in een fysiek menselijk lichaam kwam om voor de eerste keer te ervaren. Het grootste probleem leek te zijn om geen karma te creëren dat de geest aan het Aardse rijk zou binden en het ervan zou weerhouden terug te keren naar zijn vrije onbeperkte, creërende bestaan. Misschien is dat wel het grootste probleem voor ons allemaal. We kwamen hier om iets te ervaren waarvan we dachten dat het nieuw en opwindend zou zijn. Toen nam het leven het over en raakten we gevangen in het lichaam en werden we door de wet van karma en evenwicht gemaakt om te blijven terugkeren. De eerste stappen om de ziel vrij te laten zodat deze kan terugkeren naar de Bron, is het begrip van waarom de ziel hier in de eerste plaats kwam, en om die banden los te laten. Veel hiervan kan worden gedaan door oud karma terug te begrooten en te proberen niet meer te creëren. Met begrip komt bevrijding.

Ik vroeg de andere spirituele energie om terug te keren naar waar het thuishoorde, en vroeg om Jerry's bewustzijn om het te vervangen. Toen vroeg ik om met het onderbewustzijn van Jerry te spreken, omdat ik weet dat alle antwoorden er zijn, en dit is waar ik therapie kan toepassen en oplossingen kan vinden voor de problemen van het individu. Toen ik eenmaal toegang had gekregen tot het onderbewuste, vroeg ik het waarom het dit vreemde leven voor Jerry had gekozen om te zien, terwijl er zeker vele anderen waren die gekozen hadden kunnen worden.

J: Om het allemaal te begrijpen. Om het grote plaatje te zien.
D: Het is een ander concept voor hem om te verkennen, nietwaar?
J: Ja. Het was iets in hem dat hij op een ander niveau begreep, maar hij wist het niet bewust. En nu weet hij het.

D: *Eerst dacht hij dat hij het niet mocht zien. Het was alsof het werd geblokkeerd.*
J: Ja, er is maar een deel gezien. Toen werd besloten om de informatie vrij te geven.
D: *Wat is het verband met zijn huidige leven?*
J: Geruststelling en begrip. Een doel. Een verbinding. Om deze planeet te begrijpen, en waarom het speciaal is. Om te begrijpen hoe het kan worden gemanipuleerd. Over de groep, de groepsgeest. Het gaat om de groepsgeest. Jerry heeft energie gemanipuleerd zonder te begrijpen waarom hij het deed en waar het voor kon worden gebruikt.
D: *Probeert dit hem uit te leggen hoe hij het kan doen? Of waar het vandaan komt?*
J: Ja. Het is gedaan met het hart. Het hart is belangrijk.
D: *Wat probeerde het onderbewuste hem te laten zien?*
J: Het is allemaal energie, maar het neemt verschillende vormen aan voor verschillende doeleinden om verschillende dingen te ervaren. Er is geen goed of fout. Gewoon ervaringen. Gewoon creatie. Geen oordelen. Gewoon genieten. Het is het plezier van creatie . Van het manipuleren van de schepping, van het manipuleren van de energieën, in overleg met de groep en het geheel. Het geheel is de schepping.
D: *Liet het onderbewuste dit aan Jerry zien zodat hij dit nu in zijn leven kan gebruiken?*
J: Ja, hij is op de hoogte.
D: *Hij wilde weten wat hij nu met zijn leven moest doen. Kun je het hem vertellen?*

Dit is de meest voorkomende vraag die mensen willen stellen wanneer ze een sessie hebben. Wat is hun doel? Waarom zijn ze hier en wat moeten ze doen?

J: (Hij grinnikte.) Hij heeft een leeg canvas gekregen. En een penseel en een palet. Er zijn alle kleuren. (Gelach)
D: *Betekent dit, dat er vanaf nu iets kan? (Hij grinnikt) Hij gaat een heel avontuur tegemoet.*
J: Alle kleuren.

D: *En dit was belangrijk voor hem, om vandaag te weten. Vorige levens waren niet zo belangrijk als het leren over deze energieverbinding.*
J: Ja. Wat interessant is, is dat het een groepscanvas is. En er zijn anderen met hun kwasten. (Gelach)
D: *Oh, Jerry gaat een aantal heel vreemde avonturen beleven terwijl hij dit onderzoekt. Dit was erg belangrijk voor hem om te zien, en nu proberen te begrijpen.*

Ik heb Jerry toen weer tot volledig bewustzijn gebracht. Toen hij wakker werd, bespraken we de ongewone sessie. Hij was het ermee eens dat het veel voor hem zou zijn om over na te denken. Het zou interessant voor hem zijn om te zien hoe hij dit concept van het manipuleren van energie zou kunnen toepassen op zijn zakelijke gebied. Het leek erop dat alles nu mogelijk zou zijn als hij eenmaal begreep hoe hij het moest gebruiken.

Veel van mijn sessies waren nu gericht op de persoon die meer te weten kwam over zijn echte zielsverbinding, in plaats van vorige levens te verkennen. Het begrijpen van vorige levens is nog steeds belangrijk voor de problemen in het huidige leven. Maar blijkbaar heeft het onderbewuste, samen met onze gidsen en meesters aan de andere kant, besloten dat het tijd is voor ons om meer te weten te komen over onze oorsprong. Deze oorsprongen zijn zeker niet alleen van de Aarde, maar van een veel grotere locatie waar we één waren met de Bron en ervan genoten om haar te helpen creëren. In een sessie, die werd gerapporteerd in een van mijn boeken, werd me verteld dat de belangrijkste les om te leren tijdens het leven in een fysiek lichaam was dat we in staat zijn om energie te manipuleren. Zodra we ons daarvan bewust worden, kunnen we absoluut alles creëren wat we in ons leven wensen. Ik veronderstel dat een manier om ons aan dit vermogen te herinneren is om ons een tijd vóór de Aarde te laten herinneren, toen we allemaal dit vermogen hadden om energie te manipuleren en te creëren.

* * *

De ziel splintert of fragmenteert om het fysieke lichaam te ervaren. Wanneer het zich bewust wordt van zijn togrootiteit, concentreert het zich als een energiewezen dat in staat is om alles te creëren wat het wenst. Wanneer het verder evolueert dan dat, kan het op veel plaatsen tegelijk zijn. Hoewel ieder van ons dit vermogen ook heeft, zijn we ons er niet van bewust en kunnen we dat niet zijn zolang we het fysieke bewonen, vanwege zijn beperkingen. In die geavanceerde staat is het zich volledig bewust van alles. Toch blijkt uit mijn werk dat de zielen af en toe moeten fragmenteren en de zeer gewenste staat moeten verlaten om zich te concentreren op een enkele ervaring. A constant cycle or the search for more knowledge? Zoals we hebben gezien, als de ziel zelfs maar een gedeeltelijke herinnering aan haar grotere zelf heeft, leidt dit tot frustratie, eenzaamheid en het gevoel van afscheiding op het bewuste niveau. Het onderbewuste weet waarom dit gebeurt, maar het bewuste niet omdat het zijn focus en concentratie in het leven dat het aan het leven is. Anders zou het een veel te verwarrende ervaring worden.

Hoofdstuk 26
Een Schepper-Wezen Keert Terug Naar Huis

DEZE SESSIE vond plaats in oktober 2002, in Minneapolis, waar ik een reeks lezingen en workshops deed. George was een zeer succesvolle zakenman, die naar het privéhuis kwam waar ik verbleef. Verrassend genoeg onthulde zijn sessie een ander aspect van een schepperswezen, zoals Jerry.

Toen hij van de wolk afkwam, kon hij alleen maar zand zien. Hij wist dat er mensen aan de andere kant van de heuvel waren, die op hem wachtten om hen een soort antwoord te geven. Alsof hij een adviseur was. Hij voelde zich erg onzeker alsof hij niet zeker wist of hij de antwoorden had. Hij beschreef zichzelf als een man met een bronzen huid en zwart haar, gekleed in dun linnenachtig materiaal. Hij was ook versierd met veel goud: een ankh ketting, armband en een enorme ring. Zeker tekenen van een soort kracht. Maar toen ik hem probeerde te ondervragen, werd hij erg achterdochtig en wilde hij me niet antwoorden. Normaal gesproken kan ik snel het vertrouwen van de entiteit winnen, maar hij was erg op zijn hoede en geïrriteerd. Hij bleef maar zeggen dat iedereen iets van hem wilde, dus waarom zou ik een uitzondering zijn.

Hij zei dat het een zeer moeilijke tijd was in zijn wereld. Een van de redenen waarom hij boos was, was omdat zijn zus was verwijderd of weggehaald en hij haar enorm miste. Hij zei dat hij zich erg verloren en alleen voelde, omdat ze altijd bij hem was geweest en ze niet langer. Hij wist niet waarom ze hen scheidden, of waar ze haar naartoe brachten. Dit alles was verwarrend voor mij en ik probeerde het recht te trekken. Ik vroeg wie hen had gescheiden. Hij zei dat het mensen uit de andere wereld waren. Niet de mensen aan de andere kant van de heuvel, want dat waren gewoon de mensen. Deze kwamen ergens anders vandaan en hij wist niet waarom het was gebeurd of waar ze naartoe was gegaan.

G: Als we weer bij elkaar komen, zullen de dingen prachtig zijn. Toen we samen waren, hadden we enorme kracht en vaardigheden. En vormde een prachtig Shangri-La of een prachtige sfeer. Toen we samen waren, was het de perfecte wereld. Ze scheidden ons. Ze namen haar mee zodat het niet de perfecte was. Om het moeilijk te maken, en niet zo makkelijk. En niet zo vergevingsgezind. Zij en ik waren in staat om een prachtig te verankeren We waren in staat om al het mooie, rustige, statische al dat spul samen te brengen. Maar we waren één. En ze realiseerden zich dat, als ze ons zouden scheiden, de dingen anders zouden zijn. En gelijk hebben ze.

D: *Waarom wilden ze dat het anders zou zijn?*

G: Om te experimenteren.

D: *Hoe hebben ze haar weggehaald.*

G: Net geplukt. Alsof de goden haar gewoon plukten, weghaalden.

D: *Je bedoelt, alsof ze er het ene moment was en het volgende moment niet?*

G: Ja. We woonden ook op andere plaatsen. Veel plaatsen. Veel verschillende werelden. Wanneer we samen waren, waren ze perfect.

D: *Waarom ben je van plaats naar plaats gegaan?*

G: Om te helpen. Om dat aspect van – het woord is "nirvana" – te brengen tot nirvana. We zouden het doen, dan zouden we verder gaan.

D: *Wat zou er gebeuren nadat je wegging? Is het mooi gebleven?*

G: Sommigen wel. Sommigen niet. Sommigen gingen verschillende kanten op. Dit is een belangrijke. Waar ik nu mat.

D: *Waarom is het belangrijk?*

G: (Grote ademhalingen.) Goed. Kwaad. Donker. Licht. Dat allemaal niet gewend.

D: *Het heeft verschillende variëteiten, bedoel je? Tegenstellingen? (ja) De andere plekken waar je mooie dingen naartoe bracht, hadden niet zoveel variatie?*

G: Soort van. (Hij werd emotioneel. Op het punt om te huilen.)

D: *Ik weet dat je je emotioneel voelt, maar als we erover praten, kunnen we misschien je zus vinden. Het klinkt alsof ze bijna een deel van je was, nietwaar?*

G: Altijd.

D: *Hoe reisde je van wereld naar wereld?*

G: Gewoon gaan. Het is als een enorme boot die gewoon naar believen kan vervoeren.
D: *Een fysiek iets?*
G: Ja, als we dat zouden willen.
D: *Heeft iemand je verteld waar je heen moet?*
G: Onze vader. Vader zou ons vertellen waar we heen moesten.
D: *Hoe zie je de vader?*
G: Wijs. Wijsheid.
D: *Is hij een fysiek persoon? (Jazeker) Hoe communiceert hij met jou?*
G: Het is lang geleden. Hij geeft les.

Dit was zoveel als ik over de vader te weten kon komen. Hij was erg overstuur en zijn belangrijkste doel was om zijn zus te vinden. Hij huilde toen hij over haar sprak en zei: "Ik moet mijn zus vinden, is wat ik wil doen. Ik moet haar vinden. Ze is een deel van mij."

Dit leek nergens heen te gaan en ik raakte meer in de war dan ooit. Dus besloot ik George op tijd vooruit te helpen om te zien of hij haar kon vinden.

G: Ze is bij de vader. De mensen uit de andere wereld namen haar terug. Misschien wilden ze dat ik alleen opgroeide.
D: *Misschien wilden ze dat je niet zo afhankelijk van haar zou zijn?*
G: Ja, maar ik heb niet dezelfde kracht (Emotioneel) als wanneer we samen zijn.
D: *En ze wilden je scheiden om te zien of je het zelf kon doen?*
G: Waarschijnlijk klopt dat, maar (Emotioneel) Ik denk dat ze de kracht ook niet leuk vonden, die we samenstelden.
D: *Maar je hebt mooie perfecte dingen gemaakt.*
G: Ja, dat hebben we gedaan. Ze vonden het niet leuk. Het ging te makkelijk. Geen proeven. Het ging gewoon goed. Geen lessen zonder beproevingen. (Emotioneel) We wisten het allemaal al.
D: *Ze wilden dat het moeilijker zou zijn? (Ja, ja.)*

Pas toen ik de geselecteerde sessies in hoofdstukken stopte, besefte ik hoe vergelijkbaar deze sessie was met die van Jerry. Ze leken allebei scheppende wezens te zijn. Jerry zei dat het leuker was om het creëren met iemand anders te doen, meestal een groep. George vond het leuk om het met zijn zus te doen. Toen ze gescheiden werden, was het creëren niet zo effectief. Maar zoals hij zei, het was te gemakkelijk geworden. Er waren geen uitdagingen, geen lessen, geen beproevingen. Ik schoof hem vooruit naar een belangrijke dag.

G: Hmm. Ik word ouder. Schijnbaar wijzer. En er is veel onrust.
D: *Ben je op die mooie plek gebleven?*
G: Links. Hier was ik leraar. Ik heb lang haar. Nog steeds de onnozele gewaden of kleren. Baard.

Blijkbaar toen ik George vooruit schoof, ging hij een ander leven in.

G: Ik kan niet gekwetst worden. Dat kan niet gebeuren.
D: *Je bent beschermd, bedoel je? Maar je hebt geen mooiere plekken gecreëerd?*
G: Ik ben hier alleen om informatie met deze mensen te delen. Dat was mijn volgende baan.
D: *Je zei dat er onrust was. Wat bedoelde u?*
G: Nog steeds. Mensen proberen echt hun spullen in elkaar te zetten. En ik ben hier, als ze het willen, om hen te adviseren. Een vreemd persoon ben ik ook.
D: *Waarom?*
G: Omdat ze weten dat ik er ben en ze weten dat ik niet gekwetst kan worden. En ze weten dat het belangrijk is. Het is alsof ze vleselijk zijn, maar ... dat is interessant. Ah! (Een openbaring) Ik zit bij een oase. Door een stad. Het is water, groene bomen, een soort woestijn. En de mensen uit de stad komen met me praten. Ik ben helemaal alleen. Helemaal alleen. Altijd al geweest.
D: *Wat bedoelde u, dat ze vleselijk waren? je zei dat dat interessant was.*
G: Ja. Beetje ruw aan de randen.
D: *Anders dan jij?*
G: Oh, ja. Een jonge race.
D: *Is dit op dezelfde wereld als waar jij op zat?*
G: Een andere. Het is best leuk. Ik word oud, heel oud. Kan niet gekwetst worden.
D: *Maar als je fysiek bent, kan er iets met je gebeuren?*
G: Mij kan mij niets overkomen.
D: *Ik denk aan wanneer je aan het einde van je leven komt.*
G: Wanneer ik dat wil. Als ik al ben.

D: Maar op dit moment doe je een ander soort werk dan met je zus.
G: Ja. Ik was toen jong. Dat was leuk. Dit is kinderspel. Gemakkelijk.
D: Maar het is niet de kracht die je had toen jullie twee werden gecombineerd.
G: Dat klopt. Ik voel me ook slecht over haar.

Ik heb George toen verplaatst naar de laatste dag van zijn leven, zodat we erachter konden komen wat er met hem was gebeurd.

G: Ik zit in een stoel. Om je heen kijken. Het is tijd om te gaan. Ik heb hier mijn ding gedaan voor deze tijd. Mijn ding gedaan. Gedaan waarvoor ik kwam. En ik moet gaan. Zittend in die stoel wachtend om te gaan. Alles geteld en alle chit sheets. Alle tablets, en ik ben klaar om te gaan.
D: Wat gebeurt er als je weggaat?
G: (Nuchter) Ik vertrek.
D: Wat gebeurt er met het lichaam?
G: Het blijft. Laat het gewoon staan. Uitschieten.
D: Wat zie je als je het verlaat?
G: Hmm. Het is alsof ik naar een toneelstuk kijk. Het is alsof ik in een filmstudio kijk of zo. Zie al die dingen. Alle sets. Daar ga ik weg.
D: Wat je achterlaat is als een toneelstuk?
G: Ja. Ik sta erboven. Ik kijk naar beneden en daar zit een lichaam in die stoel. Ik draai me om en het is weg.
D: Hoe ziet het eruit, waar ga je naartoe?
G: Een leegte. Een lange leegte. Ik zweef door de leegte. Ik ben weer zelf.
D: Weet je waar je naartoe gaat?
G: Nee. Ga er gewoon in mee.
D: Is er iemand met je om je te helpen gaan waar je heen moet?
G: Nee, ik weet waar ik heen moet.
D: Laten we dan gaan totdat je door de leegte bent gegaan. En je hebt de plek bereikt waar je naartoe gaat. Hoe ziet die plek eruit als je daar aankomt?
G: Het is immens. Het is enorm, gewoon enorm.
D: Wat zie je?
G: Alles. Onbeschrijfelijk. Reusachtig. Reusachtig.
D: Is er iets dat je kunt herkennen?

G: Alles. Ik ben hier eerder geweest. (Een kreun van verrukking.) Allerlei keuzes, richtingen – allerlei opties. Zelfs wat oude vrienden. Oude zielen. (Geluiden van verrukking.) Weet je? Je kunt de oude zielen zien, en de jonge flarden van nieuwe. Je ruikt de kleintjes bijna. Ze ruiken anders. Ze ruiken ... niet rauw, maar ruikt naar vers vlees, of ... geur "grappig". Anders – als rijpe, jonge zielen.

D: *Waarom ruiken ze wel en de andere niet?*

G: Omdat ze waarschijnlijk niet beter weten. Ze zijn nog maar net begonnen. Je kunt echt zien welke jong zijn, ouder. Het woord is niet "oud". Ervaren. Doorgewinterde zielen.

D: *Dus de doorgewinterde hebben geen geur?*

G: Ja. En het is een vreemde deal, want er is hier geen leeftijd. Maar het verschil zit in de geur. Het is een beetje zinloos. Maar het is wel grappig. Het is een manier om ze uit elkaar te houden.

In Between Death and Life werd mij verteld dat er veel verschillende niveaus zijn in het geestenrijk. Wanneer de geest het lichaam verlaat, keren ze terug naar het niveau waar ze zich het meest comfortabel bij voelen. Het niveau waarmee ze trillen. Ze kunnen niet naar de hogere niveaus gaan totdat ze er klaar voor zijn. De frequentie of trilling fungeert als een barrière en ze kunnen alleen naar het niveau gaan dat ze door ervaring hebben bereikt. Ik kreeg te horen dat je niet rechtstreeks vanaf de kleuterschool naar de universiteit kunt gaan. De meer gevorderde zielen, of zoals George ze noemde "de doorgewinterde zielen", kunnen onmiddellijk naar de hogere niveaus gaan. Ze kunnen indien nodig naar de lagere niveaus gaan, maar de "jonge" kunnen niet naar de hogere niveaus gaan totdat ze die frequentie, vibratie of volwassenheid hebben bereikt. Blijkbaar moest George door deze lagere niveaus heen op zijn reis naar het niveau waar hij thuishoorde, of resoneerde.

D: *Is er een bepaalde plek waar je naartoe moet, nu je daar bent?*

G: Ja, zeker. Ik ga inchecken.

D: *Hoe doe je dat?*

G: Een goede vraag.

D: *Omdat je zei dat het zo groot is.*

G: Ik heb een sleutel, zoals een strijkijzer dat in een gleuf past. Daar moet ik heen. (Mompelt) Ik ben nu lichter. Ik begin er gewoon weer aan te wennen om licht te zijn. En ik vind het slot. (Pauze) O, jongen! Ik moest uitzoeken hoe ik me hier weer kon verplaatsen. (Een reeks mompelende geluiden.)

D: *Hebben ze je daarheen gebracht om je te laten zien waar je heen moest?*

G: Dat wil ik niet.

D: *Je kunt om hulp vragen, weet je.*

G: Ze weten niet hoe ze daar moeten komen. (Pauze) Ik weet waar het is. Ik moet hoger en dieper gaan. Verschillende lagen, niveaus. Elk verschillend. En je komt binnen op het lagere niveau. Daar ruik je het spul. Moet hoger en dieper gaan. En dat spul ruik je niet. Geen jonge zielen als je hogerop gaat. Mensen knikken. Ze herkennen me. Ze glimlachen niet. Ze knikken, maar ze weten dat er iets aan de hand is.

Dit alles duurde te lang, dus besloot ik het te versnellen.

D: *Laten we doorgaan naar wanneer je daar aankomt. Je kunt het nu heel snel vinden, omdat je naar die verschillende niveaus gaat. Hoe is dat?*

G: Oh, jongen! Het is echt licht. Echt helder. Het is absoluut prachtig. Absolute pracht.

D: *Zijn er andere mensen?*

G: Ja. Anderen. Allemaal echt helder. Ze zijn echt helder. Ze kregen een klein samenzijn voor mij. Een grote deal. Er zijn er misschien twaalf, vierentwintig, achtenveertig ... Ha! Ha! Ha! Zesennegentig. Je kent ze allemaal ... Ik ben de laatste die terugkomt. Van deze groep. En ze verzamelen zich allemaal. Daar is mijn zus. Ze is hier. Vond haar. Deze groep is oud. Het maakt het ... Ik ben de laatste die terugkomt.

D: *Wat maakt het af?*

G: (Grote uitgesponnen zucht.) Weet je... dit is de raad. Dat is wat dit in hemelsnaam is. Ik ben de zesennegentigste persoon. We moeten bespreken wat er aan de hand is. De eerste keer dat iedereen terug is geweest. En daar is een reden voor.

D: *Wat is de reden?*

G: Dat gaan we uitzoeken. Ik moet hoger en dieper gaan. Van die zesennegentig zijn er acht die als een raad zijn. Gewoon rondhangen. Gewoon praten, om het te bekijken.

D: *Acht los van de zesennegentig?*
G: Ze kwamen uit de zesennegentig.
D: *En wat gaan ze doen?*
G: Praat hierover. Waar ik net vandaan kom. Waar ze net vandaan kwamen. De hele deal. Alles wat ik deed. Alles wat ze deden. Plus wat de andere zesennegentig deden.
D: *Wat ga je doen nadat je het hebt besproken?*
G: Maak aanpassingen of tweaks. In waar we zijn geweest, wat we hebben gezien en wat er gedaan zal worden.
D: *Waarom moet je dat doen?*
G: Omdat dat bij het spel hoort. Dat is een deel van waar het hier om draait. Patroon één, patroon twee, patroon drie, patroon vier. Het is geen hiërarchie, maar wat hier wordt gedaan, filtert door de acht en zesennegentig. En ook tot waar je die jonge zielen kunt ruiken. Naar beneden naar waar je door dat gat gaat, die chute, en waar je ook gaat als je door die chute gaat. Het kunnen veel verschillende plaatsen zijn. Heilige koe!!
D: *Maar als je dan deze "tweaks" en veranderingen doet, heeft dat dan geen invloed op de dingen?*
G: Dat hoort zo.
D: *Op de fysieke wereld?*
G: Je snapt het.
D: *Waarom doen ze die dingen om de patronen te veranderen?*
G: Noodzakelijk. Je tweakt de zielen. Als je de zielen aanpast, zie je niet, dan heb je alle andere dingen geregeld. Je hebt niet alle andere situaties. Tweak de zielen.
D: *Laat ze veranderen, bedoel je?*
G: Ja. Ze aanporren. Verander niet en ze veranderen zichzelf. Tweak 'em. Begrijp je wat dat betekent? Je tweakt 'em. Pas ze aan. Voer 'em.
D: *Hoe doe je dat?*
G: Weet je, het is eigenlijk vrij simpel. Als ze naar binnen kijken en zien wat zich met een beetje begeleiding heeft ontvouwd, dan kunnen ze de aanpassingen maken. En als ze dat niet doen, gaan ze niet terug naar waar dat interessant is. Weet je? Die acht zijn niet eens zielen als je daarboven komt. Dit is echt merkwaardig. Het is anders. Als je er bent, heb je geen verplichting. Als je naar beneden gaat, heb je een verplichting. Als je er met die acht bent, is er geen verplichting. Ik heb er geen nodig.

D: *Je hebt het allemaal afgemaakt als je daar naartoe gaat.*
G: Klopt. Maar als je naar beneden gaat, de verplichting of de terugbegrooting, welke woorden dan ook, dat is waar het aanpassen van de verplichting deelneemt. Ha! Gek!
D: *Dus als je mensen probeert te beïnvloeden, wist ik niet dat je je ermee mocht bemoeien.*
G: Het interfereert niet. Verplichting. Ze weten, de ziel weet dat als ze ouder wordt, ze een verplichting hebben. Ze zouden geen ziel zijn. Ze zouden geen lessen nodig hebben. Waarom zouden ze het doen? Ze weten dat er een verplichting is. En dat passen ze aan. Het is wel netjes, en het is een doel. Daar beneden zonder verplichting.
D: *Is dat mogelijk?*
G: Jij beslist.
D: *Waarom zou je ten onder gaan als je geen verplichting of karma had?*
G: Dat is het leuke. Geen verplichting.
D: *Als je dan het punt had bereikt waarop je geen enkele verplichting had, hoefde je niet terug te keren naar de fysieke planeet Aarde, waarom ben je dan teruggekomen in het lichaam van George?*
G: Voor mijn zus en mij om af te maken wat we lang geleden niet hebben gedaan. Dat is het ene deel. Het is geen karma. Het is geen verplichting. Het is een in-voltooiing.
D: *Wat heb je toen nog niet voltooid?*
G: Ik denk de vakbond. We hebben de vereniging van haar en mij niet voltooid.
D: *Ook al waren jullie heel lang samen?*
G: Ja. We hebben niet ... dat verlangen zit nog steeds in mijn ziel.

Ik gaf instructies om George's onderbewustzijn naar voren te brengen, zodat we misschien antwoorden op een deel hiervan konden krijgen.

D: *George had veel verschillende levens kunnen krijgen. Waarom heb je besloten om hem dit leven te laten zien? Wat probeer je hem te vertellen?*
G: Nederigheid. Absolute nederigheid.
D: *Moet hij dit leren?*
G: Hij weet het. Hij heeft het geleerd. Nederigheid.

D: *Waarom moet hij het op dit moment laten zien?*
G: Omdat het meteen teruggaat naar die acht. Ze vergeten soms de nederigheid. Ze verliezen de ... tempel ervan. Omdat het niet bestaat waar ze zijn.
D: *Ze hebben geen verplichtingen.*
G: En het is de nederigheid voor wat hier gebeurt.
D: *Waarom moet George dat nu in zijn leven weten? (Pauze) Omdat dit fysieke leven het leven is waar we ons op dit moment zorgen over maken.*
G: Misschien is dat wat hij niet weet.
D: *Hij zei dat er een ontbrekend stuk was.*
G: Ja. Het is wat hij niet weet. Dit is gek maar ... het zusterdingetje. Het hoort er allemaal bij.
D: *Probeer het hem maar eens uit te leggen, ook al klinkt het gek.*

Ik had een vermoeden wat de verloren zus voorstelde. Het was geen fysiek persoon, maar de vrouwelijke kant van zichzelf. Maar ik wilde zien wat het onderbewuste zou zeggen. Het onderbewuste vertelde hem langzaam en opzettelijk: "Het is de vrouwelijkheid die zijn leven, zijn welzijn, zijn nederigheid zal verbeteren. Ooit was hij totaal. Hij was zowel vrouwelijk als mannelijk. Zo kon hij zulke prachtige dingen maken."

Ik vroeg hoe George het vrouwelijke deel van zichzelf kon vinden. Zijn onderbewustzijn zei dat hij zou moeten leren om vrouwelijker te zijn, zachtaardiger. Dit zou moeilijk zijn omdat George absoluut erg mannelijk was, en dit zou geen deel uitmaken van zijn normale persoonlijkheid. Nederigheid ook niet.

Toch stond het onderbewuste erop dat George het vrouwelijke deel van zichzelf naar boven moest laten komen, door te leren zachter te zijn, niet zo streng en de zachte kant van zijn natuur naar buiten te laten komen. Ik vroeg toen naar zijn gezondheidsproblemen. Ik kreeg hetzelfde antwoord dat ik vele malen heb gekregen. Als een wezen een van deze hogere entiteiten in de andere rijken was geweest en om verschillende redenen naar de Aarde was gekomen, konden ze niet perfect zijn. Ze zouden moeten passen bij het grote publiek. Een manier om dat te doen, is door ze een defect van een bepaald type te geven, zodat ze niet opvallen. George's was een stijve nek en beperkte flexibiliteit in zijn wervelkolom. "Hij wilde dat het hem zou laten zien dat hij een mens is." Het onderbewuste liet het ongemak achterblijven als een herinnering dat hij om een bepaalde reden naar de Aarde kwam: "Omdat dat deel van het lichaam het zenuwstelsel is. Dat is de controlerende factor. Als je het zenuwstelsel niet hebt, heb je geen leven."

* * *

George had nog een paar vragen. Een daarvan had betrekking op een incident in 1972, toen hij van de trap viel en zijn schedel brak. Het was zo ernstig, dat hij bijna stierf. Hij wilde meer weten over wat er toen gebeurde.

G: We probeerden hem te vertellen dat hij moest veranderen. Hij was in een doodlopende straat.
D: *Het heeft zijn leven echt veranderd, omdat hij zei dat hij bijna stierf.*
G: Hij was dood.
D: *(Verbaasd) Dat was hij? (Jazeker) Wat kun je hem vertellen over die tijd?*
G: Hij was dood. Een deel van hem kwam terug. Een deel van een ander kwam terug. Twee kwamen terug.
D: *Kun je het beter uitleggen zodat we het kunnen begrijpen?*
G: (Grote zucht) Twee kwamen terug. Hij kwam terug, en dat deed een beetje een ander deel van hem ook. Hij is het nog steeds. Een ander aspect van hem.
D: *Waarom moest dat deel terugkomen?*
G: Het wilde wel. Het verlangde ernaar. Dat was een goede kans. Goede tijd. Goede plek. Dat was het deel dat hem zou leiden in de richting die hij moest gaan. Er moest verandering komen. Hij kon het op geen enkele manier doen zoals hij was. Hij had hulp nodig van dat andere deel van zichzelf. Dit andere deel had de mogelijkheid om binnen te komen, en het kwam binnen.
D: *Is dat anders dan een walk-in?*
G: Het is anders. Dit is dezelfde ziel, een ander aspect.
D: *Je zei ook dat dit vrouwelijke aspect ontbreekt.*
G: Dat maakte nooit deel uit van die ene die binnenkwam. Het is al jaren en jaren en jaren niet meer bij hem geweest. Eeuwen, manen en millennium. Dat heeft hij altijd gemist. Het zal langzaam binnenkomen.

George had nog een traumatische ervaring in 1998 toen hij na een tournee in Egypte naar huis terugkeerde. Ze hadden het moeilijk om hem terug te krijgen naar de Verenigde Staten, omdat hij als een wandelende zombie was, met bijna geen controle over zijn lichaam. Toen hij thuiskwam, duurde het vele weken voordat hij weer normaal begon te worden.

D: *Wat gebeurde er in die tijd?*
G: Hij wilde weg. Hij wilde terug naar de acht.
D: *Is er iets gebeurd in Egypte om dat te triggeren?*
G: Het lijkt erop dat dat deel van de wereld niet altijd gezond is. En hij wilde teruggaan (naar de geestenkant) om dat te helpen aanpassen, of aanpassingen te maken in dat deel van de wereld. Maar dat deed hij niet ... en kijk wat er nu is gebeurd, sindsdien. Alle rotzooi daar.
D: *En hij dacht dat hij het niet vanuit het fysieke kon doen?*
G: Dat kon hij niet. Hij had de positie niet.
D: *Maar hij dacht van de andere kant, hij kon een verschil maken?*
G: Ja. Er zijn ook onderliggende dingen aan de hand. Hier en daar en overal. En hij wilde terug. Hij was stervende. Hij was al vertrokken. Alleen de schelp was er.
D: *Wat gebeurde er dan? Hebben ze hem verteld dat hij niet weg kon?*
G: Ze kunnen niet ... ze vertellen hem niets. Maak dit gewoon af. Het andere deel zal moeten wachten. Maar kijk eens wat er is gebeurd. Het is gek daar nu.
D: *Dus op dat moment besloot hij terug te komen en de klus te klaren.*
G: Hij is vertrokken. Maak zijn klus deze keer af.
D: *Anders, als hij het onvoltooid zou laten, zou hij terug naar de Aarde moeten komen.*
G: Om terug te komen. Dat zou hij doen.
D: *Hij zou karma en verplichtingen hebben opgelopen. (Jazeker) Dus het idee was om weer in zijn lichaam te kruipen, zodat hij zijn werk kon afmaken.*
G: Hij kwam hier terug. Alleen de acht kunnen dat.
D: *Het laat zien dat we niet altijd weten wat er met ons fysieke lichaam gebeurt, toch?*
G: Helaas klopt dat.

D: Er zijn altijd andere delen van ons waarvan we ons niet bewust zijn.
G: Dat klopt.
D: Maar gelukkig zijn er andere krachten die wel voor dingen zorgen en ons helpen.
G: Het zijn gidsen. Ze zijn er. Ze zijn trouwens een beetje aan het snuffelen over dit alles. Ze zeggen: "Ik probeer je dit soort dingen soms overdag en 's nachts te vertellen. En je luistert niet." Een van mijn gidsen heeft te maken met het vrouwelijke aspect.
D: Hebben ze iets dat ze George willen vertellen? Enig bericht of advies?
G: Dezelfde boodschap die ze altijd geven. Vertel ons wanneer je onze hulp wilt. We zijn er altijd om te helpen. Je moet het vragen. We kunnen ons er niet mee bemoeien. Ze willen ook zeggen – het is merkwaardig wat ze zeggen. Hoewel ik in leven bleef, was het echt interessant. Ik vraag me af hoe dat komt? (Mompelend) interessant. Ik vraag me af hoe dat komt? (Mompelt)
D: Hoe bedoel je?
G: Als ik luister, is alles oké. Als ik niet luister, is het niet al te oké. Dank je, George. We houden allemaal van je.
D: Waar bedank je hem voor?
G: Omdat hij hem is. Hij heeft een taak te doen.

* * *

Ander bewijs dat er meer delen van onszelf tegelijkertijd bestaan en interactie hebben, kwam tijdens twee afzonderlijke sessies toen ik in 2001 in Memphis was. Beide vrouwen kenden elkaar en waren bezig met de ontwikkeling van een genezingscentrum. Het was een ambitieus project dat veel gedetailleerde planning vereiste. Ze wisten niet hoe ze het zouden bereiken, maar ze hadden een droom en wilden die waarmaken.

De eerste vrouw, die ik "Maria" zal noemen, ging niet naar een vorig leven, hoewel we op zoek waren naar antwoorden op problemen in dit leven. Ze ging meteen naar de geestenkant, de plek die we normaal alleen tussen levens bezoeken, of de zogenaamde "dode" staat. Ze werd opgewacht en naar een grote kamer geleid waar veel geestwezens rond een tafel zaten. Ze herkenden haar onmiddellijk en een mannelijke energie zei: "Goed, je bent eindelijk hier. We hebben op je gewacht." In plaats van in te gaan op haar redenen om de sessie te houden (deze werden later besproken), stortten ze zich in discussie over haar project: het bouwen en creëren van een groot genezingscentrum. Ze legden uit hoe het centrum moest worden gebouwd, waar het land zich zou bevinden en hoe de fondsen voor het project tot stand zouden komen. Het klonk als een veel grandiozer centrum dan Maria zich had voorgesteld toen ze het aan mij beschreef. Toch vertelden ze haar dat het grotere project het eindresultaat zou zijn en effectiever zou zijn. Ze kreeg veel details over het ontwerp, enz. Het mannelijke energiewezen identificeerde zichzelf uiteindelijk als een hoger fragment van Maria dat geen verlangen had om te incarneren. Hij koos ervoor om aan de geestenkant te blijven om haar vooruitgang te helpen sturen. Hij was er altijd geweest als lid van deze adviesraad en zou dat ook blijven. Maar hij was ook een deel van haar, hoewel ze daar geen bewuste kennis van heeft.

Dit is de afgelopen jaren steeds meer benadrukt in mijn werk, dat er delen van ons zijn die tegelijkertijd bestaan, ander werk doen, verschillende levens leiden. We zijn ons er niet van bewust, omdat het te verwarrend zou zijn voor onze bewuste geest. We blijven ons richten op de gebeurtenissen die zich in ons dagelijks leven voordoen, zonder de kennis van het grotere geheel.

De tweede vrouw, die ik "June" zal noemen, was op dezelfde dag mijn tweede klant. De twee vrouwen hadden geen kans gehad om met elkaar te praten. Hoewel June tijdens ons interview ernstige problemen besprak die ze wilde behandelen, ging ze, toen ze in diepe trance raakte, ook niet naar een vorig leven, maar werd ze meteen naar de bestuurskamer gebracht. Nogmaals, er zaten veel geestwezens rond een tafel en ze wachtten op haar. Ze werd aangesproken door een vrouwelijke energie die haar instructies gaf over haar betrokkenheid bij Maria bij de bouw van het genezingscentrum. Ze legden uit dat het een realiteit zou worden, omdat het al aan de geestenkant was geschapen en gewoon wachtte om in het fysieke te worden neergehaald. Ze legden uit dat dit de manier is waarop we onze realiteiten op Aarde creëren. We moeten eerst de droom hebben, het verlangen dat iets werkelijkheid wordt. We moeten het eindresultaat levendig zien en versieren met veel details. Dan wordt het een schepping aan de etherische kant. Het moet dan onze fysieke realiteit binnengaan en vast worden, omdat dit een wet van het universum is. Daarom moeten mensen zo voorzichtig zijn met wat ze willen creëren.

Aan de kant van de geest is het ogenblikkelijk en wacht het alleen op het juiste moment in de tijd om werkelijkheid te worden. Gedachten zijn heel krachtig. Gedachten kunnen creëren. De verrassing was natuurlijk dat het centrum dat beide vrouwen voor ogen hadden op een kleinere schaal was dan het centrum dat aan hen werd beschreven. Dus blijkbaar kan het deel van hen dat voor altijd aan de andere kant blijft, ook verfraaien en creëren wanneer het project ... De twee vrouwen kregen alle informatie die ze nodig hadden. Als het niet concreet en solide wordt in onze dimensie, kan het zijn omdat ze het geloof en het geloof misten om hun droom te volgen. Dit is immers een planeet van vrije wil.

Dit laat zien dat er een ander deel van ons is dat aan de geestkant blijft en helpt bij het regisseren van de show, het spel, het spel. Kunnen we het onze beschermengel noemen, onze gids? Ik denk dat dat iets anders is dan wat mij is verteld, maar dat zou nu voor discussie vatbaar kunnen zijn. Ik denk dat dit andere deel beter kan worden omschreven als ons hogere zelf. Het is interessant dat wanneer ik contact opneem met wat ik het "onderbewuste" noem, het geen afzonderlijke entiteit of een deel van de persoon lijkt te zijn. Er staat altijd dat "we" dit doen, of dit suggereren, alsof het een groep is in plaats van een individu. Het verwijst altijd naar de cliënt in de derde persoon: "hij" of "zij" moet de voorgestelde dingen doen, alsof de fysieke entiteit gescheiden is van de groep, althans voor de tijd dat het zich op de fysieke dimensie bevindt. Steevast, wanneer de fysieke persoonlijkheid door de doodservaring gaat en naar de geestenkant reist, verandert zijn gezichtspunt. Het is zich onmiddellijk bewust van het "thuiskomen", beseft dat het fysieke leven slechts een spel was, een spel, een school om lessen van te leren. De andere kant is echter voor hen, ze krijgen meer antwoorden en als ze er klaar voor zijn, sluiten ze zich weer aan bij de groep, wat hen veel geluk geeft.

Mijn werk laat in ieder geval zien dat er een hoger deel van onszelf is dat zich bewust is van het grotere geheel; het grote plan. Als we ons hiervan bewust zijn kunnen we gebruik maken van deze kennis om onze realiteit vorm te geven in dit leven op een meer bedachtzame manier. We weten nu dat we kunnen communiceren op een directe wijze met dat deel van onszelf. Het luistert naar ons met een verlangen om ons te helpen. Is dit zo verschillende van communiceren met God? Misschien maakt God gewoon deel uit van ons allemaal

DEEL VIII
IN HET DIEPE SPRINGEN

Hoofdstuk 27
De Dromer Droomt De Droom

DEZE SESSIE WERD GEDAAN tijdens een week van privésessies in een motel in Eureka Springs, Arkansas, in februari 2002. Charles is een mannelijke verpleegster die werkt in een ziekenhuis in de nabijgelegen stad. Hij had fysieke problemen die meestal verband hielden met overgewicht. Dat was zijn grootste zorg. Natuurlijk ging een van de vragen die hij wilde stellen over zijn doel in dit leven. Dit is de meest voorkomende vraag die mensen stellen als ze bij mij komen kijken. Een paar jaar geleden deed USA Today een enquête, een pol onder de "mainstream" mensen, niet alleen degenen die geïnteresseerd zijn in metafysica. Hen werd gevraagd: "Als je toegang had tot een opperste macht, welke vraag zou je dan stellen?" Uit de enquête bleek dat de meest voorkomende vraag was: "Waarom ben ik hier? Wat moet ik met mijn leven doen?" Dus zowat iedereen heeft wel eens dezelfde gedachten.

Tijdens de sessie ging Charles door twee vorige levens die hielpen bij het verklaren van enkele van de lopende problemen in zijn leven. De eerste was als een Romeinse soldaat in het leger van Alexander de Grote toen ze Egypte binnenvielen en Caïro overnamen. Ze kregen toegang tot de Grote Piramide via een geheime deuropening, onder bevel om naar schatten te zoeken. Ze ontdekten dat er niets was. Ze gingen ervan uit dat als er iets was geweest, het was weggenomen en elders verborgen. Ik vond dit interessant, omdat het liet zien dat mensen de piramides associeerden met schatten, zelfs zo lang geleden. Alles wat van belang was, was al lang voor de moderne tijd verwijderd. Hij maakte enkele jaren deel uit van de bezetter. Hij verdronk tijdens een storm op zee tijdens het oversteken van de Middellandse Zee op de terugweg naar Rome.

Het tweede leven was interessant, maar leverde niet zoveel informatie op als ik had gehoopt. Hij was een man die geheime kennis bestudeerde in de Himalaya in Tibet. Hij bleef daar enkele jaren en kreeg zoveel mogelijk informatie van de meesters. Daarna keerde hij terug naar Frankrijk, waar hij deelde wat hij had gevonden met de geheime organisatie waar hij deel van uitmaakte. Het klonk als de vrijmetselaars, maar hij zei dat het nog ouder was. Zij waren degenen achter de schermen die de regeringen bestuurden, ook al was het in de tijd van de Renaissance. Mensen werden erg onderdrukt en toen hij het hoofd van de orde werd, wilde hij het gewone volk onderwijzen zodat ze een beter leven konden hebben. Dit was het oorspronkelijke doel van deze orde, om het leven beter te maken. Na verloop van tijd werd het veranderd in een negatieve organisatie geobsedeerd door hebzucht en mensen die macht verlangden. Hij werd meer dan 100 jaar oud en deelde veel van zijn kennis met anderen. Nadat hij in dat leven stierf, vroeg ik de andere persoonlijkheid om te vertrekken, integreerde Charles' persoonlijkheid terug in het lichaam en calbreerde het onderbewustzijn om Charles' vragen te beantwoorden. Dit keer werd het onderbewuste argumentatief, wat ongebruikelijk is. Het is meestal heel coöperatief.

D: *Mag ik met Charles' onderbewustzijn spreken?*
C: Je bedoelt het dromende deel?
D: *(Ik was in de war.) Het dromende deel? Welk onderdeel ben jij?*
C: Overziel, zou je denk ik zeggen. Het is ook van jou. Wij wel. Wij wel. Wij wel, ja.
D: *Maar je staat los van het bewustzijn van de persoon.*
C: Natuurlijk niet. Nee, nee.
D: *Het deel waar ik normaal gesproken mee spreek en dat de antwoorden heeft met betrekking tot het fysieke, is meestal het onderbewuste. Noem je dat het dromende deel? Wat moet dat betekenen?*
C: Op dit moment droom je. Op dit moment ben jij de dromer. Op dit moment ben je dat wel. Maar ga terug naar ons voor het "ik, wij, al". En dan extruderen als een plastic in een mal, om een voorbeeld te gebruiken dat je misschien kent. En dat is Dolores. Maar dat is geen plastic. Het is een vloeibaar medium dat lijkt te verharden. Maar dat is pas op tijd. En dan vloeit het terug naar zijn origineel. En dan extrudeert het weer in een mal.

Woordenboekdefinitie van extruderen: duwen of uitduwen, als door een kleine opening.

C: En die mal zou een naam "Dolores" kunnen hebben. Jij, elk moment, stroomt tussen die mal en een andere schimmel, en bewoont verschillende vormloze delen die "wij" zijn. Dat weet je. Ja, dat weet je.

D: *Dit zijn concepten die voor onze menselijke geest moeilijk te begrijpen zijn.*

C: Maar je spreekt nu niet met een menselijke geest, dus je hoeft je geen zorgen te maken.

D: *Nou, ik denk het wel.*

C: Oh, een deel van jou misschien wel.

Dit werd erg verwarrend. Ik was niet gewend om met zo'n tegenstrijdig deel van de persoon te spreken. Ik besloot de vragen terug te brengen naar wat Charles wilde weten, in de hoop dat ik zijn medewerking zou kunnen krijgen.

D: *Wat is Charles' doel in zijn huidige leven?*

C: Om de droom te veranderen.

D: *Hoe bedoel je?*

C: De dromer droomt de droom. Hij kan de droom veranderen. Pas de droom aan.

D: *Wie is de dromer die de droom droomt?*

C: Degene die de droom droomt in deze realiteit.

D: *En je denkt dat de droom veranderd moet worden?*

C: Het is tijd. Zoals het vroeger was.

D: *Bedoel je met de dromer het massabewustzijn of wat? Ik probeer te begrijpen wat je bedoelt. De dromer die de droom droomt.*

C: Er is een dromer die deze droom droomt. Er is er maar één.

D: *Is dit een persoon of wat?*

C: Meer een bewustzijn. Het is niet gepersonifieerd, het is ... een soort bewustzijn. We dromen alde droom.

D: *Als onderdeel van het bewustzijn?*

C: Ja. We geloven allemaal dat de zon opkomt en ondergaat. De dromer droomt die droom.

D: *In de realiteit waarin we ons bevinden, bedoel je?*

C: Ja. De droom van de werkelijkheid.

D: *Het wordt wel echt, want we zitten er allemaal in. Is dat niet zo?*

C: Klopt, maar elk individu kan ook zijn eigen droom dromen. Hij droomt dat hij een zakenman is of een arts of een advocaat. Dat is zijn droom in de droom.
D: *Dat is zijn realiteit.*
C: Klopt.
D: *Maar de dromer die de grote droom droomt, is dat een veel groter bewustzijn? Een veel krachtiger bewustzijn?*
C: Klopt.
D: *Het zou moeilijk zijn om het te veranderen als het zo groot was.*
C: Klopt.
D: *Dit bewustzijn, de dromer die de droom droomt, lijkt dat meer op ons concept van God, ofzo? (Pauze) Of is het anders?*
C: Het punt is, God is niet echt ... er is er maar één, het is gewoon ... de dromer maakt echt wat iedereen gelooft dat echt is. De dromer maakt de steen hard, de Zon komt op en neer. Dat is zijn droom. Het zijn de dromen van andere mensen die ook dingen in de dromen doen: oorlogen, strijd, geluk, verdriet creëren.
D: *Dat zijn alle individuen die die delen creëren binnen de andere droom?*
C: Juist, juist.
D: *Maar maken ze dat niet waar als ze het doen?*
C: Dat klopt, ja.
D: *Net zoals de dromer die droomt dat werkelijkheid maakt?*
C: Klopt. Het is de grote droom.
D: *Het blijft maar meer realiteiten creëren?*
C: Klopt. Maar het is nog steeds slechts die ene realiteit, hoor. Want die is er maar één.
D: *Ik heb gehoord dat we onze eigen realiteit kunnen creëren. (Jazeker.) Is dit wat je bedoelt met ... Ik dacht of de dromer als een groter bewustzijn was.*
C: Klopt.
D: *Ik blijf aan God denken. Misschien is ons godsbeeld niet juist.*
C: Wij zijn God, wij zijn het één.
D: *Dat is waar. Dat heb ik gehoord. Maar als het bewustzijn, de dromer, de droom droomde en creëerde, dan blijft wat hij creëert, blijft, nietwaar? Het wordt stevig en fysiek?*
C: Dat klopt, ja.
D: *Omdat ik denk dat een dromer uiteindelijk wakker wordt.*
C: Dat klopt.

D: *Wordt de dromer dan uiteindelijk wakker?*
C: Dat klopt.
D: *(Een nerveuze lach.) Wat gebeurt er dan?*
C: Wat gebeurt er als je gaat slapen?
D: *Ik bedoel, wat gebeurt er met wat hij in zijn droom heeft gecreëerd?*
C: Als je gaat slapen, ga je dan niet naar een andere realiteit?
D: *Klopt, maar als je dan wakker wordt, blijft die realiteit dan bestaan?*
C: Het is net zo echt als de andere realiteit. Het is een andere vorm van dromen. Begrijpt je deze realiteit? Waar sta je nu? Is het een dromer of een realiteit?
D: *Nou, we denken dat we in werkelijkheid zijn.*
C: Droom je hier niet zoals je op de andere plek droomt?
D: *(Lacht) We weten het niet, hè. Dat is altijd een puzzel geweest. Maar goed, de dromer die dit alles heeft gedroomd wat er nu gebeurt, als hij wakker wordt, houdt onze werkelijkheid op te bestaan of gaat ze door?*
C: Gaat verder.
D: *Omdat hij het leven heeft gegeven?*
C: We hebben het allemaal leven gegeven.
D: *En alle andere vonken en zielen hebben er kracht en meer schepping aan gegeven. Is dat wat je bedoelt?*
C: Klopt, maar dan komen ze terug op het geheel. Maar eigenlijk zijn ze echt nooit meer weggegaan.
D: *Dus we helpen het werkelijkheid te worden en iedereen speelt er zijn rol in. (Jazeker.) Maar droomt de dromer op grotere schaal andere dromen?*
C: Wanneer de smaler droomt, bij gebrek aan een beter woord, genoeg of genoeg reden heeft om de droom van de grote dromer te veranderen; dan verandert dat. Dat is wanneer het bewustzijn een sprong maakt. Een sprong vooruit of het kan een fal achteruit zijn. Het hangt af van je plaats in de tijd. Bijvoorbeeld de donkere middeleeuwen, de dromer veranderde de droom.
D: *Dit is dus een enorm bewustzijn dan. Het is meer dan we kunnen begrijpen?*
C: Oh nee, het is gewoon een dromer.
D: *Dat heeft dit allemaal gecreëerd.*
C: Ja, we zijn allemaal dromers.

D: We maken er dan allemaal deel van uit. *(Jazeker.)* Omdat ik het probeer te begrijpen. Als hij zo groot was dat we het niet zouden kunnen bevatten.
C: Nee. Kan alles begrijpen.
D: En dit is het bewustzijn waar we allemaal deel van uitmaken? *(Jazeker.)* En we gaan er allemaal naar terug.
C: Ja, er is er maar één.

Dit klonk als het concept dat ik elders in dit boek heb behandeld, dat we allemaal zijn ontstaan met de Bron en ervan gescheiden zijn om de verschillende taken te doen die ons zijn toegewezen. Ook om onderweg de vele avonturen en lessen te hebben, voordat we terugkeren. Deze creatie door groepsgeest zou ook vergelijkbaar kunnen zijn met Jerry's werk, (hoofdstuk 25) creëren met zijn groep. Het zou hetzelfde concept kunnen zijn, alleen in verschillende termen uitgedrukt.

Zou dit ook deel kunnen uitmaken van wat er zal gebeuren wanneer we opstijgen naar de Nieuwe Aarde? Het massabewustzijn besluit dat het tijd is om de droom te verschuiven (of te veranderen)?

D: *Dus de realiteit die we allemaal hebben gecreëerd, blijft bestaan. (Jazeker.) Omdat we het stevigheid hebben gegeven, hebben we het vorm gegeven? (Jazeker.) Dus toen we allemaal teruggingen, zei je dat we het bewustzijn verschuiven. (Jazeker.) Dat is het veranderen van de droom in een andere droom. (Jazeker.) En als we dat doen, creëren we een andere realiteit, een andere droom op dat moment. Iedereen die erbij betrokken is?*
C: Ja, niet zozeer in het maken ervan, maar gewoon doorgaan.
D: *De droom voortzetten en veranderen?*
C: Ja, het groeit als een plant.
D: *Ik heb gehoord dat we ons klaarmaken om een bewustzijnsverschuiving te doen. Is dat het moment waarop dit zal gebeuren? (Jazeker.) Als genoeg mensen de droom willen veranderen waarin we ons nu bevinden met de oorlogen en negativiteit? (Jazeker.) Dan gaat het naar het volgende bewustzijn. (Jazeker.) Ik heb het gevoel dat ik het niet goed beschrijf, omdat ik denk dat de dromer op God lijkt; als massabewustzijn.*
C: Klopt.

D: *Verlaat iedereen uiteindelijk de droom en gaat terug naar de dromer of wat? Teruggaan naar het bewustzijn dat alles heeft geschapen?*
C: Dat klopt, ja. Het begint opnieuw. Nog een droom. Het is een cyclus. Zoals wanneer je elke ochtend wakker wordt, wat gebeurt er dan met je droom? Wat denk je? Is het weg?
D: *Ja, want als je de volgende nacht gaat slapen, is het een andere droom. Heel zelden ga je terug in dezelfde droom.*
C: Klopt.
D: *Maar veel van onze dromen slaan nergens op.*
C: Probeer het te begrijpen. (Gelach)
D: *Er is meer symboliek dan we in ons dagelijks leven denken.*
C: Het is een andere wereld.

Een aparte wereld met verschillende regels die bepalen wat daar gebeurt. Onze fysieke wereld op Aarde is een plek waar regels en beperkingen strikt van toepassing zijn. Daarom hebben we ervoor gekozen om hier in een fysiek lichaam te leven om lessen te leren binnen die beperkingen. Omdat we geen herinneringen hebben aan onze andere levens in andere spirituele en fysieke rijken, zijn we eraan gewend geraakt om te denken dat alles beperkingen heeft. We kunnen dus geen werelden zonder beperkingen waarnemen. Zoals we in dit boek hebben gezien, zijn er vele andere dimensies en realiteiten die we kunnen ervaren (wanneer we voldoende kennis hebben opgedaan), waarbij de wezens pure energie zijn. Ze hebben niet eens de beperking van een fysiek lichaam. Ze kunnen alles creëren wat ze willen, van een lichaamsbehuizing tot hun omgeving. Ze hebben volledige controle over hun omgeving. Toch hebben velen van hen ervoor gekozen (of zijn ze gezonden) om het leven in onze beperkte en beperkende wereld te ervaren. Deze mensen zijn vaak ongelukkig en verlangen ernaar terug te keren naar hun leven van volledige vrijheid. Het moet hetzelfde zijn als we de droomwereld betreden. Terwijl er in de droomstaat geen regels, voorschriften of beperkingen zijn. Alles kan gebeuren of gecreëerd worden. We hebben controle en kunnen creëren wat we willen ervaren. Mensen die lucide dromen hebben, realiseren zich al snel dat ze dromen en dat ze de droom kunnen veranderen als ze dat willen. Ze begrijpen dat ze controle hebben over deze andere wereld die we elke nacht betreden als we slapen. Mij is vaak verteld dat we nooit in staat zullen zijn om dit allemaal te begrijpen terwijl we beperkt zijn tot een fysiek lichaam. Blijkbaar is de droomtoestand geen fantasietoestand die verdampt bij het ontwaken. We hebben onbewust een wereld gecreëerd die ergens blijft bestaan. Dit gaat samen met het idee dat onze gedachten heel krachtig zijn; het zijn echte dingen. Ooit gedacht, bestaan ze voor altijd. Natuurlijk is dit de manier waarop we onze realiteit creëren; door onze gedachten, wensen en dromen te begeleiden en te organiseren, en vervolgens te focussen en te sturen, worden ze werkelijkheid.

D: Een ander soort wereld, bedoel je? (Jazeker) En daarom hebben we moeite om onze dromen te begrijpen. We creëren elke nacht onze eigen individuele wereldje als we gaan slapen?

C: Ja, en dat moet ook.

D: Maar het zit vaak vol symboliek die niet logisch is voor onze wakkere geest.

C: Ze moeten gewoon proberen te begrijpen. Als ze zich erop concentreren, zullen ze het begrijpen.

D: We denken altijd dat het ons dingen probeert te vertellen door middel van symbolen.

C: Dat is zo. Concentreer je er gewoon op en je zult het begrijpen.

D: Maar wanneer we wakker worden en terugkomen in deze realiteit, is deze logischer voor ons. (Jazeker.) Dus elke avond gaan we naar een andere wereld die we hebben gecreëerd. (Jazeker.) Blijft die wereld in onze droomstaat bestaan?

C: Natuurlijk! Het is gewoon een different ... als je 's nachts gaat slapen, welke garantie heb je dan om de volgende ochtend wakker te worden?

D: Nou, we denken dat we dat gaan doen.

C: Wat als je lichaam sterft?

D: Nou, dat is mensen overkomen.

C: Ja. Zoals hierboven is is hieronder.

D: En als het lichaam dan stierf, zou je toch de geestenwereld in gaan? (Jazeker.) Dat is anders dan de droomwereld. Is dat niet zo?

C: Klopt.

D: Maar op die manier zou je weten dat je niet langer droomde. Je betrad de geestenwereld.

C: Zou je?

D: *Nou, dat denk je wel. (Charles lachte.) Mensen hebben me verteld hoe de geestenwereld eruit ziet. Het lijkt een andere plek te zijn.*
C: Vergeleken met deze.
D: *Ja. Ze beschrijven het allemaal op dezelfde manier, en vergeleken met de droomwereld die we 's nachts zien, lijkt het iets anders te zijn. (Jazeker.) Dit kan erg verwarrend worden. Voor onze menselijke geest in ieder geval. Maar ik ben altijd op zoek naar informatie. Is het goed als ik die informatie deel met anderen, in mijn werk?*
C: Ja, ja.
D: *Ik ben altijd op zoek naar verschillende dingen waar we niet aan hebben gedacht, ook al weet ik dat ik het niet begrijp. Onderweg kan misschien iemand het ergens uitbreiden.*
C: Geluid is hoe God de droom in de schepping sprak. Het begon met geluiden.

Dit is de manier waarop de Bijbel het verhaal begint toen God onze wereld in de schepping sprak. "En God zei: Laat er licht zijn; en er was licht." Genesis 1:3. Elke stap van het scheppingsproces werd werkelijkheid toen God sprak.

* * *

Tijdens een andere sessie wilde een vrouw die ik wil cal "Barbara" enkele gebeurtenissen onderzoeken waarvan ze dacht dat ze plaatsvonden tijdens Out of the Body-ervaringen. Ze maakte het mee door tunnels en dergelijke. Tijdens een daarvan kwam ze in een andere periode terecht. Ik dacht dat ze meer klonken als het betreden van andere dimensies door door tijdportalen te gaan. Dit was deels waar. Het onderbewuste zei: "Het is een herinnering. Een herinnering aan ruimtes die met elkaar verbonden zijn."

D: *Het leek verwarrend. Het leek in ons verleden te liggen zoals we dat kennen.*
B: Er is geen verleden.
D: *Dat is wat ze dacht dat het was en toen ze terugkwam, was het verwarrend. De mensen in de andere ervaring dachten dat ze er niet hoorde te zijn.*

B: Het is slechts een link naar verschillende ruimte. Het kon geen kwaad om haar nieuwsgierig te maken.

In een andere ervaring die Barbara ook degradeerde tot een Out of the Body-ervaring, bevond ze zich in een park om met mensen te praten. Een van hen vertelde haar dat hij graag naar het park kwam, omdat hij op de andere plek in een rolstoel zat. Ik vroeg wat er toen was gebeurd.

B: Ze namen haar mee.
D: Wie nam haar mee?
B: De geesten. De geesten namen haar mee. Haar geest is hun geest. De geesten dachten al.
D: Maar waar waren ze?
B: Ergens anders.
D: En de gedachten van de andere mensen die in dit park waren, brachten haar daarheen? (Jazeker.) Doet ze dit vaak? (Nee.) Omdat ze dacht dat het op een bepaalde manier vertrouwd was.
B: Het is altijd hetzelfde. De geesten creëren.
D: En ze creëren deze plek en ze gaan er allemaal naartoe?
B: Ja, het is de communicatie met de andere link.

Dit waren niet de geesten van mensen die Barbara in haar huidige leven kende, maar ze kende demon een ander niveau. Daarom leken ze bekend.

D: Is dit vergelijkbaar met de geestenkant, waar we naartoe gaan als we sterven en het fysieke lichaam verlaten?
B: Nee, dit is anders. De anderen maken het. Het is het centrum van een tunnel. Waar anderen van de ene kant binnenkomen en sommigen van dit uiteinde. En ze ontmoeten elkaar, en ze creëren hun omgeving, en blijven daar een tijdje.
D: Maar ze zei, toen ze hier terugkwam, was het heel krachtig. Wat is daar gebeurd?
B: Ze is koppig.
D: (Lacht) Dus het bracht haar terug in dit lichaam in deze realiteit? (Jazeker.) Is dit wat er soms gebeurt als we 's nachts dromen? Gaan we naar deze plaatsen die de geesten creëren?
B: Like minds, ja.

D: *Maar we komen toch altijd terug op dit lichaam?*
B: Ja, maar er is communicatie. Geen bewust niveau. Op het andere niveau. Er zijn veel huizen, veel niveaus. En je gaat af en toe naar degenen die door gelijkgestemden zijn gemaakt.
D: *Gebeurt dit vaak?*
B: Niet vaak.
D: *Maar meestal herinneren we ons niet meer zoals zij. Ze herinnerde zich veel, nietwaar?*
B: Ze herinnerde zich te veel. Ze heeft een goed geheugen.

Deze gebeurtenis klonk meer als de groep die hun realiteit creëerde waar Charles over sprak. De dromer droomt de droom.

* * *

Inheemse mensen hebben een veel comfortabelere tijd om deze metafysische concepten te accepteren dan moderne individuen. Bijvoorbeeld de overtuigingen van de metafysische concepten dan moderne individuen. De overtuigingen van de aboriginals van Australië verklaren bijvoorbeeld het scheppingsverhaal door te zeggen dat de dromer het heeft gedroomd. Ze zeggen dat de eerste droom van de Dromer de elementen waren: vuur, Aarde, lucht en water. Daarna ging hij verder. Terwijl hij zich verveelde met elke nieuwe creatie, bleef hij creëren. Ze geloven ook dat de echte wereld niet op Aarde is, maar aan de geestenkant. Ze calificeren hun leven op Aarde "Dreamtime", alsof het niet "echt" is. Zo verheugen ze zich wanneer iemand sterft, omdat ze weten dat ze Dreamtime verlaten en naar huis terugkeren. De concepten die ons puzzelen, worden gemakkelijk door hen geaccepteerd.

* * *

Het verbazingwekkende idee dat niets in ons leven echt is, dat het slechts een ilusion is, is keer op keer herhaald in mijn werk. Het idee stoort me, omdat het mijn concept van de werkelijkheid uitdaagt. Alles in ons leven lijkt echt en solide te zijn, van onze woon- en werkomgeving tot de aanraking en het gevoel van degenen van wie we houden. Als de dierbaarste en kostbaarste dingen in ons leven slechts een ilusion zijn, hoe kunnen we dan de werkelijkheid waarnemen? Ik vind het veel geruststellender om deze concepten te zien als "mind candy". Iets om over na te denken om onze geloofssystemen uit te dagen en onze geest naar de rand van begrip te duwen. Iets om over te filosoferen. Maar dan aan het einde van de dag, om het op een plank te leggen en te denken: "Dat was interessant. Het daagde mijn geloofssysteem uit. Het zette me aan het denken in een nieuwe richting. Maar nu moet ik terug naar de 'echte' wereld." Zelfs als het echt maar een ilusion is, is het nog steeds de enige realiteit die we kennen. We moeten er dus in leven.

Voor het eerst in veel van ons leven worden we bedolven onder nieuwe en uiteenlopende informatie. Zoiets gebeurde niet in mijn begindagen van onderzoek. Misschien presenteren 'ze' het omdat het tijd is voor de mensheid om hun geest te verruimen om radicale ideeën te accepteren. Misschien is het tijd, want we verschuiven massaal naar een nieuwe realiteit in een nieuwe frequentie en vibratie. Onze geest moet ook veranderen om de nieuwe en verschillende wereld die we betreden te accepteren. Misschien is dit de reden waarom we nu van de hand worden gedaan om ons denken te veranderen van het alledaagse waarin we gevangen zitten voor milennia. Maar met een nieuw paradigma en een nieuwe manier van denken komt ook een verantwoordelijkheid. Het zou te gemakkelijk zijn om in een passieve modus te glijden. We zouden kunnen zeggen: "Ik kan gewoon door het leven glijden en me nergens zorgen over maken, want niets is echt. Alles is een ilusion. Alles is slechts een droom. Het maakt dus niet uit wat ik doe. Ik heb sowieso geen invloed." Dan zou het te gemakkelijk zijn om achterover te leunen en na te denken over de spreekwoordelijke navel. Te gemakkelijk om het leven aan je voorbij te laten gaan omdat je je ervan hebt teruggetrokken.

Ik geloof dat dat niet de reden is waarom we ervoor hebben gekozen om hier in deze tijd in deze wereld te zijn. Met verlichting komt verantwoordelijkheid. Dat is een van de redenen waarom we zo vaak hebben moeten reïncarneren. Het heeft zo lang geduurd om het goed te doen. We zijn al zo lang verstrikt in de materiële wereld dat we vergeten zijn waarom we in de eerste plaats zijn gekomen. Dit is ook de reden waarom veel van de gevorderde zielen ervoor hebben gekozen om hier te reïncarneren, om ons te helpen terwijl we naar de volgende dimensie gaan. In een van mijn boeken werd mij verteld dat de belangrijkste reden om op Aarde te reïncarneren was om energie te leren gebruiken en manipuleren. Het leven kan dus een ilusion zijn.

Het leven is misschien maar een droom. Maar het is onze droom, onze ilusion. We kunnen de wereld veranderen en onze omstandigheden veranderen zodra we ons realiseren welke macht we hebben. We kunnen echt wonderen voortbrengen. We kunnen van de wereld in de volgende dimensie een ware hemel op Aarde maken. Dit zou honderd keer productiever zijn dan achterover leunen en het leven voorbij glijden. Het gebruik en de controle van energieën zal nog belangrijker worden in de nieuwe wereld. We brengen lang vergeten krachten en talenten terug, omdat de wereld er eindelijk klaar voor is. Anders, wanneer we oversteken naar de andere kant, zullen we te horen krijgen dat we een kans hadden om de wereld te veranderen en dat we die niet hebben genomen. Dan wordt het karma en moeten we het hele ding opnieuw doorlopen totdat we het eindelijk begrijpen. Het loslaten van steeds ingewikkelder concepten bereidt onze geest voor op het accepteren van de nieuwe wereld die komt. We kunnen niet passief blijven als we ons willen wagen aan de nieuwe realiteit, de nieuwe droom, de nieuwe illusie.

* * *

Ik heb in mijn werk vaak te horen gekregen dat wanneer we 's nachts tijdens het slapen uit ons lichaam gaan, of door geleide en gerichte wil, we naar verschillende werelden gaan en op onze fysieke planeet reizen. De persoon kan terugkeren naar het geestenrijk om met zijn gidsen te praten en meer instructies te krijgen over het omgaan met gebeurtenissen in zijn leven. Of advies over het creëren van de volgende evenementen die ze hebben gecontracteerd om te ervaren. Of misschien gewoon een controle die wordt uitgevoerd door "naar huis" terug te keren om mensen te bezoeken waar we geen herinnering aan hebben terwijl we wakker waren. (Dit is elders in dit boek al uitgelegd dat we 's nachts tijdens het slapen uit ons lichaam gaan.) Dit is een van de redenen waarom pasgeboren baby's veel slapen. Ze passen zich aan hun fysieke lichaam aan en ontwaken alleen wanneer het lichaam aandacht nodig heeft. Ze zijn nog steeds verbonden met de spirituele kant en gaan heen en weer om leiding te ontvangen. De geest is niet volledig gehecht aan het lichaam, tot ongeveer de leeftijd van twee jaar. Tegen die tijd slapen ze niet zoveel. Dit is ook een verklaring voor Sudden Infant Death Syndrome, waar de artsen moeilijk begrip voor hebben. Er zijn momenten waarop de geest op een van zijn excursies naar het geestenrijk is en besluit (om welke reden dan ook) om niet terug te keren naar het lichaam. Maybe it decided that the circumstances it was born into were not conducive with working out experiences in this lifetime, and that another body in another environment might be more conducive. Misschien kwam het als een les voor de ouders. Iets wat ze moesten leren, vanwege ervaringen uit vorige levens met de ziel van de nieuwe baby. Misschien bleef de geest van de baby te lang aan de andere kant. Het was een ongeluk en het kwam niet op tijd terug in de tijd. (Hoewel mij is verteld dat er niet zoiets bestaat als toeval.) De geest moet binnen een bepaalde tijd terugkeren naar het lichaam, anders vervalt het lichaam. Het kan niet bestaan zonder de geest (of vonk van het leven) die erin woont.

Ook is het een bekend feit dat oude mensen meer slapen, vooral als ze il of arbeidsongeschikt zijn. Ze maken ook reizen naar het geestenrijk om met hun gidsen en meesters te praten en zich voor te bereiden op hun overgang. Wanneer de geest van mening is dat alles klaar is, besluit hij daar te blijven. Er is geen behoefte meer aan het fysieke lichaam. Het is versleten of beschadigd geraakt tot het punt dat het nutteloos is om het in leven te houden. In deze gevallen sterft de persoon gewoonlijk in zijn slaap terwijl zijn geest op een van deze reizen is.

Als we gewoon dromers zijn die dromen over wat we als realiteit waarnemen, zou dit verklaren wat zoveel van mijn klanten zeggen wanneer ze hun vorige levens herbeleven. Wanneer ze de doodservaring doormaken en aan de andere kant staan, kijken ze terug en zeggen: "Het was gewoon een spel, gewoon personages spelen op een podium. Toen ik daar was, was het zo ingewikkeld en leek het zo lang te duren, maar het was net een oogwenk." Ze beschouwen het geestenrijk als de "echte" realiteit, en het leven dat ze zojuist hebben verlaten als slechts een ilusion. Persoonlijk zou ik willen denken dat het echt meer is dan dat. We ervaren zoveel pijn en emotioneel liefdesverdriet terwijl we het leven op Aarde leven, dat ik zou willen denken dat het een doel heeft en zal blijven. Natuurlijk is mij verteld dat dit waar is, omdat we al lessen ervaren en leren, zodat de opgedane kennis en informatie aan God kan worden teruggegeven. Op deze manier worden onze levens, goed of slecht, opgenomen in een gigantisch archief of bibliotheek waar ze voor altijd blijven. Zouden we ons leven dif erentieel leven als we wisten dat alles werd vastgelegd; letterlijk in steen gebeiteld voor de eeuwigheid?

Een van mijn dochters werkte jarenlang als verpleegkundige in een ziekenhuis en later als thuisverpleegkundige. Ze vertelde me het verhaal van een man die bedlegerig was en veel pijn had. De familie wist dat hij stervende was en dacht dat het een zegen zou zijn als het gebeurde. Hij bracht een groot deel van zijn tijd slapend door. Hij vertelde mijn dochter dat hij eigenlijk uit zijn lichaam aan het reizen was, en gedurende die tijd was er geen pijn. Hij deed eigenlijk werk terwijl hij in deze staat was. Hij was een prachtig huis aan het bouwen aan de andere kant. Hij wist dat wanneer het huis voltooid was, hij daar zou blijven en dit leven voor hem zou ophouden te bestaan. Hij stierf rustig op een nacht in zijn slaap, en mijn dochter zei eenvoudig: "Wel, ik denk dat hij zijn huis heeft afgemaakt en is ingetrokken."

Ik ging er altijd van uit dat hij zijn huis in het geestenrijk aan het bouwen was, omdat we daar alles kunnen creëren wat we willen. Maar misschien bouwde hij het in de droomwereld waar geest ook kan bestaan. Dit is wat in deze sessie werd aangegeven, dat het twee verschillende werelden zijn, maar toch in veel opzichten gelijk. Als alles een ilusion is, hoe zullen we het dan ooit weten? Wat is de werkelijkheid eigenlijk? Als we alleen personages zijn die de droom van een grotere dromer naspelen, wat gebeurt er dan als 'hij' of 'het' wakker wordt? Dit zijn interessante theorieën of aspecten om over na te denken, maar ze zijn gewoon lastig en geven me hoofdpijn. Misschien is het beter om dit over te laten aan "denker" die zulke complexe theorieën leuk vinden om te onderzoeken. Wat mezelf betreft, ik heb mijn verslaggeverrol goed vervuld en geschreven wat ik ontdekte. Nu moet ik terugkeren naar mijn illusive, het lichaam heft bepaalde noden, en dat is mijn realiteit op dit ogenblik. Ik kan ermee ophouden mijn brein lastig te vallen met zaken die ik beter overlaat aan heuse filosofen.

Hoofdstuk 28
Een Ander Alternatief Voor Walk-Ins

VEEL VAN MIJN SESSIES omvatten verschillende verschillende aspecten en het is moeilijk om te weten in welke sectie de informatie moet worden geplaatst. Ik probeer het hoofdthema van de informatie te bedenken, in plaats van te proberen het op te splitsen. Dit was zo'n geval. Het bevatte informatie over buitenaardsen, hoewel het in principe gaat over een verschillend concept. Het bevatte ook informatie over een verschillende versie van walk-ins. Ik besloot het te plaatsen bij deze sectie over verschillende zielsfacetten. Er zijn verwijzingen naar andere hoofdstukken waar soortgelijke informatie te vinden is. Alles in dit boek lijkt heen en weer te verwijzen.

Deze privésessie vond plaats in februari 2002, toen ik in een motel in Eureka Springs, Arkansas verbleef. Dit is de tijd die ik besteedde aan het hebben van alleen privésessies, waarbij ik me concentreerde op de omgeving: Arkansas, Missouri, Kansas en Oklahoma.

De afgelopen jaren heb ik vaak een nieuw stukje informatie of een nieuw concept gekregen via een van mijn klanten. Dan komt de volgende klant voor zijn sessie en wordt het nieuwe concept uitgebreid. Bijna alsof iemand of iets aan de andere kant mijn sessies in de gaten houdt en beslist welk stukje informatie ik op welk moment krijg. Natuurlijk weet ik dat "ze" zich bewust lijken te zijn van wat er in elke sessie wordt gegeven, omdat "ze" mij en mijn werk altijd lijken te kennen. Meerdere keren tegen het einde van een sessie zullen ze zeggen: "Hier is het volgende stukje informatie dat je nodig hebt voor je boeken." Of: "Je zei dat je dacht dat je klaar was voor het volgende concept. Wel, hier is het." Dit kan niet toevallig zijn of iets wat ik opzettelijk doe, omdat de stukjes van de puzzel afkomstig zijn van mensen over de hele wereld die elkaar niet kennen en die de informatie die ik verzamel niet kennen. Soms krijg ik een stuk van iemand in de Verenigde Staten, en het wordt uitgebreid door iemand in Engeland of Australië. Het wordt dus zeker in de gaten gehouden door iemand die in staat is om alles wat ik doe en alle verschillende mensen met wie ik werk te zien. Dit is zo vaak gebeurd dat ik niet verrast en me niet op mijn gemak voel bij degene die de show leidt. Deze zaak is een voorbeeld van wat ik bedoel. Tijdens de privésessies in Eureka Springs ontving ik een stukje informatie over hoe "Sterrenkinderen" of "Speciale Vrijwilligers" worden beschermd tegen de accumulatie van karma van Aaron, de NASA-ingenieur. Toen kwam mijn volgende klant, Bobbi, voor haar sessie en het idee werd uitgebreid. Wie het ook is die de informatie levert en toezicht houdt op de operatie, ik waardeer hun hulp enorm. Zij begrijpen, net als ik, dat de tijd rijp is voor bepaalde informatie om naar de mensen van de Aarde te komen. Natuurlijk hebben ze me ook vaak verteld dat ik nooit alle informatie zal kunnen hebben, omdat onze geest het nooit aankan. Dus geven ze analogieën en voorbeelden om het zo goed mogelijk te bezweren binnen de beperkingen van de beperkingen van onze geest.

Nadat Bobbi in trance was, kwam ze uit de wolken en bevond ze zich in een zeer desolaat woestijnlandschap. Ze was een bijna naakte inheemse man die wanhopig op zoek was naar voedsel voor zijn familie. Zijn groep leefde in grotten nadat ze door de blanke man van hun land waren verjaagd. "Ze wilden controle. Ze wilden het overnemen. En ze zagen ons niet als waardevol." Waar voorheen zijn volk hun voedsel had geplant, werden ze nu gereduceerd om te zoeken naar alles (kleine dieren, salamanders en insecten) om te eten. Ze leden honger en hij voelde een grote verantwoordelijkheid om voor voedsel te zorgen. "Er is een echte zorg om te overleven. We hebben honger. Ik voel het in mijn buik." De man voelde zo'n verantwoordelijkheid dat hij zonder eten ging zodat de anderen konden eten. "Ik voel mijn maag met kelken."

Hij stierf uiteindelijk door gebrek aan voeding. Hoewel hij zichzelf beroofde voor de anderen, had hij het gevoel dat hij hen in de steek had gelaten. Hij voelde veel verantwoordelijkheid en door te sterven liet hij hen achter zonder iemand om voor hen te zorgen. Ik moest hem ervan overtuigen dat hij zijn uiterste best had gedaan.

Hij zei: "Het had te maken met voeding, met het niet krijgen van de juiste voedingsstoffen voor mijn lichaam. Ik voelde dat ik me voor hen moest opofferen. Had ik maar mijn kracht op peil gehouden. Ik dacht dat het nuttig was om ze mijn eten te geven, en dat was het niet. Ik heb mijn leven opgeofferd voor al hen, en toen voelde ik me slecht omdat ik ze verliet. Ik heb ze in de steek gelaten, want ik had echt eerst voor mezelf moeten zorgen. Dat heb ik niet gedaan. Ik zou meer van waarde voor hen zijn geweest als ik voor mezelf had gezorgd en mezelf had gekoesterd. Het was een heel hard, uitdagend leven."

D: Wat heb je daarvan geleerd?
B: Ik heb geleerd dat ik mezelf niet hoef op te offeren voor anderen. Dat was het verkeerde om te doen. Ik voelde me zo verantwoordelijk voor hun reis en ik besefte niet dat ik hen verantwoordelijk had moeten laten zijn voor zichzelf. Het was co-afhankelijkheid. En mijn spijsverteringsstelsel was al in de war door het niet krijgen van de juiste voedingsstoffen. Ik had altijd het gevoel dat er niet genoeg zou zijn.

Het werd bobbi uitgelegd dat dit leven aan haar werd getoond om gezondheidsproblemen te helpen verklaren die ze in dit huidige leven had met betrekking tot haar spijsverteringsstelsel.
Omdat de levensduur zo kort was, was er tijd om een andere te verkennen. Dus ik zei haar om vooruit of achteruit te gaan naar een andere tijd en plaats waar er iets anders was dat ze moest zien.

B: Ik blijf teruggaan naar de tijd in dit leven toen ik een klein meisje was.

Af en toe wanneer het onderwerp ervoor kiest om naar een gebeurtenis te gaan die in het huidige leven heeft plaatsgevonden, is er iets dat moet worden onderzocht. Normaal gesproken is het iets dat de bewuste geest is vergeten of nooit in de eerste plaats heeft geweten. Het onderbewuste brengt het om de een of andere reden weer naar boven. Misschien was er iets waar Bobbi iets over moest weten, dus besloot ik haar daar achter te laten in plaats van haar naar een ander vorig leven te verplaatsen.

B: Ik heb wat weerstand om daarheen te gaan. Ik voel me alleen. Ik voel me bang.
D: Maar je was toch niet alleen? Je had een groot gezin.

Bobbi had twaalf broers en zussen, maar ze werd mishandeld, samen met anderen in de familie, vooral omdat het overwerk van haar ouders hen ervan weerhield om enige afkeuring te tonen. Bobbi was een tweeling en haar zus was de enige met wie ze een band had toen ze opgroeide.

B: Ik had niet het gevoel dat ze om me gaven. Mijn zus was er wel, maar ze voelde hetzelfde. Ik voelde me gewoon alleen. Heel alleen.
D: *Welke tijd in je leven zie je?*
B: Toen ik nog heel jong was. We zijn op een onverharde weg waar we op woonden. Het zijn mijn zus en ik. En onze hond.
D: *Zelfs met die grote familie en je zus voelde je je alleen.*
B: Uh-huh. Sommigen van hen waren verdwenen tegen de tijd dat ik werd geboren. Het was zo'n grote familie. Ik was heel jong. Ik zie dit huis waar we in woonden, en ik zie dit andere huis. Er zijn de twee huizen. (Pauze) Er hangt iets in de lucht. Daarom heb ik me gedeisd. Er is als een licht aan de hemel.
D: *Je zei dat je zus bij je is, en de hond?*
B: Ik zie haar nu niet bij mij. Ik ben zelf. Er is een lampje. En het maakt me een beetje bang. Ik weet niet wat het is. (Herhaald als een fluistering:) Ik weet niet wat het is. Het is gewoon een fel licht. (Een fluistering) Ik weet niet wat het is.
D: *Heb je het gevoel dat je terug naar het huis moet?*
B: (Nadrukkelijk) Nee! Ik hou niet van het huis! Ik wil daar niet meer terug. Daar voel ik me alleen. Ik vind het daar niet leuk. Ik blijf graag buiten. Ik voel me veiliger buiten.
D: *Wat gebeurt er dan als je naar het licht kijkt?*
B: (Een fluistering) Het komt dichterbij. Het is nu niet zo eng. Het is anders. Ik ben niet bang, gewoon nieuwsgierig. Omdat het licht beter aanvoelt. (Zo zacht dat het nauwelijks hoorbaar was. Alleen de tape pakte het op:) Ik spring terug! (Luider) Er is iets in het licht. Het is als iemand in het licht. Het is bijna alsof ze me opstoten, want ineens ben ik gewoon ... er was dit wezen in het licht. En dan het volgende wat ik weet, ik ben er niet. Ik lig niet meer op de grond.

Ik probeerde haar gerust te stellen, alsof ik met een klein meisje sprak, want zo klonk ze. Ze had de kenmerken van een kind aangenomen, wat betekende dat ze de gebeurtenis precies zo herbeleefde als ze zich had voorgedaan.

B: Maar ik heb mijn ogen dicht. Ik weet niet of ik dit wil zien. Ik voel dat iemand me aanraakt. En ik ben nog steeds bang. Mijn maag ... Ik voel het in mijn buik.
D: *Wil je je ogen openen en zien wat er gebeurt?*
B: Ja, ik denk het wel. De aanraking was niet slecht. Er is dit daar voor me. Het is het wezen dat ik eerder heb gezien met het vlekkerige blonde haar. Maar in mijn bewuste geest was er meer haar. Het was niet zo fragmentarisch. En het is mijn moeder. Mijn moeder. (Haar emoties begonnen naar boven te komen.)
D: *Hoe weet je dat?*
B: (Verontwaardigd) Je kent je moeder altijd!
D: *Dat is het gevoel dat je krijgt?*
B: (Emotioneel, bijna huilend) Ja, ja.
D: *Is je zus bij je, of ben je alleen?*
B: (Proberen te voorkomen dat je huilt.) Ik ben nu zelf.
D: *Kun je zien waar je bent?*
B: (Moef leidde, dan:) Het is net een kamer. Ik zit als op een tafel. (Herhaalt de laatste twee zinnen) En ik ga rechtop zitten.

Later na deze sessie stuurde Bobbi me een brief waarin ze probeerde enkele dingen die tijdens deze sessie gebeurden uit te leggen en te verduidelijken. "Ik was net meegenomen op het schip en herinner me dat ik ging liggen en opkeek om mijn moeder te zien. Ze had de blonde haarvlekken. Ik had dromen gehad van deze vrouw, maar ik wist niet wie ze was. Je vroeg me hoe ik wist dat dit mijn Moeder was. Ik herinner me dat ik erg verontwaardigd werd omdat iedereen zijn moeder kent. Ik vond de vraag destijds heel sily. Hoe kon je niet weten wie je moeder is? Ik lach nu om mijn heftige reactie, die de ervaring voor mij echt bevestigde."

De experts kunnen zeggen dat het kleine meisje fantaseerde over een andere moeder om de plaats van haar eigen moeder in te nemen die erg koud was, overwerkt en geen tijd voor haar had. Maar als ze zou fantaseren en een andere moeder zou creëren, waarom zou het dan aan boord van een ruimtevaartuig zijn?

Dit is vergelijkbaar met het geval in The Custodians, waar het jonge meisje bezoek kreeg van haar 'echte' vader. In dat geval, toen het problemen begon te veroorzaken in haar jonge leven, kreeg het buitenaardse te horen dat hij niet meer kon komen en werden de herinneringen aan hem uit haar bewuste geheugen gewist. Was dit een soortgelijk geval waarbij de herinneringen alleen als vreemde dromen bleven?

B: (Emotioneel) En het voelt gewoon goed om bij haar te zijn. Waar ben je geweest?! Ze zegt: "Je hebt een opdracht. Je bent op een opdracht, Bobbi. Dat weet je." Ze zegt: "Je weet wat de Aarde is. Je weet dat het niet echt is. Je weet dat het ilusions zijn. Je weet wie je bent. Je weet dat je mijn kind bent. Je bent van de, maar je weet dat je ook van het geheel bent. Je weet dat je niet beperkt bent. je kent deze dingen. Ik ben hier om je te helpen deze dingen te onthouden. Ik ben bij je." Ze zegt: "Ik ben altijd bij je." Het gaat niet om mij, het gaat om ons. En de wij, denk ik, is zij. En ze is er. Ze helpt me. Ze zegt: "We zijn bij je. Wij zijn bij u. We zijn altijd bij je." Ze zegt: "Wat maakt dat je denkt dat we je niet gaan helpen? We helpen je altijd." Ik voelde me zo alleen. Ik zie een schaar. Ze zei: "We moesten het koord doorknippen, zodat je het leven kon leiden. We moesten de koorden doorknippen zodat je een mens kon zijn. Maar je bent geen mens. Je hebt gewoon de menselijke ervaringen, omdat je aan het leren bent. Je bent aan het leren. We leren het je."

D: *Maar ze zei dat ze je echte moeder is. Ben je als baby niet in een lichaam geboren?*

B: Nee, ik ben niet binnengekomen. Dat was ik toen niet.

D: *In de baby, met je tweelingbroer?*

B: Nee. Er is hier een verschil.

D: *Kan ze het je uitleggen?*

B: Het heeft te maken met de tijd dat de tweeling verdwaalde.

Dit was een incident dat plaatsvond toen Bobbi heel jong was, dat haar familie altijd vreemd vond. Ze had gevraagd om dit tijdens de sessie te onderzoeken. Zij en haar tweelingzus waren al een tijdje verdwaald en niemand kon hen vinden. Toen doken ze onverwacht op in de voortuin van hun huis.

Bobbi's persoonlijkheid verdween en het wezen dat zei dat ze haar moeder was, sprak met Bobbi.

B: Er is een uitwisseling. We hebben een manier. Ik probeer te kijken of ik dit in menselijke termen kan uitleggen. We hebben een manier waarop we kunnen ... het is bijna een uitwisseling van persoonlijkheden op de een of andere manier. Het is als een verandering, uitwisseling. Er is een verandering doorgevoerd. Daar ben je niet in geboren. Dat zag je, maar dat was jij niet. Dat was niet de jij die je nu bent. Er werd een uitwisseling gemaakt. En nee, het is niet zoals de inloopervaring. Daar had je gelijk in. Bobbi heeft deze herinnering aan een toekomstig zelf op een ruimteschip met blond haar. En dat is de herinnering aan wie je werkelijk bent.

D: *In plaats van een toekomstig leven, is het de herinnering aan wat ze werkelijk is, bedoel je.*

B: Van wat ze werkelijk is. En een beetje uit de toekomst ook, want daar is geen tijd. Er is geen tijd. Je bent in die dimensie waar je denkt dat er zoveel is met tijd, en tijd is niet belangrijk.

D: *Dat is waar. Maar je bedoelt dat je mensen op het schip deze baby, dit lichaam, hebben gekozen voor wat ...?*

B: Het lichaam zou veel dingen meemaken waar we over wilden weten. We wilden meer weten over de menselijke ervaring. Bobbi, daarom ben je in godsnaam altijd geïnteresseerd geweest in het psychologische deel van de mens. Je was niet geïnteresseerd in traditionele leer. In de frontlinie was je niet geïnteresseerd om naar school te gaan om psychologie te leren. Daar was je niet voor. Je was geïnteresseerd in de diepere betekenissen. Je wilde de diepere waarheid. En het zat niet in de menselijke natuur. Je moest leven voor de menselijke ervaringen, zodat je kon beslissen wat echt was en wat niet. En we zijn er altijd geweest om je te laten zien. En het is zo van, ontspan, want de weg zal duidelijk zijn. Loslaten.

D: *Kun je me uitleggen hoe dit heeft kunnen gebeuren? Het is geen walk-in. je zei dat het anders was.*

B: Het is verschillend. Oké, ik zie de tweeling. Er is een kamer. De tweeling ligt samen op een tafel. Er is iets ... een soort van ... Ik heb gewoon moeite om uit te leggen wat ik zie.

D: *Doe gewoon je best.*

B: Er is een soort machine. Een soort van, ik wil zeggen "implantaat". Maar er is een soort uitwisseling of implantaat. Hoe wisselen ze uit? Het is geen zielenruil. De tweeling wilde dit allemaal niet meemaken. Ze wisten hoe hun leven eruit zou zien. De depressie. Het gezin is depressief. De tweeling, de oorspronkelijke tweeling, wilde dat niet. (Ze had moeite met het vinden van de woorden.)

Trans Het is geen transmigratie. Transigatie? Overdracht? Iets wat onderdeel is van een uitwisseling. Ze zegt: "Je doet te hard je best."

D: Laat het gewoon stromen. Gebruik de woorden die je kunt vinden.

B: Ze zei, de tweeling was zo blij dat het was wat ze allemaal overeenkwamen. Ze zei: "Jullie hebben allemaal afgesproken om binnen te komen en dit te leren." Ik heb me altijd afgevraagd waarom mijn zus en ik niet dat tweeling ding hadden van de een die altijd wist wanneer de ander gewond raakte, of die verbinding. Ze zei: "Dat komt omdat jullie een tweeling waren door op elkaar te lijken, maar het is anders. De wezens die jullie nu zijn, zijn niet zoals de normale tweelingen van de Aarde. Je hebt geweten dat je die connectie niet hebt gehad. Jullie levens zijn paralel vanwege het tweelingproces, maar jullie zijn verschillende persoonlijkheden. Jullie zijn verschillende wezens. Je bent op verschillende missies. Je hebt verschillende opdrachten."

D: Maar je zei dat het allemaal was afgesproken. (O ja.) Wat is er gebeurd met de oorspronkelijke geesten die binnenkwamen?

B: Ze zijn gelukkig. (Ze lachte.) Ze zijn helend.

D: Toen bleven ze niet. Er waren niet twee geesten tegelijk in het lichaam.

B: Die waren er een tijdje, omdat Bobbi hulp nodig had om te weten hoe hij moest functioneren. Er was dus een tijd dat de tweeling er was. Er waren tijden dat er sprake was van een samengaan. In de begintijd. Ah! Want Bobbi herinnerde zich niet veel van haar jeugd. Er waren momenten dat ze heen en weer ging in bewustzijn. Ik weet niet hoe. Ze ging heen en weer omdat ze meer leerde van in het kind zijn, in het lichaam en integreren. En we gingen je niet zomaar helemaal in de steek laten. Ach, wat triest.

D: Toen gingen de oorspronkelijke geesten ergens anders heen?

B: Ja, de oorspronkelijke geest was er. Er waren dingen die de oorspronkelijke geest gewoon niet aankon. En de kleine meisjes waren zo verdrietig.

D: Wat gebeurde er dan met de oorspronkelijke geest? Je zei dat ze een tijdje samen waren.

B: Ze wilden naar huis. Ze gingen rusten. Ze zei: "Het gaat goed met ze. Ze gingen naar een rustplaats. En van waar ze waren, konden ze hier iets van bekijken. Ze hebben geleerd." Ze zegt: "Bobbi, ze kunnen ook van je leren door de ervaringen heen te gaan. Het was dus alsof ze op de een of andere manier onthecht waren, maar er toch deel van uitmaakten. Maar ze leerden terwijl je door veel van de ervaring ging. Ze hadden de moed niet. Ze hadden de kracht niet. Dat wilden ze allemaal niet meemaken."

D: Waarom is dit anders dan een walk-in?
B: Het is een verschillend proces.
D: Kun je me het verschil vertellen?
B: Laat ik het haar vragen. Ze zegt vaak dat de oorspronkelijke geest door een groot deel van het aardse leven zal gaan totdat het op een echt kritiek punt komt, waar ze gewoon niet meer verder kunnen. Daar is geen weerstand tegen. Het is alsof dat persoonlijkheidsego zo ver mogelijk wil gaan voordat het opgeeft, voordat het loslaat, voordat het wordt uitgewisseld. En dan komt het op een punt dat het ziet dat het niet verder kan. Het probeerde het tenminste. Ik bedoel, het is echt geprobeerd. Ik zie vastberadenheid. Ik zie echt proberen. En ze proberen zoveel als ze kunnen, en het is moeilijk. Het is gewoon moeilijk. En dat is wanneer ze uitwisselen. Het is alsof er op de inademing die nanoseconde tussen de ademhalingen zit. Adem in en uit, waar dingen gebeuren. Dat is waar God is. En het is op die momenten dat er mogelijkheden zijn om andere dingen te laten gebeuren.
D: Dat is een walk-in. Maar wat er met Bobbi gebeurde, was niet hetzelfde?
B: Nee. Er kwam meer een mechanisch proces aan te pas. Ik begrijp niet waarom ... dat is niet het woord. Er is een soort moleculaire ... Ik zie machines in de buurt. Ik zie verbanden. Hoe ze de geest kunnen verbinden ... (fluistert) hoe gaat dat?
D: Ze hebben de mogelijkheid om dat met machines te doen?
B: Het is niet zoals normale machines. Het is energie die ze, zie ik, in hun handen hebben. Ze hebben iets in handen. (Fluistert) Hoe doen ze dat? Ik begrijp het niet. Een vorm van overdracht. Toen ik een klein meisje was, was het alsof ik ze gewoon in het lichaam zag stappen, maar het is veel meer dan dat. Er is die overdracht. Ik blijf haar vragen hoe ze het overdragen. (Pauze) Het is als een wetenschappelijk proces. Er zijn machines in de buurt. Ach, de machines hebben te maken met hersengolven. Ze doen iets met de hersengolven om te helpen een bepaalde frequentie te bereiken. En wanneer er een bepaalde frequentie is, kan er een soort overdracht plaatsvinden. Het is andere dimensionale technologie.

Soms ziet Bobbi zoiets als energielijnen, en dat zijn frequenties. Wanneer de frequentie juist is, kan er een overdracht van persoonlijkheden zijn, of overdracht van gedachten, van bewustzijn. Het heeft te maken met frequenties.

D: *Er is net iets bij me opgekomen. Het andere geval van de walk-ins is volledig gedaan met de geest die van plaats wisselt. En dit klinkt alsof Bobbi een levend fysiek wezen op het ruimtevaartuig was, geen geest. (Jazeker) En ze moest op die manier overstappen. (Jazeker) Waar de anderen geesten waren die al waren overgestoken, en ze wisselden van plaats.*

B: Ja, dat is logisch. Want op het punt van overdracht ... Ik zie deze twee kleine lichaampjes hier op tafel liggen. Maar er zijn nog twee volwassen wezens die de overdracht zullen zijn. Transference-ees is het woord. Overdrachten, dat komt binnen. Maar er is een tijdcapsule. Ze onthoudt gewoon meer van wie ze echt is. Want de tijdcapsule gaat over zoveel jaren slapen. En de jaren veertig waren triggerjaren. Ze wist op haar veertigste dat ze door haar angsten heen moest. Veertigers waren haar belangrijkste jaren in het ontwaken.

D: *Dit was het moment waarop de kennis terugkwam. (Jazeker.) Toen leefden de overgeplaatsten echt een fysiek leven aan boord van het vaartuig en waren ze geen overleden geesten.*

B: Nee, dat waren ze niet. Dat is een dilemma.

D: *En je hebt op dit vaartuig de mogelijkheden om de overdracht te maken. (Jazeker) Maar het moet wel met toestemming van de bestaande ziel zijn.*

B: O ja.

D: *Maar dan stemt het ermee in om terug te gaan.*

B: De transfers zouden dan teruggaan.

D: *Het is dus een uitwisseling, maar het wordt gedaan met een ander levend wezen.*

B: Ik zie degene die Bobbi is. Ik zie degene die binnenkomt bijna een mannelijke energie zijn. Ik begrijp niet waarom het een mannelijke energie zou zijn, want ze zijn niet mannelijk of vrouwelijk.

D: *Min of meer zonder geslacht?*

B: Ja. Laten we hier eens kijken.

D: *Nou, ik heb nog een vraag. Wat is er gebeurd met het lichaam van de overnemer? Degene die op het vaartuig zat? Als de ziel het lichaam verlaat om Bobbi's lichaam binnen te gaan, wat is er dan met dat lichaam gebeurd?*

B: Dat lichaam is als in een staat van stilstand (Ze had moeite met dat woord en vond het moeilijk uit te spreken). Is er een schorsing? Het is een schorsing. Het is net als slaap? Het is als een slaap. En toen je dat vroeg, kwam het antwoord meteen. Het is een slaap, want er is een dimensie waar geen tijd is. Het is dus alsof de levensduur van de Aarde niet relevant is voor de tijd aan de andere kant. Dus het lichaam zal in deze ... Ik blijf staat krijgen ... het begint met een S. Het zijn niet alleen stations, schorsingen, zwangerschapstasis. Het is zoiets als stasis.

Volgens de thesaurus: Stasis - immobiliteit, passiviteit, stagnatie. Volgens het woordenboek: Stasis - (Handeling of toestand van staan, stoppen.) 1. een vertraging of stopzetting van de normale stroom van een lichaamsvloeistof of halfvloeistof: als: vertraging van de stroom circulerend bloed. 2. een toestand van statisch evenwicht of evenwicht: stagnatie.

B: Het lichaam gaat hier een tijdje in om te leren. Het is leren over mensen. Bobbi verwijst naar de mens als de derde persoon. Ze verwijst naar de Aarde als Humansvile. En het is iets menselijks. Er zijn menselijke huizen. En ze herinnert zich een tijd dat ze vroeg wat ze op de schepen deed. (Bobbi had het gevoel [door dromen] dat ze een ruimteschip bezocht terwijl ze verondersteld werd te slapen.) En ze geeft les over Humansvile. Ze geeft les over het menselijk leven.

D: *Dan is dit iets anders dan walk-ins, omdat het lichaam daar min of meer in een soort opgeschorte animatie wacht op de terugkeer van de ziel. Het lichaam sterft niet. (Juist) En de ziel is op weg naar de Aarde, maar ze wilde niet door het geboorteproces gaan. (Nee) Er zou toch meer vergeten worden met het geboorteproces?*

B: (Opgewonden) Oh! Het knijpt in het hoofd. Om de een of andere reden kwam dat gewoon binnen. Het geboorteproces, wanneer ze door het geboortekanaal naar buiten komen, dat is wanneer de herinneringen worden gestopt. Er is hier een opwinding, omdat het geboorteproces iets te maken heeft met de sluier. Als je daar doorheen komt dan is de sluier dikker. Oké. Dat is logisch.

In mijn werk met walk-ins had ik dit vermoed. Mensen lijken zeker meer paranormaal begaafd te zijn na een BDE (Bijna Dood Ervaring) of een walk-in, waarbij er een uitwisseling van zielen is. Door mijn werk heb ik ontdekt dat het geboorteproces de herinneringen wel uitwist. Ook de hoeveelheid tijd die je als baby doorbrengt met het proberen om het lichaam te laten werken: leren kruipen, lopen en uiteindelijk communiceren, zorgt ervoor dat de herinneringen aan het tussenleven en waar de ziel vandaan kwam vervagen. De walk-in daarentegen, gaat niet door deze geheugenverwijderende ervaringen, en komt binnen met een volledige herinnering aan waar het vandaan kwam. Daarom weten ze hoe ze hun paranormale vermogens moeten gebruiken. Deze vermogens zijn latent of liggen slapend, zoals bij zoveel mensen.

D: *Dus daarom stemde ze hiermee in. En dit gebeurde op het moment dat haar ouders dachten dat ze verloren was.*
B: Ze weet dat dit is hoe het moet.
D: *En deze ziel die in die tijd binnenkwam, was beter in staat om dingen aan te kunnen? (Jazeker.) Het stemde ermee in om al deze zeer slechte gecompliceerde dingen aan te pakken die ze moest doorstaan.*
B: Ja. En om meer geaard te zijn.
D: *De echte moeder en de mensen op het voertuig, zijn altijd bij haar. (Jazeker) Haar helpen in de onbewuste toestand?*
B: Zij zijn de "wij", ja.
D: *Deze mensen op het vaartuig, hebben ze ergens een fysiek thuis, of wonen ze gewoon op het vaartuig?*
B: Er is iets ver weg, maar ze leven echt gewoon op het voertuig.
D: *Wat was Bobbi's beroep toen ze op het vaartuig zat, voordat ze de overstap maakte?*
B: Ze was een avonturierster.
D: *(Grinnikt) Ze klinkt zo.*
B: Ze hield van de sterren. Ze was als een astronaut, zouden we zeggen. Ze was een spaceonaut. (Gelach) Als een Startreker. Ze houdt van de sterrenstelsels. O jee! Daarom houdt Bobbi van sterrenstelsels. Daarom voelt ze zich thuis als ze alle nevels ziet, en dat allemaal. Ze gaat gewoon door met waar ze van houdt. En er waren momenten dat Bobbi wist dat ze in de sterren stond. Ze

zou sterren zien. Ze keek door mijn ogen. En wij zijn ruimteverkenners. We zijn dimensionale ontdekkingsreizigers.

D: En dit is weer een avontuur. (Oh ja!) Is er niet het gevaar om hier gevangen te zitten als je eenmaal in een fysiek lichaam op Aarde komt?

B: We weten wat we moeten doen.

D: Ik denk aan karma.

B: Dat weten we allemaal. Daar zijn we ons allemaal van bewust.

D: Omdat er altijd het gevaar is van het creëren van karma wanneer je naar de Aarde komt. Het lijkt iets te zijn waar je niet omheen kunt.

B: Wat ik zie is dat er een soort film is tussen ... Ik kan het niet erg goed uitleggen. Er is als een film tussen ... daar zit een bescherming tussen.

Dit klonk alsof Aaron zei dat er een beschermende mouw om hem heen was gedaan. Misschien is de film hetzelfde.

B: We begrijpen het grijpen. We begrijpen de pul. We begrijpen de mechanismen om hierin meegezogen te worden. Ik zie wijzerplaten. We kunnen dingen afstemmen. Het heeft te maken met frequenties. Het heeft te maken met wijzerplaten. Bobbi is geïnteresseerd in frequenties. Ze begrijpt frequenties. Ze leert zich af te stemmen op de verschillende frequenties. Maar we kunnen wel een frequentie gebruiken. We weten hoe ver we kunnen gaan. Laten we het zo zeggen. We weten hoe ver we kunnen gaan zonder daarin verstrikt te raken. We zien het. We zien een groter plaatje. Oh ja, het is als plakkerige lijm. Wat ze me laten zien is als die kleverige lijm waar je niet aan kunt ontsnappen. We zien het gevaar. Het is alsof je betrapt wordt. Ik zie iets gevangen in ... het is als flypaper. Het is net als die vreselijke dingen waar mensen kleine dieren op vangen, en ze kunnen er niet van krijgen. En dat willen we niet. Dat is menselijk. Het is alsof jullie mensen in vliegpapier zitten. En je probeert hier allemaal in rond te lopen. En oh, het is moeilijk! Het is zo moeilijk voor je.

D: Daarom is er een heel dappere avonturier voor nodig om dit te willen doen, omdat je zo gemakkelijk in de val kunt lopen.

B: We begrijpen de trillingsfrequenties. We begrijpen de mechanica van de fijne lijn om af te stemmen. Ik zie wijzerplaten. We begrijpen hoe we moeten vermijden, hoe we moeten onderhouden. Karma is je vliegpapier. Zo van, weg ermee!

D: Dus je weet hoe je kunt voorkomen dat je vastloopt.

B: Ja, dat weten we. Er is hier een mannetje dat best goed is. Hij is degene die dit overziet. Er is Bobbi's moeder, daar ben ik ... er is de Bobbi. Het is moeilijk om dit allemaal uit te leggen.

D: Ja, op twee plaatsen tegelijk zijn.

B: Ja, op twee plaatsen tegelijk. Maar er is nog een ander wezen. Er is als een lichaam en dat is er niet. Het is als een aanwezigheid die een groter weten heeft dat ons helpt. We weten wanneer we niet in de flypaper moeten komen. Dat is alles wat ik kan zeggen. Maar je karma is echt als iets dat vastzit op vliegpapier en probeert te pulseren van .

D: Zou dit een reden zijn waarom Bobbi geen kinderen had?

Ik had dit al ontdekt via een ander onderwerp. Zie hoofdstuk 9, 'Kinderen creëren karma'.

B: O ja. Daar komt meer karma bij kijken. Ze wist dat ze genoeg had om aan te werken.

D: Want als je kinderen hebt, heb je meer gehechtheid aan de Aarde.

B: De opdracht had meer te maken met het studeren. Met wat we van deze dimensie wilden leren. We willen leren over menselijke ervaringen.

D: Gewoon de ervaringen beleven en niet verstrikt raken in het karma.

B: Precies.

In de brief die Bobbi na de sessie stuurde, wilde ze haar herinneringen aan het karma uitleggen: "Karma leek op wat we insecten aandoen met vliegenpapier. Op een gegeven moment kreeg ik een foto te zien die zou zijn als wanneer je kauwgom op je schoen krijgt geplakt en je er gewoon niet van los kunt komen. Het vliegenpapier was zo. Het was heel moeilijk voor mensen om 'los te komen'. Aan de ene kant werd me uitgelegd hoe de persoon op het vaartuig uit karma bleef. Het leek niet zo moeilijk te zijn als we altijd hebben gehoord, omdat ze op de hoogte waren van trillingsfrequenties en de precieze frequenties van de karmische pul en beknelling kenden. Dit was voor hen geen probleem.

"Het wezen vermeldde dat de Aarde was als in een Koepel van trillingsfrequenties. De koepel zag eruit als een dun membraan boven de Aarde en het deed me denken aan de film, 'The Truman Show' waar Jim Carrey zijn hele leven op een echte koepelvormige filmset leefde, zich niet bewust dat iedereen in zijn leven acteurs waren, die een rol speelden - net als de Aarde. "

D: *Maar als ze dit leven uiteindelijk verlaat, zal ze dan teruggaan naar het wezen dat ze op het schip was? Het lichaam dat nog wacht?*
B: Ja, dat doet ze.
D: *In plaats van naar de geestenkant te gaan? Want de andere kant is waar we zeggen dat je gaat als je het lichaam verlaat en sterft. Of zie je het anders?*
B: Ik zie daar niet veel onderscheid in. Ze zal een regelmatige overgang hebben. Ze gaat door de doodservaring naar de geestenwereld. We maken deel uit van die geestenwereld. Wij maken deel uit van die Ene. We maken deel uit van de Aanwezigheid. We maken deel uit van het geheel. We zijn allemaal voertuigen. Het is als een domino ding. Ik ben gewoon een deel van het grotere wezen. En Bobbi is een deel van mij, maar uiteindelijk gaat het allemaal om geest. Het gaat allemaal over de Ene. Het gaat allemaal om de Aanwezigheid. Het is ingewikkeld, want ze is in mij, maar toch maken we deel uit van die Ene.
D: *Dat leven van de inboorling die erg hongerig was, was dat verbonden met de oorspronkelijke Bobbi, of met de entiteit die is binnengekomen? Het is een beetje verwarrend als we er hier twee hebben.*
B: Dit zijn enkele van de herinneringen aan de oorspronkelijke ziel, het kleine meisje, de kleine Bobbi, de tweeling. Ze zijn gebruikt om ons te helpen het menselijk leven te begrijpen.
D: *Als een residu dat er nog lag.*
B: Oh, ja, ja. Voordat ze in het leven kwam, konden we die herinnering zien.
D: *Dit is de reden waarom de ziel die binnenkwam, de overnemer, die herinneringen niet had. (Juist) Dan hoort het nu zeker niet bij de Bobbi-persoonlijkheid. (Nee) Dat hoort bij degene die ging rusten.*
B: Ja, dat is echt zo.

D: *Het kan nu dus helemaal geen invloed op haar hebben. (Juist) Nou, dat zet het echt op zijn plaats.*
B: We zullen helpen met al deze fysieke problemen. Wij zijn integer. Wat betreft haar doel om hier te zijn, is er een timing ding. Ze heeft helende vermogens. Ze wist tot nu toe niet wie we waren. En dus kent ze nu het 'wij'-gedeelte. En het 'wij'-deel is dat we allemaal deel uitmaken van de Bron. Ze zal wat lichtenergie brengen. Ik zie dat er een lichtstraal binnenkomt die berichten versleuteld heeft. Het is coderen. De tonen. In een van haar oren krijgt ze een toon. Ze kan het ontcijferen. Ze moet zich met mij verbinden in meditatie die ze al doet, en om hulp vragen. Ze begint deze berichten te ontcijferen. Ik zie lichtstralen. En ik zie dat het niet hiërogliefen is, het lijkt meer op het oude Hebreeuws.

Ik begreep waar ze het over had, want ik ontving voorbeelden van geschriften (of symbolen) van over de hele wereld. Het klinkt als hetzelfde, en veel mensen hebben me verteld dat ze het ontvangen zoals het verschijnt in lichtstralen.

B: We gebruiken haar fysieke lichaam. Ze is erg geaard. Ze is sceptisch, maar niet te sceptisch. Ze is sceptisch genoeg dat ze echt ziet wat ze krijgt. Ze is een heel goed vehikel voor wat we willen doen. We willen een kern van waarheid naar binnen brengen. Ze heeft altijd de waarheid op deze planeet willen brengen. Daarom is ze hier. Het is alsof mijn lichaam ... het is geen dracht. Mijn lichaam is in deze stasis, maar toch ben ik er in de geest om haar te helpen. Mijn lichaam moet in die staat zijn om volledige aandacht te geven aan het helpen van haar. Om bij haar te zijn. Er komt dus een discipline van informatie door. Dit licht dat doorkomt, moet worden verspreid. Het gaat om meer dan ze zich kan voorstellen.
D: *Ze heeft eerder geprobeerd deze informatie te vinden, maar het kwam gewoon niet door.*
B: Ze blokkeerde het. Ze was er niet klaar voor. Ze had niet de menselijke ervaringen gehad die we van haar nodig hadden om de duidelijkheid te kunnen krijgen. Ze heeft altijd het gevoel gehad dat deze dimensie traag was.
D: *Nou, mag ik toestemming vragen. Zou ik een deel van deze informatie in mijn werk mogen gebruiken?*

B: O ja. Daarom zijn we hier.
D: *Omdat er delen zijn die ik als een puzzel in elkaar begin te zetten.*
B: Er zijn hier concepten die nuttig zouden zijn voor mensen om te begrijpen. Het flypaper concept is om mensen te helpen. Het is net als je tv. Mensen raken aan die tv gekluisterd. Het is net als die verslaving. Het is vergelijkbaar met hypnotherapie. Mensen zijn onder hypnose en het is tijd voor hen om naar buiten te komen. Het is tijd voor hen om wakker te worden. Absoluut.
D: *Ik denk niet dat er per ongeluk iets gebeurt. Jullie mensen geven me altijd het volgende stukje informatie dat ik nodig heb. En je weet het waarschijnlijk toch, de man die ik gisteren deed gaf me de eerste hint hiervan, over het vliegpapier en het karma. (Zie Aaron – Hoofdstuk 11.)*
B: Hij noemde het vliegpapier en het karma?
D: *Hij noemde het op een andere manier, als een mouw die hem beschermt tegen het vastlopen in het karma. En Bobbi had het over een sluier en een film. Een manier om weg te blijven van het karma.*
B: Het is als een koepel, een frequentie. Het is alsof de sluier een frequentie is. Dat is het beste wat ik in deze taal kan verwoorden. Er is die frequentie die als een sluier rond deze dimensie zit.
D: *Ze heeft het duidelijker uitgelegd. Hij zei dat je de lessen kon leren, maar dat je niet hoefde te verzanden in het karma. Hij beschreef het als een manier om te voorkomen dat het karma aan hem zou blijven kleven.*
B: Precies. De wereld is een ilusion. Je bent hier om de lessen te leren, maar om er niet in vast te lopen. Bobbi wist dat ze hier was om onthechting te leren, omdat ze zo gehecht is. Ze kwam co-afhankelijk binnen, omdat ze moest leren om niet co-afhankelijk te zijn. Ze kwam binnen op het vliegpapier. En dat is de diepste menselijke uitdaging. Het is alsof je plat op dat vliegpapier ligt. En ze stond op.
D: *Dus als de oorspronkelijke geest in het lichaam was gebleven, zou het heel, heel moeilijk zijn geweest.*
B: Ze hadden niet willen blijven.
D: *Dit hield het lichaam dus echt in leven. Op die manier kunnen we de oorspronkelijke geesten liefde sturen, dat ze afstand hebben gedaan van het lichaam.*

B: O ja. Ze ontvingen – de mensen zouden het "belonen". Ze kregen als beloning voor het feit dat dit kon gebeuren. De tweeling die vertrok, hielp hen ook, want zij konden enige tijd leren van de ervaringen van deze. En daar kunnen ze nog steeds van leren, vanwege de verbinding met de Grote Ziel. De grote Bronverbinding.
D: *Weet haar zus Linda hier iets van?*
B: Ze weet het op een bepaald niveau. Hetzelfde gebeurde met haar. Ze moet verschillende ervaringen hebben. (Gelach) Ze heeft verschillende vliegpapier omdat ze hier was om verschillende dingen te leren. Ze trouwde met een dominee, een homoseksuele dominee, dus ze had haar eigen uitdagingen. En dus heeft ze een enorme diversiteit aan ervaringen gehad, maar beiden hebben zeer moeilijke ervaringen gehad. Ze wilden de reis niet alleen doen. Het was te veel.

Ik bereidde me voor om de sessie te beëindigen en Bobbi terug te brengen naar volledig bewustzijn, maar de entiteit had een paar afscheidswoorden.

B: Bedankt voor deze kans. Voor de orkestratie voor alle betrokkenen. We weten dat de webben van al deze dingen met elkaar verweven zijn.
D: *Ik blijf hier echter meer van tegenkomen dan de gemiddelde persoon. (We lachen.)*
B: Het is jouw opdracht.
D: *Ik zit tenminste op dat web, denk ik.*
B: O ja. O ja. Je hebt een grote draad. (Gelach)

Ik gaf instructies om de andere entiteiten te laten verdwijnen. Bobbi haalde diep adem toen de anderen vertrokken, en toen bracht ik haar weer tot vol bewustzijn.

* * *

Toen ik in 2004 een sessie met Jesse had in New York, vond ik vermelding van een ander soort alternatief voor een walk-in: de holding soul.

In plaats van een vorig leven in te gaan, ging ze naar een energietype wezen dat naar verschillende plaatsen in de kosmos was gegaan. Sommige hiervan waren fysiek en solide, en sommige niet. Ze was een type dat niet aan een bepaald lichaam gebonden hoefde te zijn.

D: *Kom je wel eens in een lichaam?*
J: Je kunt op verschillende momenten in het leven binnenkomen. Als je wilt.
D: *Moet je niet een lichaam betreden als het een baby is?*
J: Nee. Misschien heeft een persoon hulp nodig en ga je ermee helpen. Je bent voor een korte periode een deel van hun leven. Als ze het nodig hebben.
D: *Dus je blijft daar niet de hele levensduur van het lichaam?*
J: Soms. Soms niet. Het hoeft geen lichaam te zijn. Het kan verschillende vormen zijn op verschillende planeten en verschillende gebieden.
D: *Welke andere vormen zou je aannemen als het geen lichaam was?*
J: Ik weet dat sommige van de merrie niet solide zijn. (Diep ademhalen) Het is zo moeilijk uit te leggen.
D: *Ja! Ik denk het wel. Maar je zei dat je meestal niet het hele leven van het bestaan van het lichaam blijft of wat de vorm ook is. Maar als je binnenkomt om ze even te helpen, bestaat er dan niet al een ziel of een geest in dat lichaam?*
J: Ja, maar ze hadden hulp nodig.
D: *Dus je mag helpen, ook al is er al een in het lichaam? (Jazeker.) Omdat ik dacht dat dat misschien niet zou mogen. Om twee zielen tegelijk in een lichaam te hebben.*
J: Ik denk niet dat de andere ziel het overneemt. Ik denk dat het er gewoon is om te helpen. Of voeg iets toe om te helpen. Ik kan het niet uitleggen. Zo moeilijk.
D: *Als je dan alles hebt geholpen wat je kunt, ga je weg?*
J: Ja. Ik denk niet dat het zelfs in het lichaam hoeft te gaan. Je zou gewoon bij die persoon kunnen blijven. En communiceer met hen en stuur ze energie die ze nodig hebben. Het kan ook zo.
D: *Is de persoon zich bewust van jou?*
J: Hoe bedoel je, de persoon?
D: *Het fysieke lichaam, de persoon die in het bewuste deel is. Weten ze dat je er bent?*

J: Ze kunnen zich anders voelen. Ze doen de dingen anders dan ze normaal zouden doen. Maar de ziel is degene die alles weet. Je weet er alles van. En je doet gewoon wat je moet doen om ze te helpen. Het is dus niets binnendringends.

D: *Dus de ziel weet wat je doet. Weet het dat je er bent? (Jazeker.) En het stelt je in staat om te helpen voor een korte periode van tijd, of hoe lang het duurt. (Jazeker.) Dan ga je van plek naar plek.*

J: Soms wel, ja. Soms blijf je. Als de hoofdgeest misschien voor een korte tijd het lichaam moet verlaten. Gewoon om terug te gaan naar de andere kant en zichzelf te repareren of iets dergelijks. Zij gaan weg, jij neemt het over. Je wordt in principe alles wat ze eerder waren, plus de kracht en de verbinding die ze eerder waren. En je helpt een tijdje totdat de geest terugkomt.

D: *Het houdt het lichaam, het voertuig, op die manier in leven, houdt het functionerend. (Jazeker.) Waarom zou de ziel terug moeten gaan om gerepareerd te worden?*

J: Ik denk niet dat het op Aarde gerepareerd kan worden. Het moet over het gordijn. Over de sluier. Ik denk dat het moet rusten en verschillende trillingsafstemmingen moet krijgen.

D: *Gebeurt er iets in het leven van de persoon, het voertuig, om ervoor te zorgen dat het terug moet gaan en gerepareerd moet worden?*

J: Ja. Vreselijke dingen of tragedies, of de ziel is zo versleten dat het niet echt meer verder kan.

Het lijkt erop dat degenen aan de andere kant een oplossing hebben voor elke mogelijkheid. In plaats van het lichaam te laten sterven terwijl de geest teruggaat voor reparaties, komt de vasthoudende ziel een tijdje binnen en houdt het lichaam in leven, totdat de oorspronkelijke geest voelt dat het zijn werk kan hervatten. Dit verschilt van een walk-in die meer een permanente uitwisseling is.

D: *Heb je ooit het hele leven in een fysiek lichaam geleefd?*

J: Ik denk maar een paar keer. Ik zit hier nu vast. Ik hou er niet van. Het is moeilijk om er lang in te zitten.

D: *Je was niet de oorspronkelijke ziel die binnenkwam?*

J: Ik weet het niet zeker. Ik denk van wel, maar ik weet het niet zeker.

D: *Denk je dat je in haar lichaam bent gekomen toen ze werd geboren, als baby?*

J: (Zucht) Misschien in en uit. Ik weet het niet. Ik denk dat het lang geleden is.
D: *Ik was gewoon benieuwd of je de hele tijd dat ze leefde in haar lichaam bent geweest.*
J: Ik heb er herinneringen aan, maar ik denk het niet. Ik denk dat de oorspronkelijke ziel het niet kon maken. Het was een akkoord. Ze gaan gewoon even weg en iemand anders neemt het over. Misschien gebeuren die dingen vaker dan mensen weten. Zielen delen het lichaam voor een korte periode en gaan dan verder. Misschien was de eerste ziel gewoon een nieuwe ziel die nog niet eerder het aardse leven had ervaren. Het was de eerste keer, en het was als op proef, en het was te veel. Als je er niet mee door kunt gaan. Er stonden twee andere zielen in de rij voor het geval dat.
D: *Voor het geval ze het werk niet konden doen?*
J: Ik weet niet of het het werk doet of er gewoon is. Het belangrijkste is dat het voertuig in leven blijft. Iemand moet dus om de beurt.

Ik heb het onderbewuste uitgezocht om meer informatie te krijgen. Jesse zei dat ze zich hier op Aarde niet thuis voelde. Het was een eenzaam gevoel en ze wilde weten waarom ze zich zo voelde.

J: Ze voelt zich zo omdat dit niet thuis is. Haar echte thuis is geen fysieke plek. Het is op een andere dimensie. Het is gewoon licht en mooi en er is geen lichaam, geen mensen. Er is alleen energie. Er is een andere plaats die iets fysieker is, semisolid. Grote bergen en dieren en bomen. Ze vindt het erg leuk om daar te verblijven. Het is in een andere dimensie.

Jesse had geen lichaam toen ze op een van beide plaatsen was. Het onderbewuste zei dat ze niet veel levens op Aarde had gehad. Ze had meestal in deze andere dimensies geleefd, toen ze geen vasthoudende ziel was.

D: *Dat andere deel waar we mee in gesprek waren... is dat het deel dat heen en weer gaat? Of is het iets anders?*
J: Ja. Het is degene die heen en weer gaat. Toen het hier kwam en alleen maar hielp, bleef het niet het hele leven.
D: *Dus... Het is hier, nu?*

J: Het is heel moeilijk uit te leggen. Je kunt niet zeggen wanneer het ene deel begint, het andere eindigt.

D: *Is het min of meer versmolten met de oorspronkelijke ziel?*

J: Ja, maar het ding is met energie, er zijn geen eindes en geen begin. En als je die zielen komt helpen, op Aarde in de lichamen, is het het deel van jou dat weet wat ze doormaken. Je moet het allemaal leren. Je weet het gewoon, ze zijn een deel van jou.

D: *Jesse's echte thuis zijn deze prachtige plekken. Zal ze ooit naar die plek mogen terugkeren?*

J: Ja, maar het is zo moeilijk uit te leggen. Er zijn is leuk, maar je groeit niet. Je draagt niet bij. Je gaat door verschillende ervaringen om alles om je heen te verrijken. Jezelf niet, want je bestaat niet als een aparte ziel. Het is heel moeilijk uit te leggen.

Dit was een vervelende sessie, omdat zelfs het onderbewuste niet wist hoe het dit andere deel van Jesse moest uitleggen dat we hadden moeten zien. Blijkbaar was het zo efficiënt versmolten met Jesse's persoonlijkheid dat het niet wist waar ze vandaan kwam en het begon. Maar dat zou een goede zaak zijn. Het zou waarschijnlijk gemakkelijker op die manier kunnen functioneren. Blijkbaar is een vasthoudende ziel een afzonderlijke geest die ermee heeft ingestemd om binnen te komen en het lichaam te laten functioneren terwijl de oorspronkelijke geest een tijdje naar de andere kant gaat. Dit zou anders zijn dan een inloop, omdat de oorspronkelijke geest van plan was terug te keren en zijn taken te hervatten. De vasthoudende ziel zou blijven zolang het nodig was, en dan doorgaan naar zijn volgende opdracht. In de tussentijd, wanneer het niet werkte (of vastzat) kon het door de kosmos reizen met allerlei soorten avonturen. In het volgende hoofdstuk zullen we zielsfacetten of splinters bespreken. Een vasthoudende ziel zou een van deze kunnen zijn, maar zoals Jesse zei, het is erg ingewikkeld om uit te leggen.

Hoofdstuk 29
De Veelzijdige Ziel

IN BOEK ÉÉN schreef ik over de versplintering van de ziel. Ik kreeg het concept voorgeschoteld dat we deel uitmaken van een veel grotere ziel, die zichzelf kan versplinteren of verdelen en vele bestaansvormen tegelijk kan leiden. We zijn ons hier niet van bewust omdat het te verwarrend zou zijn en onze menselijke geest het niet zou kunnen begrijpen. Het gaat samen met het concept of de theorie die in Boek Één wordt gepresenteerd over het leven in paralel werkelijkheden op hetzelfde moment, en dat er voortdurend meer werkelijkheden worden gecreëerd terwijl ze blijven verdelen. Mij werd verteld dat onze menselijke geest nooit in staat zal zijn om de togrootiteit ervan te begrijpen. Het zijn niet onze hersenen, het is de menselijke geest. Zo krijg ik voorbeelden of analogieën die informatie opleveren die we misschien aankunnen. Ik zie dit graag als interessante denkoefeningen. Ze zetten ons aan het denken, maar als we ze niet verder willen geloven, kunnen we ze gewoon als curiositeiten behandelen. Als ik deze analogieën krijg, heb ik altijd de sterke indruk dat ze slechts het topje van de ijsberg of teasers zijn. Dat het grootste deel van de informatie, of de rest van de ijsberg, voor altijd voor ons verborgen zal blijven zolang we in een sterfelijk lichaam bestaan. Misschien zullen we het ooit begrijpen. Voor nu zullen we tevreden moeten zijn met het feit dat 'zij' van mening zijn dat we klaar zijn om de essentie of fundamenten te ontvangen om ons te helpen het vermogen tot begrip in onze geest uit te breiden.

In 2002 ontving ik informatie over zielsfacetten van tegenovergestelde kanten van de wereld via mijn therapiesessies. Het kan slechts een kwestie van semantiek zijn en het kan verwijzen naar hetzelfde als versplintering, ook al wordt het met een andere naam gecalculeerd. Ik zal proberen het concept te verkennen en te zien of het hetzelfde of twee afzonderlijke processen zijn.

* * *

De eerste sessie vond plaats in Minneapolis in oktober 2002, toen ik daar lezingen gaf voor Gary Beckman van de Edge Expo. Michele kwam naar de privéwoning waar ik verbleef om een therapiesessie te hebben.

Toen ze in trance was, zweefde ze uit de wolk naar beneden en bevond zich in een vreemde omgeving en in een nog vreemder lichaam. Het was zo donker, het was moeilijk te zien, maar ze was zich bewust van een kaal landschap. Er was geen vegetatie en de grond was bruin vuil met een vleugje orangachtige kleur. In veel gevallen, wanneer het onderwerp omgevingen ziet die buitenaards klinken, is dat meestal omdat ze dat zijn. Ik moet vragen blijven stellen en voorbereid zijn op elk type antwoord.

Toen Michele zich bewust werd van haar lichaam, ontdekte ze dat ze gekleed was in een jas en broek gemaakt van een zilveren materiaal vergelijkbaar met folie. "Ik kijk naar mijn hand. De huid is een beetje groenig van kleur." Ik vroeg hoeveel vingers ze had. "Er zijn drie belangrijke die ik gebruik. De pink is echt smal. Ik heb duimen, maar ik gebruik nooit de linker, omdat het niet goed werkt. De duim aan de rechterhand werkt goed." Haar lichaam voelde mannelijk aan, maar ze wist dat ze androgyn was. Ze had alleen schaarse lokken zwart haar.

Haar aandacht verschoof van haar lichaam toen ze zich realiseerde dat ze wat apparatuur op haar rug droeg. "Het is een klein wit pakketje. Bijna als een draagtas. Ik ben de grond aan het scannen. Ik word geacht iets te zoeken. Hmm. Ik denk niet dat je hier iets kunt planten. De grond is zo dun."

D: Weet je wat je zoekt?
M: Een plek om voedsel te planten. Ik kreeg te horen dat het misschien een goede plek is, maar ik denk niet dat het zo is. Het ziet er zo kaal uit. Ik weet niet of ik op de juiste plek zit. Niet veel groeien. Gewoon die kleine turquoise, grillig uitziende struiken. Hoe kan ik het beschrijven? Beetje rubberachtig ogend. - Het voelt dat ik een beetje bang ben. Ik weet niet wat ik moet doen.
D: Waarom ben je bang?
M: Misschien ga ik niet in staat zijn om een plek te maken die geleidelijk mensen gaat voeden. Ik weet niet of ik dat kan.
D: Is dat jouw taak?
M: Ja. En ik zei dat ik dat kon. Ik denk dat ik overschat heb. Ik heb het gevoel dat ik niet doe wat ik dacht dat ik kon.

D: *Waarom heb je deze plek gekozen?*
M: Ik kreeg van de ouderlingen begeleiding om hierheen te komen. En ik vertelde hen dat ik de plek kon vinden. Maar ik doe niet ... ben ik op de juiste plek? Misschien ben ik de weg kwijt. Misschien doe ik niet wat ik moest doen. Ik voel dat ik verloren ben.
D: *Is dit de plek waar je woont?*
M: (Nadrukkelijk) Nee! Nee, dat is het niet. De plek waar ik woon is een andere plek.
D: *Hoe ben je daar terechtgekomen?*
M: Vooral gedachten. Ik straal mezelf daar.
D: *Je kwam niet in een object of zo?*
M: Niet echt, nee.
D: *Je kunt jezelf er gewoon meteen naartoe vervoeren, bedoel je? (Jazeker) Is er iemand anders met je meegekomen?*
M: Ja. Er is hier iemand anders. Ze staan achter me te kijken. Ze zijn een beetje boos. Zij voelen hetzelfde als ik. Dat we niet begrijpen waarom we hier zijn. We dachten dat we de coördinaten goed hadden. Ik denk niet dat het voedsel zal verbouwen.
D: *Moet je voedsel verbouwen voor je mensen?*
M: Mijn mensen zijn oké. Maar de familie van alle zielen zijn ... we zijn al verenigd. Allemaal van ons. En er is een deel van de familie dat niet genoeg voedsel heeft. En genoeg huisvesting.

Ze werd emotioneel en begon te huilen. Het was moeilijk om haar te begrijpen.

M: Er zijn sommigen van onze familie die elkaar pijn doen. (Huilt) Ze geven elkaar geen eten. Sommige mensen hebben het en sommige mensen niet. (Grote zucht.)
D: *Is dit een familie die op dezelfde plek woont als waar jij woont?*
M: Nee, dat doen ze niet. Maar ik weet het van de mensen.
D: *Maar als dit niet op de planeet is waar je woont, hoe weet je dan over hen?*
M: Omdat we naar verschillende plekken reizen. (Ze was stil emotioneel, maar kalmeerde.) Er moet eenheid zijn. Dat is wat we willen. Sommigen van ons weten ervan, en sommigen van ons niet. En we zijn al betrokken geweest bij verschillende delen van het proberen om eenheid te brengen, zodat we ons er al bewust

van zijn. Dus we kunnen al onze verbinding realiseren en een aantal van deze krankzinnigheidspraktijken stoppen.

D: *Waar je woont, heb je eenheid, maar je wilt de andere planeten helpen?*

M: Ja. Ik heb er twee gezien. De ene is de planeet waar ze het voedsel niet geven aan degenen die het nodig hebben. Ze hebben een andere omgeving nodig. Er is te veel drukte op sommige van deze planeten. En je voorziet dat de drukte doorgaat tot een punt waarop er echt een probleem zal zijn. Waar zelfs als ze wilden delen, ze dat niet konden.

D: *En wat is het idee? Om naar een andere planeet te gaan en voedsel te verbouwen?*

M: (Grote zucht) Zodat we andere plekken hebben om de lessen naartoe te brengen. Het hoeft niet alleen op deze planeten te zijn.

D: *Wat zou er gebeuren nadat je het voedsel begon te verbouwen?*

M: Dan konden mensen ervoor kiezen om op deze planeten geïncarneerd te worden.

D: *Dan ga je die niet fysiek verplaatsen van de overvolle planeten?*

M: Nee. Maar ik zie wat er op deze planeten gebeurt, en het maakt me erg verdrietig. En ik voorzie dat ik een deel hiervan kan helpen ontsluiten, door andere keuzes te hebben van waar te gaan.

D: *Dus je bedoelt dat wanneer ze gereïncarneerd zijn om hun karma uit te werken, ze niet terug hoeven te gaan naar die drukke plaatsen? (Jazeker) Maar je gaat toch niet proberen om degenen die er al zijn te helpen?*

M: Nee, we kunnen ons er niet mee bemoeien.

D: *Als je ze niet kunt verplaatsen, is het enige dat je ze een andere plaats geeft, een ander alternatief. Het is dus jouw taak om een plek te vinden waar je voedsel kunt verbouwen, want mensen zouden daar niet incarneren als er geen voedsel of een manier van leven was. (Jazeker.) Hoe ga je dat voor elkaar krijgen?*

M: Dat is het probleem. Ik weet niet wat ik moet doen. Ik zal terug moeten gaan en proberen dit te herwerken. Ik weet niet wat hier is gebeurd. Eerst komt eten, en deze plek lijkt niet te hebben wat het dacht te hebben. Er moet een manier zijn om met het planten te beginnen, en dit lijkt geen goede omgeving te zijn. Misschien heb ik een fout gemaakt. Ik dacht dat ik de coördinaten had.. En ik denk dat ik niet goed genoeg heb opgelet. Cijfers zijn erg belangrijk. En vormen zijn erg belangrijk.

D: *Is dat wat je bedoelt met coördinaten?*
M: Ja. Cijfers en vormen kunnen mij in de juiste richting wijzen. Ze kunnen me vervoeren. Ik blijf het gegroot vierenzestig vierenveertig (6244) krijgen.

Haar lichaam schokte plotseling en onverwacht. Ze lachte: "Ik ging gewoon ineens!"

D: *Ik weet dat je schokte. Je ging gewoon zo snel, door aan die cijfers te denken?*
M: Ja. Ik ben net teruggegaan naar mijn planeet waar ik thuishoor. Voor ik het weet ben ik er. (Gelach)
D: *Dus je moet cijfers en vormen hebben om je te helpen vervoeren? (Jazeker.) Wat voor vormen?*
M: Er is er een die ik het meest gebruik met een basis, een rechte lijn. En dan gaat het over in een beetje een punt, dat is gevormd ... Ik kan het niet eens uitleggen in begrijpelijke bewoordingen. Maar het buigt een beetje, bijna als een kaarspunt, denk ik.
D: *Als een vlam?*
M: (Nadrukkelijk) Ja! Het gaat een beetje omhoog als een driehoek, maar het is niet helemaal die vorm.
D: *Teken je deze vorm?*
M: Ik denk het met mijn verstand. Het is gebaseerd op intentie. En de intentie stelt je in staat om te doen wat je moet doen. Maar ik heb het gevoel dat ik op de een of andere manier iets niet goed doe. En het is verwarrend. Alsof ik ergens terecht ben gekomen waar ik niet had moeten zijn. En ik dacht dat ik de coördinaten goed had neergezet.
D: *Maar je denkt na over een vorm, een ontwerp en het nummer 6244, en het brengt je terug naar waar je vandaan komt?*
M: Ja. Tot aan de thuisbasis.

In hoofdstuk 17 ging een ander buitenaards wezen naar andere planeten en asteroïden om bodemmonsters te verzamelen. Deze werden geanalyseerd om te zien of de planeet in staat was om leven te ondersteunen. Het verschil was dat hij reisde in een eenmansvoertuig.

D: *En als je weer gaat, moet je aan dat ontwerp denken?*
M: Het is een ander nummer, afhankelijk van waar je naartoe wilt.

D: *Nou, nu ben je weer terug waar je thuishoort. Hoe ziet die plek eruit?*
M: Het is een gevoel van grote rust en sereniteit. Ik voelde me eerder zo uit mijn comfortzone. Die energie had geen harmonie. Het voelde meer gespannen. Daarom voelde ik mezelf ergeren.
D: *Hoe ziet deze plek, jouw huis, eruit?*
M: (Pauze) Het is moeilijk om het in woorden uit te leggen.
D: *Is het fysiek, solide?*
M: Dat is zo. Maar het is niet hetzelfde als veel van de andere planeten. Je kunt het zien, maar het heeft niet de dichtheid die de andere planeet had.
D: *Heeft het gebouwen en steden?*
M: Het is meer een gevoel. Meer verbondenheid.
D: *Eet je op die plek voedsel? (Nee) (Dit werd gezegd alsof ze verrast was.) Wat gebruik je om jezelf in leven te houden?*
M: Licht. De zon.
D: *Hoe krijg je het licht in je lichaam?*
M: Van de zon. Het maakt al. Het is het smalste, smalste deeltje. Zelfs geen deeltje. Het is een golf. Golfvorm. We nemen het allemaal in ons op. Het is er voor ons allemaal.
D: *Maar toen je op de andere planeet was, was je daar weg van.*
M: Ja. Ik moest me echt focussen. Bijna alsof je in beide werelden loopt. Het was heel moeilijk.
D: *Kun je heel lang weg zijn van het licht?*
M: Nee. Nee. Niet heel lang.
D: *Dus je hebt het nodig om je in leven te houden.*
M: Ja, dat doe ik. Het is wie ik ben.

Dit is al eerder gemeld in mijn werk. Bepaalde buitenaardse wezens leven van licht en hebben apparaten aan boord van het ruimtevaartuig die het licht genereren dat ze nodig hebben. In "Legacy From the Stars" zouden de wezens in de toekomst die in de ondergrondse stad woonden, lichtbaden nemen. Al deze wezens zeiden dat het licht dat hen in leven hield, van de Bron kwam.

D: *Maar je beschreef een fysiek lichaam op die andere planeet.*
M: Oh, ja. We moeten vormen aannemen om naar verschillende plaatsen te gaan, zodat we daar kunnen zijn. Om te passen bij de omgeving.

D: *Hoe zie je er echt uit?*

M: Het is moeilijk om mij te zien. Hmmm. Goh, ik kan het niet uitleggen. Het is meer een gevoel dan een blik. Het is een ... zoals woorden niet nodig zijn.

D: *Ik wilde er gewoon zeker van zijn dat het niet de geestenkant was. Is dit een ander type lichtlichaam? (Jazeker.) Nou, ga je terug naar de ouderlingen en vertel je hen dat je niet de juiste coördinaten had?*

M: Ja. Ik zie hem. Hij heeft – als je het een 'hij' noemt – een rond hoofd. Hij heeft een dunne lange nek, dunne lange armen. Hij verandert van vorm. Hij begon op die manier, en nu ziet hij er lichter uit. Afhankelijk van wat de gedachten zijn, afhankelijk van wat er aan de hand is, heeft de vorm enige variatie. Ik vertel hem wat er is gebeurd. Hij lachte me een beetje uit. Hij zei dat mijn trots in de weg zat, en ik was er zo zeker van dat ik het wist, dat ik vergat de details te krijgen. Hij is niet boos.

D: *Wat denk je? Heeft hij gelijk?*

M: Ja. Ik dacht dat ik wist wat ik deed. Het leek een van de gebruikelijke reizen, maar dat was het niet. Ik was niet voorbereid. Hmm. Ik probeer het te horen. (Pauze) Ik landde te vroeg. Ik kan het niet onder woorden brengen. Het is als overshooting. Ik schoot recht over ....

D: *De coördinaten overschreden?*

M: Ja. Sommige van deze dingen kan ik niet uitleggen. Je moet heel precies zijn. Het gaat niet alleen om de coördinaten, de cijfers. Maar het is de bedoeling die je gebruikt met de cijfers.

D: *Ga je het nog een keer proberen?*

M: Nee. Hij zegt dat ik zo betrokken raakte bij wat ik wilde dat er gebeurde, om te helpen, dat ik het plan, de missie, uit het oog verloor. Hij zegt dat deze dingen gebeuren.

D: *Wat was het plan, de missie?*

M: Om te helpen bij het vinden van andere alternatieve plaatsen om te incarneren die de last van een planeet zouden verminderen. Ik werd geacht te observeren, maar ik raakte zo betrokken bij de benarde situatie van de mensen dat het zich ermee bemoeide. Er is een plan. Het plan is belangrijker. Niet dat de mensen en de wezens niet belangrijk zijn. Het is alleen zo dat alles tijdelijk is. En je moet niet vergeten om dingen in perspectief te houden. En ik had het moeilijk.

D: *Het is toch niet de bedoeling dat je emotioneel betrokken raakt bij de mensen?*

M: Nee, ik moet de algemene visie behouden. En besef dat we deze dingen allemaal kiezen om te leren groeien. En ik raakte verstrikt in de emotie. Ik verloor het zicht.

D: *Die mensen kozen ervoor om in die situatie te zitten.*

M: Ik vertrouw ze niet, dat ze doen wat ze moeten doen. Het is heel ingewikkeld. Het is een combinatie van vertrouwen, vertrouwen in het plan, maar toch beseffen dat er alternatieve dingen ontwikkeld moeten worden.

D: *Dus dat is geen inmenging als je voedsel op een andere planeet ontwikkelt waar ze naartoe kunnen gaan?*

M: Nee. Maar ik raakte verstrikt in het drama, de emoties belemmerden, dus ik kon het plan niet uitvoeren. Ik raakte verslingerd.

D: *Maar het is moeilijk om er niet in verstrikt te raken, nietwaar?*

M: Het is heel moeilijk, heel moeilijk.

D: *Je kunt niet emotieloos zijn.*

M: Ik kon de algemene visie niet behouden. Als je de algemene visie kunt behouden, dan kun je het doen. Ik kon het niet. Het is te moeilijk.

Dit gebeurde in andere gevallen, gerapporteerd in Legacy From the Stars, waar de entiteit uit een ander sterrenstelsel op Aarde was voor een opdracht, en ze raakten te betrokken bij de mensen. Toen dit gebeurde, moesten ze op Aarde reïncarneren in plaats van terug te keren naar hun eigen planeet. Op de een of andere manier creëerden ze karma.

D: *Dus heeft hij besloten om je niet terug te laten gaan?*

M: Ja, ik kon het niet. Hij dacht dat ik het misschien beter zou doen in een andere positie. Dat je misschien niet op die manier naar beneden kunt gaan en observeren. Je moest gescheiden worden.

D: *Welke andere functie wil hij dat je doet?*

M: Ik word ... Ik moet ... Ik vervaag ... Het is alsof er iets gebeurt, waar ik vervaag. Ik weet nog niet wat het is. Het is niet eng. Ik kan gewoon niet gehecht blijven aan mezelf. Het is alsof ik zweef. Ik ga ergens anders heen.

Haar lichaam schokte plotseling. Ze barstte in lachen uit. Ik kon haar niet verstaan, want ze lachte.

M: Het was een schokkende beweging. (Hard lachend)
D: Ja, ik zag je springen. Wat is er gebeurd?
M: Ik denk dat ik door een soort vacuüm ga. (Ze vond dit grappig.)
D: Wat zie je? Waar ben je??
M: Het is de planningscommissie. Eigenlijk zijn dat niet de juiste woorden, maar bij gebrek aan betere termen moet besloten worden wat ik nu ga doen. Maar het is moeilijk om dat deel van het plan uit te voeren als je emotioneel betrokken raakt. Ik besefte niet dat het moeilijk zou zijn.
D: Dus ze kijken naar je plaat?
M: Ja, om te zien wat goed voor me zou zijn om nu te doen. Ik mag ook beslissen, maar er is een groep voor nodig, want we werken allemaal samen. Ik krijg een aantal dingen te zien in het leven waarin ik moet zijn.
D: Je gaat naar een ander leven?
M: Ja. Ze laten me een leven als Michele zien. (Grote zucht) Het wordt een moeilijke. Ik ben niet echt gretig. Hij zei dat deze ervaringen me zouden helpen, door verschillende segmenten van dit leven te begrijpen. Als ik het onder woorden mag brengen. Ik kan het voelen in plaats van zien. Al deze verschillende ervaringen zijn nodig zodat ik effectiever kan helpen.
D: Wordt dit je eerste leven als mens op Aarde?
M: Dit deel van mij, ja. Het is veel ingewikkelder. Het doet me denken aan een diamant, en die verschillende delen van de diamant. De verschillende facetten. Dit facet is hier nog nooit geweest. De andere twee facetten wel. Ik denk dat mijn ziel meer dan één deel heeft. De verschillende onderdelen zijn de verschillende facetten.
D: Kan een van de facetten de andere facetten kennen?
M: (Verbaasd) Ja, dat kunnen ze! Dat willen ze wel. Zij zullen om de beurt in dit leven. Ze zullen niet in staat zijn om de hele zaak alleen te beheren. Het eerste facet zal er tot de leeftijd van tien jaar zijn. Het tweede facet zal er zijn tot de leeftijd van eenentwintig jaar. Dan is het derde facet er voor de rest.
D: Waarom moeten er verschillende facetten zijn voor de verschillende delen van het leven?
M: Dat is de enige manier waarop dit succesvol kan worden gedaan.

D: *Het zou te moeilijk zijn voor één facet om door te gaan. Dat zou toch niet lukken?*

Ze begon plotseling emotioneel te huilen. Ze antwoordde niet omdat ze harder bleef huilen. Soms is het beter om de persoon de emotie eruit te laten halen, dus ik heb haar aangespoord om te huilen en probeerde haar dan zachtjes weer tegen me te laten praten.

D: *Ga je ermee instemmen om het te doen? (Jazeker.) Ook al zie je dat het moeilijk gaat worden? (Jazeker.) Waarom gaat je er dan mee akkoord?*
M: (Een dikke zucht. Ze kreeg controle over zichzelf.) Zij kunnen later helpen. (Ze slaakte een grote zucht.)
D: *Je weet tenminste hoe het is om naar binnen te gaan. Niemand laat je het doen.*
M: Nee. Het is nodig.
D: *Dus, weet het bewuste lichaam wanneer deze verschillende facetten in en uit bewegen?*
M: Nee, niet in eerste instantie. We blijven op de hoogte van deze overeenkomst, maar niet fuly. Dit is de eerste keer dat we begrijpen wat we doormaken.
D: *Maar dit is niet zoals een walk-in.*
M: Het is anders, omdat we niet gescheiden zijn. Een walk-in is een aparte ziel. We maken allemaal deel uit van het geheel.
D: *Jullie maken allemaal deel uit van dezelfde ziel. Maar Michelle zei wel dat toen ze een jaar of tien was, ze het gevoel had dat ze op dat moment stierf.*

Michele had een gedeeltelijke herinnering aan iets dat op die leeftijd gebeurde. Haar moeder stierf toen Michele nog heel jong was. Haar tante nam de rol van moeder over terwijl ze bij haar oma woonden. Beide vrouwen waren mentaal gestoord en sadistisch in hun behandeling van de kleine Michele. Dit was wat veel van haar eerdere problemen veroorzaakte die ze met succes uit haar geheugen had geblokkeerd. De vrouwen behoorden tot een satanische groep die bijeenkomsten hield in hun huis, hoewel Michele niet besefte wat er aan de hand was. Ze zag veel dingen die haar jonge geest onderdrukte. Het incident dat ze nooit vergat, was toen ze in een soort houten kist werd gestopt. Ze stikte en ze voelde dat ze haar lichaam verliet en naar boven zweefde. Ze dacht dat ze op dat moment dood was, omdat de gevoelens zo intens waren. Dat deed ze duidelijk niet, maar niemand in haar familie sprak ooit over wat er die nacht gebeurde. Jarenlang dacht ze dat de gebeurtenissen die ze zich half herinnerde slechts een deel van haar zieke verbeelding waren. Niemand in haar familie heeft ooit enige aanwijzing gegeven dat er ooit iets van deze intensiteit was gebeurd. Alle herinneringen, vooral aan rituelen waar ze persoonlijk bij betrokken was geweest, werden teruggedrongen in het onderbewustzijn. Het was waarschijnlijk de manier van de geest om Michele's geestelijke gezondheid te behouden. Dit was een van de dingen die ze had gevraagd om meer te weten te komen. Was het incident met de doos echt, of gewoon de zieke fantasie van een kind?

D: *Wat gebeurde er in die tijd? Heeft ze het lichaam daadwerkelijk verlaten? (Jazeker.) Is het goed voor haar om het te weten?*
M: Ja, het is tijd voor haar om het te weten.
D: *Vertel haar wat er gebeurde toen ze tien was.*
M: Ze werd in de doos gestopt. Haar familie had een zeer geheim leven waarover in geen enkele zin mocht worden gesproken.
D: *Toen had ze gelijk over de glimpen die ze daarvan heeft gehad? (Nadrukkelijk: Ja!) Het waren heel zieke mensen, zou je zeggen.*
M: Heel erg! Heel erg ziek.
D: *Dit is de reden waarom één facet maar tot de leeftijd van tien jaar kon blijven?*
M: Ja! Anders was het te moeilijk geweest. De ziel had het niet aankunnen.
D: *Is ze gestorven toen ze haar in die doos stopten?*
M: Niet in fysieke zin. Ze ging door de tunnel van het licht, maar ze hield de koordverbinding met het lichaam. Dit was het moment om informatie uit te wisselen en inzicht te krijgen in haar aardse leven tot dan toe. De intrede van het nieuwe facet moest gebeuren. (Grote zucht) En het eerste facet was erg moe. De eerste tien jaar waren erg zwaar.
D: *Toen wisselde ze informatie uit met het tweede facet, zodat het begreep wat er aan de hand was?*
M: Ja. Ook al was er begrip geweest, er moest energetisch een soort uitwisseling plaatsvinden. Zodat de pijn ... als de volledige impact van wat er gebeurde terugging naar het lichaam, had het het niet kunnen halen, op de manier die later had kunnen helpen.

D: *Is dit de reden waarom Michelle slechts glimpen heeft van die eerste jaren, omdat de herinneringen bij het eerste facet bleven?*
M: (Nadrukkelijk: Ja!) Toen ze eraan dacht, was het meer alsof ze naar een film keek, ook al was er verdriet. Er was meer verdriet voor het eerste facet dan voor de betrokkenen. (Zachtjes) O, het arme meisje.
D: *Toen ze terugkwam, was het voor haar gemakkelijker om het als het tweede facet te behandelen? (Jazeker) Dat is de enige manier waarop ze had kunnen overleven, denk ik.*
M: De tweede helft was er niet makkelijker op.
D: *Maar toen bleef het tweede facet tot de leeftijd van eenentwintig jaar. (Jazeker.) Wat gebeurde er op eenentwintigjarige leeftijd?*
M: Ze was net aan het trouwen met Jerry. Ze waren niet zo nauw met elkaar verbonden. Het was een keuze om dat patroon te beëindigen, meer dan een verbinding van de zielen. Het was een manier om uit het patroon van die band met haar tante en oma te komen. De uitwisseling van de facetten hielp om het patroon te veranderen. Omdat... Ik kan het niet eens onder woorden brengen. Er was geen emotionele band met Jerry. Ook al was het moeilijk en verdrietig om niet de verbinding te hebben, het soort huwelijk dat gewenst was, het gaf een tijd om te kunnen reflecteren. Het was echt niet eens nodig om bij hem te zijn. Dat klinkt raar, maar het was als een rustperiode.
D: *Hij was gewoon het instrument om het patroon te doorbreken en haar uit die situatie te halen. (Jazeker.) Wat gebeurde er dan op eenentwintigjarige leeftijd toen het derde facet binnenkwam?*
M: Het was in de slaapkamer. Ik zie mezelf op het bed liggen. Ik herinner me de voorbijrijdende auto's. Ik herinner me de geluiden. Ik was echt radeloos. Ik wist niet eens of ik met Jerry moest trouwen. Mensen vertelden me dat niemand zeker weet over trouwen. Ik was erg overstuur. Ik weet dat ik niet heb geslapen. Het leek meer op een trancetoestand. Een zwevende sensatie. Dus... tijdens de trance vertrok ik. (Heel zacht. Moeilijk te horen.) Ik heb het gevoel dat ik nu ga.
D: *Je kunt er gewoon naar kijken. Je hoeft het niet te ervaren. Maar het moest in trance gebeuren, bedoel je?*
M: Voor mij was het makkelijker. Er waren zoveel geheimen in dat huis waar ik woonde. Mijn tante en anderen wisten wat er echt aan de hand was, maar ze waren niet verplicht om me te bereiken. Ze

dachten dat het beter was als ik het me niet herinnerde. Maar ik wist altijd dat er iets niet klopte. Ik weet het nu, ze bedekten het, probeerden het weg te poetsen.

D: Het derde facet werd uitgewisseld of samengevoegd, of wat het ook deed, tijdens de trancetoestand? (Jazeker.) Maar het wisselde ook herinneringen uit?

M: Ja. Het kostte de herinneringen, maar het liet veel pijn achter. Een deel van de pijn bleef, omdat dat deel uitmaakte van het proces van leren opruimen.

D: Dus het kon niet alles aan.

M: Nee, de persoonlijkheid zou zich hebben afgesplitst en verbrijzeld.

D: Is dat mogelijk?

M: Om af te splitsen en te verbrijzelen? Ja! Ze zouden het meerdere persoonlijkheden berekenen. Het zou te moeilijk voor hen zijn geweest om mij te helpen. Het zou te moeilijk zijn geweest voor de gidsen om door te komen als ik meerdere persoonlijkheden had. Ik moest veel duidelijker zijn.

D: Dus dit is waarom de uitwisseling plaatsvond, om je meer kracht te geven om te gaan met wat er daarna zou komen. (Jazeker.) En het moest herinneringen uitwisselen, maar een deel van de gevoelens behouden, omdat het anders geen zin zou hebben?

M: Klopt!

D: Je kunt niet alles weghalen, toch niet op die leeftijd.

M: Nee, dat klopt.

D: Toen Michelle wakker werd, voelde ze zich dan anders?

M: Ja. Ik voelde: "Waarom trouw ik met deze man?" (Gelach) Maar ik deed het toch.

D: Voelde je je een ander persoon?

M: Ja! Heb ik gedaan! Ik wist dat het op dat moment en daar verkeerd voor me was. Maar ik was in de war.

D: Dan is het derde facet het facet dat is gebleven. (Jazeker) En zal blijven? (Jazeker) Het is stabieler dan de anderen en kan meer trauma's verwerken.

M: Het lijkt meer aan te sluiten bij de kennis om te helpen opruimen.

D: Je zei voordat ze in dit leven kwam, dat er twee facetten waren, twee delen van haar, die aardse levens hadden gehad.

M: Ja. Dat waren facetten één en twee.

D: En de derde is degene die geen vorige levens heeft gehad? (Juist) Het is degene die meer rechtstreeks uit het licht wezen kwam.

(Jazeker) Dus wanneer ze zich vorige levens heeft herinnerd, zijn ze van de andere twee facetten. (Jazeker) Deze is zuiverder, als dat het juiste woord is. Directer?
M: Ja, het is in staat om toegang te krijgen tot meer directe kennis.
D: *Daarom is ze in staat om het werk dat ze doet met energie te doen?*

Michele was onlangs begonnen met het doen van genezing door energie te gebruiken door middel van hands-on methoden.

M: Ja. Het kwam om dat te doen om mensen te helpen. Ze helpt mensen het probleem te zien. Je kunt de genezing niet voor hen doen, dus ze is slechts een hulpmiddel. Ze is in staat om veel licht te richten om hun lichaam te helpen herinneren aan de vereniging die ze ooit een milennium geleden hadden, zodat ze zich er opnieuw mee kunnen verbinden. Het is niet de bedoeling dat ze alle genezingen doet, omdat het een vrije wilsplaneet is; ze moeten ermee instemmen. En ze wil dat ze de baas zijn over hun eigen lot. Ze moeten hun eigen meesters worden; hun eigen genezers. We hebben mensen nodig om wakker te worden en te onthouden. Dus ze helpt hen herinneren en helpt hen de pijn op te heffen, zodat ze terug in hun licht kunnen bewegen.
D: *Wat bedoelde je toen je zei dat mensen het vergeten waren toen ze zich een millennia geleden afsplitsten?*
M: We zijn één grote familie. Ieder van ons is gelijk in licht.

Hier deed zich een vreemd fenomeen voor dat door de bandrecorder werd opgepikt. Een luide elektrische vervorming als een stabiele statische. Het fluctueerde niet als statisch, alleen een gestage elektrische interferentie. Het duurde tien seconden en sloeg al het geluid van de band. Het stopte net zo plotseling als het begon. Ik was me niet bewust van iets ongewoons dat gebeurde, maar de bandrecorder pikte het op. Ik ging door met de transcriptie nadat het geluid stopte.

M: ... ze geloven zelfs dat ze slecht zijn. Ze zijn al zo lang in het fysieke dat ze hun licht vergeten. Ze zijn geïndoctrineerd tot iets dat niet waar is.
D: *Waarom denken ze soms dat ze ba d zijn?*

M: Ja. Ze herinnert hen eraan dat ze niet de ervaring zijn, maar dat dit slechts ervaringen zijn die ze hebben om hen te helpen leren.
D: *Als ze iets leren, is dat het belangrijkste. (Jazeker) Maar waarom zijn we millennia geleden allemaal uit elkaar gegaan, als we deel uitmaken van dezelfde familie?*
M: Ah, de scène stond helemaal aan het begin van dit werk vandaag, en ik begreep het niet, dus ik blokkeerde het gewoon een beetje. De manier waarop het wordt getoond, ik weet zeker dat het symbolisch is, omdat ik het moet begrijpen. Er is dit bal van licht, en al deze mensen vallen uit het bal van licht. Ik dacht: waarom parachutespringen we naar beneden? Maar we splitsten ons af om deze ervaringen te hebben. Daar maken we samen deel van uit. We zijn allemaal één.
D: *Wat gaan we uiteindelijk met deze ervaringen doen?*
M: Op een dag zullen we weer meedoen. Het geeft meer voldoening. Laten we eens kijken of ik er het gevoel van kan krijgen. Het is echt moeilijk voor mij om dit te vergrooten. Ik weet niet of ik de woorden kan zeggen. (Pauze) Het is een beetje zoals mensen die in een oorlog zijn geweest. Je hoort over mensen die samen in de strijd zijn geweest. En ze hebben een ander gevoel van verbondenheid omdat ze elkaar echt hebben geholpen, of ze hebben samen veel meegemaakt. En als het klaar is, is er een band die nooit wordt verbroken. We hadden eerder een band, maar we hadden de ervaring niet.
D: *Het is bijna een kameraadschap, bedoel je?*
M: Ja, een hechtere band. We zijn allemaal echt belangrijk voor de vakbond. Ieder van ons. Ieder mens heeft er zijn eigen kleine deel van. Hun ziel zal het voor hen vinden. Je bent verbonden met alle delen van jezelf. En ik voel deze hereniging van al deze mensen die ik heb gemist. En al die zielen die ik al eerder heb gekend. Alsof we ons allemaal verenigen en samen weer omhoog gaan.

Michele's leven was zeker met uitdagingen bezaaid en bleef dat ook. Ze dacht dat ze nooit kinderen wilde, maar toch besloot ze plotseling een meisje te adopteren. Naarmate het kleine meisje groeide, werd het duidelijk dat er iets mis was. Ze was nu negen jaar oud en had de diagnose een bipolaire aandoening in haar hersenen. Soms had ze lucide momenten, maar het grootste deel van de tijd was ze gewelddadig en suïcidaal. Michele hield van haar, maar voelde zich totaal hulpeloos. Haar man kon de uitdaging niet aan en scheidde van haar, waardoor ze alleen voor het meisje moest zorgen. Michele's onderbewustzijn zei dat dit een uitdaging was waarmee ze instemde voordat ze binnenkwam. Dit alles werd haar getoond tijdens de beoordelingstijd voor het bestuur van ouderlingen. Ze had ermee ingestemd om tijdens dit leven moeilijke lessen te leren om te begrijpen hoe ze mens moest zijn. Michele heeft dit keer zeker geen gemakkelijk leven gehad. Het is bewonderenswaardig dat ze tijd besteedt aan het gebruik van haar vaardigheden om anderen te genezen.

* * *

Het concept van een veelzijdige ziel kwam een maand later weer ter sprake aan de andere kant van de wereld. Zoals bij mij in mijn werk is gebeurd, wanneer ik een concept krijg gepresenteerd dat nieuw voor me is, krijg ik gewoonlijk meer informatie die de theorie via een andere klant uitbreidt. Ik vind het fascinerend dat degene die mijn werk begeleidt, bepaalt welk onderwerp ik in elke fase van mijn groei moet krijgen. En ze gebruiken de trancetoestand van mijn klanten om de informatie te leveren. Er kan geen andere verklaring zijn, omdat de cliënt geen idee heeft waar ik met andere mensen aan heb gewerkt. Tijdens elke sessie ben ik gefocust op de cliënt en zijn problemen en is het niet nodig om over andermans problemen of sessies te praten. Het onderwerp lijkt slechts te worden gebruikt als een voertuig om de informatie tot mij door te krijgen. Andere mensen hebben gezegd dat ik de juiste klant naar me toe lijk te trekken die de informatie heeft die ik nodig heb. Wat er ook gebeurt, het is niet op een bewust, doelgericht niveau.

Deze sessie werd gedaan in Australië toen ik in Sydney was om lezingen te geven voor de Mind, Body, Spirit (MBS) Expo in november 2002. Ik kwam net van het presenteren op de Conscious Living Expo in Perth. Ik kreeg een comfortabel appartement met twee slaapkamers in plaats van de gebruikelijke hotelkamer. Het keek uit over Darling Harbour en had een zeer leuke sfeer, en was op loopafstand van het Convention Center waar de MBS Expo werd gehouden. Zoals gewoonlijk plande ik de klanten van mijn lange wachtlijst. Ik weet nooit wat hun problemen zijn, of redenen om de sessie aan te vragen totdat ze aankomen.

Cathie was een aantrekkelijke, intelligente vrouw van in de veertig. Ze had veel vragen, maar een die haar het meest intrigeerde was een incident dat een paar jaar eerder plaatsvond. Ze ging door een zeer traumatische tijd in haar leven, waarin alles mis was, inclusief de dood van haar man. De genadeklap was toen ze ontdekte dat ze borstkanker had. Chemotherapie en radiotherapie zappen haar kracht en verminderen haar wil om te leven. Ze was het beu om onder de bestaande omstandigheden te leven. Ze had er genoeg van, en had besloten om zichzelf te kilen. Voordat ze dit deed, wilde ze al haar vrienden echter nog een laatste keer zien. Haar plannen werden heel zorgvuldig gemaakt. Ze had een kerstfeest bij haar thuis en nodigde iedereen uit. Niemand wist de echte reden voor het feest en ze vertelde niemand dat het werd gehouden met het uitdrukkelijke doel om afscheid van hen te nemen. Iedereen had een geweldige tijd en genoot, net als zij. Ze was in staat geweest om haar echte emoties met succes te verbergen, en niemand vermoedde dat toen ze weggingen, ze van plan was zelfmoord te plegen. Nadat de laatste gast was vertrokken, ging ze heel bewust aan de slag met de rest van haar plan. In plaats daarvan deed zich een buitengewoon incident voor dat dit verhinderde. Ze dacht dat ze er erg in slaagde om emotieloos te blijven. Maar nadat de laatste gast was vertrokken, begon ze oncontroleerbaar te huilen. Ze had alle intentie om dit ongelukkige leven te verlaten en door te gaan naar de andere kant. Ze had haar plannen zorgvuldig gemaakt met betrekking tot de methode van zelfmoord, maar ze voelde zich nu emotioneel en fysiek volledig uitgeput en was niet in staat om door te gaan. Ze besloot dat het allemaal kon wachten tot de volgende dag en ging naar bed.

Dit deel komt uit Cathie's aantekeningen: "Ik werd om 3 uur 's nachts wakker. Ik lag op mijn rug met mijn ogen dicht en kon helder wit licht door mijn oogleden zien, maar toen ik mijn ogen opendeed, was de kamer in duisternis. Terwijl ik me daar lag af te vragen wat er aan de hand was, zag ik een licht naar beneden duiken en mijn lichaam binnendringen. Het vloog door mijn voeten naar binnen en liep naar mijn hoofd en vijlde me met licht. Ik had nog steeds mijn ogen dicht, maar ik kon mijn lichaam nu als licht zien. Tegelijkertijd voelde ik ook een golf van elektriciteit of een sterke stroom door mijn lichaam lopen, opnieuw van mijn voeten naar mijn hoofd."

De volgende ochtend voelde ze zich totaal anders. Alles leek gloednieuw en het verlangen om zelfmoord te plegen en deze wereld te verlaten was helemaal verdwenen. Ze wist niet wat er gebeurde, behalve dat haar leven die nacht totaal veranderde. Ook ging de kanker in remissie, zodat ze niet meer van de pijnlijke behandelingen nodig had. Ze kon alleen maar raden dat er misschien een inloopervaring had plaatsgevonden. In mijn ervaring is de persoon zich normaal gesproken niet bewust van enige uitwisseling wanneer deze plaatsvindt. Maar misschien was er een reden voor Cathie om zich voldoende bewust te zijn om te weten dat er iets vreemds en ongewoons was gebeurd.

Dit was haar grootste zorg: uitzoeken wat er die nacht is gebeurd. Dus in plaats van een vorig leven in te gaan, nam ik haar mee terug naar de avond van het feest. Ik liet haar op 17 december, in het jaar 2000, uit de wolken komen. Ik zette de toon om ervoor te zorgen dat we de juiste dag hadden: "Je hebt dit feest met deze zeer speciale vrienden.

"Ze onderbrak me met een verrassingsuitbarsting: "Ik was er niet."

D: *Je was er niet bij?*
C: Nee. Ik was het niet.
D: *Kun je me nog iets vertellen over die datum?*
C: Ik zie het niet.

Ik heb me daar nooit door laten weerhouden om informatie te verkrijgen, omdat ik wist dat het onderbewuste de verslagen heeft van alles wat er ooit met de persoon is gebeurd. Ik vroeg of het de informatie kon leveren, en Cathie brak plotseling en begon oncontroleerbaar te huilen. Ik wist dat ik haar aan het praten moest krijgen om haar uit de emoties te halen. "Kun je me vertellen waarom je emotioneel bent?"

C: (Tussen het snikken door wat woorden laten horen.) Ja... het was erg groot ... heel groot.
D: *Wat was heel groot?*
C: Die dag.
D: *Maar je had een leuk feestje, nietwaar, met al je vrienden?*
C: (Kalmerend. Stil snikkend, maar controle krijgend over zichzelf.) ja... het was een feestje. (Snikkend) Het was triest. (Snikkend) Het was zo triest. (Snikkend) Het was een triest feest. Omdat... het was

het einde. (Snikt) Een afsluitend feestje. (Snikt) En het was een afscheidsfeestje. (Huilt)
D: *Was Cathie emotioneel op die dag?*
C: Ze nam afscheid van ... aan Lucinda. (Snikt)
D: *Wie is Lucinda?*

Sommige van haar woorden werden geblokkeerd door snikken. Ik probeerde te begrijpen over wie ze het had.

C: Zij was de ziel die bij de geboorte binnenkwam ... en wie ... worstelde zo hard. (Huilt) En die zoveel pijn had. Omdat het leven gewoon zo triest was.

Dit alles was moeilijk te begrijpen, vanwege het voortdurende huilen en de emotie.

D: *Waarom moest ze worstelen?*
C: (Ze kalmeerde eindelijk genoeg om begrepen te worden.) Ah! Ze nam de harde weg. Ze nam altijd, altijd de harde weg.
D: *Maar daar koos ze toch voor?*
C: Ja, dat deed ze. Ze maakte het zo moeilijk. (Snikt) Ze wist niet anders. Ze dacht dat dat de enige manier was. Het was moeilijk voor haar, maar ze maakte het ook heel moeilijk voor andere mensen. Dat zag ze niet. Ze zag alleen haar eigen pijn. Ze zag niet welke pijn ze andere mensen bezorgde. Ze deed haar moeder zoveel pijn. Ze veroorzaakte mensen in haar leven – Stephen, waarmee ze opgroeide. Ze waren kinderen samen. En toen waren het lieverdjes. En ze dumpte hem, en ze bezorgde hem zoveel pijn. Ze was egoïstisch. Ze gaf gewoon om zichzelf. (Een dikke zucht. Het huilen was in ieder geval gestopt.)
D: *Het kon haar niet schelen dat ze andere mensen pijn deed?*
C: Nee. Ze deed het om zichzelf een goed gevoel te geven. Ze was egoïstisch. Lucinda was erg egoïstisch. Ze wilde naar huis, omdat ze besefte dat ze het niet kreeg. Dat vond ze zonde van de tijd.
D: *In een lichaam zijn, bedoel je, in een leven?*
C: (Een openbaring) Oh! Oké! Dus wat er gebeurde was dat iemand anders binnenkwam, caled "Yanie". Ze kwam binnen om haar te helpen en om haar te instrueren. En Yanie was de afgelopen maand bij haar. En Yanie hielp haar om te leren, omdat Yanie

hoger was, beter geïnformeerd. Ze had geen ego. En ze hielp Lucinda, zodat Lucinda kon vertrekken. En kon wat dingen leren voordat ze vertrok.

Dit klonk vergelijkbaar met zielsdelen, behalve dat Cathie ze namen toewees. Misschien maakte dit het voor haar gemakkelijker om te begrijpen en uit te leggen.

D: Maar besefte Lucinda niet dat ze karma creëerde door de manier waarop ze mensen behandelde?
C: Nee, daar wist ze niets van.
D: Ze was gewoon een heel egoïstische ziel. (Jazeker) Heeft Lucinda met Yanie gesproken voordat ze binnenkwam?
C: Lucinda en Yanie spraken af dat ze zouden samenwerken. Lucinda wilde naar huis. En ze creëerde de kanker als een manier om eruit te komen, om naar huis te gaan. En toen kon ze zien dat ze haar leven had verspild. Ze had de kansen in dit lichaam verspeeld. En daar had ze een hekel aan. Daar had ze een hekel aan! (Weer emotioneel.) Ze besefte dat ze al die jaren had verspild. Ze besefte dat ze de les niet kreeg. (Al zei met emotie.) En dus zei Yanie dat ze binnen zou komen en een tijdje met Lucinda zou werken voordat ze vertrok, om haar te helpen enkele van de lessen te leren. En als ze dan terugging, had ze iets bereikt. En Yanie hielp haar om veel angst los te laten. En Yanie hielp haar om meer in balans te zijn. En Yanie hielp haar om zich voor te bereiden om te gaan.
D: Er was geen enkele manier waarop Lucinda kon blijven?
C: Dat wilde ze niet.
D: Ik dacht dat toen ze eenmaal begon met het leren van deze dingen van Yanie ....
C: Nee, want de deal was gemaakt. En Yanie wilde even binnenkomen. En Lucinda stemde daarmee in; dat ze zou vertrekken. En dat was geen probleem. Ze vond het prima om die belofte na te komen.
D: Dus Lucinda zou aan de andere kant vooruitgang kunnen boeken? (Jazeker) Het lijkt alsof ze nog niet klaar was voor een fysiek leven.
C: Ze was gewoon niet bij bewustzijn. Ze was ego gedreven. En ze was verstrikt in het fysieke en de geneugten in het lichaam. Ze

was verstrikt in geld en hebzucht en ego en seks. Ah, en zelfs verslaving. Alcohol, daar hoorde zelfs bij.

D: Dus ze ervoer alle negatieve delen van het mens-zijn.

C: Ja. Ze wilde hier niet zijn en iemand anders wilde binnenkomen. Ze stemde ermee in om dat te doen. En de afspraak was dat Yanie met haar zou werken voor haar laatste maand op Aarde, om haar te helpen wat dingen te leren, zodat ze hogerop kon komen. En Lucinda stemde ermee in om in december te vertrekken. Zij bepalen de datum. Het zou december 2000 worden.

D: Ze dacht dat ze afscheid nam van haar vrienden, omdat ze dacht dat ze zou sterven aan kanker.

C: Toen ze wegging, wist ze dat het lichaam niet zou sterven. Cathie wist bewust dat het tijd was om afscheid te nemen, maar ze wist niet bewust wat er aan de hand was.

D: Daarom had ze het feest met al haar vrienden en familieleden. (Ja, ja.) Maar toen Yanie binnenkwam, was er toch geen noodzaak voor het lichaam om een ziekte te hebben?

C: Nee. Yanie kwam binnen. Ze was zo'n andere energie. Yanie was een van de eersten. De eerste energieën op Aarde.

D: Ze zou een heel oude energie zijn, nietwaar?

C: Oh, ja. Ze was een pionier. Een groep van hen kwam, van een energetische kracht, op de Aarde. En ze waren wat mensen dachten dat de god was, Horus. Ze kwamen als een vorm. En toen ze hier aankwamen, moesten ze lichamen vinden. En dat deden ze. Ze gingen er vandoor en vonden lichamen. Dat was in het begin. En ze kwam terug in het jaar 2000, omdat ze die baanbrekende energie terug moest brengen naar de planeet. De Aarde had een injectie nodig van diezelfde energie die zo lang, lang geleden kwam. En dat is wat Yanie heeft ingebracht.

Dit was vergelijkbaar met Ingrid en de Isis-energie die terugkeerde naar de Aarde om te helpen. (Zie hoofdstuk 4.) Beiden hadden geen andere levens tussendoor en waren teruggekeerd vanwege wereldgebeurtenissen die die energie op dit moment nodig hadden.

D: Kunt je ons vertellen wat er op die avond gebeurde toen de uitwisseling plaatsvond? Dat was een ding dat Cathie wilde weten.

C: Yanie kwam binnen. Ze was er al enkele maanden. En ze hadden gevlochten.
D: *Wat is vlechten?*
C: Vlechten is waar ... het is als een vlecht. (Handbewegingen.)
D: *Verweven?*
C: Ja. Waar twee zielen zijn, en ze werken samen. En soms zal de ene kant de hoofdrol op zich nemen, en de andere keer de andere kant wel. Dus soms had Cathie het gevoel dat er ego was. Soms was ze Yanie. Soms was ze Lucinda. Op andere dagen had ze het gevoel dat ze een prachtig, spiritueel wezen was. En het waren de dagen dat Yanie dominantie nam. Ze werkten heel goed samen. Het was als een dans. Ze dansten samen. Leren en onderwijzen en studeren. En het was een mooie tijd, want Lucinda had het gevoel dat ze een vriendin had. Mooi.
D: *Een andere soort vriend.*
C: Ja. En ze heeft zoveel geleerd.
D: *Dus het is mogelijk voor twee zielen om tegelijkertijd hetzelfde lichaam te bewonen?*
C: Ja. Maar het was een grote opluchting toen Lucinda vertrok.

Het waren echter geen twee afzonderlijke zielen. Het waren delen van één en dezelfde ziel.

D: *Omdat het moeilijk is voor twee om dezelfde ruimte in te nemen?*
C: Ze waren zo verschillend, ja. En Yanie kon dan stralen, en ze kon zichzelf zijn.
D: *Kun je uitleggen wat er die nacht is gebeurd? Cathie zei dat ze zo'n krachtig gevoel had nadat ze die avond naar bed was gegaan.*
C: Ja. De laatste dans vond plaats. Dat was Lucinda's avond met die vrienden. Yanie bleef gewoon ver terug, gewoon op de achtergrond. En Lucinda ... het is erg grappig. Ze voelde zich die nacht erg verdoofd.
D: *Je bedoelt ongevoelig of wat?*
C: Gevoelloos, zoals het gevoel van niet heel veel emotie. Gevoelloos, emotioneel gevoelloos.
D: *Ook al was ze bij haar vrienden.*
C: Ja. Ach, ze wist dat het afscheid nam. En dat moest zo blijven, want als ze de emoties had laten scheuren, had ze iedereen gewaarschuwd. En dat was niet nodig. Ze wisten niet dat ze

wegging. En ze hoefden het niet te weten, want het was niet bedoeld als begrafenis. (Gelach) Het was gewoon bedoeld als geheim. Ze wist dat ze ging, en niemand anders hoefde het die avond te weten.

D: *Ze was van plan om te sterven, maar het was niet zo bedoeld?*
C: Nee. Ze veranderde van gedachten, omdat Yanie binnen wilde komen. En ze zei dat het goed zou zijn voor Yanie om het lichaam te nemen. En die avond nam ze afscheid en toen ging ze naar bed. En om drie uur 's nachts dansten zij en Yanie samen hun laatste dans. Het was net een muren. Murente rond. En toen ging Lucinda gewoon weg. Ze ging gewoon van hieruit.
D: *Waar is ze gebleven?*
C: (Huilend) Ze ging ... ze sloot zich aan bij haar vrienden. (Snikt) De mensen. Ze ging naar huis. Wat een opluchting. (Huilt)
D: *En ze werd niet veroordeeld voor het doen van het ongepaste?*
C: (Emotioneel huilend) Ze werd verwelkomd. (Huilt) Dat vind ik zo aardig. Ze verwelkomden haar terug.
D: *Ze realiseerden zich waarschijnlijk dat ze er nog niet klaar voor was toen ze in de eerste plaats het lichaam binnenging.*
C: Ja, ze koos voor een hard leven. Ze kreeg wat krediet voor het kiezen van een hard leven.
D: *Het maakte dus niet uit dat ze karma had gecreëerd met die andere mensen.*
C: Ah! Dat moest ze doen. (Pauzeer terwijl ze het probeerde te begrijpen.) Dat was het in evenwicht brengen van het karma. Want -- ik snap dat Stephen was – (Erg geschrokken van wat ze zag. Geschokt gekreun.) oh! oh! Stephen, de jongen die ze kende, dat ze zo'n pijn deed, hij ... hij liet haar onthoofden.
D: *In een ander leven?*
C: Oh, ja! Oh! Dat was zo wreed! (Snikkend)
D: *Dus wat ze deed was het karma terugbegrooten door hem pijn te doen.*

Cathie kreunde luid en werd erg emotioneel. Wat ze zag was erg verontrustend. Later herinnerde ze zich deze scène en zei dat ze zijn gezicht heel duidelijk zag. Hij bruiste van genot toen hij zag hoe ze werd vermoord. Het deed haar terugdeinzen terwijl ze toekeek.

Voor onze rationele geest leek het erop dat ze karma had gecreëerd door de jongeman, Stefanus, pijn te doen. Maar van de andere kant is het hele plaatje beschikbaar en werd duidelijk dat er veel meer aan de hand was. Stefanus had extreem negatief karma in het andere leven gecreëerd door haar te laten onthoofden. Het was dus opperste gerechtigheid dat ze hem in het huidige leven pijn deed. De terugverdientijd was in ieder geval niet zo drastisch als de oorzaak.

D: *Ze heeft haar moeder ook heel erg pijn gedaan, nietwaar?*
C: Ja. (Geschokt) Oh! Haar moeder ... dat was de beloning voor karma in dit leven. Het leven van haar moeder. Haar moeder was erg eenogig geweest. En ze gedroeg zich alsof haar kinderen perfect waren. Ze deed zoveel mensen op die manier pijn, door zo dogmatisch te zijn en zo te oordelen. Ze dacht dat haar kinderen perfect waren. En het was Lucinda's taak om haar te laten zien dat haar kinderen niet perfect waren.
D: *Omdat Lucinda absoluut niet perfect was.*
C: Nee. O, dat was de afweging. Een les voor haar moeder. Haar moeder leren minder veroordelend te zijn. En minder eenogig. Om haar open te stellen. En om haar te helpen door een ander oog te kijken. Niet die twee ogen die ze fysiek ziet, maar het andere oog. (Het derde oog.)
D: *Dus wat aan de oppervlakte veel negatief karma leek te creëren en een harde weg koos, was eigenlijk met een reden. Er zat meer achter. (Jazeker) Meestal wel, maar we kunnen het niet zien als we leven. (Jazeker) Dus toen nam Yanie het lichaam over. (Een grote opgeluchte zucht) Cathie zei dat ze wist dat er die nacht iets was gebeurd.*
C: (Een openbaring) Oh! Het was de bedoeling. Het was de bedoeling dat ze het wist, want ze moet mensen helpen. (Weer huilend) Ze moet mensen helpen dit te begrijpen. En als ze niet bewust was geweest – zoveel mensen hebben deze ervaringen, en ze zijn zich er niet van bewust. Ze moest het weten. Dat was de taak voor dit nieuwe facet. Cathie zou dit openstellen. Alsof je mensen zoveel leert over de andere kant. En ze heeft een taak om mensen hierover te onderwijzen, over zielen. Over hoe dit lichaam geen eigendom is. Het is een geschenk aan de Aarde. Elk lichaam is een geschenk aan het universum. En de zielen die in deze lichamen komen, zij hebben dat recht. We denken dat we het lichaam zijn. Ons ego is verbonden met het lichaam. En dat denken we ook. Ik ben Cathie. Wie is Cathie? Cathie is echt veel energieën die samenkomen om

dit leven naar een onvoorstelbare dimensie te brengen. Dit leven kan dus van invloed zijn op zoveel andere levens, om mensen te helpen bewust te evolueren. Om mensen te helpen dit programma te omarmen waar zielen kunnen komen en gaan. En je er niet voor opsluiten. En wees niet te egoïstisch over het bezitten van het lichaam. We bezitten het lichaam niet. Het lichaam is hier om de mensheid te dienen. Gandhi bezat dat lichaam niet. Dat lichaam was gewoon een voertuig. Zoveel zielen waren betrokken bij het werk dat Gandhi deed. Zoveel zielen kwamen en gingen uit dat lichaam. En hij wist het. Hij juichte het toe. Martin Luther King was een andere. Niet slechts één ziel, maar vele zielen die verschillende talenten brengen, nieuw denken brengen. Dat voertuig naar een hoger niveau van conformiteit en liefde brengen. (Zachtjes) Hij wist het. Hij wist wat hij hier moest doen.

D: *Maar het bewuste deel van de persoon is zich niet bewust van wat er aan de hand is, toch?*

C: Sommige mensen kunnen dat zijn. Sommige mensen kunnen er hun geest voor openen. Er moet een trigger zijn om de geest te openen. En zodra die trigger is afgevuurd, kan de geest allerlei inzichten omarmen. En dat is Cathie's taak. Ze vuurt het schot af dat mensen aan het denken zet. En het zorgt ervoor dat mensen hun geest openen.

Ons werd verteld dat Cathie niet alleen een nieuw facet van haar ziel had gekregen om dit leven voort te zetten, maar dat haar lichaam ook was veranderd in een nieuw lichaam. Blijkbaar zouden de veranderingen niet van buitenaf zichtbaar zijn voor anderen.

C: De nieuwe Cathie is zo anders. De oude Cathie was op een versneld pad. Ze ging een heel moeilijk leven leiden. En de nieuwe mensen die zijn binnengekomen, hebben gewoon die kant van het karma voor die levens moeten uitwerken. Om het spul in de cels van het lichaam los te laten. Al het spul dat erin gevangen zat, was van de oude zielen. En de nieuwe die zijn binnengekomen, hebben geholpen dat los te maken van de cels van het lichaam. En bracht haar in een mooie, mooie balans. En harmonie en liefde.

D: *De nieuwe Cathie is dus niet dezelfde persoon die begon.*

C: Zo anders. Heel anders dus. En het heeft verschillende zielsverlossingen gekost om met dat leven te werken. Om het op het niveau te brengen dat het nu is.

D: *Maar zou dit niet gewoon kunnen gebeuren met de volwassenheid van de persoon terwijl ze groeien en hun lessen leren?*

C: Nee, niet dit, nee. Want dat duurt lang. Er zijn veel mensen die op Aarde leven die sterven en ze hebben de lessen niet geleefd. En sommige mensen worden, naarmate ze ouder worden, steeds egocentrischer en steeds banger. Er is zoveel angst op deze planeet. En ze worden ouder en ze worden banger. Het kan dus niet gezegd worden dat het normaal is dat mensen die wijsheid opdoen naarmate ze ouder worden. Veel mensen krijgen de wijsheid niet.

D: *Waarom kon het zielsfacet, Yanie, niet gewoon blijven?*

C: Oh, dat wilde ze wel. Maar het zou de groei hebben belemmerd.

D: *Waarom is dat? Ze was een zeer geavanceerde ziel.*

C: (Een openbaring) Oh! Het werk beperkte zich tot wat ze deed. Het binnenhalen van de nieuwe energie. Het houden van de ruimte voor het uit te werken programma. Ze was een nieuwe energie. Het houden van de ruimte voor het uit te werken programma. Ze was een 'vasthoudende' ziel. Een overgangsziel. En op dat moment was het programma nog in ontwikkeling. En Yanie kan terugkeren, als ze dat wil. Ze kan deel uitmaken van dit programma. Maar als ze toen was begonnen, had dit programma niet kunnen worden binnengehaald. Dit is een programma op zeer hoog niveau van versnelde groei. Het is bijna onmiddellijk, deze groei. En dit programma brengt deze mensen veel verder dan wat we oorspronkelijk voor ogen hadden.

* * *

Dit concept van de ziel die uit vele facetten bestaat, kwam tijdens een andere sessie weer naar boven. Ik zal hier alleen het relevante deel opnemen. Ik had de sessie op een Walk-in conferentie in Las Vegas. Ik sprak met het onderbewuste over Lucy's vragen.

D: *Ze wilde weten of ze een walk-in is in het huidige leven als Lucy? Of is het belangrijk voor haar om te weten? Jij beslist.*

Ze was hier natuurlijk in geïnteresseerd omdat ze in het bestuur zat van de organisatie die walk-ins bestudeert en deze conferenties organiseert.

L: We zouden het geen walk-in geven. We zouden zeggen dat ze meer een ruimtewezen is dat veel verschillende incarnaties heeft binnen één incarnatie. Het menselijke equivalent en concept kan "walk-in" zijn. Dat is geen terminologie die we zouden gebruiken. We zouden zeggen dat ze in de loop van haar leven bezoek heeft gekregen van veel verschillende zielswezens in haar eigen ziel. Want ze is ruimtelijk georiënteerd. Veel ruimtewezens liggen binnen haar bereik.

D: *Zou dit zijn zoals mij is verteld, van zielssplinters?*

L: Het is groter dan splinters. We zien ze graag meer als facetten, of segmentsecties. Als je denkt aan de configuratie van een huis of een gebouw, zijn er verschillende kamers. En elk van die kamers maakt deel uit van het hele huis. En zo is haar ziel geregeld. En elk van deze kamers of zielssegmenten of facetten draagt verschillende herinneringen en verschillende paralel ruimtelijke relaties met zich mee. En daarom heeft ze deze verschillende ervaringen.

D: *Het is dus geen uitwisseling van zielen zoals we een walk-in begrijpen.*

L: Het is een uitwisseling van zielen waarbij de een kan vertrekken en de ander misschien nooit meer komt opdagen. Maar het is niet door het doodsproces. Het is niet zo dat de eerste ziel wordt opgesloten of aan een heel andere entiteit wordt overgeleverd. Het ligt in rust, maar zal niet opnieuw worden gebruikt.

D: *We zien een walk-in als de oorspronkelijke ziel die vertrekt en wordt vervangen door een ziel die het werk zal overnemen.*

L: Dat is ook een concept. Dit concept is een tikje complexer. Deze entiteit, deze ziel, heeft toegang tot verschillende "zielstructuren". Ze heeft toegang tot dertien verschillende. Die bevinden zich allemaal binnen in haar eigen ziel. Dit zijn geen externe, buitenaardse karakters.

* * *

Van een ander onderwerp:

D: *Ze had nog een vraag die haar nogal vreemd was. Ik begrijp het, maar ik wil zien wat je gaat zeggen. Ze zegt dat ze van tijd tot tijd het gevoel heeft dat ze in New York met twee verschillende vrouwen omgaat. Is dat echt? (Jazeker.) Wat is er op die momenten aan de hand?*

Linda: Het zijn alternatieve zielen. Stukjes van haar leven en haar werk doen in andere dimensies.

D: *Dat is wat ik dacht omdat mij dit in mijn werk is verteld. Het is voor sommige mensen een beetje ingewikkeld om te begrijpen. Alsof een ander deel van haar een andere kant op ging. Is dat wat je bedoelt?*

L: We moeten genezen op alle niveaus, in alle dimensies, om te bereiken wat we moeten bereiken. We hebben hulp. Dat zijn stukjes van haar. Er zijn er nog veel meer.

D: *Ze creëerden een ander leven dan het leven dat ze leidt. (Jazeker.) En er zijn momenten dat ze contact met hen heeft.*

L: Ja. Ze gaat erheen om ze bij te stellen.

D: *Ze weten waarschijnlijk niets van haar, net zo min als zij eigenlijk van haar weet.*

L: Ze zijn zich soms niet van haar bewust. Ze kijkt ernaar. Ze hebben werk te doen.

D: *Ik heb dit concept het afgelopen jaar gekregen; over de afsplitsing die we doen.*

L: Je hebt veel onderdelen.

D: *Dat doet iedereen, nietwaar? (Jazeker.) Maar we zijn ons er niet van bewust en zo hoort het ook.*

L: Nee. Jullie komen binnenkort bij elkaar.

D: *Dan weten we allemaal wat er echt gebeurt?*

L: Ja. We worden allemaal één. En de tijd zal op dat moment vooruitgaan.

D: *Ik heb gehoord over het verhogen van het bewustzijn en de veranderingen in vibratie en energie. Is dat wat je bedoelt?*

L: Ja. We zullen allemaal samen naar voren komen als één planeet wanneer ons bewustzijn één wordt. De negatieve krachten zullen achterblijven. We zullen degenen meenemen die kunnen komen. Het is onze plicht om het bewuste niveau van iedereen die we tegenkomen te verhogen. En genees ze. Weet je, je hebt het vele, vele malen gezien. Het is het bewustzijn van de mensen om in een positieve vlam te gaan. Ze zijn aan het afstemmen. Ze worden zich bewust van elkaar in de verschillende dimensies. Ze zullen wakker worden en één worden en samen verder gaan. Het zal zijn zoals het moet zijn. Het zal het negatieve achter zich laten. En creëer hun nieuwe levens als één.

* * *

D: *In het boek waar ik nu aan werk, onderzoek ik het concept dat wij, als mensen, niet één individuele ziel of geest zijn, maar dat we splinters zijn?*
Ann: Klopt.
D: *Kunt je dat voor mij verduidelijken?*
A: Ja. Jij en vele anderen komen uit verschillende universa. Er zijn verschillende Godbronnen, die eigenlijk als één bron worden beschouwd. Elk van deze universa heeft zijn eigen individuele Godbron, tot het begrip van jullie niveaus in de universa. Elk van deze bronnen is onderverdeeld in andere individuele bronnen, die altijd teruggaan naar een hoofdbron. Ieder van jullie creëert zijn eigen individuele bronnen in jezelf, omdat je daar zo voor kiest. Om je hoogten te begrijpen in bewustzijnen die je op dit fysieke niveau moet hebben. Dit trillingsniveau is voor jullie zeer beperkt. En omdat je hiervoor hebt gekozen, heb je in feite een bewuste keuze gemaakt om als een afzonderlijke bron te leven, ook al ben je nog steeds door een streng verbonden met de hoofdbron.
D: *Hoe zien we deze hoofdbron? Deze Godbron?*
A: Het zit altijd in je. Ik zal je de gemakkelijkste manier voor je begrip. Om er gebruik van te maken gebruik je de frongroote kwab van je hoofd. Wat je cal een "voorhoofd". In dit voorhoofd heb je een element en je scheidt een vloeistof in dit element af. En wanneer je deze vloeistof afscheidt, wordt het door het hele lichaam overgebracht, wat de rest van je lichaam naar een hoger niveau zal brengen, zodat je je bron kunt aanboren. Hier blijft de bron. Het zit in de frongroote kwab van je hoofd. Dat is waar je verbinding, je string, zoals je cal een "koord" is aangesloten.
D: *Wat beschouwen wij als het derde oog? (Jazeker). Maar ik probeerde deze versplintering te begrijpen, omdat ik werk met mensen die zeggen dat ze overal splinters van zichzelf hebben.*
A: Ja, dat is waar. Dit maakt deel uit van het denkproces. Jullie zijn geoorloofd om een realiteit te creëren. En in deze realiteit kun je

andere creëren. En in die andere kun je een nieuwe energiebron creëren, die al uit dezelfde is, wat je als "Godbron" oproep.

D: *Daarom is het zo moeilijk voor ons om te begrijpen, omdat we zo gefocust zijn....*

A: (Onderbroken) Het is niet moeilijk. Er zullen altijd mensen zijn die meer een natuurlijk begrip van deze concepten hebben. Ze zijn gewoon gemakkelijker in staat om te vergrooten. Je hoeft alleen maar toegang te hebben tot deze personen om deze concepten in een begrijpelijke vorm te vergrooten. Als je vraagt om deze personen in je leven te laten verschijnen, zullen ze, zo natuurlijk als een briesje.

D: *Dat was wat mij werd verteld, dat we overal zielssplinters hebben, maar we zijn ons er niet van bewust.*

A: We zijn tweelingen van elkaar.

D: *Op deze manier delen van elkaar leuk vinden?*

A: Dat ben je. Je komt uit één bron. Wat zou je doen denken dat je niet van dezelfde bent?

D: *Ons menselijk perspectief dat we individuen zijn? (Grinnikt)*

A: Zeer beperkt.

D: *We zijn erg beperkt.*

A: Je kiest ervoor om te zijn. Het is niet erg dat je beperkt bent. Je hebt ervoor gekozen om dat te zijn, omdat er lessen zijn die je doormaakt. Dat begrijpen we. Terwijl we nu door dit lichaam spreken, begrijpen we dit individu. Het doet hetzelfde. We weten deze dingen. Het is oké.

D: *Ja, omdat dit de enige manier is waarop mensen kunnen waarnemen. En veel hiervan gaat de concepten van de normale mens te boven.*

A: Klopt.

* * *

Dit leven is te vergelijken met het bespelen van één instrument in een groot orkest. Natuurlijk kun je niet alle instrumenten tegelijk bespelen. Je kunt je alleen concentreren op je deel van de prachtige symfonie, hoewel het hele orkest en alle muziek de togrootiteit omvat van wie je werkelijk bent.

* * *

Tijdens mijn lezingen ben ik vaak gevraagd naar het verschil tussen ziel en geest. "Zijn ze hetzelfde? Zijn de woorden uitwisselbaar? Hebben ze het over twee verschillende dingen?" Ik had eerst geen adequaat antwoord, omdat de vragen me overrompelden. Op dat moment ging ik ervan uit dat ze hetzelfde waren. Slechts twee verschillende woorden die verwijzen naar de levenskracht die bij de geboorte het lichaam binnenkomt en vertrekt bij zijn fysieke dood. Ik ging ervan uit dat het het deel van ons is dat eeuwig is vanaf het moment dat het door God werd geschapen. En dat het het meest constante deel van ons is, ook al gaat het van lichaam naar lichaam tijdens de cyclus van reïncarnatie en verandert het naarmate het meer informatie verzamelt en karma terugbetaalt. In mijn vroege geschriften schreef ik erover vanuit het standpunt dat de twee woorden uitwisselbaar waren, verwijzend naar hetzelfde, en dat het alleen semantiek was of je het ene of het andere woord wilde gebruiken.

Nu neemt mijn leren en begrijpen toe en verbreedt het zich en kan ik deze vraag vanuit een ander gezichtspunt bekijken. In mijn werk is mij verteld dat toen God alle zielen in de schepping bracht, het vergelijkbaar was met de oerknaltheorie. We schoten eruit als kleine vonkjes licht. Sommige van deze vonken werden menselijke zielen, sommige werden sterrenstelsels, planeten, manen en asteroïden. De schepping was begonnen en is sindsdien doorgegaan en heeft zich steeds verder uitgebreid. Veel van mijn onderwerpen hebben zichzelf gezien als individuele vonken of balen licht wanneer hen wordt gevraagd waar ze vandaan komen en hoe ze zijn begonnen. In welk lichaam ze zich ook bevinden tijdens hun ontelbare levens op deze planeet en vele anderen, het is slechts een pak kleding. Vallen om het doel te dienen en de klus te klaren. Ik zeg altijd: "Je bent geen lichaam! Je hebt een lichaam!" We hebben de neiging om dit over het hoofd te zien, omdat we er zo aan gehecht raken. Maar net als een pak kleding, zal het uiteindelijk slijten en moet het worden weggegooid. De 'echte' jij is dat kleine vonkje licht. Ik kan nu zien dat dit gelijk staat aan de "geest", omdat het van lichaam naar lichaam gaat. De geest is de geïndividualiseerde representatie van de ziel in een belichaming. Daarom heeft het beperkingen. Het is beperkt en gescheiden van de grotere "ziel". Het is onze focus terwijl we in het fysieke lichaam zijn en we zijn afgesloten van de enorme wijsheid van ons grotere zelf. Het moet zo zijn, anders zouden we hier niet kunnen bestaan. We zouden absoluut niet in staat zijn om te overleven als we ons realiseerden dat er meer is en dat we afgesloten zijn van dat glorieuze grotere zelf.

Ik heb gevallen gevonden (een gerapporteerd in Boek Één) waar het onderwerp terug wilde naar waar ze de meeste liefde voelden, waar ze zich thuis voelden, waar ze instinctief een groot verlangen hadden om te zijn. Toen ze naar deze plek gingen, was het een verrassing voor mij. Het was niet de geestenkant waar we naartoe gaan na de fysieke dood. Het was veel groter en uitgebreider. Ze gingen naar een mooi, warm en geruststellend helder licht. Dit was "thuis". Ze zeiden dat toen ze daar waren, er een heerlijk gevoel van saamhorigheid was, van deel uitmaken van een geheel, en ze wilden nooit meer weg. Dit werd "God" genoemd, bij gebrek aan een betere definitie. Het is ook de "grote centrale zon" genoemd waaruit al het leven is voortgekomen. Het onderwerp ervaart altijd grote vreugde wanneer ze weer herenigd worden met het geheel, al is het maar voor de korte tijd tijdens de sessie. Toen ze gedwongen werden om weg te gaan van de Bron om lessen te leren en kennis op te doen, voelden ze een groot verlies, een scheiding die bijna ondraaglijk was. Waar alleen het Ene was geweest, waren ze nu gescheiden. Dit is waar ieder van ons stiekem naar terug wil keren, ook al begrijpen we het niet op een bewust niveau. Maar volgens de informatie die ik heb ontdekt, kunnen we niet terugkeren en ons met God herenigen totdat we al onze lessen hebben voltooid en alle kennis hebben opgedaan waartoe we in staat zijn. Dan is het onze bestemming om terug te keren en alles wat we geleerd hebben met God te delen. In die zin zijn we letterlijk cels in het lichaam van God.

Om te proberen de definities van ziel en geest wat verder uit te leggen, denk ik dat het gezien kan worden als een aftredend systeem. Waar God is, de Ene, de Al Die Is, de almachtige, de Bron, de Schepper, splitst het zich af in een andere component. Groepszielen, Overzielen, een grotere samenstelling van energieën. Levend, maar het leven ervaren op een manier die vreemd is aan onze manier van denken. Het bevat zoveel energie in zijn togrootiteit dat het onmogelijk zou zijn om het in een lichaam te bevatten. In boek één werd gezegd dat als de totale energie van een individu zou proberen een kamer binnen te komen en met ons te praten, alles in het huis zou worden vernietigd. De kracht en energie is immens. De ziel is dus een combinatie van talloze individuele geesten, die al "jij" zijn. We zijn net zo goed een deel van deze grotere "ziel" als van de belichaming van God. Er zijn ook verschillende groepen zielen, om ons denken verder te compliceren.

Dan splijt het weer en worden het individuele geesten. Dit is het smaler stuk dat we op dit moment ervaren. Het deel waar we op gefocust zijn en persoonlijkheid hebben gegeven. Dit is het deel dat naar het geestenrijk gaat op het moment van de dood van het fysieke lichaam. Het blijft blijkbaar geïndividualiseerd totdat het genoeg kennis heeft opgedaan om terug te integreren in de Overziel. Dit alles is te veel voor de meeste van onze menselijke geesten om te begrijpen, en we zijn tevreden om te denken dat dit ene bestaan er al is. Daarom geven we vereenvoudigde uitleg aan het onverklaarbare.

Uit de informatie in dit hoofdstuk blijkt dat in geval van nood de Overziel zal versplinteren of facetten van zichzelf zal uitzenden en andere zielsdelen van plaats zal laten wisselen. Voor zover we kunnen begrijpen, is het een liefdevolle en zorgzame regeling, en het individu krijgt nooit meer dan het aankan, of meer dan het heeft afgesproken om te proberen in een leven aan te pakken. Deze concepten zijn in ieder geval goede denkoefeningen, of we ze nu ooit zullen begrijpen of niet. Deze concepten zijn enkele waar ik nooit over zou hebben nagedacht als ze niet via verschillende van mijn onderwerpen aan mij waren gepresenteerd. Blijkbaar denken 'ze' dat we klaar zijn om de diepere betekenissen van het leven aan te pakken.

Dus nogmaals, er is De Bron, er zijn de verschillende Overzielen, de smaler zielscomposieten en de individuele geesten.

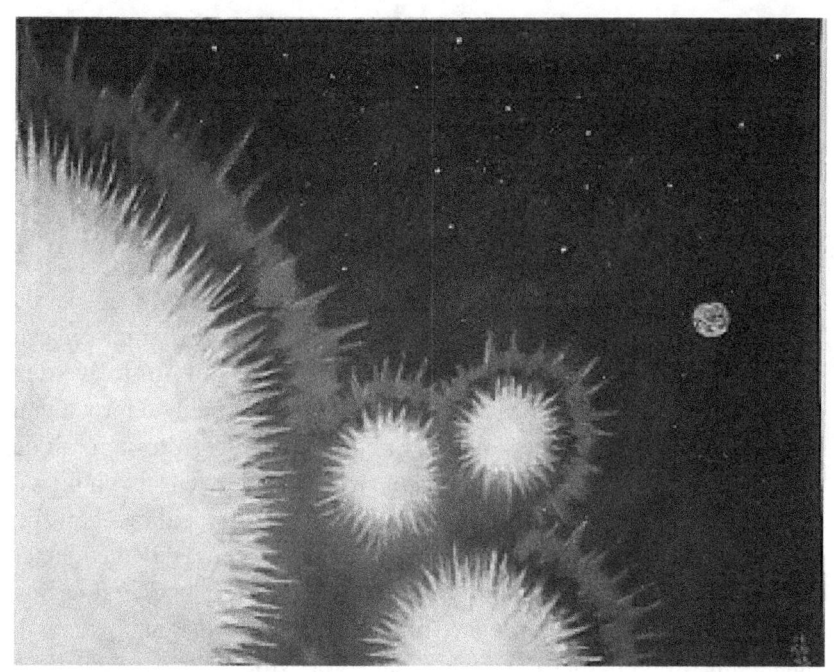

Hoofdstuk 30
De Nieuwe Aarde

ONS HELE LEVEN, toen we naar de kerk gingen, hoorden we de volgende verzen uit de Bijbel: "Ik zag een nieuwe hemel en een nieuwe Aarde; want de eerste hemel en de eerste Aarde werden overleden ... En ik Johannes zag de heilige stad, het nieuwe Jeruzalem, van God uit de hemel neerdalen ... En ik hoorde een grote stem uit de hemel zeggen: Zie, de tabernakel van God is bij de mensen, en hij zal bij hen wonen, en zij zullen zijn volk zijn, en God zelf zal met hen zijn en hun God zijn. En God zal alle tranen uit hun ogen wegvegen, en er zal geen dood meer zijn, noch verdriet, noch huilen, noch zal er nog meer pijn zijn: want de vroegere dingen zijn voorbijgegaan.... Zie, ik maak alle dingen nieuw. En hij zeide tot Mij: Schrijf: want deze woorden zijn waar en trouw. ... En de (nieuwe) stad had geen behoefte aan de zon, noch aan de maan, om erin te schijnen: want de glorie van God verlichtte haar ... En er zal op geen enkele wijze iets binnengaan dat bezoedelt, noch wat dan ook, gruwelt, of een leugen maakt En er zal geen nacht zijn; en zij hebben geen kaars nodig, noch licht van de zon; want de Here God geeft hun licht; en zij zullen heersen voor eeuwig en eeuwig." (Rev. 21 - 22)

Sinds het schrijven van de Bijbel heeft de Kerk vele verschillende verklaringen gegeven. Maar het boek Openbaring is tot nu toe raadselachtig gebleven. De verklaringen in dit boek die door veel mensen naar voren zijn gebracht terwijl ze in diepe trance waren, lijken de antwoorden te bevatten. Zij hebben het Koninkrijk van God vele malen beschreven als een plaats van licht waar zij grote vreugde hebben om herenigd te worden met de Schepper, de Bron. Op dat moment zijn ze allemaal lichtwezens geworden en er is geen verlangen om terug te keren naar de aardse fysieke vorm. Dit verklaart enkele van de betekenissen van de verzen, maar hoe zit het met de profetie van de Nieuwe Aarde? Nogmaals, het antwoord lijkt door veel van mijn onderwerpen te komen tijdens mijn sessies. Pas toen ik het boek aan het samenstellen was, werd de gelijkenis met de Bijbel duidelijk. We hebben het allemaal over hetzelfde. Johannes, die het boek Openbaring schreef, plaatste zijn visie in de woorden die hij in zijn tijdsperiode en zijn vocabulaire kon vinden. Zo is het vandaag ook. Mijn proefpersonen moesten de terminologie gebruiken die ze kenden. Ik weet daarom dat we slechts een klein deel van het totale beeld zien van de nieuwe wereld die eraan komt, maar het was het beste wat ze konden doen. Het geeft ons in ieder geval een glimp van deze prachtige en perfecte plek.

Tijdens mijn werk heb ik veel gehoord over alles wat uit energie bestaat en de vorm en vorm wordt alleen bepaald door de frequentie en vibratie. Energie sterft nooit, het verandert alleen van vorm. Mij is verteld dat de Aarde zelf haar vibratie en frequentie verandert en dat zij zich voorbereidt om zichzelf naar een nieuwe dimensie te verheffen. Er zijn talloze dimensies om ons heen. We kunnen ze niet zien omdat ze, naarmate de vibratie versnelt, onzichtbaar zijn voor onze ogen, maar ze bestaan toch nog steeds. In mijn boek The Custodians heb ik uitgelegd hoe de buitenaardsen dit gebruiken en reizen door de vibraties van hun vaartuig te verhogen en te verlagen. Soms gaan we ook naar andere dimensies en keren we terug en zijn we ons hier niet van bewust. Hierover werd geschreven in The Legend of Starcrash. Dus ik heb het onderwerp in de loop der jaren aangeraakt, maar ik begreep de volledige betekenis ervan niet totdat ik er steeds meer informatie over begon te ontvangen. "Ze" willen dat we er meer over weten omdat het binnenkort komt. En het zal een gedenkwaardige gebeurtenis zijn. Natuurlijk, zelfs in de Bijbel werd het beschreven als "spoedig". Maar nu kunnen we de resultaten om ons heen zien en voelen terwijl de wereld zich voorbereidt om naar een nieuwe dimensie te verschuiven.

"Ze" zeiden dat we de fysieke ef ects meer zullen opmerken naarmate de frequenties en trillingen toenemen. Velen van ons kunnen op een ander niveau van ons wezen voelen dat er iets gebeurt. Met de veranderingen die subtiel om ons heen plaatsvinden, moet ons fysieke lichaam ook veranderen om zich aan te passen. Sommige van deze fysieke symptomen zijn onaangenaam en veroorzaken bezorgdheid. "Je zult zien en merken dat naarmate de frequentie van de planeet blijft stijgen in termen van vibratie, je minder moeite zult hebben met symptomen van energieblokkades."

Gedurende mijn werk wordt mijn proefpersonen verteld dat ze hun dieet moeten veranderen om zich aan te passen aan de nieuwe wereld. Ons lichaam moet lichter worden, en dit betekent de eliminatie van zwaar voedsel. Tijdens de sessies worden mijn klanten herhaaldelijk gewaarschuwd om te stoppen met het eten van vlees, voornamelijk vanwege de additieven en chemicaliën die aan de dieren worden gevoerd. Deze worden overgebracht naar ons lichaam en blijven lange tijd in de organen gedeponeerd. Het is heel moeilijk om deze gifstoffen uit ons lichaam te verwijderen. We werden vooral gewaarschuwd tegen het eten van dierlijke eiwitten en gefrituurd voedsel dat irriterend is voor het lichaam. "Deze fungeren als verergerers van je systeem na vele jaren van misbruik. We willen niet veroordelend zijn, maar het lichaam is gebouwd voor een bepaald type voertuig traf ic. Het lichaam kan niet in frequentie ascenderen naar hogere dimensionale rijken als de dichtheid en de gifstoffen de omgeving van het menselijk lichaam polutiseren. We kregen te horen dat we rundvlees en varkensvlees moesten vermijden, vooral vanwege de additieven die aan de dieren worden gevoerd. Natuurlijk, als je het geluk hebt om biologisch vlees te vinden dat geen gifstoffen bevat, zou dat veilig zijn, met mate. Ze zeiden dat kip beter was, en vis, maar het beste van alles was "levende" groenten. Dit betekent degenen die rauw worden gegeten in plaats van gekookt. We werden ook gewaarschuwd voor de eliminatie van suiker en de consumptie van meer zuiver, gebotteld water en vruchtensappen die geen suiker bevatten. Uiteindelijk, als de frequentie en vibratie blijven toenemen, zullen we ons aanpassen aan een vloeibaar dieet. Het lichaam moet lichter worden om de ascensie te maken. "Naarmate de energieën op de planeet steeds groter en zeldzamer worden, moet je lichaam meebewegen." Natuurlijk is niets van dit alles nieuw. Ons wordt al vele jaren verteld over deze feiten van voeding. Maar het lijkt nu nodig om extra aandacht te besteden aan onze voeding, omdat alles begint te veranderen.

 In 2001 kwamen "ze" tussenbeide om drastisch mijn aandacht te trekken en ervoor te zorgen dat ik mijn dieet en levensstijl veranderde. Tijdens de sessies keken ze letterlijk naar me om hun boodschap over te brengen. In 2001 had ik problemen met uitdroging toen ik in Florida was en onaangenaam lichamelijk letsel ondervond. "Ze" berispten me en zorgden ervoor dat ik mijn standaarddrank, "Pepsi", opgaf, waar ik me jarenlang aan had overgegeven. Ze veranderden mijn eet- en drinkgewoonten volledig en veranderden mijn dieet ten goede. In 2002 had ik een groot deel van de gifstoffen uit mijn systeem verwijderd en ik merkte de dif erentie op. Het duurde nog enkele maanden voordat ik bij wijze van spreken "ontgift" was. Elke keer als ze een kans krijgen, laten ze me weten dat ze me nog steeds in de gaten houden en ik word uitgescholden als ze me terug zien glijden in oude gewoonten. Tijdens een sessie in Engeland zeiden ze: "Om de nieuwe energieën te begrijpen waarin je zult werken, wordt het lichaam geleerd hoe hiermee om te gaan. Men mag nooit vergeten dat er energieën zijn die niet met jullie zullen werken. Op dit punt mogen deze energieën misschien niet worden weggegooid en van je worden weggeduwd. Omdat ze je niet bekend zijn, denk je: 'Ze hebben geen gelijk.' Ze zullen in je worden getrokken en gevraagd worden: 'Wat zijn ze?' In feite zijn het nieuwe energieën. Misschien passen ze je lichaam aan en verwijderen ze daarmee gifstoffen. Je nieren zullen vooral werken met een niet-geaccepteerde energie uit het verleden. Accepteer gewoon dat het reinigingsproces is en zal plaatsvinden."

Ik kreeg toen een proces om het water dat we drinken energie te geven, om te helpen bij het ontgiftingsproces. "Water, in de basis van zeventig procent van jezelf, en zeventig procent van de planeet, is zo ver boven belang, het is ongelooflijk. Dus daarom is de resonantie van het water dat je in je lichaam brengt zo ontzettend belangrijk. Wanneer je water drinkt, geef het energie met de kennis die je hebt. Stuur die kennis. Spiraal het in. Stel je voor dat het water spiraalvormig wordt en een vortex creëert, zowel met de klok mee als tegen de klok in. Het creëren van de positieve en negatieve sleutel. Je moet het uit balans brengen. Stel je een energie voor die het water binnenkomt en spiraalsgewijs een draaikolk creëert. Dat is alles wat het moet doen. De gedachte zal dan het water energie geven. Dat zal dan de levenskracht terugbrengen in het water, wat de levenskrachtacceptatie van de planeet is. Alle vloeistof op deze planeet, of het nu gesteente is of dat het vloeibare vloeistof is, is vloeibaar in een langzamere of snellere beweging. Alles heeft de resonantie en herinnering van wat het is. De mensheid heeft de resonantie en het geheugen van wat het is verloren, maar water kan nieuwe energie opdoen. Het menselijke gedachteformaat van de mens verwerkt terug naar en helpt te werken met zijn resonantie. je moet er rekening mee houden dat deze energie van een fles water slechts een paar uur kan duren. Mogelijk moet je het opnieuw introduceren. Dus de formule kan zijn, voordat je een vloeistof drinkt, doe hetzelfde proces. Hetzelfde kun je ook doen met eten. Voedsel is gewoon vloeibaar in een langzamere beweging. Dit zal helpen met het lichaam. Dit zal ook helpen om te verduidelijken en een plaats te creëren die "helderheid" in je geest-gedachteformaat heeft, omdat je een deel van de helderheid bent gaan verliezen. Die duidelijkheid komt terug."

* * *

Fromeen e-mail die mij werd gestuurd door een onbekende bron:
De tijd versnelt (of schiet op). Al duizenden jaren is de Schumann Resonantie of puls (hartslag) van de Aarde 7,83 cycli per seconde. Het leger heeft dit gebruikt als een zeer betrouwbare referentie. Sinds 1980 neemt deze resonantie echter langzaam toe. Het is nu meer dan 12 cycli per seconde! Dit betekent dat er het equivalent is van minder dan 16 uur per dag in plaats van de oude 24 uur.

Een van de aanwijzingen dat de frequentie en trilling optreedt, is het versnellen en verkorten van de tijd.

* * *

Onderwerp: Vanaf 2003 zal er een instroom van energie zijn die de Aarde echt zal voortstuwen. Er zal een groter schisma zijn tussen de groep mensen die achterblijft en de mensen die vooruitgaan. Het resultaat zal een hogere trillingstoename op Aarde zijn. Dit is het hele universum. Dit is niet alleen de Aarde. Dit is galactisch.

* * *

Meer informatie over hoe ons lichaam en de hele wereld door het dimensionale verschuivingsproces zullen gaan, en het zal onopgemerkt blijven door degenen om ons heen die de verschuiving of verandering niet maken:

"Ons lichaam en alles om ons heen verhogen nu hun trillingssnelheid en passen zich aan een nieuwe frequentie aan. Elke cel van het lichaam begint zo snel te trillen dat het in licht verandert. Wanneer dit begint, neemt de temperatuur van het lichaam toe en begint het lichaam te gloeien van licht. Wanneer elke cel in een zeer hoog tempo trilt, zul je uit het normale zicht verdwijnen en naar een hogere dimensionale realiteit gaan. Dit komt omdat het lichaam in vibratie voorbij de derde dimensie is gegaan en nu op een veel hoger dimensionaal niveau vibreert. Dit betekent dan dat je niet door het doodsproces gaat, omdat je dan een Lichtlichaam hebt. Veroudering zal voor jullie niet bestaan en jullie zullen in de volgende dimensionale realiteit zijn gestapt. Je hebt dan toegang tot de volgende fase van spirituele evolutie."

"Ze" hebben benadrukt dat dit door de tijd heen is gebeurd met bepaalde individuen en kleine groepen mensen. Maar wat het nu uniek maakt, is dat het de eerste keer zal zijn dat een hele planeet de verschuiving naar een andere dimensie zal maken. Dit zal de nieuwe Aarde en de nieuwe wereld zijn. Dit wordt in de Bijbel beschreven als de nieuwe hemel en de nieuwe Aarde. De anderen die er nog niet klaar voor zijn, zullen achtergelaten worden (zoals in de Bijbel staat) om hun karma te blijven leven. Ze zullen zich er niet eens van bewust zijn dat er iets is gebeurd. Degenen die niet verlicht zijn geworden, zullen moeten terugkeren naar een andere, dichtere planeet die nog steeds betrokken is bij negativiteit, om hun resterende karma uit te werken. Ze zullen niet geoorloofd zijn om naar de "nieuwe Aarde" te komen, omdat hun vibratie niet zal overeenkomen.

* * *

Een paar jaar geleden zat ik in een panel op een conferentie metAnnie Kirkwood, de auteur van Mary's Message to the World. Ze vertelde over een visioen dat ze had dat de evolutie van de Nieuwe Aarde lijkt te verbeelden. Ze zag de Aarde zoals die vanuit de ruimte wordt bekeken. Toen begon het op twee Aardes te lijken, de ene bovenop de andere. Er waren kleine lijnen van knipperlichten die tussen beide Aardes gingen. Toen ze toekeek, begon het uit elkaar te pulseren; zoals een cel doet wanneer hij zich deelt om een andere cel te produceren. De ene Aarde ging de ene kant op en de andere in de andere richting. Op de ene Aarde riepen hij en anderen uit: "Ja, ja, het is echt gebeurd! Het is ons gelukt! We zijn echt een nieuwe Aarde!" En op de andere Aarde hoorde ze de stem van haar zus: "Dat meisje was zo gek! Ze was daar om iedereen al deze gekke dingen te vertellen. En niets gehapend! Ze is gewoon doodgegaan!" Het lijkt er dus op dat wanneer het finalevent plaatsvindt, er mensen zullen zijn die niet eens op hun hoede zijn dat er iets is gebeurd. Dit zal de scheiding zijn van degenen die doorgaan met de Nieuwe Aarde en degenen die achterblijven op de Oude Aarde die nog steeds doordrenkt zullen zijn van negativiteit.

Na een lezing waarbij het publiek inlichtte over dit visioen, werd ik omringd door mensen terwijl ik naar de signeersesie liep. Een man drong zich naar voren en verzocht me te spreken. Hij zei: "Er gebeurde net iets heel vreemds met mij." Niet wetende hoe dit zou worden ontvangen, aarzelde hij. Je moet weten dat ik een ingenieur ben die in het dagelijkse leven met beide voeten op de grond staat. Dit soort dingen komen niet voor in mijn leven. Toen je beschreef hoe de wereld in twee verschillende werelden splitste, verdween het auditorium en bevond ik me in de ruimte. Ik kon exact waarnemen wat je beschreef. Ik zag de twee "Aardes", en de nieuwere versie vestigde zich "over" de oude. Het was duidelijk dat hij hiervan onder de indruk was. Hij zei dat hij thuis ging proberen om deze ervaring in een computersimulatie weer te geven. Een week later e-mailde hij ons de foto die we hier weergeven. Het toont de Aarde die over de andere heen verschijnt. Hij gaf me toestemming om de afbeelding te gebruiken.

Hier is wat van de informatie die afkomstig was van verschillende onderwerpen over de Nieuwe Aarde:

De entiteit die door V. sprak, had een diepe, ernstige stem:

D: *Ik heb zoveel informatie gekregen van verschillende mensen, en ze zeggen dat de Aarde een overgang ondergaat. Ze zeggen dat het zal zijn als een verhoging naar een andere, veranderende vibratie.*
V: Het hele idee is dat we mensen een klein beetje moeten laten uitbreiden. En we moeten dit niveau een beetje omhoog krijgen. En als we dat doen, kunnen we die verandering doorvoeren en het voor hen gemakkelijker maken. Het zullen degenen zijn die we niet kunnen veranderen die achterblijven. Het wordt verschrikkelijk. We kunnen ze niet laten zien. We kunnen ze niet zover krijgen dat ze liefhebben.
D: *Dan zullen de anderen, degenen die zullen veranderen, naar een andere wereld gaan? Een andere Aarde?*
V: Het is alsof het zich gaat uitbreiden naar een andere dimensie. Ik zal eens kijken hoe ik dit aan je kan uitleggen. Het is als een verhoging, als je het kunt begrijpen, alsof we gaan opstijgen in een verschillende vibratie. We kunnen zien wat er aan de hand is. We kunnen ze niet tegenhouden. We kunnen het niet meer helpen.
D: *Is het als een scheiding? Als twee Aardes, is dat wat je bedoelt?*
V: Oh nee, nee. Het is een verandering van dimensie. We gaan van hier naar hier. En degenen die niet kunnen veranderen, zullen achterblijven.
D: *Wanneer we naar de andere dimensie gaan, zal het dan een fysieke Aarde zijn?*
V: Het zal net zo zijn als we nu zijn.
D: *Dat is wat ik bedoelde met twee Aardes.*
V: Ja, ja. Maar ze zullen zich niet bewust zijn van ons. God helpe hen, God helpe hen. Het wordt zo verschrikkelijk voor hen.
D: *Ze zullen niet weten wat er is gebeurd?*
V: Nee, ze zullen het weten. Dat is het hele idee. Ze zullen het weten, maar het is te laat.
D: *Maar je zei dat ze achter zouden blijven en dat ze zich niet bij de andere wereld kunnen voegen.*
V: Het zal te laat zijn voor hen om hun vibraties te veranderen. Ze kunnen het niet in een seconde veranderen. Ze moeten het in de loop van de tijd veranderen. We zijn hier al een tijdje mee bezig. Het moet doorsijpelen en op je lichaam werken, en het moet langzaam veranderen en je vibraties verhogen. En als het gebeurt, zal het voor hen te laat zijn, maar ze zullen het wel zien. Ze zullen sterven, maar ze zullen het zien en ze zullen daarvan leren.

D: *Die wereld zal nog steeds bestaan, maar het zal anders zijn?*
V: Niet erg goed, nee, niet erg goed. Er zal niet veel meer over zijn in die wereld. Niet echt.
D: *Veel mensen zullen op dat moment sterven?*
V: Ja. Maar ik denk dat veel van hun dood pijnloos zal zijn. Ik denk dat ze net lang genoeg zullen leven om te zien wat er gebeurt. En ik denk dat God hen de vreselijke traumatische pijn zal besparen. Ik bid dat dat is wat er zal gebeuren.
D: *Maar de anderen die wel overgaan in de nieuwe vibratie, met een identieke fysieke wereld ....*
V: (Onderbroken.) Ja, maar sommigen zullen zich er niet eens van bewust zijn dat ze de verandering hebben aangebracht. Sommigen wel. Degenen die ernaartoe hebben gewerkt, zullen het weten.
D: *Zullen ze weten dat de mensen achterblijven?*
V: Ik denk het niet. Er zal een bewustzijn zijn van een verandering die heeft plaatsgevonden. Ik weet niet zeker of het een bewust bewustzijn zal zijn. Laat ik daar eens over nadenken. (Pauze) We gaan in op deze dimensie en we weten het. Sommigen zullen het echter niet weten. Ze voelen iets. Ze voelen een dif erentie. Bijna als een reinheid, een helderheid. Kritiek, een dif erentie. Ik weet wat het is. Ze voelen de dif erentie. Ze voelen de liefde.
D: *Dus zelfs als ze er niet naartoe hebben gewerkt, zullen ze ermee worden meegedragen.*
V: Ja, omdat ze er klaar voor zijn.
D: *En de andere zullen niet ....*
V: Dat zijn ze niet, dat zijn ze niet.
D: *Dus ze blijven achter in de negativiteit? je zei dat de hele wereld op dat moment zal veranderen.*
V: Ja, degenen die door kunnen gaan, die hier in kunnen bewegen, zullen bewegen. En degenen die dat niet kunnen, zullen dat niet doen. En het is verschrikkelijk voor hen.
D: *En het zullen twee werelden zijn.*
V: Ja, twee werelden die tegelijkertijd bestaan, maar zich niet altijd bewust zijn van elkaar.
D: *Ik weet dat wanneer je in een andere dimensie bent, je je niet altijd bewust bent van de andere. Maar dat is de boodschap die je wilt overbrengen is dat we deze informatie over liefde moeten verspreiden zolang het nog kan, om er zoveel mogelijk mee te nemen.*

V: Liefde is de sleutel. Omdat God liefde is. En liefde is God. En liefde is de allerhoogste kracht. En dat is wat we moeten voelen in ons leven. Wat we aan elkaar moeten geven en voor elkaar moeten voelen.
D: *Ja, liefde is altijd de sleutel geweest. Dus proberen ze het zoveel mogelijk mensen te vertellen, zodat ze ze mee kunnen nemen. Dat is de urgentie.*
V: De urgentie is er, omdat we geen tijd meer hebben. Wees gewoon voorbereid. Uh, wat? Vertel haar wat?

Ze luisterde naar iemand anders. Er waren mompelende geluiden, daarna keerde de diepe, ernstige stem terug.

V: Tel je ... klaar. Klaar voor de verandering die binnenkort komt. Binnenkort nu. Klaar... Ze is geen goed voertuig. Dat heeft ze nog niet eerder gedaan. Ik kan mijn ideeën niet via haar overbrengen. Ik moet eraan werken. Laten we dit voertuig reinigen. O ja! Uh... daar. Dat is beter.
D: *Wat wil je me vertellen?*
V: Moet de hele mensheid helpen. Tel ze wat er binnenkort gaat komen. Veranderingen, dimensionale verschuiving. Degenen die je kunnen horen, zullen je horen. Ze zijn klaar voor die dimensionale verschuiving. (Haar normale stem keerde terug.) Degenen die dat niet kunnen, willen het toch niet accepteren, dus (Lachje) ze denken dat we gek zijn. Maar de anderen, ze weten het misschien niet, maar het zal een vonk in hen raken. Als het gebeurt, zijn ze er klaar voor en kunnen ze die verschuiving maken. Ze weten misschien niet dat het eraan komt, maar iets van binnen zal er klaar voor zijn en ze zullen het kunnen maken. Het zijn degenen die niet weten dat het eraan komt, maar als we ze telden, zit het in hen. Als het dan gebeurt, komt het eruit en zijn ze er klaar voor.
D: *Laat me je nog een vraag stellen. Degenen onder ons die de omslag maken, zullen we ons leven blijven leiden zoals we hebben gedaan?*
V: Nee, nee, beter. Dif erent. Langer.
D: *Zullen we doorgaan met fysieke levens?*
V: Oh, fysiek in die dimensie, ja. Maar fysiek in deze dimensie, nee.
D: *Maar ik bedoel, als we de verschuiving maken, zullen we dan ....*

V: (Onderbroken) Je bedoelt, wil je leven of sterven?
D: *Zullen we doorgaan met het leven zoals we het kennen?*
V: Ja, sommigen zullen het niet eens weten. Zie je, dat kleine ding dat we in hun hoofd planten, zal hen helpen de dimensionale verschuiving te maken en ze weten het misschien niet eens. Maar ze weten dat er vernietiging is. Ze zien vernietiging. Ze zien wat er gebeurt en ze zien de lijken, maar ze zullen niet weten dat ze die verschuiving hebben gemaakt. Ze zullen zich niet bewust zijn van het feit dat de reden dat ze daar niet dood zijn, is omdat ze die verschuiving hebben gemaakt en die verandering hen niet heeft gedaan.
D: *Je zei iets over de dingen die in het hoofd worden gestopt. Bedoel je de implantaten?*
V: Nee, nee, nee. Ik bedoel een zaadje, een gedachte. Ze weten het niet bewust, maar van binnen zal dat hen helpen. Het is als een vonk die, als de tijd daar is, hun geest het onbewust al zou hebben geaccepteerd.
D: *Maar als we de omslag maken, zullen we ons leven blijven leiden. Ik heb gehoord dat we langer zullen leven?*
V: Langer, beter. Leren. Het zal zoveel beter gaan. Mensen zullen na een tijdje meer leren. Ze weten meer. Ze worden zich meer bewust van dingen. Zoals de dingen zijn. Ze weten misschien niet wanneer ze de overstap maken, maar dan leren ze erover. Ze beseffen na een tijdje wat er is gebeurd.
D: *En degenen die er niet klaar voor zijn, zullen op de andere Aarde achterblijven.*
V: Ja, ze zijn weg.
D: *En velen op beide plaatsen zullen niet eens beseffen dat er iets dramatisch is gebeurd.*
V: Die op de andere plaats wel. Ze zijn dood. Maar ze weten het, want dat is de les die ze hebben geleerd. Zodra ze sterven, zullen ze het weten. Ze zullen de waarheid zien. En ze zullen zien welke kans de y heeft gemist, maar daar zullen ze van leren.
D: *Mij is ook verteld dat wanneer ze reïncarneren, als ze negativiteit, karma, hebben om terug te begrooten, ze niet langer naar de Aarde zullen komen omdat de Aarde zo veranderd zal zijn.*
V: Ze zullen niet verplicht zijn om hier terug te komen totdat ze de overstap hebben gemaakt.They've made the change.

D: *Ik heb gehoord dat ze ergens anders naartoe gaan om hun karma uit te werken, omdat ze de kans hebben gemist.*
V: Ja. Sommigen wel. En sommigen krijgen misschien de kans om terug te komen. Maar het zal een tijdje duren, een lange, lange tijd.
D: *Maar in de tussentijd zullen we vooruitgaan en nieuwe dingen leren en vooruitgang boeken in een hele nieuwe wereld.*
V: Wat een prachtige wereld. Een wereld van licht en vrede. Waar mensen samen kunnen leven en van elkaar kunnen houden.
D: *Maar het zal nog steeds een fysieke wereld zijn met onze families en huizen zoals we die nu hebben.*
V: Gewoon een slimmere wereld.
D: *(Lachje) Dat kan ik begrijpen.*

* * *

Een andere proefpersoon die onverklaarbare lichamelijke symptomen ervaart, beschreef het nieuwe lichaam op deze manier:

S: Ze identificeert zich meer met haar toekomstige lichaam. Het is nog niet echt ingeburgerd, maar het is er wel. En dit toekomstige lichaam neemt haar essentie, of delen van haar. En versmelt het of pulseert het zodat ze zal wennen aan dit toekomstige lichaam.
D: *Zal het lichaam fysiek veranderen?*
S: Sommige, ja. Het zal sterker en jonger zijn. Dit lichaam waar ze nu in zit, kan genezen en opnieuw worden gedaan, maar ze heeft het toekomstige lichaam nodig. Het zal lichter zijn. Capabeler. Ze voelt dit nu, haar essentie is versmolten met dit toekomstige lichaam en verpulverd.
D: *Dus dit lichaam dat ze nu heeft zal veranderd worden?*
S: Het zal in wezen achterblijven. Het zal worden getransformeerd en delen ervan die niet nodig zijn, zullen worden weggelaten.
D: *Het is dus niet zo dat je het ene lichaam verlaat en in het andere gaat.*
S: Nee. Geleidelijk aan zullen het nieuwere lichaam en het oudere lichaam grotendeels worden samengevoegd. Maar er zullen bepaalde delen van het oudere lichaam zijn die niet nodig zijn, dus ze zullen achterblijven. Het zal gewoon desintegreren.

Het zal waarschijnlijk zo geleidelijk gaan dat we de diferentie niet eens zullen opmerken. Behalve de fysieke symptomen die sommigen ervaren als het lichaam de aanpassingen maakt. Mij is verteld dat de oudere generatie zich er misschien meer van bewust is dat er iets in het lichaam gebeurt. Toch heeft het geen zin om je er zorgen over te maken, omdat het een natuurlijk proces is dat nu bij iedereen plaatsvindt als onderdeel van de evolutie van de nieuwe Aarde.

* * *

Dit was onderdeel van een langere sessie in 2002 waarbij het onderwerp een connectie had met buitenaardsen. Ze leverden informatie over veel dingen, inclusief wat ze konden doen (of zouden moeten doen) om de schade te corrigeren die de mensheid aan de Aarde heeft toegebracht.

P: Uh, ze ontroeren me ... vooruit naar de toekomst. Ze bewegen mijn lichaam. Oh, mijn god, ik word duizelig.

Ik gaf kalmerende suggesties zodat ze geen fysieke effecten zou hebben. Ze kalmeerde en stabiliseerde. Het gevoel van beweging verdween. Deze ervaring is ook gebeurd bij andere onderwerpen waar ik mee heb gewerkt, wanneer ze te snel door tijd en ruimte worden bewogen.

D: *Wat laten ze je nu zien?*
P: Alles wat ik zie is licht. Het is gewoon een schitterende explosie van licht. De planeet wordt gebombardeerd met een speciaal licht en het bevat verschillende kleuren. En deze verschillende kleuren weerspiegelen het bewustzijn van mensen op verschillende manieren, maar het treft niet alleen mensen. Het afsnijdt planten en dieren en rotsen en water en alles. Het is een bepaald type wit licht en het heeft alle soorten kleuren erin. En het verandert en beweegt en het doordringt de kern van de planeet. Ik zie dat het uit de kern van de planeet komt. Ze schieten het neer van, denk ik, de schepen, en het raakt de kern van de planeet en het stuitert uit de kern en doorsnijdt alles van een naar binnen gerichte tot een naar buiten gerichte beweging. Als je op de planeet zou staan, zou

je de energieën door je voeten voelen komen en door de bovenkant van je hoofd naar buiten komen.

D: *Het tegenovergestelde van wat het meestal doet.*

P: Dit is verschillend. Het komt van de schepen naar de kern van de planeet en dan stuitert het weer omhoog. En het is afecting de hele planeet. Ze willen niet dat we onszelf opblazen.

D: *Is dit iets dat in 2002 gebeurt, of gebeurt het in de toekomst?*

P: Dit is de toekomst. Ze gaan het doen! Om de uitlijning in de planeet te corrigeren om te voorkomen dat er iets ergs gebeurt. 2006.

D: *2006. Zullen we de planeet tegen die tijd meer uit de pas hebben laten lopen?*

P: Ja, ja. Oh, er zijn mensen op de planeet en ze bidden, maar het is niet genoeg omdat het zo verknoeid is. Het gaat uit zijn baan komen. En dat zal de rest van de kosmos zijn. Dus door deze energieën naar de kern van de planeet te leiden, zal het weer omhoog komen, en dat zal de uitlijning corrigeren. En wanneer het de uitlijning corrigeert, zal het ook veel andere dingen op de planeet corrigeren. Het zal de overstromingen, de droogtes en dat soort dingen helpen, die de mens op de planeet heeft gebracht. Er zal geen vernietiging van deze planeet plaatsvinden. De raad zorgt ervoor dat het niet gebeurt. De wezens kijken hier op de planeet toe, en ze weten wat er aan de hand is en ze weten wie het doet en ze kunnen ze afkeuren. Het is niet zo dat we niet kunnen ingrijpen, we mogen niet ingrijpen.

D: *Omdat er een aantal dingen zijn die je niet kunt doen.*

P: Dat klopt, maar we kunnen kijken. En we weten wie het doet.

D: *Maar wanneer de planeet op het punt komt dat de mens haar zo heeft beschadigd, dan kun je helpen?*

P: Dat is wanneer we deze gaan sturen ... Ik zie veelkleurige lampjes. Het is als veelkleurige schachten van energie en ze worden neergeschoten in de kern van de planeet. En dan stuiteren ze terug naar buiten en het doorsnijdt de hele planeet en het zal de planeet op één lijn houden.

D: *Wordt dit door veel schepen gedaan?*

P: Het is een confederatie. Ik zie er veel. Ik zie verschillende niveaus of classificaties van wezens die de planeet verlaten. Daar zijn we bij betrokken. Er zijn vele, vele wezens.

D: *Het is dus een enorme klus.*

P: Een confederatie. Ja, inderdaad.

D: *Maar is het niet gevaarlijk om dingen in de kern van de planeet te schieten? Is er niet eerder iets misgegaan toen dat gebeurde?*

Ik dacht aan de vernietiging van Atlantis. Dit werd gedeeltelijk veroorzaakt door wetenschappers die de energie van de gigantische kristallen naar beneden naar het centrum van de Aarde richtten. Er werd te veel energie gecreëerd en bijgedragen aan de aardbevingen en gigantische vloedgolven.

P: Dit is niet wat je denkt. Dit is pure lichtenergie. En het enige effect dat het op de planeet zal hebben, is goed. Het zal de planeet niet schaden.
D: *Ik dacht aan wat ze in Atlantis deden.*
P: Dit is niet hetzelfde. Het is moeilijk uit te leggen voor mij. Dit gebeurt op zielsniveau. Het is als pure goddelijke energie. Het is niet de energie in Atlantis. De energie in Atlantis werd gedaan door middel van atoomkracht. Dit is energie die het goddelijke heeft gecreëerd en die door licht wordt gedaan. Het wordt niet gedaan door de scheiding door moleculaire structuren. Dit is iets dat we hebben gecreëerd en we sturen het vanuit de Bron. Alles wat van de Bron komt, is goed en het zal de planeet niet schaden. Het gaat doen wat we willen dat het doet. En we zijn dank verschuldigd aan deze energie.
D: *Is dit geen interferentie?*
P: Nee! We kunnen ons niet bemoeien met de mensen hier. We kunnen niet naar beneden komen en ze vertellen wat ze moeten doen. Maar we kunnen onze schepen brengen en we kunnen deze energie op de kern van de Aarde richten. We kunnen dit soort dingen doen. Dit is eigenlijk op zielsniveau. Daarom bemoeien we ons niet met de karmische structuur van de mensen hier. Iedereen hier heeft een karmisch doel en daar bemoeien we ons niet mee. Dat zijn we niet verschuldigd. Dat doen we niet.
D: *Zien de mensen op Aarde dit als het gebeurt?*
P: Ze voelen het. Met andere woorden, ze gaan door de transformatie. En ze zullen niet beseffen wat er met hen is gebeurd. Sommigen van hen zullen het beseffen. Wie gevoelig is, weet dat er iets is gebeurd. Maar velen op de planeet zullen gewoon doorgaan in hun normale leven, en ze zullen worden opgetild en ze zullen worden veranderd en de Aarde zal worden veranderd. De rotsen en het

water, maar ze blijven gewoon bestaan, omdat we het karmische patroon niet afkeuren. Dat kunnen we niet. We doen dit op zielsniveau, maar het is niet hun aardse leven wat betreft karmische patronen. Daar maken we ons niet druk om.

D: *Maar de Aarde moet op een bepaald punt komen voordat je dit mag doen.*

P: 2006. Het wordt slecht. Het is nu al heel erg slecht. Als het doorgaat, zal de lucht heel veel mensen schaden. En de reden dat we erbij betrokken zijn, is dat er mensen in hun fysieke belichamingen zijn die deze atmosfeer inademen met al deze vervuiling en het verandert hun genetisch erfgoed. Dat kunnen we niet laten gebeuren en dat laten we ook niet gebeuren! We hebben mensen van deze planeet hun genetisch erfgoed gegeven. En nu hebben ze hun drinkwater, hun voedsel, hun planeet verknoeid. Alles is hier gepoluteerd. De mens heeft zijn genetisch erfgoed vernietigd en we gaan het repareren, want ze zullen ons experiment niet verpesten! Dit is een goddelijk experiment en ze kunnen het niet verknoeien. We gaan het veranderen.

Om meer te weten te komen over het grote experiment waar de mensheid sinds het begin bij betrokken is geweest, zie mijn boeken, "Keepers of the Garden" en "The Custodians".

P: We moeten dit doen. De hele planeet werd vele malen vernietigd. Je weet van Atlantis; er zijn vele andere explosies geweest, overstromingen. Dit is iets dat we op dit moment niet kunnen laten gebeuren, omdat het de rest van de kosmos zal verlaten. En de Aarde komt een beetje meer uit de pas. En we zullen de planeet niet alleen weer op één lijn brengen, maar we zullen ook helpen de genetische structuur van alles en iedereen op de planeet te reinigen en te zuiveren. En dit is naar voren gebracht, en het is overeengekomen, en het zal gebeuren. Omdat de mensheid het punt heeft bereikt dat het niet snel genoeg zal worden opgeruimd voordat het de genetische samenstelling vernietigt die we hebben gecreëerd.

D: *Het hoeft dus maar een beetje uit de pas te lopen voordat het de ander zal beïnvloeden ....*

P: Het is al afected andere S niet alleen beschavingen in een fysiek rijk dat je kent, maar ook op hogere niveaus. Daarom gaan we dit doen.

De verschillende universa zijn zo met elkaar verweven en met elkaar verbonden dat als de rotatie of het traject van de ene wordt verstoord, deze alle andere doorkruist. In het uiterste geval kan dit ertoe leiden dat alle universa op zichzelf instorten en uiteenvallen. Dit is een van de redenen voor de monitoring van planeet Aarde door buitenaardse wezens. Om eventuele problemen veroorzaakt door onze negatieve invloeden te detecteren en de andere sterrenstelsels en universa te waarschuwen, zodat tegenmaatregelen kunnen worden genomen. Ze moeten weten wat de Aarde van plan is, zodat de rest van de universa, sterrenstelsels en dimensies zichzelf kunnen beschermen en overleven.

D: Ik dacht dat als je zo'n enorm project op Aarde zou hebben, mensen al deze schepen zouden kunnen zien.
P: Ohhh, jij typische Aardling! Nee, je kunt onze schepen niet zien. We zitten in verschillende dimensies. Er zijn veel verschillende trillingssnelheden. Je zult het licht niet eens kunnen zien, maar het is er wel. Op een gegeven moment zullen jullie wetenschappers in staat zijn om dit soort energie te meten. Op een gegeven moment zullen de wetenschappers kunnen vaststellen dat we in de atmosfeer zijn en dat ze onze schepen zullen zien. Ze zullen machines en apparaten hebben, zodat ze kunnen bepalen waar onze schepen zijn. Maar ze hebben die technologie op dit moment niet, omdat we over de sluier zijn gegaan en we in Shal we cal it zijn - een astrale rijk. Het is een hoger niveau dan dat, maar het is een fijner niveau. En je ogen kunnen ze niet zien, maar in de toekomst zullen ze machines hebben die het kunnen zien.
D: Maar ze zullen weten dat er iets gebeurt met de energieniveaus. Dat er iets aan het veranderen is.
P: Het zal veranderen, en de mensen zullen veranderen, maar ze zullen zich niet bewust zijn van wat er is gebeurd. Het wordt een groot evenement, maar ze zullen het niet op fysiek niveau kunnen onderscheiden. Op zielsniveau kunnen ze tel. Onbewust niveau kennen ze het, maar niet op een bewust niveau, omdat je denkt aan een fysieke energie. Dit is geen fysieke energie, dit is energie

van God. Dit is zielsenergie. En het opereert binnen een andere dimensie dan je denkt. Het is heel anders.

D: *Dus de mensen zullen het voelen, maar ze zullen het niet zien. Ze zullen gewoon weten dat er iets in hun lichaam gebeurt.*

P: Sommigen zullen het weten. Degenen die gevoelig zijn, weten dat er iets is gebeurd, maar ze zullen niet weten wat. En dat is wat we willen. We willen niets verstoren.

D: *Hoe zal dit het menselijk lichaam beïnvloeden?*

P: Het voorkomt het verval van het genetisch materiaal DNA in het lichaam. Zoals ik al zei, het raakt beschadigd en dat kunnen we niet hebben. We kunnen niet een heel ras van mensen beschadigen. De energie zal de DNA-genetische structuur van de mensen veranderen, zodat deze perfecter zal zijn. Dat is wat we echt willen. We willen dat de mensen op de planeet in perfecte harmonie zijn. Niet alleen met zichzelf, maar ook met ons en de rest van de kosmos. Daar zitten ze nu niet in.

D: *Dus als de DNA-structuur wordt veranderd, hoe zal het lichaam dan anders zijn?*

P: Wanneer het DNA is veranderd, zal het lichaam zijn wat we wilden dat het vele milennia geleden zou zijn. We hebben dit geprobeerd in Atlantis, het is mislukt! De reden dat het mislukte was omdat de energieën op een negatieve manier werden gebruikt door de wezens in Atlantis. We probeerden een meer vrouwelijke energie voort te brengen in de dagen van Atlantis, die zou opstaan en een vereniging zou veroorzaken tussen de goddelijke man en de goddelijke vrouw. Het mislukte. Daarom ging de planeet Aarde door vele, vele, vele duizenden jaren met vrouwen die werden onderworpen en de vrouwelijke energieën die werden onderdrukt. Nu is dit de tijd dat beide gelijk zullen zijn. De mannelijke en vrouwelijke goddelijke energieën zullen zich verenigen en dit zal zorgen voor een perfect wezen ... zoals Christus. Iedereen hier zal zich realiseren dat ze een perfecte Christus kunnen zijn, wanneer deze energieën in balans zijn. De energieën zijn niet in balans geweest; ze zijn al duizenden jaren uit balans. Daarom zijn er zoveel problemen op de planeet. Dus wanneer de DNA-structuur wordt veranderd, kunnen de goddelijke energieën, de mannelijke / vrouwelijke, de yin en de yang, van de God-energieën zich verenigen en zal er perfectie op de planeet zijn. Perfectie in het lichaam. En deze planeet zal iets zijn dat we kunnen laten zien aan de rest van de werelden, de rest van de kosmos. Dat dit ons experiment is, en dit is wat we hebben gedaan en het is gelukt. Het licht is geslaagd, omdat het perfect zal zijn zoals we het al duizenden jaren willen hebben. Toen we hier voor het eerst kwamen, was het perfect. Dat is je vast wel eens verteld. Het werd aangepast. Je weet dat de meteoriet kwam, ziekte kwam. Alles was in de war. We gaan het weer perfect hebben. En dit maakt deel uit van die afstemming die we doen om het weer perfect te maken. En dit is volkomen normaal. Dit maakt dus allemaal deel uit van de genetica, maar de reden dat dat gebeurde, was dat mensen niet in balans zijn geweest. De goddelijke energieën zijn niet in evenwicht gebracht in de psyche of zelfs in de fysieke geest, maar de psyche die in het lichaam komt, manifesteert zich fysiek. Deze zijn niet op één lijn geweest. Dit veroorzaakt ziekte in het lichaam. Toen de bacteriën hier op de meteoriet landden, als de lichamen op dat moment in totale perfecte uitlijning waren geweest, zou het er niet toe hebben gedaan. De ziekte zou er niet in zijn gekomen. Maar de lichamen waren al begonnen te veranderen toen het toesloeg, dus er was niets dat we konden doen.

Ze verwees naar hetzelfde dat werd genoemd in mijn boek Keepers of the Garden, waarin werd uitgelegd dat ziekte op Aarde werd geïntroduceerd en het grote experiment bedierf door een meteoriet die de Aarde trof toen de jonge soort zich nog steeds aan het ontwikkelen was. Dit veroorzaakte veel verdriet in de raad die verantwoordelijk was voor de ontwikkeling van het leven op Aarde, omdat ze wisten dat hun experiment om de perfecte mens te creëren onder deze omstandigheden niet kon plaatsvinden. Ze moesten de beslissing nemen of ze het experiment zouden stoppen en opnieuw zouden beginnen, of de zich ontwikkelende mensen zouden laten doorgaan, wetende dat het nooit de perfecte soort zou zijn die het moest zijn. Er werd besloten dat er zoveel tijd en moeite was besteed aan de ontwikkeling van mensen, dat ze moesten worden toegestaan om door te gaan. De hoop was dat de soort zich misschien ergens in de toekomst zou kunnen ontwikkelen tot de perfecte mens zonder ziekte. Dit is de belangrijkste reden voor de bemonstering en tests door de ET's die mensen verkeerd interpreteren als negatief. Zij houden zich bezig met de gevolgen van polutants in de lucht en chemische verontreiniging van ons voedsel op het menselijk lichaam. En ze proberen de resultaten ervan te veranderen.

De entiteit vervolgde: "We wilden het experiment niet doen. We konden de planeet niet zomaar weggooien. We konden niet zomaar al deze levensvormen, al deze zielen voor altijd laten veranderen. We moesten ingrijpen en we komen hier al tijden en eeuwen. Dit is het hoogtepunt van vele, vele jaren werk. Milions van jaren. En het komt heel snel en we zijn blij omdat de mensheid het punt heeft bereikt waarop dit opnieuw op de planeet naar voren kan worden gebracht. Zoals ik al zei, we hebben het vele, vele duizenden jaren geleden geprobeerd en het is mislukt, maar we verwachten dat het deze keer zal slagen. Het begint al te lukken. En daar zijn we heel blij mee."

D: *Zullen alle mensen op Aarde dit ervaren?*
P: Zoals ik al eerder zei, iedereen zal worden af ected. Het is alleen zo dat er mensen zijn die gevoelig zijn, die oppikken dat het gedaan is. Sommige mensen zullen zich op een bewust niveau niet realiseren dat het is gedaan. Het is gedaan op zielsniveau. Als je ze in trance zou brengen zoals je deze persoon nu hebt, zouden ze weten dat ze zijn afgenomen en zouden ze je kunnen uitleggen wat het met hun genetica heeft gedaan. Maar op een bewust niveau hebben ze geen idee. Ze weten het niet. En dat is wat we willen.

D: *Ik dacht aan negatieve mensen (moordenaars, verkrachters, dat soort wezens.) Worden ze op een andere manier beïnvloed?*
P: Iedereen zal worden afgenomen. Ze zullen op een onbewust niveau weten wat er is gebeurd. Als het onderbewuste verandert, en zich hiervan bewust wordt, en geactiveerd wordt, ja.

D: *Ze hebben nog steeds karma.*
P: Dit zal ook worden afgenomen, omdat deze planeet in de toekomst geen karma zal hebben. Dat is iets wat hier niet zal worden toegestaan. Het zal een planeet van Licht en Vrede zijn en ons grootse experiment dat is geslaagd.

D: *Mij is verteld dat dit de reden is waarom velen in het universum kijken.*
P: Ja, dat klopt. We zijn hier om dat te doen. En het zal veilig zijn.

* * *

In het najaar van 2006 kregen we op ons kantoor een telefoontje van een van onze lezers met de vraag: "Stond er niet in het boek dat er in 2006 iets moest gebeuren?" Toen mijn dochter Julia het zich herinnerde en deze passage vond. Toevallig (als er ooit iets toeval is) ontvingen we een paar weken later verschillende e-mails die naar mensen overal werden gestuurd om hen te waarschuwen voor een kosmische gebeurtenis die op 17 oktober 2006 zou plaatsvinden.

Een kosmische triggergebeurtenis vindt plaats op 17 oktober 2006, beginnend om ongeveer 10:17 uur en doorgaand tot 01:17 uur op de 18e. De piektijd is op de 17e 17.10 uur. Een ultraviolette (UV) pulsstraal die uit hogere dimensies straalt, zal op deze dag paden met de aarde kruisen. De Aarde zal ongeveer 17 uur van jullie tijd binnen deze UV-straal blijven en zal elk elektron van kostbare Levensenergie doorgronden. Deze bundel is stralend fluorescerend van aard, blauw/magenta van kleur. Hoewel het resoneert in deze frequentieband, bevindt het zich boven het kleurenfrequentiespectrum van jullie universum, dus het zal niet worden gezien. Vanwege de aard van je ziel zal het echter een effect hebben. Het effect is dat elke gedachte en emotie een miljoenvoudig intens wordt versterkt. Elke gedachte, elke emotie, elke intentie, elke wil, ongeacht of het goed, slecht, ziek, positief, negatief is, zal een miljoen keer in kracht worden versterkt. Omdat alle materie zich manifesteert te wijten is aan je gedachten, d.w.z. waar je je op concentreert, zal deze straal deze gedachten versnellen en ze in een versneld tempo stollen, waardoor ze zich een miljoen keer sneller manifesteren dan ze normaal zouden doen. Het ultraviolette Licht zal elke persoon op de planeet baden. Het heeft het potentieel om de manier waarop de Mensheid denkt en voelt te transformeren. Het zal een nieuw, gemakkelijker pad creëren voor de Ascentie van de Aarde naar de volgende dimensie. Dit is het begin van ontzagwekkende instroom van Licht die deze planeet door kwantumsprongen en grenzen in de Spiraal van Evolutie zal brengen.

Het lijkt er dus op dat het begonnen is. Toen ik deze sessie had en dit deel van het boek schreef, dacht ik dat de straal afkomstig zou zijn van de buitenaardsen en zou worden aangestuurd door ruimtevaartuigen. Nu blijkt dat de balk is verzonden vanuit andere dimensies die voor ons onzichtbaar zijn. Ik vermoed dat de buitenaardsen ook hun rol spelen in dit alles en helpen met het richten van de straal. Dus blijkbaar is het begonnen, en veel van degenen die zich bewust zijn van hun lichaam en de wereld om hen heen, zullen de effecten na die datum opmerken.

* * *

Een ander deel van een sessie met Phil en Ann (gerapporteerd in hoofdstuk 22) kan over hetzelfde type macht gaan, of het kan naar iets anders verwijzen.

Ann: Er is een energiebron die deze planeet omringt. Wanneer je de tint ziet van wat je een "rode" kleur geeft, dan weet je dat de verandering heeft plaatsgevonden.
D: *Waar verschijnt de rode kleur?*
A: Het zal stralen van jullie planeet naar de andere universele Zonnen schieten. Je zult zien dat de energie stijgt.
D: *Zullen we dit zichtbaar zien?*
A: Er is op dit moment een patroon rond jullie planeet dat wordt gereconstrueerd, wat in feite het werkelijke visuele zicht op de energie die van deze planeet uitstraalt zal veranderen. En het zal een kleur zijn, wat je "rood" noemt.
D: *Bedoel je zoals de aurora borealis?*
A: Klopt.
D: *En we zullen dit schieten de ruimte in zien op plaatsen waar het normaal niet verschijnt?*
A: Klopt. Het zal het energie-equivalent zijn van slagaders, zoals in je eigen lichaam. Je ziet organen met veel slagaders die het bloed dragen, dat in één richting onderhoudt door voedingsstoffen te brengen, en toch ook door de bijproducten te verwijderen. Het is op deze manier een tweerichtingsfunctie. Deze planeet heeft altijd, in sommige bepaalde functies, deze ef ect gehad. Het is echter nu dat de vermogens van degenen onder jullie op deze planeet in staat zullen zijn om het fysiek waar te nemen. En ook het communicatieniveau zelf zal in hogere mate worden verbeterd. Dit is gewoon een manier waarop je dan in staat zult zijn om nauwer deel te nemen aan de rest van het universum.
D: *Dus deze gloed waar je het over hebt, betekent dat het energieniveau van de planeet verandert?*
A: Klopt.

D: En als we zien dat het begint te verschijnen, weten we dat de veranderingen plaatsvinden?
A: Klopt. Je hebt wat je cal "hot spots", die eigenlijk in je kleurenschema een blauw uitstralen.
D: Dat is voor ons niet zichtbaar?
A: Ja, dat is zo. Het ligt op de korst van jullie Aarde. Je zult het kunnen zien stuiteren van de korst.
D: Je hebt het niet over de kleur van de lucht?
A: Nee. Ik heb het over het energieveld. Van een afstand, van jullie Hubble Ruimtetelescoop, of van elk gezichtspunt dat zich boven jullie atmosfeer bevindt, zal men zien dat er deze stralen zijn die zich in vele verschillende richtingen van jullie planeet naar buiten uitstrekken. Deze zullen niet het karakter hebben van een gebruikte algemene gloed, maar zullen worden gezien als een diameter en richting. Het is een enkelvoudige verbinding.
D: Zal dit vergelijkbaar zijn met de manier waarop de zon stralen uitschiet?
A: Nee. Niet in die zin, want in de zon's emissies S zouden we niet zeggen "uniform" S het is echter algemeen. Daarin is het allemaal tegelijk voorbij. Dit zou meer in de trant van S zijn, misschien als je je zou kunnen voorstellen wat je zou doen met een "discobal", in jouw terminologie, die enkelvoudige lichtstralen uitzendt in vele verschillende richtingen. Het zijn individuele stralen, geen algemene brede lichtstructuur.
D: Dus ze verschijnen nu blauw van de Hubble-telescoop en ze zullen rood beginnen te lijken?
A: Er zal een transformatie plaatsvinden van verschillende kleuren op je spectrum, die zeer beperkt is tot je zichtbare oog. Je zult in staat zijn om het spectrum naar de uiteindelijke kleur rood binnen tweeëntwintig jaar te zien. Het zal een gevoel zijn van wat je een "tint" geeft.
D: Dit is ook de tijdspanne voor de DNA-activatie. (Zie hoofdstuk 22.)
A: Klopt. Het is allemaal samen. Het is gelijktijdig.
Harriët: Wat zou er gebeuren met iemand die misschien door deze emissie op de planeet loopt? Zou het iets doen met hun fysieke wezen?
A: Dat doe je nu.
D: Dus het is alsof je door dimensies gaat. Ze zeggen dat we in en uit gaan en het niet weten.

A: Je leeft op dit moment in dimensies.
D: *En het is op dezelfde manier als we in en uit gaan, en ons niet bewust zijn van wat er gebeurt.*

* * *

Meer van een ander onderwerp in Australië:

C: Het is als een auto. Stel je een auto voor met een oude carrosserie. Het is gewoon dezelfde oude auto waarin je hebt gereden. En dan zet je er een nieuwe motor in. En ineens begint die auto diferentieel te presteren, ook al ziet hij er hetzelfde uit. En dan krijg je een andere motor, en die vervang je. En de auto wordt steeds sneller en sneller, en helderder en slimmer. En voor je het weet doet de auto zulke goede dingen, dat de carrosserie begint te veranderen. Het is alsof de energie van de nieuwe motor de carrosserie begint te hervormen. En voor je het weet is de kerel veranderd in een sportwagen. Een mooi, glanzend, aantrekkelijk voertuig. En daar gaat dit over. De energieën die binnenkomen hebben het vermogen om het voertuig te transformeren. En het zal anders worden. Het gaat er anders uitzien. Het gaat kijken ... nou ja, jonger komt in me op. Het gaat er slimmer en jonger uitzien. De cels van het lichaam, de vibratie van het lichaam verandert en komt overeen met de vibratie van de binnenkomende energie. En de fysieke veranderingen zullen de volgende zijn.
D: *Wat zullen die fysieke veranderingen zijn?*
C: Oh! Het lichaam gaat veranderen om lichter te zijn. En ik snap dat het er groter uit zal zien. Het is niet zo dat het groter wordt. Maar de energie van binnenuit zal op de een of andere manier zichtbaar worden aan de buitenkant. En het zal het lichaam lijken op een langere, langwerpige, slankere. En transparanter.
D: *Transparant?*
C: Ja. Het is een pionier.
D: *Is dit de manier waarop de mensen op Aarde zich zullen ontwikkelen? (Jazeker) Zal iedereen de veranderingen doorvoeren?*
C: Ja, omdat de mensen die keuze al hebben gekregen. Als ze met de Aarde mee willen evolueren, zullen ze evolueren naar deze nieuwe mens. Het ziet er anders uit. En daar gaat dit experiment

over. Dat is de reden waarom Christine en anderen degenen verplaatsen die niet met de Aarde willen evolueren. Ze gaan weg. (Bijna huilend) En veel pijn doen bij hun families. Maar de mensen die blijven, moeten het licht vasthouden. Dat is een flinke klus. Om gescheiden en gescheiden te worden van de dingen die nu gebeuren. En deze dingen zullen blijven gebeuren totdat de reiniging voltooid is. Degenen die hier zijn om te blijven, nemen dit ras van mensen mee naar een zeer nieuwe en verschillende beschaving. Die mensen worden nu getest, om te zien of ze het licht kunnen vasthouden als er een ramp is, en niet worden meegezogen. Zij zijn de mensen die verder willen gaan met deze planeet.

D: *Bijna als een laatste test?*

C: Ja. Het testen is op dit moment aan de gang. Wat elk wezen ook nodig heeft om ze te testen, om te zien wat ze in staat zijn om terug te geven aan dit programma; hoe stevig hun inzet is. Hoe wilskrachtig zijn ze om te dienen. Dat wordt nu allemaal getest.

D: *Dus iedereen heeft zijn eigen individuele test?*

C: Ja. En de mensen die het nu moeilijk hebben, zijn degenen die blijven. Zij zijn degenen die de tests ondergaan. Maar sommigen van hen komen niet door.

D: *Ze slagen niet voor de test.*

C: Nee. Er zijn er die dat niet zijn.

D: *Dit is wat mij door andere mensen werd verteld, dat sommigen achter zouden blijven. (Yes) And I thought that sounded cruel.*

C: Nee, het is niet wreed, want elke ziel krijgt de keuze. En als ze niet bewegen en evolueren, is dat omdat ze ervoor kiezen om dat niet te doen. En ze zullen reïncarneren op een andere plaats naar keuze. En het klopt. Omdat het maar een spelletje is.

D: *Dat is wat mij werd verteld, dat ze zouden worden gestuurd waar er nog negatief karma moest worden uitgewerkt. En deze planeet zou op dat moment geen negativiteit meer hebben. Is dat wat je ziet?*

C: Ja. Ze blijven in de oude Aarde. De nieuwe Aarde is zo mooi. Je zult kleuren en dieren en bloemen zien die je nooit voor mogelijk had gehouden. Je ziet fruit dat perfect voedsel is. Het hoeft niet gekookt te worden. Het wordt gewoon gegeten zoals het is. En alles wat het wezen nodig heeft om hen te voeden, zal er zijn. Deze nieuwe vruchten ontwikkelen zich nu met de hulp van het Sterrenvolk.

D: *Zijn dit groenten en fruit die we nu niet op Aarde hebben?*

C: Die hebben we niet. Het zijn in sommige opzichten mutaties. Ik zie een vlaappel als voorbeeld van wat er is gebeurd. We zullen een vrucht hebben met een "custardappel". En het ziet er niet uit als een appel. Het heeft een ruwe buitenkant en het is ongeveer zo groot als twee sinaasappels bij elkaar. En dan open je het. Het is als vla binnenin. Dat is dus een vrucht, maar wel een voedsel. Het is niet alleen een vrucht, maar er is een ander voedsel geïntroduceerd, zoals vla. Dat is een voorbeeld van een van de toekomstige voedingsmiddelen. Dus deze voedingsmiddelen zullen een genot zijn voor de zintuigen. En voedzaam en onderhoudend voor de S Ik word steeds tegengehouden als ik "lichaam" begin te zeggen. En mij wordt verteld om "zijn" te zeggen. Ze zijn voedzaam voor het wezen. En dingen die we nu S moeten koken zoals je vla S zou koken, worden in deze vruchten verwerkt. En het heeft te maken met het helpen van de planeet en het verminderen van het gebruik van elektriciteit en energie. Dus de vruchten zullen ons voorzien van wat we nodig hebben.

D: *Ik heb gehoord dat de mens veel dingen met het voedsel heeft gedaan die niet gezond zijn voor het lichaam.*

C: Dat klopt. Het biologische voedsel komt op de Aarde en die biologische boeren bewegen mee met het evolutieprogramma van de Aarde. Daarom zijn ze er. En daarom wordt hierover het bewustzijn verhoogd, omdat mensen moeten weten hoe ze goed kunnen groeien. En de Rudolph Steinerscholen leren kinderen dit. Dus de kinderen die bij de nieuwe Aarde zullen zijn, zullen dit weten. En die kinderen geven nu les aan universiteiten en in instellingen, en ze verspreiden het woord. Dus wanneer de reiniging van de Aarde plaatsvindt, zal veel van die toxiciteit worden weggeduwd. Zie je, de nieuwe Aarde is niet deze dimensie. De nieuwe Aarde is een andere dimensie. En we zullen naar die nieuwe dimensie gaan. En in die nieuwe dimensie zijn er bomen die paars en oranje in hun stammen hebben. En er zullen prachtige rivieren en waterafval zijn. En de energie zal worden teruggebracht. Er zal energie zijn in de beken en het water dat over rotsen en zandbanken gaat. En het raakt de Aarde. Het creëert energie en zal in deze wereld worden rechtgetrokken. Veel van deze beken zijn veranderd en rechtgetrokken om ze bevaarbaar en mooi te maken. Dat neemt de energie weg van de Aarde. De Aarde zal gereinigd worden. Ik zie water.

D: *Moet dit gebeuren voordat de Aarde verschuift en evolueert naar de nieuwe dimensie?*

C: Ik zie ons er doorheen stappen. (Geschrokken) Oh! Wat ik zie is dat de mensen die naar de nieuwe dimensies gaan, deze nieuwe wereld zullen binnenstappen.

D: *Terwijl de ander gereinigd wordt?*

C: Ja, ja.

D: *Wat zie je aan het water dat met de reiniging zal gebeuren?*

C: (Een grote zucht) Het zal me niet getoond worden.

D: *Ze willen niet dat je het ziet?*

C: Nee, dat laten ze me niet zien. Wat ze me laten zien is ... een opening? En we stappen er doorheen. We stappen in, wat lijkt op deze Aarde, maar het zijn verschillende kleuren. Het zijn verschillende texturen. In eerste instantie ziet het er hetzelfde uit. Alleen in het begin. En als we dan om ons heen kijken, beginnen we te zien dat dat niet zo is. Het verandert voor onze ogen. En het is zo mooi.

D: *Maar dit is niet de geestenkant? Want de geestenkant wordt ook wel als heel mooi omschreven.*

C: Nee, het is de nieuwe Aarde. Het is niet de geestenkant. Het is de vijfdimensionale Aarde. Sommige mensen zullen eerder passeren dan anderen. Ik krijg te horen dat ik je moet bereiken nu Christine er meerdere keren is geweest. Er gaat nu een groep door. En ze brengt meer door. En ze komen en gaan een beetje totdat ze voorgoed gaan.

D: *Dan zullen de anderen op de oude Aarde achterblijven?*

C: Ja, degenen die ervoor kiezen om te blijven, zullen blijven.

D: *Ze zullen veel ontberingen ondergaan, nietwaar?*

C: Ja, de hele planeet. (Geschrokken) Ik zag net de hele planeet ontploffen. Dat is toch verschrikkelijk?

D: *Wat denk je dat dat betekent?*

C: Ik weet het niet. Ik zag het net ontploffen. Maar ik zag de nieuwe Aarde. Er is een prachtige vijfdimensionale plek met harmonie en vrede.

D: *Toen ze je de planeet lieten zien exploderen, is dat dan slechts symbolisch? Alsof die Aarde niet meer zal bestaan voor degenen die oversteken?*

C: Wel, de mensen die zijn overgestoken kijken naar wat er gebeurt. Ze kunnen het zien. Gaat het nu ontploffen? Ze zeggen tegen me: "Raak niet verstrikt in wat er gaat gebeuren, want je moet je concentreren op het licht." En dat is de uitdaging voor deze mensen die op de nieuwe Aarde zullen zijn. De uitdaging voor hen is om niet verstrikt te raken in iets dat gaat gebeuren, want dat is wat ons terug naar de derde dimensie duwt. En dat is wat er is gebeurd met veel mensen die op weg waren naar voren. Ze zijn teruggeduwd omdat ze verstrikt raakten in de angst en het verdriet en de spijt en de zwarte stuf. Dus zeggen ze: "Je hoeft het niet te weten, want het zou niemand dienen als het bekend was." Dus wat ze zeggen is eigenlijk: "Focus op de goede stuf." Focus op het feit dat er een prachtig nieuw bestaan zal zijn, een nieuwe dimensie, waar veel mensen op Aarde naartoe zullen gaan. Die al verhuizen.

D: *Mij werd verteld dat wanneer je oversteekt, je in hetzelfde fysieke lichaam zult zijn dat je nu hebt. Je wordt gewoon veranderd.*

C: Ja, je zult nog steeds in hetzelfde lichaam zitten, maar het gaat veranderen.

D: *Het kan dus gedaan worden zonder dood te gaan of het lichaam te verlaten. Het is iets heel anders.*

C: Ja, we lopen er gewoon overheen. Christine heeft het eerder gedaan en ze weet hoe het moet. Ze heeft het gedaan en begrijpt het.

D: *Maar het zal triest zijn omdat er zoveel mensen zullen zijn die niet zullen begrijpen wat er gebeurt. Het is zo moeilijk met zoveel – ik wil zeggen 'gewone' – mensen die geen idee hebben van iets anders dan de religie die ze hebben geleerd. Ze weten niet dat die ander mogelijk is.*

C: Ja, maar ze zijn niet gewoon. Ze lijken alleen maar gewoon. Het is een masker dat ze dragen. Ze veranderen.

D: *Maar er zijn nog steeds veel mensen die niet eens over deze dingen hebben nagedacht.*

C: Ja, maar ze kiezen ervoor om niet te ontwaken, en dat is hun keuze. Dat moeten we respecteren. Ze hebben de keuze gekregen zoals iedereen op Aarde, en ze hebben die keuze gemaakt. En dat is oké. Het klopt. Het is prima.

D: *Dus als ze naar een andere plek moeten gaan om het negatieve karma uit te werken, maakt dat deel uit van hun evolutie. (Jazeker.) Maar zie je een meerderheid van de mensen evolueren naar de volgende dimensie?*

C: Nee. Niet de meerderheid. En de cijfers zijn tot op zekere hoogte niet belangrijk, want wat zal zijn, zal zijn. En hoe meer mensen kunnen ontwaken en die reis kunnen maken, hoe meer mensen er zullen zijn. Dat is de reden waarom zovelen van jullie dit werk doen. Om mensen te helpen zich open te stellen voor de reis en de angst los te laten. En stap in die leegte waar alles mogelijk is. Waar de zwartheid verblijft. Dat is wat jullie mensen allemaal doen. En je moet het doen. En iedereen die je spreekt, gaat dan naar buiten en doet het ook. Je bent je er misschien niet van bewust, maar je gedraagt je als Christus. Iedereen met wie je spreekt wordt een discipel, en zij gaan naar buiten, en zij wekken op hun beurt andere mensen op. Het werkt dus. En het is snel. Het gebeurt allemaal binnenkort.

D: *Heb je enig idee van een periode?*

C: De komende jaren zal de S zijn ik krijg het woord "beslispunt". Het zal het "cut-of" punt zijn. Ik denk dat het betekent dat degenen die tegen die tijd nog niet hebben besloten, achterblijven. Het is van cruciaal belang.

D: *Maar er zijn een aantal hele landen in de wereld die hier niet klaar voor zijn. Daarom denk ik dat er veel mensen zijn die de cross-over niet zullen halen.*

C: Er gebeurt meer dan mensen weten. Ik zie een aantal landen waar mensen worden vervolgd. De reden dat dat gebeurt is om spiritualiteit te wekken, omdat vervolging het veroorzaakt. Wanneer mensen worden vervolgd of wanneer ze geconfronteerd worden met de dood, of wanneer ze geconfronteerd worden met enorme menselijke prestaties. Dat is een trigger die mensen wakker schudt. En dat is het doel van veel van de vervolging die op dit moment plaatsvindt; om ervoor te zorgen dat deze mensen worden gewekt. Dat is dus de positieve kant ervan.

D: *Is er iets dat het triggert of bespoedigt?*

C: Het is alsof het gordijn valt. En ik ben niet benieuwd. Ik krijg gewoon te horen dat het het einde van de een zal zijn en het begin van de ander.

D: *Ze proberen ons op dit moment in oorlog te leiden. (2002) Denk je dat het daar iets mee te maken heeft?*
C: (Dikke zucht) Ik ben bang dat dat de test is. Ik zei dat veel mensen getest werden. En ik besefte het toen niet, maar ik doe het nu wel, dat is allemaal onderdeel van de test, als we onszelf daarvan gescheiden kunnen houden. Het is alsof we onze eigen ... het is alsof ieder van ons het universum is. Alle delen van het universum worden hier vastgehouden (haar hand op haar lichaam gelegd). En als we dit universum hier houden....
D: *Dit lichaam?*
C: Ja. Als we het in vrede houden en we houden het in balans, dan slagen we voor de test. Dan kunnen we alles weerstaan. En die dingen die in de wereld gebeuren, zijn echt om het geheel te testen; al van ons.
D: *Je bedoelt niet verstrikt te raken in de angst.*
C: Ja. Zet de tv van . Luister er niet naar. Lees de krant niet. Raak er niet in verstrikt. Jullie wereld is wat jullie hier creëren. (Raakte haar lichaam weer aan.)
D: *In je eigen lichaam.*
C: Ja. In je eigen ruimte hier. Dit is je eigen universum hier. Als ieder mens vrede en harmonie creëert in zijn eigen universum, dan is dat het universum dat hij creëert in die vijfdimensionale Aarde. Hoe meer mensen vrede en harmonie kunnen creëren in dit lichaam universum, hoe meer mensen er in die vijfdimensionale nieuwe Aarde zullen zijn. Degenen die geen vrede en harmonie kunnen creëren in dit lichaamsuniversum, slagen niet voor de test. Dat is de test.
D: *We proberen dit te doen om de oorlog te voorkomen, of om het toch te verminderen.*
C: Mij wordt verteld dat het niet uitmaakt wat er gebeurt, omdat het allemaal een spel is. Het is al een toneelstuk. En de dingen die gebeuren zijn er niet voor niets. En de reden op dit moment is om elk mens te testen om erachter te komen waar ze zich bevinden in hun eigen evolutie. En dus als we hier (het lichaam) vrede en licht houden, hoeven we ons geen zorgen te maken of er een oorlog is of niet. Het is sowieso maar een ilusion.
D: *Maar op dit moment lijkt het heel reëel en het kan zeer desastreuze gevolgen hebben.*

C: Ja, maar dat is angst voor elk individu. Het is onze taak om ieder individu te helpen hier vrede te vinden (het lichaam). En dan, natuurlijk, als je meer mensen bij elkaar brengt, die vrede en harmonie hebben in hun eigen lichaam universum, dan in plaats van dat de zwartheid zich verspreidt, dat verspreidt zich. En dat creëert deze hele nieuwe wereld. Als je al die informatie in het begin van je werk had gekregen, was je overbelast geraakt. Het is dezelfde reden waarom ze zeggen: "We gaan je niet precies vertellen wat er gaat gebeuren." We weten niet precies wat er gaat gebeuren. Maar we gaan je niet vertellen wat we weten, want je hoeft het niet te weten. Alles wat je hoeft te doen is je hier (het lichaam) concentreren op het creëren van je hemel op Aarde. Ieder mens creëert zijn eigen hemel op Aarde. Dat is alles wat je moet doen. En samenkomen met anderen die hun eigen hemel op Aarde creëren. En dan die energie uitbreiden. En voor je het weet heb je de wereld veranderd. Je denkt niet eens aan de wereld. Waar je je op richt, is wat je creëert. Denk aan vrede. Het belangrijkste dat mensen moeten begrijpen, is dat waar ze zich op richten zich uitbreidt. Dus als ze zich concentreren op, als ze voorspellingen kunnen vervangen door iets dat geweldig is dat ze willen, en dat kunnen uitbreiden. Dan kunnen ze hun eigen hemel op Aarde creëren. En ik zie in je boek The Convoluted Universe (Book One), je geeft een beschrijving van het denken. Ik heb je hieraan herinnerd. Je hebt het over een energiebal ter grootte van een grapefruit. En die bal heeft energiestrengen. En ik verander dit gaandeweg. Energiestrengen die over elkaar heen gaan en elkaar kruisen. En die energiestrengen kunnen alles doen wat ze willen. Ze kunnen splitsen en ze kunnen vier energiestrengen worden. Ze kunnen weven. Ze kunnen zich vermenigvuldigen. Ze kunnen achteruitgaan. Ze kunnen dichtritsen. Ze kunnen absoluut alles. En dit is het bal van de mogelijkheid. Als je een gedachte denkt, verdwijnt deze niet zomaar. Het wordt een energiestreng. Het wordt energie. Het beweegt zich in dat bal van mogelijkheden. Dus stel je voor dat je gedachte energie wordt. En hoe meer energie je het geeft, hoe sterker dat wordt. En dan manifesteert het zich en wordt het echt. Het wordt fysiek. Als je een gedachte uitstuurt dat er vrede zal zijn. En dan vervolg je het met: "Oh, maar die oorlog wordt erger", of "Die politici maken een fout." Je verzwakt de energie: de positieve streng die je naar buiten hebt gebracht. Dus we moeten mensen leren om de positieve gedachte uit te zenden, en deze vervolgens te versterken met meer positieve gedachten en meer positieve gedachten. En we moeten ze leren dat wanneer een van die negatieve gedachten in hun geest komt, ze het niet zomaar moeten loslaten, maar vervangen door een positieve gedachte. Zodat ze toevoegen aan die energiebal van mogelijkheden. Ze dragen eraan bij. We moeten ze leren om dat te doen. Ze weten niet hoe ze dat moeten doen. En ik krijg te horen dat ik je moet bereiken om te versterken dat de ilusion S Ik weet niet waarom ik te horen krijg dat ik je dit moet vertellen. Maar ze zeggen dat als we mensen dit conflict in het Midden-Oosten als een film kunnen laten zien, het mensen zou helpen. Het andere dat mij wordt verteld, is dat ze voor elke actie een tegenovergestelde reactie kunnen maken. Waar geboorte is, is dood. En iedereen moet elke hebzucht, elke overheersing, elk materialisme loslaten. Al die problemen die hen ervan weerhouden dit werk te doen, moeten worden losgelaten. Omdat deze kwesties niemand op de nieuwe Aarde zullen dienen. Er zal geen behoefte zijn aan geld, als zodanig. Dus waarom zou je je er druk om maken? Degenen die voor de Aarde, voor het universum werken, worden verzorgd en zullen dat blijven. Wat je nodig hebt, komt naar je toe. Dus het is nu tijd om die ethiek van werken om het geld te krijgen los te laten. Jullie werken eraan om de Aarde te veranderen. Je werkt eraan om deze situatie te redden. Daar moet de drijvende kracht zitten. Het moet voortkomen uit liefde en dienstbaarheid. En dat is de enige manier waarop we dit effect kunnen maximaliseren. Het moet voortkomen uit liefde en dienstbaarheid, niet uit hebzucht.

D: Mij is verteld, dat liefde de krachtigste emotie is.
C: Ja, liefde heelt.

* * *

Een laatste stukje informatie kwam via een klant bij mijn van ijs in 2004. Ik geloofde dat een deel van dit alles nog onduidelijk was: hoe konden sommige mensen zich ervan bewust zijn dat zij de verschuiving naar de Nieuwe Aarde hadden gemaakt en anderen dat niet zouden zijn? Hoe zou het mogelijk zijn om een hele bevolking te verplaatsen met slechts een minderheid die weet dat er iets is gebeurd?

"Ze" moeten zich ervan bewust zijn geweest dat ik worstelde met deze slepende gedachte, dus leverden ze het. Hoe kon ik er immers over schrijven en er lezingen over geven als ik niet alle stukken had?

Bob: De meeste planeten, maar vooral deze is oorspronkelijk ontworpen voor vijfhonderdvijftigduizend mensen. Een half miljoen mensen. Dat was zo groot als het moest gaan. Meer mensen reïncarneren hier om al deze grote veranderingen te ervaren. En de Aarde is beschadigd en veranderd buiten het vermogen om haar te repareren. Deze planeet is helaas op zo'n manier veranderd dat er geen enkel gevoel van terugkeer is naar zijn oorspronkelijke ongerepte staat. Maar nu vanwege de primaire richtlijn van de Schepper, moet dit versnellen. Omdat het te lang geleden is. Er zijn twee manieren om dit te doen. Je kunt ervoor zorgen dat de planeet draait en de aardkorst verschuift. En je begint letterlijk, als dat gebeurt, helemaal opnieuw vanaf ground zero. Dat is wat de ijstijd raakte en alle dinosaurussen kilde. Het maakt niet uit hoe het gebeurde, maar in principe deed het hetzelfde. Een beschaving verdwijnt, en je begint met de IJstijd en Neanderthaler en al dat soort goeds gebeurt weer. Jullie verliezen de controle over jullie hele beschaving en jullie eindigen als een legende zoals Atlantis en Lemurië dat deden. Dit is al vele malen eerder gebeurd. Maar dat is niet wat er deze keer gaat gebeuren. Deze keer verschuif je als planeet. En eigenlijk als een universum. Je verschuift de hele dimensie. De dimensie verandert. Je gaat van 3 punt 6 (3.6) waar we nu mee bezig zijn, naar vijf. En je zegt: "Wel, wat gebeurt er met vier?" Wel, vier is hier in zekere zin, maar het gaat het gewoon springen. Je wordt vijf. Wanneer de dimensionale verandering komt, spring je daar letterlijk op in. Hier zitten veel complicaties bij. Daarom wordt het zo goed in de gaten gehouden. Veel mensen die spiritueel klaar zijn, zullen de overgang heel gemakkelijk kunnen maken. Anderen zullen letterlijk van de planeet worden genomen. In een ooglid zullen ze niet eens weten dat het is gebeurd, de meesten van hen. En ze zullen op een andere planeet terechtkomen die ongerept is, klaar en wachtend tot dit gebeurt. En jullie mogelijkheden zullen veel verder gaan dan wat ze nu zijn. Je hebt in principe vijf primaire zintuigen. Je hebt veel meer dan dat als de overgang doorgaat. Je wordt automatisch telepathisch. Ze worden de volgende dag wakker in hun kleine leven S of wat kan worden gedaan, afhankelijk van hoe het is verschoven. S Het is trouwens al eerder gebeurd. S We zullen gewoon afsluiten. Het is alsof je in opgeschorte animatie gaat. We schorten het op. Het kan twee of drie dagen duren om de bevolking over te brengen.

D: *De hele wereld, of gewoon de ....*

B: Ja. Alle mensen die spiritueel klaar zijn om deze overgang te maken. Ze worden allemaal verschoven van . En als ze wakker worden op deze andere planeet, zullen ze niet eens beseffen dat het is gebeurd. Er was een paar jaar geleden zo'n verschuiving op deze planeet, met ons allemaal. En niet veel mensen wisten ervan. Dat was het gewoon. Het was alsof er een hele week voorbijging in de loop van een nacht. Het is zo gegaan.

D: *Waarom gebeurde dat toen?*

B: We moesten de zon verschuiven, technisch, en we moesten het kunnen aanpassen. En als iemand het kon zien, zouden ze al weten wat er gebeurde. Dat was geen erg praktische manier om het te doen. Dus we hebben gewoon iedereen een beetje afgesloten.

D: *Dus ze zouden het niet weten?*

B: Ja. Je ging die nacht slapen en je sliep alsof je dacht dat het een periode van twaalf uur was. En je werd wakker. En je horloge liep nog steeds hetzelfde. Maar in feite had je letterlijk een hele week doorgemaakt.

D: *Iedereen werd in de geschorste animatie gestopt?*

B: Ja. Je sluit de hele zaak tegelijkertijd af.

D: *Terwijl de wereld bewoog?*

B: O ja. De planeet beweegt. Je hebt de zogenaamde "dag en nacht". Maar we hebben het eigenlijk aangepast. Het was echt een interessante truc om het te doen. Maar het werkt wel. Deze planetaire aanpassing die eraan komt. Dit frequentieveranderingsdingswerk dat eraan komt. Je kunt dit niet zomaar doen met iedereen wakker. Want je gaat allerlei vreemde reacties krijgen bij mensen. Dus denken ze dat ze allemaal wakker zijn. Maar toch kunnen we ze afsluiten. Het is een beetje een trucje. Het is heel technisch betrokken.

D: *Dus ze zouden denken dat ze dromen hadden, als ze iets zagen.*

B: Ja, ja, precies. Maar ze hebben er misschien geen bewuste herinnering aan, want vergeet niet dat de meeste mensen toch geen

bewuste herinnering hebben aan wat ze dromen. En je kunt dingen in dromen ook heel gemakkelijk veranderen.
D: *Je zei dat dit een paar jaar geleden was gedaan.*
B: Ja, dat was het. We moesten een aanpassing maken in de frequentie van de zon.

Dus blijkbaar zou dat het antwoord zijn. De hele bevolking van de wereld zou worden afgesloten en in opgeschorte animatie worden geplaatst terwijl de overdracht werd gedaan. Zoals Annie Kirkwood in haar visie liet zien, toen de Aarde zich splitste of verdeelde in twee Aardes, waren de mensen op elk zich niet bewust van wat er met de anderen was gebeurd.

Dit staat ook in de Bijbel: "Op die dag, wie op de daken van het huis is en zijn goederen in het huis zijn, laat hem niet naar beneden komen om ze weg te nemen. En evenzo, degene die in het veld is, laat hem niet terugkeren. Ik zeg je, in die nacht zullen er twee mannen in één bed liggen: de ene zal worden meegenomen en de andere zal worden achtergelaten. Twee vrouwen zullen samen malen: de ene zal worden genomen en de andere zal vertrekken. Er zullen twee mannen in het veld staan: de een wordt meegenomen en de ander links. En zij antwoordden en zeiden tot Hem: "Waar Heer?" Daarom zei Hij tegen hen: "Waar het lichaam ook is, daar zullen de adelaars bijeengebracht worden." (Lucas 17:31-37)

* * *

Ik ben vaak gevraagd naar de Maya-kalender die eindigt in 2012. Mensen denken dat dat de datum is voor het einde van de wereld als de Maya's niet verder konden kijken dan dat. Mij is verteld dat de Maya's spiritueel evolueerden tot dit punt waarop hun beschaving massaal naar de volgende dimensie verschoof. Ze stopten de kalender in 2012 omdat ze konden zien dat dit de tijd zou zijn van de volgende grote gebeurtenis: het verschuiven van de hele wereld naar de volgende dimensie.

* * *

We zullen ascenderen naar de andere dimensie door ons bewustzijn, de vibratie en frequentie van ons lichaam te verhogen. In het begin kun je nog een tijdje doorgaan in een fysiek lichaam. Als je dan geleidelijk ontdekt dat het niet langer nodig is, lost het fysieke lichaam op in Licht en leef je met een lichaam gemaakt van licht of pure energie. Dit klinkt erg vergelijkbaar met verschillende gevallen in dit boek waar het onderwerp een wezen zag dat gloeide en was samengesteld uit pure energie. Ze zijn verder geëvolueerd dan de behoefte aan een fysiek beperkend lichaam, en we zullen dit ook doen wanneer we dat stadium bereiken. Dus in veel gevallen, wanneer het wezen ascendeert, nemen ze het fysieke lichaam mee. Maar dit is slechts een tijdelijke situatie en het afstoten en loslaten van het lichaam hangt af van het niveau van begrip dat het wezen heeft bereikt. We hebben de neiging om vast te houden aan het vertrouwde, maar uiteindelijk zien we dat, hoewel we het met ons mee konden nemen, het lichaam te beperkend en beperkend is voor de nieuwe realiteit in de nieuwe dimensie. Wanneer we deze nieuwe dimensie bereiken, zal het nieuwe lichaam van licht of energie nooit sterven. Dit is wat de Bijbel bedoelde toen het verwees naar "Eeuwig Leven".

De geestenkant of de tussenliggende levensstaat, waar ik heb ontdekt dat we gaan als we in dit leven sterven, is als een recyclingcentrum. Het leidt terug naar een ander leven op Aarde omdat er nog karma moet worden uitgewerkt, of iets dat moet worden verzorgd. Mensen blijven terugkeren omdat ze hun lessen of hun cycli niet hebben voltooid. Door het bewustzijn, de frequentie en de vibratie te verhogen, is het niet nodig om terug te keren naar die plaats (de tussentoestand). Het kan worden overstegen door naar de plaats te gaan waar iedereen eeuwig is, en er is geen reden voor recycling. We kunnen daar voor altijd blijven. Dit is waarschijnlijk de plek waar veel van mijn onderwerpen naar verwijzen als "thuis". De plek die ze diep missen en waar ze naar terug willen keren. Als ze het zien tijdens de regressies worden ze erg emotioneel, omdat ze er een diep verlangen naar hadden, maar niet wisten dat het bestond.

Hoofdstuk 31
Dus, Wat Nemen We Hieruit Mee?

GEDURENDE MIJN WERK IS MIJ vele malen verteld dat wij, als mensen, niet de enige voelende, voelende wezens op deze planeet en daarbuiten zijn. We zijn zo egocentrisch dat we denken dat we de belangrijkste zijn en dat alles om ons draait, vooral omdat we niet begrijpen wat het leven echt is. Ik heb ontdekt dat alles de geest bevat, de vonk van het leven. Dit komt omdat alles energie is. Het trilt alleen op een verschillende (snellere of langzamere) frequentie. In ons streven naar een hogere spirituele vorm zijn we door veel van deze zogenaamde "mindere" levensvormen gegaan. We zijn mineralen, vuil, rotsen, planten en dieren geweest voordat we incarneerden in de menselijke vorm. We zijn nieuwsgierige geesten en we moesten deze ervaren en ervan leren voordat we klaar waren om lessen te ervaren in een complexer (hoewel dichter) fysiek lichaam. Ik heb ontdekt dat alles leeft, inclusief de planeet Aarde zelf. Ze heeft gevoelens, emoties en behoeften, net als wij. Op dit moment ervaart ze pijn (volgens mijn bronnen) vanwege wat haar wordt aangedaan. Volgens de ET's bereiken we het point of no return, waar de schade niet kan worden teruggedraaid. Op dat moment zullen we opstijgen naar de nieuwe Aarde omdat de oude niet langer in staat is om de stress aan te kunnen. Maar als de Aarde zelf leeft, stopt het daar dan? Mij is verteld dat het verder gaat dan dit nog verder de kosmos in. We maken allemaal deel uit van een groter levend en functionerend wezen, dat we het Universum belichamen. Dit betekent dat het Universum zelf een georganiseerd, enorm iets is dat leeft en gevoelens heeft. Misschien wil je deze "iets" als De Bron becijferen, maar het is nog complexer dan dat.

Alles waaruit het universum bestaat (sterren, planeten, enz.) kan worden beschouwd als cels in het lichaam van God. Cels die het lichaam van dit enorme "iets" samenstellen. En we zijn niets meer dan de kleinste cellen in het circulatieproces. Hoewel we misschien zoiets kleins zijn, zijn we niet onbelangrijk, omdat het in onze evolutie en groei mogelijk is om voortdurend omhoog te stijgen door het moeras van het leven.

Mij is verteld dat het reïncarnatieproces iets minder is dan gewenst. Door dit proces gaan we voortdurend heen en weer tussen de Aarde en de geestenwereld. Het is als een verwerkingsstation, waar we naartoe gaan om onszelf te beoordelen, en besluiten terug te komen om karma te corrigeren. Het belangrijkste doel zou moeten zijn om uit deze sleur te komen en verder te gaan dan het fysieke. Er wordt gezegd dat we dat kunnen bereiken wanneer we de wachtpost van de geestenwereld omzeilen en rechtstreeks naar de hogere spirituele niveaus gaan waar de accumulatie van karma en de correctie ervan niet langer nodig zijn. Dan kunnen we op een verschillende manier vooruitgang boeken en niet langer belast worden door het fysieke lichaam. Dit maakt allemaal deel uit van het ascensieproces. Om direct door te gaan naar de volgende wereld door onze frequentie en vibratie te verhogen en de noodzaak om te sterven en naar de geestenwereld te gaan te omzeilen.

Het Universum is een zeer complex organisme dat tegelijkertijd in vele dimensies leeft, samengesteld uit lagen en lagen van bewustzijn die betrekking hebben op alle andere organismen erin. Het heeft de kracht om te creëren en zich te verhouden tot al deze op hetzelfde moment individueel. Dit zou kunnen zijn wat "ze" het Collectief hebben berekend. Dit is zo omdat we het collectief hebben bedacht door intentie. Op een bepaald moment in het verre verleden waren we al één. We maakten allemaal deel uit van het Collectief, de Ene, de grote Centrale Zon, de Bron, God, wat je maar wilt. Veel van mijn cliënten herinnerden zich dit bestaan terwijl ze in trance waren. En het veroorzaakt altijd groot ongeluk als ze ervan scheiden, omdat het samenzijn van grote troost en liefde was. Ze wilden niet weg en voelden een groot verdriet en een gevoel van afscheiding toen ze de kosmos in werden gedwongen.

Omdat de Bron wilde ervaren (nieuwsgierigheid is niet strikt een menselijke eigenschap, misschien is dit waar het verlangen om te verkennen vandaan kwam), hebben we het allemaal (als onderdeel van de Bron als medescheppers) geholpen om te beginnen met creëren. We hielpen het te creëren uit het niets (of uit stof zoals wordt gemeld in verschillende legendes), en sterren, planeten, rotsen, beken, planten, dieren en mensen ontstonden. Toen besloten we (of kregen we te horen) om deze dingen te gaan bewonen en aan de Bron te rapporteren hoe dit was. Er wordt gezegd dat het allemaal niets anders is dan een ilusion. Als dit klopt, dan wordt het bij elkaar gehouden door onze colectieve waarneming. We hebben geholpen het te laten bestaan en onze gecombineerde waarneming houdt het daar. In mijn boek Tussen dood en leven werd mij verteld dat God kan worden gezien als de lijm die alles bij elkaar houdt. Als hij een fractie van een seconde zou knipogen, zou alles meteen verdampen. In dit boek werd ons verteld dat tussen elke inademing en uitademing dit is waar God bestaat. Als we het vanuit dit perspectief bekijken, zijn we almemaal samen, collectief, God.

Wat we als accuraat ervaren, is dat misschien niet als we het vanuit de spirituele kant bekijken. Alles wat we in ons leven hebben en waarmee we omgaan, wordt in de fysieke realiteit gebracht omdat we het daar willen hebben. Dit is mogelijk omdat gedachten echt zijn; gedachten zijn dingen. Eenmaal gevormd, bestaan gedachten voor altijd, en hoe meer ze worden versterkt, hoe fysieker en dichter (reëler) ze worden.

Daarom kunnen we ons leven en onze omstandigheden veranderen; omdat we machtiger zijn dan we ons realiseren. We creëren voortdurend onze realiteit en we zijn in staat om die realiteit te veranderen. Maar het vergt vaak de gecombineerde kracht van velen om dit te doen, omdat wat we hebben gecreëerd zo groot en krachtig is geworden dat het een eigen leven is gaan leiden. Misschien is dit de reden voor de creatie van de nieuwe Aarde, omdat degene waarvan we ons bewust zijn het punt heeft bereikt dat het niet in staat is om geholpen of veranderd te worden.

Binnen de matrix van het Universum bevinden zich alle bouwstenen van de werkelijkheid. Alle mogelijkheden en kansen waaruit we kunnen creëren. We kunnen de hemel of hel in ons leven hebben omdat we krachtig genoeg zijn om dit te doen, zodra we het proces begrijpen en onze geest gebruiken om het te creëren. Vaak worden de elektrische velden die deze mogelijkheden bevatten verstoord door dissonante intenties en negativiteitsresultaten; zoals het de laatste tijd is. Wanneer negativiteit begint, kan het worden versterkt door mensen die dit als een realiteit accepteren, en dan komt het in vorm. We kunnen net zo gemakkelijk vrede en liefde hebben als onze realiteit als we eenmaal de kracht van onze geest begrijpen en gebruiken. Zoals Nostradamus zei in mijn boeken over hem en zijn voorspellingen: "Je realiseert je niet de kracht van je eigen geest. Door je te concentreren op de realiteit die je wenst, kun je deze creëren. Je energie is verstrooid. Als je eenmaal leert hoe je het kunt concentreren en sturen, ben je in staat om wonderen te creëren. En als de kracht van de geest van één man zo krachtig is, denk dan aan de kracht van de groepsgeest zodra deze is benut. De kracht van de focus van de geest van veel mensen wordt niet alleen vermenigvuldigd, het is in het kwadraat. Dan kunnen er echt wonderen gebeuren."

* * *

Het lijkt erop dat we de delen en het algemene script van het toneelstuk kiezen waaraan we tijdens elk leven zullen deelnemen. Alle anderen kiezen echter ook hun rol in het stuk. Het is alsof je deelneemt aan een toneelstuk waarbij het script wordt gemaakt naarmate het vordert, en het kan op elk moment worden gewijzigd om het spel dramatischer te maken. Dit komt door de vrije wil, en ieders acties beïnvloeden de acties van anderen. Tijdens ons aardse leven kunnen we zoveel verschillende soorten levens (rollen en personages) creëren en ervaren als we willen: roem, rijkdom of armoede; moordenaar of slachtoffer; grote liefde of grote wanhoop; oorlog of vrede, etc.

Wiliam Shakespeare begreep dit toen hij schreef: "Al de wereld is een podium, en alle mannen en vrouwen slechts spelers. Ze hebben hun uitgangen en hun ingangen, en één man in zijn tijd speelt vele rollen."

Wat we ook bereiken, het is slechts zo tijdelijk als een toneelstuk, en uiteindelijk valt het doek. Dan zijn alles wat we nog hebben om mee te nemen de herinneringen aan de ervaringen, en hopelijk de lessen die we hebben geleerd. Deze zijn opgenomen in ons echte zelf, ons van -stadium zelf, ons waarnemerszelf, ons eeuwige zielszelf of overziel, die deze herinneringen en ervaringen opslaat. Ze worden uiteindelijk overgebracht naar de computeropslagbanken van het hoogste van al: de Bron of God-entiteit. Niets in het stuk is verloren gegaan, of we nu de held of de vilain speelden. Het draagt allemaal bij aan de voorraad kennis van het universum. Van zulke dingen worden voortdurend nieuwe creaties gevormd.

Elke keer dat een ziel terugkeert naar het earth theater, melden ze zich aan voor het volgende toneelstuk of spel en krijgen ze een nieuw script met veel lege pagina's, die door de acteurs worden ingediend naarmate het stuk vordert. Totaal niet ingestudeerd en open voor alle suggesties en mogelijkheden. Niets is goed of fout als de acteurs hun rollen spelen. Het gaat allemaal over ervaring, het leren van lessen, het oplossen van karma met schulden en het creëren van nieuwe situaties voor de verlichting en het leren van anderen. Er wordt gezegd dat geen mens een eiland is. Alles wat we doen of zeggen is iemand. Als we dit zouden begrijpen, zouden we voorzichtiger zijn met de vruchten die onze woorden en daden op anderen hebben. We zouden ons meer bewust zijn van hoe deze woorden en daden worden vastgelegd in de Hals van Kennis.

Bij elk nieuw leven putten we (vaak onbewust) uit de voorraad kennis die we uit andere lessen hebben opgedaan. Als we de kennis toepassen op ons huidige leven (spelen) hopelijk hebben we geleerd van fouten uit het verleden en maken we die fouten niet opnieuw. Als we dan moe worden van het herhaaldelijk op het podium gaan en nieuwe scripts proberen, zullen we ervoor kiezen om met pensioen te gaan, terug te keren naar de Great Stage Manager en de nieuwere (of koppige, langzaam lerende) zielen te verbieden om de rollen een tijdje te spelen. Dit is wat veel van mijn klanten "naar huis gaan" noemen. Dit is de natuurlijke staat die de ziel kende in haar begin, bij haar schepping. De staat die het kende voordat het verstrikt raakte in de fysieke wereld, de toneelwereld, de driedimensionale wereld van ilusion. Tegen die tijd hebben we hopelijk genoeg wijsheid en begrip opgedaan om ons in staat te stellen op andere manieren vooruitgang te boeken in andere rijken van het bestaan. De mogelijkheden zijn eindeloos en we hoeven niet terug te keren naar dit theater, behalve misschien als waarnemer of gids.

We leven in spannende tijden. De studie van de wetten van de metafysica en de wetten van het universum zijn niet langer voor de weinigen die als vreemd werden beschouwd. Het verspreidt zich in een alarmerend tempo naar de massa' s. Het is alsof het net onder de oppervlakte is geweest, net buiten het bereik van onze logisch denkende geest. Nu komt het in het daglicht om bestudeerd en geanalyseerd te worden. Het lijkt niet langer vreemd en onheilspellend, maar volkomen natuurlijk en normaal. We hebben onze geest geblokkeerd om deze manier van denken te lang na te streven. Het is nu tijd om de sluizen te openen en het ons leven ten goede te laten veranderen. Als iedereen zich zou realiseren hoe hun gedachten en daden zichzelf, hun vrienden en buren, hun gemeenschap en stad, en uiteindelijk de wereld door de verzamelde kracht van energie hebben beïnvloed, zouden ze leren hun dagelijks leven te volgen en zou de wereld veranderen. Het moet, vanwege de geaccumuleerde efect van energie. We gaan een nieuwe wereld in en de oude negativiteit zal achterblijven. Door de wet van oorzaak en efect, die eigenlijk niets minder is dan de "Gouden Regel" in de Bijbel, kan er geen geweld en oorlog meer zijn. We kunnen de wereld veranderen, één persoon tegelijk. Dit was wat Jezus probeerde te onderwijzen, en ze begrepen het niet. Liefde is het antwoord, zo simpel is het.

Naarmate onze geest evolueert, krijgen we steeds meer gecompliceerde informatie. We kunnen het nooit allemaal weten omdat onze geest het niet aan zou kunnen. Maar het lijkt erop dat onze geest wordt uitgebreid om meer gecompliceerde theorieën te begrijpen.

Als Alice in Wonderland erin geslaagd is om een portaal naar een andere dimensie te vinden, is de vraag nu: "Hoe ver wil je in het konijnenhol gaan?" Er is veel meer kennis dan we ons kunnen voorstellen. Ik ben een verslaggever, een avonturier. Ik zal informatie blijven verzamelen en proberen deze aan de wereld te presenteren. Ik weet niet hoe ver ik in het diepe durf te springen. Ik heb geen idee hoe diep het is, en hoeveel wendingen er onderweg zullen zijn. Toch nodig ik mijn lezers uit om met me mee te reizen terwijl ik door de dimensies van het onbekende reis en probeer erachter te komen.

* * *

Het avontuur en de reis gaan verder. Er is geen houden aan!
Over De Auteur

Auteur pagina

Dolores Cannon, een regressieve hypnotherapeut en paranormaal onderzoeker die "Verloren" kennis registreert, werd geboren in 1931 in St. Louis, Missouri. Ze werd opgeleid en woonde in St. Louis tot haar huwelijk in 1951 met een carrière marineman. Ze bracht de volgende 20 jaar door met reizen over de hele wereld als een typische marinevrouw en het opvoeden van haar gezin. In 1970 werd haar man ontslagen als gehandicapte veteraan en trokken ze zich terug in de heuvels van Arkansas. Daarna begon ze haar schrijverscarrière en begon ze haar artikelen in verschillende tijdschriften en kranten te schrijven. Ze is sinds 1968 betrokken bij hypnose en sinds 1979 uitsluitend bij therapie en regressiewerk in het verleden. Ze heeft de verschillende hypnosemethoden bestudeerd en zo haar eigen unieke techniek ontwikkeld die haar in staat stelde om de meest efficiënte vrijgave van informatie van haar klanten te verkrijgen. Dolores leert nu haar unieke techniek van hypnose over de hele wereld.

In 1986 breidde ze haar onderzoek uit naar het UFO-gebeuren. Ze heeft ter plaatse studies gedaan naar vermoedelijke UFO-landingen en heeft de graancirkels in Engeland onderzocht. Het grootste deel van haar werk op dit gebied is de opeenstapeling van bewijsmateriaal van vermoedelijke ontvoerden door middel van hypnose.

Dolores is een internationale spreker die lezingen heeft gegeven over alle continenten van de wereld. Haar vijftien boeken zijn in twintig grooten vertaald. Ze heeft radio- en televisiepubliek over de hele wereld gesproken. En artikelen over/door Dolores zijn verschenen in verschillende Amerikaanse en internationale tijdschriften en kranten. Dolores was de eerste Amerikaan en de eerste buitenlander die de "Orpheus Award" in Bulgarije ontving, voor de hoogste vooruitgang in het onderzoek naar psychische fenomenen.

Ze heeft verscheidene awards ontvangen van verschillende hypnose-organisaties.

Dolores heeft een zeer grote familiem die haar stevig in balans houdt tussen de "echte" wereld van haar familie en de "ongeziene" wereld van haar werk.

Als je opmerkingen wil delen over haar werk, kan u zich wenden tot het volgende adres. Dolores Cannon, c/o Ozark Mountain Publishing, Inc., P.O. Box 754, Huntsville, AR, 72740, USA Of via onze Website: www.ozarkmt.com

Other Books by Ozark Mountain Publishing, Inc.

Dolores Cannon
A Soul Remembers Hiroshima
Between Death and Life
Conversations with Nostradamus, Volume I, II, III
The Convoluted Universe -Book One, Two, Three, Four, Five
The Custodians
Five Lives Remembered
Horns of the Goddess
Jesus and the Essenes
Keepers of the Garden
Legacy from the Stars
The Legend of Starcrash
The Search for Hidden Sacred Knowledge
They Walked with Jesus
The Three Waves of Volunteers and the New Earth
A Very Special Friend
Aron Abrahamsen
Holiday in Heaven
James Ream Adams
Little Steps
Justine Alessi & M. E. McMillan
Rebirth of the Oracle
Kathryn Andries
Time: The Second Secret
Will Alexander
Call Me Jonah
Cat Baldwin
Divine Gifts of Healing
The Forgiveness Workshop
Penny Barron
The Oracle of UR
P.E. Berg & Amanda Hemmingsen
The Birthmark Scar
Dan Bird
Finding Your Way in the Spiritual Age
Waking Up in the Spiritual Age
Julia Cannon
Soul Speak – The Language of Your Body
Jack Cauley
Journey for Life
Ronald Chapman
Seeing True
Jack Churchward
Lifting the Veil on the Lost Continent of Mu
The Stone Tablets of Mu
Carolyn Greer Daly
Opening to Fullness of Spirit
Patrick De Haan
The Alien Handbook
Paulinne Delcour-Min
Divine Fire
Holly Ice
Spiritual Gold
Anthony DeNino
The Power of Giving and Gratitude
Joanne DiMaggio
Edgar Cayce and the Unfulfilled Destiny of Thomas Jefferson
Reborn
Paul Fisher
Like a River to the Sea
Anita Holmes
Twidders
Aaron Hoopes
Reconnecting to the Earth
Edin Huskovic
God is a Woman
Patricia Irvine
In Light and In Shade
Kevin Killen
Ghosts and Me
Susan Linville
Blessings from Agnes
Donna Lynn
From Fear to Love
Curt Melliger
Heaven Here on Earth
Where the Weeds Grow
Henry Michaelson
And Jesus Said – A Conversation
Andy Myers
Not Your Average Angel Book
Holly Nadler
The Hobo Diaries
Guy Needler
The Anne Dialogues
Avoiding Karma
Beyond the Source – Book 1, Book 2
The Curators
The History of God
The OM
The Origin Speaks

For more information about any of the above titles, soon to be released titles, or other items in our catalog, write, phone or visit our website:
PO Box 754, Huntsville, AR 72740|479-738-2348/800-935-0045|www.ozarkmt.com

Other Books by Ozark Mountain Publishing, Inc.

Psycho Spiritual Healing
James Nussbaumer
And Then I Knew My Abundance
Each of You
Living Your Dram, Not Someone Else's
The Master of Everything
Mastering Your Own Spiritual Freedom
Sherry O'Brian
Peaks and Valley's
Gabrielle Orr
Akashic Records: One True Love
Let Miracles Happen
Nikki Pattillo
Children of the Stars
A Golden Compass
Victoria Pendragon
Being In A Body
Sleep Magic
The Sleeping Phoenix
Alexander Quinn
Starseeds What's It All About
Debra Rayburn
Let's Get Natural with Herbs
Charmian Redwood
A New Earth Rising
Coming Home to Lemuria
Richard Rowe
Exploring the Divine Library
Imagining the Unimaginable
Garnet Schulhauser
Dance of Eternal Rapture
Dance of Heavenly Bliss
Dancing Forever with Spirit
Dancing on a Stamp
Dancing with Angels in Heaven
Annie Stillwater Gray
The Dawn Book
Education of a Guardian Angel
Joys of a Guardian Angel
Work of a Guardian Angel
Manuella Stoerzer
Headless Chicken

Blair Styra
Don't Change the Channel
Who Catharted
Natalie Sudman
Application of Impossible Things
L.R. Sumpter
Judy's Story
The Old is New
We Are the Creators
Artur Tradevosyan
Croton
Croton II
Jim Thomas
Tales from the Trance
Jolene and Jason Tierney
A Quest of Transcendence
Paul Travers
Dancing with the Mountains
Nicholas Vesey
Living the Life-Force
Dennis Wheatley/ Maria Wheatley
The Essential Dowsing Guide
Maria Wheatley
Druidic Soul Star Astrology
Sherry Wilde
The Forgotten Promise
Lyn Willmott
A Small Book of Comfort
Beyond all Boundaries Book 1
Beyond all Boundaries Book 2
Beyond all Boundaries Book 3
D. Arthur Wilson
You Selfish Bastard
Stuart Wilson & Joanna Prentis
Atlantis and the New Consciousness
Beyond Limitations
The Essenes -Children of the Light
The Magdalene Version
Power of the Magdalene
Sally Wolf
Life of a Military Psychologist

For more information about any of the above titles, soon to be released titles, or other items in our catalog, write, phone or visit our website:
PO Box 754, Huntsville, AR 72740|479-738-2348/800-935-0045|www.ozarkmt.com

www.ingramcontent.com/pod-product-compliance
Lightning Source LLC
Chambersburg PA
CBHW071148230426
43668CB00009B/877